ISBN 978-0-266-14877-7
PIBN 10928379

1 MONTH OF
FREE
READING

at

www.ForgottenBooks.com

By purchasing this book you are eligible for one month membership to ForgottenBooks.com, giving you unlimited access to our entire collection of over 1,000,000 titles via our web site and mobile apps.

To claim your free month visit:
www.forgottenbooks.com/free928379

English
Français
Deutsche
Italiano
Español
Português

www.forgottenbooks.com

Mythology Photography **Fiction**
Fishing Christianity **Art** Cooking
Essays Buddhism Freemasonry
Medicine **Biology** Music **Ancient**
Egypt Evolution Carpentry Physics
Dance Geology **Mathematics** Fitness
Shakespeare **Folklore** Yoga Marketing
Confidence Immortality Biographies
Poetry **Psychology** Witchcraft
Electronics Chemistry History **Law**
Accounting **Philosophy** Anthropology
Alchemy Drama Quantum Mechanics
Atheism Sexual Health **Ancient History**
Entrepreneurship Languages Sport
Paleontology Needlework Islam
Metaphysics Investment Archaeology
Parenting Statistics Criminology
Motivational

France.

PROCÈS-VERBAUX

DES SÉANCES

DE LA CHAMBRE DES DÉPUTÉS.

SESSION 1847.

TOME XII.

DU 5 AU 15 JUILLET 1847.

ANNEXES N°s 282 A 342 INCLUS.

CHARTE DE 1830

PARIS,

DE L'IMPRIMERIE DE A. HENRY,

RUE GIT-LE-CŒUR, 8.

1847

PROCÈS-VERBAUX

DES SÉANCES

DE LA CHAMBRE DES DÉPUTÉS.

PRÉSIDENCE DE M. SAUZET.

Séance du Lundi 5 Juillet 1847.

— Le procès-verbal de la séance du 3 est lu et adopté.

M. LE PRÉSIDENT donne lecture de la lettre suvante :

« Monsieur le Président ,

« Je suis empêché par une indisposition de prendre part « aux travaux de la Chambre. Veuillez faire agréer à nos « collègues l'expression de mes regrets, et recevez la nou- « velle assurance de mes sentiments de très-haute considé- « ration.

« Le Ministre de l'instruction publique,

« *Signé* SALVANDY. »

M. LE MINISTRE DE L'INTÉRIEUR fait, au nom du Roi, les communications suivantes :

1° *Douze projets de lois* relatifs à des impositions extraordinaires et à des emprunts pour les départements et les villes ci-après : *Ain*, *Aube* (deux projets), *Bouches-du-Rhône*, *Cantal*, *Charente-Inférieure*, *Cher*, *Dordogne*, *Jura*, *Loire-Inférieure*, *Blois* (Loir-et-Cher) *et Chartres* (Eure-et-Loir):

3° *Quatre projets de lois* relatifs à de nouvelles délimitations de communes dans les départements de *l'Aveyron*, *de la Dordogne et Corrèze*, *du Puy-de-Dôme et Cantal et de la Haute-Vienne.*

— La Chambre donne acte à M. le Ministre des présentes communications ; elle en ordonne l'impression, la distribution et le renvoi à l'examen de la Commission spéciale.

(*Voir les annexes imprimées n° 282 et 283.*)

La Chambre procède au scrutin de division sur l'ensemble du projet de loi tendant à autoriser la ville de Paris à contracter un emprunt de 25 millions.

L'appel et le réappel terminés, le dépouillement donne le résultat suivant :

Nombre des votants......	233
Pour l'adoption.........	197
Contre................	36

— La Chambre a adopté.

—Sur la demande d'un de ses membres, la Chambre ordonne que les noms des Députés dont l'absence vient d'être constatée par le scrutin, seront insérés au *Moniteur*.

UN MEMBRE demande à la Chambre la fixation d'un jour pour interpeller M. le Garde des sceaux sur des abus de pouvoir, arrestations arbitraires et atteintes à la liberté individuelle, qui ont été commis récemment dans le département de la Mayenne. Ce sont des faits authentiques et des actes accomplis. La procédure à laquelle ils se rapportent est d'ailleurs arrivée à un tel degré, que les discussions de la tribune n'entraveront pas l'action de la justice.

M. LE GARDE DES SCEAUX répond qu'il s'agit d'actes faisant partie d'une action judiciaire commencée dans le département de la Mayenne, à l'occasion de faits que l'autorité a regardés comme constituant des délits; M. le Ministre les regarde comme peu propres a faire l'objet d'une interpellation parlementaire. Il est prêt cependant à donner a la Chambre les renseignements tels que le permet l'état de l'affaire, soit que la Chambre autorise les interpellations, soit que le préopinant rattache cette discussion à l'un des chapitres du budget.

— Après quelques explications échangées entre divers membres, le préopinant retire sa demande, en se réservant d'introduire ce débat dans le cours de la délibération du budget.

L'ordre du jour est la suite de la délibération sur les chapitres du budget des dépenses de l'exercice 1848.

MINISTÈRE DE LA GUERRE.

DISCUSSION GÉNÉRALE.

UN MEMBRE demande que les officiers et sous-officiers en congé de huit jours à un mois, reçoivent la solde entière. Il pense aussi que, dans l'état actuel des finances, il y aurait avantage à envoyer en congé un certain nombre d'hommes. Il se plaint de ce que, malgré les déclarations formelles du précédent Ministre de la guerre, on se prépare à former un camp à Compiègne. Enfin, il signale neuf promotions récentes au grade de major, faites au choix, comme violant les droits de l'ancienneté.

M. LE MINISTRE DE LA GUERRE répond :

« Le préopinant a demandé que les soldats auxquels on donnait des congés d'un mois, de quinze jours, de huit jours, reçussent leur solde entière. Ce serait une prime donnée au désir de se débarrasser du service militaire. Souvent ces congés sont fort légitimes. Cependant on ne pourrait accorder à un soldat, et sa solde entière et le droit de ne pas faire son service et d'en charger ses camarades.

Je crois que ce serait d'un mauvais exemple et d'un mauvais effet.

« Les généraux et tous les officiers sont en demi-solde quand ils sont en congé, comme les soldats : il n'y a pas de privilège pour les gros appointements ; ils sont traités comme les petits.

« Le préopinant a demandé qu'on diminuât l'effectif cette année, et qu'on renvoyât dans leurs foyers les soldats qui, depuis leur entrée au service, étaient devenus fils de veuves, ou dont la situation de famille mériterait cette faveur.

« C'est, en effet, ce que le Ministre de la guerre s'occupe de faire, afin de ramener l'effectif à son état normal. Le Ministre a toujours à cet égard les mêmes intentions. Quand il y a des congés à donner, on choisit toujours ceux qui y ont le plus de droits. Les capitaines les proposent aux colonels, aux généraux, et ensuite au Ministre.

« Cela se fait ainsi, et l'intention du Ministre de la guerre est de suivre toujours cette excellente manière de délivrer des congés.

« Quant au camp, on a argué de ce que mon prédécesseur aurait dit qu'il ne savait pas s'il y aurait un camp, qu'il n'y avait pas d'ordres donnés.

« Il était très-naturel que mon prédécesseur attendît, avant de donner les ordres pour une réunion de troupes, d'être assuré que cette réunion ne nuirait en rien au maintien de la tranquillité publique, dans un temps où la mauvaise récolte faisait partout craindre quelque mouvement. Ainsi, on a dû attendre et s'assurer que les inquiétudes fussent diminuées par l'aspect d'une bonne récolte. Nous sommes à présent pleinement rassurés sur la récolte prochaine : elle se présente partout belle, et, j'ose le dire, abondante.

« Le camp a été proposé dans le budget de 1847 ; les fonds en ont été faits et sont portés à ce budget, ils sont disponibles. Par conséquent, il n'y a aucune raison pour ne pas profiter de l'octroi qui nous a été fait de cette somme pour le camp.

« Dans tous les temps, chez toutes les nations, on a regardé la réunion des roupes en camp d'exercice, chaque année, ou du moins à des époques plus ou moins rapprochées, comme une des nécessités de l'état militaire. Tout le

monde sait que l'instruction particulière du corps ne comporte qu'une instruction de détail, et que l'instruction militaire véritable ne peut s'acquérir que dans les grandes
réunions de troupes. C'est là que les chefs s'habituent aux
grands mouvements, que les corps se voient entre eux, au
lieu d'être isolés comme ils le sont dans leurs garnisons ;
c'est là que se forme entre eux cette confraternité d'armes
si nécessaire à la guerre, et qu'on ne peut remplacer dans
l'état de paix que par les réunions fréquentes de troupes.
C'est là que nos princes, que le Roi a voulu faire participer
à tous les travaux, à tous les dangers de nos soldats, peuvent connaître les officiers et apprécier leurs qualités.

« Je ne vois donc, Messieurs, aucune objection raisonnable à faire à la réunion d'un camp. Ce camp, d'ailleurs, ne
sera pas très-nombreux, il ne durera pas longtemps, et je
crois qu'il n'aura que d'excellents effets.

« Le préopinant a parlé de promotions qui auraient été
faites hors tour, au choix. Je crois qu'il a voulu parler de
nominations de majors.

« *Elles* sont toutes faites d'après la loi. Les nominations
de majors sont comme la plupart des nominations des officiers spéciaux ; or, à cet égard, la loi est formelle, elle
autorise ces nominations ; il n'y a donc aucune objection à
faire à cet égard.

« Quant aux évènements de Mulhouse, ils sont certainement déplorables ; tout le monde s'afflige de voir une
population chercher à remédier au défaut de récolte, au
renchérissement des denrées, en pillant les boutiques de
boulangers, en jetant les grains et la farine dans les rues et
dans les rivières : il est donc impossible que les troupes ne
soient pas appelées à réprimer ces désordres ; elles le font
toujours avec une douleur profonde, et après avoir été
assaillies, injuriées, maltraitées par ces malheureux, qui,
sans doute, sont excusables à certains égards, mais qu'il
faut absolument réprimer. Un chef de corps a reçu une
blessure à la tête qui le met en danger de mort ; plusieurs
officiers et soldats ont été blessés. On n'a eu recours à des
moyens de sévérité qu'au moment où il était impossible de
faire autrement. Personne ne peut donc trouver mauvais
qu'on ait réprimé ces excès.

« Je n'ai rien autre chose à dire sur ce sujet. »

UN MEMBRE reconnaît l'utilité des camps de manœuvres; mais il pense qu'on aurait pu prendre en considération la situation financiere pour ajourner cette depense. Une autre raison de le faire, est dans le danger des troubles auxquels la disette donne lieu, et qui exige que les troupes restent disséminées sur toutes les parties du territoire, et non pas concentrées en grand nombre sur quelques points. Dans tous les cas, il aurait mieux valu distribuer la somme que coûtera ce camp à l'armée, pour le service extraordinaire qu'elle a eu a faire cette année, ou bien enfin de la mettre à la disposition de M. le Ministre de l'intérieur; pour venir au secours des misères créées par la disette.

M. LE MINISTRE DE LA GUERRE dit que si le préopinant y avait fait attention, il aurait remarqué qu'il y avait correlation, entre l'état du pays et la réunion des troupes pour le camp. Lorsqu'on a eu besoin de troupes disséminées, on n'a pas fait de camp Maintenant que la paix est revenue presque partout, et qu'on n'a pas à craindre de nouvelles émeutes, on peut faire ce camp qui n'aura lieu que le 25 août, et par consequent à une époque où on peut réunir des troupes sans le moindre danger.

« Quant à la distribution aux troupes de sommes en sus du denier de poche, pour suppléer aux nécessites de cette époque, M. le Ministre pense que c'est toujours une mauvaise mesure. Il ne faut pas habituer les troupes à recevoir ainsi de l'argent; les troupes, comme les citoyens, doivent avoir leur part des malheurs publics. Il n'est pas possible que l'on donne au Ministère de l'intérieur une somme qu'on aurait économisée sur les soldats: cela ne pourrait se faire sans troubler tout l'ordre des budgets.

UN MEMBRE entretient la Chambre de l'état sanitaire de l'armée. Jusqu'ici, on avait cru que l'armée étant composée de l'élite de la population, subissait une mortalité moindre; mais les faits sont venus démentir cette opinion. Dans la population civile, selon les calculs de M. Demonferrand, pour les hommes de 20 à 28 ans, la mortalité est de 11 pour mille. Le renseignement fourni par le Ministre de la

guerre, conduirait à penser que la mortalité pour les soldats est de 14 pour mille. Mais ce fait est contesté, et quelques personnes soutiennent que cette mortalité est restée
ce qu'elle était en 1823, c'est-à-dire de 19 pour mille.

Aux termes des règlements, le soldat devrait recevoir 250
grammes de viande par jour. Si l'on en déduit le poids
des os, il ne reste, après le bouillon fait, que 94 grammes
de viande. C'est une nourriture faible et mauvaise. Le soldat ne pouvant consacrer à son ordinaire que 82 centimes
par jour, ne peut se procurer que de la viande de qualité inférieure et sans variété.

Le soldat français coûte 324 fr. par an ; le soldat anglais
coûte 538 fr. Selon les prescriptions de la loi, le soldat devrait avoir une nuit de garde sur six ; le service de Paris la
lui donne sur quatre jours, et celui de la province sur quatre
et demi, ce qui est évidemment trop.

Quant à l'armée d'Afrique, voici les faits pour 1846 :
l'effectif était de 99,600 hommes : 121,178 sont entrés aux
hôpitaux, ce qui fait 122 pour 100. Il y a eu 2,497,000 journées d'hôpital : chaque homme a donc eu 25 jours de maladie. 2,087 ont été évacués en France, dont 249 sont morts
après leur arrivée. Il en est mort 6,800 dans les hôpitaux
de l'Algérie, ensemble 7,049. 116 sont morts sur le champ
de bataille, 797 ont été réformés pour infirmités contractées
dans le service. C'est une mortalité de 71 pour 1,000, c'est-
à-dire 6 à 7 fois plus considérable qu'en France. Elle est plus
é'evée que celle de l'hôtel même des Invalides, qui n'est que
de 68 pour 1,000 ; et le mal paraît aller en augmentant, car
il y a quelques années qu'elle n'était que de 64 Quant au
remède à cet état de choses, l'orateur voudrait d'abord que
le minimum de la solde de l'infanterie fût porté à 43 centimes au lieu de 40. Le soldat pourrait alors mettre 35 centimes à son ordinaire. Il voudrait aussi que l'on établît
une meilleure aération des casernes ; enfin, il pense qu'il
conviendrait de supprimer les postes honorifiques qui ac-
croissent inutilement les charges du soldat. Il termine en
priant M. le Ministre de la guerre de faire faire, sur la mortalité de l'armée, des études statistiques complètes et détaillées, semblables à celles qui ont été faites en Angleterre,
en Prusse et en Amérique, au lieu de se borner, comme on

le fait actuellement, à communiquer à la Chambre le chiffre
de cette mortalité, sans aucun des documents et des calculs à l'aide desquels on l'a établie.

M. LE MINISTRE DE LA GUERRE a la parole et, dit :

« Les documents statistiques que désire le préopinant sont
publiés en masse tous les ans.

« On présenté divers documents de statistique qui sont,
en général, basés sur un état de choses qui n'est plus l'état
actuel : ils se rapportent à des résultats qui ont été obtenus
de 1820 à 1830.

« Depuis cette époque, des améliorations très-considéra-
bles ont eu lieu dans la nourriture et dans l'habillement du
soldat, et particulièrement dans l'agencement des casernes.

« Chaque année on améliore l'état des casernes ; elles
sont maintenant aérées, spacieuses.

« On a fait pour les hommes ce qui avait été fait pour les
chevaux. Il en est résulté pour les uns et pour les autres
une grande diminution de la mortalité moyenne.

« Cette mortalité doit être si peu appliquée à la nourriture du soldat, que tous ceux qui suivent le recrutement
voient les hommes qui sont entrés dans le régiment devenir quelque temps après grossis et renforcés, tellement
qu'il faut élargir leurs habits.

« On peut vérifier cela partout.

« Les soldats sont mieux nourris, mieux logés, mieux ha-
billés que la plupart des ouvriers et habitants des campagnes. Lorsqu'ils sortent de la campagne, ils ne mangent
d'habitude que du pain noir et n'ont de viande qu'une fois
par semaine. Nos soldats mangent de la viande tous les
jours, et deux fois par jour ils ont une bonne soupe ; ils ont
encore avec cela un sou de poche qui peut, en cas de besoin,
être employé en nourriture. Cette année, où il y a eu privation causée par le renchérissement des denrées, le soldat n'a pas souffert ; ce renchérissement a porté pour lui
sur le pain blanc, dit de soupe, qu'il a dû payer un peu plus
cher. Quant au pain de munition, il est de pur froment et
de bonne qualité ; ainsi, vous voyez que le soldat, sous le
rapport de la nourriture, n'a éprouvé aucune souffrance. Il
est vrai cependant que dans certaines villes, les 33 centimes
n'ont pas suffi pour l'ordinaire ; on a été forcé de porter le

chiffre à 35 centimes. Le soldat à conservé son sou de poche.

« Je ne crois donc pas qu'il soit nécessaire d'augmenter la solde, même du soldat d'infanterie.

« Il paraît difficile au Gouvernement de se refuser aux munificences de la Chambre pour l'armée. Cependant, je dois faire ici une observation importante : est-il convenable que le sort du soldat, et surtout que l'augmentation de sa solde, soient proposés dans cette Chambre? Est-il convenable qu'elle s'interpose entre le chef suprême de l'armée et cette armée elle-même?

« Je ne conteste pas le droit de la Chambre; mais je dis que je crois qu'au Roi appartient de fixer la solde de l'armée, et qu'on ne peut supposer que sa sollicitude de tous les jours s'arrête et a besoin d'être stimulée en particulier par qui que ce soit. C'est une chose très-grave, et je prie la Chambre d'y avoir égard. »

UN MEMBRE pense que la mortalité ne provient ni du logement, ni de la fatigue, ni de la nourriture du soldat, qui est généralement mieux traité qu'il ne l'était dans ses foyers; mais elle est le résultat du changement brusque qui s'opère au moment de l'entrée au service.

UN DEUXIÈME MEMBRE appelle l'attention de la Chambre et de l'Administration sur un point important de la législation militaire. Il rappelle qu'un décret de 1812 condamne à la peine capitale l'officier, de quelque grade qu'il soit, qui livre à l'ennemi une place, un vaisseau, une troupe, mis sous ses ordres. Il est dans toutes les circonstances soumis à un tribunal, qui décide si on peut lui continuer le commandement. Depuis plusieurs semaines, cette législation n'existe plus. Un officier de l'armée d'Afrique s'étant rendu à l'ennemi en rase campagne, avec le détachement qu'il commandait, a été jugé par le tribunal militaire et condamné à la peine de mort. Sur son pourvoi, la Cour de cassation, conformément aux conclusions de M. le procureur général, a cassé ce jugement et déclaré que le décret en vertu duquel il avait été rendu, n'avait plus force de loi. L'orateur respecte, sans les examiner, le jugement et l'arrêt dont il vient de parler, mais cet incident révèle une lacune dans notre législation militaire. L'orateur donne lecture des considérants du décret de 1812.

« Napoléon, etc...., considérant que tout général ou commandant militaire de quelque grade qu'il soit, à qui nous avons confié un corps d'armée, une place de guerre, ou qui se trouve avoir sous ses ordres une portion quelconque de nos troupes, en est comptable à nous et à la France ; considérant que, s'il les perd avant de s'être défendu à outrance, il peut compromettre le salut de l'armée, l'intégrité du territoire, l'honneur de nos armes, et la gloire de la nation française.... »

Il ajoute qu'aujourd'hui le fait que ce décret a voulu prévenir, peut s'accomplir impunément. Il appartient à la Chambre d'examiner s'il ne convient pas de compléter la législation.

M. LE MINISTRE DE LA GUERRE dit qu'il déplore que l'on soit maintenant privé d'une loi très-nécessaire, non pas que de pareils cas puissent se renouveler souvent ; mais un homme même qui a donné des preuves de courage en maintes occasions, peut se trouver affaibli, intimidé. On est maintenant désarmé complètement contre ces faits de faiblesse de la nature humaine. C'est certainement le cas de présenter une loi pour remédier à cet état de choses.

PLUSIEURS MEMBRES font observer que cet incident vient à l'appui de beaucoup de circonstances, qui révèlent chaque jour la nécessité de préparer enfin le Code pénal militaire.

DEUX AUTRES MEMBRES échangent quelques observations sur la manière dont la Cour de cassation a jugé l'application et la légalité du décret de 1812, et sur la possibilité d'avoir recours, pour les actes de cette nature, à la législation de l'an v.

M. LE PRÉSIDENT dit qu'il est évident qu'il ne peut s'agir ici que d'appeler l'attention du législateur et celle du Gouvernement, sur un état de choses résultant d'une jurisprudence récente : mais quant à la discussion de cette jurisprudence en elle-même, et au point de savoir si l'arrêt a eu ou non raison de considérer tel ou tel décret comme abroge, l'affirmative ou la négative ne peut être discutée ici. Le pouvoir législatif s'honore par le respect qu'il garde, en toutes circonstances, pour le pouvoir judiciaire et le pouvoir exécutif, agissant chacun dans la sphère de ses attributions.

M. LE PRÉSIDENT met ensuite aux voix le chapitre I, ainsi conçu :

« Administration centrale (Personnel), 2,020,200 fr. »

CHAPITRE II.

« Administration centrale (Matériel), 317,150 fr. »

CHAPITRE III.

« Frais généraux d'impressions, 285,000 fr. »

— Adoptés.

CHAPITRE IV.

« Etats-majors, 17,996,431 fr. »

— La Commission propose sur ce chapitre quatre réductions, s'élevant ensemble à la somme de 37,882 fr.

UN MEMBRE donne lecture d'un passage du rapport ainsi conçu :

« En voyant successivement s'accroître dans une proportion considérable les dépenses des états-majors, il nous est impossible de ne ne pas nous associer, en les renouvelant, aux recommandations de nos prédécesseurs au sujet du cadre des officiers généraux. Les précédentes Commissions faisaient remarquer que 80 lieutenants-généraux et 160 maréchaux de camp, c'était un cadre bien large pour la paix, et lorsqu'il avait été fixé par la loi du 4 août 1839, c'était aussi en prévision de la guerre ; il était certainement dans la pensée du législateur, quand il posait cette limite pour la guerre, qu'en temps de paix elle ne serait jamais atteinte. »

Selon l'orateur, le droit de l'Administration de mettre en activité tous les membres de l'état-major général, est incontestable ; et les termes du rapport lui paraissent trop absolus sur ce point ; mais à côté du droit, naît la question de savoir s'il convient d'en faire un usage aussi complet et aussi absolu. Enfin, il y aurait lieu d'examiner s'il **ne** convient pas de porter à 65 ans l'âge jusqu'auquel les **ma**-réchaux-de-camp pourraient être maintenus en activité, ainsi que cela se pratique pour la marine.

M. LE RAPPORTEUR répond que la Commission modifier**a** volontiers les termes du rapport. Elle n'a pas entend**u** contester le droit du Gouvernement ; elle a émis seulemen**t** le vœu qu'on ne l'épuisât pas en temps de paix.

La Commission propose, sur ce chapitre, quatre réduc-tions. La première, de 3,560 fr., applicable au traitemen**t** d'un officier instructeur pour un manege à établir à l'école de Saint-Cyr.

UN MEMBRE repousse cette réduction, et fait observer que la création de ce manège, pour les officiers qui se destinent à l'infanterie, a été demandée par les inspecteurs généraux et par la Commission d'examen et de perfection-nement de l'école. Tout le monde reconnaît la nécessité de développer la force et l'adresse, en même temps que l'on développe l'intelligence chez l'officier. Il doit être un homme d'action, un soldat perfectionné. Or, rien n'est plus propre, pour atteindre ce but, que l'exercice, ét en première ligne l'équitation. Les officiers sont trop âgés, quand ils arrivent au corps, pour apprendre à monter à cheval. Cette étude développe l'activité, l'adresse, l'éner-gie et la hardiesse, qui sont des qualités nécessaires à l'état militaire. Les élèves qui auront suivi le manège, se trom-peront moins sur la vocation qui leur fait faire un choix entre les différents corps de l'armée. Si la Chambre accor-dait la solde qu'on lui demande en ce moment, l'orateur proposerait de réduire l'ensemble de la dépense nécessitée par le manège, en se bornant, pour cette année, à acheter pour 20,000 fr. de chevaux, au lieu de 60,000 fr. comme le propose l'Administration.

UN DEUXIÈME MEMBRE reconnaît l'utilité de cet enseigne-ment pour les élèves de Saint-Cyr ; mais il fait observer que ceux qui se destinent à l'état-major et à la cavalerie, suivent déjà le manège. Si l'on ajoutait ce nouvel avantage à ceux que les élèves de Saint-Cyr ont déjà sur les officiers sortis des rangs des sous-officiers, l'inégalité serait trop

forte, et il faudrait donner la même instruction aux sous-
officiers.

UN TROISIÈME MEMBRE soutient la réduction au nom de
la Commission. Cette création entraîne avec elle toutes sortes d'inconvénients, sans avoir de grands avantages. Chaque
élève recevra au plus cinquante leçons dans l'année. La dépense annuelle est évaluée à 16,000 fr.; mais elle s'élèvera
considérablement plus tard. Il faut enlever à la garnison de
Versailles un certain nombre d'hommes pour faire le service de palefreniers. Enfin, c'est une nouvelle occasion de
distraire encore des officiers de leurs corps.

UN QUATRIÈME MEMBRE appuie l'allocation demandée,
comme très-utile. Il fait observer qu'il ne s'agit que de la
première division de l'école de Saint-Cyr, qui ne se compose
que de 300 élèves. Il est facile de combiner les choses de
manière à ce que chacun ait trois leçons par semaine.

M. LE RAPPORTEUR dit :

« Je ne veux pas établir ici une controverse sur l'utilité
de l'institution, car ce n'est pas ainsi que la question est
posée dans le rapport ; et cependant je pourrais rappeler
que, sous l'Empire et sous la Restauration, le manège de
Saint-Cyr, après avoir été créé, avait été supprimé : je n'en
recherche pas les motifs.

« Il y a dans la proposition d'ajournement de la Commission deux questions capitales : d'abord une augmentation de dépenses considérables, et ensuite la dissimulation d'une partie de la dépense.

« Permettez-moi de vous les développer en peu de mots.

« Et d'abord, la dépense générale de premier établissement et de première année, est présentée comme ne devant
s'élever qu'à la somme de 120,480 fr.; elle dépassera ce
chiffre ; mais ne fût-elle que de cela, nous n'en penserions
pas moins qu'elle doit être ajournée. Ensuite, nous voulons
la sincérité dans le budget, et voici ce qui nous a donné
de justes motifs de penser que la proposition, telle qu'elle
nous était présentée dans le budget, n'exprimait pas la
dépense que cet établissement doit entraîner.

« On vous dit : Vous n'aurez à l'avenir comme **dépense**
permanente qu'une somme annuelle de 16,000 fr. Mais **on**
oublie ceci : c'est qu'au chap. IV. il y a la dépense du capitaine instructeur, qui s'élève à 3,560 fr. ; que, de plus , il
y a 20,600 fr. pour l'entretien annuel de 50 chevaux, à 1 fr.
13 cent. par ration et par jour, dont on ne tient aucun
compte ; on se contente de dire , dans une note communiquée, que cette dépense sera prélevée sur le chapitre des
fourrages. Cela n'est pas sérieux. Toute dépense d'entretien
de chevaux se traduit en argent.

« Il nous arrive bien souvent, Messieurs, de nous plaindre de l'Administration quand elle exagère ses dépenses ,
ou quand elle vous propose même de petites augmentations
qui ne sont pas justifiées: mais nous devons nous plaindre
bien plus encore, quand des dépenses doivent être considérables et qu'on les dissimule.

« Il y a là cinquante chevaux dont la dépense d'entretien
doit figurer pour 20,622 fr. au chapitre XV, *Fourrages*,
dépense dont on ne vous parle pas, parce que, réunie à plusieurs autres, elle vous eût fait reculer ou ajourner tout au
moins la création de l'établissement.

« Ce n'est pas tout: on vous demande, de plus, deux
lieutenants et trois sous-officiers instructeurs, et un détachement de cinquante hommes enlevés à l'un de vos régiments de cavalerie pour faire le service du manège et des
écuries.

« Eh bien ! Messieurs, nous ne croyons pas que cet état
de choses puisse durer. Nous comprenons qu'aujourd'hui,
et pour le besoin de la proposition, on vous dise qu'on
détachera de l'un de vos régiments les cinquante hommes
qu'on se propose de lui emprunter ; mais, certes, le régiment les réclamera bientôt, et alors il faudra les remplacer
par douze ou quinze palefreniers, et vous verrez alors la
dépense s'accroître encore de 8 à 10,000 fr.

« Enfin, il y a, indépendamment du capitaine instructeur
dont nous nous occupons ici, deux lieutenants et trois sous-
officiers pour le service de l'instruction ; sans doute, ils
appartiennent aux corps dont ils sont détachés , et sont
payés sur le chapitre de la solde ; mais, certes, ils auront
droit à des indemnités qui ne sont pas même indiquées. Il

y a plus, vous créez un sous-officier comptable qui aura
certainement droit à un supplément de traitement, car vous
lui donnez une fonction qu'il n'a pas à son corps.

« Par toutes ces considerations, la Commission n'a pas
jugé que le moment fût opportun pour créer une dépense
nouvelle, considérable, et dont l'utilité pouvait être contestée ; elle la repousse surtout, parce qu'avant tout vous
devez connaître à quoi l'on vous engage. Or, dans l'état,
vous l'ignorez ; et de deux choses l'une : ou l'affaire n'est
pas étudiée, ou l'on vous dissimule une partie de la dépense. »

M. LE MINISTRE DE LA-GUERRE répond :

« On n'a jamais eu l'intention de dissimuler la dépense
que produirait cette création d'un manège militaire à Saint-
Cyr.

« On a dit, dans les renseignements donnés, dans les
documents donnés, que, sur le chapitre IV, il y aurait une
dépense à ajouter de 26,000 fr. par an; mais on n'a jamais
dissimulé, cela était évident, que, quand on demandait 60
chevaux, il faudrait bien les nourrir ; il est tout simple qu'on
ait pensé que ces chevaux devaient être nourris sur le budget général des fourrages, et par conséquent toute personne
qui examinerait un peu la question pendant seulement une
minute, pouvait être convaincue qu'il n'y avait pas l'intention de dissimuler la dépense ; elle était portée seulement
sur un autre chapitre

« On a demandé que, sur le chapitre IV, il y eût 26,000
francs d'amortissement ; mais on n'a pas dit que, sur le
chapitre des fourrages, il n'y aurait pas d'accroissement du
prix de la nourriture de ces chevaux-là.

« Aussi le Ministre de la guerre verrait avec beaucoup de
regret les raisons d'économie qui ont pu être très importantes en effet cette année ; je le comprends très-bien ; mais
qui certainement ne seront pas les mêmes dans l'année
1848, à laquelle cette dépense est applicable.

« Certainement, nous n'aurons pas en 1848 les mêmes
besoins, les mêmes misères que cette année. Je verrais, avec
beaucoup de regret, supprimer une dépense qui est le
complément naturel de l'éducation de nos jeunes officiers.

« Il arrive souvent des accidents aux officiers d'ordonnance, aux adjudants-majors, aux aides-de-camp, parce que ces officiers n'ont pas pu apprendre à monter à cheval à l'école, et que ce n'est qu'à vingt cinq ans qu'ils ont commencé à monter à cheval ; ils n'en ont eu ni le goût ni les moyens : tandis qu'avec cinquante leçons reçues à l'École de Saint-Cyr à l'âge où l'on prend facilement ces habitudes, où les membres sont très-souples, ils auraient su parfaitement monter à cheval.

« Messieurs, c'est une bonne institution qui vient compléter l'éducation de nos jeunes officiers ; je verrais avec regret que cette dépense, qui n'est pas bien considérable, fût refusée par la Chambre. »

— La réduction est mise aux voix et adoptée.

— La Commission propose une deuxième réduction de 3,560 fr., applicable à un capitaine instructeur au cadre du génie.

M. LE MINISTRE DE LA GUERRE s'exprime en ces termes :

« Il y a d'abord indemnité pour un répétiteur.

« La retenue de la Commission est fondée sur ce que cet instituteur a son rang de capitaine.

« Messieurs, dans les places, on distribue les rôles et on attribue certaines fonctions à certains grades ; c'est une chose convenable : mais il peut arriver ensuite que ces officiers passent à des grades différents ; lorsqu'ils passent du grade de sous-lieutenant à celui de lieutenant, et même de celui de lieutenant à celui de capitaine, il n'y a pas un grand inconvénient à ce qu'ils conservent les mêmes fonctions ; car la différence de solde est peu considérable, et on a l'avantage de ne pas changer les officiers attachés à ces écoles.

« Mais je n'approuve pas que, dans les écoles, on passe à des grades supérieurs en conservant ces emplois ; c'est cependant ce qui est arrivé quelquefois. Aussi la Commission a t-elle été frappée de cet inconvénient.

« Je crois que c'est une extension qui doit être réduite, et qu'il pourrait y avoir des abus.

« Mais quant à la question qui nous occupe maintenant,

au lieutenant nommé au grade de capitaine, je crois qu'il
doit être maintenu à l'école avec son grade de capitaine, et être
compté hors cadre. Les compagnies, en effet, ont besoin de
leurs capitaines. Une compagnie peut se passer d'un lieutenant ou d'un sous-lieutenant ; mais lorsqu'un capitaine est
absent, il en résulte un préjudice pour le service.

« Il ne faut pas détacher des corps tous les capitaines. Il
y en a déjà un pour le recrutement, qui, en général, n'est pas
au corps.

« Je désirerais que la Commission, en raison du peu de
différence de grade, et du peu d'augmentation de dépense,
consentît à ce que cet officier restât à l'école, et y continuât
son service même avec le rang de capitaine hors cadre.

« Les Commissions ne sont pas favorables à la création de
ces officiers hors cadre. Mais, Messieurs, c'est une exception
qui est pourtant très-naturelle, et qui pourvoit à des services essentiels et tout aussi nécessaires que le service régi-
mentaire.

« Comment voulez-vous, par exemple, refuser les officiers
qui font le recrutement, les officiers qui font la remonte? Si
vous les comptez dans le cadre des corps, vous désorganisez
les corps, vous affaiblissez leurs cadres outre mesure. Quand
on détermine des cadres, c'est pour les nécessités reconnues.
Si ensuite vous détachez des officiers des corps, et si vous
voulez faire compter ces officiers dans les cadres des corps,
vous affaiblissez ces cadres, et ce n'est pas une chose que les
Commissions doivent désirer.

« Je prie M. le Rapporteur de vouloir bien nous dire s'il
accepte, d'après les considérations que je viens de présenter, la légère augmentation que je propose, pour le passage
du grade de lieutenant au grade de capitaine, de cet officier,
qui serait alors hors cadre, et ne compterait pas dans son
régiment. »

M. LE RAPPORTEUR répond :

« Je demande pardon à M. le Ministre de la guerre de ne
pouvoir, malgré le vif désir que j'aurais de lui donner cette
satisfaction, de ne pouvoir abandonner les résolutions de la
Commission.

« Je ferai en outre remarquer que je ne combats pas M. le

Ministre personnellement. Ce n'est pas lui qui a présenté
le budget. Je n'attaque pas même les intentions de son prédécesseur; je veux seulement expliquer les motifs de la
Commission.

« Nous nous plaignons avec raison, chaque année, de voir
le chapitre iv des états-majors accru successivement de
dépenses qui finissent par devenir considérables, et à cette
occasion, je dois rappeler que j'avais presque été provoqué,
vendredi dernier, à m'expliquer sur des observations présentées au rapport d'une manière générale, sur les différents
services de la guerre ; je déclare que je n'éprouverais aucun
embarras à justifier cette critique, qui avait pour conséquence et pour but de recommander à un Ministre de renfermer les dépenses de son budget dans les limites les plus
étroites, de le prier d'écarter autant que possible ces petites
augmentations qui se reproduisent chaque année sous des
formes différentes, qui, prises et examinées isolément, ne
semblent pas considérables, mais qui finissent par accroître démesurément le budget de la guerre. Et, qu'on me permette de le dire, ce chapitre iv particulièrement, que nous
examinons, quand on le compare avec le même chapitre, en
retournant dix ans en arrière, on est frappé, toutes choses
égales d'ailleurs, de l'accroissement considérable qui résulte de la comparaison.

« Eh bien ! c'est par ce motif que nous avons combattu,
partout où nous les avons rencontrées, ces augmentations
qui ne nous ont pas paru justifiées, et, pour mon compte,
tant que j'appartiendrai à cette Chambre, et surtout à des
Commissions du budget, quand je rencontrerai des dépenses telles faibles qu'elles soient, qui ne me paraîtront pas
utiles, je les combattrai dans l'intérêt même du budget de
la guerre. Au surplus, je défends les idées de la Commission
aussi bien que les miennes. Il faut que la Chambre sache
qu'il y a à Saint-Cyr huit capitaines et huit lieutenants d'infanterie instructeurs, c'est-à-dire seize officiers en titre ;
en outre, trois capitaines et cinq lieutenants répétiteurs,
ensemble vingt-quatre officiers pour le service de l'instruction. Il y a, comme vous le voyez parmi les répétiteurs,
trois capitaines et cinq lieutenants ; il s'agit de faire passer
un des lieutenants capitaine, et d'en faire un officier hors

cadre attaché à l'état-major, avec un traitement de 3.560 fr.

« Dans l'état actuel, les lieutenants appartiennent encore à leurs corps et sont payés sur les fonds de la solde ; et, quant à celui d'entre eux qui passerait capitaine, il n'appartiendrait plus à son corps ; je le répète, il deviendrait officier hors cadre attaché à l'état-major.

« La Commission ne trouve pas que cela soit bon par deux motifs : c'est qu'on accroît la dépense et le nombre des officiers hors cadre. Si l'officier qui est aujourd'hui lieutenant, passe capitaine au choix ou à l'ancienneté, veut rester à Saint-Cyr, qu'il y reste, comme cela arrive souvent, comme officier détaché de son régiment et payé sur le fonds de la solde ; si cette situation ne lui convient pas, qu'il retourne à son corps avec son grade de capitaine, et qu'on le remplace par un lieutenant.

« Nous ne voyons donc pas la nécessité d'accroître ainsi le nombre des officiers hors cadre, l'état-major en compte déjà trop, ni d'augmenter la dépense de 3,560 fr., lorsqu'on peut l'éviter en procédant différemment qu'on ne le propose. »

— La seconde réduction de 3,560 fr. est mise aux voix et adoptée.

— La Commission propose une troisième réduction de 5,000 fr. demandée pour rendre annuelles les inspections du génie.

M. LE MINISTRE DE LA GUERRE fait observer que, sous la Restauration, on dépensait pour l'arme du génie 7 à 8 millions. Aujourd'hui, cette dépense s'élève à 40 millions. Il faut donc des inspections plus nombreuses, plus rapprochées et plus détaillées. Il ne suffit plus, comme autrefois, de les faire tous les deux ans.

M. LE RAPPORTEUR répond :

« Je demande à la Chambre la permission d'insister sur les deux réductions que nous lui avons proposées et que repousse M. le Ministre de la guerre.

« Messieurs, si, en 1841, lorsque la Chambre votait ces

crédits considérables destinés à élever des fortifications et
des bâtiments militaires, si, dis-je, en présence du développement donné à ces grands travaux du génie militaire, on
vous eût exposé les motifs qu'on invoque aujourd'hui pour
changer la méthode actuelle de l'inspection du génie, je
l'aurais mieux compris qu'aujourd'hui. En ce moment, une
partie importante de ces travaux est terminée, d'autres, il
est vrai, sont en cours d'exécution. Toutefois, je n'admets
pas que la dépense annuelle en travaux extraordinaires soit
en ce moment de 41 millions par an ; heureusement, et di-
sons-le à l'honneur du génie, jamais les travaux n'ont été
mieux exécutés, et la gestion de ces grands intérêts n'a été
confiée à des directions plus habiles et plus intègres, aucun
fait n'a motivé la mesure qui vous est proposée Nous ne
croyons donc pas qu'il y ait utilité a adopter la proposition,
et encore ici nous sommes obligés de déclarer qu'on ne vous
fait connaître qu'une partie de la dépense. Enfin, que la
Chambre me permette de lui dire notre crainte ; c'est que,
si vous cédiez sur ce point, vous ne soyez bientôt amenés à
céder sur un autre. car il n'y a pas que les inspections du
génie qui n'ont lieu que tous les deux ans. »

— La réduction de 5,000 fr. est mise aux voix et adoptée.

— La Commission propose une quatrieme réduction de
27,540 fr., applicable à l'augmentation du nombre des gardes
du génie.

'M. LE MINISTRE DE LA GUERRE demande le maintien de
l'augmentation, et fait observer que, sans procéder a l'armement des forts aux environs de Paris, il a cependant
fallu y déposer des objets qui s'élèvent à une valeur de 20 à
25 millions. Il est impossible de les laisser sans gardes. Les
charges de ce service ont d'ailleurs été augmentées à la fois
en France et en Algérie. Enfin, on a imposé à l'Administration la nécessité d'une comptabilité en matières, qui
nécessite des études multipliées.

M. LE RAPPORTEUR dit qu'il est impossible de ne pas
faire remarquer à la Chambre que, depuis la loi du 6 juin
1843, qui a institué la comptabilité, elle a donné tout ce qui
était nécessaire pour les besoins de cette comptabilité.

M. le Ministre de la guerre dit que depuis l'année dernière, époque à laquelle on apportait le budget et où on rendait l'ordonnance constitutive du cadre d'artillerie, on a augmenté le service de l'Algérie. Précisément, c'est l'année dernière que ce besoin se faisait sentir ; le nombre des gardes de l'artillerie a été porté à 315, et le cadre était suffisant, et cette année le Gouvernement ne demandait rien de plus; par conséquent, ce dont il avait besoin pour 1847, il le conserve pour 1848. Aucun besoin nouveau ne s'est fait sentir pour cette année: la situation n'est pas changée, la Commission persiste dans sa résolution.

— La réduction de 27,540 fr. est mise aux voix et adoptée.

L'ensemble des réductions faites sur ce chapitre s'élève à 37,862 fr.

—Le chapitre IV est adopté; son chiffre est de 17,958,569f.

Un MEMBRE présente des considérations générales sur la nécessité de régler, par une loi spéciale, les attributions de l'intendance militaire, et il expose les bases principales sur lesquelles doit être fondée cette législation.

CHAPITRE V.

«Gendarmerie, 21,590,378 fr. »

— La Commission propose une réduction de 233,500 fr., applicable à la création de 283 brigades nécessaires pour completer le chiffre de 574, qui composent le cadre normal de la gendarmerie.

Un MEMBRE combat cette réduction, et engage M. le Ministre de la guerre à s'expliquer sur la demande de ce crédit. La nécessité de cette création est démontrée par les demandes continuelles que les conseils généraux adressent au Gouvernement, et par l'état d'un grand nombre de cantons qui n'ont point de brigade. L'accroissement de la population et celui de la circulation qui résulte de l'établissement des chemins de fer, exigent aussi une surveillance plus constante et plus active. La Commission craint qu'on ne cède à des exigences locales. L'orateur repousse cette présomptées, en donnant lecture d'une circulaire de l'Administration, ainsi conçue :

« Il y a donc lieu d'établir, dès à présent, les bases d'une équitable répartition, entre les divers départements, de la totalité des brigades dont le Ministre se réserve de déterminer pour chacun d'eux le nombre et le classement. Afin d'atteindre ce but, il paraît indispensable de consulter préalablement les fonctionnaires que l'importance et la nature de leurs attributions placent plus favorablement pour apprécier, dans l'intérêt général de la sûreté publique et sans s'arrêter à des prétentions de localités, la part qu'il est nécessaire d'attribuer à leurs départements respectifs dans les nouveaux moyens de surveillance et d'action qu'il s'agit de donner à la gendarmerie, et la meilleure répartition à en faire entre les arrondissements et les cantons.

« En conséquence, il sera formé, au chef-lieu de chaque département, une Commission consultative composée :

« 1° Du préfet, président ;

« 2° Du maréchal-de-camp commandant la subdivision ;

« 3° Du procureur général, dans les départements où siège une Cour royale, et, à son défaut, d'un magistrat de son parquet autorisé par lui ; dans les départements où il n'existe pas de Cour royale, le procureur du Roi près le tribunal où se tiennent les assises fera partie de la Commission ;

« 4° De l'ingénieur en chef des ponts-et-chaussées ;

« 5° Du chef de légion de gendarmerie dans les départements où il se trouve un officier de ce grade, et alors le commandant de la compagnie de gendarmerie assistera avec voix consultative seulement ; mais là où ne sera pas le chef de légion, le commandant de la compagnie siégera avec voix délibérative. »

Quant au bon recrutement du corps dont la Commission se préoccupe, il ne peut y avoir aucun doute à ce sujet, les demandes affluent de toutes parts, et les choix se feront sur un très-grand nombre de candidats. On a demandé si l'augmentation de la gendarmerie ne pourrait pas avoir pour effet de diminuer l'effectif de l'armée. C'est une question grave dont l'Administration et le Ministre s'occupent. Ce qui est certain, c'est qu'en cas de guerre, l'augmentation de la gendarmerie ajouterait une grande force à l'armée.

L'orateur termine, en émettant le vœu que le cadre normal de la gendarmerie soit complété dans le cours de deux exercices.

M. LE MINISTRE DE LA GUERRE déclare qu'il adhère à la réduction demandée par la Commission, et qu'il n'insiste pas pour la création de brigades que l'Administration regarde comme nécessaires; mais il ne le fait qu'en considération de la situation financière; et il espère que, l'année prochaine, il sera possible de donner suite à l'exécution de ce projet, sur l'importance et l'utilité duquel les convictions de l'Administration sont bien arrêtées.

— La réduction de 238,500 francs est mise aux voix et adoptée.

Un MEMBRE se plaint des exigences manifestées par le Ministère de la guerre pour le logement des gendarmes. Jusqu'à présent on y avait pourvu par des locations qui s'élevaient de 5 à 600 fr. Depuis quelques années, le Ministère de la guerre demande que l'on construise des casernes qui coûtent 20 et quelquefois 30,000 fr. Quelques unes ont été construites sur des dimensions qui dépassent considérablement le besoin de leur destination. Ces exigences surchargent les budgets des localités. Il en résulte aussi que la distinction établie dans les rôles d'impositions entre les contributions générales et les contributions locales, n'est plus exacte, car les centimes additionnels nécessités par de telles constructions, ne sont pas librement consentis par les pouvoirs locaux. Ils sont, en effet, contraints à faire ces dépenses, sous peine d'être privés des brigades de gendarmerie.

M. LE MINISTRE DE LA GUERRE répond que le Gouvernement ne peut pas imposer à un conseil général la construction d'une caserne de gendarmerie. Il lui dit seulement, et avec raison, et appuyé sur la loi : Si vous voulez de la gendarmerie, le préliminaire indispensable, c'est que vous prépariez une caserne.

Ensuite, on ne prescrit pas pour cette caserne de conditions différentes de celles que le Gouvernement lui-même admet pour sa propre cavalerie. Ainsi, on ne demande pas de palais, on ne demande pas plusieurs chambres, on ne demande pas un espacement plus considérable pour *les* chevaux de la gendarmerie que pour les chevaux de la cavalerie de l'Etat ; les conditions exigées pour le casernement sont exactement celles que l'Etat remplit lui-même pour sa propre cavalerie.

Par conséquent, il ne peut pas y avoir lieu aux plaintes que le préopinant a fait entendre à cet égard.

— Le chapitre v est mis aux voix et adopté. Son chiffre est 21,356,878 fr.

CHAPITRE VI.

« Subvention à la ville de Paris pour la garde municipale, 1,997,006 fr. »

CHAPITRE VII.

« Recrutement et réserve, 477,000 fr. »

— Adopté.

CHAPITRE VIII.

« Justice militaire , 825,187 fr. »

Un membre présente des observations sur la situation dans laquelle se trouvent les greffiers des tribunaux militaires ; leurs traitements sont tout-à-fait au-dessous de ce qu'exigeraient les fonctions qu'ils remplissent ; leur position n'est pas assez déterminée. Le précédent Ministre de la guerre avait annoncé l'intention de combler cette lacune et d'améliorer le sort de ces fonctionnaires. L'orateur recommande cet objet à la sollicitude de M. le Ministre.

Un deuxième membre donne lecture des termes dans lesquels M. le Ministre de la guerre s'exprimait en 1846 :

« J'ai déjà eu occasion de dire à une autre tribune que je m'occupais d'un projet de loi sur les greffiers militaires ; mais que je ne pourrais apporter le projet dans cette session, parce qu'il y avait là une question grave engagée, celle de l'organisation des parquets militaires. *Elle sera présentée à l'ouverture de la session prochaine.*

De bons greffiers sont nécessaires pour maintenir la suite de la jurisprudence et les précédents.

M. LE MINISTRE DE LA GUERRE répond que c'est une question qui exige un sérieux examen, que celle de constituer au budget une nouvelle classe de fonctionnaires ; mais on pourrait accorder des indemnités à ceux d'entre eux qui en ont besoin. On pourrait aussi choisir les greffiers militaires parmi les officiers en retraite.

UN MEMBRE prie M. le Ministre de la guerre de faire savoir à la Chambre où en sont les travaux commencés depuis si longtemps pour la préparation du Code pénal militaire.

M. LE MINISTRE DE LA GUERRE répond qu'il reconnaît toute l'importance et la nécessité d'achever ce travail. Il sait que l'Administration s'en occupe depuis plusieurs années ; néanmoins, il ne peut pas prendre d'engagement personnel pour l'époque précise de la présentation d'un projet de loi ; mais c'est un des objets sur lesquels se portera particulièrement sa sollicitude.

UN MEMBRE fait observer qu'il serait fâcheux que la suite à donner à de pareils travaux dependît des changements de Ministères. La Chambre des Pairs, dès 1838, s'est livrée à une discussion approfondie de cette matière. Le travail préparatoire doit être fort avancé, et il est bon que la Chambre sache à quoi s'en tenir à ce sujet.

UN DEUXIÈME MEMBRE ajoute que M. le maréchal Soult avait fait des déclarations très-formelles sur ce point dans trois sessions consécutives ; il avait annoncé que deux des trois parties du Code étaient complètement terminées, et que la présentation du projet de loi ne pourrait plus se faire attendre longtemps.

—Le chapitre VIII est adopté.

— La séance est levée.

Signé SAUZET, Président ;

De Bussières, Oger, Saglio, Lanjuinais,
Secrétaires.

Collationné :

Le Secrétaire-Rédacteur,

Signé Cerclet.

PRÉSIDENCE DE M. SAUZET.

Séance du Mardi 6 Juillet 1847.

— Le procès-verbal de la séance du 5 est lu et adopté.

M. DURAND DE ROMORANTIN sollicité et obtient un congé.

UN MEMBRE dépose le rapport sur le projet de loi *relatif aux livrets d'ouvriers.*

Douze rapports sont ensuite déposés au nom de la Commission chargée de l'examen des projets de lois d'intérêt local.

— La Chambre ordonne l'impression et la distribution de ces rapports.

(*Voir les annexes imprimées n°* 284 à 296 *inclusivement.*)

L'ordre du jour appelle la suite de la délibération sur le projet de budget de l'exercice 1848 (Dépenses).

UN MEMBRE annonce qu'il vient demander des explications au sujet desquelles il avait hier sollicité l'autorisation d'interpeller MM. les Ministres. Il n'éprouvait aucun empressement à remplir un devoir pénible, et, depuis six semaines, il priait MM. les Ministres de la guerre et de la justice de l'en dispenser, en donnant satisfaction à de légitimes griefs. Il vient réclamer contre une décision qui blesse la justice ; il vient réclamer pour tout le monde l'application et le bénéfice des lois, et demander si l'état de siège, au mépris d'un arrêt de la Cour souveraine, peut être ressuscité dans nos provinces, au gré d'un brigadier de gendarmerie, d'un sous-préfet et d'un procureur du Roi ; si enfin on peut, sous le manteau de la justice, abriter impunément des représailles électorales.

Les dernières élections dans la Mayenne ont amené une lutte très-vive qui, au bout de trois jours, a donné pour résultat la nomination d'un Député de l'opposition. Madame la marquise d'Hauteville exerce dans le pays, par l'ascendant de ses bienfaits, une influence et un empire qu'on peut mesurer a la rancune qu'on lui a gardée. Dès le commencement de l'hiver, son château a été enveloppé d'un réseau de menaces et de dénonciations ; on faisait retentir autour d'elle des menaces de pillage et d'incendie, sous prétexte d'accaparement de grains. Aux plaintes qu'elle fit entendre a ce sujet, M. le sous-préfet répondit verbalement que si madame de Hauteville ne se mêlait pas des élections avec tant d'activité, cela ne lui arriverait pas. Ne pouvant croire à cette réponse, elle écrivit à M. le sous-préfet, et en reçut la lettre suivante :

« J'avais l'honneur de vous dire, madame : l'Administra-
« tion connaît son devoir ; elle étend sa protection sur tous
« les citoyens, et sur ceux auxquels une ligne de conduite
« peu prudente semblerait donner moins de droits à cette
« protection. Quels que soient les égards que tout homme
« bien élevé doit à une noble dame, ma franchise me fait
« un devoir de vous faire part de deux réflexions que me
« suggèrent et votre lettre du 14, et les craintes qui y sont
« exprimées. D'abord, il me paraît peu conséquent, peu lo-
« gique, je l'avoue, de venir faire appel à l'influence de
« l'Administration, alors que chaque jour l'on s'efforce de
« la déprécier.

« Ensuite, je m'explique difficilement comment il se fait,
« madame la marquise, qu'avec le tact exquis qui vous dis-
« tingue si éminemment, vous n'ayez pas compris que la
« situation actuelle des esprits est le résultat inévitable, la

« conséquence *obligée* des démarches nombreuses, des
« courses multipliées que vous avez faites ou fait faire, ainsi
« que des réunions plus ou moins répétées qui ont eu lieu
« dans votre château. »

Madame d'Hauteville s'étonna d'un pareil langage, au
lendemain des troubles de Buzançais et de Châteauroux ;
elle écrivit de nouveau, et reçut du sous-préfet une deuxième
lettre dans le même sens :

« Le but de votre première lettre était rempli, madame,
« et je ne devais pas m'attendre à l'honneur d'une seconde
« dépêche. Vous désirez que je vous donne des explications
« sur les réflexions contenues dans ma lettre du 16. Je
« vais le faire.... Eh bien ! ce sont ces amis que vous visi-
« tez qui répandent ces bruit calomnieux qui vous indignent
« à juste titre, qui profèrent ces menaces qui vous effrayent
« à bon droit ; ce sont ceux qui, malgré les bienfaits que
« vous répandez et que je me plais à reconnaître, vous dé-
« popularisent en vous signalant à la population peu éclai-
« rée comme des ennemis. Pourquoi, direz-vous? Parce
« que les paysans, qui ne comprennent pas qu'une noble
« dame puisse s'occuper d'intrigues politiques, ont donné
« tout autre motif aux visites faites par vous chez les per-
« cepteurs et chez les maires. »

Voici maintenant de la haute théorie :

« Madame la marquise, nous autres administrateurs, for-
« cés par position, par devoir, d'être pour quelque chose
« dans les élections, nous comprenons les démarches élec-
« torales de nos ennemis, encore bien que nous ne voulus-
« sions pas en faire de semblables. Mais le peuple, savez-
« vous ce qu'il disait alors et plus tard : M. d'Hauteville
« accapare les grains, madame la marquise veut nous faire
« pâturer comme des animaux, et mille autres stupidités
« qui n'auraient pas été dites, que l'on n'aurait pas répé-
« tées, si madame la marquise fût restée tranquille dans
« un château, etc., etc. »

Dans l'opinion de l'orateur, cette lettre permet de mesurer les progrès de l'Administration en matière électorale.
Autrefois, on proclamait qu'elle n'avait point à s'immiscer

dans les élections ; aujourd'hui , on veut que l'Administration s'en occupe seule, et que les citoyens se tiennent cois dans leur domicile. On voit à quelles conséquences doivent se résigner ceux qui ne suivent pas cette prudente ligne de conduite.

Après la réception de cette seconde lettre, madame d'Hauteville écrivit au préfet du département pour savoir s'il en approuvait les termes; il répondit : Quant à la polémique entre madame d'Hauteville et M. le sous préfet de Mayenne, veuillez me dispenser d'en dire ma pensée, et recevoir l'assurance qu'il ne m'arrivera jamais d'en engager de même nature.

Madame d'Hauteville s'adressa alors à l'autorité judiciaire: des poursuites furent faites contre ceux qui avaient proféré des menaces de pillage et d'incendie, et ils furent acquittés.

A la suite de ces faits, se place un fait beaucoup plus grave : on touchait à l'époque où doivent être faites les déclarations relatives aux changements de domicile. Madame d'Hauteville se rendait chez un de ses fermiers , électeur, avec sa dame de compagnie. Sur le point d'arriver chez son fermier, dans un chemin que sa voiture ne pouvait traverser, elle dut, quoique affligée d'une entorse, descendre, et fit appeler la personne à laquelle elle voulait parler. Dans ce moment , un brigadier de gendarmerie , accompagné d'un gendarme, se présente, et s'adressant à madame d'Hauteville, lui dit : Ah! je vous y prends! avez-vous un passeport ? Et, sur la réponse négative qui lui fut faite , il réplique : Je vous arrête. En vertu de quoi ? demanda madame d'Hauteville. La réponse fut : J'ai des ordres ; vous allez marcher et me suivre à la ville de Luçay. Madame d'Hauteville, alléguant pour elle l'impossibilité de marcher , demanda à monter dans sa voiture. Le gendarme refusa : Vous marcherez devant moi, à pied, dit-il. Vainement madame d'Hauteville offrit-elle de se faire reconnaître; elle dut se laisser conduire à pied vers la ville de Luçay, où se tenait ce jour même le marché. A ce sujet, l'orateur fera remarquer combien il était imprudent , au mois de février dernier, de faire ainsi entrer dans une ville, un jour de marché , et sous l'escorte d'un gendarme, une personne contre laquelle de vagues rumeurs avaient accrédité une imputation d'accaparement. Heureusement qu'à une centaine de pas de la ville, elle rencontra le maire, qui la reconnut, et qui la fit mettre en liberté. Tous ces faits sont constatés dans une lettre de ce fonctionnaire, qui se termine par ces mots : Je ne me suis nullement aperçu que le gendarme fut ivre, et il semblait convaincu qu'il remplissait un devoir exprès.

Madame d'Hauteville écrivit au procureur du Roi pour se plaindre ; mais l'enquête qui eut lieu sur cette plainte, semblait dirigée contre madame d'Hauteville elle-même. L'électeur qu'elle était allé visiter, et le maire qui l'avait fait mettre en liberté, furent interrogés avec toute l'apparence du sérieux au sujet des accaparements de grains que la rumeur publique impliquait à madame d'Hauteville.

M. d'Hauteville, étonné et irrité de cette conduite, écrivit à M. le procureur du Roi pour se plaindre ; il reçut la réponse suivante :

« Monsieur,

« J'étais sur le point de vous faire connaître quelle impression la conduite du brigadier d'Ambières avait produite sur moi, lorsque votre seconde lettre est venue changer ma détermination. Les termes plus qu'inconvenants dans lesquels elle est conçue, et les menaces plus ou moins directes qu'elle renferme, me font une loi de vous refuser toute espèce d'explication. »

L'orateur fait observer que la lettre de M. d'Hauteville n'avait cependant rien d'inconvenant, et puisqu'on lui en manifeste le désir, il croit devoir la placer sous les yeux de la Chambre.

M. d'Hauteville renouvelle au procureur du Roi le récit des faits, puis il continue ainsi en parlant du gendarme :

« ...Après vous avoir quitté, il assurait, à Luçay, que vous lui aviez dit qu'il avait fait son devoir, qu'il avait des ordres, et qu'il avait eu raison de les exécuter ; que, loin de craindre une punition, il espérait une récompense, parce que c'était pour son commerce de grains qu'il avait arrêté

madame d'Hauteville, et qu'elle avait bien ce qu'elle méritait.
Ces bruits étaient éteints, Monsieur , et c'est vous qui êtes
venu les renouveler par vos demandes à M. le maire, qui
sont maintenant connues de tout Luçay. Etait-ce là. je
vous le demande, le moment opportun, à la suite d'une arrestation, de venir vous informer si ces calomnies de commerce de grains n'avaient pas quelque fondement , si nos
fermiers amenaient du grain au marché ; et *c'est à vous que
je m'étais adressé* pour poursuivre les calomniateurs, et
vous venez leur offrir les moyens de recommencer. Chacun
répète que ce n'est pas contre le brigadier que vous êtes
venu faire une enquête, mais contre nous ; lorsque vous
saviez aussi bien que moi que je suis étranger a tout commerce, et que celui des grains me fait horreur, puisque *je
veux poursuivre tous ceux qui m'en accuseront.*

« Je viens donc vous demander si votre intention est de
donner suite à ma plainte contre le brigadier ; car, s'il en
était autrement, je m'adresserais à l'autorité supérieure. »

L'orateur expose ensuite que madame d'Hauteville ne tarda
pas à recevoir une lettre de son avocat, qui lui rendait compte
des démarches faites auprès de M. le procureur du Roi, et
de la déclaration nettement articulée par ce magistrat, qu'il
n'entendait pas donner suite à l'affaire.

Ce fut alors et seulement le 5 mai, que madame d'Hauteville
se décida à livrer l'affaire aux journaux : elle vint ensuite
à Paris , et fit à l'orateur l'honneur de le consulter. Il ne
fut point d'avis de saisir la Chambre de cette affaire. Sa réponse fut que la Chambre n'aimait pas les interpellations,
que madame d'Hauteville s'exposerait au soupçon de vouloir
faire du bruit, et qu'il valait mieux arranger l'affaire à l'a-
miable dans une conférence avec le procureur général, qui
est lui-même membre de l'assemblée, et, au besoin, avec
M. le Garde des sceaux. Le rendez-vous fut immédiatement accordé par M. le procureur général, et d'autres
Députés se joignirent à l'orateur, pour obtenir une au-
dience de M. le Garde des sceaux et de M. le Ministre
de la guerre. L'accueil de M. le Ministre de la guerre
fut d'abord très-favorable, mais ses dispositions se mo-
difièrent tout-à-coup d'une manière sensible; il se déclara suffisamment renseigné, et sa réponse fut telle que

l'orateur l'interpréta comme une résolution invariablement prise de se refuser à toute satisfaction, même au déplacement du brigadier de gendarmerie. M. le Garde de sceaux, a qui cette réponse fut reportée, répondit que le brigadier de gendarmerie était un agent mixte, qu'en sa qualité de Ministre de la justice il avait le droit de donner son avis, et qu'il différait d'opinion avec son collègue. Effectivement, au bout de quarante-huit heures, il annonça que le brigadier serait changé.

Conformément aux conseils qu'elle reçut, madame d'Hauteville prit alors le parti de retourner chez elle; mais il résulte d'une lettre par elle écrite à l'orateur, qu'à la date du 29 juin, le brigadier qui devait être puni et déplacé ne bougeait pas, et se vantait de l'impunité.

L'orateur n'aurait pourtant pas entretenu la Chambre de ce fait, si les personnes du pays qui s'étaient intéressées à madame d'Hauteville, n'étaient elles-même devenues l'objet de persécutions violentes. Au nombre de ces personnes se trouve un ancien magistrat, M. de Malorty, au caractère duquel M. le Garde des sceaux s'est empressé de rendre hommage. Comme il se trouvait dernièrement chez son beau-frère, deux gendarmes l'engagèrent à se rendre chez lui, pour assister à une visite domiciliaire : lorsqu'il arriva, son château tout entier était sous le séquestre, sauf la cuisine, occupée par deux gendarmes. On avait expulsé jusqu'à un enfant de onze mois, et M. de Malorty fut obligé d'aller demander l'hospitalité à un voisin. Le prétexte de la visite était une imputation dirigée contre cet ancien magistrat, de vouloir renouveler la guerre civile : il était accusé d'avoir donné à un mendiant une médaille du comte de Chambord. L'orateur lit à ce sujet une lettre de M. de Malorty lui-même, qui raconte d'abord l'état de siège dans lequel il a trouvé son habitation ; puis il écrit au *Journal de la Mayenne :*

« Voilà, Monsieur le rédacteur, les faits qui se sont passés. J'oubliais de vous dire comment j'ai pris congé de ces messieurs. M. le procureur du Roi, se tournant vers moi, et en présence du juge d'instruction et du greffier, me dit : M. de Malorty, il faut que nous fassions nos conditions. Je lui répondis que je n'avais pas de conditions à recevoir de lof. Il dit alors : C'est que je dois vous prévenir que, si vous m'attaquez dans votre sale journal, je vous traduirai en police correctionnelle. Je lui répliquai que je ne me laissais pas intimider, et que j'allais immédiatement vous écrire pour lui donner l'occasion de me faire un procès. »

L'orateur ajoute que d'autres perquisitions ont été exercées au domicile du rédacteur du journal de la Mayenne, et qu'on y a recherché la brochure de M. Duvergier de Hauranne,

En présence de ces faits, l'orateur demandera à M. le Ministre de l'intérieur, si M. le sous-préfet de Mayenne doit être considéré comme le type de l'administration dans les départements de l'Ouest, et si la liberté électorale, si l'intervention des tiers ne sont inscrites dans la Charte que comme une nue-propriété pour les citoyens. D'un autre côté, il rappellera à M. le Garde des sceaux les paroles par lui prononcées dans la séance du 25 juin dernier : Pour que le ministère public poursuive, disait-il, il faut qu'il croie. Est-ce à dire qu'on voudrait, d'une part, se retrancher derrière une incrédulité absolue, et, d'un autre côte, admettre l'impossibilité et l'absurde, à ce point de considérer une aumône faite à un mendiant, comme une tentative de guerre civile. Dans l'opinion de l'orateur, on ne persuadera à personne qu'une partie de l'Ouest veuille la guerre civile et songe à la fomenter en abusant des calamités publiques et en propageant de coupables rumeurs au sujet de prétendus accaparements de grains.

M. LE GARDE DES SCEAUX demande la parole et s'exprime en ces termes :

« Messieurs,

« Dans tout ce qui a été dit par le préopinant, je ne prendrai pour texte de ma réponse que ce qui me paraîtra réellement, que ce qui paraîtra à la Chambre susceptible d'une explication et d'une réponse sérieuse, digne d'occuper les moments d'une grave assemblée.

« Le préopinant, soit de son propre mouvement, soit par suite des indications qui lui ont été données, a cru qu'il

était utile de réunir, en vue d'un même but et dans une
seule pensée, des faits qui n'ont absolument aucun rapport
les uns avec les autres, et sur plusieurs desquels je crois devoir m'expliquer très-brièvement.

« Au commencement de cette année, dans plusieurs départements de l'Ouest, il y avait quelques symptômes d'a-
gitation ; il y avait eu même temps apparence de quelques
menées, peu dangereuses sans doute, mais bien insensées.

« Bien insensées, parce qu'elles pouvaient avoir pour
premier résultat de compromettre la sécurité de ceux
mêmes qui s'y laissaient entraîner. C'est dans le ressort de
la Cour royale de Caen que commença d'abord une information à cet égard ; des tentatives d'embauchage avaient eu
lieu ; le magistrat très-sage et très-réservé qui dirige le
ministère public dans ce ressort, avertit mon prédécesseur,
lui fit connaître l'état des choses, et lui annonça qu'il allait
commencer une information. Cette information a duré
jusque vers la fin d'avril ou le commencement de mai ; il en
est résulté que, si les faits recueillis à la charge de plusieurs
personnes, dont une a jugé prudent de prendre la fuite,
n'avaient pas, sous le rapport légal, le caractère suffisant
pour motiver l'application de la loi pénale, soit sous le rapport de l'embauchage, soit sous le rapport du complot, il y
avait cependant, et l'ordonnance de la chambre du conseil
le constate, un ensemble de circonstances qui établissent
que les menées que je signalais tout-à-l'heure avaient réellement existé.

« Dans le cours de cette instruction, il avait été révélé
que, dans le département de la Mayenne et dans d'autres
départements de l'Ouest, des symptômes d'agitation assez
marqués s'étaient manifestés, et qu'on accusait l'autorité
administrative et l'autorité judiciaire de ne pas s'en préoccuper assez activement.

« Il fut adressé du Ministère de la justice, et vraisembla-
blement du Ministère de l'intérieur, des instructions très-
générales, dans lesquelles on recommandait aux autorités
judiciaires et aux autorités administratives d'avoir les yeux
ouverts, de surveiller et d'instruire.

« C'est dans cette circonstance, Messieurs, qu'à l'occasion des conjonctures difficiles que nous avons traversées,

celles de la cherté des grains, les populations, dans certaines localités , et particulièrement dans le département de la Mayenne, conçurent à tort, j'aime à le croire, contre des personnes riches et bien placées dans la société, ayant ou passant pour avoir des tendances et des opinions peu d'accord avec nos institutions et avec le régime sous lequel nous vivons, des soupçons, et quelque chose même de plus que des soupçons. Cela est si vrai , que les personnes au nom desquelles on se plaint aujourd'hui, réclamèrent de leur côté, de l'autorité administrative et judiciaire, une surveillance active et une protection efficace.

« J'ai devant moi des lettres que M. d'Hauteville lui-même adressait au procureur du Roi dont le préopinant a parle, et dans lesquelles il lui demande toute sa surveillance ; j'en ai d'autres dans lesquelles il le *remercie mille fois* de tous les soins qu'il avait pris, de toutes les mesures qu'il avait employées pour le protéger, lui, sa famille, ses gens et ses propriétés.

« Que faisait le procureur du Roi à cette époque ? Il envoyait les agents de l'autorité pour défendre les propriétés et les personnes ; quelquefois il s'est transporté lui-même sur le théâtre de ces agitations. Voilà quelle était la conduite de ce magistrat.

« C'est dans ces circonstances que s'est passé le fait relatif à madame d'Hauteville. Il est bien loin de ma pensée de refuser à cette dame aucun des égards qui lui sont dus : j'ai eu l'honneur de la voir à l'occasion de l'affaire du brigadier de gendarmerie , et les explications qui avaient été échangées entre elle et moi, et qui m'avaient paru la satisfaire , comme elles m'avaient donné à moi-même pleine satisfaction , devaient me faire croire cette affaire entièrement terminée.

« Quoi qu'il en soit, madame d'Hauteville, dit-on, s'occupait alors de démarches très-actives, parfaitement étrangères à ces menées dont je parlais tout à l'heure, mais que, dans le pays , on interprétait autrement. La population remarquait qu'il y avait, de la part de madame d'Hauteville, de M. d'Hauteville , des personnes de leur famille et de leur maison, une agitation inaccoutumée ; on leur demandait compte de leurs démarches, et l'opinion publique, à

tort, je m'empresse de le répéter, assignait à ces démarch s
une autre cause que la cause véritable.

«Selon madame d'Hauteville, elle n'avait d'autre but que
de faire inscrire des noms sur les listes électorales, afin
d'arriver à l'élection d'un membre du conseil général.

« C'est dans ces circonstances qu'un brigadier de gendarmerie, qui avait reçu l'ordre général de surveiller,
d'avoir les yeux ouverts, rencontre un jour madame d'Hauteville, accompagnée de deux autres personnes, dans un
chemin creux, où elle était arrêtée. Il lui demande son
passeport; elle lui répond qu'elle n'en a pas, et lui fait
connaître son nom. Le brigadier déclare qu'il ne la connaît pas, et la prie de le suivre jusque chez le maire:
c'était à une distance peu éloignée.

» Dans le trajet, on rencontre le maire; et voici comment ce magistrat raconte les faits passés en sa présence.
Il faut que la Chambre soit édifiée sur leur véritable caractère.

« *Le maire.* Le 21 de ce mois, vers cinq heures du soir,
« j'étais à me promener à l'entrée de la route d'Ambrières,
« lorsque je vis arriver madame d'Hauteville et mademoi-
« selle Ernestine du Plessis, accompagnées du brigadier de
« gendarmerie et d'un autre gendarme à la résidence d'Am-
« brières; une voiture suivait par derrière. Je m'approchai
« d'elles sur un signe qui me fut fait, et madame d'Haute-
« ville m'interpella en me disant : Me connaissez-vous ? On
« vient de m'arrêter arbitrairement à trois kilomètres d'ici,
« et on m'a forcée de faire ce trajet à pied, malgré une en-
« torse qui me fait beaucoup souffrir. Madame d'Hauteville
« paraissait fort pâle. Lorsque j'eus répondu que je la con-
« naissais parfaitement, ainsi que la demoiselle qui l'ac-
« compagnait, le brigadier prit la parole, et fit observer à
« madame d'Hauteville qu'elle ne lui avait pas demandé de
« monter en voiture. Cette dame ne répondit rien. En me
« disant qu'elle avait une entorse, elle me montra la jambe
« qu'elle prétendait malade, mais je n'y ai pas vu de
« bandage.

« Madame d'Hauteville paraissait émue, mais elle n'attaqua
« pas directement le brigadier; au contraire, mademoiselle

« du Plessis lui parlait avec une certaine aigreur, elle le
« fixait en souriant ironiquement, et, en me racontant ce
« qui s'était passé au moment où il leur avait demandé
« leur passeport, elle prétendit qu'il avait agi avec imper-
« tinence. Ce sous-officier lui répondit avec vivacité, mais
« non malhonnêtement. Il se contenta de lui dire : Rira bien
« qui rira le dernier. Il ajouta : Je n'ai fait que mon devoir, et
« je dresserai procès-verbal de ce qui vient de se passer, et
« je l'adresserai à M. le procureur du Roi. »

« Le fait, Messieurs, fut dénoncé à l'autorité supérieure ;
elle examina, elle prit des informations sur le brigadier. Il
lui fut attesté d'abord que cet homme avait toujours fait son
service avec beaucoup d'exactitude et beaucoup de convenance. On ne s'en tint pas là. On descendit dans l'examen
attentif des autres parties de l'affaire ; il fut répondu que
le brigadier, à part la forme inconvenante qu'il avait employée, et qui devait être l'objet d'une enquête sévère de
l'autorité supérieure, avait agi de bonne foi, en ce sens qu'il
ne connaissait pas madame d'Hauteville.

« On eut donc à lui demander compte, non pas d'une arrestation arbitraire, il n'y a pas eu d'arrestation, mais d'une
inconvenance punissable, qui consistait, de la part de ce
gendarme, à avoir demandé en plein jour, à une femme,
un passeport. Cette demande, à proprement parler, à prendre le texte rigoureux de la loi, n'était pas illégale : la loi de la
gendarmerie ne défend pas, même en plein jour, de demander
un passeport ; mais je dis en même temps que le bon sens, la
raison, les convenances, interprètent la loi et déterminent
son véritable sens.

« Ce brigadier avait donc manqué aux convenances, qui
lui commandaient d'examiner, d'étudier, de s'informer,
avant de recourir à une forme aussi rigoureuse, non pas de
l'arrestation, je le dis encore, car elle n'a pas eu lieu, mais
de la demande d'un passeport.

« Aussitôt que le fait a été porté à ma connaissance, le
premier mot que j'ai prononcé, a été celui-ci : Ce brigadier ne peut pas rester impuni. Il n'y a pas eu, j'en demande pardon à la mémoire du préopinant, le dissentiment
dont il parlait, entre mon collègue M. le Ministre de la
guerre et moi.

« Ce qu'il y a de vrai, c'est que, quand l'orateur me dit
que M. le Ministre de la guerre paraissait disposé, d'après
les rapports qui lui avaient été adressés, à ne rien faire à
l'egard de ce brigadier, je lui dis : « Ne vous pressez pas
« d'interpeller ; l'affaire est l'objet d'un examen contradic-
« toire entre M. le Ministre de la guerre et moi ; quand nous
« aurons examiné tous les deux, vous connaîtrez la déci-
« sion, et, si elle ne vous convient pas, vous pourrez porter
« vos interpellations à la tribune. »

« Nos informations furent tellement complètes et con-
sciencieuses, que nous les prîmes non-seulement auprès de
M. le procureur général de la Cour royale d'Angers, non-
seulement auprès des autorités locales, mais aussi auprès
de ceux de nos collègues qui appartiennent à ces contrées.
Tous ont compris que la seule mesure exigée par la circonstance, c'était le déplacement du brigadier, et une peine
disciplinaire. C'est ce qui a été fait. Le brigadier a été soumis à la prison, il a été changé de résidence.

« Le préopinant vient nous dire qu'à un jour donné il
était encore dans le pays. Messieurs, je puis bien répondre
que la mesure a été prise par M. le Ministre de la guerre,
et qu'elle sera exécutée ; mais nous ne pouvons aller jusqu'à empêcher ce brigadier de venir dans le pays, ne fût-ce
que pour y prendre ses meubles ; nous ne pouvions, en le
changeant de résidence, lui défendre de reparaître à jamais
dans la contrée.

« Voilà, Messieurs, l'affaire du brigadier. Je croyais cette
affaire terminée, et je la croyais d'autant plus, que non-seulement la partie intéressée, madame d'Hauteville, m'avait déclaré, à moi-même, qu'elle se trouvait satisfaite, mais que
j'avais reçu un témoignage de satisfaction auquel, je l'a-
voue, je ne suis guère accoutumé : un journal, appartenant
à l'opinion qu'on appelle l'opinion légitimiste, avait reconnu, immédiatement après la décision prise, que, dans
cette circonstance, l'autorité supérieure avait fait son devoir, et même, c'était beaucoup trop d'honneur pour moi,
sans doute, il attribuait au Garde des sceaux seul la justice
obtenue pour madame la marquise.

« Voilà le fait dans toute sa vérité. Maintenant, ce fait est

la source de l'accusation dirigée contre le procureur du
Roi, que je n'hésite pas à défendre complétement.

« A vrai dire, l'objet du débat est celui-ci :

« Quelques personnes, dans ce pays, veulent que le procureur du Roi soit destitué; elles le demandent positivement, c'est l'objet de leurs espérances et le but de leurs
efforts. Or, je suis persuadé, je suis convaincu, que ce magistrat n'a failli à aucun de ses devoirs, et, dans la crainte
de me laisser égarer par l'intérêt que je dois porter naturellement à un fonctionnaire placé sous mon autorité, j'ai
demandé non-seulement aux chefs des autres administrations, mais encore à plusieurs de nos collègues, quelle opinion ils s'étaient formée de sa conduite.

« Il me l'a expliquée lui-même, j'ai tout entendu, tout
examiné.

« Il est résulté pour moi de cet examen, la conviction que
ce magistrat était tout ensemble plein de fermeté et de modération ; qu'il n'avait jamais manqué aux convenances, à
la bienveillance qui sont une partie de ses devoirs, qu'il
savait enfin concilier les égards dus aux personnes, avec les
mesures rigoureuses de la loi.

« C'est ce qui s'est passé, et voilà ce qu'a fait le procureur du Roi.

« Des individus continuaient dans le pays à signaler
M. d'Hauteville comme accapareur, c'est le mot dont on se
servait; c'était une erreur, mais une erreur accréditée.
D'autres se servaient d'une qualification usitée dans le pays
contre les gens qui, à main armée, font la guerre au Gouvernement.

« Eh bien ! quoique le procureur du Roi n'eût pas le
droit de poursuivre d'office en pareille circonstance, puisque c'était une diffamation contre un particulier, il a cependant intenté des poursuites d'office; dans l'intérêt de
M. d'Hauteville et dans l'intérêt de la paix publique, pour
protéger l'une et l'autre plus énergiquement, il a poursuivi
à deux époques différentes les individus qui avaient attaqué
M. d'Hauteville. Une fois, il y a eu une ordonnance de non-
lieu, malgré la poursuite de M. le procureur du Roi : c'est
dans l'affaire Courseilles de Lassay. Et voici ce qu'on lui
écrivait dans une lettre qu'on vous a lue, mais dont on a

oublié un passage : « Je ne m'étonne plus si Courseilles de
« Lassay est resté impuni. » Voilà ce qu'on disait au procureur du Roi, au magistrat qui, d'office, remplissant et
même dépassant son devoir, avait intenté des poursuites
que la loi ne l'obligeait pas à intenter. On lui imputait l'ordonnance de non-lieu, on l'attribuait à sa malveillance.

« Un autre individu a été poursuivi et condamné pour
avoir appelé M. d'Hauteville, chouan.

« Dans cette circonstance, le procureur du Roi était d'autant moins resté en deçà de son devoir, que son chef, le
procureur général, lui a adressé une lettre où il lui disait :
Je comprends que les circonstances aient pu vous déterminer à poursuivre ; mais n'en faites pas une habitude : le
ministère public ne doit pas se mettre à la place des particuliers, non-seulement parce que cela ajoute aux charges
de l'État en augmentant les frais de justice , mais surtout
parce que le ministère public doit réserver sa protection
pour les occasions qui intéressent l'ordre public et les intérêts généraux de la société.

« Voilà dans quel sens le procureur du Roi a été rappelé
à son devoir.

« Maintenant, il est arrivé tout récemment que le procureur du Roi et le juge d'instruction ont été informés que
des sommes de 8 fr., de 10 fr. avaient été distribuées à certains individus; en même temps ils ont été informés qu'on
distribuait de petites médailles à l'effigie d'Henri V ; ils ont
pris quelques renseignements, et ils ont su qu'une personne
que le préopinant a nommée, personne honorable, du reste,
avait pris part à cette distribution. Cette personne m'a fait
l'honneur de m'écrire, et je ne puis être soupçonné envers elle
d'une partialité malveillante. On lui avait imputé des démarches suspectes. C'est ce que l'instruction qui se fait en ce moment-ci éclaircira, et qu'il ne m'appartient pas de préjuger.

« Mais qu'a fait le procureur du Roi ? Il a saisi le juge
d'instruction, en considérant ces faits comme se rattachant
aux manœuvres d'embauchage qui avaient eu lieu dans des
départements voisins, et il l'a requis de rechercher ceux
qui donnaient de l'argent et qui distribuaient des médailles.

« On s'est transporté au domicile de M. de Malortie ; il

était absent. Vous croyez qu'usant de la rigueur de la loi, on est entré dans la maison de M. de Malortie malgré son absence ? Non, on s'est arrêté. On a attendu son retour ; et alors on a mis les scellés sur la porte des appartements personnels de M. de Malortie. On lui a écrit à lui-même de revenir pour assister à la perquisition qui allait avoir lieu.

« Je ne crois pas nécessaire de faire mention de ce qui a été trouvé dans cette perquisition : ce sera l'objet d'un autre examen ; ce qu'il m'importe de constater, c'est que toutes les formes légales ont été observées, c'est que toutes les convenances personnelles ont été respectées, et qu'on n'a manqué à aucun de ces égards que peut comporter l'exécution d'un mandat toujours rigoureux.

« Voilà tout ce qui s'est passé ; la chambre du conseil est saisie à l'heure où je parle. Et voilà l'objet des réclamations qu'on porte devant vous. »

LE PRÉOPINANT se bornera à tirer les conséquences des paroles que la Chambre vient d'entendre. D'une part, la liberté individuelle serait, en France, constituée sur de telles bases, qu'on ne pourrait se promener à une distance quelconque de son domicile, sans être muni d'un passeport. D'un autre côté, la possession d'une médaille, lorsqu'elle serait constatée à la suite d'une apposition de scellés, constituerait un flagrant délit de tentative de guerre civile. L'orateur demande si c'est dans de telles conditions qu'on entend constituer la liberté des citoyens. Il ajoute qu'en revendiquant les véritables principes, il n'entend pas prendre fait et cause pour des personnes dont l'intention serait de braver la justice.

M. LE GARDE DES SCEAUX répond :

« J'ai trop de confiance dans la loyauté du préopinant et dans la loyauté de tous les membres de la Chambre, pour croire qu'on veuille donner aux paroles que j'ai prononcées, l'interprétation qu'involontairement semblait leur donner tout-à-l'heure l'orateur.

« Je n'ai point dit qu'un gendarme dût exiger le passeport de toute personne, des personnes du sexe particulièrement, rencontrées en plein jour et dans la contrée même de leur domicile.

« Je dis, au contraire, que le brigadier, que je n'ai pas excusé, puisque j'ai été d'avis qu'il fût puni, avait été déterminé, entraîné par une interprétation trop rigoureuse, judaïque, inintelligente, du texte de l'ordonnance sur la gendarmerie, qui donne en effet aux gendarmes le droit de demander les passeports. Il va sans dire, en effet, que les raisons de convenance, de bon sens, se trouvent là pour expliquer la loi ; aussi le gendarme, qui ne s'en est pas assez pénétré, a-t-il été puni, et ce n'est que pour cela qu'il l'a été. »

UN MEMBRE déclare qu'il ne vient contester aucune des doctrines émises par M. le Garde des sceaux. Il rend hommage, et aux maximes et aux actes, puisqu'après tout, satisfaction a été donnée à madame d'Hauteville, et que le gendarme coupable a été condamné et puni. Mais il y a des faits au sujet desquels M. le Garde des sceaux lui paraît avoir été induit en erreur. Il ne croit pas que des menées contre le Gouvernement aient eu lieu dans les départements de l'Ouest, et il proteste contre cette supposition, qu'un parti quelconque puisse songer à mettre à profit la misère publique.

UN DEUXIÈME MEMBRE soumettra à la Chambre une observation relativement aux faits blâmables dont madame d'Hauteville a eu à se plaindre, c'est que les Députés de la droite n'ont pas seuls réclamé à ce sujet. Il y a eu réclamation unanime de la part des Députés de la Mayenne : le Gouvernement a reconnu que le fait était blâmable, et il a puni, dans une mesure plus que suffisante, l'agent qui s'en était rendu coupable.

Quant à cette assertion qu'il n'y a pas eu dans l'Ouest de menées contre le Gouvernement, l'orateur veut croire que de tels actes sont réprouvés par toutes les parties de l'assemblée, et que la tête du parti légitimiste n'y est pour rien ; mais les menées n'en sont pas moins réelles, et l'orateur affirme que dans son arrondissement, on croyait que le pays était, comme au mois de juin 1832, à la veille d'une commotion. Ces actes peuvent n'être imputables qu'aux subalternes du parti, et l'orateur croit que s'il y a un reproche à faire au Gouvernement, c'est de s'être montré trop indulgent.

LE PRÉOPINANT répond qu'il a parlé comme Député, et non comme légitimiste. Il déclare n'avoir aucune connaissance de ce qui vient d'être dit.

UN AUTRE MEMBRE demandera à celui qui a dénoncé les menées du parti légitimiste, de signaler un fait précis : si l'on garde le silence, il se croira autorisé à dire qu'on a été l'écho involontaire de bruits qui n'avaient aucune espèce de fondement.

L'UN DES PRÉOPINANTS dit que lorsqu'il affirme des faits, c'est qu'il a une certitude complète. Mais comme il n'est ici ni procureur du Roi, ni procureur général, ce n'est pas à lui qu'il faut demander le détail des faits.

UN MEMBRE croit devoir, comme procureur général, donner des explications au sujet de perquisitions par lui ordonnées au domicile du gérant d'un journal de la Mayenne. On a donné à entendre que ces perquisitions avaient pour objet la saisie d'une brochure publiée par un membre de l'assemblée. Il croit inutile de protester contre l'intention qu'on lui prêterait d'incriminer ceux qui ont cette brochure entre les mains ; il serait le premier coupable. Il a eu un motif judiciaire pour constater la présence de la brochure dans les mains du journaliste. C'est devant la justice qu'il aura à s'expliquer à cet égard ; mais il ne voulait pas que l'opinion de l'auteur de la brochure pût s'égarer sur ce point.

— La Chambre, consultée par M. LE PRÉSIDENT, décide qu'elle passe à l'ordre du jour.

On reprend la discussion du chapitre IX du budget de la guerre.

UN MEMBRE annonce qu'il vient demander à M. le Ministre de la guerre et à M. le Commissaire du Roi, des explications sur l'affaire Bénier. Il rappelle que l'année dernière, la Chambre, par un vote unanime, a réclamé un compte à la fois administratif et judiciaire des mesures

qui seraient prises pour parvenir à la connaissance de la
vérité et à la punition des coupables.

Il n'a point a s'occuper de compte judiciaire. C'est une
dette dont M. le Ministre de la guerre lui-même s'acquit-
tera sans doute plus tard. Le compte administratif sera
seul l'objet de son examen. Et, avant tout, il remerciera
le prédécesseur de M. le Ministre actuel, d'avoir confié
l'enquête à des magistrats et à des fonctionnaires dont la
haute impartialité égalait les lumières. C'est à leur concours et à leurs investigations, qu'est due la preuve de tous
les faits que l'orateur n'avait pu naguère présenter que
sous forme interrogative.

Il exposera succinctement les faits principaux.

Le sieur Bénier a pris le service de la manutention de
Paris en 1830.

Il succédait à M. Boinod, dont la probité sera toujours
justement honorée, et il héritait d'une confiance dont il
était indigne. Bien que les conditions de son service se
fussent modifiées et impliquassent une responsabilité plus
grande, les choses restèrent dans l'état où elles étaient
avant lui. La surveillance à laquelle sa gestion devait être
soumise, continua de n'être qu'une simple formalité;
l'Administration le dispensa de fournir un cautionnement,
bien qu'une ordonnance lui imposât à cet égard des obligations étroites. Celui de tous les comptables dont la gestion a le plus d'étendue et d'importance, était le seul qu'on
eût affranchi du cautionnement. Le sieur Bénier est mort
en 1845, et on a alors constaté des déficits considérables.
Il manquait dans les magasins 12,000 quintaux de blé;
et sur les quantités existantes, 20,000 quintaux étaient dans
un état d'avarie tel, qu'on les a reconnus impropres au
service. Toutefois, par une opération que l'orateur n'est
point en mesure d'apprécier, ces 20,000 quintaux ont été
l'objet de manutentions et de mélanges, à la suite desquels ils ont été donnés en consommation à la garnison de
Paris.

Quelles ont été les causes de la situation de Bénier? Le
rapport du sous-intendant Barbier a attribué le déficit a
l'insuffisance des déchets alloués pendant les quinze ans de
la gestion. Cette explication eût fait retomber la faute sur

l'Administration." Mais l'opinion de M. Barbier a été rejetée par l'Administration elle-même. Le résultat de l'enquête a été d'établir que cette opinion était sans fondement. On savait les causes du déficit depuis longtemps, et on ne les a pas fait connaître. Il est avéré que Bénier vivait dans le désordre, qu'il se livrait à des spéculations dangereuses, à des infidélités et à des détournements pratiqués sur une échelle considérable. Il devait faire le service de la manutention de Paris en farine réglementaire ; il s'était engagé à acheter des blés pour le compte du Gouvernement, et à les faire convertir en farine dans l'usine de mouture de l'administration. Mais il trouvait de l'avantage à faire ces opérations en farine du commerce, et il en faisait entrer dans les magasins des quantités qui se sont élevées, en deux ans, à 42,000 quintaux. Pour masquer cette fraude, il faisait de fausses écritures, de fausses factures d'achats de blé, et des actes apocryphes destinés à simuler les moutures qu'il parvenait à éluder. Il ne devait pas entrer dans les magasins un seul kilogramme de farine du commerce. Comment admettre que de pareilles quantités y soient entrées sans que tous les agents de la manutention l'aient su, et comment croire que l'Administration elle-même l'ait ignoré ?

La Commission d'enquête paraît supposer que les malversations ne remontent qu'à 1840. Mais l'opinion bien ferme de l'orateur, est qu'elles ont commencé dès le premier jour de la gestion de Bénier. Cela paraît constaté par la Commission d'enquête elle-même. Il résulte effectivement de son travail, que de 1830 à 1836, on n'a pu retrouver ni registres, ni traces quelconques de comptabilité ; et que de 1830 à 1845, toute la comptabilité est irrégulière ou fausse. A l'appui de son opinion, l'orateur invoquera surtout le fameux rapport émané en 1836 d'un honnête chef de bureau, M. Tessier, qui ne craignit pas de dire la vérité. L'orateur savait que ce rapport existait ; mais il en avait vainement réclamé la production. M. le Sous-Secrétaire d'État de la guerre a déclaré qu'il avait disparu, qu'il n'en existait aucune trace dans les archives, non plus que du procès-verbal de la Commission à laquelle le rapport avait été soumis. Il a été enfin retrouvé, et en voici

les conclusions : « Quoi qu'il en soit de la cause réelle de
« la mauvaise gestion de M. Bénier, qu'il faille l'imputer,
« soit au laisser-aller, soit au dol, l'effet est le même ; il en
« résulte pour le Trésor la perte énorme de 200,000 fr.
« Un semblable résultat connu , il ne reste qu'à révoquer le
« comptable , indigne de conserver un seul instant la di-
« rection d'un service si important. Et quant à l'avenir, il
« y a des dispositions à prendre pour empêcher le retour
« de semblables désordres. »

L'auteur du mémoire ajoutait qu'il aurait l'honneur de
proposer ces dispositions. Il a été destitué, et l'on n'a
donné aucune suite aux vues qu'il avait présentées. L'orateur fait observer qu'on n'est aujourd'hui en possession de
cette pièce, que parce qu'il en a été retrouvé une copie
dans les papiers de Bénier, copie conforme à celle qu'a reproduite la veuve de Tessier lui-même.

A qui appartient la responsabilité de cette mauvaise gestion ? S'il faut en croire l'Administration, elle n'y est pour
rien, et la responsabilité toute entière pèserait sur les fonctionnaires de l'intendance. L'orateur tient pour incontestable qu'il y a eu de leur part négligence et faute grave.
Des mesures rigoureuses ont été prises relativement à quelques uns de ces fonctionnaires. La Chambre approuvera,
sans doute, la réserve que l'orateur croit devoir garder à ce
sujet; mais il veut examiner si l'administration de la guerre,
qui a produit sa défense, n'a pas aussi sa part de responsabilité. Elle prétend que non. Il est dit, page 25 du rapport,
qu'à l'occasion des décomptes et inventaires, il n'est pas
inutile de rappeler que l'administration centrale n'exerce
et ne peut exercer aucun contrôle direct sur la gestion des
comptables ; que la direction, la surveillance et le contrôle
appartiennent exclusivement à l'intendance militaire dans
ses divers degrés, et que l'administration centrale ne fait
que vérifier les comptes, les liquider et les apurer. L'orateur croit que MM. les administrateurs de la guerre ne sont
pas dans le vrai, qu'ils se font trop petits, et que, dans toutes les parties du service, leur autorité directe se fait sentir.
C'est ainsi qu'il a été établi par une discussion récente,
qu'une circulaire émanée de l'administration de la guerre,
avait autorisé un agent en Algérie à recevoir des blés, sans

en vérifier la quantité et la qualité. C'est l'administration
de la guerre qui fait les circulaires, qui conclut les traités
directs Son influence sur le service de l'intendance n'est
pas contestable. Elle a dans ses attributions un bureau de
l'intendance, et elle exerce une action, sinon directe, du
moins très-positive, sur l'avancement des fonctionnaires de
cet ordre. On dit que pendant quinze ans, le service des
intendants militaires dans la division de Paris n'a pas été
fait, puisqu'ils ont manqué à une surveillance dont l'exercice
était pour eux un devoir. A cet égard, l'orateur citera le
témoignage du dernier intendant militaire de cette division, qui fait partie de la Chambre, et qui écrivait il y a
quelques mois : « Il m'eût été facile de prouver que cette
sécurité, au sujet de la gestion Bénier, était entretenue par
le Ministère de la guerre., puisqu'en arrière de moi, le directeur de l'administration de la guerre appelait ce comptable pour lui donner des ordres directs, et que je n'en étais
informé qu'au moment des arrêtés à prendre pour l'exécution des mesures concertées entre eux. »

L'orateur demandera si effectivement le directeur de l'administration de la guerre avait avec Bénier des rapports
journaliers, et si, par cela même, il ne s'immisçait pas dans
l'administration. Il ajoute qu'il y a dans le dossier une note
qui confirme pleinement l'assertion de M. Boissy d'Anglas. Cette note, qui ne porte pas de signature, est évidemment l'œuvre d'un fonctionnaire important de l'administration de la guerre, ou d'un intendant militaire.

Il y est dit que le contrôle de l'intendance était annihilé,
que l'intendance ne dirigeait rien, que son contrôle ne
pouvait être qu'un mot, et que le Ministère ne l'ignorait pas.
Cette note a été communiquée à l'orateur par le président
de la Commission des comptes de 1845.

UN MEMBRE dit que cette note n'est pas venue par le fait
du Ministère de la guerre ; elle a été communiquée offi-
cieusement au rapporteur de la Commission par une personne qui lui a dit la donner pour servir d'élément au travail dont la Commission était chargée : la Commission l'a
reçue sans lettre d'avis, sans aucune indication qui pût

faire connaître d'où elle émanait. C'est un document qui a été déposé sur le bureau de la Commission.

L'ORATEUR reprend la parole, et dit que ce qu'il voulait conclure de la note aussi bien que des témoignages et des faits qu'il a invoqués, c'est que l'administration de la guerre s'était faite bien petite, c'est qu'elle avait sa part de responsabilité dans tous les désordres de la manutention, et que son office ne se bornait pas, comme elle le prétend, à faire des soustractions et des additions. Au surplus, elle s'est mal acquittée de ce devoir qui consiste à additionner et à soustraire. Et, à cet égard, l'orateur puisera ses preuves dans le rapport de la Commission d'enquête. Au mois d'octobre 1836, une vérification extraordinaire a été faite. Elle a eu pour résultat de constater officiellement un déficit de 445 quintaux, et, dans le même moment, l'administration de la guerre, sur la demande de Bénier, lui accordait, à titre de déchets extraordinaires, une allocation représentant 2,900 quintaux, bien qu'elle dût savoir qu'il n'en manquait que 445.

Un deuxième fait accuse l'administration de la guerre.

L'introduction des farines du commerce dans la manutention ne pouvait se faire qu'au moyen de faux comptes de mouture. Les comptes apochryphes produits en 1841, constatent comme sortant de l'usine des moutures, une quantité de farine plus grande que cette usine n'en pouvait produire.

Enfin, l'administration avait fait adjuger les braises de la manutention, et l'adjudicataire devait, tous les trois mois, faire les paiements auxquels il s'était engagé, aux mains de Bénier, qui, de son côté, devait opérer les versements au Trésor. Or, pendant les dix-sept derniers mois, il n'a pas été fait par Bénier un seul versement au Trésor. L'orateur se croit autorisé à en conclure que l'administration n'alignait pas bien ses chiffres : des explications ont été demandées à ce sujet ; le directeur de l'administration a répondu par écrit que les comptes trimestriels faisaient mention des quantités de braises livrées à l'adjudicataire, mais qu'ils ne constataient pas les versements au Trésor. Cette justification est une accusation, car elle prouve que les comptes de

Bénier ne portaient le prix des braises ni en recette ni en
depense.

Voilà les faits antérieurs au décès de Bénier. Ceux qui
viennent ensuite sont, aux yeux de l'orateur, les plus graves.
Il semble qu'il y ait un parti pris, de la part de l'administration, d'être le témoin inerte de toutes les fraudes, des gas-
pillages et des dilapidations qui vont se multipliant d'une
manière effrayante. Dans l'affaire de Rochefort, est-ce l'administration centrale qui a provoqué les poursuites ? Non.
Toutes les sollicitations qui lui avaient été adressées à ce
sujet ont été impuissantes, il a fallu qu'un juge civil fût
saisi incidemment de l'affaire, pour qu'une partie des désordres fût dévoilée. A l'occasion de l'incendie du Mou-
rillon, on s'est borné à ordonner une enquête de police,
puis on s'est arrêté. L'administration, par ce seul fait de
l'impunité qu'elle maintient ainsi a ses agents, assume sur
elle une part de complicité.

Bénier est decédé le 31 mai. L'orateur est intimement
convaincu qu'au jour de son décès, l'administration a dû
être avertie de la situation des magasins. Car tous les
agents de la manutention devaient être dans le secret des
fraudes qu'il pratiquait depuis longtemps sur une si grande
échelle. Il comprend que jusqu'alors les agents aient
gardé le silence ; ils avaient de puissantes raisons pour cela ;
ils devaient être dominés par la terreur ; ils savaient
tous le sort de Tessier, et ils n'ignoraient pas les rapports d'amitié de Bénier avec le directeur de l'administration de la guerre, avec l'intendant militaire et les sous-
intendants. Mais après la mort de Bénier, son successeur a
demandé qu'un inventaire rigoureux fût fait. Cet inventaire
a commencé le 9 juin ; il a mis à nu toute la situation : on a
vu apparaître dans les magasins des vides immenses ou des
monceaux de farines avariées. A-t-on fait quelque chose
alors ? On n'a pas même songé à saisir le juge militaire.
L'administration était exclusivement préoccupée du sentiment de la responsabilité qui pesait lourdement sur elle.
A partir du 1er juillet, le bruit s'est repandu que Bénier
avait des créanciers, et que sa succession ne pourrait combler les déficits. L'inquiétude est grande alors, et l'on re-
court à une enquête de police, à une enquête extrajudiciaire

qui est demeurée secrète, et dont on n'a pas parlé l'an
dernier. Cette enquête a eu pour résultat de constater tous
les faits que l'orateur vient d'exposer. Croit-on qu'alors du
moins il ait été question de saisir le procureur du Roi ou
même le capitaine rapporteur? Non, on s'est occupé de
compenser de déficit avec de prétendues créances de Bénier, de manière à effacer ce déficit et à le soustraire à la
connaissance de la Chambre et aux investigations de la
Cour des comptes.

Le 31 octobre, un rapport est rédigé par M. Barbier, intendant par intérim de la division. Ce rapport propose à
M. le maréchal Soult, alors Ministre de la guerre, de compenser le déficit au moyen d'un rappel de déchets qui re-
monterait jusqu'en 1830. Ce rapport se termine par de
grands éloges donnés à la gestion de Bénier, qui a, dit-on,
procuré au Trésor d'énormes bénéfices. Selon l'orateur, il
est impossible d'admettre que ce soit là une opinion puisée
dans la connaissance complète qu'on devait avoir des faits.
Aux termes de la loi du 29 janvier 1831, aucune créance
contre l'Etat ne peut être répétée après cinq années d'exercices révolus, et ici on fait remonter le rappel à quinze années. L'auteur du rapport le savait, car il avait lui-même
écrit qu'il y avait là des difficultés légales très-sérieuses;
mais dans le rapport officiel remis au Ministre de la guerre,
il n'est question ni de la loi de 1831, ni d'un règlement
bien plus étroit encore, puisqu'il ne permet le rappel des
déchets que pour un trimestre. Le rapport n'exposait donc
pas l'état réel des choses; quoique tous les faits fussent
alors parfaitement connus, il ne signale d'autre cause de
déficit, que l'exiguïté prétendue des déchets. On savait que
toutes les écritures étaient fausses, et on n'en disait rien au
Ministre. La conséquence de ces réticences et de ce mystère, c'est que M. le Ministre de la guerre, qui n'était averti
par personne, a donné son approbation au rapport qui faisait remonter les déchets jusqu'en 1830. L'orateur a énoncé
ce fait l'année dernière; on lui a répondu que le rapport
n'avait pas été approuvé. Or, voici ce que porte la note
écrite par M. le Maréchal lui-même : « J'éprouve un grand
soulagement en voyant qu'on ne doit attribuer le déficit
qu'à l'insuffisance des déchets alloués ; mais l'opinion que

j'énonce doit être plus amplement justifiée, et des instructions seront données en conséquence à l'intendant, pour
qu'il fasse procéder à un règlement du compte définitif,
afin que, s'il y a lieu, le successeur soit déchargé de ce déficit, et qu'il soit reconnu que l'ancien titulaire a géré en
honnête homme et en habile administrateur. « Ainsi, trois
ans après les faits consommés, M. le Ministre de la guerre
ne savait rien. Il n'a rien su parce qu'on ne lui a rien dit, et
le devoir de l'administration de la guerre était de lui tout
dire. Si l'on venait dire qu'on a averti le maréchal, l'orateur aurait à opposer un dilemme terrible : c'est que quelqu'un ici n'a pas fait son devoir, le Ministre ou le chef de
l'administration.

C'est aux premiers jours de novembre que le maréchal
signait cette approbation réservée. Le 10 novembre, un
nouveau Ministre prend possession du portefeuille de la
guerre. On ne croit pas pouvoir lui cacher des faits qu'il
avait peut-être appris dans l'intérieur du Ministère. Alors,
il ne s'agit plus de compenser le déficit avec des déchets
illégaux.

Le 12 janvier, intervint un rapport de l'Administration
qui examine le rapport Barbier, le discute, et conclut à ce
qu'il soit rejeté. On fait seulement une réserve, en vertu de
laquelle des déchets seraient accordés pour les cinq dernières années. Le rapport est approuvé. Mais le 24 janvier,
la Commission du budget demande des renseignements
sur cette affaire, et ici l'on entre dans une phase nouvelle.
On ne s'en tient plus au rejet de la prétention de faire
remonter les déchets jusqu'en 1830 ; on renonce même à
la réserve des cinq dernières années. L'Administration
demande qu'il soit statué disciplinairement contre le sous-
intendant militaire Defarges. L'orateur donne à ce sujet
lecture d'une note portant que, quant aux mesures à prendre à l'égard des fonctionnaires de l'intendance, le Ministre regrette de n'avoir pas été mis en état de statuer immédiatement ; mais qu'en raison des demandes faites par
la Commission du budget, il jugera peut être convenable
que le bureau de l'intendance soit mis immédiatement en
possession de cette affaire.

Enfin, le 5 juin, on arrive au dernier acte. La question

fut alors portée à la tribune par l'orateur, et la Chambre,
par une décision unanime, demanda qu'il fût procédé à
une vérification judiciaire et administrative. Et pourtant
l'Administration a encore tergiversé et hésité ; elle a attendu deux mois et demi pour nommer une Commission,
alors qu'un magistrat quelconque aurait, en pareille occur-
rence, agi dans les vingt-quatre heures. La Commission nommée le 19 août, s'est assemblée le 26 : le 27, elle a écrit à
M. le Ministre de la guerre, pour lui représenter que sa
mission était trop étendue, et qu'elle ne se croyait pas
investie du droit d'assigner des témoins. Le 3 septembre,
M. le Ministre de la guerre en a référé à M. le Garde des
Sceaux ; et alors seulement l'instruction judiciaire a commencé. Ces temporisations sont une chose grave. L'Administration, en montrant ainsi qu'elle cédait à peine aux
injonctions de la Chambre, a assumé une responsabilité
qui engage d'une manière sérieuse ceux qui auraient con-
seillé en ce sens.

La moralité de toute cette affaire, c'est que pendant
quinze ans une gestion importante a été abandonnée à elle-
même ; elle est tombée dans le plus complet désordre, et
personne ne s'en est occupé. L'administration de la guerre,
quoiqu'elle l'eût sous sa main, n'a daigné s'apercevoir de
rien ; et quand les faits se sont révélés, quand les abus ont
éclaté, elle s'est seulement préoccupée de sauver sa responsabilité. Mais c'est comme cela qu'on l'engage, plutôt
qu'on ne la sauve, et aujourd'hui son honneur n'est pas
sauf dans cette affaire, parce qu'elle n'a pas cherché la vérité, et qu'elle n'a pas voulu la faire luire à tous les yeux.
Voilà, selon l'orateur, les tristes enseignements qui ressor-
tent de cette affaire.

M. LE COMMISSAIRE DU ROI demande la parole et dit :

« Messieurs,

« Lorsque l'année dernière le préopinant est venu porter
à cette tribune la question de l'affaire Bénier, je n'ai pas été
en position de donner à la Chambre des explications qui
auraient, je crois, jeté un jour fort important sur cette affaire.

« Les paroles que vous venez d'entendre vous prouvent évidemment, par les reproches adressés à l'administration du silence qu'elle a gardé alors, combien il était important qu'elle donnât ces explications. Je vais les donner aujourd'hui.

« On a d'abord reproché à l'administration centrale d'avoir ignoré les faits coupables de la gestion Bénier; on a même été jusqu'à dire qu'elle aurait dû les savoir depuis 1830, mais qu'incontestablement elle aurait dû les savoir après la mort du comptable Bénier. Je ne crois pas, et vous n'y croirez pas en réfléchissant, que l'administration fût en position d'entrer par elle-même dans le détail de tout ce qui se passe dans la gestion d'un magasin. Vous admettrez très-bien que la vérité doit lui venir par les agents chargés de la surveillance et du contrôle, dont l'action s'exerce tous les jours d'une manière constante, d'une manière permanente.

« On nous a dit : Vous prétendez que vous n'êtes chargés que de l'enregistrement des comptes ; que vous les révisez, que vous les apurez, mais que vous n'administrez pas. Nous n'avons pas dit que la direction de l'administration de la guerre n'administrait pas : elle mentirait à sa qualification ; elle est direction d'administration, elle administre. Mais, dans l'espèce, nous disons que le contrôle du service, d'un magasin des vivres, soit à Paris, soit partout ailleurs, elle ne peut l'exercer directement, elle l'exerce par l'intermédiaire de ses délégués, les officiers de l'intendance militaire ; elle ne répond directement que de ce qu'elle voit par ses yeux. Comment la vérité parvient-elle à l'administration ? Elle lui parvient au moyen de la comptabilité, par les situations, par les rapports, par les notes de personnel. Eh bien ! je dis que les rapports et les notes qui lui ont été transmises ont constamment attesté que le service manutentionnaire de Paris était fait de la manière la plus satisfaisante; aucune plainte n'est parvenue à l'administration centrale, les comptes nous ont toujours présenté un avoir en magasin conforme aux écritures tenues au Ministère de la guerre, et aux écritures du comptable lui-même.

« Dès lors, il y avait pour l'administration impossibilité absolue de supposer des désordres dans la gestion du comptable Bénier. Lors de la mort de Bénier, arrivée le 31

maí 1845, le premier acte du Ministre de la guerre a été, le
jour même, de pourvoir à son remplacement. Tout le monde
comprend que le service d'une gestion aussi importante ne
pouvait p s rester vacant ; c'est par une décision du 31 mai
que M. le maréchal Soult a donné un successeur à Bénier.

« Une question a été touchée légèrement par le préopinant, qui n'a pas précisément insisté comme il l'avait fait
l'année dernière : c'est la question du cautionnement. Il a
dit que, Bénier ayant la gestion la plus importante de
France, il était extraordinaire qu'il fût le seul comptable
dispensé de fournir un cautionnement.

« La loi des comptes de 1845 a fait connaître à la Chambre que le comptable qui a précédé Bénier, M. Boinod, avait
été dispensé de fournir un cautionnement. Cette décision a
été continuée à l'égard du comptable Bénier ; et ce fait est
antérieur à l'administration actuelle de la guerre. Ici, il y a
une distinction importante à faire, et que n'a pas faite l'o-
rateur : à chacun ses œuvres ! De 1850 à 1845, plusieurs
directeurs de l'administration se sont succédé au département de la guerre ; plusieurs dispositions ont été prises par
eux ; des affranchissements de cautionnement ont été prononcés. Ils l'ont été bien ou mal, je n'ai pas à m'en occuper ; mais je ne veux pas, pour mon compte, accepter la
responsabilité des actes des administrateurs qui m'ont précédé au Ministère de la guerre, où je ne suis entré qu'à la
fin de 1836, avec les fonctions de chef de division, et non
pas de directeur de l'administration.

« Le comptable de Paris était donc affranchi de l'obligation de réaliser un cautionnement ; nous avons continué
l'état de choses. L'administration s'en est peu préoccupée,
et vous allez comprendre pourquoi.

« Quand faut-il faire constituer un cautionnement ? Au
moment où un comptable est investi d'une gestion ; tant
que la gestion dure, et si le service n'éprouve pas de modification, la direction de l'administration n'a pas à s'occuper de régler le cautionnement ; le cautionnement existe.
C'est seulement lorsque le comptable se retire qu'on doit
exiger de celui qui le remplace de fournir un autre cautionnement, et on rend au comptable sortant son cautionnement, si la gestion est reconnue régulière.

« Bénier, comme je l'ai dit, est décédé le 31 mai 1845. Le
même jour il a été remplacé, sur un rapport du bureau du
personnel de l'intendance militaire. Ce bureau n'ayant pas a
s'occuper de la constitution du cautionnement, le rapport a
été renvoyé au bureau des subsistances, et, le 4 juin, quatre
jours après, ce même bureau proposait à M. le Ministre de
la guerre d'exiger du remplaçant de Bénier un cautionnement de 75.000 fr., qui, plus tard, a été porté à 100.000
francs.

« Ainsi, l'administration avait bien la pensée qu'un cautionnement était nécessaire; mais il n'était pas nécessaire
au même titre; car, si l'état de choses ancien eût subsisté,
on n'aurait pas songé à demander au successeur de Bénier
un cautionnement. Mais, au contraire, la situation avait
changé : le successeur de Bénier ne gérait pas au même titre; il recevait des denrées qu'il n'avait pas achetées lui-
même, et, dès lors, le cautionnement étant devenu nécessaire, il fut exigé.

Le préopinant a dit: « Comment l'administration ne s'est-
« elle pas préoccupée de l'insuffisance des inventaires?
« comment son attention n'a-t-elle pas été appelée sur ce
« point ?»

« L'on oublie que l'administration a été vivement préoccupée, non pas seulement de ce qui se passait à Paris :
Paris n'a pas plus préoccupé que les autres localités; mais
elle a cherché si, dans les divers magasins, ce qui devait
exister existait réellement. Son attention avait été éveillée
sur la moralité de plusieurs comptables; l'administration
n'avait reçu aucun rapport; mais, dans son cabinet, le directeur de l'administration recevait des échantillons de pain
de tous les magasins, et si le service des vivres s'est amé-
lioré, c'est par suite de sa sollicitude constante. Il n'est pas
arrivé chez lui un pain de qualité inférieure sans qu'au
même instant celui qui l'avait fabriqué n'ait reçu une réprimande sévère du Ministre.

« Un pain envoyé de cette manière fut trouvé tellement
mauvais par le directeur, qu'il pensa que le manulention-
naire ne devait pas être un homme loyal. Que fit-il? Il se
concerta avec le chef de bureau des vivres, et il appela
Bénier pour prendre son avis.

« Bénier vint dans le cabinet du directeur et examina le pain. Son opinion fut que le pain était mauvais, parce qu'il avait été fabriqué avec de mauvaises matières, et que nécessairement il y avait fraude dans le magasin d'où il provenait. Le directeur de l'administration prit note de cette opinion, et en rendit compte au Ministre. Ordre aussitôt fut donné par le télégraphe de faire un inventaire de rigueur, et 1,030 quintaux de blé furent trouvés de moins dans le magasin. M. le Ministre de la guerre envoya le comptable devant le conseil de guerre. Et cependant on a dit que le Ministère de la guerre était très-indulgent envers les abus qui se pratiquaient journellement dans son administration !

« Non, Messieurs, il n'a jamais été indulgent pour les coupables, et je pourrais citer plusieurs actes de rigueur de la part du Ministère contre les comptables infidèles ; je pourrais citer plusieurs noms, soit en Afrique, soit en France. Le Ministère de la guerre a toujours tenu d'une main ferme les rênes de l'administration, et, toutes les fois qu'il a supposé que les intérêts du soldat étaient négligés par les agents chargés de les surveiller, il a sevi avec énergie. Mais quelquefois la justice militaire et la justice civile n'ont pas répondu à ce qu'on attendait d'elles ; alors le Ministre s'est incliné, mais il n'a pas dépendu de lui de faire rendre justice autrement qu'elle n'a été rendue.

« On a parlé du rapport de la Commission des comptes de 1845. Le Ministère de la guerre n'a pas pris l'initiative à cet égard ; mais ce rapport, qui n'est pas à l'ordre du jour, et sur lequel nous devrions peut-être garder le silence, a été cité dans la discussion.

« Qu'a fait la Commission de 1845 ? Elle a comparé l'inventaire au 31 décembre 1844, rapporté par le sous-intendant militaire chargé de la police administrative du magasin de Bénier, avec les procès-verbaux constatant le recensement inopiné et de rigueur ordonné dans tous les magasins, en France et en Algérie, par la circulaire confidentielle du 15 septembre 1844 ; elle a dit : Ces inventaires contiennent des détails qui ne se trouvent pas dans l'inventaire du 31 décembre 1844 pour Paris. Comment

l'administration de la guerre n'a-t-elle pas été frappée de
cette différence ?

« Il y a là une erreur de la Commission des comptes de
1845 : la Commission a demandé des inventaires ; l'administration n'a pu lui produire, pour les gestions abonnées,
d'inventaire au 31 décembre 1844, parce qu'il n'en a jamais
été dressé. En effet, pour les gestions par abonnataires, il
n'est jamais dressé d'inventaire au 31 décembre. L'inventaire ne peut être exigé à cette époque que pour les gestions
de clerc à maître. Et vous allez comprendre pourquoi.
Qu'est-ce que la gestion d'un comptable abonnataire? C'est
l'obligation de rendre un certain nombre de rations pour
un quintal de blé. Ainsi, on force en recette un comptable
abonnataire de tout ce qui n'est pas présenté en ration.

« Il n'en est pas de même du comptable qui gère de clerc
à maître. Le principe, dans ce système, c'est que le comptable qui gère de clerc à maître, investi de la confiance du
Ministre, rend tout ce qu'une manutention légale et fidèle
peut procurer ; par conséquent, s'il y a des *boni* en magasin, ils appartiennent à l'Etat. Au contraire, pour le comptable abonnataire, s'il y a des *boni*, ils lui appartiennent. Il
n'y avait donc pas à faire d'inventaire ; c'était sans intérêt
pour l'administration.

« L'inventaire au 31 décembre, pour le comptable gérant
de clerc à maître, était de rigueur pour le comptable de
Paris comme pour les agents qui gèrent de clerc à maître
en Algérie. Cet inventaire était une situation *ne varietur* du
magasin, semblable à la situation qu'un caissier établit au
31 décembre. L'administration n'avait pas à s'occuper de
savoir comment l'intendance militaire s'était rendue compte,
par quel procédé de vérification elle s'était assurée de l'existant en magasin; cet inventaire expliquait clairement, positivement, qu'il existait tant en blé, tant en farine et tant en
pain. Ce renseignement-là nous suffisait.

« Je vous ai dit tout-a-l'heure que la Commission de
1845 avait commis une erreur. En effet, elle a comparé l'inventaire au 31 décembre 1844 avec l'inventaire résultant du
recensement qui avait eu lieu, par suite de la circulaire du
15 septembre 1844. Si elle avait comparé à cette époque ce
document du 4 octobre 1844, qu'aurait-elle trouvé ? Que

l'inventaire fait pour le magasin de Paris était parfait, qu'il
ne laissait rien à désirer, puisque cet acte établissait positivement tout ce qui existait en magasin dans chacun des
établissements, dans chacun des étages, dans chacune des
salles. Cet inventaire, au 31 décembre 1844, s'il avait été
rapporté avec les détails que présentait celui du 4 octobre,
on y trouverait sans doute l'excuse de l'administration. Et
cependant, ce document ne lui aurait pas plus servi que ne
lui a servi le procès-verbal de recensement, pour reconnaître l'existence d'un déficit au magasin de Paris. Pour
garantie de l'exactitude de l'inventaire du 31 décembre
1844, l'administration était armée d'un procès-verbal de
recensement qui avait été inopiné.

« L'inventaire au 31 décembre était obligatoire, on savait quel jour il aurait lieu; mais celui du 4 octobre avait
eu lieu inopinément, sur un ordre du Ministre ; il engageait la responsabilité du sous-intendant qui devait le rapporter. L'inventaire, au 31 décembre, constatait des résultats conformes aux écritures.

« Le 1er avril 1845, un autre inventaire de rigueur (c'était
le point de départ de la comptabilité des matières) a été
dressé par les intendants militaires; il constatait que tout
ce qui devait exister en magasin y existait réellement. Tout
était en ordre ; dès lors, sécurité complète de la part de
l'administration : son attention n'a pas été éveillée, elle ne
pouvait pas l'être.

« A l'occasion des inventaires, le préopinant a dit que
l'administration ne s'est pas beaucoup préoccupée de ces
inventaires; car elle n'a pas hésité à accorder 2,900 quintaux de déchets au comptable Bénier.

« Si l'orateur avait un peu plus l'habitude de la comptabilité, il aurait trouvé une explication bien simple de ce
tort qu'il suppose à l'administration centrale. Les déchets
qui ont été accordés au comptable Bénier, et qui résultent
d'une série de procès-verbaux, qui ont consacré qu'en effet
les blés de la récolte de 1843 avaient perdu par l'effet de
la dessication, n'ont apparu que dans le compte-matières du
4 octobre 1845. Il a même donné la date de la production
tardive de ce compte. Il verra, en y réfléchissant, que l'administration ne pouvait trouver dans la demande de la

preuve de ces déchets, l'exactitude du recensement et de l'inventaire, parce que ce n'est que plusieurs mois après la réception de ces actes, que l'administration a pu les rapprocher des comptes, et c'est ce qu'elle a fait lors de la liquidation.

« L'inventaire du quatrième trimestre de 1844 ne pouvait donc pas fournir la preuve que Bénier n'avait pas, le 4 octobre 1844, les 73,000 quintaux qui étaient censés exister dans ses magasins.

« On a parlé d'un rapport de M. Tessier, et on a dit, en lisant le rapport de la Commission de 1845 : Ce document a disparu dans les bureaux du Ministère de la guerre, il a sans doute été soustrait : enfin il ne s'est pas retrouvé, et nous nous étonnons qu'un document aussi important ait pu disparaître des archives de la guerre.

« Messieurs, on ne perd, on n'égare, on ne peut distraire que ce qu'on a détenu. Eh bien ! nous déclarons ici de la manière la plus formelle, que jamais le rapport de M. Bénier, ni le procès-verbal de la Commission qui a été chargée d'examiner ce rapport, n'ont été remis par le directeur de l'administration de 1836, entre les mains du directeur général de l'administration qui lui a succédé au mois de septembre 1836. Je dirai plus :

« Ce rapport n'a pas été remis, ce rapport ne devait pas être remis. M. Tessier a fait un rapport au Ministre de la guerre ; dans la pensée de ce chef de bureau, le rapport devait être soumis au Ministre de la guerre ; il ne lui a pas été soumis. Le directeur de l'administration d'alors a voulu s'éclairer ; il a réuni une Commission ; cette Commission, il l'a prise autour de lui, il y a appelé le sous-intendant militaire qui était chargé de la police administrative du magasin de Bénier ; il a pris la présidence de cette Commission. Bénier a été appelé, ainsi que Tessier. La discussion des faits exposés dans le rapport a eu lieu en présence de ces deux personnes. Le sieur Bénier est parvenu, jusqu'à un certain point, à détruire une partie des impressions que le rapport de Tessier avait pu laisser dans l'esprit du directeur de l'administration. Le directeur de l'administration a conservé ce procès-verbal par-devers lui ; il n'a pas été suivi d'une décision du Ministre, dont l'attention eût dû peut-être être appelée sur un document aussi important.»

UN MEMBRE interrompt M. le Commissaire du Roi, et demande à s'expliquer sur un fait personnel; il dit :

« Messieurs,

« Lorsque M. Tessier accusa Bénier des faits relatifs à la manutention des vivres du quai de Billy, le directeur de l'administration de la guerre, sous le Ministère du maréchal Maison, convoqua une Commission pour connaître le fait; et il crut bien faire, pour s'éclairer plus particulièrement, de la composer de divers agents du Ministère de la guerre, de sous-intendants militaires employés dans la division militaire, qui avaient la police des magasins, pour reconnaître si cette accusation de M. Tessier était fondée.

« Cette commission s'assembla sous la présidence du directeur de l'administration de la guerre : il fit venir les parties; elles s'expliquèrent parfaitement; elles furent entendues. Ce n'était qu'un *avant-faire droit*, ce n'était pas une décision que prenait M. le directeur de l'administration de la guerre; car avant de prendre les ordres de M. le Ministre de la guerre, il voulait savoir s'il y avait lieu à ordonner des poursuites sévères, ou contre M. Tessier, s'il attaquait M. Bénier sans preuve, ou contre M. Bénier, s'il était coupable.

« Lorsque le procès-verbal de la Commission fut clos, le directeur descendit dans le cabinet du Ministre de la guerre, M. le maréchal Maison; il y avait alors présents, M. le général Schramm, M. le baron Martineau des Chesnetz, depuis sous-secrétaire de la guerre. M. Joinville, sous-intendant militaire, secrétaire de la Commission, lut à M. le maréchal Maison le procès-verbal en présence de tous ces messieurs.

« Lorsque le procès-verbal fut lu, M. le maréchal Maison prit sa décision; elle est citée dans le dossier. M. le Maréchal dit qu'il voulait examiner de nouveau l'affaire, pour savoir s'il fallait proposer la mise à la retraite de M. Tessier. L'avis du directeur fut qu'il fallait le mettre dans cette position; il en avait d'ailleurs l'âge.

« Le procès-verbal rentra dans la direction de la guerre,

et lorsque le directeur quitta cette administration, il laissa
ce document dans les bureaux, sans s'inquiéter naturellement de ce qu'il pouvait devenir. Il ne prit pas un reçu de
toutes les pièces ; il n'eut pas à s'en occuper. Mais il est
évident que le procès-verbal renfermait des choses tellement
importantes, qu'elles ne devaient pas rester ignorées de
l'administrateur qui a succédé à M. Boissy-d'Anglas, et la
disparition est d'autant plus étonnante. »

M. LE COMMISSAIRE DU ROI reprend, et dit :

« Je regrette que la mémoire du préopinant le serve si
mal. Dans le procès-verbal, Tessier fut accusé d'être un
calomniateur, et, au moment où on arriva à la clôture de
cet acte, il déclara formellement qu'il protestait.

« Un orateur a dit qu'il n'existait aucune trace même de
la décision qui avait été prise à l'égard de Tessier, lors de
son admission à la retraite : il est dans l'erreur. La Commission d'enquête administrative a eu les pièces sous les
yeux.

« Je maintiens que le rapport Tessier n'a point été
soumis au Ministre ; que, s'il en avait eu connaissance, il
y aurait eu nécessairement une décision. On est bien venu
vous dire qu'il y avait eu une décision. Je le nie ; s'il y en
avait eu une, elle aurait été enregistrée ; il existe des registres où sont enregistrées toutes les décisions du Ministère
de la guerre.

« Ces registres ont été compulsés ; ils prouvent qu'il n'y
a pas eu de décison ministérielle. Bien plus, la lettre par
laquelle le directeur de l'administration d'alors a demandé
la mise à la retraite d'office de M. Tessier, ne fait nulle mention de son rapport, du procès-verbal qui l'a suivi, et de la
détermination qui a été prise à cet égard. Le Ministre de
la guerre l'a complètement ignorée.

« On trouve au dossier qui a été remis à la Commission
administrative une note, de la main du Ministre, à peu près
ainsi conçue :

« La lettre par laquelle on me demande le renvoi de
« M. Tessier appelle toute mon attention. C'est une déter-
« mination bien grave. Je crains qu'il ne se mêle un peu de
« passion à cette détermination ; j'engage le directeur de

« l'administration à se concerter avec le secrétaire général,
« et, si l'on persiste, je serai bien forcé d'admettre M. Tes-
« sier à la retraite. »

« Certes, Messieurs, si le rapport Tessier avait passé sous
les yeux du Ministre, si le Ministre avait considéré que
Tessier eût calomnié Bénier, il n'aurait point libellé ainsi
sa décision, il aurait immédiatement pris sa détermination ;
et le maréchal Maison était un homme de détermination.

« Aussi, je le répète, nous n'acceptons point la responsabilité de la disparition du document Tessier. Elle appartient
à une autre administration, et nous disons que, si ce document avait été mis sous nos yeux, la confiance que nous
accordions à Bénier eût été au moins suspendue, et vous
n'aurions pas hésité à provoquer la surveillance la plus sévère sur la gestion de ce comptable, qui avait reçu le rapport
de Tessier et qui n'en avait fait aucun cas ; nous aurions
appelé ses investigations sur ce service, et le dernier paragraphe du rapport de Tessier n'eût pas été perdu.

« Peut-être même Bénier, qui, à cette époque de 1836,
d'après l'opinion de la Commission administrative et aussi
d'après nous, n'avait pas cessé d'être honnête homme, le
serait-il resté s'il avait su qu'on était averti et en mesure
de prévenir les déprédations auxquelles il s'est livré
depuis.

« Le rapport de M. Barbier a été l'objet d'observations
longuement développées. Une circonstance qui est en apparence indifférente, mérite cependant d'être relevée. L'o-
rateur a dit : le sous intendant Barbier ; M. Barbier était
intendant. Si j'entre dans ce détail, c'est que le fait est plus
important qu'il ne le paraît : car on a dit dans le monde
que M. Barbier, ayant fait le rapport du 31 octobre, avait
été nommé intendant militaire à titre de récompense. Ce
serait un fait grave, c'est pourquoi je devais le signaler
comme inexact.

« M. Barbier a été nommé le 10 septembre 1845, et il
a fait son rapport le 31 octobre de la même année ; il était
donc intendant avant de faire son rapport.

« On a dit : Mais quelles mesures avez-vous prises pour
découvrir les complices de Bénier ?

« Si, l'année dernière, il m'avait été permis de donner les

explications que je comptais soumettre à la Chambre, je lui aurais dit ce qui est exposé dans l'annexe aux comptes de 1845. C'est qu'avertis, le 30 juin, que la succession Bénier n'avait été acceptée que sous bénéfice d'inventaire, et qu'on croyait qu'il laissait un passif de 100,000 fr., nous avions été vivement préoccupés de savoir si Bénier, pour couvrir ses désordres, n'avait pas cherché à dissimuler la fortune que tout le monde lui supposait. Le Ministre de la guerre s'adressa au préfet de police pour qu'il fît procéder à une enquête extrajudiciaire, et cette enquête n'a pas révélé tous les faits que l'instruction judiciaire a fait connaître depuis.

« On nous a dit : Mais, du moment où vous étiez renseignés par l'enquête judiciaire, comment n'avez-vous pas déféré l'affaire ou au conseil de guerre, puisque Bénier était justiciable du conseil de guerre, ou au procureur du Roi, si vous pensiez que quelques individus appartenant à l'ordre civil étaient engagés dans l'affaire ?

« A cela, Messieurs, il est bien facile de répondre.

« Bénier était mort, et c'était d'abord contre Bénier qu'il fallait sévir; mais pour sévir contre les complices de Bénier, s'il en avait, ou au moins pour les découvrir, il fallait que l'administration se dessaisît des pièces de comptabilité, et nous étions obligés, avant tout, d'arrêter le compte de Bénier, afin de fixer sa situation. Ce compte a été arrêté le 5 juin ; c'est ce qui a retardé la nomination de la Commission jusqu'au 19 août 1846.

« D'ailleurs, il n'y avait pas péril en la demeure; l'évènement l'a prouvé. Nous ne pouvions pas, je le répète, nous dessaisir des pièces, puisque nous avions besoin des renseignements qu'elles présentaient pour arrêter la liquidation du compte Bénier, tant en deniers qu'en matières, et l'orateur a dit lui même à quelle époque tardive était parvenu le compte du quatrième trimestre de 1845. Ainsi, nous n'avions pu faire aucune disposition avant la liquidation définitive. C'est le 5 juin 1846 que la question a été portée à cette tribune ; et, certes, si l'orateur ne l'avait pas soulevée à cette époque, aussitôt après la liquidation, et quand le Ministère aurait été fixé sur l'importance du déficit Bénier, et sur les causes qui l'avaient amené, il aurait

remis à l'autorité judiciaire les pièces qui devaient faire découvrir si Bénier avait ou non des complices.

« On a demandé pourquoi M. le Ministre de la guerre
avait réuni aussi tardivement la Commission qui, aux termes de la loi du 6 juillet 1846, devait être formée. La raison en est bien simple, c'est précisément parce que nous
ne pouvions pas remettre à la Commission administrative
les documents avant d'avoir terminé la liquidation, que
nous n'avons pas dû nous dessaisir du dossier.

« Avant de pouvoir remettre les pièces a la justice civile,
il aurait fallu que la Commission d'enquête eût terminé son
travail ; la Commission d'enquête s'est trouvée arrêtée tout
d'abord par certaines difficultés, et elle a reconnu qu'il ne
lui appartenait pas d'appeler les personnes qu'elle avait intérêt à entendre, lorsque ces personnes n'étaient pas sous
les ordres immédiats du Ministre de la guerre ; elle a pensé
qu'elle n'avait ni le droit ni la possibilité de faire produire
les registres qu'elle voulait consulter, les registres de la
compagnie de mouture ; c'est alors qu'elle s'est déterminée
à faire part de ses embarras à M. le Ministre de la guerre,
et qu'elle lui a demandé de saisir la justice ; ce qui a été
fait le 3 septembre 1846.

« On a dit que l'administration avait attendu huit mois
après la mort de Bénier pour prendre les ordres du Ministre.
Il fallait un certain temps pour que nous pussions prendre
les ordres du Ministre, à partir de la date de la clôture de
l'inventaire de reprise du service (14 août 1845) ; ce n'est
que cinq mois et quelques jours après, que nous avons pu
prendre les ordres du Ministre.

« A l'occasion du rapport qui a été fait par M. Barbier,
on a dit : Le Ministre a pris une décision, et on vous a cité
les termes de cette soi-disant décision ministerielle. M. le
maréchal Soult n'a pas pris de décision ; il a dicté une note
après avoir pris lecture du rapport du 31 octobre 1845.
Toutes les correspondances qui avaient un caractère important, étaient envoyées à M. le maréchal Soult, pour tous
les services de la guerre, à Soultberg.

« M. le maréchal Soult se trouvait à Soultberg depuis le
4 août 1845.

« M. le maréchal Soult, conformément à ses habitudes,

annotait tonte la correspondance qui lui parvenait de
Paris, et donnait aux bureaux ses instructions et ses ordres.

« M. le Ministre savait parfaitement bien que ses bureaux, préoccupés de cette question, étaient occupés à rechercher la vérité, et qu'ils préparaient la liquidation ;
M. le maréchal Soult reçoit le rapport de M. Barbier sur
le déficit Bénier. Quoi de plus naturel de la part de M. le
marechal Soult, qui, comme tout le monde, avait accordé
sa confiance à Bénier, de concevoir la pensée que peut-être
Bénier n'était pas coupable des torts qu'on lui reprochait,
que peut-être l'administration avait été trop sévère dans les
mesures prises à son égard, en ne lui accordant pas les déchets naturels qui auraient amené son déficit ? Mais en
même temps il recommandait un examen plus approfondi.

« On a dit que M. le Ministre n'avait pas sévi contre les
membres du corps de l'intendance qui avaient montré de
la négligence dans leurs fonctions ; c'est une erreur. Tout
d'abord le Ministre a témoigné son mécontentement. Plus
tard on a dit : M. le Sous-Secrétaire d'Etat a été dans le
cas, en rendant compte au Ministre, d'appeler un blâme
sévère sur les fonctionnaires qui avaient manqué à leurs
devoirs.

« Ce fonctionnaire a en effet provoqué la sévérité du
Ministre ; mais il s'est borné à indiquer que c'était au bureau du personnel de l'intendance que l'affaire devait être
envoyée.

« Ce bureau, saisi de l'affaire, a pris les ordres de M. le
Ministre.

« Il a cru qu'il y aurait satisfaction suffisante, peine suffisante, en adressant à ce fonctionnaire une lettre de blâme.
Une réprimande sévère a été infligée à deux des fonctionnaires qui avaient participé au contrôle de la gestion
Bénier.

« Le troisième, sur le rapport du bureau de l'intendance,
devait, indépendamment de ce blâme sévère, être rayé du
tableau d'avancement. On trouva que ce sous-intendant
militaire méritait une punition plus forte, parce qu'il avait
reculé devant l'accomplissement d'un devoir, qui consistait

à s'assurer si réellement il y avait déficit dans le magasin de Bénier, lors de l'inventaire du 1er avril 1845.

« M. le Ministre décida qu'il serait mis en non-activité par retrait d'emploi.

« La seule chose qu'on puisse peut-être reprocher à l'administration, c'est de n'avoir pas usé de toute la sévérité qu'elle avait le droit de déployer, et de n'avoir pas fait à cette époque ce qu'elle a été dans le cas de faire depuis.

« On a dit que le comptable Bénier avait des relations habituelles de société, d'affection même, avec le sous-intendant militaire, avec l'intendant militaire de la première division, avec le directeur de l'administration. Cela est très-vrai, parfaitement exact. Tout le monde aimait et estimait Bénier, et les personnes qui le voyaient dans le monde avaient pour lui les sentiments les plus affectueux, les plus bienveillants. Tout le monde le regardait comme un honnête homme.

« Eh bien ! tout le monde a été trompé ; l'administration a été trompée comme tous les intendants militaires avec lesquels il avait des rapports. Cet aveu, nous le faisons franchement, nous le répétons ; nous avons été trompés, nous avons été induits en erreur.

« Mais, Messieurs, le jour où M. le Ministre de la guerre, prévoyant que les comptables de son département pouvaient n'être pas tous des comptables fidèles, ce jour-là, M. le Ministre de la guerre, dans une lettre signée de moi, il doit m'être permis de le dire, puisqu'on m'a reproché d'avoir signé quelquefois des lettres qu'on a critiquées ; dans une circulaire du 15 septembre 1844, le Ministre avait prescrit de la manière la plus positive de faire un inventaire de *rigueur et inopiné*. Si cet inventaire de rigueur, si cet inventaire inopiné avait été fait sévèrement à Paris, le Ministre de la guerre eût été immédiatement éclairé ; le déficit n'aurait pas échappé à cette investigation. Si, au 31 décembre 1844, l'inventaire qui devait être dressé par le sous-intendant militaire eût été fait consciencieusement, le déficit eût été signalé ; encore à ce moment, et le Ministre était éclairé sur la moralité du comptable Bénier. Si, le 1er avril 1845 enfin, l'inventaire de *rigueur*, point de départ de la comptabilité des matières ;

avait été fait sérieusement , si le sous-intendant militaire
qui avait cru s'apercevoir qu'il y avait déficit, en avait
immédiatement référé à son intendant, s'il eût dit : « Je
« crois qu'il y a un deficit, » le déficit eût été constaté, la
fraude eût été découverte , et Bénier eût été traduit immédiatement devant un conseil de guerre.

« Vous le voyez, ce qui se présente rarement dans la
gestion d'un comptable , celle de Bénier a été soumise à
trois inventaires successifs dans l'espace de six mois. Cependant il a échappé à ces trois inventaires. Il a pu laisser
croire que tout était régulier dans son magasin , lorsque
12,000 quintaux y manquaient.

« Le 23 mai, l'intendant militaire qui faisait l'inventaire du magasin , a fait comme les sous-intendants : il a
cru que tout était régulier, il a été victime de la confiance
qu'il lui accordait. Il a certifié, dans un rapport du 23 mai
1845, que tout existait en magasin comme dans les écritures; et cependant le 31 Bénier mourait, et un déficit de
12,000 quintaux était constaté. Et l'on viendrait dire à
l'administration centrale : Vous deviez savoir qu'il y avait
un déficit ; vous auriez dû le présumer en 1830, vous deviez le savoir en 1835, vous deviez le savoir avant la mort
de Bénier. L'enquête extrajudiciaire a été demandée à cette
date. Le premier juillet, vous deviez être complétement
éclairé sur les désordres de la gestion Bénier.

« Ce reproche est extrêmement grave; il a profondément
affecté l'administration ; il n'est pas mérité. L'orateur lui-
même ne refuse pas son estime à l'administration centrale ;
il est persuadé, j'en suis convaincu, qu'elle n'a point fait
défaut à la délicatesse, à l'honneur. Il ne peut se refuser à
reconnaître que la direction de l'administration a exercé
un contrôle sérieux , mais qu'elle n'a pu exercer que le
contrôle résultant de l'examen des pièces qui lui étaient
remises.

« On a dit que Bénier faisait les inventaires lui-même.

« Je dirai que l'inventaire du 4 octobre 1844 était
tout entier de sa main; c'était la minute que nous n'avions
pas sous les yeux , nous n'avons eu que l'expédition authentique. Il résulte de ce qui précède , que tous les documents, que tous les renseignements parvenus sur le compte

de Bénier, que tous les actes relatifs à sa gestion qui ont
été adressées à l'administration, que toutes les notes données à ce comptable, attestaient au Ministère qu'il n'y avait
pas de comptable plus fidèle et plus honnête ; dès lors,
peut on s'étonner que l'administration ait été induite en
erreur? Elle s'est trompée sur le compte de Bénier, mais
elle s'est trompée de bonne foi ; et aussitôt qu'elle a été
avertie, elle a recherché la vérité, afin qu'aucun fait ne fût
soustrait à ses investigations et à celles de la justice. »

LE MEMBRE QUI AVAIT RÉCLAMÉ LA PAROLE POUR UN FAIT
PERSONNEL, la prend de nouveau, et dit :

« Je demande à la Chambre la permission de revenir sur
le fait de l'enlèvement du procès-verbal Tessier. Je tiens
trop à l'estime de mes collègues, ils m'en ont donné tant
de preuves si souvent répétées, que je croirais manquer à
la Chambre si je ne l'éclairais, si je ne revenais sur cette
question. C'est donc malgré moi que j'y reviens encore,
mais l'honneur m'en fait une loi.

« Lorsque l'affaire Tessier fut dénoncée au directeur de
l'administration de la guerre, voici comment commença la
séance. Le directeur était président de la Commission.

« J'ai déjà dit qu'il avait fait appeler des chefs de bureau
du Ministère de la guerre, et des sous-intendants qui pouvaient comparer les deux gestions ; car il ne s'agissait pas
de la gestion de Bénier comme manutentionnaire de Paris,
mais d'examiner son service sous les rapports des dépenses de fabrication comparées à celles de Boinod, son prédécesseur.

« M. Tessier soutenait que le service de Bénier était trop
cher.

« Voici comment commença la séance qui eut lieu dans
le cabinet du directeur, le 6 août 1836.

« M. le directeur de l'administration de la guerre, pré-
« sident, expose brièvement le but de la réunion de la
« Commission. M. Tessier, chef du bureau des vivres, a
« fait un rapport sous la date du 1er août, à M. le Ministre
« de la guerre, dans lequel il dénonce, comme déplorable,
« la gestion de M. Bénier, comparée à celle de M. Boinod, et

« dont la conclusion est de pourvoir sans retard à son rem-
« placement, sauf les dispositions ultérieures que M. le
« Ministre jugera convenable d'adopter. Cette grave accu-
« sation a dû fixer l'attention de M. le directeur de l'admi-
« nistration, puisqu'elle tend tout à la fois à incriminer un
« comptable jusqu'ici recommandable, la surveillance de
« l'intendance militaire, l'action même du Ministre de la
« guerre, qui a laissé écouler cinq années sans faire aucune
« observation, et puisque après que les comptes ont été
« vérifiés et apurés, elle soulève une accusation de désor-
« dre et de dol. La Commission est réunie, ajoute M. le
« Président, pour examiner froidement, sans *prévention*,
« *consciencieusement*, les griefs contre la gestion de M. Bé-
« nier, et éclairer la religion de M. le maréchal Ministre
« de la guerre, etc., etc. »

« Dans le cours de la séance de la Commission, M. Tessier ayant fait quelques observations sur sa composition,
M. le président lui répondit « qu'il ne s'agissait pas d'une
« Commission d'enquête définitive; que, comme direc-
« teur, c'est à lui à juger s'il doit faire d'autres proposi-
« tions à M. le Ministre de la guerre; qu'en présence des
« accusations du rapport de M. le chef du bureau des vi-
« vres, il a dû s'éclairer sur leur fondement et sur leur
« gravité; que la Commission aujourd'hui réunie n'a pas
« d'autre but. »

« Lorsque le travail fut fait, le directeur de l'administration de la guerre descendit dans le Cabinet du Ministre. Il
y trouva réunies plusieurs personnes du Ministère, M. le
général Schramm, M. Martineau des Chenetz, M Victor
Joinville, sous-intendant militaire, qui, étant secrétaire le
la Commission, fit la lecture de ce procès-verbal. M. le
Maréchal consigna au procès-verbal l'observation qui a été
citée par M. le directeur actuel, Evrard de Saint-Jean, et
le procès verbal fut remis dans les mains du sous-intendant. Or, dire que c'était M. le directeur Boissy-d'Anglas
qui a pu soustraire ce rapport, c'est d'une insigne mauvaise foi, et je ne comprends pas qu'un homme qui est haut
placé dans l'administration de la guerre, puisse porter à

l'égard d'un Député et de son ancien collègue, une telle accusation. »

M. LE COMMISSAIRE DU ROI déclare qu'il n'a pas énoncé cette imputation.

L'ORATEUR reprend et dit :

« Je le répète encore : le fait n'est pas exact. Maintenant, puisque j'ai la parole, permettez-moi quelques explications. Je ne veux pas parler de ce qui m'est arrivé personnellement par ma mise à la retraite La loi du 11 avril sur les pensions de retraite a été violée à mon égard ; on en a fait une loi de punition ; l'application de cette loi est une récompense nationale. J'ai fait connaître à la Chambre ma correspondance avec M. le Ministre de la guerre, et je n'y reviendrai pas. Je laisse au dernier Ministre la responsabilité morale d'une mauvaise action.

« M. le directeur de l'administration de la guerre vient de parler de contrôle impuissant. Cette impuissance du contrôle, d'où provenait-elle, à l'égard de Bénier? du directeur de l'administration de la guerre lui-même.

« Les relations de service de ce comptable étaient continuelles, positives avec l'administration centrale. Je ne citerai qu'un seul fait pour le prouver : Un jour je reçois du Ministère de la guerre l'ordre de charger Bénier de faire un achat considérable en grains; c'était l'époque où il y avait à Paris deux divisions militaires, dont une était occupée à la construction des fortifications. Je fis venir Bénier, et je lui dis : « Monsieur, voilà une lettre que je reçois de la di- « rection, elle est extrêmement importante; prenez vos « mesures en conséquence , faites des marchés. Dans quel- « ques jours, quand vous aurez pris vos disppositions, je « vous en donnerai une connaissance officielle. Jusqu'alors « le public ne doit pas en être informé : c'est une mesure de « prévoyance. » M. Bénier me regarda en souriant; il me dit : « Monsieur l'intendant, il y a quinze jours que je con- « nais cette affaire-là : M. le directeur de l'administration « de la guerre m'en avait informé. »

« Ainsi, M. le directeur de la guerre regardait le contrôle comme un notaire à qui l'on fait simplement enregis-

trer l'acte qu'on a rédigé soi-même. Qui administrait donc ?
Etait-ce l'administration centrale ou l'intendance ?

« Je pourrais dire encore beaucoup d'autres choses pour
prouver ce fait incontestable. C'est une question grave, et
je vais la toucher en quelques mots.

« Je ne savais pas que Bénier faisait entrer des farines
du commerce à la manutention ; mais on le savait au Ministère de la guerre.

« M. le directeur de l'administration a eu des révélations
qui lui ont été faites ; quant à ce deuxième fait, je n'en ai
pas la preuve matérielle, mais j'en ai la conviction, et,
comme juré, je n'hésiterais pas à formuler mon verdict.

« M. le directeur le savait si bien, qu'il fit venir M. Bénier
dans son cabinet, et qu'alors il a arrangé cette affaire avec
le mattre du moulin, qui voulait poursuivre Bénier parce
qu'il ne faisait pas moudre à son moulin, comme cela devait être.

« Ces faits ont été imputés à M. le directeur par ses propres amis, ses amis les plus intimes. Il paraît qu'un arrangement pécuniaire a été fait par Bénier pour faire taire les
réclamants, d'après les conseils du directeur de l'administration, m'a-t-on assuré.

« Ce sont des sous-intendants qui ont affirmé ce fait ; je
saurai, malgré les dénégations qu'on pourrait m'opposer,
je saurai, ainsi que la Chambre, à quoi m'en tenir. »

M. LE COMMISSAIRE DU ROI répond :

« Messieurs,

« J'avais lu dans une brochure, dans une lettre qui a été
distribuée par le préopinant à ses collègues, qu'il existait des
rapports directs entre le chef de l'administration et le comptable Bénier. Je me suis demandé si je devais y répondre
par un démenti officiel ; mais, comme l'affaire Bénier était
soumise alors à l'examen d'une Commission d'enquête et à
l'examen de la justice, j'ai cru devoir m'abstenir. J'avais
fait dès ce moment-là la part du caractère un peu violent de
l'orateur auquel je réponds. J'avais pensé que peut être il
avait été induit en erreur, et que cette erreur était involontaire. Ce que je viens d'entendre, ce que vous venez
d'entendre vous-mêmes, est la preuve qu'il n'y avait pas

d'erreur; que c'était de la part de l'orateur l'intention formelle d'attaquer le directeur de l'administration.

« Eh bien! je déclare hautement que l'assertion est fausse et calomnieuse.

« Je déclare que jamais le directeur de l'administration n'a eu de rapport direct avec le comptable Bénier. Le directeur de l'administration avait trop le sentiment de son devoir pour venir soustraire un agent à l'autorité directe de son chef, et je dirai à l'orateur lui-même qu'il avait trop le sentiment de ses droits, qu'il était trop jaloux de ses prérogatives, pour permettre une pareille infraction à la hiérarchie, et qu'il savait très-bien qu'il eût suffi de dire au Ministre que le directeur de l'administration avait eu le tort très-grave de se substituer à son autorité, pour qu'au même instant cet état de choses cessât, et cessât d'une manière fâcheuse pour le directeur, qui eût reçu immédiatement de M. le Ministre de la guerre l'injonction de s'abstenir.

« Maintenant, je prends le préopinant, puisqu'il m'y oblige, par ses propres paroles.

« Il a voulu poser en principe que les communications, que les ordres du Ministre devaient passer par la voie hiérarchique.

« La voie hiérarchique, c'est le Ministre, car le directeur de l'administration s'efface, le Ministre de la guerre s'adressant à l'intendant de la première division, l'intendant au sous-intendant, le sous-intendant au comptable.

« Eh bien ! que vient de vous dire l'orateur ? Qu'il avait vu M. Bénier, et qu'il lui avait dit : « Vous allez avoir tel « ou tel achat à faire; j'ai dans ma poche un ordre ; dans « quelques jours j'en écrirai au sous-intendant militaire. »

« Ainsi, vous voyez que l'orateur ne se soumettait pas, pour ses communications, à la voie hiérarchique, et il accuse le directeur de l'administration de s'en être écarté !

« Un fait grave, très-grave, très-sérieux, a été allégué par l'orateur.

« On m'a dit, des sous-intendants militaires fort honora-« bles m'ont dit, un sous-intendant militaire ami du direc-« teur de l'administration, m'a dit qu'il avait été informé « que le comptable Bénier faisait entrer des farines du com-

« merce, et qu'il y avait eu un arrangement avec l'entreprise
« de la moulure pour imposer silence à ses réclama-
« tions , et que le directeur de l'administration était inter-
« venu dans cette transaction. »

« L'orateur ignore la date précise de la convention à laquelle il fait allusion ; mais j'affirme qu'à l'époque où elle a
eu lieu, j'étais sur la route d'Italie ; j'ai quitté Paris au
mois d'août 1843 : j'y suis revenu le 26 septembre 1843 ;
lorsque j'ai été de retour à Paris , il est très-vrai que , sur
les rapports officieux qui m'ont été faits, j'ai vu Bénier. Je
lui ai dit : « Il paraît que vous aurez des difficultés avec
« l'entreprise des moutures ? » Il me répondit avec cet air
bon, franc, loyal, que tout le monde lui connaissait : « Mon
« Dieu ! Monsieur le Directeur, c'est quelque chose de bien
« simple : l'entreprise des moutures est très jalousée, comme
« vous le savez , par la meûnerie des environs de Paris ;
« elle avait des réparations importantes à faire à son usine ;
« elle m'a demandé s'il me conviendrait de faire moudre pen-
« dant qu'elle réparerait cette usine, pour qu'on ne la criti-
« quât pas , de faire moudre au-dehors quelques quintaux
« de blés dont j'avais besoin , me disant : « Nous recevons
« 1 fr. 60 c. pour la mouture , nous vous donnerons 1 fr.
« 60 cent. »

« Je lui exprimai que cela ne me paraissait pas régulier.
Avez-vous prévenu votre sous-intendant militaire, lui
dis-je ? Il me répondit: « Ma foi! non. » Je lui fis observer
qu'il avait eu très-grand tort.

« Bénier ajouta que la Compagnie des moutures avait
parfaitement compris qu'elle n'avait rien à me réclamer ,
et il n'en a plus été question. Ce fait doit être parfaitement
à la connaissance de l'orateur.

« Je m'étonne qu'il prétende tenir ces détails de sous-intendants , puisque c'est moi qui le lui ai dit, qui l'en ai
plusieurs fois entretenu ; seulement, l'orateur prétend que
j'ai su avant ce que je n'ai appris que plus tard , lors de
mon retour d'Italie, que des difficultés avaient existé entre
Bénier et la Compagnie des moutures.

« Eh bien ! je regrette que sa mémoire n'ait pas été fidèle , car il vient d'articuler un fait qui serait très-grave,

très-sérieux et très-compromettant pour l'administration ; tandis que le fait dont j'ai eu connaissance est excessivement simple et naturel, et ne pouvait pas être considéré comme une transaction coupable.

« Je suis donc parfaitement en droit d'affirmer que je n'ai pas connu le texte de la transaction qui a eu lieu entre le sieur Bénier et l'entreprise des moutures, et que l'assertion de l'orateur sur ce que cette transaction aurait été consentie par le conseil et même dans le cabinet du directeur de l'administration, est aussi fausse que celle qui concerne les prétendus rapports directs que le même directeur aurait eus avec le comptable Bénier.

LE PRÉOPINANT dit :

« J'ai cité des faits faciles à constater, l'introduction de farines de commerce. J'ai cité des sous-intendants militaires, et je suis fort étonné qu'ils n'aient pas été appelés à témoigner devant M. le juge d'instruction. M. le juge d'instruction, lorsque je lui en ai parlé, il y a peu de temps, m'a dit : « Je n'en sais rien, mon instruction est terminée. On verra cela à la Cour d'assises. » Comment ! vous n'en savez rien ! votre instruction est terminée ? Mais alors il fallait faire une suite à cette même instruction ; car, avant tout, il faut connaître la vérité. Vous apprécierez la réponse de M. le juge d'instruction !... Croyez-vous, Messieurs, qu'elle soit bien judicieuse ?

« Mais je répète, et j'affirme encore que les faits m'avaient été révélés bien avant l'époque que vient d'indiquer M. le Directeur de la guerre.

« Quant au reproche de calomnie, je le repousse avec indignation, et je le renvoie à qui me l'adresse. »

Un MEMBRE fait observer qu'il s'était entendu avec celui des orateurs qui a porté la question à la tribune, et qu'il s'est réservé de traiter un autre point de vue de la question ; mais l'heure avancée le porte à demander le renvoi de la discussion à demain.

Un AUTRE MEMBRE dit qu'avant la levée de la séance, il croit devoir adresser au Gouvernement une interpellation sur un bruit qui, s'il était fondé, aurait, à ses yeux, une gravité immense. Le bruit s'est répandu que l'un des hommes le plus gravement compromis dans le procès douloureux qui s'instruit devant la Cour des Pairs, aurait pris la fuite. Il importe qu'on sache à quoi s'en tenir sur le fait de la disparition du sieur Pellaprat. La moralité de ce fait, s'il était exact, tendrait à ériger en principe que, de nos jours, les hommes qui ont de la fortune et une position sociale, peuvent se soustraire à l'action de la justice. C'est ainsi que le sieur Bénier fils vient d'échapper, par la fuite, aux poursuites judiciaires dont il est l'objet. Il serait à déplorer qu'une fortune mal acquise devînt, pour ceux qui la possèdent, une protection contre la légitime rigueur des lois.

L'orateur espère que des explications seront données à ce sujet par le Gouvernement.

M. le Garde des sceaux répond :

« Si le préopinant, quand il m'a dit, il y a quelques instants, qu'il me priait de rester ici pour répondre à une interpellation, m'en eût fait connaître l'objet, peut-être ma réponse l'eût engagé à l'ajourner, car je lui aurais fait observer que, retenu, au vu de toute la Chambre, par des devoirs que je remplissais au commencement de cette séance, et que je pouvais avoir à remplir encore dans la discussion qui nous occupe en ce moment, il m'avait été impossible de prendre ni de recevoir aucune information officielle sur le fait dont il vient de parler, et que, comme il ne convient, en matière aussi grave, de porter devant les pouvoirs publics, devant la Chambre, que le résultat d'informations officielles, il était juste que je m'abstinsse, comme il se serait abstenu lui-même, j'en suis sûr, sur cette simple observation, des réflexions auxquelles il a cru devoir se livrer.

« Dans l'hypothèse de la réalité du fait, il aurait mieux vu, d'ailleurs, en y songeant un peu, en consultant les principes, à qui devait s'adresser et sur qui devait porter, je ne dirai pas le reproche, mais le regret qu'il a cru devoir exprimer; il aurait été convaincu certainement que, de quelque manière que les faits se soient passés, nul ne saurait, en pareille circonstance, so trouver plus à l'abri des reproches et des plaintes que le Gouvernement... »

— La séance est levée.

Signé SAUZET, *Président;*

De Bussières, Oger, Saglio, Lanjuinais, *Secrétaires.*

Collationné :

Le Secrétaire-Rédacteur,

Signé D. Lagarde.

PRÉSIDENCE DE M. LEPELETIER-D'AUNAY,

Vice-Président.

———

Séance du Mercredi 7 Juillet 1847.

— Le procès-verbal de la séance du 6 est lu et adopté.

Conformément aux conclusions du Rapporteur du neuvième bureau, M. Malgaigne, nommé Député par le quatrième collège électoral du département de la Seine, est admis.

M. MALGAIGNE prête serment ; la Chambre en donne acte.

M. LE MINISTRE DES FINANCES fait, au nom du Roi, la communication à la Chambre d'un projet de loi *relatif à un emprunt de 350,000,000 de francs.*

— La Chambre donne acte à M. le Ministre de la présente communication : elle en ordonne l'impression et la distribution.

(*Voir l'annexe imprimée n° 297.*)

M. LE MINISTRE prie la Chambre de renvoyer l'examen de ce projet de loi à la Commission du budget.

UN MEMBRE engage la Chambre à maintenir l'observation des règles ordinaires. Ce projet de loi est peut-être le plus important de tous ceux dont elle a été saisie dans cette session ; il y aurait des inconvénients à ce qu'il ne fût pas soumis à la discussion préalable dans les bureaux.

M. LE MINISTRE DES FINANCES répond que sa demande est conforme aux précédents de la Chambre. Le dernier emprunt autorisé faisait partie des propositions financières de l'année, et a été renvoyé à la Commission du budget. Cette Commission, qui examine l'état financier au point de vue d'ensemble, est plus en mesure que toute autre de préparer l'étude d'une pareille question. Toutefois, M. le Ministre s'en rapporte à la décision de la Chambre.

— La Chambre ordonne que le projet de loi sera renvoyé aux bureaux, pour une Commission être nommée selon la forme ordinaire.

Neuf rapports sont déposés au nom de la Commission des projets de lois d'intérêt local.

— La Chambre en ordonne l'impression et la distribution.

(*Voir les annexes imprimées* n°* 298 à 306 inclusivement.)

L'ordre du jour est la suite de la délibération des chapitres du budget des dépenses pour l'exercice 1848.

M. LE PRÉSIDENT rappelle que la Chambre s'est arrêtée, au chapitre IX du Ministère de la guerre.

UN MEMBRE se propose de compléter la discussion commencée hier sur l'affaire Bénier, et dont un des préopinants a présenté un exposé si clair et si complet. L'orateur rappelle d'abord que l'enquête ordonnée par le Gouvernement, a confirmé les allégations que l'opposition avait avancées l'année dernière. La direction des subsistances a dû reconnaître la vérité de plusieurs faits qui avaient été produits dans le débat, et elle a été forcée de provoquer des mesures contre plusieurs membres de l'intendance. Il se trouve malheureusement vrai aujourd'hui que, pendant quinze ans, un comptable chargé d'une gestion qui portait sur une valeur de plusieurs millions chaque année, a opéré pendant tout ce laps de temps sans contrôle réel L'importance du service qui lui était confié sera facilement appréciée par la Chambre, lorsqu'elle se rappellera qu'il était chargé de l'achat et de la conservation des grains, ainsi que de la fabrication et de la distribution du pain aux troupes de la garnison de Paris. Il avait la garde et l'emploi de 75 mille quintaux métriques par an.

. L'orateur rend justice à la Commission d'enquête administrative et à la Commission de la loi des comptes de 1845, qui ont exprimé un blâme énergique sur les actes de cette gestion. Mais est-il vrai , comme l'administration le prétend pour sa défense, qu'elle ait ignoré ces faits ? L'orateur le conteste : il regrette qu'on n'ait pas imprimé le rapport de la Commission d'enquête administrative. Il résulte de ce rapport que l'administration a négligé de faire verser le cautionnement du comptable , conformément au règlement de 1826 et à l'ordonnance de 1838 ; que ses écritures n'étaient pas conformes aux prescriptions réglementaires, et que les inventaires qu'il dressait étaient tout-à-fait défectueux; que dans les actes les plus importants de sa gestion, les règlements n'étaient pas observés ; que les achats se faisaient au moyen de marchés de gré à gré, et qu'on lui allouait des déchets extraordinaires, qui ne pouvaient être accordés que par le Ministre. Il résulte aussi de l'enquête, que Bénier trompait les actionnaires de l'entre-prise dans laquelle il était intéressé, et que les plaintes de ces actionnaires étant parvenues jusqu'à l'administration , y avaient révélé des faits qui devaient éveiller son attention.

Après la mort de Bénier, l'Administration a été instruite également, d'abord par l'inventaire que son successeur a exigé avant d'entrer en fonctions. Le procès-verbal dressé à cette occasion a constaté que de presque toutes les couches de blé émanait une odeur de fermentation ; que la moitié seulement de l'approvisionnement pouvait être employée sans mélange d'une qualité supérieure ; qu'une partie considérable avait perdu toute valeur employable; et, enfin, qu'il manquait 12,000 quintaux métriques. S'il était vrai que l'Administration n'eût pas connu ces faits, il faudrait se demander si elle n'est pas incapable de toute surveillance.

Mais ce qui démontre encore qu'elle était instruite, ce sont
les efforts faits, dans différents rapports, pour dissimuler les
désordres de cette gestion. On a été jusqu'à vouloir accu-
muler les déchets depuis 1830, en opposition directe avec
toutes les règles administratives. Enfin, il est évident qu'on
n'a pas donné connaissance de ces faits à M. le Maréchal,
Ministre de la guerre à cette époque. Après la retraite de
M. le Maréchal, un rapport de M. Lambert a fait remonter
les déchets à cinq ans, tandis que le règlement ne permet
pas de les cumuler au-delà de trois mois. En résumé, l'intendance militaire n'a pas rempli ses devoirs ; Bénier a accompli ses concussions pendant quinze ans, et l'Administration de la guerre n'a point exercé la surveillance qui est
sa première obligation. A la suite de la disposition votée
par la Chambre l'année dernière, le Gouvernement a nommé
une Commission d'enquête administrative qui a commencé
ses travaux à la date du 26 août. On avait voulu la charger
également de la partie judiciaire de l'enquête; mais elle s'est
reconnue incompétente sur ce point. Il est résulté de là un
retard par suite duquel beaucoup de faits ont dû échapper
aux recherches. Le résultat de l'instruction judiciaire a été
de renvoyer devant la Cour d'assises Bénier fils et Gobelet.
Bénier fils, qui a continué, en 1845, la gestion de son père,
pendant l'inventaire, est poursuivi à cause des faits de cette
gestion, et aussi pour faits qui lui sont propres comme agent
comptable à Provins. Gobelet est poursuivi pour des faits
qui se rattachent à l'affaire de l'usine du quai de Billy. Le
fils Bénier était resté à la tête de son service, lorsqu'à la
suite d'un mandat décerné contre lui le 16 juin dernier, il a
disparu. On l'avait laissé libre, sur son assurance de se présenter au besoin. De tels faits sont fâcheux : il en résulterait
que les accusés d'un certain ordre disparaissent lorsqu'il
n'est plus possible de ménager les poursuites contre eux.
Dans d'autres circonstances, il y en a eu de graciés après condamnation. Les affaires d'Alger en fournissent plusieurs
exemples.

L'orateur donne ensuite lecture d'un extrait de l'instruction judiciaire, qui est ainsi conçu :

« Tout porte à croire que Bénier avait été aussi indélicat

port. Il se refuse, en conséquence, à signer le procès-
verbal. »

Cette Commission était composée du directeur de l'ad
ministration de la guerre ; de M. Vauthier, intendant militaire. créancier de Bénier ; de Joinville, sous-intendant
militaire, fils d'un ancien intendant qui avait 100,000 fr.
placés dans les mains de Bénier, à un haut intérêt ; de
Martouret, que l'instruction judiciaire nous apprend avoir
obtenu une part dans l'usine du quai de Billy ; de Dupuis,
chef de bureau des vivres ; et de Leveaux, qui a remplacé
Tessier après sa destitution. A la suite des actes de cette
Commission, Tessier fut destitué et mis à la retraite ; il est
mort de chagrin. Ces faits ont été dévoilés par l'enquête administrative. L'instruction judiciaire se poursuit, mais,
selon l'orateur, cela ne suffit pas ; il faut une réparation
éclatante de l'acte d'injustice qui a été commis à cette époque. Tessier a été lésé à la fois dans son honneur et dans
ses intérêts. Sa veuve est réduite à une pension de 1,000 fr.
L'orateur, d'accord avec un de ses collègues, propose une
disposition ainsi conçue :

« Sur le fonds de subvention compris au chapitre XIX du
Ministère de la guerre, il sera prélevé annuellement une
somme de 3.000 fr., pour le paiement d'une pension de pareille somme au profit de la dame Tessier, veuve du sieur
Tessier, ancien chef du bureau des subsistances au Ministère
de la guerre.

« Cette pension commencera à courir du 1er janvier 1848,
et elle se confondra avec celle qui a été antérieurement liquidée au profit de la dite dame Tessier. »

L'orateur espère que la Chambre et le Gouvernement
s'associeront à cet acte de haute justice.

M. LE PRÉSIDENT fait observer qu'aux termes de la législation actuelle, les pensions pour récompenses nationales ne
peuvent être concédées qu'en vertu d'une loi spéciale. Une
pareille disposition ne peut donc être l'objet d'un amendement. La Chambre ne peut en être saisie que si l'on observe
les formalités du règlement pour les propositions.

UN DES AUTEURS DE L'AMENDEMENT déclare qu'il le modifie par le retranchement du mot *de pension*, auquel il substitue celui de *secours annuel*. Il s'agit de réparer un préjudice causé à un homme qui a donné un exemple de vertu et de désintéressement. Il s'agit aussi d'exercer un effet moral d'une grande importance et d'une grande nécessité, au milieu des faits déplorables qui éclatent de toutes parts. La Chambre doit accorder un secours, sous quelque forme que ce soit. Si la Chambre, toutefois, ne croyait pas pouvoir l'accorder en ce moment, l'orateur prie le Gouvernement de déclarer s'il ne reconnaît pas qu'il y a là une dette à acquitter, et qu'il est disposé à le faire sous une forme quelconque.

M. LE GARDE DES SCEAUX a la parole, et dit :

« Messieurs,

« Le Cabinet a d'autant moins d'intérêt et de désir de contester cette proposition, si elle a pour objet de venir au secours d'une infortune et de réparer un acte qui demanderait une réparation, que la révocation de M. Tessier est entièrement étrangère au Cabinet actuel. Cet acte, il ne m'appartient pas, il ne peut m'appartenir, par les raisons que je vais donner, de le qualifier. En ce moment j'en indique seulement la date ; il s'est passé en 1836, sous une autre administration, sous une administration complètement étrangère à celle qui est aujourd'hui sur ces bancs. C'est sous le Ministère du 22 février 1836, si je suis bien informé, que la révocation a été prononcée : je n'en induis rien, sinon que nous sommes dans ce débat, quant à nous, parfaitement impartiaux et désintéressés. Pourquoi maintenant, lorsque je viens parler, à l'occasion de ce fait, comme membre du Cabinet et comme Ministre de la Justice, n'ai-je pas voulu donner une qualification plus explicite et émettre une opinion sur un acte qui, au milieu de plusieurs autres, se rattache à une administration dont la conduite, dans son ensemble, a été vivement critiquée. Je vais le dire à la Chambre.

« J'ai examiné avec beaucoup de soin, depuis plusieurs jours, cette affaire, qui, sous bien des rapports, m'était

étrangère, mais qui cessait de l'être à cause de l'instruction
dont elle est devenue l'objet.

« J'ai vu que, dans le cours de cette instruction judiciaire, il a été dit par différents témoins, sur Tessier lui-
même, dont le nom seul y a trouvé place, puisqu'il est
décédé, beaucoup de choses en sens divers, beaucoup de
choses qui, d'ailleurs, tiennent au fond même de l'affaire
sur laquelle le jury, appelé à statuer avant peu, aura à se
former une opinion, dont rien ne doit altérer l'indépendance.

« Je demande si, aujourd'hui, quand nous ne sommes
séparés que par quelques jours du moment où le débat va
s'ouvrir d'une manière plus complète, vous devez directement ou indirectement faire intervenir la Chambre, pour
donner aux actes qui se sont passés et qui ont reçu des
interprétations diverses, opposées, une qualification, une
signification quelconque, et pour jeter le poids de votre
appréciation dans la balance de la justice.

« Si je vous proposais de décider que le secours que l'on
demande et qui est peut-être nécessaire ne sera jamais accordé, je comprendrais qu'on s'élevât contre mes paroles.
Ce que je demande, ce que je voulais demander, dans l'intérêt de tout le monde, dans l'intérêt de la vérité, dans
l'intérêt de la justice, c'est qu'on ne préjuge rien dans le
présent, c'est qu'on réserve l'avenir en entier.

« J'ai entendu, dans ce débat, produire beaucoup d'assertions que j'étais à même de contredire, pièces en main ;
j'en ai entendu qui me donnaient une vive tentation de
monter à la tribune, afin d'en démontrer l'erreur ; mais
j'ai cru qu'il n'était pas bon d'apporter à la Chambre des
pièces, des documents qui allaient bientôt être produits
dans un débat judiciaire, et qui devaient y paraître exempts
d'une publicité prématurée.

« Voilà, Messieurs, l'observation qui m'a fait monter à
la tribune ; voilà le sentiment qui m'a imposé, dans les
expressions dont je me suis servi, une certaine réserve.

« Maintenant, je ne veux dire qu'un seul mot sur l'affaire
en elle-même.

« Hier j'ai entendu avec regret, aujourd'hui j'ai lu avec
plus de regret encore, certaines expressions un peu vives ;

j'ai remarqué des reproches adressés au magistrat chargé
de l'instruction de cette affaire, pour n'avoir pas entendu
certains témoignages, pour avoir refusé de recommencer
l'instruction.

« Messieurs,. la vérité me commande, et mon devoir
m'ordonne de faire aujourd'hui ce que j'ai fait hier dans
une autre circonstance, de défendre un magistrat contre
d'injustes reproches.

« Je tiens pour un magistrat zélé et consciencieux le magistrat à qui cette instruction a été confiée : il y a consacré
une année entière; il né s'est pas borné à recevoir les témoignages ou les documents qui s'offraient à lui, il les a re-
cherchés ; son zèle a été au-devant de la vérité, ses investigations l'ont provoquée de toutes parts. M. Boissy-d'Anglas
a été entendu comme témoin le 25 novembre 1846, toute
latitude a été donnée à ses déclarations : le juge d'instruction était disposé, c'était son devoir et il l'a rempli tout
entier, à recevoir toutes les indications, à écouter tous les
témoignages. On a parlé hier des intendants et des sous-
intendants qui pouvaient avoir des renseignements à donner : le juge les a appelés successivement, comme il a appelé
tous les membres de l'administration de la guerre, soit
ceux qui sont actuellement en exercice, soit ceux qui les
ont précédés ; il a terminé son instruction quand il lui a été
démontré, après une année de travaux et de recherches,
qu'il n'avait plus rien à recueillir et que l'affaire était mûre
pour être produite devant les tribunaux.

« Qu'après cela, lorsque depuis plusieurs semaines l'instruction était terminée et les pièces transmises à la Cour
royale, c'est-à-dire quand le juge, d'après la loi, n'avait
plus ni compétence ni pouvoir, on soit venu lui parler de
certaines choses et qu'il ait dit : L'instruction est terminée,
je suis dessaisi, adressez-vous au magistrat compétent ;
cela peut être, et je ne lui en ferais pas un reproche : ce
langage est le seul qu'il pouvait tenir, ce langage était dans
ses devoirs, ce langage est celui de la loi.

« Les personnes à qui cette réponse était faite pouvaient
s'adresser au procureur général, à qui il appartenait de
recevoir les déclarations que les pouvoirs épuisés du juge
d'instruction ne lui permettaient plus d'accueillir.

« Et maintenant, d'ailleurs, il n'y a pas de forclusion : les assises vont s'ouvrir : si quelqu'un de la Chambre, ou *en* dehors de cette Chambre, a des faits nouveaux, de nouveaux renseignements à fournir à la justice, la justice attentive est prête à l'entendre. Ce qu'elle désire, ce qui est dans toutes les affaires le but constant, le seul but de ses efforts, c'est de châtier le coupable, c'est de faire éclater la vérité. Qu'on ne lui fasse donc pas de reproches; ils ne seraient pas plus fondés dans cette circonstance que dans toutes les autres.

« La magistrature a fait son devoir ; elle le fera jusqu'au bout. Si elle trouve des coupables à condamner, si elle a des vérités dures à proclamer, je le répète, elle fera son devoir; mais c'est un devoir aussi pour elle de proclamer des vérités moins pénibles, quand elle a le bonheur de les rencontrer dans le cours de ses investigations; et je ne crois pas manquer à la discrétion, maintenant que la chambre des mises en accusations a rendu son arrêt, en vous en faisant connaître une partie qui ne s'applique pas d'ailleurs aux accusés, mais à l'ensemble du procès, et qui peut apporter une utile, une heureuse diversion à tant d'accusations, qui, pour n'être pas dirigées expressément contre les personnes et contre leur honneur, pourraient laisser pourtant planer sur elles la pensée que c'est l'honneur qui est en cause, que c'est l'honneur qui est compromis. Voici comment s'explique l'arrêt de la chambre des mises en accusations, qui caractérise d'une manière générale la conduite de l'administration de la guerre, et qui le fait avec autorité, tout en laissant subsister le débat à venir dans sa plénitude et dans ses justes limites :

« Le déficit était si considérable, les moyens de surveillance si puissants aux yeux de l'administration de la guerre, « qu'on put s'alarmer et craindre un instant, malgré la juste « réputation de délicatesse que s'étaient acquise les fonc- « tionnaires chargés de cette surveillance, qu'ils n'aient eu a « se reprocher plus que de la négligence. Hâtons-nous de le « reconnaître, tous ceux qui, par leurs fonctions, employés « supérieurs et inférieurs, étaient appelés à exercer sur les » opérations de Benier, et chacun dans ses attributions, un « contrôle que prescrivaient les règlements et que leur im-

« posait le strict accomplissement de leur devoir, sont sortis
« purs des investigations auxquelles la justice à dû se li-
« vrer. Aucune atteinte ne doit être portée à leur honneur
« et à leur probité: s'ils ont commis des fautes d'administration, elles sont en dehors de l'appréciation de l'autorité
« judiciaire ; ils ne relèveraient pour ces faits que de leurs
« supérieurs, qui ont seuls caractère pour les rechercher et
« juger. »

« L'administration, précisément, a fait la part de l'une,
comme la justice a fait la part de l'autre. Par le résultat de
ses délibérations, de ses appréciations, elle a cru remplir
le devoir qui lui était imposé à l'égard de certains de ses
agents. Or, elle n'a jamais refusé de porter plus loin l'investigation la plus attentive, d'exercer le contrôle le plus
sévère sur tous les actes et sur toutes les personnes ; mais
j'ai cru qu'il était nécessaire, dès à présent, dans un débat
où la question d'honneur s'est trouvée si souvent mêlée à la
question d'administration, de montrer que le résultat certain des investigations judiciaires les plus assidues, exercées pendant plus d'une année, avait donné aux magistrats
la conviction consolante que cette question d'honneur était
parfaitement résolue en faveur de tous les membres de l'administration qui s'étaient trouvés engagés dans ces tristes
débats. »

Un MEMBRE a la parole pour un fait personnel. Il s'exprime ainsi :

« M. le Ministre de la justice ayant indiqué que j'avais
pu dire quelques paroles qui pouvaient attaquer un juge
d'instruction, je dois prendre la parole pour exprimer ma
pensée tout entière à M. le Ministre de la justice. Il peut
être sûr que j'ai autant que lui en vénération M. le juge
d'instruction Desnoyers... Mais je voulais lui parler du
fait des farines du commerce, fait qui n'était pas arrivé à
la connaissance de l'intendance militaire de la 1re division.
J'allai voir M. le juge d'instruction Desnoyers, au sujet
de cette affaire, et je lui demandai s'il avait appelé plusieurs des sous-intendants militaires, un ingénieur des
mines devant lui qui connaissaient la question ?

ment de probité qui prédomine et qui finira par prendre le dessus dans le pays.

1. LE PRÉSIDENT propose à la Chambre de régler l'ordre dans lequel seront discutés, entre les deux budgets des dépenses et des recettes, les projets de lois qui sont à l'état de rapport. Voici la liste de ces projets de lois :

Correspondances transatlantiques ;
Circonscriptions électorales de Saône-et-Loire ;
Servitudes militaires (proposition) ;
Bibliothèque de la Chambre ;
Députés intéressés dans les concessions (proposition) ;
Loi des comptes de 1845 ;
Chemins de fer de Vierzon, de Lille, de Marseille;
Réfugiés ;
Pension de madame Duperré ;
Banque de Bordeaux ;
Edifices publics, Chambre des Députés, école Polytechnique ;
Chemin de fer de Lyon ;
Chemin de fer d'Avignon ;
Chemin de fer de Chartres ;
Chemin de fer de Troyes.

— La Chambre décide qu'elle place à l'ordre du jour 1° avant la discussion de son budget particulier, le projet de résolution présenté pour sa Bibliothèque; 2° les projets de lois suivants :

1° Projet de loi relatif au chemin de fer de Vierzon, etc. ;
2° Projet de loi relatif aux étrangers réfugiés ;
3° Projet de loi relatif à la pension de madame Duperré ;
4° Projet de loi relatif à divers édifices publics ;
5° Projet de loi relatif au chemin de fer de Lyon ;
6° Projet de loi relatif au chemin de fer d'Avignon ;
7° Projet de loi relatif au chemin de fer de Chartres ;
8° Projet de loi relatif au chemin de fer de Troyes.

Il est fait réserve, pour placer dans le règlement d'ordre du jour, du projet de loi sur l'emprunt qui a été présenté aujourd'hui, et de celui sur le chemin de fer de Dieppe et Fécamp, dont le rapport n'est pas encore distribué.

M. le Rapporteur de la Commission des finances demande que la discussion du budget des dépenses ait lieu, à partir de ce jour, sans interruption aucune.

Deux membres demandent que la séance de samedi soit réservée pour la pétition relative à l'association houillère de la Loire.

— La Chambre ordonne qu'à partir de ce jour, la discussion du budget des dépenses sera continuée sans interruption.

Un membre prie M. le Ministre de la justice de vouloir bien fournir à la Chambre les renseignements qu'il n'a pas pu lui fournir hier, sur l'évasion d'un des inculpés traduits en ce moment devant la Chambre des Pairs. Il ajoute que ce n'est que par respect pour la Chambre qu'il a accepté hier la réponse de M. le Garde des sceaux, qui déchargeait le Gouvernement de toute responsabilité à cet égard, en alléguant la compétence exclusive de la Cour des Pairs. Sans discuter cette compétence, l'orateur croit que le Gouvernement a toujours son action en matière judiciaire. C'était pour le procureur général un droit et peut être un devoir, de requérir l'arrestation des inculpés ; et s'il n'a pas cru à propos de le faire, le Gouvernement devait prendre les mesures nécessaires pour assurer l'action de la justice.

M. le Garde des Sceaux dit que si c'est seulement sur un fait qu'il est interpellé, sa réponse sera bien simple : ce qu'il ignorait, ce qu'il ne pouvait pas savoir officiellement hier, il le sait aujourd'hui, le préopinant le sait comme lui.

La personne à laquelle il a été fait allusion a quitté Paris. Se représentera t-elle ou ne se représentera-t-elle pas ? C'est ce que M. le Ministre ne peut savoir.

Si c'est sur une question de droit, sur la question de savoir si la haute magistrature qui était investie du droit d'accomplir les mesures préparatoires au jugement, a ou non rempli complètement son devoir, M. le Ministre déclare qu'il n'a pas à s'expliquer sur ce point ; ce n'est ni aujourd'hui, ni dans cette enceinte, ni à ce moment du procès,

qu'il appartient de la poser et de la résoudre, et il n'a aucune compétence à cet égard.

S'il s'agit d'un reproche, d'une accusation dirigée contre
le Gouvernement et contre le Ministère de la Justice en
particulier, il prie alors le préopinant de vouloir bien formuler cette accusation et ce reproche, de vouloir bien dire
en quoi les torts consistent suivant lui, et alors il tâchera,
soit par le fait, soit par le droit, de lui donner satisfaction
et de présenter une justification complète.

UN MEMBRE dit qu'il est facile de donner à M. le Garde des
Sceaux la satisfaction qu'il provoque. Le premier principe
de notre constitution, c'est l'égalité de tous devant la justice;
il ne saurait y avoir de privilège pour personne, lorsqu'il
y a prévention de crime et que le ministère public a fait ses
réquisitions. Nulle part aucune disposition ne peut donner
naissance à cette inégalité qui permettrait à un accusé de
se soustraire à l'action de la loi, parce qu'il appartient à
une classe de la société plutôt qu'à une autre. M. le Garde
des Sceaux a argumenté de ce que, en cette circonstance,
une juridiction supérieure était saisie. On reconnaîtra
un jour la nécessité d'accomplir le vœu de la Charte, qui
statue que les attributions et la procédure de la Cour des
Pairs seront déterminées par une loi. Mais ici, il ne faut
pas oublier que la Cour des Pairs n'était pas saisie
par elle-même, et que le devoir du Gouvernement
qui avait provoqué son action, était de maintenir l'égalité
de la justice.

M. LE GARDE DES SCEAUX répond :

« Le reproche qui était en germe, à ce qu'il paraît, dans
l'interpellation d'hier et dans celle d'aujourd'hui, se développe à ce moment. Je comprends ce que l'on veut dire :
on veut faire peser sur nous le soupçon de n'avoir pas
rempli notre devoir tout entier, et de vouloir établir entre
les citoyens, quand ils sont poursuivis au nom de la loi,
une inégalité à raison du rang, de la fortune ou de la position. Ce soupçon, cette accusation, je les repousse de
toutes mes forces en mon nom, au nom de mes collègues,
au nom du Cabinet tout entier.

« Contre un pareil soupçon, je pourrais invoquer ma vie
entière de magistrat. Mais je veux m'en tenir au fait même
que j'examine ; et je demande à toutes les parties de cette
Chambre : qui donc dans cette affaire a saisi la justice ?
D'où est parti l'ordre de l'examiner dans toutes ses parties,
avec toutes ses conséquences, de poursuivre toutes personnes, quelles qu'elles pussent être, qui s'y trouveraient
impliquées ? N'est-ce pas le Gouvernement, avant toute provocation ? Plus tard, nous avons saisi la plus haute juridiction, comme la constitution nous en faisait un devoir.
Et qu'est-il arrivé depuis ? Tout le monde ne le sait-il pas ?

« Quel droit a-t-on donc de penser, qu'infidèle à son
commencement, une haute magistrature aurait fléchi dans
l'accomplissement de son devoir ? Non, elle n'a pas fléchi ;
elle a fait dans cette circonstance ce qu'on a fait, sans encourir aucun reproche, dans une autre circonstance qui
n'est pas très-éloignée. Le ministère public, dont on parle,
a pensé avec raison que ce n'était pas à lui qu'il appartenait
de décerner l'ordonnance de prise de corps. C'est le juge,
c'est le juge d'instruction, c'est la chambre du conseil, c'est
la chambre d'accusation qui décerne les mandats et les ordonnances de prise de corps. Il n'est pas nécessaire qu'il y
ait de réquisitoire à cet égard pour que le juge, ou le tribunal, ou la cour, décerne, quand cela est jugé convenable,
l'ordonnance de prise de corps.

« Le ministère public a fait ses réquisitions selon sa conscience ; la cour a rendu son arrêt selon sa conscience ; et,
dans une affaire qui n'est pas éloignée, et qui assurément
n'intéressait en rien le Gouvernement, dans laquelle le
Gouvernement ne devait, ne pouvait à aucun titre intervenir, les magistrats avaient procédé de la même manière ;
dans l'affaire Drouillard, les prévenus, les accusés n'avaient
pas été placés sous mandats de dépôts, ils se sont présentés
libres.

« Je n'ai point à me prononcer sur la justesse du motif ;
c'est une affaire d'appréciation pour le juge ; mais je dis
que la considération à laquelle on a cédé, sans doute, le motif qui apparemment a déterminé dans l'une et l'autre circonstance, c'est que le fait qualifié crime, à raison duquel

la poursuite est dirigée , n'entraîne pas la peine d'emprisonnement.

« Je ne dis pas', remarquez-le bien, car il faut tout préciser ici, je ne dis pas de mon chef, comme Ministre de la
justice , que ce soit un motif toujours bon , toujours déterminant ; je dis que c'est un motif qui a pu être pris en considération par la conscience du juge ; que, dans le précédent que j'indique , les choses se sont passées exactement
de la même manière , et que personne n'a élevé de plainte.
Les accusés se sont présentés devant la justice ; ils ont été
condamnés ; ils n'ont été détenus ni pendant le procès , ni
après la condamnation, par la raison toute simple que la
loi ne prononce pas la peine d'emprisonnement pour le
crime à raison duquel ils ont été condamnés.

« On a cru apparemment pouvoir agir de même dans la
circonstance actuelle, qui, sous ce rapport, était identique.
J'ai dû donner ces explications pour le public, qui écoute
avidement tous ces détails, et qui malheureusement est trop
souvent induit en erreur; mais je dois dire maintenant, pour
le maintien des principes en eux-mêmes, que, bien que je
sois disposé comme Ministre, parce que c'est mon devoir, à
répondre toujours, sur les actes du Gouvernement et de
l'administration, aux interpellations que les membres de
cette Chambre jugeront convenable de m'adresser, je ne crois
pas dans mon devoir, j'ajouterai même dans mon droit,
de discuter devant la Chambre, sur la provocation de qui
que ce puisse être, la légalité, la convenance, la justice des
actes émanés des magistrats institués par la loi, actes sur
lesquels, après tout, je ne puis avoir aucun droit de révision.

« J'admets qu'il ne s'agisse pas de la Cour des Pairs,
d'une haute juridiction instituée par la Charte, mais d'une
chambre de conseil, d'une chambre d'accusation qui n'aurait
pas délivré l'ordonnance de prise de corps là où l'on croirait
qu'elle aurait dû le faire : est-ce que vous voudriez que le
Ministre de la justice vînt discuter devant vous la question
de savoir si l'ordonnance de la Chambre ou l'arrêt de la
Cour est plus ou moins légal ?

« Je ne le puis ni le dois évidemment. L'observation de
ces lois est confiée à la conscience des magistrats, et leurs

décision, s'il y a lieu, soumises à la censure de la Cour de cassation.

« Ici, il s'agit d'un pouvoir plus élevé, d'une juridiction plus haute que toutes les autres, d'un pouvoir placé au sommet de la hiérarchie judiciaire Ce n'est pas le Ministre de la justice, à coup sûr, qui, par voie d'injonction ou d'une manière quelconque, pourrait influer sur ce qui doit être fait par la Cour des Pairs. Cette Cour a agi, sans doute, par d'excellentes raisons, avec justice, discernement et prudence; mais je n'ai point à apprécier, à aucun titre, l'usage qu'elle a fait d'une prérogative souveraine déposée dans ses mains, sous la garantie de sa conscience.

« Ce qui me rassure, d'ailleurs, et ce qui me fait penser qu'il n'y a point eu ici une de ces illégalités qui portent à protester et à attaquer ceux qu'on en croit responsables, c'est que l'arrêt de la Cour des Pairs et le réquisitoire qui l'a précédé, sont connus depuis douze jours. Tout le monde a su, vous saviez comme moi, vous saviez tous qu'il n'y avait pas d'ordonnance de prise de corps, que toutes les personnes accusées étaient en liberté; vous les avez peut-être vues, rencontrées. Et cependant, il ne s'est pas trouvé un jurisconsulte, un magistrat préoccupé, avant l'événement, de l'observation des lois et de l'égalité entre tous les citoyens, qu'on revendique aujourd'hui ; personne n'est venu, nous demander compte de cette inobservation prétendue, alors qu'il pouvait être si utile de nous avertir et de nous faire prendre les mesures contre l'omission desquelles on réclame aujourd'hui. Il m'est permis de penser que si l'on n'a rien dit, c'est qu'on n'avait rien à nous reprocher. »

Un membre persiste à croire que c'est à M. le Garde des Sceaux qu'il appartient de veiller sur les procédés judiciaires des magistrats placés sous ses ordres. Quand l'impuissance ou l'impunité peuvent résulter de l'omission d'un de leurs devoirs, la politique peut intervenir; et M. le Garde des Sceaux peut avoir à rendre compte des suites de l'abstention d'un mandat de justice, surtout quand il résulte de cette abstention une infraction au principe de l'égalité devant la loi.

— La Chambre revient à la discussion du budget de la guerre.

CHAPITRE IX.

« Solde et entretien des troupes, 147,733,049 fr. »

La Commission propose plusieurs réductions montant ensemble à 23,267 fr.

La première, de 9,444 fr., s'applique à la création de quelques positions pour chacune des batteries employées en Afrique.

La seconde, de 1,150 fr., est relative à un accroissement de frais de bureau des commandants des compagnies détachées.

La troisième, de 1,050 fr., pour le chauffage du gymnase musical.

La quatrième, de 6,024 fr., pour variations dans l'effectif.

— Ces quatre réductions sont successivement mises aux voix et adoptées.

Un membre présente des considérations générales sur le service de la manutention. Il rappelle que la Chambre a toujours montré une grande sollicitude pour cette partie de l'administration qui touche de si près au bien-être de l'armée. Il rappelle, en particulier, à l'appui de cette assertion, ce qu'a été dit hier à l'occasion de l'affaire Bénier.

Il fait observer ensuite qu'il n'y a rien de fixe sur le rendement alloué pour les blés. Ce rendement n'est pas le même pour le service de l'armée et pour le service des hôpitaux. L'orateur craint que la différence ne soit au préjudice de la troupe. Il demande aussi s'il est vrai que la distribution du pain aux troupes cantonnées autour de Paris éprouve des retards.

M. LE MINISTRE DE LA GUERRE répond :

« Quant à la question de la distribution du pain aux troupes qui sont autour de Paris, l'inconvénient que le préopinant a signalé ne peut subsister, attendu qu'il y a, tout au plus, dix ou douze heures de différence entre la distribution faite aux troupes de Paris, et celle faite aux troupes placées dans les environs. Aucune plainte ne m'est parvenue à ce sujet.

« Quant au rendement, c'est une, question très-difficile ; on ne peut presque jamais l'établir : la provenance des grains, leur qualité, leur nature, apportent des différences notables dans le rendement. Des expériences nombreuses ont déjà été faites, dans plusieurs lieux, sur le rendement ; je ne crois pas qu'on puisse arriver à établir un rendement fixe et universel. Cela me paraît un problème insoluble. Il faudra toujours varier les rendements selon les lieux, selon la nature des grains qui auront été donnés, soit par une année pluvieuse, soit par une année sèche.

« Voilà ce que j'avais à dire sur ce sujet ; on s'en occupe, depuis plusieurs années, avec le plus grand soin. »

Un membre regarde comme d'une haute importance que cette question soit résolue le plus promptement possible, à la fois dans l'intérêt de l'armée et dans celui des comptables, que cette incertitude expose à de fâcheuses accusations.

Un second membre dit qu'il croyait la question résolue depuis longtemps. Des expériences faites en Morée par M. Flandin, intendant militaire, ont démontré que 100 kil. de blé tendre pouvaient donner 188 rations, et la même quantité de blé dur 199. Ces résultats transmis à M. le maréchal Soult ont été l'objet de nouvelles expériences faites à Marseille, Rouen et Paris. A la suite est intervenue une circulaire de M. le Maréchal, ainsi conçue :

« Monsieur l'intendant, le règlement sur les subsistances militaires du 1er septembre 1827, fixe à 162 rations de pain par quintal métrique de froment, le rendement à exiger des agents-comptables des vivres de la guerre ; mais il est notoire que cette fixation, qui remonte à l'époque fort ancienne où on ne blutait pas les farines employées à la fabrication du pain des troupes, est inférieure au rendement réel des blés indigènes d'essence tendre, et bien plus encore à celui des blés durs exotiques.

« Un état de choses aussi contraire aux intérêts du Trésor a naturellement dû fixer mon attention ; et, voulant d'ailleurs rentrer dans le vrai, j'ai fait procéder à Paris, à Marseille, en Afrique et en Morée, à des épreuves qui, indépendamment de la solution de la question du rendement, ont fait connaître que les farines de blé dur n'avaient nullement besoin d'être blutées, attendu qu'employées brutes. elles produiraient un pain *au moins égal, sous le rapport de la qualité et de la nuance,* à celui de munition ordinaire.

« D'après l'examen *approfondi* que j'ai fait, tant de la manière dont on a procédé à ces épreuves, que des résultats obtenus, j'ai arrêté les dispositions suivantes :

« 1° Les farines de blé tendre continueront d'être blutées à 10 pour 100 d'extraction de son, évaporation comprise, et le rendement de cette espèce de grains, quelle qu'en soit l'origine, est fixé à 166 rations de pain par quintal métrique de blé, ou par 90 kil., poids brut, de farine blutée à 10 pour 100.

(Cela revient à 184 rations 44 centièmes par 100 kil. de farine blutée, poids net, au lieu de 180 rations exigées par les anciens règlements.)

« 2° Les farines de blés durs ne seront soumises à aucun blutage, et elles pourront être employées indifféremment seules ou mélangées avec des farines de blés tendres blutées à 10 pour 100.

« 3° Le produit des blés durs ainsi employés, seuls ou mélangés, est fixé à 196 *rations de pain par quintal métrique de blé dur consommé,* etc., etc. »

Depuis lors, ce rendement, qui faisait gagner à l'Etat de 8 à 9 rations par 100 kil. de blé, a été maintenu. Aujourd'hui, on nous dit que des réclamations sont élevées de toutes parts. Quelle peut en être l'origine et le mobile ? En y cédant, on pourrait faire perdre à l'Etat 500,000 fr. par an que le dernier rendement lui a fait gagner. L'orateur insiste pour qu'il ne soit pas changé.

M. LE MINISTRE DE LA GUERRE dit :

« Je dois expliquer, quant au rendement et aux expériences que l'on fait maintenant sur ce sujet, que les réclamations ont été extrêmement nombreuses ; qu'on a constaté avec le plus grand soin que plusieurs de ces réclamations étaient fondées, étaient légitimes à certains égards.

« Maintenant le preopinant n'a pas fait attention à une circonstance qui rendrait ces reclamations à un certain point fondées, c'est qu'au lieu de bluter à 10 pour 100, comme on l'a fait pendant quinze ans, ou blute à 15 pour 100. Je ne suis pas chimiste, ni assez versé dans la panification pour décider la question, mais il paraît reconnu que plus on blute la farine, plus le rendement doit être considérable. Les réclamations seront examinées avec le plus grand soin : cet examen a été confié à des hommes tout-a-fait désintéressés dans l'administration, à une Commission composée de chimistes, de personnes versées dans la science, et il n'est pas douteux que les conclusions qu'elle donnera ne méritent toute notre confiance. »

LE PRÉOPINANT maintient ce qu'il a dit sur les rendements. Passant ensuite a un autre objet, il demande ce que deviennent les sons produits par la mouture des blés que l'administration achète.

M. LE COMMISSAIRE DU Roi s'exprime en ces termes :

« L'entreprise des moutures de Paris a pris l'engagement d'effectuer les moutures à raison de 1 fr. 60 c. par quintal métrique de blé, mais, en même temps, on lui a imposé l'obligation de recevoir, à raison de 9 fr. 50 c., les sons provenant des moutures. Ainsi, lorsqu'on fait son décompte, on lui alloue 1 fr. 60 c. par chaque quintal métrique de blé, et on déduit de la somme qui peut lui revenir la valeur du son à raison de 9 fr. 50 c.

« J'ajoute, pour répondre à la première observation du préopinant, que la question de rendement est une question pendante, sur laquelle M. le Ministre n'a pas encore statué; qu'il reconnaît que c'est une question très-grave qui engagerait sa responsabilité, et que, quand il s'agit de créer une dépense considérable qui peut varier de 3 à 5,000 fr., comme on l'a dit, il est bien permis d'y regarder à deux fois et de ne prendre de détermination que lorsqu'on est parfaitement éclairé.

« Le préopinant dit que, quand M. le maréchal Soult a

décidé le rendement à raison de 166 rations par quintal
métrique de blé, le préambule de la circulaire portait que
le rendement à 160 rations avait été fixé. Eh bien! depuis,
l'opinion contraire a trouvé beaucoup d'appui. M. le Ministre de la guerre a envoyé en Belgique, où l'on fabrique
avec des farines brutes, ce qui donne, dit-on, un rendement plus fort qu'avec des farines blutées. C'était une
raison pour mettre cette question très-sérieusement à l'é-
tude. Il est arrivé récemment que des comptables ont
déclaré qu'il y avait impossibilité, aujourd'hui que le blutage est fixé à 15 pour 100, de continuer les abonnements
manutentionnaires. Ils déclarent donc qu'ils sont en perte,
et qu'ils aiment mieux faire le sacrifice de leur état, plutôt
que de continuer.

« M le Ministre ne se rend pas à ces observations. Il va
être nommé une Commission composée de chimistes,
d'hommes du métier, de meuniers, de boulangers, de syndics de la boulangerie de Paris et d'administrateurs, pour
examiner la question, et M le Ministre ne prendra de
décision que lorsque sa religion sera parfaitement éclairée. »

Un membre reconnaît le droit du Ministre d'examiner le
taux des rendements; mais comme ils servent à déterminer
les crédits demandés au budget, il espère que des changements ne seront point introduits avant que la Chambre
n'ait été en mesure d'en donner son avis.

Un deuxième membre dit que les compensations admises
pour les sons, constituent un acte de mauvaise comptabilité. Il serait plus convenable de les vendre à diverses
personnes et aux enchères.

Un troisième membre pense que cela serait difficile dans
la pratique. Il faudrait des magasins pour les placer, des
gardes pour les conserver, et une administration spéciale
pour ce service. Il faudrait enfin les transporter du moulin
aux magasins, et il y a souvent perte et danger à changer
les marchandises de place. Tout bien compensé, la vente,
ainsi qu'elle est faite aujourd'hui, est encore le meilleur
mode de gestion.

— La suite de la délibération est renvoyée à demain.

— La séance est levée.

Signé LEPELETIER-D'AUNAY, *Vice-Président;*

DE BUSSIÈRES, OGER, SAGLIO, LANJUINAIS,

Secrétaires.

Collationné :

Le Secrétaire-Rédacteur ,

Signé CERCLET.

Présidence de M. SAUZET.

Séance du Jeudi 8 Juillet 1847.

— Le procès-verbal de la séance du 7 est lu et adopté.

M. Glais-Bizoin sollicite et obtient un congé.

Deux rapports sont déposés au nom de la Commission chargée de l'examen des projets de lois d'intérêt local.

— La Chambre en ordonne l'impression et la distribution.

(*Voir les annexes imprimées n°ˢ 307 et 308.*)

L'ordre du jour appelle la suite de la délibération sur le budget des dépenses de l'exercice 1848.

On reprend la discussion du chapitre IX du budget de la guerre. Ce chapitre, relatif à la solde et à l'entretien des troupes, est crédité, dans le projet du Gouvernement, à 147,733,049 fr.

M. le Président rappelle que la Chambre a voté hier plusieurs réductions proposées par la Commission sur la première partie du chapitre.

Un MEMBRE demande la parole sur la deuxième partie du chapitre, relative aux vivres. Il rappelle que, dans une précédente discussion de la loi de finances , il a soumis à la Chambre des échantillons desquels il résultait que, dans certaines localités du moins , le pain fourni aux prisonniers était meilleur que le pain fourni aux soldats. De nouveaux échantillons qu'il a reçus l'autorisent à croire que les choses n'ont pas changé. Il sait qu'à Paris le pain de la troupe est excellent; mais il lui paraît démontré qu'il n'en est pas de même partout, et il s'en étonne d'autant plus que, d'après les explications précédemment données, le pain des soldats, quoique inférieur à celui des prisonniers, coûterait pourtant davantage.

M. LE MINISTRE DE LA GUERRE répond :

« Je ne sais point quelle est la qualité des farines qu'on emploie pour les prisons, ni si ces farines sont plus chères que celles employées pour la manutention de l'armée de terre; mais ce que je puis affirmer à la Chambre, c'est que le soldat n'a jamais mangé de meilleur pain qu'à présent.

« Il y a quelques années, on blutait à 10 pour 100 de son ; maintenant, pour rapprocher, non pas la qualité, mais l'apparence du pain de celle du pain mangé par la population civile, on a voulu bluter à 15 pour 100 d'extraction de son. Cette amélioration qui a été faite, a été un peu coûteuse ; mais ni la Chambre, ni le Gouvernement n'ont reculé devant cette dépense. J'affirme que dans la garnison des départements, comme à Paris, le pain des soldats, s'il est moins blanc, est, je crois, meilleur que celui des prisonniers ; je n'ai pas fait cette comparaison partout, mais j'ai eu occasion, dans les inspections, de le constater dans plusieurs villes. Il m'est arrivé que, voyant le pain dans les prisons plus blanc que celui des soldats, je l'ai fait soumettre à une vérification, et on me disait toujours : « Ce pain est plus beau et plus blanc, mais celui de soldat « vaut mieux. »

LE PRÉOPINANT fait observer qu'il n'a pas dit que le pain du soldat fût mauvais. Il reconnaît que , sous ce rapport, la troupe est mieux traitée qu'autrefois ; mais les échantillons qu'il a eus sous les yeux l'autorisent à soutenir que la garnison de Thionville, notamment, reçoit un pain de moins bonne qualité que le pain des prisonniers.

M. le Ministre de la guerre dit qu'il n'a pas à s'occuper de ce qui se passe dans la prison de Thionville, qui n'est pas dans ses attributions, mais dans celles de M. le Ministre de l'intérieur.

Un membre demande la parole sur le service des hôpitaux, et dit qu'il veut signaler à la Chambre un fait qui se serait récemment passé dans la première division militaire. L'intendant de la division ayant appris que des erreurs graves, que des concussions avaient lieu dans la distribution des vivres d'un hôpital militaire de la division, s'y serait immédiatement transporté ; il aurait fait, sur place, arrêter les distributions, et le résultat des vérifications aurait été de constater de notables erreurs de pesée au préjudice des malades. Des mesures ont été prises ; l'orateur désire savoir à quelle résolution on s'est arrêté.

M. le Ministre de la guerre répond :

« Il y a quelques jours, en effet, l'intendant de la première division militaire s'est rendu à l'hôpital du Gros-Caillou, et il remarqua que quelques soustractions avaient été commises sur la viande qui devait être distribuée aux malades.

« Il m'a dénoncé le fait, et j'ai ordonné que le comptable fût mis sous la surveillance la plus étroite, c'est-à-dire aux arrêts de rigueur avec sentinelle à sa porte.

« J'ai aussitôt fait instruire l'affaire, examiner le fait, afin de constater sa gravité, et de savoir s'il était susceptible de faire traduire le comptable devant un conseil de guerre. Cet examen a nécessité quelques jours ; toutefois, le comptable est resté aux arrêts avec une sentinelle à sa porte. Tout en le retenant aux arrêts de rigueur, je n'ai pas voulu cependant priver ce comptable du bénéfice de l'examen qui devait se faire.

« J'ai fait passer au bureau de la justice militaire les résultats de l'instruction qui avait eu lieu, en lui demandant si les faits étaient assez graves pour que le comptable fût traduit devant un conseil de guerre.

« Sur l'avis du bureau de la justice militaire, j'ai ordonné que le comptable serait traduit devant un conseil de guerre.

« Un moment après, et certainement le secret a été bien gardé, on ne pouvait connaître la résolution que je venais de prendre, cependant il s'est échappé la nuit, la sentinelle ne l'a pas entendu ; il s'est échappé, mais les précautions les plus rigoureuses ont été prises. J'ai fait raisonnablement ce que je pouvais faire pour m'assurer de sa personne. J'ai fait ensuite immédiatement prévenir l'Intendant militaire et le procureur du Roi, qui m'a adressé une lettre dans laquelle il affirme qu'il ne s'est échappé que pour se soustraire à un emprisonnement plus ou moins long, et qu'au moment où il sera mis en jugement il se représentera.

« J'ai fait, dans cette circonstance, je crois, tout ce qu'il était possible de faire. »

LE PRÉOPINANT regrette de voir se multiplier des faits qui tendent à prouver que certains accusés parviennent trop facilement à se soustraire à la justice. Lorsqu'il consulte les antécédents du comptable dont il s'agit, il s'étonne de la haute protection dont il paraît avoir été constamment l'objet Il y a quelques années, il avait fallu l'écarter du poste qu'il occupait, à raison d'irrégularités plus ou moins graves qui lui étaient imputables. Cela ne l'avait empêché, ni d'obtenir de l'avancement, ni même d'être désigné pour la décoration. Pour satisfaire à ses convenances, on a successivement déplacé un comptable de Versailles et celui qui dirigeait l'hôpital du Gros-Caillou. L'orateur ne comprend pas que les faveurs de l'Administration soient ainsi prodiguées à des hommes qui s'en montrent si peu dignes.

M. LE MINISTRE DE LA GUERRE dit :

« Il peut arriver que, dans toute administration, on fasse des choix douteux. Je n'ai pas à répondre du choix dont le préopinant vient de parler ; dans toutes les administrations, il peut arriver que, quand les hommes se sont bien conduits pendant quatre ou cinq ans , on leur donne des places plus considérables.

« Il est possible qu'alors , la tentation étant plus forte , ils deviennent de malhonnêtes gens ; c'est un fait qu'on ne peut prévoir. Tout ce qu'on peut faire , c'est de surveiller leur conduite et la réprimer avec une grande sévérité.

« Je ne crois pas que le Ministre ait à répondre du choix de ses comptables , ni de l'avancement qui leur est donné en les faisant passer à une place plus considérable que celle qu'ils avaient d'abord. »

LE PRÉOPINANT voudrait du moins voir sortir de ces tristes débats un utile enseignement. Il croit que dans le temps où nous vivons , il importe surtout de déclarer une guerre acharnée à tous les fripons ; il exhorte l'Administration à entreprendre cette guerre , et il lui promet un concours énergique.

M. LE MINISTRE DE LA GUERRE déclare qu'il s'associe de grand cœur à cette guerre, et il la fera comme général en chef tant qu'il sera Ministre.

UN MEMBRE expose que la Cour des comptes a consigné , dans son rapport de 1845 , les observations suivantes :

« L'ordonnance du 20 novembre 1844 , qui a déterminé les formes à suivre pour les achats de blé , porte ce qui suit :

Article premier.

« A partir du 1ᵉʳ avril 1845 , les services des *vivres-pain* « pour l'armée de terre, dans l'intérieur du royaume, seront « divisés en deux parties : 1° la fourniture des grains ; 2° leur « conservation et leur manutention.

Art. 2.

« La fourniture des grains sera mise en adjudication , « avec publicité et concurrence.

Art. 3.

« La conservation et la manutention seront confiées aux « comptables du service des subsistances militaires, nom- « més et salariés par le Gouvernement.

Art. 4.

« Les marchés à passer en vertu de l'art. 2 n'excèderont
« pas les besoins et la durée d'une année.

Art. 5.

« Dans le cas où les adjudications seraient sans résultat,
« soit à défaut de soumissions, soit pour toute autre cause
« que ce soit, notre Ministre secrétaire d'Etat de la guerre
« assurera le service, en se conformant aux dispositions de
« l'ordonnance du 4 décembre 1836. »

« Les recherches que nous avons faites pour vérifier si les
dispositions de ce nouveau règlement avaient fait succéder
des adjudications publiques à l'ancien usage des achats
faits par commission, nous ont démontré que, dans la plupart des départements, les agents du service des vivres
avaient continué à suivre le régime de commission que l'ordonnance du 20 novembre 1844 avait pour objet de réformer.

« Cinq départements ont justifié, par des pièces régulières produites aux payeurs et mises sous nos yeux, que
des tentatives d'adjudication avaient échoué, et qu'ils
avaient été obligés de recourir aux procédés antérieurs.

« La Cour, qui est appelée à surveiller l'exécution des
lois et règlements, se trouve dans la nécessité de réclamer
les preuves qui constatent l'impossibilité de les observer,
toutes les fois que l'Administration se croit autorisée à y
apporter des modifications ou des dérogations exception-
nelles. Elle demande, en conséquence, que cette justification soit produite, à l'avenir, à l'appui de tous les achats
de blé qui n'auraient pas été effectués dans la forme prescrite par le dernier règlement. »

L'orateur ajoute qu'il a consulté les documents de cette
année, et que les choses en sont arrivées à ce point,
que sur 12 millions, montant des marchés, il n'y a eu d'adjudications que pour 400,000 fr. Il sollicite à cet égard des
explications.

M. LE MINISTRE DE LA GUERRE a la parole ; il dit :

« Il y a quelques années, en 1844, je crois, on a changé
le mode d'achat des blés.

« Antérieurement à l'ordonnance, c'étaient les comptables qui faisaient ces acquisitions. Depuis, on a voulu que ce fussent les intendants, et on a mis en adjudication, dans cinquante deux ou cinquante-trois places de guerre, des achats de blé.

« La plupart des intendants ont écrit qu'ils n'avaient pas trouvé, au prix limité indiqué, à faire les adjudications. Il a fallu, par conséquent, recourir à des marchés directs et charger les comptables, comme commissionnaires, de ces achats de blé.

« Je ne puis pas juger, dès à présent, les motifs qui ont déterminé à changer le mode ancien d'achat de blé; cependant, dans mon opinion personnelle, je crois qu'on ne peut pas fixer un mode uniforme et le même pour tous les lieux, relativement à l'acquisition des blés. Tantôt on aurait des prix plus élevés; dans d'autres cas, on effraierait les populations, qui se croiraient prêtes à manquer de blé, par suite des achats considérables de la guerre.

« Pour le bien du service, et pour ménager les appréhensions de la population comme nous en avons vu cette année, il est indispensable que le Gouvernement se réserve de pourvoir aux besoins de l'armée en blé par différents modes d'achats.

« Je penche personnellement pour donner les acquisitions aux comptables eux-mêmes; j'aime mieux ce mode-là. Cependant je ne prends pas parti définitivement, parce que cela peut être discuté.

« Quant aux ordres qui ont été donnés aux comptables par l'administration pour acheter des blés, j'affirme que ces ordres sont venus de ce que la plupart des places n'ont pas trouvé à faire des adjudications, et qu'il était indispensable de pourvoir aux besoins.

« Je déclare ensuite que, dans mon opinion, il faut que les marchés du Ministère soient bornés à ce que la politique et la situation exigent. J'ai la ferme résolution qu'on fasse très-peu de marches au Ministère.

« Toutes les fois que ce sera praticable, je ferai faire les marchés partout ailleurs, dans les divisions militaires et par les agents locaux. Je crois que c'est le meil-

leure manière. Les comptables sont très-intéressés à faire
des acquisitions autour d'eux ; ils profitent des bonnes
occasions, ce que ne peuvent faire les hommes élevés
en dignité, comme les intendants militaires. Lorsque ces
intendants paraissent sur les marchés, ils produisent la
hausse ; ils sont réduits, pour le bien du service, à se
servir de courtiers. Ces courtiers ne sont pas toujours
très-sûrs, et je ne vois pas quelles garanties ils offraient
de plus que les simples agents qui sont intéressés à
acheter à bon marché et en bonne qualité. Quand le
comptable achète lui même, l'intendant, qui est son
supérieur, a une plus grande liberté pour reconnaître si
le blé est de bonne ou de mauvaise qualité, ou médiocre ;
tandis que quand l'intendant militaire achète lui-même,
s'il a acheté des blés de qualité médiocre, le subordonné
qui les a reçus a plus d'intérêt à détériorer les blés qu'à
les améliorer, et l'intendant est dans cette situation,
d'être obligé de taire plutôt les inconvénients qui résultent de ses marchés, qu'à les publier.

« Je persiste à dire qu'il vaut mieux recourir à l'ancien
système d'achat des blés, à moins que ce ne soit pour
les faire acheter par le mode d'adjudication publique.
Mais il arrive souvent, et il est arrivé dans l'année dont
vient de parler l'orateur, que les adjudications n'ont pu se
faire, soit par l'absence des blés, soit par la crainte des populations qui voyaient la mauvaise récolte.

« Voilà les motifs qui ont fait acheter les blés d'une
autre façon. »

Un membre ne trouve pas que les explications soient
satisfaisantes, et il se croit fondé à soutenir que l'administration n'a pas scrupuleusement appliqué les règles établies par l'ordonnance de 1844. Le Ministre avait été
invité à diviser les marchés en plusieurs époques, de
manière à mettre les agriculteurs en mesure de se
présenter aux adjudications. Ce qui arrive trop souvent,
c'est que le prix de limite est arbitrairement fixé à un
taux tellement bas, que les adjudicataires n'y pouvant
descendre, il n'y a pas d'adjudication, et alors l'administration traite directement.

M. LE MINISTRE DE LA GUERRE répond que les prix
limites qu'on envoie dans les départements, ne sont pas
faits arbitrairement à Paris; ils sont dressés dans chaque
département par des commissions composées du préfet,
de l'intendant militaire et des personnes qui s'occupent
du commerce des grains. Le choix des membres qui
composent ces commissions doit donner toutes les garanties désirables.

UN MEMBRE persiste à croire que le meilleur mode
d'approvisionnement est l'adjudication divisée par petites
quantités. Il reconnoît, du reste, qu'il faut tenir compte
des circonstances, et que, dans une année comme celle-ci,
il n'a dû se présenter que peu d'adjudicataires. Il désire
que l'administration ne néglige rien pour mettre le
petit producteur à même de prendre part aux fournitures.

M. LE MINISTRE DE LA GUERRE dit :

« C'est pour cela que le Ministère préfère, personnellement, les marchés faits par les comptables sur les lieux
mêmes, parce que ce sont eux qui peuvent acheter les
grains aux cultivateurs directement. Je préfère les marchés faits par les comptables, aux adjudications publiques, où vous n'avez, la plupart du temps, que des
collusions entre plusieurs grands commerçants, qui se
partagent les adjudications, font leurs lots entre eux, et
s'entendent pour ne pas surbaisser les prix.

« Les comptables, au contraire, sont des hommees qui
ont peu de besoin pour leur service particulier, qui sont
sans cesse à veiller au bon marché, qui achètent deux
voitures d'un côté, quatre de l'autre, qui peuvent saisir
toutes les bonnes occasions, et qui peuvent ainsi réaliser
l'achat aux mains mêmes des cultivateurs.

« Ce que je dis là, je ne le considère pas comme un
ordre à donner, mais comme une opinion que j'ai depuis
longtemps, et que je continuerai à examiner avec grand
soin. »

L'UN DES PRÉOPINANTS dit que l'avant-dernier Ministre
de la guerre dissimulait peu son mauvais vouloir pour

l'ordonnance de 1844; mais il ne s'attendait pas à rencontrer les mêmes répugnances dans l'administration actuelle. Tant qu'on n'aura pas rapporté cette ordonnance, il ne comprend pas qu'on signale comme mauvais le mode qu'elle a établi.

M. LE COMMISSAIRE DU ROI répond :

« L'ordonnance du 20 novembre 1844 a été exécutée religieusement par M. le Ministre de la guerre. On a demandé que les achats fussent divisés ; ils ont été divisés en 1845 : il y a eu au mois de février, au mois d'octobre, des marchés par adjudication avec publicité et concurrence.

« Un orateur vient de rappeler ce qu'il avait dit à une autre époque, qu'il désirait qu'on divisât les fournitures ; elles ont été divisées, et on est arrivé à ce point, qu'on a demandé aux cultivateurs soumissionnaires la fourniture de 100 quintaux de blé par lot.

« En 1845, il ne s'est présenté personne. Sur 383,000 quintaux mis en adjudication dans cent quarante-sept places où nous ne demandions que des soumissions de 100 quintaux, nous n'avons pu adjuger que 23,000 quintaux.

« Relativement au prix-limite, ainsi que l'a dit M. le Ministre de la guerre, le prix a été fixé sur des bases très-larges, d'après les renseignements qui nous sont parvenus ; M. le Ministre de la guerre a ajouté un bénéfice commercial de 8 pour 100, au profit des soumissionnaires, aux prix qu'on lui proposait. Malgré cela, il n'y a pas eu d'adjudication. Que vouliez-vous que fît l'administration ?

« Nous arrivons à une époque où nous allons être dans le cas de faire application de l'ordonnance de 1844 ; le service sera encore soumis à l'adjudication : nous verrons les résultats qu'elle procure. »

UN MEMBRE rappelle que des observations ont été faites à M. le Ministre de la guerre, dans le sein de la Commission des comptes de 1845. On a représenté qu'un très-grand nombre d'adjudications étaient faites le même jour dans un grand nombre de places, et des personnes que l'orateur

croit fort compétentes, ont signalé les inconvénients de
cette simultanéité, qui produit une hausse inévitable et
rend le plus souvent les adjudications impossibles, de sorte
que l'administration est ainsi amenée à traiter directement.

M. LE MINISTRE DE LA GUERRE dit :

« L'observation a été faite dans la Commission des comptes : on discutait la question de savoir si c'était un bon procédé que d'avoir mis ces adjudications le même jour. On
disait qu'il y avait avantage à ce que les adjudications aient
lieu le même jour sur plusieurs points, parce que alors il
est impossible que des coalitions se forment entre les grands
entrepreneurs.

« Comment, en effet, de grandes coalitions, des associa-
tions illicites, pourraient-elles se former, quand, dans plus
de quarante lieux à la fois, vous proposez aux agriculteurs
de fournir leurs grains ? Et, d'ailleurs, on peut répondre
par un fait : c'est que ces adjudications, même morcelées à
ce point, n'ont pas eu lieu ou du moins n'ont eu lieu que
pour une quantité très-petite. Donc l'objet qu'on se proposait a été parfaitement atteint, et, par le fait, malheureusement atteint, puisque, je le répète, les adjudications n'ont
pu avoir lieu. »

LE PRÉOPINANT fait observer qu'il n'a pas émis d'opinion
personnelle, mais qu'il s'est borné à mentionner l'avis qu'a-
vaient exprimé plusieurs membres de la Commission.

UN MEMBRE représente que les observations de la Cour
des comptes ne portent pas sur le fait même des traités
directs qui sont intervenus, mais sur le défaut de justifications relatives aux adjudications qui doivent être ouvertes
dans tous les cas. Quant à lui, il se bornera à émettre une
considération ; c'est qu'il lui paraît difficile, impossible
même d'obtenir des adjudications considérables de blé à
prix ferme, et il est porté à croire qu'il y a des inconvénients pour l'administration de la guerre, à présenter des
adjudications sur le prix moyen des mercuriales de la place
pendant le trimestre.

M. le Président fait observer que la discussion sur les vivres étant épuisée, on passe au service des hôpitaux.

Un membre appelle l'attention de la Chambre et du Gouvernement sur le personnel du corps des officiers de santé. Un officier de santé est mort, il y a peu de temps, à Bayonne, et, dans le silence des règlements militaires sur les honneurs funèbres à rendre en pareil cas, l'intendant militaire de la division a pris sur lui d'ordonner que les honneurs militaires seraient rendus au défunt. M. le Ministre de la guerre a écrit aussitôt pour exprimer son blâme au sujet de cette décision ; il a dit que le décret de messidor an XII ne parlant pas des officiers de santé, il ne convenait pas de leur rendre les honneurs militaires, ajoutant que cela tendait à déconsidérer l'épaulette.

L'orateur ne demande pas à M le Ministre actuel de se prononcer sur la circulaire de son prédécesseur ; mais il appelle son attention sur le fond même de la question. Des règlements formels attribuent aux chirurgiens militaires le droit de punir les sous-officiers et les soldats, et portent que les lieutenants doivent le salut au chirurgien-major, et que les officiers de santé prennent rang parmi les officiers. Il y a mieux, la loi de 1834 sur les officiers consacre le principe d'une complète assimilation, et, enfin, dans la marine, les officiers de santé font partie du personnel. Il s'agit d'un service très-important et peu rétribué. Les officiers de santé n'ont pas la perspective d'une clientèle civile ; il faut que leur rémunération se trouve dans la juste considération qui doit les entourer.

Un autre membre ajoute qu'on ne doit pas oublier que les officiers de santé pansent les blessés sur les champs de bataille. •

M. le Ministre de la guerre dit :

« La question a déjà occupé l'attention du Gouvernement. Le Ministre ne peut pas aujourd'hui donner son opinion personnelle , parce que la question est pendante. Ni mon prédécesseur, ni moi-même, qui ai été sollicité sur ce point, n'avons pu encore exprimer une opinion, parce que le décret de messidor an XII dit, dans un de ses articles, qu'il est défendu d'accorder aucun honneur militaire autre que ceux mentionnés au décret.

« Mais je fais examiner la question ; et comme il s'agit d'examiner un décret qui jusqu'à présent a force de loi, j'ai renvoyé à l'examen du conseil d'État, et j'attends le rapport du conseil. »

UN MEMBRE voudrait qu'en examinant la position des officiers de santé, M. le Ministre de la guerre portât ses regards au-delà de l'assimilation dont le bénéfice est réclamé pour eux. La position des officiers de santé ne lui paraît pas assez nettement définie. Il ne développera pas, quant à présent, une thèse qui serait beaucoup trop vaste, mais il croit que cette question appelle l'examen de M. le Ministre de la guerre ; et son sentiment est que les officiers de santé devraient, comme dans la marine, faire partie du personnel.

UN AUTRE MEMBRE espère que la solution sera conforme aux droits acquis et aux services rendus, et il désire qu'elle ne se fasse pas attendre. Quel que soit le caractère du décret de messidor au xii, M. le Ministre de la guerre compromettrait peu sa responsabilité par une décision qu'il prendrait, ne fût-ce qu'à titre provisoire. Il est trop pénible de penser que les honneurs militaires puissent être refusés à des hommes qui auraient aussi bien mérité du pays que le baron Larrey.

M LE MINISTRE DE LA GUERRE répète qu'il attend la décision du conseil d'Etat.

La Commission a proposé sur le service de marche, une réduction de 5,579 fr., qui est consentie par le Gouvernement et adoptée par la Chambre

— La Chambre adopte également l'ensemble du chapitre ix, dont le chiffre est réduit à 147,709,782 fr.

CHAPITRE X.

« Habillement et campement, 13,607,886 fr. »

La Commission a proposé, sur ce chapitre, une réduction de 2 millions, qui est consentie par le Gouvernement.

Un membre rappelle que, quand il a été question du camp de Compiègne, il a été déclaré par M. le Ministre de la guerre, que des crédits existaient à cet effet au budget de 1847. L'orateur désire savoir si l'on s'en tiendra aux crédits qui ont été alloués, et si l'on ne viendra pas demander des crédits extraordinaires.

M. LE MINISTRE DE LA GUERRE répond :

« J'ai examiné d'avance les dépenses, je les ai réglées ; elles n'excéderont certainement pas les crédits alloués pour 1847. J'aurai soin qu'elles se maintiennent plutôt au-dessous qu'au-dessus du crédit, et j'affirme, dès à présent, que je n'aurai rien à demander pour ce camp, pour lequel a été voté un crédit dont j'avais, par conséquent, la libre disposition.

« C'est au 25 août que sera réuni le camp, et, à cette époque, j'espère que nous serons rentrés dans un état complètement satisfaisant quant aux vivres. »

LE PRÉOPINANT s'élève contre la supposition que paraissent admettre MM. les Ministres, que lorsqu'un crédit est voté, ils sont obligés d'en faire la dépense. Il voit aussi plus d'un inconvénient dans la faculté qu'on réclame de se mouvoir dans les limites du chapitre. Grâce à cette latitude, un service important peut être sacrifié à un service qui l'est beaucoup moins.

M. LE MINISTRE DE LA GUERRE dit :

« Je déclare que ce ne sera pas au détriment d'autres services que le camp se fera ; je respecterai toujours la division des chapitres, et quand j'aurai des besoins qui n'auront pas été prévus, je les exposerai très-franchement, très-loyalement à la Chambre, et je lui demanderai, s'il le faut, un bill d'indemnité. »

Un membre ne voit pas une sécurité dans l'engagement que prend M. le Ministre de ne pas sortir des limites du chapitre. Le chapitre est fort considérable, et, sans en sortir, on peut aisément faire des transports d'un article à l'autre. Il ne comprend pas qu'au moment où l'on vient de proclamer la nécessité d'un emprunt de 350 millions, on

veuille former un camp d'instruction qui n'est, à ses yeux,
qu'un camp de plaisance. On a dit qu'il convenait de mettre
nos officiers en rapport avec les princes. L'orateur n'est
point touché de ces considérations; il n'admet pas que le
désir de complaire à tels ou tels personnages, puisse entrer
comme motif déterminant dans les décisions de la Chambre.
Selon lui, la situation désastreuse de nos finances doit être
une fin de non-recevoir absolue contre la formation d'un
camp de plaisance.

M. LE MINISTRE DE LA GUERRE répond qu'il s'agit d'un
camp d'instruction, et non pas d'un camp de plaisance.

UN MEMBRE pense que là formation d'un camp de plaisance dans un temps de calamité publique, serait un anachronisme choquant. Il est porté à croire qu'on obéit ici à
des exigences qui viennent d'ailleurs que du Ministère de
la guerre.

UN DEUXIÈME MEMBRE représente que la Chambre délibère actuellement sur le budget de 1848, et non sur celui de
1847.

L'UN DES PRÉOPINANTS fait observer qu'à l'occasion des
prévisions du budget, on peut traiter toutes les questions,
celles mêmes qui se rattachent à des faits actuellement
pendants. Il proteste contre les restrictions qu'on semble
vouloir apporter aux droits de la Chambre.

M. LE PRÉSIDENT fait remarquer que c'est une question
d'ordre. On ne pourrait certainement pas admettre qu'à
propos d'un chapitre, on traitât de matières étrangères à
ce chapitre. Mais il est certain qu'à l'occasion d'un crédit
pour l'avenir, il est permis de faire des observations sur
l'utilité du crédit dans le passé.

UN MEMBRE combat l'augmentation de crédits que le
Gouvernement a proposée pour la création de trois places
d'officiers-inspecteurs des fournitures de l'armée. Il ne
croit pas à l'utilité des tournées que cet inspecteur ferait
dans les fabriques. Selon lui, il n'y a de vérification efficace
que celle qui a lieu dans les magasins; au moment de la

réception des fournitures. Il conclut à une réduction de
14,100 fr.

M. LE RAPPORTEUR répond :

« Autrefois , les fournitures se faisaient directement du
corps ; ce mode présentait de graves inconvénients , qui
ont été signalés , et qui ont déterminé le changement de
système.

« Aujourd'hui donc, les fournitures sont expédiées directement des fabriques sur les magasins généraux ; et je
répondrai de suite aux observations qui ont été faites en
ce qui concerne les officiers principaux inspecteurs, qui ,
dit-on, ne seraient pas chargés d'aller voir dans les fabriques ce qui s'y passe. Ce service , attribué à ces fonctionnaires, est un régime nouveau.

« L'Administration pense, et je crois qu'elle pense avec
raison, que là où s'exécutent de grandes fournitures pour
le compte de l'Etat, il y a avantage à connaître quels sont
les modes de fabrication et les matières employées pour
l'exécution de ces fournitures.

« Aussi, toutes les fabriques qui sont chargées d'entreprises pour les divers services de la guerre, sont-elles obli-
gées de recevoir ces inspecteurs qui sont chargés de
reconnaître et d'apprécier, je le répète , les matières
premières et les moyens de fabrication employés; personne
ne peut méconnaître qu'il ne suffit pas d'avoir une étoffe
et une toile qui présentent des apparences de bonne qualité; son usage dépend beaucoup des méthodes de fabrication et des matières employées ; il y a donc un avantage
évident à être fixé sur ces deux éléments de fabrication.
Il ne s'agissait d'ailleurs ici que de trois officiers supérieurs
d'administration , dont la dépense ne s'élève qu'à 14,100
francs à ajouter a deux fonctionnaires de ce grade, qui
étaient insuffisants pour le service nouveau tel qu'il venait
d'être réorganisé Or, lorsque l'Administration réclamait des
moyens de service qui lui manquent, nous ne devions pas
être arrêtés par cette dépense qui avait pour objet de
donner la double garantie d'une bonne exécution des fournitures et d'une comptabilité-matières plus réelle, plus
efficace. »

CHAPITRE XI.

« Lits militaires , 5,335,888 fr. »

— Adopté.

CHAPITRE XII.

« Transports généraux , 1,990,234 fr. »

La Commission a proposé sur ce chapitre une réduction de 35,000 fr. qui est consentie par le Gouvernement.

UN MEMBRE fait observer que le marché pour les transports généraux doit finir cette année, et qu'on a dû procéder à une adjudication nouvelle. Il désire savoir quel mode on a suivi, et quelles mesures on a prises pour arriver à des conditions moins onéreuses.

M. LE COMMISSAIRE DU ROI répond que les services des transports généraux de la guerre viennent d'être adjugés il y a quelques jours. Le marché a pour objet les transports généraux pour toute la France ; ils sont confiés à un seul et même entrepreneur. Cette adjudication a eu lieu avec publicité et concurrence. Les résultats qui ont été obtenus par M. le Ministre de la guerre sont extrêmement avantageux ; ils permettront de faire sur le chapitre XII une économie de 150,000 fr. pour l'exercice de 1848.

— La Chambre adopte le chiffre du chapitre, réduit à 1,955,234 fr.

CHAPITRE XIII.

« Remonte générale , 6,451,140 fr. »

La Commission a proposé sur ce chapitre une réduction de 60,480 fr., qui n'est que la conséquence d'une réduction précédemment adoptée au sujet du capitaine instructeur de Saint-Cyr.

UN MEMBRE dit qu'il résulte d'une note insérée au budget, que lorsqu'un sous-officier passe sous-lieutenant, on lui donne un cheval de troupe , tandis qu'un officier sorti des écoles, lorsqu'il vient à perdre son cheval , en reçoit un qui est pris parmi les chevaux d'officiers. Il ne

voit pas le motif de cette distinction, et il demande que les
sous-officiers, lorsqu'ils obtiennent l'épaulette, soient
traités comme les officiers sortis des écoles.

Un deuxième membre répond qu'à aucune époque, les
officiers de cavalerie n'ont été traités avec autant de générosité que de nos jours. Depuis six ans, les sous lieutenants
et lieutenants reçoivent du Gouvernement un cheval qui
leur appartient en propre au bout de huit ans, s'ils ont su
le ménager. Les capitaines en reçoivent également un sur
les deux qu'ils doivent avoir.

A l'égard des sous-officiers qui deviennent officiers,
s'ils veulent conserver leur cheval, ils sont maîtres de
le faire; dans le cas contraire, ils doivent attendre la
remonte, et le cheval qu'on leur donne est pris parmi des
chevaux d'officiers que l'État paie d'après un tarif général
de 900 fr., qui est constamment dépassé, et qui, souvent,
s'élève jusqu'à 13, 14 et 1,500 fr.

Puisque l'occasion lui en est offerte, l'orateur s'expli-
quera au sujet de l'opinion qu'il avait exprimée dans
un récent débat, et qui, en son absence, a donné lieu à
quelques réclamations. Il persiste à croire que les progrès
de la production chevaline sont peu sensibles : il a
constaté, sur la moyenne des chevaux reçus dans les corps,
que sur 1,000, on en classe 272 parmi les médiocres et les
mauvais, c'est-à-dire que près d'un tiers des chevaux
n'auraient pas dû être achetés. Il est pourtant heureux
d'avoir à reconnaître que la question des remontes est,
chaque année, mieux appréciée.

Il a été aussi frappé d'une divergence entre l'opinion
exprimée par M. le Ministre de la guerre, et celle que M. le
Rapporteur a consignée dans son rapport. M. le Ministre
de la guerre, tout en se félicitant d'un décroissement fort
sensible dans la mortalité des chevaux, a posé en fait qu'il
conviendrait longtemps encore de calculer les pertes à raison du septième. Cette opinion est contestée par la Commission, qui se plaît à voir dans l'amélioration des quartiers
de cavalerie l'espérance qu'il sera possible d'abandonner
prochainement cette base du septième. L'orateur croit,
comme M. le Ministre de la guerre, qu'il sera néces-

saire longtemps encore de réformer les chevaux au
septième, puisque, dans l'état actuel des choses, nous ne
pouvons obtenir le nombre de chevaux dont nous avons
besoin, même sur le pied de paix. L'orateur estime aussi
qu'il y a de nouveaux sacrifices à faire pour les tarifs, et
qu'il conviendra d'élever les prix de 550 à 600 fr. pour la cavalerie légère, et de 650 à 700, pour la cavalerie de ligne.

M. LE RAPPORTEUR a la parole ; il dit :

« Il était du devoir de la Commission d'exposer à vos
yeux comment, dans l'espace de quelques années, et par le
seul fait d'un nouveau système de casernement et de créations nombreuses de quartiers de cavalerie, on était arrivé
à une atténuation de mortalité de chevaux qui se résume
par ces deux termes ; en 1841, l'armée perdait 126 chevaux
sur 1,000 ; en 1846, la mortalité est descendue à 68 pour
1,000.

« La conséquence naturelle et légitime que nous pouvions
en tirer, c'est qu'il était permis d'espérer qu'un jour la
proportionnalité du remplacement pourrait descendre.

« Il n'y a pas là de contradiction entre l'opinion de
M. le Ministre de la guerre et l'opinion de la Commission.
Nous n'avons pas dit qu'il fallût immédiatement changer la
proportion du remplacement; et la meilleure preuve que la
Commission puisse donner qu'elle ne s'est pas trouvée en
opposition avec M. le Ministre de la guerre, c'est que la
réduction de 370,000 fr. qui un jour avait été proposée par
M. le Ministre lui-même, lorsqu'il pensait que la proportion
du septième était plus que suffisante, cette réduction, dis-
je, de 370,000 fr., la Commission, sur la demande du Ministre, n'a pas hésité à l'abandonner, parce qu'il lui a été
démontré que si, en fait, la mortalité n'était pas du septième, il restait encore bien des vides à remplir dans l'effectif par suite des réformes, vides qui n'avaient pas pu être
comblés, parce qu'il y avait insuffisance de crédit. C'est
donc, d'une part, parce qu'elle a vu que les prix de tarifs
étaient insuffisants, et que, de l'autre, les chevaux réformés
ou à réformer n'étaient pas remplacés et laissaient une lacune dans l'effectif, que la Commission a cru qu'il était
nécessaire de restituer le crédit demandé, tout en faisant

remarquer qu'un jour le remplacement pourrait être réduit
a.. uns du septième, et que les progrès de l'élevage, en
abaissant les prix et en multipliant les moyens de remonte,
permettraient de donner satisfaction aux intérêts de cette
partie importante des services de l'armée. »

L'UN DES PRÉOPINANTS insiste sur l'anomalie qu'il a re-
marquée au budget. Il ne voit pas pourquoi on donne un
cheval de troupe aux sous-officiers promus au grade de
sous-lieutenants. Il demande qu'on leur donne un cheval
d'officier.

LE MEMBRE QUI AVAIT DÉJA RÉPONDU fait observer que
satisfaction a été donnée au vœu qu'exprime le préopinant,
et que tous les officiers sont traités de la même manière.

UN AUTRE MEMBRE dit que s'il y a, comme on le prétend,
insuffisance de chevaux de guerre, cela tient à diverses causes, et particulièrement à la modicité des tarifs et à certaines
exigences de l'administration de la guerre. On veut, par
exemple, que les chevaux soient coupés à moins de deux
ans. Cette condition est fort onéreuse pour les éleveurs;
car, dans le cas où le cheval n'est pas pris par l'administration de la guerre, il devient inutile pour le commerce.

M. LE MINISTRE DE LA GUERRE dit que c'est une question
délicate et difficile à traiter. Il croit cependant qu'il a eu
raison d'exiger des éleveurs qu'ils coupassent les chevaux à
l'âge de deux ans. Mais il faudrait entrer dans des détails
techniques qui conviendraient dans une brochure, mais qui
ne peuvent pas être l'objet d'une discussion dans la Chambre.

UN MEMBRE croit pouvoir poser en fait, malgré les assertions contraires, que l'industrie chevaline a fait de grands
progrès dans le pays, et particulièrement en Normandie.
Il reconnaît toutefois qu'il est indispensable d'augmenter
les prix de la remonte, et surtout de ne pas continuer les
achats de chevaux d'officiers dans les conditions où ils se
font aujourd'hui. Les officiers des remontes exigent la livraison de chevaux destinés au luxe à des prix de beaucoup
inférieurs à ceux du commerce. Ces exigences ont pour ré-

sultat d'éloigner la concurrence et de décourager les éleveurs. Si l'on veut avoir des chevaux distingués, il est indispensable de les payer au même prix que le commerce.

M. LE MINISTRE DE LA GUERRE répond :

« Il n'est nullement dans les intentions du Ministre de lutter avec le commerce pour fournir aux officiers des chevaux de luxe.

« Il faut aux officiers de bons chevaux, des chevaux de tête ; il leur faut des chevaux assez distingués, sans *doute*, pour qu'ils soient différenciés de ceux des soldats, mais nullement des chevaux de luxe. »

« Je n'approuve point que dans les dépôts on aille, comme le disait un orateur, jusqu'à mettre 12 à 1,500 fr. pour le prix d'un cheval ; c'est un abus, et je ne souffrirai pas qu'on achète des chevaux de luxe pour les officiers.

L'UN DES PRÉOPINANTS fait observer que la pénurie de nos ressources en chevaux de guerre est confessée par *ceux mêmes* qui se portent ses contradicteurs, puisqu'on reconnaît avec lui qu'il y a nécessité d'élever les tarifs, et qu'*on* insiste particulièrement pour l'augmentation du prix des chevaux d'officiers. Il importe de ne pas se faire d'illusion sur une question qui touche de si près à la puissance et à la prospérité du pays. Le département de la guerre, pour tous les services dont il se compose, a besoin tous les ans de 10,000 chevaux. Et malgré toutes les concessions, malgré tous les sacrifices que le Gouvernement a faits, il est tous les ans en déficit de 3,000 chevaux. En Normandie, la gendarmerie n'a guère que des chevaux allemands. Pour les acquisitions que l'État fait à Saint-Lô, un règlement formel prescrivait de n'acheter qu'un cinquième de juments : la pénurie est telle qu'il en faut accepter plus que moitié, et qu'au lieu de prendre les chevaux à cinq ans, on les reçoit à quatre. Cet état de choses doit éveiller toute la sollicitude du Gouvernement et des Chambres. L'orateur voudrait que le Ministère de la guerre et celui du commerce concertassent leurs efforts ; et, bien que l'antagonisme des deux départements se soit sensiblement affaibli, il regrette de voir qu'il n'y ait pas encore entente parfaitement cordiale.

UN MEMBRE rend justice aux intentions du préopinant: et, lorsqu'il a récemment réclamé contre ses assertions, il n'a entendu lui reprocher qu'une erreur relative Il ne prétend pas que la remonte puisse aujourd'hui se faire complètement; mais il maintient que, dans certaines provinces, il y a eu de très-grandes améliorations. Relativement à Saint-Lô, ce n'est pas l'absence de chevaux qui oblige d'offrir un plus grand nombre de juments, mais il y a un certain nombre de juments qui, bien qu'impropres à la production, sont bonnes pour le service, et il y a nécessité de les utiliser.

UN AUTRE MEMBRE croit qu'il y aurait un moyen efficace de stimuler le zèle des éleveurs et de les amener à fournir des produits meilleurs et plus nombreux; ce serait de contraindre tous les fonctionnaires qui reçoivent des fourrages ou des indemnités de fourrage, à se monter effectivement, au lieu de se servir de chevaux d'emprunt qui sont censés leur appartenir. L'orateur ajoute que ce serait en même temps faire une chose morale.

M. LE MINISTRE DU COMMERCE demande la parole et s'exprime en ces termes :

« Je dois dire à la Chambre qu'il n'existe entre le Ministre de la guerre et le Ministre de l'agriculture et du commerce aucune espèce d'antagonisme. Tous deux comprennent l'importance qu'il y a à améliorer par tous les moyens possibles la race chevaline. C'est une question qui importe à la puissance du pays, et à coup sûr le concours des deux Ministres est complètement assuré à cette amélioration. Maintenant, je dirai et je puis affirmer qu'il y a dans tous les départements un très-grand élan en faveur de l'amélioration de la race chevaline. La Normandie, qui a fait de très-grands efforts, qui a toujours été en avant des améliorations, tient encore la tête pour cette amélioration. Ce sont de ces progrès auxquels chacun rend justice.

« Les départements des Hautes et Basses-Pyrénées ont également donné un excellent exemple, et il sera t à désirer qu'il fût suivi partout, Cependant, je pourrais citer un grand nombre de départements dans lesquels les conseils généraux

votent chaque année des sommes assez importantes pour
contribuer également à atteindre le but que nous nous
proposons tous.

« Nous devons donc espérer, ou plutôt nous sommes certains qu'en faisant des efforts persévérants, nous arriverons
à avoir, pour tous les besoins de la cavalerie et du commerce,
les chevaux qui nous sont nécessaires »

L'UN DES PRÉOPINANTS a besoin d'expliquer l'opinion
qu'il a émise. Il a dit que les officiers de remonte, en prenant tous les chevaux de luxe, éloignaient le commerce.
Cette assertion, qui a paru éveiller quelques doutes, n'est
que trop fondée. Si effectivement l'éleveur résistait à la
volonté d'un officier de remonte, ses écuries seraient mises
en interdit. L'orateur n'entend pas porter une accusation
contre ces officiers ; il se borne à énoncer un fait qui a les
plus fâcheuses conséquences.

Il croit qu'on a exagéré, en le portant à 3,000, le déficit
annuel des chevaux dans les acquisitions du département de
la guerre. Dans les dernières années, il n'en a manqué que
700, et tout porte à espérer que cette année la remonte sera
complète.

— La Chambre adopte le chiffre du chapitre, réduit à
6,390,660 fr.

CHAPITRE XIV.

« Harnachement, 664,825 fr. »

Un MEMBRE fait observer qu'une augmentation de 17,000
francs a été demandée pour venir en aide à l'armée d'Afrique, à l'effet d'y réduire de vingt à quinze années la durée
des selles, et de huit à six ans la durée des chabraques et
des couvertures. Bien qu'en Afrique on ne se serve pas de
chabraques, l'orateur ne contestera pas cette augmentation.
Il croit même que M. le Ministre pouvait demander davantage encore ; car les selles, qui sont la partie la plus importante du harnachement, ne peuvent, en Afrique, arriver à
une durée de quinze ans.

L'orateur ajoutera que, depuis plusieurs années, le Ministre a fait étudier un système complet de harnache-

ment, et que cette question vient d'être résolue de la manière la plus satisfaisante. Les arçons seront à la fois plus legers, plus solides et moins dispendieux. Cette amélioration a une grande portée, et permettra d'introduire prochainement une réduction dans cette partie du budget.

— Le chapitre XIV est mis aux voix et adopté.

CHAPITRE XV.

« Fourrages, 29,115,103 fr. »

Un membre croit qu'il est utile de ramener, à l'occasion de ce chapitre, la question qui a été précédemment soulevée à l'égard des fonctionnaires qui reçoivent des indemnités de fourrages : leur nombre s'élève à trois mille, et il est certain que l'obligation où l'on mettrait ces fonctionnaires de se monter effectivement, contribuerait efficacement à donner un nouvel essor à la production chevaline ; mais il ne faut pas se dissimuler que cette mesure se traduirait en surcroît de dépense pour le Trésor. Peut-être pourrait-on utilement adopter un moyen terme, qui a déjà été appliqué dans deux grandes divisions militaires, où il a été dit aux capitaines d'état-major qui reçoivent des fourrages pour deux chevaux, qu'ils seront tenus d'en avoir au moins un ; mais cette prescription même entraînerait un accroissement de dépense, car l'indemnité de fourrage est loin de représenter le prix de la ration réelle. C'est au Ministre lui-même qu'il appartiendrait de prendre l'initiative de cette mesure.

Ce qui grève aussi l'état de sacrifices énormes, c'est l'extension effrayante qui a été donnée aux corps de troupes dits d'administration. Ces troupes sont entretenues sur le pied de guerre, et, dans la seule garnison de Paris, 500 chevaux sont affectés au service des fourrages. Il y a évidemment là des abus à corriger ; mais l'initiative des mesures à prendre appartient encore à M. le Ministre de la guerre.

M. LE MINISTRE DE LA GUERRE dit qu'il prendra en considération cette question d'économie pour les services d'administration. Mais il a été indispensable, à cause de l'Afrique, de maintenir sur le pied de guerre les services de l'Administration, et ils suffisent à peine. Les compagnies d'administration ont dû être doublées, triplées, et maintenant il est indispensable de leur donner une organisation nouvelle ; car, à cause du grand nombre de chevaux et d'hommes qu'on y a introduits, il est impossible que les cadres suffisent.

UN MEMBRE ne voit pas comment l'obligation qu'on imposerait aux officiers ou fonctionnaires qui reçoivent des indemnités de fourrages, d'avoir effectivement des chevaux, entraînerait une augmentation de dépense pour l'Etat. Le but de ces indemnités de fourrages n'est pas de grossir les appointements mais de permettre à ceux auxquels on les alloue, d'entretenir sans frais le nombre des chevaux reconnus nécessaires a leur service. A la vérité, un ancien chef du département de la guerre considérait ces indemnités comme une bonification de traitement ; mais cette théorie n'a pas été admise par la Commission du budget. L'orateur estime donc qu'il conviendrait de faire des revues pour les chevaux, comme on en fait pour le personnel. Il est notoire qu'il est délivré beaucoup plus de rations ou d'indemnites qu'il n'existe de chevaux, et qu'il y a, par consequent, dissimulation. Le Ministère de la marine montre à cet égard une sévérité qu'il convient d'imiter. Toutes les fois qu'il alloue des rations de fourrages, il exige la représentation des chevaux.

L'UN DES PRÉOPINANTS répète que la mesure que l'on conseille, entraînerait inévitablement une augmentation de dépense. Les officiers d'état-major, dont la solde est la même que celle des officiers régimentaires, sont privés des avantages de la vie en commun : si on leur imposait l'obligation d'avoir des chevaux, il faudrait nécessairement augmenter leur traitement.

UN AUTRE MEMBR ajoute qu'il y a une différence notable entre le prix de la ration de fourrage et le taux de l'indemnité qui est allouée. Ce qu'on demande se traduirait donc en augmentation de dépense pour l'Etat.

L'UN DES PRÉOPINANTS fait de nouveau observer que l'opinion qu'il a émise est empruntée aux Commissions de finances de la Chambre; et, à cet égard, il fait appel aux souvenirs de M. le Rapporteur, qui pourra dire si les Commissions du budget se sont jamais prêtées à considérer les indemnités dont il s'agit comme des bonifications de traitement.

M. LE RAPPORTEUR dit :

« Je ne peux donner qu'une opinion personnelle. Je n'ai pas eu l'occasion de consulter la Commission sur la manière dont elle envisageait la dépense dont il est question. Mais si le préopinant en appelle à mes souvenirs comme ayant présidé plusieurs de vos Commissions de finances, et à mon opinion individuelle, je n'hésite pas à répondre que jamais les indemnités représentatives de fourrages n'ont été considérées comme des bonifications, comme des suppléments de traitement. Dans la pensée de vos Commissions et dans la mienne, ces indemnités ont toujours été consirées comme représentant réellement la dépense de fourrages des chevaux que les officiers généraux, les officiers d'état-major et les officiers d'administration sont tenus d'avoir, de représenter en toutes circonstances. »

Un MEMBRE dit qu'il ne s'inquiète pas de savoir quel est le véritable caractère de cette indemnité. Si c'est effectivement une augmentation de traitement, il faut l'allouer à ce titre; mais, dans l'état actuel des choses, elle n'est qu'un mensonge, et c'est ce mensonge que l'orateur entend proscrire.

Un AUTRE MEMBRE rappelle que, dans le cours de la dernière session, il a demandé comment serait réglé le service des fourrages ; si l'on comptait le faire par régie ou par entreprise. Il lui paraît démontré que les rations coûtent plus cher dans le système de régie qu'au moyen de l'entreprise. Il désire savoir si l'on s'est occupé de cette question, et si elle recevra une prochaine solution.

M. LE MINISTRE DE LA GUERRE répond :

« La question de la mise à l'entreprise des fourrages a été

traitée avec beaucoup de soin, et elle n'est pas encore complètement résolue. Il y a certains pays qui produisent peu, et où il est plus avantageux d'employer la régie que d'employer les entreprises. Deux faits cependant résultent des expériences qui ont été faites, c'est qu'en général le système de la régie produit des denrées meilleures, mais il est plus dispendieux. Le régime de l'entreprise donne à meilleur marché, mais il est plus difficile d'exercer une surveillance de tous les instants, pour que les fourrages soient maintenus, dans tout le cours de l'année, de même qualité. On a maintenant pris le parti de continuer ces expériences, et je crois qu'on ne peut pas établir en point de fait, et comme chose certaine, que l'entreprise sera préférable à la régie, ou la régie préférable à l'entreprise.

« Comme je viens de le dire, il y a certains pays, certaines circonstances locales qui rendent un des modes préférable à l'autre. C'est dans l'étude et dans l'appréciation soigneuse de ces différences, que git la bonne administration. Le Ministre de la guerre s'appliquera à faire que ces appréciations soient toujours exactes. »

Le préopinant insiste sur les avantages qu'offrirait le système de la régie au point de vue de l'économie.

— Le chapitre xv est mis aux voix et adopté.

CHAPITRE XVI.

« Solde de non-activité et solde de réforme, 452,800 fr. »

CHAPITRE XVII.

« Secours, 1,103,000 fr. »

CHAPITRE XVIII.

« Dépenses temporaires, 369,600 fr. »
— Adoptés.

CHAPITRE XIX.

«Subvention aux fonds de retraite des employés, 619,000 f.»

— La Commission a proposé sur ce chapitre une réduction de 93,000 fr., qui est consentie par le Gouvernement.

—La Chambre adopte le chiffre du chapitre, réduit à 526,000 fr.

CHAPITRE XX.

« Dépôt général de la guerre et nouvelle carte de France, 149,000 fr. »

UN MEMBRE dit qu'à plusieurs égards, il s'associe aux félicitations que la Commission des comptes de 1844 a consignées dans son rapport, à l'occasion des perfectionnements introduits par la gravure dans la nouvelle carte de Paris et de ses environs ; mais il regrette d'être obligé de mettre une restriction à ses éloges, et de signaler dans cette carte une lacune qui lui paraît choquante. On y a omis les fortifications de Paris, aussi bien que les forts qui entourent la capitale. Il invite M. le Ministre de la guerre à donner des ordres pour que cette lacune soit réparée.

Il s'associera en même temps au désir qu'ont exprimé plusieurs Commissions de finances, de voir inscrire sur les cartes du dépôt de la guerre, les noms des officiers d'état-major et des graveurs qui ont concouru à leur exécution. Cette mention a été faite sur les cartes du département de la marine. Elle serait à la fois, aux yeux de l'orateur, une légitime récompense et une garantie.

4,000 fr. sont demandés pour le tirage des exemplaires de la nouvelle carte. L'orateur voudrait que, dorénavant, les produits de la vente fussent mis en rapport avec les frais de tirage ; et il croit qu'on atteindrait ce but, en décidant que chacune des feuilles gravées soit reproduite sur pierre, par des procédés autographiques, et livrée au commerce à un prix de moitié inférieur à celui de la gravure. Cela ménagerait les cuivres qui s'usent et finissent par ne donner que des épreuves imparfaites ; on obtiendrait en même temps ainsi des recettes certaines et abondantes.

L'orateur représente enfin que le traité fait pour les cartes du département de la guerre expire au 31 décembre. Des Commissions de finances ont annoncé que ce traité onéreux ne serait renouvelé que par adjudication. L'orateur demande s'il a été pris des mesures à cet effet ; et, à ce sujet, il invoquera le bon exemple donné par le dernier Ministre de la marine, qui, pour les cartes de son département, s'est abstenu de renouveler un traité désavantageux.

M. LE MINISTRE DE LA GUERRE a la parole ; il dit :

« Je commence par répondre à la première observation, celle du tracé sur la carte des fortifications : si cela est possible sans couvrir des choses plus essentielles que le tracé des fortifications, je ne demande pas mieux que de les faire faire, et j'en conférerai avec M. le directeur du dépôt de la guerre.

« Quant à l'insertion dans chacune des feuilles des noms des officiers qui ont concouru à les produire, cela me paraît presque impossible, parce qu'un très-grand nombre d'officiers prennent part, les uns à la trigonométrie, les autres aux levées, les autres aux figurés de terrain ; il y en a quelquefois dix ou douze, et les opérations durent quelquefois plusieurs années avant que l'on arrive à la gravure.

« Si vous voulez, au nom de ces dix ou douze officiers, ajouter les noms des graveurs, qui sont aussi quelquefois en grand nombre pour la même carte, vous aurez une série de noms ; de sorte que les deux marges des cartes seront couvertes de noms. Je vous demande, si vous vous préoccupez de la gloire de ces officiers et de ces graveurs, comme ils seront bien avancés.

« D'ailleurs, il y aurait un autre inconvénient : c'est que les graveurs des lettres, des montagnes, se prétendront lésés et privés de l'honneur d'aller à la postérité, parce que leurs noms ne seront pas mis sur les cartes.

« Je crois donc qu'il vaut mieux ne pas donner suite à cette idée, et laisser les choses comme elles sont.

« Quant à l'autographie des cartes, je crois que c'est une très-bonne idée ; j'en conférerai avec le directeur du dépôt de la guerre. Je désire, en effet, qu'on fasse le moins d'usage possible des cuivres qui sont très-précieux. Ce procédé aurait, en outre, l'avantage de permettre de donner les cartes à un prix très-inférieur à celui où on les livre maintenant.

« Le préopinant a encore demandé que le marché fait avec M. Piquet ne fût pas renouvelé, ou plutôt que ce marché, fait de gré à gré, ne fût renouvelé qu'avec concurrence et publicité.

« Il est dans mes intentions d'adopter le système de la concurrence et de la publicité pour tous les marchés du Ministère de la guerre dans lesquels la chose sera praticable. C'est une résolution que j'ai prise depuis longtemps, et qui sera mise à exécution pour la carte de France comme pour tout autre objet. »

UN MEMBRE rappelle que la Commission du budget de 1846, avait exprimé le désir de voir se terminer promptement la carte de France. Il s'associe à ce vœu ; mais si l'on veut le réaliser, il serait indispensable de ne pas réduire le nombre des officiers appelés à concourir à l'exécution de ce précieux travail. Naguère, ce nombre variait de quatre-vingt-quinze à cent ; on l'a sensiblement réduit, et l'on s'expose ainsi à ajourner l'exécution d'un travail réclamé par tous les services publics.

LE MEMBRE PRÉCÉDEMMENT ENTENDU remercie M. le Ministre de la guerre des explications dans lesquelles il est entré : il insiste pour la mention des noms des officiers d'état-major qui concourent à l'exécution des cartes.

— Le chapitre xx est mis aux voix et adopté.

CHAPITRE XXI.

Matériel de l'artillerie.

« Dépenses ordinaires, 6,962,707 fr. »

« Travaux extraordinaires en Algérie, 150,000 fr. »

UN MEMBRE dit que l'école d'artillerie de La Fère, la première en date, est un établissement de haute utilité pour la défense du royaume. Aussi, les lois de 1841 et de 1842 avaient-elles affecté des crédits montant à plus de 2 millions, à la réparation du corps de la place et au casernement d'un régiment d'artillerie. L'école ne pourrait subsister sans le régiment, et des mesures récemment adoptées tendraient à faire soupçonner une pensée d'abandon à laquelle l'orateur ne veut pas croire Il se plaît à penser que ces mesures ne sont que provisoires, mais il demande que des explications soient données à ce sujet.

M. LE MINISTRE DE LA GUERRE répond qu'il n'entre point dans ses intentions de supprimer l'école de La Fère ni l'emploi des travaux faits depuis si longtemps. Cette école sera conservée, et tout ce qui a été créé à la Fère sera utilisé.

UN MEMBRE dit qu'il est heureux d'avoir à prendre acte des paroles de M. le Ministre de la guerre ; l'établissement des lignes de fer n'a fait, selon lui, qu'ajouter à l'importance du rôle que la place de La Fère est appelée à jouer dans le système de la défense du territoire.

UN AUTRE MEMBRE demande s'il entre dans les intentions de M. le Ministre de la guerre de convertir toutes les armes à silex en armes à percussion. Il verrait de graves inconvénients dans cette transformation, si elle se faisait d'une manière générale et absolue. D'une part, la France n'est pas riche en mines de cuivre, et la multiplicité infinie de capsules qu'exige l'emploi des armes à percussion, ne serait pas, selon lui, sans inconvénients. D'un autre côté, la science n'a pas donné son dernier mot, et l'on pourrait regretter d'avoir mis trop de précipitation dans la transformation intégrale des armes nécessaires à la défense des places de guerre.

M. LE MINISTRE DE LA GUERRE dit que les armes qui sont remises entre les mains des troupes doivent être changées suivant le système à percussion.

Quant aux armes qui sont dans les arsenaux, et qui sont destinées à la défense des places fortes, on peut attendre encore les améliorations qui peuvent se produire.

La crainte de manquer de cuivre par suite de la multiplication des capsules, est une crainte vaine ; un seul canon peut produire des millions de capsules. Il n'y a donc aucun danger sur ce point.

— Les deux paragraphes dont se compose le chapitre XXI sont successivement mis aux voix et adoptés.

— La Chambre adopte également l'ensemble du chapitre, dont le chiffre demeure fixé à 7,112,707 fr.

CHAPITRE XXII.

« Poudres et salpêtres (Personnel), 532,900 fr. »

CHAPITRE XXIII.

« Poudres et salpêtres (Matériel), 4,274,292 fr. »

— Adoptés.

CHAPITRE XXIV.

« Matériel du génie (Divisions territoriales de l'intérieur), 8,328,500 fr. »

Un membre propose sur le chapitre une réduction de 500,000 fr. Il fait observer que la Commission a elle-même reconnu l'utilité d'une réduction à opérer sur ce chapitre, mais qu'elle en a laissé l'initiative à M. le Ministre de la guerre. La proposition qu'il croit devoir faire porte spécialement sur un paragraphe intitulé : « Loyers de bâtiments civils pour le logement des troupes, à défaut de casernes; location de magasins et de champs de manœuvres destinés aux exercices journaliers des troupes, 400,000 fr. » Il s'appuiera particulièrement sur un fait dont il est en mesure de donner connaissance à la Chambre, et qui prouve que l'administration de la guerre trouve, sur ce crédit de 400,000 fr., le moyen de pourvoir à des dépenses qui ne figurent point parmi celles qui avaient été prévues par la Chambre, lors du vote de ce chapitre. En 1847, on paiera sur les fonds de ce chapitre une somme de 60,000 fr. au département du Puy-de-Dôme, pour prix de la location, pendant dix-huit ans, d'un bâtiment départemental affecté au logement du lieutenant-général commandant la 19ᵉ division militaire. Dans la crainte d'un vote malencontreux qui pourrait supprimer une division militaire de création récente, le département a voulu assurer ainsi sa possession par la puissance des faits acquis et d'un traité conclu. Mais ce qui a surtout frappé l'orateur, c'est l'irrégularité, au point de vue budgétaire, d'une somme essentiellement extraordinaire, et qui va être prélevée sur un chapitre consacré à payer des dépenses annuelles.

L'auteur de l'amendement ajoute que, depuis quelques années, on a dépensé 74 millions pour nouvelles con-

structions de bâtiments militaires; il ne lui paraît donc pas
nécessaire de conserver intégralement le chiffre porté au
budget, et il insiste pour que la Chambre réduise dès à
présent ce chapitre d'une somme de 50,000 fr.

M. LE MINISTRE DE LA GUERRE s'oppose à la réduction
proposée par le préopinant. Il pense qu'il n'y a aucune
irrégularité dans la convention faite avec le département
du Puy-de-Dôme. Le lieutenant-général commandant cette
division était logé au moyen d'une annuité de 4,000
fr. que lui payait le Gouvernement. Le département ayant
une maison qui lui appartenait, a proposé, pour une
somme de 60,000 fr., de faire disposer cette maison pour
le lieutenant-général, et de l'y tenir pendant dix-huit ans,
sans que l'État ait autre chose à payer. Or, un fonds de
60,000 fr. donné pour une annuité de 4,000 fr., pendant
dix-huit ans, était une bonne opération financière, et le
Ministre l'a faite.

Il n'y a pas eu d'irrégularité; cette somme de 60,000 fr.
a été prise sur le fonds de 400,000 fr. destiné aux logements militaires.

Si l'on réduit le chapitre, on sera obligé de prendre ce
fonds sur un autre article de dépense; car chaque année
les loyers augmentent; ainsi, pour les loyers des champs
de manœuvre, des maisons pour les officiers, les baux
sont toujours renouvelés avec accroissement de prix.

L'AUTEUR DE L'AMENDEMENT s'étonne qu'une telle opération soit présentée comme avantageuse. Pour ramener les
choses au vrai, il lui suffira de dire qu'une somme de
60,000 fr., payée d'avance pour dix-huit ans, si on calcule
les intérêts simples à 5 p. 100, donnerait plus de 6,000 fr.,
et si l'on calcule avec les intérêts composés, elle donnerait
8.000 fr. On s'est donc exonéré d'une dépense de 4,000 fr.
en payant une somme une fois donnée, qui représente une
annuité de 6,000 à 8,000 fr. Mais ce qui doit surtout déterminer la Chambre, c'est qu'il s'agit d'une dépense extraordinaire qui ne pouvait pas être imputée sur un fonds
alloué à titre de dépenses annuelles.

M. LE MINISTRE DE LA GUERRE fait observer que le lieute-

nant-général était très-mal logé avec ces 4,000 fr., et que,
sur le prix du loyer, il y avait toujours des reclamations.

Il faut comparer le prix auquel s'élèvent les loyers dans
la 19ᵉ division militaire, et alors il aurait fallu ajouter au
loyer du lieutenant-général. C'est en effet ce qu'on accorde
dans la plûpart des divisions militaires. Il est peu de divisions militaires où on puisse trouver des loyers pour le
lieutenant-général avec 4,000 fr.

M. Ministre maintient que l'opération est bonne et qu'elle
est régulière.

M. LE RAPPORTEUR demande la parole, et dit :

« Messieurs ,

« Voici à quel point de vue s'est placée la Commission
quand elle a eu à examiner l'amendement qui vous est soumis en ce moment.

« La Commission avait déjà fait remarquer dans son rapport que, depuis plusieurs années, les améliorations qui
s'étaient opérées dans le casernement, au prix de sacrifices
considérables , devaient produire successivement une atténuation dans les dépenses de loyer des casernes et autres
établissements militaires n'appartenant pas à l'État. Elle
avait engagé M. le Ministre à revoir l'état de ces loyers ,
qui n'était que de 375,000 fr. en 1840, et elle lui avait
laissé l'initiative des réductions qu'elle croyait possibles.

« Lorsque l'amendement a été soumis à la Commission,
elle a dû examiner le fait sur lequel il s'appuyait, et il est
résulté pour elle de cet examen, ceci : c'est qu'en rembour-
sant au département du Puy-de-Dôme la somme de 60,000
fr. qu'il dépense pour approprier le local dont il est question au logement du lieutenant-général commandant la division , il y avait là un prélèvement de 60,000 fr. en 1847,
sur les 400,000 destinés aux locations de bâtiments militaires, qui semblait suffisamment indiquer que les 400,000 fr.
ne seraient plus intégralement nécessaires à l'avenir; car, si
on retranche la dépense de 60,000 fr. qui ne doit pas se renouveler en 1848, des 400,000 fr., il reste 340,000 pour les
autres loyers , et elle doit alors être suffisante. Je répète
que ce fait a été pour la Commission une indication que, si

on pouvait prélever ainsi cette somme de 60,000 fr. en 1847, il n'y avait pas de raison pour qu'elle ne pût être ainsi prélevée toutes les autres années, ce qui veut dire, en d'autres termes, qu'on n'a pas besoin de 400,000 fr. pour le service des loyers de bâtiments, et que le fonds de 350,000 fr. est plus que suffisant.

« C'est pour cela qu'elle a donné son approbation à la réduction de 50,000 fr. qu'elle avait été bien près de proposer elle-même, de son initiative, lors de l'examen de ce chapitre, et ce qu'elle n'eût pas manqué de faire si le fait lui avait été connu plus tôt. »

M. LE COMMISSAIRE DU ROI répond :

« M. le Ministre a déjà fait connaître que tous les loyers augmentaient successivement : maintenant, je vais prouver par des chiffres l'insuffisance du fonds de 340,000 fr. pour les loyers en 1848.

« En 1844, nous avons liquidé pour 422 000 fr. de loyers, en 1846, nous en avons liquidé pour 410,000.

« Vous demanderez peut être comment il est possible de payer 420,000 avec 400,000 ?

« Je rappellerai à la Chambre et à la Commission qu'il n'y a de spécialité que pour le chapitre entier. Si nous dépassons le chiffre de 400,000 fr. de 22,000 fr., nous ferons une réduction de la même somme dans un autre article du chapitre, de manière à présenter le compte aux Chambres sans dépasser le total du chapitre.

« Quant au département du Puy-de-Dôme, le paiement n'est pas encore effectué. L'intention du département de la guerre était, en raison du chiffre à payer, de partager le paiement en deux exercices, et nous avons offert au conseil général de ne payer cette année que 25,000 fr., avec la crainte toutefois d'excéder les 400,000 fr., mais de couvrir l'excédant au moyen des économies faites sur d'autres parties du même chapitre. »

L'AUTEUR DE L'AMENDEMENT s'étonne d'avoir entendu dire par M. le Commissaire du Roi, qu'on ne paierait que dans le cours de deux ou trois ans. Cela implique contradiction avec la note officielle qui lui avait été transmise, et

qui portait que la dépense serait imputée sur l'exercice
1847. Il ne voit pas pourquoi l'économie ne serait pas faite
sur l'exercice 1848.

M. LE MINISTRE DE LA GUERRE dit que la question est de
savoir si le département voudra les 60,000 fr. dès cette
année, ou s'il acceptera deux annuités.

— La réduction de 50,000 francs est mise aux voix et
adoptée.

— La Chambre adopte également le chiffre du chapitre,
réduit à 8,273,500 fr.

CHAPITRE XXV.

« Matériel du génie (Algérie). { Dépenses ordinaires. 3,146,000 f. Travaux extraordin. 2,500,000

5,646,000

— Les deux paragraphes sont successivement mis aux
voix et adoptés.

— La Chambre adopte également l'ensemble du chapitre,
dont le chiffre demeure fixé à 5,646,000 fr.

CHAPITRE XXVI.

« Écoles militaires , 2,222,460 fr. »

— La Commission a proposé sur ce chapitre une réduction de 60,000 fr.

M. LE PRÉSIDENT suppose que M. le Ministre de la
guerre adhère à une réduction qui est la conséquence d'un
premier vote.

M. LE MINISTRE DE LA GUERRE reconnaît la nécessité de
la réduction ; mais l'école d'équitation à Saint-Cyr était
une création utile , et il se réserve de reproduire sa demande de crédits, lorsque les nécessités financières seront
moins pressantes.

UN MEMBRE dit qu'il est convaincu que sans rien ajouter

au chiffre du chapitre, on pourra doter l'école de Saint-Cyr d'un manège. Le moment ne lui paraît pas venu d'entrer dans des détails d'exécution, qui seront ultérieurement déférés à l'appréciation de M. le Ministre.

Un autre membre ne pense pas qu'on puisse laisser s'introduire un débat qui serait un fâcheux précédent. La Chambre a mûrement discuté la question de savoir s'il convenait d'établir une école d'équitation à Saint Cyr. Elle s'est décidée pour la négative. L'orateur n'admet pas qu'on puisse protester contre la décision de la Chambre.

M. le Président dit que le préopinant attache à ce qui vient de se passer une interprétation qu'il ne peut admettre. Le Président n'aurait pas laissé remettre en discussion une décision prise par la Chambre. M. le Ministre a fait une réserve; on a fait des réserves contraires ; ce n'est pas là rouvrir une discussion.

—La Chambre adopte le chiffre du chapitre, réduit à 2,162,460 fr.

CHAPITRE XXVII.

« Invalides de la guerre, 2,768,568 fr. »

Un membre croit devoir appeler l'attention de la Chambre sur un passage du rapport de la Commission, où il est dit, à l'occasion d'une réduction de 2,352 fr., qui impliquerait un changement dans le personnel administratif, que la Commission a cru devoir s'enquérir des faits : que le Ministre, dans ses explications, n'a pas dissimulé que des abus d'une certaine gravité s'étaient introduits dans le service des vivres, par suite du défaut de surveillance ; qu'après avoir pris connaissance des faits, il a dû déférer l'affaire à M. le Ministre de la justice ; qu'une ordonnance du 5 février 1847 a déclaré qu'il n'y avait pas lieu à suivre ; mais que, tout en respectant cette décision, le Ministre n'a pas cru que la justice administrative fût satisfaite.

L'orateur trouve que de telles paroles sont graves, et il se demande s'il serait vrai que M. le Ministre de la guerre n'eût pas été effectivement satisfait du dénouement? Il ne peut admettre cette hypothèse. La question est fort sim-

ple : depuis trente ans, l'établissement des Invalides est
régi par un décret impérial qui laissait une grande latitude
à l'interprétation. Sous l'influence des préoccupations qu'ex-
citait l'affaire Bénier, l'administration de la guerre, pous-
sant peut-être la sollicitude jusqu'à l'exagération, s'est in-
quiétée de quelques irrégularités qui, en elles-mêmes, n'a-
vaient rien de grave. Une enquête a eu lieu, sans qu'on ait
observé les règles hiérarchiques, et il en est résulté la preuve
que, depuis longtemps, on avait acquiescé au désir manifesté par les invalides eux-mêmes, de substituer l'emploi du
lard à celui du beurre demi-sel. Les 54 contrôleurs préposés à la délivrance des aliments n'avaient, à ce sujet, élevé
aucune objection et c'est l'intendant militaire lui-même
qui a denoncé un fait imputable à un défaut de surveillance de sa part. Le Ministre actuel a lui-même reconnu
que le décret impérial laissait une trop large carrière à
l'interprétation, et que, pour les adjudications prochaines,
il était nécessaire d'introduire des modifications dans le
cahier des charges. Voilà à quoi se réduisent les abus auxquels il a été fait allusion. L'orateur croit qu'il était utile
et juste d'exposer l'état réel des faits.

M. LE RAPPORTEUR répond :

« Messieurs,

« Je ne sais pas si l'intention du préopinant a été de blâmer la Commission sur la manière dont elle a exprimé sa
pensée sur les faits qui ont été énoncés et sur leurs conséquences.

« Je déclare, au nom de la Commission, qu'il n'y a pas
un mot qui ne soit la traduction de l'opinion de M. le Ministre de la guerre, et je dois ajouter même qu'elle a été
heureuse de voir et de pouvoir dire que, dans cette circonstance, le Ministre avait fait ce qu'il était humainement
possible de faire pour rechercher la vérité, éclairer sa religion et mettre la justice en lieu de prononcer. Mais, en
même temps qu'elle déclarait qu'il y avait eu une ordonnance
de non-lieu, parce que heureusement les faits n'avaient pas
la gravité qu'on leur avait attribuée d'abord, la Commission a dû dire que le Ministre avait trouvé que, quoiqu'il

n'y eût pas lieu de donner suite à l'instruction judiciaire. la justice administrative n'aurait pas été complètement satisfaite par l'ordonnance de non lieu. Et, en effet, quel a été le resultat de l'enquête administrative après l'instruction judiciaire ? Pouvions-nous dire que tout le monde avait fait son devoir, quand, le lendemain de l'ordonnance de non-lieu, l'agent spécial de surveillance des services administratifs de l'hôtel était révoqué, et que le sous-intendant militaire a été remplacé ? Il m'est donc bien permis de justifier la Commission, lorsqu'elle a dit que le Ministre avait fait administrativement justice de ce qu'il avait considéré comme étant tout au moins un defaut de surveillance et de contrôle, et nous avons sans doute été heureux de voir que les faits n'avaient pas de gravite. Mais je répète qu'il ne resultait pas moins des faits, qu'après s'être incliné devant l'arrêt de la justice, M. le Ministre avait cru devoir adopter des mesures administratives dont nous ne sommes pas juges, mais qui semblaient prouver que tout le monde n'avait pas fait son devoir. »

LE PRÉOPINANT déclare qu'il n'a pas entendu adresser de reproches a la Commission ; il a seulement voulu etablir que l'administration des Invalides n'avait pas encouru les reproches du Ministre. De légères irregularites avaient eu lieu ; elles ont été réduites par l'enquête même à leur juste valeur. Les deux administrateurs dont le devoir etait de les empêcher, ont dû être remplaces ; justice a été faite, mais l'administration des Invalides est intacte.

— Le chapitre est mis aux voix et adopté.

— La Chambre continue la delibération a demain.

M. LE PRÉSIDENT annonce qu'il inscrit à la suite de la discussion du budget, les divers projets de lois que la Chambre a mis a l'ordre du jour dans la seance d'hier. Dans la seance d'aujourd'hui, on lui a demandé de mettre aussi a l'ordre du jour un autre projet de loi relatif à un chemin de ler sur lequel des reserves avaient eté faites, parce que le rapport n'avait pas eté distribue. Il a repondu que la Chambre devait être avertie a l'avance. Ce sera donc seulement *samedi* que la Chambre sera consultée sur la mise à l'ordre du jour de ce projet. Il en sera de même à l'égard de la mise à l'ordre du jour du budget de la Chambre , qui est déjà implicitement fixée, afin qu'il reçoive un ordre déterminé.

M le Président fait observer, en outre, qu'il importe au plus haut degré que MM. les Députés redoublent d'exactitude pour accomplir la tâche qu'ils se sont imposée. Il ne peut croire à la réalité de certains bruits qui sont venus jusqu'à lui , et d'après lesquels quelques membres auraient annoncé l'intention de substituer le fait au droit , et de terminer leur séjour à Paris sans un congé de la Chambre. Il ne peut croire un moment qu'il y ait des membres de la Chambre qui voulussent ainsi substituer leur volonté à celle de la Chambre , et encourir aux yeux de leurs collègues , de leurs commettants et du pays entier, la responsabilité d'avoir abandonné leur mandat , et de mettre peut-être la Chambre hors d'état de délibérer.

— La séance est levée.

Signé SAUZET, Président;

DE BUSSIÈRES, OGER, SAGLIO, LANJUINAIS, Secrétaires.

Collationné :

Le Secrétaire-Rédacteur,

Signé : DENIS LAGARDE.

PRÉSIDENCE DE M. SAUZET.

———

Séance du Vendredi 9 Juillet 1847.

— Le procès-verbal de la séance du 8 est lu et adopté.

MM. MUTEAU et HAVIN demandent et obtiennent des congés.

UN MEMBRE dépose le rapport sur le projet de loi relatif à la suspension de la réorganisation des gardes nationales dissoutes.

— La Chambre en ordonne l'impression et la distribution.

(*Voir l'annexe imprimée n° 309.*)

L'ordre du jour est la suite de la délibération sur les chapitres du projet de budget des dépenses pour l'exercice 1848.

La Chambre s'est arrêtée dans la séance d'hier au chapitre XXVII du Ministère de la guerre.

M. LE PRÉSIDENT met en délibération le chapitre XXVIII, ainsi conçu :

« Gouvernement et administration générale de l'Algérie, 2,42 ,600 fr. »

— La Commission propose d'abord de transporter une somme de 20,000 fr. au chapitre III du service central.

Elle propose en outre diverses réductions montant ensemble à 53,400 fr., et qui se décomposent de la manière suivante :

1° 20,000 fr. pour frais d'éducation des enfants arabes.

M. le Ministre de la guerre dit qu'il sera pourvu à cet objet par l'augmentation du nombre des bourses au collège d'Alger. Il consent ainsi à la réduction.

— La réduction est adoptée.

2° 8,000 fr. pour traitements d'un chef et d'un sous-chef du bureau arabe.

M. le Commissaire du Roi fait observer que ce n'est pas ici une augmentation de dépenses ; c'est le crédit voté pour cet objet l'année dernière. La Commission n'en demande le retranchement que comme l'expression d'un blâme de l'organisation civile actuelle. Ce retranchement aurait pour effet d'ôter au Gouvernement les moyens de procéder a la réorganisation qu'on lui demande

M. le Rapporteur dit :

« La Commission n'a pas voulu, par la suppression du chiffre de 8,000 fr., exprimer, même implicitement, un blâme. L'administration civile en Algérie, telle qu'elle existe aujourd'hui, a été constituée par une ordonnance du 15 avril 1844 ; cette ordonnance n'est pas un acte nouveau sur lequel votre Commission aurait a se prononcer aujourd'hui. Seulement, la Commission a exposé, dans ses observations générales sur l'Afrique, ce qu'elle pensait de l'organisation actuelle, toute légale qu'elle put être. Et, du reste, en cela, elle n'a fait que confirmer l'opinion que la Commission des crédits supplémentaires et extraordinaires d'Afrique avait exprimée quelque temps auparavant sur le même sujet.

« Mais, au moment où il paraît au moins probable que cette administration va être modifiée, il nous a paru que ce n'était pas le moment de donner les moyens de former un nouveau bureau pour la direction générale.

« La Commission fera remarquer, en outre, que les 8,000 fr. qu'elle propose de retrancher ne sont pas, à proprement parler, une réduction sur le crédit général qui aurait été accordé en 1847.

« Cette somme provient en partie de la suppression d'un crédit de 11,800 fr. destiné à des interprètes et à un géomètre, qu'on veut utiliser d'une autre manière, tandis que la dépense de ces agents serait supportée par un autre chapitre; car la direction générale ne pouvant pas s'en passer, elle les empruntera au service qui sera chargé de les payer.

« Dans l'état actuel, la Commission persiste donc; toutefois, il est vrai, ainsi que l'a dit M. le Commissaire du Roi, que la Commission a proposé cette réduction comme expression de sa pensée, et afin de déterminer les modifications annoncées par M. le Ministre de la guerre. »

M. LE MINISTRE donne son adhésion à cette réduction.

— La réduction est adoptée.

Troisième réduction proposée par la Commission. — Service de santé dans les bureaux arabes, 4,500 francs, consentie par le Gouvernement.

— La réduction est adoptée.

Quatrième réduction. — Indemnité à un avocat des Arabes près les tribunaux d'Alger, 2,400 fr.

M. LE MINISTRE déclare qu'il n'adhère à cette réduction qu'avec regret, regardant cette institution comme excellente dans les colonies.

— La réduction est adoptée.

Cinquième réduction. — Indemnité pour les interprètes auxiliaires, 18,500 fr.

M. LE MINISTRE DE LA GUERRE dit qu'il y a une erreur

faite par la Commission sur ce chapitre, une erreur de chiffres.

Il regrette beaucoup que l'on prive les interprètes auxiliaires d'une indemnité pour frais de logement. Ces interprètes sont peu payés, et la modicité de leur traitement les rend plus accessibles à la corruption de ceux qui ont recours à eux.

L'augmentation que le Gouvernement demandait pour eux devrait leur être accordée par humanité, et aussi pour le bien du service qui leur est confié. M. le Ministre désirerait que le Rapporteur de la Commission voulût changer son opposition à cet égard et admettre le crédit.

M. LE RAPPORTEUR répond :

« Je regrette d'être obligé de maintenir les conclusions de la Commission. Une ordonnance du 3 novembre 1845 a déterminé le cadre, les attributions et les traitements et accessoires du corps des interprètes et des interprètes auxiliaires. Ce que nous vous proposons n'est que la simple application de l'ordonnance. Dans l'état actuel, c'est-à-dire sous l'empire de ce réglement, les interprètes auxiliaires ne reçoivent pas et ne doivent pas recevoir d'indemnité de logement, non plus que l'indemnité de fourrages. Nous avons donc dû proposer le retranchement de la partie du crédit demandée pour cet objet, non-seulement parce que c'était une fausse application de l'ordonnance, mais parce qu'il doit y avoir une différence entre la position des interprètes titulaires et celle des interprètes auxiliaires, pour marquer la séparation qui doit toujours exister entre les deux fonctions et exciter leur émulation : c'est donc par ces deux considérations que nous avons dû supprimer des allocations qui ne sont pas réglementaires. Quant à l'erreur qui avait été signalée, la Commission ne l'a pas reconnue; elle n'a pas su se rendre compte de cette différence de 4,261 francs qui a été indiquée. La réduction de 18,500 francs, que nous proposons, résulte exactement de l'application des dispositions réglementaires de l'ordonnance. »

Un MEMBRE fait observer que les fonctions des interprè-

tes sont très-importantes. Des erreurs de traduction volontaires dans les conférences avec les indigènes, pourraient avoir des conséquences funestes. Sans discuter
l'allocation demandée, l'orateur croit qu'il importe de
faire disparaître le plus tôt possible les interprètes auxiliaires, pris presque tous parmi les indigènes, qui, le plus
souvent, ne sont pas dignes de notre confiance, et de les
remplacer par des officiers français qui la méritent tout
entière. On rendra un grand service à l'armée, en élevant
leurs fonctions et en améliorant leur position.

M. LE MINISTRE DE LA GUERRE dit que le préopinant
recommande d'introduire des officiers dans le corps des
interprètes. Cela est impossible, aucun officier ne voudra
entrer dans ce corps.

Il y a, au surplus, très-peu d'interprètes qui soient
indigènes ; ces interprètes sont pour la plupart des soldats
et des sous-officiers qui, ayant servi dans les corps indigènes, ou étant restés longtemps dans certains cantonne-
ments, ont appris l'arabe et servent d'interprètes, soit
comme interprètes permanents, soit comme auxiliaires.

Les officiers français ne voudraient pas entrer dans le
corps des interprètes, ce serait un peu trop au-dessous de
leur dignité. Ce sont des soldats, des sous-officiers et un
petit nombre d'indigènes qui servent d'interprètes ; et
c'est en faveur des auxiliaires que M. le Ministre sollicite
l'allocation qui est contestée par la Commission.

M. LE RAPPORTEUR répond :

« Le traitement fixe des interprètes auxiliaires est de
1,200 fr., et ils ont en outre des indemnités qui représentent 600 francs Ainsi les interprètes auxiliaires ont, dans
l'état actuel, au moins, 1,800 fr., indépendamment des
indemnités de fourrages lorsqu'ils sont employés, c'est-à-
dire plus que les sous-lieutenants. Je dois d'ailleurs faire
remarquer à la Chambre que ce qu'on propose de leur
accorder, ce n'est pas une augmentation de traitement,
c'est de leur allouer les mêmes indemnités que celles auxquelles ont droit les interprètes en titre, c'est-à-dire l'in-

demnité de logement. l'indemnité de fourrages, l'indemnité
de chauffage dans tous les cos.

« Ce qu'on propose, c'est de confondre dans la même
situation et les interprètes auxiliaires et les interprètes
titulaires. Cela ne nous paraît pas convenable. Vous avez
une ordonnance qui règle les situations diverses, elle détermine les rangs, les attributions, les avantages de chacun.
Or, quand votre Commission fait l'application de l'ordonnance, il me semble que ses propositions devraient trouver
l'assentiment de M. le Ministre de la guerre, puisque c'est
lui qui a posé les règles que nous appliquons. »

— La réduction n'est pas adoptée.

Un membre signale à l'Administration et à la Chambre
deux faits qui sont de nature à porter atteinte à notre
honneur et à notre considération parmi les indigènes. Le
premier, c'est le tort qui a été fait au marabout El Arbi,
qui, lors de la première expédition de Constantine, exer-
çait une portion de l'autorité dans cette ville, en même
temps que le bey Achmet. Ayant invité les habitants à se
rendre, il fut décapité par ordre du Bey, et ses biens furent
confisqués. Ils ont été retenus par notre administration
des domaines, depuis la conquête de Constantine, où son
fils gagne aujourd'hui misérablement sa vie. C'est, aux
yeux de la population indigène, un témoignage perpétuel
de notre ingratitude. Le second fait, c'est la décision qui
a enlevé aux indigènes l'administration des biens destinés à entretenir les établissements religieux, charitables
et d'instruction publique. Ils constituaient ensemble un
revenu de 400,000 francs, dont plus de 200 000 sont entrés
dans notre Trésor. La population indigène, quand elle est
pauvre, manque de secours. Le culte ne reçoit plus les allocations qui sont nécessaires pour soutenir son nombreux
personnel, et les écoles sont tombées dans la décadence.
Il y a là pour nous une cause de déconsidération qui détruit
notre force morale. L'orateur, toutefois, ne s'en prend pas
à l'administration des domaines, qui n'a fait qu'accomplir
son devoir, en recherchant partout les valeurs qui pouvaient appartenir à l'Etat, mais bien au Gouvernement,

pour lequel c'était un devoir d'examiner la question d'un point de vue plus élevé.

M. LE MINISTRE DE LA GUERRE a la parole, et s'exprime en ces termes :

« Messieurs,

« Le préopinant a cité un fait qui se serait passé déjà depuis longtemps : un homme considérable de Constantine, ayant suggéré à la population de se rendre aux Français qui attaquaient la ville, aurait été décapité, et ses héritiers seraient depuis dix ans dans une profonde misère et dans les emplois les plus abjects.

« Je ne connaissais pas le fait, il y a peu de jours; et je m'étonne beaucoup que cette famille, depuis dix ans, n'ait pas réclamé auprès de l'autorité française, dont les chefs n'avaient évidemment aucun intérêt à tenir dans la misère des hommes à qui on aurait dû certainement une réparation. Il est impossible que les chefs qui se sont succédés à Constantine, les officiers généraux qui ont commandé la province, et je parlerai notamment du général Bedeau, parce que c'est le dernier, ayant entendu parler de l'état de cette famille, n'en aient pas pris pitié et n'aient pas fait transmettre leurs réclamations au Gouvernement du Roi.

« Lorsque j'ai reçu, il y a quelques jours, ces réclamations, j'ai écrit au général Bedeau. J'attends sa réponse. Je ne pense pas qu'on puisse imputer au Gouvernement aucun tort, relativement à cette affaire qui lui est restée complétement inconnue. J'ai été longtemps dans la province de Constantine; j'étais du premier et du second siège, et je n'en ai point entendu parler.

« Quant à la saisie des revenus des abous et des fondations pieuses des musulmans, je dois défendre complétement le Gouvernement, et, si c'était à refaire, je conseillerais de ne pas laisser l'administration de revenus considérables, surtout à cette époque, entre les mains de nos ennemis naturels. Ces trois ou quatre cent mille francs auraient été donnés aux cheiks, aux muphtis, pour lesquels ils n'auraient été qu'un moyen de soudoyer ceux qui auraient voulu nous combattre, et de mettre des brigands sur les routes.

« C'était une chose de bonne politique, une chose sage, de saisir ces revenus. Il n'était certainement pas juste de ne point appliquer ces revenus à remplir les intentions des fondateurs. C'est à quoi ces revenus sont appliqués. Le préopinant a pu être affligé du nombre des pauvres qu'il a rencontrés en Algérie ; mais cela n'empêche pas que ces revenus aient été appliqués entièrement , et j'ose dire que des sommes supérieures à ces revenus ont été consacrées par nous aux besoins des musulmans.

« Nous avons même, peut-être par un excès de générosité, payé tous les frais du pèlerinage des musulmans à la Mecque, jusqu'à Alexandrie. Nous leur fournissons annuellement un vaisseau qui les porte à Alexandrie, et les ramène d'Alexandrie dans l'Algérie.

« Je dis (je n'en ai pas la certitude, mais je le crois fermement) que, par les dépenses qui sont appliquées, soit aux pauvres musulmans, soit au culte, nous avons dépensé au-delà des revenus des abous.

« Les personnes qui ont été dans les pays musulmans savent qu'ils fourmillent de pauvres , parce que leurs gouvernements ne s'en occupent pas.

« La charité est bien dans le Coran, dans la loi musulmane ; mais ce n'est pas le Gouvernement, ce sont les individus qui secourent les pauvres.

« Quant aux écoles ; je crois qu'on n'a pas tenu un compte suffisant des besoins que nous avions de les soutenir. M. le général Bedeau a lui-même signalé à l'attention du Gouvernement cet objet important et essentiel , et je ne fais pas de doute que le Gouvernement ne s'occupe très-prochainement à remédier au mal de la suppression et de la diminution des écoles.

» Je suis complètement disposé à donner à cet objet intéressant tous les soins qu'il mérite. »

UN MEMBRE regarde comme une chose urgente, de hâter l'établissement à Médéah et à Mascara, des quartiers généraux des commandements militaires de ces deux provinces. Il recommande aussi à l'attention du Gouvernement la question de savoir s'il ne serait pas convenable de placer à Médéah le siége du commandement militaire de l'Algérie.

M. le Ministre de la guerre répond :

« La translation des quartiers-généraux des divisions des villes de la côte, dans celles de l'intérieur, est adoptée depuis plus d'un an et en cours d'exécution.

« Quant à celle de l'établissement du quartier général de l'armée d'Afrique au centre du pays, à Médeah, je crois que ce serait une mesure très-dangereuse, ou au moins très-incommode ; car ce n'est que sur la côte qu'on reçoit promptement les nouvelles, c'est par la côte qu'on communique rapidement d'Alger à Oran, d'un côté, à Constantine par Philippeville, et aux extrémités de l'Algérie de l'autre. Ce sera toujours sur la côte que le centre du gouvernement de l'Algérie devra être placé.

« Je ne crois pas que, de longtemps, il puisse être placé dans l'intérieur des terres. »

— Le chapitre, réduit comme il a été dit ci-dessus, est adopté ; son chiffre est de 2,386,700 fr.

CHAPITRE XXIX.

« Services militaires indigènes en Algérie, 7,429,922 fr. »
— Adopté.

CHAPITRE XXX.

« Services maritimes en Algérie , 492,000 fr. »
— Adopté.

CHAPITRE XXXI.

« Services civils en Algérie, 4,824,450 fr. »

La Commission propose diverses réductions, montant ensemble à 348,950 fr.

La première est de 42,100 fr., demandée pour la création d'un tribunal civil à Constantine.

M. le Ministre de la guerre déclare consentir à cette réduction.

Un membre fait observer que le Gouvernement a accepté pour près de 1 million de réductions sur les services civils de l'Algérie. L'orateur n'entend pas en général de-

mander le maintien de ces allocations. Cependant, il
regarde comme étant très-fondée la demande faite pour le
service judiciaire à Constantine. On veut faire de cette
contrée une province, non pas entierement séparée, mais
indépendante, sur quelques points, d'Alger. Il est donc
important qu'elle ait une organisation judiciaire complète.
La Commission appuie son refus sur ce que Constantine
ne contient que 1,800 habitants. L'orateur, sur les documents les plus recents, a constaté que ce nombre s'élevait à
2,000. En second lieu, ce n'est pas au nombre des habitants, mais au mouvement des affaires, qu'il faut s'arrêter dans une pareille question. Enfin, la Commission,
qui repousse l'établissement d'un tribunal de première
instance, admet la création d'un juge unique. Cette juridiction défectueuse et contraire à nos mœurs, a été essayée
dans les premiers temps de la conquête. On lui avait attribué un pouvoir exorbitant, qui allait jusqu'à prononcer
la peine de mort, sous réserve d'appel. Elle n'a pas réussi,
et elle a cessé d'exister depuis l'organisation de 1842.
L'orateur engage la Commission à renoncer à sa demande
de réduction.

Un membre de la Commission a la parole, et dit :

« Messieurs, le préopinant parlait tout-à-l'heure du développement de la population dans la province de Constantine, et de la nécessité d'y établir sur une plus grande
échelle la juridiction civile.

« Le préopinant sait, et la Chambre doit apprendre,
que la province de Constantine n'est pas dépourvue de tribunaux civils. La ville de Philippeville et la ville de Bone
possèdent chacune un tribunal civil bien plus complet que
nos tribunaux d'arrondissement, car il comprend un président, un juge d'instruction, trois juges ordinaires, un
procureur du Roi, un substitut, un greffier, un commis-
greffier, un secrétaire du parquet, et coûte à la France
plus du double de ce que coûte un tribunal d'arrondissement.

« La question soumise à la Commission du budget n'était
donc pas de savoir s'il fallait donner aux institutions judiciaires, dans la province de Constantine, un développe-

ment en rapport avec l'importance de la population de cette province. La question était plus limitée : elle était circonscrite à la ville même de Constantine , ville qui, dans ce moment, n'a pas de banlieue. Il s'agissait de savoir si , pour la population renfermée dans ses murailles, il était nécessaire de créer un tribunal civil , avec toute l'étendue que je viens d'énoncer:

« La Commission du budget ne l'a pas pensé.

« Pour fixer sa résolution , la Commission n'a pas seulement tenu compte de la population de la ville de Constantine , elle a consulté le nombre des affaires.

« Si la Commission du budget s'était arrêtée à la population, elle n'aurait pas même eu à délibérer.

« La population européenne de la ville de Constantine est de 1,800 , et non pas de 2,000 âmes. Eh bien ! Messieurs, auriez-vous compris que , pour 1,800 justiciables de tout âge et de toute condition , la plupart en résidence momentanée dans la ville, n'ayant pas d'intérêts fixes, n'étant pas propriétaires , auriez-vous compris, dis-je , que , pour 1,800 habitants, nous vous eussions proposé d'établir un tribunal civil, avec un personnel plus nombreux que n'en comportent en France les tribunaux dont le ressort comprend 100 et 120,000 justiciables.

« Mais nous avons dû surtout prendre en considération le nombre et l'importance des affaires. Nous avons comparé les affaires soumises au juge-de-paix actuel de Constantine, avec le nombre des affaires dont sont saisis tous les autres juges-de-paix de l'Algérie, et nous avons trouvé qu'il est très-loin d'être le plus surchargé. Nous avons conclu de cette comparaison , que si le juge-de-paix de Constantine n'était pas suffisant, il faudrait établir des tribunaux dans les localités les moins peuplées, et nous soumettre à une dépense véritablement exorbitante.

« Je saisirai cette occasion pour dire à la Chambre que la Commission du budget a reconnu qu'un des principaux vices de l'administration civile actuelle, consiste dans un trop grand développement des diverses branches qui la composent Il est bien sans doute que l'administration suive les progrès de la population et des affaires ; elle doit même les devancer à quelques égards, mais non pas de trop loin. Il

'est pas nécessaire de faire aujourd'hui ce qui ne devien-
ira utile que dans vingt, trente, ou quarante ans.

« La Commission a dû consulter les besoins actuels ou
prochains; et c'est en se plaçant à ce point de vue, qu'elle
a reconnu l'inutilité d'un tribunal civil à Constantine. C'est
par ces motifs qu'elle vous a proposé d'en refuser, quant à
présent, la création. »

Un membre répond que l'existence de tribunaux à Bone
et à Philippeville, ne dispense pas de celui de Constantine,
qui est le chef-lieu de la province, et qui a une bien autre
importance. Il ajoute que ce sont les institutions civiles
qui appellent les populations, et que c'est seulement à l'a-
bri des garanties qu'elles procurent, que la colonisation
pourra s'opérer.

Un membre, au nom de la commission, répond :

« La Commission du budget a vu avec étonnement l'extension trop rapide que reçoivent en Algérie les diverses
parties de l'administration civile. Le préopinant vient de
se récrier contre ces paroles. Je demande la permission de
citer un autre fait entre plusieurs que je pourrais signaler;
il justifiera pleinement le sentiment éprouvé par la Commission, car ce fait n'est en rapport ni avec les besoins
présents, ni avec les besoins prochains de la colonie. J'en-
tends parler du *conseil du contentieux.*

« Ce conseil a été vivement réclamé dans le temps par le
préopinant et par quelques uns de ses amis. Ils pensaient,
et je dois convenir que beaucoup de personnes pensaient
avec eux, que cette institution était urgente, et qu'elle rendrait les plus grands services a notre établissement.

« Or, qu'est-il arrivé? Le conseil du contentieux fonctionne depuis bientôt deux ans. Savez vous combien d'affaires ont été expédiées par lui pendant toute la durée de
l'exercice 1846? Il a statué sur vingt-six affaires de toute
nature, avis, affaires litigieuses, contraventions. C'est par
un document officiel que nous avons eu ce renseignement.
Savez-vous ce que le conseil du contentieux coûte à l'Etat
par année? 58,500 fr. Calculez maintenant, et vous verrez
que chaque affaire décidée par le conseil impose au Trésor

la dépense intolérable de 2.300 fr. Voulez-vous savoir Messieurs, comment se rend en France la justice administrative ? Je connais un conseil de préfecture, composé de cinq membres, coûtant à l'État 6 300 fr., y compris le prēciput du secrétaire général, qui, dans le courant de 1846 n'a pas eu à se prononcer sur moins de 3,400 affaires.

« Vous voyez, par cette simple comparaison, sans qu'il soit besoin de discuter, que le conseil du contentieux en Algérie est établi sur des bases qui dépassent toutes les limites raisonnables, car elles ne sont en rapport ni avec les besoins d'aujourd'hui, ni avec ceux qui ne se feront sentir que de très-longtemps encore. C'est ce fait, et beaucoup d'autres semblables, qui ont frappé votre commission, et qui l'ont déterminée à opérer les réductions qu'elle vous soumet. »

UN MEMBRE présente quelques considérations sur le conseil du contentieux dont on a contesté l'utilité. Le Gouvernement, en le chargeant de la révision générale des titres de propriété dans les plaines de Bone et de la Mitidja, lui a donné une compétence laborieuse et une mission importante dont il s'acquitte avec zèle et dévouement. Il convient de le soutenir dans sa lutte contre les prétentions vives et ardentes des spéculateurs. C'est déjà un grand et utile travail que celui de reconstituer la propriété en Algérie, quoiqu'il puisse n'être que temporaire. Quant aux autres attributions correspondant à celles de conseiller de préfecture, les progrès de la colonie et le mouvement naturel des affaires les feront naître. Ainsi, des communes se créent, on fait tous les jours plus de travaux à l'entreprise. L'institution se marquera sa place à mesure que l'élement civil se développera. Il faut donc maintenir ce conseil, tout en réservant le droit de modifier son organisation, si cela est nécessaire.

M. LE MINISTRE DE LA GUERRE dit :

« Le Gouvernement n'avait admis la réduction proposée par la Commission, que par la considération des nécessités financières de cette année, et aussi parce que le Gouvernement avait offert de substituer à la création du tribunal civil, celle d'un juge unique.

« Malgré la critique qu'en a faite l'un des préopinants, je
ne crois pas qu'en soi la création d'un juge unique soit
chose mauvaise ; certainement c'est un pas de fait vers la
prédilection qu'on manifeste en général pour les institutions civiles en Algérie. Nous avons, dans les lieux où il n'y
a ni tribunal civil ni juge civil, un juge qui est le commandant militaire ; il juge avec son bon sens, avec son intégrité. Toutes les fois qu'il y avait une population civile
suffisamment nombreuse et des intérêts civils considérables,
on a voulu d'autres garanties.

« Le commandant militaire était exposé à des déplace-
ments fréquents, il valait mieux la fixité du juge ; plusieurs
autres raisons militaient en faveur de l'institution d'un juge
civil. C'est un moyen de transition très-naturel, que celui de
donner un juge unique ; on ne peut pas constituer trois,
quatre, cinq juges dans un lieu où il y a à peine des intérêts
civils.

« Ce sont ces considérations qui ont déterminé le Gouvernement à accepter la réduction de la Commission. Dans
les lieux où il y a peu d'affaires, où il n'y a encore qu'une
population lentement progressive, il est très-convenable de
créer un juge civil. D'ailleurs, en créant ce juge, nous ne
lui donnons pas le droit de vie et de mort ; nous ne lui
donnons pas le droit de décider sans appel ; nous entourons
les justiciables de toutes les garanties que peuvent présenter les tribunaux d'une autre nature. Le Ministre de la
guerre a présenté au conseil d'Etat un projet sur la manière
d'administrer la justice civile, en donnant des limites aux
pouvoirs de ce juge unique. Je maintiens donc que cette
transition est très-acceptable. »

— La réduction de 42,100 fr. est adoptée.

— La Commission propose une addition de 4,750 fr.
pour la création d'un juge unique à Constantine.

Un MEMBRE ne refusera pas cette allocation, s'il est ques
tion de créer une simple justice-de-paix ; mais il repousse
l'établissement d'un juge unique, tel qu'il y en a eu dans les
commencements de notre occupation.

M. le Garde des sceaux dit :

« Il est bien entendu que les attributions du juge qu'il
s'agit d'instituer seront autres que celles d'un juge-de-peix.
Ce n'est pas un deuxième juge-de-paix dont on demande la
création, c'est un juge qui aura, quant à présent, et dans la
situation transitoire où il sera appelé à fonctionner, les
mêmes attributions que doit avoir plus tard le tribunal,
quand le moment de l'instituer sera venu.

« Il ne s'agit pas d'une manière absolue, abstraction faite
des temps et des lieux, de l'institution d'un juge unique.
Pour mon compte, je ne voudrais pas voir à toujours, dans
un pays dont l'organisation serait complète, l'administration de la justice reposer dans une seule main.

« C'est une création essentiellement temporaire, c'est une
transition entre l'exercice du pouvoir militaire et l'administration régulière de la justice civile. Il s'agit de savoir
purement et simplement, s'il vaut mieux, pendant un, deux
ou trois ans, pendant un temps dont je ne puis déterminer
la durée, confier l'administration de la justice à un juge
civil qu'à un commandant de place. Si vous n'instituez pas
le juge civil, quant à présent, vous laissez les contestations
civiles sous la juridiction militaire, ou bien vous êtes obligés de recourir à l'institution d'un tribunal de première
instance. Or, la Chambre vient de décider qu'il n'était pas
convenable d'établir, pour cette année, un tribunal de première instance. Il faut donc suppléer à l'absence de ce tribunal qu'il n'est pas temps de créer, par l'institution d'un
juge unique, sauf à régulariser plus tard l'administration
de la justice et à revenir aux règles ordinaires. »

Un membre dit que, même réduite à ces proportions, l'institution de juge unique ne lui paraît pas devoir être adoptée. Elle est en contradiction avec nos habitudes et avec
tous les principes de notre législation. M. le Garde des
Sceaux s'est trompé, d'ailleurs, quand il a parlé de la juridiction du commandant de place. Le premier pas dans le
développement du pouvoir judiciaire, c'est le commissaire
civil, qui réunit la justice à l'administration ; ensuite vient
le juge-de-paix, puis le tribunal de première instance. Ce
tribunal pourra être établi l'année prochaine à Constan-

line. On pourrait, en attendant, renoncer à la création du juge unique.

M. LE RAPPORTEUR dit qu'il s'agit de substituer un juge unique au juge-de-paix, en comprenant dans ses fonctions celles de ce dernier.

M. LE GARDE DES SCEAUX a la parole, et dit ·

« Messieurs,

« La question qu'on discute en ce moment, uniquement pour Constantine, se pose en même temps pour d'autres localités, et c'est pour cela qu'il faut l'envisager d'une manière plus générale, afin de ne pas la résoudre légèrement, et seulement en vue de la ville de Constantine.

« A Constantine, voici la situation : il n'y a aujourd'hui qu'un juge-de-paix ; ce magistrat, revêtu des attributions qui lui sont conférées par les ordonnances existantes, remplira dorénavant, si la proposition est admise, toutes les fonctions de la justice civile. Il y a, dans d'autres villes moins peuplées que Constantine, telles que Médeah, Milianah, Orléansville, Tenès, Mascara et Tlemcen, nécessité de pourvoir à l'administration, non-seulement de la justice civile proprement dite, mais de la justice correctionnelle et criminelle.

« Aujourd'hui, c'est le commandant de place qui s'y trouve investi des pouvoirs de juge civil et de juge criminel.

« Que demande-t-on pour Constantine et pour ces localités diverses ? On demande pour Constantine la création d'un juge, en attendant celle d'un tribunal ; on demande un juge jusqu'à ce qu'on puisse en nommer trois. Un jour viendra où l'on en nommera trois ; alors toutes les opinions seront satisfaites. Mais on propose d'en accorder un aujourd'hui, ce qui vaut mieux que de n'en pas donner du tout.

« Quant aux villes que j'ai indiquées, dont la population est moins considérable encore que celle de Constantine, et qui ont besoin d'un magistrat pour administrer la justice civile, il s'agit de savoir s'il faut les laisser sous l'administration militaire d'un commandant de place, ou s'il faut leur donner un juge civil ou un tribunal de première

instance. On ne peut leur donner un tribunal de premiè
instance, puisqu'on en a refusé un à Constantine, qui e
plus peuplée; et tout le monde conviendra qu'il vaut mieu
leur donner un juge, que de les laisser sous la juridictio
d'un commandant militaire.

« Reste donc la nécessité d'instituer un juge civil.

« Quand nous parlons d'un juge unique, il ne s'agit pa
d'un juge chargé seulement des procès civils, mais d'u
magistrat appelé en même temps à statuer sur une parti
des faits correctionnels et criminels : il serait tout-à-fai
hors de propos d'engager la question de savoir si, en terme
absolus, abstraction faite du temps et des lieux, en Franc
par exemple, la création d'un juge unique serait ou ne se
rait pas acceptable. Je l'ai déjà dit, il n'y aurait personne
plus disposé que moi à repousser l'institution, *si elle se
présentait ainsi*; mais il s'agit uniquement de décider si
dans un pays qui n'est pas encore parfaitement *organisé*,
dans un pays où l'on ne peut, soit par des raisons finan
cières, soit par d'autres, transporter l'ensemble de nos *in-*
stitutions, l'on peut dès à présent, temporairement et
comme transition entre l'action de la justice militaire et
l'action complète de la justice civile, essayer de l'institution
d'un juge unique. »

Un MEMBRE pense que, pour que la Chambre vote en connaissance de cause, il faudrait qu'on lui fît connaître les
attributions du juge unique.

M. LE GARDE DES SCEAUX répond que ce que le Gouver-
ment demande aujourd'hui, c'est de pouvoir faire dans cette
circonstance ce qui a été fait autrefois pour Bone, Alger
et Oran : quand le régime militaire a cessé pour ces localités, on a institué un juge unique, et on lui a donné les
attributions d'un tribunal de première instance; tel est
l'objet de l'ordonnance de 1834. Plus tard, on a remplacé
ce juge unique par un tribunal complet : c'est l'organisation réglée par l'ordonnance de 1842. Aujourd'hui, dans
des localités dont la population n'excède pas 1,200 habitants et est même inférieure, il n'y a pas nécessité, opportunité, d'instituer un tribunal de première instance; mais
toutes les attributions qui régulièrement appartiennent aux

tribunaux de première instance, seraient confiées, pour le moment, à un juge unique plutôt qu'à un commandant de place, car c'est le commandant de place qui est en moment e juge civil et criminel, et non pas un commissaire civil; e commissaire civil est chargé de l'administration civile, mais il reste étranger à l'administration de la justice.

Un MEMBRE dit que partout où l'on a essayé du juge unique, il a fallu se hâter de lui substituer le tribunal ordinaire.

—L'addition de 4,750 fr. est adoptée.

La Commission propose ensuite: 1° une réduction de 25,000 fr. demandés pour frais de substitution de la juridiction civile à la juridiction militaire à Orléansville et à Tlemcen; 2° une réduction de 9,800 fr. demandés pour la sous-direction de Constantine; 3° une réduction de 10,400 f. demandés pour la création d'un commissaire civil à Arzew.

—Ces différentes réductions, consenties par le Gouvernement, sont adoptées par la Chambre

La Commission avait ensuite proposé différentes réductions sur les crédits demandés pour l'exercice des cultes.

M. LE RAPPORTEUR a la parole, et dit:

« Messieurs,

« M. le Ministre de la guerre avait demandé, au chapitre que nous examinons en ce moment, pour le service du culte catholique en Algérie, savoir: 36,000 fr. pour vingt desservants; 20,400 fr. pour le séminaire de Saint-Augustin à Alger; et 10,000 fr. pour l'école secondaire ecclésiastique dans la même ville.

« La Commission, en présence de la proposition, et en l'absence des documents qui étaient nécessaires pour éclairer sa religion, s'était vue, à regret, dans la nécessité de ne vous proposer, sur ces trois allocations, que la somme de 9,000 fr. nécessaire pour l'installation de cinq desservants ou vicaires. Personne ici, je pense, ne doutera que la Commission ne fût très-disposée à donner les crédits nécessaires pour assurer le service du culte catholique en Afrique, aussi bien que celui des autres cultes reconnus par l'État.

« Depuis que la Commission a déposé son rapport, et qu'on y a pu lire par quel motif elle avait été arrêtée, elle a obtenu quelques renseignements qui ont changé quelques unes de ses résolutions ; ce sont ses nouvelles propositions que je viens exposer à la Chambre.

« Et d'abord, à l'occasion des desservants, que la Chambre me permette de lui dire que la Commission avait bien quelques raisons de demander qu'on lui donnât certaines informations pour savoir dans quelles localités on pouvait et on devait instituer ces vingt nouveaux titres de desservants ; car, je le dis à regret, l'année dernière, lorsqu'on vous demandait les crédits nécessaires aux quarante-cinq desservants institués en Algérie, il fut impossible à votre Commission de savoir dans quelles localités on avait l'intention de les instituer ; l'administration ne le savait pas. Nous ne pouvions donc pas, je le répète, sur la simple proposition de créer vingt nouveaux titres de desservants, allouer le crédit nécessaire ; car, malgré ses bonnes intentions, la Commission, en cette matière comme en toute autre, a besoin de connaître l'emploi qui doit être fait des crédits.

« Depuis, dis-je, on a donné à votre Commission l'indication de vingt localités, villages ou centres de population, où l'on avait l'intention d'établir les vingt desservants, vicaires ou prêtres auxiliaires ; seulement, la Commission a dû regretter encore qu'on n'ait pas pu lui indiquer l'état de la population catholique, et qu'on n'ait même pu lui faire connaître que très-imparfaitement, l'état de la population européenne.

« Aussi, est-ce par ses propres renseignements et ses propres appréciations, que la Commission a été amenée à vous proposer dix nouveaux desservants, ou, pour mieux dire, deux vicaires et huit desservants. Ainsi, j'ai l'honneur de proposer à la Chambre d'accorder deux vicaires à Oran et Mascara, et huit desservants pour Djemma-Gazaouath, Ténez, la banlieue de Philippeville, La Stidia, Arzew, Hussein-Dey et El-Arrouch. La Commission n'a pas été suffisamment éclairée sur la nécessité d'en accorder un plus grand nombre ; elle ignore complètement l'état de la popu-

lation catholique des autres localités pour lesquelles des
desservants vous sont demandés. Maintenant, traduisant en
chiffres sa proposition, elle est d'avis d'accorder 16,800 fr.,
pour huit titres à 1,800 fr. et deux à 1,200 fr., attendu que
le vicaire de Mascara et le desservant de Arzew, reçoivent
chacun 600 fr. à titre d'aumôniers des hôpitaux militaires,
et de ne retrancher que 19,200 fr., au lieu de 27,000 francs.
Voilà pour le premier point.

« Je passe au grand séminaire de Saint-Augustin.

« Ici encore, la Commission ignorait complètement, je ne
dis pas l'existence de cette institution ni son but, car elle
avait voté 12,000 fr. l'année dernière, mais les bases sur
lesquelles on voulait la fonder, et si déjà ce séminaire possédait des élèves.

« Les renseignements qu'elle a obtenus lui permettent de
penser que ce grand séminaire peut recevoir des élèves
jusqu'à concurrence de quarante, et qu'il en entretient déjà
la plus grande partie. La Commission vous propose d'accorder vingt bourses entières à 650 fr., et vingt demi-bourses à
325 fr., et d'allouer ainsi une somme de 19,500 fr., à quoi
il y a lieu d'ajouter une somme de 6,000 fr. pour le loyer
de l'établissement ; ensemble 25,500 fr. Or, vous avez accordé l'année dernière un crédit spécial de 12,000 fr. pour
cette institution ; en allouant donc aujourd'hui une somme
de 13,500 fr., et en retranchant sur ce chiffre de 20,400 fr.
demandé, 6,900 fr., vous aurez satisfait à toutes les nécessités du grand séminaire. Quant à l'école secondaire ecclésiastique, la Commission a été complètement privée des
renseignements qui pouvaient l'éclairer ; elle n'est certainement pas systématiquement opposée à une allocation
destinée à développer l'institution qui doit alimenter le
grand séminaire ; mais la Commission n'avait, lorsqu'elle
délibérait, aucun renseignement sur la situation de cette
école secondaire ecclésiastique, sur son développement, ses
ressources, ses moyens de recrutement ; aussi maintient-
elle sa résolution, en exprimant toutefois l'espoir que les
Commissions qui viendront après nous, mieux éclairées sur
cette école et ses développements, et appréciant les efforts
qui auront été faits, reconnaîtront l'utilité d'accorder une
allocation qui permette d'en étendre le bienfait. Je le ré-

pète, dans l'état actuel des choses, la Commission ne se
trouve pas assez éclairée sur ce point pour vous faire une
autre proposition ; elle maintient sa résolution. »

UN MEMBRE fait observer que la Commission alloue maintenant, comme étant justifiées, une partie des dépenses
qu'elle avait refusées d'abord, alléguant le défaut de justification. La première demande du Gouvernement compor-
tait une augmentation de 60,000 fr. Le premier intérêt des
peuples, c'est la religion, en Algérie comme en France. La
Commission a diminué ces réductions de 5 ou 6,000 fr. L'o-
rateur demande le maintien du crédit primitif.

M. LE RAPPORTEUR répond que la Commission alloue,
non pas 6,000 fr., mais 30,000 fr. de plus que l'année dernière. La dépense se montera cette année à 180,000 fr., au
lieu de 150,000 fr.

UN MEMBRE s'étonne que M. le Garde des Sceaux ne sou-
tienne pas, comme il s'était engagé à le faire vis-à-vis de
l'orateur, les propositions du budget.

M. LE GARDE DES SCEAUX répond qu'aujourd'hui la Commission, par l'organe de M. le Rapporteur, fait droit à une
partie importante, à la plus grande partie des réclamations
qui avaient été formées contre son premier travail, et dès
lors il n'a plus à la combattre.

M. le Ministre ne vient pas ici plaider une cause, il vient
soutenir ce qu'il croit être vrai et juste; et quand la Commission déclare que, quant à présent, et sans engager l'avenir, elle n'a pas trouvé suffisante la justification d'une partie
seulement des crédits demandés; quand, sur ce point accessoire, il ne dépend pas du Gouvernement, du moins pour
le moment, de fournir cette justification, il ne se croit nullement obligé de persister dans sa première pensée, et,
satisfait de ce qu'il a obtenu du plein gré de la Commission, il n'hésite pas à abandonner ce qui ne lui paraît pas,
quant à présent, établi d'une manière incontestable

M. LE PRÉSIDENT met successivement aux voix les réductions de la Commission, comme suit :

1° 19,200 fr. sur les desservants;

2° 6,900 fr. sur le séminaire de Saint-Augustin ;

3° 10,000 fr. sur le petit séminaire ;

4° 5,000 fr. sur le culte israélite ;

5° 64,100 fr. sur les dépenses des écoles ;

6° 50,000 sur le collège d'Alger ;

7° 7,000 fr. sur le commissariat civil à Arzew et à Constantine.

— Ces réductions sont adoptées.

M. LE MINISTRE DE LA GUERRE y donne son adhésion, en faisant observer que ce qui concerne le collège d'Alger et les écoles, est renvoyé au budget municipal.

— La Commission propose ensuite une réduction de 15,000 fr. sur le service de santé au lazaret d'Alger.

M. LE MINISTRE DE LA GUERRE dit :

« La dépense de 15,000 fr. destinée au lazaret d'Alger, est pour le mobilier de ce lazaret. La Commission des crédits extraordinaires a déjà accordé les quinze premiers mille francs ; les 15,000 fr. demandés actuellement sont absolument nécessaires pour achever le lazaret, c'est-à-dire pour le meubler.

« Je crois qu'il est indispensable que cet établissement soit achevé à Alger. Nous avons plusieurs causes de contagion à Alger ; la plus considérable, celle par laquelle on a toujours éprouvé les plus funestes effets, provient du nombre des pèlerins qui reviennent de la Mecque en passant par l'Arabie et par l'Égypte. C'est presque toujours le retour de ces pèlerins qui introduit dans les régences de Tunis, de Tripoli et d'Alger, les germes de la peste. Il faut donc prendre des précautions contre ces retours.

« Si, d'après les doctrines qui semblent prévaloir, on néglige des précautions qui semblent encore essentielles, il arrivera que notre commerce d'Alger sera interdit dans tous les lieux où l'on n'a pas renoncé aux précautions sanitaires, sur beaucoup de points des côtes d'Italie, sur les côtes de l'Adriatique, en Angleterre même, malgré la libéralité avec laquelle le Gouvernement anglais est entré dans le nouveau système.

« J'insiste pour ces 15,000 fr., parce que je les crois nécessaires pour que notre commerce ne soit pas troublé par
les obstacles qu'on mettrait à l'introduction de nos vais-
seaux venant de l'Algérie, dans tous les ports d'Italie, et
même dans ceux de la Turquie, où l'on a établi aussi des
réglements sanitaires. »

Un membre fait observer que si les ordonnances sur les
quarantaines sont applicables en Algérie, on pourrait supprimer les dépenses pour lesquelles on vient de demander
un crédit à la Chambre.

Un autre membre répond qu'il s'agit pour nous d'un
intérêt commercial, nos provenances d'Alger étant mises
en quarantaine dans toute l'Italie.

M. le Commissaire du Roi fait observer que l'ordonnance
ne supprime pas complètement les lazarets en France. Il
n'en existe pas en Algérie; le bâtiment est construit. Il
s'agit d'avoir le mobilier. La Chambre, sur la proposition
de la Commission des crédits extraordinaires, vient d'accorder les quinze premiers mille francs, pour acheter, en
1847, une partie de ces mobiliers; il est important de ne
pas laisser imcomplète cette installation, qui est très-nécessaire, à cause surtout, comme l'expliquait tout-à-l'heure
M. le Ministre de la guerre, du retour des pèlerins, qui,
par leur fréquence chaque année, ont, dans toutes les circonstances où la peste s'est développée en Algérie, amené
le fléau.

M. le Rapporteur dit :

« Les pèlerins, comme tous les autres voyageurs qui arrivent par mer, arrivent sur des bâtiments qui sont munis
d'une patente quelconque.

« Qu'on me permette de rappeler à quel point est restée
la discussion à l'occasion du budget du Ministère de l'agriculture et du commerce, en matière de quarantaine, sur
l'une des dispositions capitales de l'ordonnance du 18 avril
dernier, sur celle de l'art. 7, à savoir comment on purgerait la quarantaine de rigueur en arrivant avec des marchandises susceptibles, sous le régime de la patente brute.

« La question, discutée et approfondie, est restée indécise sur le point de savoir si, dans ce cas, on ne purgerait pas la quarantaine à bord des bâtiments, c'est-à-dire si la quarantaine de rigueur ne pouvait pas être aussi bien purgée à bord qu'à terre, pour éviter des frais inutiles de débarquement. C'est dans cette situation que vous demandez aujourd'hui de fonder des lazarets et d'accroître vos dépenses, qui peuvent devenir au moins inutiles en partie, si la question des quarantaines de rigueur venait à se résoudre dans un sens favorable à l'opinion qui a été émise.

« Je le répète, cette disposition de l'art. 7 de l'ordonnance du 18 avril, a été l'objet d'une longue discussion ici, et la question reste encore indécise en ce point, c'est à-dire si la quarantaine de rigueur ne pourrait pas être purgée à bord des bâtiments, sans être obligé de débarquer voyageurs et marchandises dans les lazarets, qui, il faut bien le dire, deviendraient dans ce cas bien peu utiles. Je pense donc que, dans l'état, on peut parfaitement suspendre l'installation du lazaret d'Alger jusqu'à ce que la question soit résolue. »

M. LE MINISTRE DE LA GUERRE dit que de quelque façon qu'on réduise les quarantaines, si on en conserve quelques précautions seulement, il faut un établissement où l'on puisse recevoir les voyageurs et placer les marchandises. C'est une bien faible dépense pour cela, que celle de 15,000 f. On ne saurait se dispenser de ces frais de premier établissement.

UN MEMBRE dit que la prudence ordonne de surveiller les pèlerins de la Mecque qui reviennent de pays souvent ravagés par la peste.

—La réduction est mise aux voix; elle n'est point adoptée.

La Commission propose une réduction de 10,000 fr. sur les publications d'ouvrages.

M. LE MINISTRE DE LA GUERRE dit qu'il ne s'agit point de travaux scientifiques ou littéraires, mais de petits ouvrages ou de manuels destinés aux écoles, qui sont très-utiles et qui ne se publieraient point si le Gouvernement ne venait en aide aux éditeurs.

instance. On ne peut leur donner un tribunal de première instance, puisqu'on en a refusé un à Constantine, qui est plus peuplée; et tout le monde conviendra qu'il vaut mieux leur donner un juge, que de les laisser sous la juridiction d'un commandant militaire.

« Reste donc la nécessité d'instituer un juge civil.

« Quand nous parlons d'un juge unique, il ne s'agit pas d'un juge chargé seulement des procès civils, mais d'un magistrat appelé en même temps à statuer sur une partie des faits correctionnels et criminels : il serait tout-à-fait hors de propos d'engager la question de savoir si, en termes absolus, abstraction faite du temps et des lieux, en France par exemple, la création d'un juge unique serait ou ne serait pas acceptable. Je l'ai déjà dit, il n'y aurait personne plus disposé que moi à repousser l'institution, si elle se présentait ainsi ; mais il s'agit uniquement de décider si, dans un pays qui n'est pas encore parfaitement organisé, dans un pays où l'on ne peut, soit par des raisons financières, soit par d'autres, transporter l'ensemble de nos institutions, l'on peut dès à présent, temporairement et comme transition entre l'action de la justice militaire et l'action complète de la justice civile, essayer de l'institution d'un juge unique. »

Un MEMBRE pense que, pour que la Chambre vote en connaissance de cause, il faudrait qu'on lui fît connaître les attributions du juge unique.

M. LE GARDE DES SCEAUX répond que ce que le Gouvernement demande aujourd'hui, c'est de pouvoir faire dans cette circonstance ce qui a été fait autrefois pour Bone, Alger et Oran : quand le régime militaire a cessé pour ces localités, on a institué un juge unique, et on lui a donné les attributions d'un tribunal de première instance ; tel est l'objet de l'ordonnance de 1834. Plus tard, on a remplacé ce juge unique par un tribunal complet : c'est l'organisation réglée par l'ordonnance de 1842. Aujourd'hui, dans des localités dont la population n'excède pas 1,200 habitants et est même inférieure, il n'y a pas nécessité, opportunité, d'instituer un tribunal de première instance ; mais toutes les attributions qui régulièrement appartiennent à tribunaux de première instance, seraient confiées, pour le moment, à un juge unique plutôt qu'à un commandant de place, car c'est le commandant de place qui est en moment le juge civil et criminel, et non pas un commissaire civil; le commissaire civil est chargé de l'administration civile, mais il reste étranger à l'administration de la justice.

Un membre dit que partout où l'on a essayé du juge unique, il a fallu se hâter de lui substituer le tribunal ordinaire.

—L'addition de 4,750 fr. est adoptée.

La Commission propose ensuite: 1° une réduction de 25,000 fr. demandés pour frais de substitution de la juridiction civile à la juridiction militaire à Orléansville et à Tiemcen; 2° une réduction de 9,800 fr. demandés pour la sous-direction de Constantine; 3° une réduction de 10,400 f. demandés pour la création d'un commissaire civil à Arzew.

—Ces différentes réductions, consenties par le Gouvernement, sont adoptées par la Chambre

La Commission avait ensuite proposé différentes réductions sur les crédits demandés pour l'exercice des cultes.

M. le Rapporteur a la parole, et dit:

« Messieurs,

« M. le Ministre de la guerre avait demandé, au chapitre que nous examinons en ce moment, pour le service du culte catholique en Algérie, savoir: 36,000 fr. pour vingt desservants; 20,400 fr. pour le séminaire de Saint-Augustin à Alger; et 10,000 fr. pour l'école secondaire ecclésiastique dans la même ville.

« La Commission, en présence de la proposition, et en l'absence des documents qui étaient nécessaires pour éclairer sa religion, s'était vue, à regret, dans la nécessité de ne vous proposer, sur ces trois allocations, que la somme de 9,000 fr. nécessaire pour l'installation de cinq desservants vicaires. Personne ici, je pense, ne doutera que la Commission ne fût très-disposée à donner les crédits nécessaires pour assurer le service du culte catholique en Afrique,

M. le Rapporteur répond qu'il faut renvoyer cet article à la charge du budget municipal d'Alger.

— La réduction est adoptée.

— La Chambre adopte ensuite une réduction de 1,000 fr. sur les frais de bureaux des services financiers, proposée par la Commission.

La Commission propose ensuite une réduction de 44,300 fr. destinés à l'accroissement du personnel du bureau.

M. le Commissaire du Roi demande le maintien de cette allocation, qui est nécessaire pour que le service soit actif et complet. Il demande ensuite qu'il soit bien entendu que, dans la réorganisation qui lui est imposée par un article de la dernière loi sur les crédits extraordinaires, l'Administration aura le droit de se mouvoir dans l'intérieur des chapitres relatifs au service civil, et d'appliquer les crédits votés aux besoins de la nouvelle organisation.

M. le Rapporteur a la parole, et dit :

« La Commission ne peut et ne doit accepter aucune proposition qui tendrait à modifier les principes qui font la base et qui sont la garantie de notre comptabilité, aussi bien que de l'ordre dans nos finances ; je ne puis ni ne dois donc répondre à M. le Commissaire du Roi, qu'il sera loisible à M. le Ministre de se mouvoir dans l'étendue des chapitres de son budget, pour réorganiser l'administration civile en Algérie.

« Il faut bien reconnaître que la proposition de M. le Commissaire du Roi, si elle était accueillie, aurait pour effet, en quelque sorte, de justifier une manière de procéder que j'ai à signaler à la Chambre, et qui me paraît très-irrégulière.

« Lorsque nous discutions, dans la Commission, la proposition d'organisation d'un nouveau bureau à la direction des finances d'Alger, nous ignorions un fait qui nous a été appris depuis, et qui n'est pas sans importance ; c'est que ce bureau, dont nous nous occupions et dont nous discutions l'utilité, M. le Ministre de la guerre avait jugé utile de le créer en 1846.

« En effet, le bureau, avec un personnel de dix-huit employés, et dont la dépense s'élève à 44,300 fr., est organisé
depuis longtemps. Nous redirons donc ici ce que nous
avons eu la mission de dire souvent, c'est qu'on ne doit
jamais faire de ces sortes de dépenses sans avoir préalablement consulté les Chambres.

« Nous pourrions bien demander comment M. le Ministre pourra pourvoir aux dépenses de cette nouvelle
création ; mais nous laissons le soin à la Commission des
comptes de 1846 et 1847, de rechercher comment on aura
pu y satisfaire.

« Sans donc nous préoccuper, quant à présent, des
moyens à l'aide desquels M. le Ministre pourra se procurer
les 44,300 fr. dont il aura besoin en 1847, nous ne pouvons
consentir à les accorder en 1848, par cette raison capitale,
c'est que la Commission des crédits supplémentaires et
extraordinaires d'Afrique, aussi bien que celle du budget,
ont le désir, que nous a semblé partager M. le Ministre
lui-même, de voir réorganiser les services civils en Afrique, particulièrement en ce qui concerne la haute administration civile de l'Algérie. Ainsi, par exemple, la direction générale et les trois directions des travaux publics,
de l'intérieur et des finances, devront être modifiées. Ces
dernières seront-elles transformées en préfectures dans les
différentes provinces, ou seront-elles reconstituées sur de
nouvelles bases à Alger même? Je n'en sais rien ; mais ce
que je sais, c'est que nous touchons aujourd'hui à une
époque prochaine de transformation qui ne comporte pas à
nos yeux l'extension préalable de ces directions. Sans
doute, dans la situation où nous sommes, c'est-à-dire dans
une situation de transition, si M. le Ministre, en vous
apportant une ordonnance de réorganisation des services
civils, se trouvait avoir des crédits insuffisants, la Chambre ne trouverait pas extraordinaire qu'on vint, en lui
soumettant ce plan de réorganisation, lui demander les
ressources pour assurer le service. Mais, dans l'état actuel,
venir, en prévision d'un travail qui n'est pas encore préparé,
vous demander 44,300 fr. pour sanctionner un état de
choses irrégulier et qui peut être modifié, c'est ce à quoi la

Commission ne peut consentir. Elle persiste dans sa demande de réduction,

M. LE COMMISSAIRE DU ROI répond :

« L'Administration n'est pas aussi blâmable que paraît le croire le Rapporteur de la Commission. Les besoins sont très-difficiles a prévoir en Algérie dix-huit mois à l'avance; et quand , en 1844, on a préparé le budget de 1846, il était impossible de prévoir l'ordonnance du 15 avril 1845, qui est intervenue sur ces entrefaites ; il se révéla alors une nécessité à laquelle il importait de satisfaire.

« M. le gouverneur général, en conseil d'administration, signala au Ministre l'impossibilité où il était d'assurer la marche du service avec l'organisation de la direction des finances , alors divisée en trois bureaux. Il a demandé, sous peine de voir le service compromis, de séparer les affaires du Domaine et d'en former un bureau. Le domaine acquérait déjà une importance majeure.

« Il s'agissait de faire la reconnaissance des biens qu'il possédait. C'est l'objet d'un grand travail qui a été distribué à la Chambre dans le cours de cette session ; il s'agissait de faire traiter, avec tous les soins convenables , les questions si difficiles qui se rattachent à la propriété particulière et à la propriété domaniale. Il s'agissait, pour être en mesure de fournir à la Chambre les nombreux documents qu'elle désirait , de donner à l'administration locale les moyens de satisfaire à toutes les exigences de cette nouvelle situation.

« Le Ministre recevait en même temps l'avis que les agents de perception étaient insuffisants pour l'entier recouvrement des produits.

« Pour que l'augmentation prévue pût se réaliser, il fallait augmenter le nombre de ces agents. Cet accroissement de personnel eût entraîné une augmentation de dépense de 360,000 fr.; le Ministre n'a pas cru pouvoir, en l'absence des Chambres , demander que le crédit nécessaire fût ouvert par ordonnance royale. Qu'en est-il résulté ? C'est que ce scrupule causera peut-être, pour l'année 1847, une perte de 2 millions, qui eussent été perçus.

« Les revenus, en 1844, étaient de 12 millions ; ils s'élé-

veront à 22 millions en 1847 ; ils seront de 25 millions en
1848, au moyen des nouveaux agents de perception qui seront accordés. Il aurait été très-probablement de 24 millions en 1847, si 'nous avions eu , au commencement de
l'exercice, les 300,000 fr. nécessaires pour accroître le personnel. Vous le voyez , Messieurs, le scrupule nous a coûté
cher. Fallait-il, en présence du besoin manifesté par le gouverneur général d'un bureau de plus à la direction des finances, compromettre le service, en ne lui donnant pas
l'autorisation , en 1846, d'organiser le bureau qui était indispensable, et dont la dépense a été prélevée sur les crédits, non pas seulement du même chapitre , mais du même
article?

« Il n'y aura donc aucun dépassement de crédit en 1847;
mais, pour régulariser la situation en 1848 , le Ministre
avait demandé à la Commission du budget de vouloir bien
l'admettre. Que si la Chambre refuse l'allocation de 44,300
fr., il faudra cependant reconnaître que, dans l'organisation
qui va se faire , il y aura dans ces préfectures, comme le
Rapporteur de la Commission le disait tout-à-l'heure, nécessité de constituer des services financiers, des bureaux cor-
respondants au domaine, aux douanes , à l'enregistrement,
aux contributions diverses. Les affaires, en Algérie pas plus
qu'ailleurs, ne pourraient s'expédier sans avoir des hommes
spéciaux. Si l'on supprime ces 44,000 fr. et les 8,000 fr. de
la direction générale, cela fait 52,000 fr. de moins. Il faudra
donc que nous organisions mieux les services avec des ressources réduites.

« Nous sommes, je m'empresse de le reconnaître, beaucoup allégés du souci que cela nous causait, par les paroles que M. le Rapporteur de la Commission a bien voulu
dire tout-à-l'heure devant la Chambre, c'est que, si nos besoins sont supérieurs à nos ressources, nous demanderons
des crédits extraordinaires dans la session prochaine. »

M. LE RAPPORTEUR répond que, lorsque l'Administration
procédera à la réorganisation dont il est question , elle devra demander des crédits supplémentaires pour la mettre
à exécution. Agir autrement et y appliquer les crédits votés pour l'organisation actuelle, c'est violer les principes

fondamentaux du système financier. Il aurait fallu demander des crédits spéciaux pour la création faite en 1846, et
l'orateur ne comprend pas comment on pourra pourvoir a
cette dernière dépense en 1847, puisqu'il n'y a pas de crédits votés.

UN MEMBRE proteste contre cette tendance, qui fait résoudre toute réorganisation en une augmentation du nombre
des employés.

— La réduction de 44,300 fr. est mise aux voix et adoptée.

— La Chambre adopte ensuite deux réductions proposées par la Commission et consenties par le Gouvernement,
l'une de 5,000 fr. sur le matériel du service financier, et
l'autre de 7,600 fr., sur le personnel des contributions diverses.

UN MEMBRE demande que les sommes dues par le Gouvernement, pour acquisitions d'immeubles destinés au
service public, soient déposées, jusqu'au paiement définitif,
à la Caisse des dépôts et consignations, où elles produiront l'intérêt ordinaire pour les créanciers ; tandis qu'en
en restant détenteur, il paie 10 pour 100, selon le taux
reçu à Alger.

M. LE COMMISSAIRE DU ROI répond que le Gouvernement ne peut pas le faire en ce moment, la dette n'étant
pas liquidée.

UN MEMBRE dit que la ville d'Alger s'est fait un revenu
avec les biens dont elle s'est emparée pour divers services
publics, et dont elle reste en possession, quoiqu'elle n'ait
pas désintéressé les propriétaires primitifs.

M. LE MINISTRE DE LA GUERRE répond qu'il a une opinion
très-différente de celle du préopinant, quant à la prise de
possession de certains terrains, et sur les dettes de l'Etat
qui en résulteraient envers les particuliers.

Dès l'origine de la conquête, si on avait voulu doter tous
les services publics, avec moins de 300,000 francs de capital on aurait pu le faire ; mais, à ce moment de confusion, il s'est fait une quantité de prises de possession à

l'aide de faux titres, de transactions frauduleuses ; et c'est
le résultat de toutes les actions qui ont mis le Gouvernement dans la nécessité de racheter et de reprendre des terrains; eh bien ! loin qu'il ait commis des injustices, les
possessions sont dues à des transactions frauduleuses pour
les neuf dixièmes. »

UN MEMBRE exprime le regret, ainsi que l'a déjà fait un
orateur dans la discussion des crédits extraordinaires pour
l'Algérie, que la liberté de la presse n'existe point à Alger. On obtiendrait, par la discussion, des renseignements
plus certains sur les actes du Gouvernement et sur la
manière dont sont accomplis différents services. L'orateur
attire d'abord l'attention de la Chambre sur les hospices
d'Alger. Des spéculations frauduleuses se sont faites jusque sur les remèdes distribués aux malades ; et, dans ce
payés où les fièvres intermittentes sont si fréquentes et
si dangereuses, les médicaments ne contiennent que la
moitié du sulfate de quinine ordonné par les médecins.

L'orateur demande ensuite quelques détails sur la manière dont les concessions de mines ont été faites aux environs de Bone.

M LE COMMISSAIRE DU ROI répond qu'il y a eu en tout
cinq concessions dans toute l'Algérie, quatre dans la province de Bone, et une dans la province d'Alger. Les quatre
concessions dans la province de Bone ont été faites par des
ordonnances royales du 9 novembre 1845; depuis, il y a
eu en tout cinquante-une demandes de permis d'exploitation sur divers points de l'Algérie ; quarante-deux ont été
accordées, et neuf sont à l'instruction.

LE PRÉOPINANT répète que, selon les documents qu'il a
reçus, ces concessions n'auraient pas été faites à conditions égales pour tous Quelques uns des concessionnaires
paraîtraient aussi plus disposés à spéculer qu'à exploiter.
Ils auraient obtenu la permission d'apporter le minerai en
France pour y être traité ; tandis qu'il importe aux progrès de la colonisation, que des établissements métallurgi-
ques soient créés dans la colonie elle-même.

M. LE COMMISSAIRE DU ROI répond que la rareté du combustible sera toujours une difficulté pour l'exploitation sur les lieux. Les cahiers des charges ont été concertés avec M. le Ministre des travaux publics. Ils sont les mêmes pour tous. Les concessionnaires ont obtenu la permission d'exploiter et d'exporter en France seulement.

UN MEMBRE dit que presque tous les remèdes qui se débitent en Algérie, sont falsifiés ; c'est un fait qu'il a vérifié personnellement avec le directeur des affaires civiles. Il invite M. le Ministre de la guerre à exercer une grande surveillance à cet égard.

M. LE MINISTRE DE LA GUERRE répond que le fait n'a pas lieu dans les hôpitaux militaires, car les médecins l'auraient dénoncé au Ministre. Quant aux remèdes livrés à la population civile, M. le Ministre recommandera la vigilance aux autorités civiles et militaires.

LE PRÉOPINANT prend acte de cette promesse et en remercie M. le Ministre. Il n'accuse pas les médecins de l'armée ; mais l'exemple d'agents comptables à 1,800 fr. d'appointements, qui ont fait des fortunes considérables en quelques années, ne sont pas rares. L'orateur est convaincu qu'il n'y aura aucune bonne réorganisation, que lorsque la Chambre aura ordonné la création d'une Commission d'enquête.

— Le chapitre XXXI est adopté. Son chiffre, réductions et additions compensées, est de 4,511,800 fr.

CHAPITRE XXXII.

« Colonisation en Algérie, 1,735,000 fr. »

UN MEMBRE présente des considérations générales sur l'état où est parvenue la question de la colonisation en Algérie ; il fait observer que cette question est posée depuis dix-sept ans, et que le Gouvernement n'a pas encore fait connaître le système qu'il a adopté. Cette incertitude ne peut qu'augmenter les dépenses et retarder le moment où la France pourra commencer à jouir du fruit de ses sacrifices.

M. LE MINISTRE DE LA GUERRE a la parole, et s'exprime
en ces termes :

« Il n'y a pas dix-sept ans qu'on a commencé à vouloir
coloniser l'Afrique. On a commencé par la conquérir ; on
a employé à peu près seize ans pour la soumettre ; car,
l'année dernière encore, il a fallu diviser l'armée en une
multitude de colonnes pour combattre et soumettre les
Arabes qui s'étaient révoltés.

« Ainsi, c'est au milieu des opérations de la guerre qu'il
a fallu préparer les moyens de la colonisation, et on a
réellement fait tout ce qui pouvait être fait en si peu
d'années. On a appliqué l'armée à faire des routes ; on l'a
appliquée à créer des abris ; on l'a appliquée à faire des
fortifications. On a donné au petit nombre de colons qui
sont venus tous les moyens de prospérer ; on leur a donné
des terres ; les uns les ont achetées, les autres les ont reçues de l'Etat ; d'autres, plus pauvres encore, ont reçu les
moyens de cultiver ces terres.

« Messieurs, il ne s'agit pas d'exposer un système unique
d'après lequel on doit agir en Afrique pour la colonisation
civile.

« Je crois que tous les systèmes doivent être employés.
Il y en a trois principaux :

« Il y a celui de grandes Compagnies concessionnaires,
s'engageant envers le Gouvernement, moyennant la concession qui leur est faite de grandes étendues de terre, à y
introduire des colons sous certaines conditions de propriété pour un certain temps, de redevances à l'Etat pour
les terres qu'ils ont reçues, de peuplement de ces terres,
de plantations d'arbres, de défrichements, etc.

« C'est un système excellent en lui-même ; mais il n'est
pas unique. Il est évident que, quand il se présentera à
l'Etat des Compagnies qui lui offriront des garanties de
bonne gestion, qui lui offriront de remplir un cahier de
charges qui comprendra toutes ces conditions, et qui don
neront des garanties d'exécution, il est évident que l'Etat
serait absurde de refuser à ces Compagnies les moyens
d'exécuter les projets qu'elles présenteront.

« Il y a un autre système de colonisation, qui est peut-

être le meilleur de tous ; c'est , par exemple, celui de familles de cultivateurs se transportant dans le pays, et arrivant avec des capitaux , avec l'amour et la connaissance de
l'agriculture, ceux-là encore demandant à l'Etat des terrains et des facilités]pour s'établir. L'Etat doit aussi les
protéger , leur procurer la sécurité : comme le disait le
préopinant, c'est l'affaire de l'armée; ensuite leur procurer
l'administration et la justice, c'est l'affaire des administration instituées dans la colonie. On y a pourvu autant qu'on
le pouvait puisque, pour les plus petites agglomérations,
nous avons un cadre d'administration civile , et encore
tout-à-l'heure on discutait les moyens de rendre la justice
à ces petites agglomérations de personnes. Vous voyez
qu'on a pourvu encore à ce besoin.

« Il y a enfin une troisième espèce de colons : ce sont des
hommes malheureux chez eux, sans ressources, ayant de la
force, de l'énergie, de la santé, qui viennent dire au Gouvernement, comme manœuvres, comme ouvriers exerçant
toute espèce de profession, et même n'ayant aucune industrie, mais la simple force de leurs bras et de la bonne
volonté, qui viennent dire au Gouvernement . « Je suis
« malheureux ici, je n ai point l'espoir de vivre commode-
« ment ; donnez-moi asile en Afrique, donnez-moi les
« moyens de gagner ma vie. » Ces hommes, quoique dénués
de ressources, et n'ayant que leur force, on ne peut dire que
ce sont de mauvais éléments de colonisation.

« Je dis que malgré l'espèce de faveur qui s'attache aux
grandes Compagnies, ce troisième élément de colonisation
est encore un élément précieux que le Gouvernement doit
accueillir.   .

« Il n'y a donc point de système unique de colonisation.
Il faut que le Gouvernement procure à tous d'abord la sécurité, ensuite la justice, ensuite une administration vigilante : qu'il laisse enfin arriver tout le monde : les grandes
Compagnies, les familles laborieuses, et enfin les hommes
sans ressources, mais ayant pourtant de la bonne volonté
et de la force.

« Il n'y a donc point, je le répète, de système à proposer
à l'exclusion de tous autres. Le Gouvernement doit les admettre tous et leur donner les moyens de prospérer. »

PLUSIEURS MEMBRES présentent un amendement qui a pour objet d'augmenter ce chapitre d'une somme de 300,000 fr., destinée à favoriser l'établissement, en Afrique, de militaires libérés du service, en qualité de colons civils.

UN DES AUTEURS DE L'AMENDEMENT dit qu'il laissera de côté la question des différents systèmes de colonisation. Il se bornera à rappeler que, lors du vote de la loi des crédits extraordinaires de l'Algérie, la Chambre a mis à la disposition de M. le Ministre de la guerre un crédit de 300,000 fr. destiné à favoriser l'établissement en Algérie, comme colons civils, de militaires libérés, pris de préférence parmi ceux qui se seront distingués dans les guerres d'Afrique. L'amendement a pour objet de demander par le budget, pour 1848, ce qu'on a accordé pour 1847 sous forme de crédit extraordinaire.

M. LE RAPPORTEUR dit que la Commission admet ce crédit comme une conséquence du vote qu'on vient de rappeler, et comme l'exécution d'une pensée utile.

M. LE MINISTRE DE LA GUERRE dit que l'Administration accepte cette allocation avec reconnaissance.

UN MEMBRE insiste sur la nécessité de n'exclure aucun système. Il voudrait savoir si le Gouvernement a abandonné le projet de la colonisation militaire, et il prie M. le Ministre de la guerre de s'expliquer à ce sujet. Il demande également si l'amendement a pour objet de prononcer l'exclusion de ce mode de colonisation.

UN DES AUTEURS DE L'AMENDEMENT répond que, dans sa pensée, ce système est essentiellement défectueux, et qu'il est à désirer que le Gouvernement y renonce à jamais. Toutefois, la question reste entière, et l'amendement ne préjuge rien sur ou contre aucun des modes proposés.

M. LE RAPPORTEUR dit que c'est dans ce sens que la Commission a accepté l'amendement, et qu'il n'entraîne avec lui aucune idée d'exclusion.

UN MEMBRE fait observer, de tout ce qui vient d'être dit,

que la Chambre est appelée à voter un crédit de 300,000 fr., sans qu'on lui dise positivement à quoi il sera employé.

M. LE PRÉSIDENT rappelle que dans la discussion des crédits supplémentaires et extraordinaires, une somme de même nature a été votée par la Chambre, et que la destination en a été expressément fixée par un article additionnel qui a été inséré dans la loi des crédits extraordinaires.

UN MEMBRE dit que M. le Président essaie de faire échapper la Chambre à la conclusion que le préopinant vient de tirer si justement de ce débat. Il résulterait de tout ce qui a été dit, que l'amendement n'est qu'un fait, que la Chambre doit le prendre ainsi, et qu'on aurait tort d'y voir une déclaration contre aucun système.

M. LE PRÉSIDENT dit qu'il n'a cherché à échapper à aucune conséquence ; les conséquences lui importent peu ; il n'a autre chose à faire ici qu'à diriger les débats avec impartialité, qu'à donner à chaque orateur la parole suivant son tour d'inscription.

Lors de la discussion de la loi sur les crédits extraordinaires, il a été voté un article qui indiquait une destination formelle du crédit. A ce moment, un membre a annoncé qu'il reproduirait un crédit pareil lors de la discussion du budget. Il ne s'en est pas tenu là ; il a reproduit dans l'amendement sur lequel la Chambre délibère, les termes compris dans la première :

« Augmentation destinée à favoriser l'établissement en Afrique de militaires libérés du service, en qualité de colons civils. »

Comme ces termes sont précisément ceux votés par la Chambre dans la loi des crédits extraordinaires, le Président devait dire, et il a dit, qu'il y avait une relation entre le passé et le présent. Les conséquences ne lui appartiennent pas. Il devait seulement, pour éclairer le débat, rappeler les faits.

UN MEMBRE rappelle les circonstances qui ont amené la Chambre à voter un pareil crédit pour 1847. Le Gouverne-

ment venait, au milieu de la discussion des crédits extraordinaires de l'Algérie, de retirer le projet de loi sur la
colonisation militaire. Dans son esprit, et dans celui de la
Commission, l'amendement emportait le sens de l'exclusion
de ce système. S'il refuse de s'expliquer aujourd'hui, il
restera acquis que le retrait du projet de loi n'était qu'un
misérable expédient destiné à le tirer de l'embarras où il
s'était jeté, en cédant, contre sa conviction, aux volontés
du maréchal gouverneur-général, aussi longtemps que celui-
ci était resté en fonctions.

Un DEUXIÈME MEMBRE dit qu'il ne s'agit point de débat
entre les différents systèmes. Il faut arriver le plus promptement possible à créer une population énergique qui puisse
défendre la colonie, en même temps qu'elle la mettra en
valeur. Où pourrait-on la trouver mieux que dans les rangs
de l'armée ? L'orateur pense que la Chambre ne voudra
pas refuser, pour 1848, ce qu'elle a accordé pour 1847.

M. LE MINISTRE DE LA GUERRE répond que la question de
la colonisation militaire n'est pas pour tous une question
jugée. Cependant, l'amendement dont il est ici question
sera accueilli dans les simples intentions des auteurs ; c'est
un amendement destiné à donner des établissements à des
soldats, à convertir en colons civils les soldats libérés du
service. C'est ainsi que l'amendement est adopté par le
Gouvernement, et il sera exécuté d'après les intentions des
auteurs ; mais il ne préjuge rien sur la question de colonisation militaire.

Un MEMBRE dit que la vraie question est de savoir pour
quelle raison on augmente le crédit de 1,715,000 fr., attri-
bués au chapitre XXXII pour la colonisation. Ce n'est assurément pas pour insuffisance de moyens, car le chiffre est
assez élevé, et, s'il en était ainsi, le Gouvernement en aurait
pris l'initiative. La première allocation de 300 000 fr., sous
forme de crédits extraordinaires, a accompagné le retrait
du projet de loi sur la colonisation militaire. Il est évident
qu'à cette époque on renonçait à toute pensée de ce genre.

L'orateur termine en protestant contre l'assertion émise

par M. le Président, que ce premier vote en entraîne nécessairement un second.

Un membre a la parole au nom de la Commission ; il s'exprime ainsi :

» L'amendement proposé vient d'être examiné en lui-même et dans les conséquences qu'on veut lui donner.

« Un membre disait tout-à-l'heure que le Gouvernement pouvait trouver, dans l'allocation ordinaire du budget, une somme suffisante pour doter les militaires libérés.

« D'après lui, le crédit ordinaire serait de la somme de 1,735,000 fr. Si la Commission du budget avait reconnu qu'en effet le crédit pour subventionner les colons qui s'établissent en Algérie est porté dans le budget pour une somme de 1,735,000 fr., elle n'aurait pas hésité à reconnaître sa suffisance. Mais l'orateur n'a pas fait attention à la décomposition de cette somme. Elle est consacrée, pour la majeure partie, à des travaux d'utilité publique, tels que les édifices publics, les voies de communications qui sont nécessaires dans tous les systèmes de colonisation. La somme réellement affectée à la subvention des colons n'est que de 120,000 fr. C'est donc en présence d'un chiffre aussi minime destiné à faciliter l'établissement des colons, anciens militaires ou civils, que s'est trouvée la Commission ; elle a cru qu'il n'était pas suffisant, et qu'il était convenable de l'augmenter.

« Maintenant, pour expliquer les conséquences qu'on devrait attacher au vote de la Chambre, un autre membre a cru devoir faire connaître tout-à-l'heure le sentiment qui avait dirigé la Commission des crédits extraordinaires.

« Je demande la permission de dire à mon tour quelques mots sur l'examen qui a eu lieu dans le sein de la Commission du budget. On s'est demandé s'il était juste, s'il était convenable, s'il était utile pour la colonie d'introduire des anciens militaires dans les villages civils. La Commission du budget a reconnu que cet élément de colonisation était désirable, et qu'il fallait pousser non-seulement le Gouvernement, mais même les grands concessionnaires, à le choisir autant que possible de préférence à tout autre ;

mais la Commission a-t-elle délibéré sur le point de savoir
si, en adoptant un crédit pour doter des militaires libérés,
on devrait exclure par cela même tel ou tel autre système
de colonisation ? Non, elle ne le pouvait pas, elle ne le
devait pas.

« Pour exclure un système, il faut commencer par l'examiner. Eh bien ! la Commission du budget n'avait pas à
examiner si tout autre système que celui proposé était bon
ou n'était pas bon. Elle n'avait donc ni à l'approuver ni à
l'exclure. Pour l'exclure, il aurait fallu le discuter, et pour
le discuter, il aurait fallu en être saisi et posséder tous les
éléments de la question.

« La question et ses éléments n'étaient pas soumis à la
Commission.

« Doit-il en être autrement devant la Chambre ? La
Chambre peut-elle faire ce que n'a pas fait la Commission ?
Ici, je distingue chaque membre de la Chambre, de la
Chambre tout entière. Sans doute, chaque membre de la
Chambre peut adopter ou repousser un amendement par
tels ou tels motifs qui lui sont particuliers ; il peut, dans sa
pensée intime, donner à son vote telle ou telle conséquence.
Mais la Chambre tout entière, prise comme corps délibé-
rant, ne se prononce que sur les points précis qui sont
soumis à ses délibérations. Par conséquent, on ne peut pas
dire qu'elle a repoussé le système de colonisation par des
militaires en activité de service, attendu que cette question
n'a pas été portée devant elle. La Chambre ne l'a pas discutée, elle ne l'a pas examinée ; il n'est donc pas possible
qu'elle l'ait rejetée, soit directement, soit par voie de conséquences.

« On vient de parler du retrait du projet de loi sur les
camps agricoles.

« Le retrait, dans cette question, ne pouvait pas avoir,
ne devait pas avoir d'autre portée que celle qu'ont, dans
toutes les autres questions, les retraits de projets de lois.
Ils ne constituent point ou des refus ou des renonciations
définitives ; leur véritable sens est celui-ci : le Gouvernement, qui peut-être renoncera à ses idées, qui peut-être
les reprendra plus tard, ne juge pas à propos, dans les
conditions actuelles, de faire délibérer sur la question.

Voilà la portée réelle du retrait du projet de loi sur les camps agricoles. On ne peut pas vouloir qu'un projet de colonisation, qui n'a pas été examiné par la Chambre, soit ainsi repoussé incidemment par voie de simple conséquence, et non pas seulement pour aujourd'hui, mais pour toujours.

« Je crois donc que l'amendement doit être voté pour lui-même, pour être exécuté suivant ses termes, mais sans rien préjuger sur les autres systèmes de colonisation, et avec la réserve pour chacun de ses opinions. »

Un MEMBRE s'attache à démontrer que le chapitre XXXII est consacré tout entier à la colonisation. Les travaux publics dont on vient de parler font l'objet du chapitre suivant. Il est vrai qu'il n'y a, dans le chapitre XXXII, que 145,000 fr. consacrés à donner des subventions directes aux colons ; mais toutes les autres dépenses à la charge de ce chapitre, ont pour objet la colonisation, et sont des subventions indirectes. On engage la Chambre à ne pas rejeter un système qui, dit-on, ne lui est pas connu ; mais cette ignorance est encore moins une raison pour l'adopter : en conséquence, l'orateur rejette l'amendement.

Un AUTRE MEMBRE dit que le chapitre XXXII ne permet pas de donner les encouragements directs dont la colonisation peut avoir besoin ; c'est à quoi l'amendement est destiné à pourvoir, et, en même temps, il a été rédigé de manière à ce qu'on ne pût détourner aucune partie du credit au profit de la colonisation militaire. On veut créer une colonisation civile avec des hommes qui ont appartenu à l'armée. Quant à la colonisation militaire, l'orateur la combattrait si elle était présentée.

M. LE PRÉSIDENT fait observer que, comme il s'agit d'un chapitre du budget, il n'y a à mettre aux voix que le chiffre dont on veut augmenter ce chapitre. Si l'on voulait une spécialité absolue, il faudrait créer un nouveau chapitre.

— L'augmentation de 300,000 fr. est mise aux voix et n'est pas adoptée.

La Commission propose une réduction de 20,000 fr. qui est adoptée.

— Le chapitre est adopté ; son chiffre est de 1,715,000 fr.

— La suite de la délibération est renvoyée à demain.

— La séance est levée.

Signé SAUZET, Président ;

De Bussières, Oger, Saglio, Lanjuinais,
Secrétaires.

Collationné :

Le Secrétaire-Rédacteur,

Signé Cerclet.

Présidence de M. SAUZET.

Séance du Samedi 10 Juillet 1847.

— Le procès-verbal de la séance du 9 est lu et adopté.

M. LE MINISTRE DE L'INTÉRIEUR fait, au nom du Roi, communication à la Chambre de *dix projets de lois* relatifs à de nouvelles délimitations de communes dans les départements ci-après : *Charente, Corse, Indre et Creuse, Gironde, Loir-et-Cher, Manche, Marne, Pyrénées (Basses-), Saône-et-Loire et Vienne.*

— La Chambre donne acte à M. le Ministre des présentes communications : elle en ordonne l'impression, la distribution et le renvoi à l'examen de la Commission spéciale.

(*Voir l'annexe imprimée n° 310.*)

L'ordre du jour appelle la discussion de projets de lois d'intérêt local.

M. LE RAPPORTEUR DE LA COMMISSION DU BUDGET fait observer que la Chambre avait décidé qu'elle s'occuperait, sans désemparer, des délibérations sur la loi de finances. Il comprend qu'une exception soit faite en faveur de projets de lois d'intérêt local, mais il demande qu'on ajourne ceux de ces projets qui donneraient lieu à contestation.

M. LE PRÉSIDENT propose d'ajourner, après le budget des dépenses, tout projet de loi d'intérêt local qui donnerait lieu a discussion.

Un MEMBRE ayant annoncé qu'il compte présenter un amendement sur le projet de loi relatif à la Corse, ce projet est ajourné.

— La Chambre, après avoir décidé qu'elle passe à la discussion des articles, adopte successivement les dispositions et l'ensemble des projets de lois dont la teneur suit :

PREMIER PROJET.

Article unique.

« La ville de Clermont (Puy-de-Dôme) est autorisée a s'imposer extraordinairement pendant dix ans, à partir de 1848, par addition au principal de ses contributions directes, un nombre total de 55 centimes, répartis ainsi qu'il suit, savoir :

« 10 centimes en 1848 ;
« 9 centimes en 1849 ;
« Et pendant chacune des huit années suivantes, un nombre de centimes annuellement décroissant de 1 centime, de manière que l'imposition ne soit plus que de 1 centime pendant la dixième année.

« Le produit de cette imposition sera affecté à l'amortissement des dettes de la ville. »

DEUXIÈME PROJET.

Article unique.

« Le département de Saône-et-Loire est autorisé, conformément à la demande que son conseil général en a faite, dans sa session de 1846, à s'imposer extraordinairement, pendant cinq ans, à partir de 1848, 3 centimes additionnels au principal des quatre contributions directes, dont le produit sera exclusivement affecté aux travaux d'achèvement et d'amélioration des routes départementales classées. »

Article unique.

« Le département d'Indre-et-Loire est autorisé, conformément à la demande que son conseil général en a faite, dans sa session extraordinaire de 1846, à prélever, sur le produit des 3 centimes extraordinaires créés par la loi du 15 juin 1843, une somme de 12,466 fr. 66 cent., qui sera affectée au remboursement d'une avance de même somme faite au département sur les crédits ouverts au Ministère des travaux publics, pour la restauration des routes départementales dégradées par les inondations. »

QUATRIÈME PROJET.

Article premier.

« La limite entre les communes d'Aillac et de Calviat, canton de Carbes, arrondissement de Sarlat, département de la Dordogne, est fixée suivant le tracé de la ligne jaune A E, sur le plan annexé à la présente loi.

« En conséquence, la portion du territoire comprise entre l'ancienne et la nouvelle limite, est distraite de la commune de Calviat et réunie à celle d'Aillac.

Art. 2.

« Les dispositions qui précèdent auront lieu sans préjudice des droits d'usage et autres qui pourraient être respectivement acquis.

« Les conditions de la distraction ordonnée, autres que celles prévues par les art. 5 et 6 de la loi du 18 juillet 1837, et celles fixées par la présente loi, seront, s'il y a lieu, ultérieurement déterminées par une ordonnance du Roi. »

CINQUIÈME PROJET.

Article unique.

« La ville du Mans (Sarthe) est autorisée à s'imposer extraordinairement, en 1847, au moyen d'un rôle spécial, 5 centimes additionnels au principal de ses contributions directes, dont le produit sera employé au paiement des dettes contractées pour venir au secours de la classe indigente pendant l'hiver de 1846 et 1847. »

SIXIÈME PROJET.

Article unique.

« Le département d'Eure-et-Loir est autorisé, conformément à la demande que son conseil général en a faite dans sa session de 1846, à s'imposer extraordinairement pendant quatre années, à partir de 1848, un centime additionnel au principal des quatre contributions directes, dont le produit sera exclusivement affecté aux dépenses d'acquisitions et de travaux d'édifices départementaux, et autres dépenses désignées dans la délibération du conseil général. »

SEPTIÈME PROJET.

Article unique.

« Le département d'Eure-et-Loir est autorisé, conformément à la demande que son conseil général en a faite dans sa session de 1846, à s'imposer extraordinairement, pendant six années, à partir de 1848, 3 centimes et demi additionnels au principal des quatre contributions directes, dont le produit sera exclusivement affecté aux travaux d'achèvement et d'amélioration des chemins vicinaux de grande communication classés.

« Cette imposition sera perçue concurremment avec les centimes spéciaux dont le recouvrement sera annuellement autorisé par les lois de finances, en vertu de l'art. 12 de la loi du 21 mai 1836. »

HUITIÈME PROJET.

Article premier.

« Le département de l'Ariège est autorisé, conformément à la demande que son conseil général en a faite dans sa session de 1846, à emprunter, à un taux qui ne pourra dépasser 4 et demi pour 100, une somme de 200,000 fr., qui sera affectée aux travaux d'achèvement et d'amélioration des routes départementales classées.

« L'emprunt aura lieu avec publicité et concurrence. Toutefois , le préfet du département est autorisé à traiter directement avec la Caisse des dépôts et consignations, a un taux d'intérêt qui ne soit pas supérieur à celui ci-dessus fixé.

« La somme à emprunter en 1847 est fixée à 90,000 fr.

Art. 2.

« Le département de l'Ariège est autorisé , conformement à la demande que son conseil général en a également faite dans sa dernière session , à s'imposer extraordinairement , pendant sept années , à partir de 1848 , 3 centimes additionnels au principal des quatre contributions directes dont le produit sera exclusivement consacré au remboursement et au service des intérêts de l'emprunt ci-dessus autorisé.

« L'excédant du produit de l'imposition extraordinaire autorisée par la loi du 24 juillet 1843 , recevra la même destination. »

NEUVIÈME PROJET.

Article premier.

« Le département des Hautes-Pyrénées est autorisé. conformément à la demande que son conseil général en a faite dans sa session de 1846, à emprunter, à un taux d'intérêt qui ne pourra dépasser 4 et demi pour 100, une somme de 120,000 fr. , réalisable en 1847 jusqu'à concurrence de 40,000 fr., et qui sera appliquée à la dépense de construction d'un palais-de-justice à Tarbes.

« L'emprunt aura lieu avec concurrence et publicité. Toutefois , le préfet est autorisé à traiter directement avec la Caisse des dépôts et consignations, à un taux d'intérêt qui ne soit pas supérieur à celui ci-dessus fixé.

Art. 2.

« Il sera pourvu au service des intérêts et au remboursement de l'emprunt ci-dessus autorisé, au moyen du produit de l'imposition extraordinaire créée par la loi du 3 juillet 1846. »

DIXIÈME PROJET.

Article unique.

« La ville d'Agen (Lot-et-Garonne) est autorisée à s'imposer extraordinairement, pendant trois ans , à partir de 1848, 15 centimes additionnels au principal de ses contributions directes , pour subvenir aux dépenses énumérées dans la délibération municipale du 31 mai 1847. »

ONZIÈME PROJET.

Article premier.

« La section de Vergonzac , désignée au plan annexé à la présente loi par une teinte grise , est distraite de la commune de Siaugues-Saint Romain , canton de Langeac, arrondissement de Brioude , département de la Haute-Loire , et réunie à celle de Sainte-Marie-des-Chazes, même canton.

« En conséquence, la limite des deux communes est fixée, d'un côté, par le ruisseau de Guisson, de l'autre par un pointillé noir, conformément au dit plan.

Art. 2.

« Les dispositions qui précèdent auront lieu sans préjudice des droits d'usage et autres qui pourraient être respectivement acquis.

« Les autres conditions de la distraction prononcée seront, s'il y a lieu, ultérieurement déterminées par une ordonnance du Roi. »

Un MEMBRE réclame la parole sur l'ordre du jour. Il se plaint de la distribution tardive du recueil des votes des conseils généraux, et il désire savoir s'il y a impossibilité matérielle d'avancer l'époque de cette publication.

M. LE MINISTRE DE L'INTÉRIEUR répond que les procès-verbaux des conseils généraux ont été distribués cette année à la même époque que toutes les années précédentes. Sans doute il y aurait avantage à ce que la distribution en eût lieu plus tôt , mais le retard tient au grand nombre de tra-

vaux qu'a l'Imprimerie royale. M. le Ministre fera en sorte
que l'année prochaine la distribution des délibérations des
conseils généraux soit faite à une époque moins avancée.

LE PRÉOPINANT accepte la promesse d'une distribution
à une époque moins avancée de la session.

*L'ordre du jour appelle la suite de la discussion sur le
projet de budget des dépenses pour 1848.*

UN MEMBRE demande à présenter quelques observations
sur le chapitre XXXII, relatif à la colonisation, que la
Chambre a adopté dans sa dernière séance. Il voudrait que
des renseignements fussent donnés sur la situation des concessions faites ou à faire, et il représente que c'est là une
question fort importante. D'après les documents mis sous
les yeux de la Commission des crédits supplémentaires, les
demandes de concessions adressées au Gouvernement depuis 1848, s'élèveraient à une valeur de 36 millions ; et le
Gouvernement n'aurait jusqu'à ce jour accordé que de très-
petites concessions. L'orateur désire savoir si l'on se propose d'entrer enfin dans la voie des concessions larges et
sérieuses. Il importe, selon lui, que le public sache si les
demandes faites ou à faire seront suivies de concessions
réelles, et si tous les obstacles sont enfin levés.

M. LE COMMISSAIRE DU ROI dit que le Gouvernement s'associe au désir exprimé par le préopinant. C'est précisément
pour faciliter l'arrivée des cultivateurs en Afrique, qu'on a
établi, par une ordonnance toute récente, diverses catégories de concessions à faire. Toutes celles qui sont au-dessous
de 25 hectares pourront être immédiatement et provisoirement faites par le gouverneur-général ; celles au-dessus de
25 hectares réclameront l'approbation du Ministère ; celles
au-dessus de 100 hectares devront subir un degré d'instruction plus complète, parce que, quand il s'agit d'aliéner des
parties considérables du domaine de l'Etat, quand des Compagnies, par exemple, se présentent pour demander des
concessions de 5 à 6,000 hectares de terre, il faut absolument, pour couvrir la responsabilité de l'Administration,
que le conseil d'Etat soit appelé à examiner les justifica-

tions que les Compagnies doivent fournir. Les concessions
sont faites, dès à présent, ainsi que l'ordonnance le prescrit, et l'Administration ne négligera aucun moyen pour
en accélérer l'instruction. Les premières éprouveront quelques lenteurs, parce que le conseil d'Etat, ayant à faire sa
législation sur ces questions, doit, pour les premiers
cahiers des charges qui lui ont été fournis, apporter une
attention plus grande; mais, comme les concessions à intervenir ensuite seront à très-peu de chose près les mêmes,
qu'il y aura les mêmes garanties à exiger, l'instruction
marchera nécessairement plus vite que pour les premières.

Le préopinant s'estime heureux d'avoir provoqué des
explications qu'il répute satisfaisantes; mais, tout en reconnaissant la nécessité de faire vérifier par le conseil d'Etat
les grandes concessions, il insiste pour qu'on s'attache du
moins à accélérer l'instruction de ces affaires. Il voudrait
aussi que le Gouvernement généralisât une mesure qui,
jusqu'à présent, n'a été appliquée qu'à la province d'Oran.
Lorsque, dans cette province, une concession dépasse 100
hectares, le Gouvernement exige des concessionnaires que
les travailleurs, que les colons et ouvriers qui travaillent la
terre, reçoivent un capital de 4 ou 5 hectares, lorsqu'ils se
retirent au bout d'un certain nombre d'années. L'orateur
souhaite que cette condition soit imposée à toutes les concessions importantes.

M. le Commissaire du Roi dit que c'est ainsi que le
Gouvernement compte procéder; cependant il faut faire
une distinction.

Dans la province d'Oran, comme il s'est agi immédiatement de très-grandes concessions, le Gouvernement a pu
imposer cette condition aux concessionnaires. Mais la même
obligation n'a pas été immédiatement imposée à toutes les
concessions pour lesquelles on instruit des affaires de la
vallée de la Sassaf.

Voici pourquoi : c'est que les concessions à faire dans la
vallée de la Sassaf sont voisines des centres de populations
déjà créés par les soins du Gouvernement. Dans ces centres'

de populations, le Gouvernement a constitué la petite propriété. L'intérêt qu'il y a à ce que les colons reçoivent, au bout d'un certain temps, une concession, a surtout pour but, dans la pensée du Gouvernement, et pour l'avenir de la colonie, de constituer la petite propriété, de multiplier la population.

Déjà ce but est en partie atteint dans la vallée de la Sassaf, par les soins du Gouvernement. Il a donc dû et pu se montrer moins exigeant d'abord pour les quelques concessions à faire autour de ces centres de population existants; ces centres de population trouveront dans les concessionnaires de 100 à 200 hectares, les avantages du voisinage de la propriété moyenne et des journées d'ouvriers.

Si l'on avait imposé à ces concessionnaires l'obligation d'abandonner, sur leur concession de 100 hectares, 4, 5 ou 6 hectares, on eût réduit beaucoup les avantages qui leur étaient faits, et il est probable qu'on n'eût pas trouvé de concessionnaires.

Quant à l'état actuel des concessions, le 9 avril dernier seulement, le général Bedeau annonça qu'il serait possible, à la fin de cette année, quand les récoltes seraient enlevées, de disposer de 12,000 hectares de terre dans la vallée de la Sassaf. Immédiatement, le Gouvernement a envoyé au général Bedeau l'état des demandes qui étaient faites pour ces points-là, et il a demandé que la commission consultative de Philippeville fût appelée à faire une répartition, en raison des demandes qui étaient faites et des justifications qui les appuyaient.

Ce travail est à l'étude, dans ce moment, à Alger, à Philippeville et au conseil supérieur d'administration. Le Ministre a tout lieu d'espérer qu'il arrivera à temps pour que le conseil d'Etat en soit saisi avant les vacances. Par conséquent, les concessionnaires pourront être mis en possession immédiatement après les récoltes enlevées, au mois d'octobre.

LE PRÉOPINANT représente de nouveau combien il importe que les personnes qui ont demandé des concessions depuis 1843, soient enfin mises en état de pouvoir travailler.

M. LE COMMISSAIRE DU ROI répond que la date à laquelle
les demandeurs se sont inscrits d'abord, ne peut être qu'une
très-faible considération pour le Gouvernement. Il n'y a véritablement à ses yeux de possibilité d'agir, que du jour où
l'autorité militaire a dit : Vous pouvez disposer de tels
points.

— On passe au chapitre XXXIII, relatif aux travaux civils
en Algérie.

M. LE PRÉSIDENT annonce qu'il soumettra successivement
aux délibérations de la Chambre les différents articles dont
ce chapitre se compose.

« Direction des travaux publics, 102,000 fr. »

La Commission a proposé sur cet article une réduction de 15,000 fr., qui est consentie par le Gouvernement.

— La Chambre adopte le crédit, réduit à 87,000 fr.

« Personnel des divers services, 511,930 fr. »

M. LE RAPPORTEUR fait observer qu'il y a une erreur de
chiffres ; que le crédit demandé n'est que de 506,930 fr., et
qu'il y aura, par conséquent, lieu d'atténuer de 5,000 fr. le
crédit accordé par la Commission.

La Commission a proposé une réduction de 61,465 fr.,
qui est consentie par le Gouvernement.

— La Chambre adopte le chiffre du chapitre, réduit à
445,465 fr.

« Travaux ordinaires, 825,300 fr. »

La Commission a proposé, sur ce chapitre, une réduction de 30,000 fr.

M. LE PRÉSIDENT fait observer que cette réduction se
compose de deux parties distinctes.

M. LE RAPPORTEUR demande à donner une explication
relativement à la réduction de 15,000 fr., portant sur les
monuments historiques.

M. LE PRÉSIDENT consultera d'abord la Chambre sur les 15 autres mille francs, puisqu'ils ne sont pas contestés.

— Cette première réduction de 15,000 fr. est mise aux voix et adoptée.

M. LE RAPPORTEUR a la parole ; il dit :

« La Chambre aura pu voir, d'après le rapport de sa Commission, qu'elle n'était pas opposée à l'allocation d'un crédit pour l'entretien et la restauration des monuments historiques de l'Algérie, que seulement elle craignait qu'on n'introduisît sous cette forme, et à l'imitation du Ministère de l'intérieur, un service de monuments historiques fondé et attaché à perpétuité à la direction des affaires d'Afrique.

« D'un autre côté, la Commission, depuis la publication du rapport, a été prévenue que la Commission des monu-ments historiques de la métropole désirait être chargée de la recherche et de la conservation de ces monuments de l'Algérie ; ce dernier motif vient donc corroborer nos pre-mières observations, et leur donne d'autant plus de force, que la dépense étant peu importante, et la Commission des monuments historiques ayant vu élever son crédit d'une allocation nouvelle, n'aurait rien à réclamer du Ministère de la guerre ; car, si nous sommes bien informés, cette Commission serait dans l'intention d'envoyer sur les lieux, et à ses frais, pour reconnaître la situation des monuments de l'Algérie. Il n'y aurait donc qu'avantage à placer ainsi ce service dans les mains du Ministère de l'intérieur. »

M. LE MINISTRE DE LA GUERRE dit :

« Je ne peux m'associer au vœu de la Commission des monuments historiques ; c'est une nouveauté qu'une Com-mission instituée en France s'introduise dans les services de l'Algérie. Je ne dis pas que cela soit mauvais en soi-même ; il faut que je confère avec cette Commission, et que je sache jusqu'où elle veut étendre ses investigations. Peut-être bientôt vous la verriez demander des frais de voyages ou de tournées que je serais obligé de lui refuser. Si la Commission disait : Je ferai tout cela sans vous rien de-mander, je la remercierais ; mais si cela doit la conduire

à demander des crédits au Ministère de la guerre, surtout
des crédits qui ne sont pas votés, je ne puis accepter ; je
fais donc toutes réserves sur cette proposition de la Commission des monuments historiques. »

M. LE RAPPORTEUR répond :

« Je déclare à M. le Ministre de la guerre que je n'ai nulle
intention de lui enlever la moindre partie de ses attributions pour les faire passer au Ministre de l'intérieur ; j'ai
voulu seulement lui faire part, ainsi qu'à la Chambre,
d'une communication qui nous a été faite ; et la personne
qui l'a faite, membre elle-même de la Commission des monuments historiques, m'a déclaré qu'elle n'entendait rien
réclamer pour cet objet au Ministère de la guerre. Du
reste, la Commission du budget n'a pas même délibéré sur
cette proposition ; il est bien entendu que M. le Ministre
reste parfaitement libre de ses droits, et qu'il n'abandon-
nera dans les services qui lui appartiennent, que ce qu'il
lui conviendra de concéder. Nous n'en maintenons pas
moins nos propositions de ne pas accorder, quant à présent et sous cette forme, les 15,000 fr. qui vous sont demandés. »

UN MEMBRE pense que le personnel des officiers qui sont
sur les lieux, offre à M. le Ministre de la guerre toutes les
ressources désirables pour l'inspection des monuments
historiques.

M. LE MINISTRE DE LA GUERRE dit que c'est pour réparer
les monuments et empêcher leur ruine complète, que le
Gouvernement insiste pour le crédit de 15,000 fr.

UN MEMBRE n'admet pas que ce service puisse être utilement confié aux officiers de l'armée d'Afrique. On fait souvent dans le pays les découvertes les plus précieuses. Toutes
les fois qu'on a établi un poste nouveau, on a découvert
quelque ancienne cité romaine dont les ruines renfermaient
des objets d'art remarquables. L'orateur insiste pour que
le fonds de 15,000 fr. soit maintenu, et pour que d'ici à
l'année prochaine, M. le Ministre de la guerre s'entende
avec la Commission des monuments historiques. Ce service

auquel il s'agit de pourvoir, serait alors constitué dans les meilleures conditions possibles.

M. LE RAPPORTEUR fait observer qu'aucun travail à l'appui de cette demande de 15,000 fr., n'a été fourni à la Commission.

LE PRÉOPINANT fait observer qu'il ne s'agissait ici que d'une faible allocation, et qu'on ne pouvait en détailler l'emploi.

M. LE COMMISSAIRE DU ROI dit que le détail de l'emploi de ce fonds a été donné à la Commission.

M. LE RAPPORTEUR répond :

« Permettez-moi de vous dire que vous ne savez pas vous-même ce que vous voulez faire de ces 15,000 fr.; vous les réclamez au budget sous le titre d'entretien et de conservation de monuments historiques en Algérie, et cependant vous n'avez fait aucune étude de ces monuments, vous ne les connaissez pas, et pendant que vous exposez d'un côté qu'il s'agit de restauration de monuments, vous dites d'un autre que 7,000 fr. sont destinés à acheter des antiquités et à faire des recherches. Laissez donc à ceux qui en font leur étude spéciale le soin de conserver vos monuments; il y aura un double avantage pour le pays. »

— La réduction de 15,000 fr. proposée par la Commission est mise aux voix et n'est pas adoptée.

— La Chambre adopte le chiffre du chapitre, porté à 810,300 fr.

« Dessèchements, et irrigations, 750,000 fr. »

UN MEMBRE expose qu'on a établi au bas de Milianah un camp où règnent trop souvent des fièvres qui déciment nos soldats. Il insiste sur l'urgence des travaux de dessèchement à exécuter sur ce point.

M. LE COMMISSAIRE DU ROI répond :

« Il n'y a pas de camp permanent au bas de Milianah. Il y a, tout au plus, un bivouac pour les troupes qui le tra-

versent, et qui s'en vont d'Alger ou de Blidah à Orléansville; il y avait un marais, et, cette année, ce marais est
desséché. Nous sommes heureux de pouvoir annoncer que
cette cause d'insalubrité, qui n'agissait pas seulement sur
le bivouac qui se trouvait là accidentellement quand il y
avait des troupes en voyage, mais qui agissait aussi sur la
ville, n'existe plus. C'est un des travaux auxquels on s'est
empressé de se livrer, l'année dernière et cette année. »

LE PRÉOPINANT insiste sur l'exactitude des observations
qu'il a présentées.

M. LE MINISTRE DE LA GUERRE dit :

« M. le Commissaire du Roi vient de répondre au préopinant que ce qu'il demandait était fait, que le marais a été
desséché.

« Il est certainement déplorable que beaucoup de positions militaires que l'on est obligé d'occuper en Algérie
soient si malsaines; mais on est entre deux difficultés.
Lorsqu'on occupe militairement une position sur laquelle
il faut séjourner habituellement, il faut être près de l'eau.
Ce besoin est essentiel pour les animaux. Il y a des
saisons où, quand on se place près des eaux, même des
eaux courantes, on est atteint de fièvres très-dangereuses,
et cependant on est forcé de rester. Tous nos établissements ont commencé par être malsains.

« Ainsi je citerai la ville de Bone, qui a été pendant deux,
trois, quatre et même cinq ans, très-malsaine. A force de
travaux, elle a été assainie. Il en a été de même de Bouffarik,
de Philippeville, une des créations les plus utiles et les
plus importantes, car elle est près d'un mouillage remarquable, celui de Stora, et forme la tête de la route de
Constantine.

« Milianah, dont parlait le préopinant est aussi un de
ces points. Presque tous ces établissements ont été, pendant les trois ou quatre premières années, très-dangereux.

« Il faut d'abord établir des bivouacs, puis des tentes. Eh
bien! on est moins malade sous les tentes qu'au bivouac,
mais on l'est encore. Lorsqu'on bâtit des barraques en
bois, c'est déjà une amélioration assez notable, et les ma-

ladies diminuent; mais elles ne cessent réellement que
quand nous avons le temps et les moyens de faire des casernes en pierre.

« Voilà malheureusement l'état des meilleurs postes militaires, et même de toutes les villes que nous avons fondées
en Algérie.

« Les Arabes, eux, s'accommodent de cela; ils s'en vont
dans les montagnes : avec leur sobriété, leur manière de
vivre, bien qu'ils soient attaqués comme nous des mêmes
fièvres et dans la même saison, ils les supportent mieux
que nous, parce qu'ils sont sobres et ne boivent que de
l'eau ; ce régime est très-favorable pour les préserver des
grandes atteintes du climat.

« Nous, nous avons un régime très-différent dans notre
manière de vivre en Algérie ; nous ne sommes pas encore
appropriés au climat. C'est donc, en général, un mal inévitable ; mais, comme le préopinant l'a dit, il appelle l'attention des chefs militaires. Cette attention est excitée et
tenue sans cesse éveillée, et par les généraux, et par le
Gouvernement. »

— L'article est mis aux voix et adopté.

« Routes et ponts ; 1,500,000 fr. »

— Adopté.

« Aqueducs, canaux et fontaines, 400,000 fr. »

La Commission a proposé sur cet article une réduction
de 200,000 fr.

M. LE MINISTRE DE LA GUERRE fait remarquer que les
200,000 fr. qu'on propose de retrancher, ne se rapportent
pas aux sommes qui peuvent être mises à la charge des
communes ; ils se rapportent à la part qui doit être mise à
la charge de l'État pour les aqueducs d'Alger qui sont très-
considérables.

Il demande donc à la Chambre de conserver le crédit au
chiffre de 400,000 fr.

M. LE RAPPORTEUR répond que la Commission ne s'est
pas du tout méprise ; elle ne pense pas que M. le Ministre

ait eu l'intention de faire , aux frais de l'État , des travaux
qui doivent rester à la charge de la ville d'Alger. Ce qu'elle
a dit, c'est que, quant aux dépenses dont il s'agit, on les
généralisait de manière à laisser craindre qu'on ne confon-
dît ce qui était dépenses de grande voirie avec celles qui in-
combent à la voirie commune, et qui, par conséquent, tom-
bent à la charge du budget local.

En proposant la suppression de 200,000 fr., elle a eu
bien plus en vue de modérer la dépense que d'en contester
l'utilité; elle ne saurait contester qu'une dépense de grande
voirie soit une dépense de l'État. On demande 400,000 fr.
pour commencer ces travaux ; la Commission a cru que
200,000 fr. étaient suffisants.

— La réduction de 200,000 francs est mise aux voix et
adoptée.

— La Chambre adopte également le chiffre du chapitre,
réduit à 200,000 fr.

« Port d'Alger, 2,000,000 fr. »

— Adopté.

« Ports secondaires, phares et fanaux , 645,000 fr. »

— Adopté.

« Bâtiments civils, 863,000 fr. »

La Commission propose , sur ce chapitre, une réduction de 153,000 fr.

M. LE RAPPORTEUR demande la parole, et dit :

« Cette réduction de 153,000 fr. se décompose en quatre
parties, que je vais successivement rappeler. Je crois d'a-
bord que, quant au premier chiffre de 6,000 francs , il n'y
a pas de dissentiment entre le Ministre de la guerre et la
Commission.

« Il reste une somme de 147,000 fr. , qui se subdivise en
trois crédits applicables à l'exécution de trois édifices nouveaux: la synagogue d'Alger , le caravansérail de Blidah et
la douane de Mostaganem: La Commission avait d'abord
pensé , ainsi qu'elle l'a exposé dans son rapport , qu'en

présence de devis qui n'avaient pas même été l'objet d'un
examen, elle ne pouvait pas proposer à votre sanction des
projets qui n'avaient pas même l'approbation de la Commission des bâtiments civils de l'Algérie, placée près de
M. le Ministre de la guerre, approbation qui est la principale garantie des Commissions et des Chambres. Depuis
le jour où le rapport a été déposé, M. le Ministre nous
a remis les rapports de la Commission des bâtiments civils.

« Sur les trois projets en question, il en est un seul que
la Commission propose à la Chambre d'adopter et de commencer, c'est celui de la synagogue d'Alger. Quoique ce
projet, nous devons l'avouer, ne soit pas, à nos yeux, revêtu
de toutes les garanties que la Commission eût désiré trouver, elle s'est préoccupée de voir que le service du culte
israélite à Alger était privé des monuments qu'il possédait
autrefois, et qui, par le fait de la conquête, ont passé entre
les mains de l'État, et que, par conséquent, ce culte était
en droit de réclamer tout au moins un temple ; il y a donc,
à notre avis, nécessité absolue de commencer le plus tôt
possible une synagogue qui puisse permettre aux populations juives de la province, et surtout de la ville d'Alger,
d'exercer leur culte convenablement. Elle passe donc, en
ce point, par-dessus quelques considérations qui ne la sa-
tisfont pas complètement, pour faire une chose qui lui
paraît juste.

« Relativement aux deux autres projets, j'ai le regret de
dire, au nom de la Commission, qu'elle persiste dans sa
résolution première à leur égard. Elle avait demandé qu'on
lui communiquât les rapports de la Commission des bâtiments civils ; ils ont été remis entre nos mains. Ces rapports sont de 1844 et de 1845 ; mais je suis obligé de dire,
au nom de la Commission, que l'approbation donnée à ces
projets, n'a pu lui donner la satisfaction qu'elle avait le
droit d'en attendre. Ces rapports, d'un laconisme remarquable, qui ne renferment qu'un avis peu motivé sur l'ensemble de ces projets, n'expriment aucune opinion sur les
devis et sur l'ensemble de la dépense ; et, en effet, nous
avons eu ces devis et plusieurs autres entre les mains, et
nous déclarons qu'aucun deux ne porte la trace ni d'une

rectification, ni d'une approbation , si ce n'est celle du directeur des travaux publics en Algérie.

« Si, pour son édification , je donnais à la Chambre lecture de ces rapports, elle penserait avec nous qu'ils ne nous offraient pas les garanties que vos Commissions doivent trouver dans de pareils documents, pour les déterminer à vous proposer des dépenses nouvelles de cette nature.

« La Commission propose donc , revenant sur sa première résolution, d'accorder un premier crédit de 60,000 francs pour commencer la construction de la synagogue d'Alger, et elle ajourne jusqu'à plus ample justification les deux autres projets du caravansérail de Blidah et de la douane de Mostaganem. »

M. LE MINISTRE DE LA GUERRE déclare adhérer aux réductions proposées par la Commission , jusqu'à ce qu'on ait pu réunir des documents plus complets que ceux qui ont été soumis.

— La réduction de la Commission , diminuée des 60,000 francs qu'elle accorde pour la synagogue d'Alger, est mise aux voix et adoptée.

— La Chambre adopte également l'ensemble de l'article, porté à 770,000 fr.

« Travaux sur le territoire mixte et sur le territoire arabe, 450,000 fr. »

La Commission a proposé, sur cet article , une réduction de 150,000 francs , qui est consentie par le Gouvernement.

— La Chambre adopte le chiffre de l'article, réduit à 300,000 fr.

— Elle adopte également l'ensemble du chapitre XXXIII, dont le chiffre est fixé à 7,507,765 fr.

CHAPITRE XXXIV.

« Dépenses secrètes en Algérie, 250,000 fr. »

— Adopté.

DEUXIÈME SECTION.

Service extraordinaire.

Première partie.

Travaux régis par la loi du 25 juin 1841.

CHAPITRE PREMIER.

« Travaux de fortifications de Paris (Mémoire). »

Un MEMBRE rappelle que, dans le cours de l'avant-dernière session, il s'est adressé au chef du département de la guerre, qui était alors M. le maréchal Soult, pour lui demander ce qu'il entendait faire relativement aux servitudes militaires inhérentes aux fortifications de Paris. Dès cette époque, un grand nombre de constructions s'étaient élevées dans la zone de 250 mètres, fixée par la loi relative aux fortifications de la capitale : elles représentaient une valeur immense. L'orateur invitait le Gouvernement à faire connaître son opinion, et à déclarer s'il entendait que les constructions récentes donneraient lieu à indemnité, dans le cas où il y aurait nécessité de les détruire. M. le Commissaire du Roi répondit qu'il fallait qu'une ordonnance royale intervînt, pour déterminer d'une manière précise la zone des servitudes ; et que, par conséquent, les propriétaires de constructions élevées antérieurement à l'ordonnance, auraient droit à une indemnité. Mais l'opinion contraire fut émise par un membre de l'opposition, qui, dans sa sollicitude exagérée pour les intérêts du Trésor, pensa que les propriétaires devaient se considérer comme suffisamment avertis par le vote de la loi relative aux fortifications de Paris, et qu'il n'y aurait pas lieu à indemnité. Selon l'orateur, c'était traiter toute la banlieue en pays conquis. M. le Ministre de la guerre trouva que le membre de l'opposition raisonnait plus juste que le Commissaire du Roi.

Depuis cette époque, on avait espéré qu'une ordonnance royale viendrait déterminer les servitudes d'une manière précise et légale. L'attente publique a été jusqu'à présent trompée. L'orateur vient solliciter à ce sujet des explications catégoriques.

Un deuxième membre dit qu'il ne supposait pas que la question soulevée il y a deux ans dût se reproduire. Les principes émis, à cette époque, par M. le Ministre de la guerre, et que l'orateur lui-même avait posés, étaient conformes à la loi des fortifications de Paris, et il lui semble que l'opinion du Gouvernement était fixée par la déclaration de M. le Ministre de la guerre.

La prétention de ranger les fortifications de Paris dans la catégorie des places soumises au régime établi par la loi de 1819, ne lui paraît pas soutenable. Par cela même que cette loi avait établi des places de plusieurs classes, il fallait qu'une ordonnance royale intervint pour décider si une place appartenait à la première, à la deuxième, ou à la troisième classe. En ce qui concerne les fortifications de Paris, tout est déterminé par la loi même en vertu de laquelle elles ont été établies. Cette loi a fixé la zone des servitudes. Il se peut que l'existence d'un plus ou moins grand nombre de constructions, donne lieu à des questions de bonne foi qui seront examinées; l'orateur s'en rapporte, pour le règlement de ces questions, à la sagesse du Gouvernement; et il est convaincu qu'en cas de doute, la balance penchera toujours du côté des intérêts privés.

M. LE MINISTRE DE LA GUERRE demande la parole, et s'exprime en ces termes :

« Je suis parfaitement de l'avis du préopinant : la loi sur les fortifications de Paris a donné une limite aux servitudes militaires; l'article est précis à cet égard; il statue que, pour les servitudes militaires applicables à la ville de Paris, la zone est fixée à 250 mètres. Cette loi est connue de tous; il ne peut rester aucune incertitude dans l'esprit des propriétaires; partout où les fortifications de Paris s'élèvent, elles établissent la servitude du territoire à 250 mètres de leur front. Ils ne peuvent donc s'en prendre qu'à eux-mêmes, si, depuis, ils ont fait des constructions dans la zone de ces 250 mètres. Cependant, il existait quelques incertitudes entre le Gouvernement et les particuliers dans les réclamations qu'ils faisaient; nous avons deux degrés de juridiction qu'ils peuvent invoquer : c'est le conseil d'État, ce sont enfin les tribunaux. Mais je pense qu'ils sont dans leur tort.

C'est une question vidée par la loi sur les fortifications de Paris, qui établit que tout autour il y aura une zône de 250 mètres de servitude. C'est une spéculation qu'ils auront faite pour obtenir des indemnités ; ils auront élevé des bâtiments qui ne vaudront rien, et qu'ils se feront payer à des prix exorbitants. »

UN MEMBRE trouve que l'un des préopinants a été au-delà du véritable droit, qu'il l'a exagéré, et que, dans les premières observations qui avaient été faites, il y avait quelque chose qui doit éveiller la sollicitude du Gouvernement : des intérêts immenses sont engagés dans la question, et le Gouvernement doit craindre, en s'attaquant à ces intérêts, de semer le mécontentement et la désaffection. Il ne faut pas perdre de vue qu'il y a doute dans l'esprit des habitants, puisqu'ils bâtissent ; et les divergences de langage qu'on a signalées, prouvent qu'il y a doute dans l'esprit du Gouvernement lui-même. D'ailleurs, depuis la loi relative aux fortifications de Paris, on a construit des forts qui n'étaient point entrés dans les prévisions de cette loi. Il est donc indispensable qu'une ordonnance intervienne, afin que tout le monde soit régulièrement averti.

L'UN DES PRÉOPINANTS fait observer qu'il résulterait d'une ordonnance, que, jusqu'au jour où elle interviendrait, il n'y aurait pas eu de délimitation régulière, et que, par conséquent, tous ceux qui auraient bâti, auraient droit de se jeter sur le Trésor pour en arracher des indemnités. Quant à *lui*, il ne peut admettre un pareil système, et il croit que la loi relative aux fortifications de Paris, qui est une loi *spéciale*, a fait tout ce qu'il y avait à faire.

L'UN DES MEMBRES PRÉCÉDEMMENT ENTENDUS s'étonne des préoccupations de M. le Ministre de la guerre relativement aux spéculateurs qui pourraient sciemment construire dans les limites de la zône. Il croit que les habitants du département de la Seine sont trop rapprochés de l'Administration pour songer à spéculer sur sa bienveillance ; et il se regarde comme plus fondé à soutenir qu'ils sont ici victimes d'un guet-apens. Dans les autres places de guerre, le génie avertit ceux qui veulent construire. A Paris, aucun avertissement n'est donné par l'autorité militaire.

L'orateur ajoutera que le jour où la loi a été votée, on ne savait pas d'une manière précise quel serait le tracé, et que, par conséquent, une ordonnance royale devait intervenir pour l'application de la loi. M. le maréchal Soult lui-même partageait cette opinion, car il déclarait, il y a deux ans, qu'il ne croyait pas trop s'engager en disant qu'avant la session prochaine une ordonnance serait rendue sur cette matière.

M. LE MINISTRE DE LA GUERRE reconnaît qu'une ordonnance peut être utile pour éclairer certaines personnes; mais elle ne sera jamais aussi positive que le fait de l'existence des fortifications.

UN MEMBRE ne pense pas qu'une question de cette nature puisse être décidée à l'occasion du budget. Il ne saurait non plus attribuer à l'opinion émise par M. le Ministre de la guerre, le caractère d'une décision : il ne suffit pas que des fortifications aient été élevées, pour que des servitudes militaires soient établies. Il a été décidé que Paris ne pourrait être érigé en place de guerre qu'en vertu d'une loi. Evidemment, les questions dont il s'agit ici ont été réservées, et l'orateur est d'accord avec ceux qui pensent qu'il y a nécessité de faire cesser l'état actuel des choses par une loi ou par une ordonnance.

L'UN DES PRÉOPINANTS combat de nouveau le principe des indemnités pour les constructions qu'on a élevées dans les limites de la zône, depuis la promulgation de la loi relative aux fortifications de Paris.

UN MEMBRE fait observer que l'administration de la guerre paraît croire que toutes les constructions pourraient être démolies, sans que l'Etat eût à payer une indemnité quelconque : les habitants croient, au contraire, que tant que la zône n'aura pas été déterminée par un acte de l'autorité publique, ils peuvent construire, sans avoir à craindre d'être dépossédés sans une juste et préalable indemnité. On allègue l'existence des fortifications et l'on prétend en faire dériver les servitudes. La loi de 1819 n'est pas de cet avis ; elle a tenu compte de l'ignorance des populations de la campagne, qui ne savent pas ce que c'est qu'une ligne magistrale, et qui seraient inhabiles à tracer elles-mêmes le périmètre des servitudes : elle a voulu que les limites des zônes fussent indiquées par des bornes ; elle ne s'en est pas rapportée à la bienveillance de l'administration ; elle a pensé avec raison que les citoyens avaient des droits absolus, indépendamment de cette bien-veillance.

Dans l'opinion de l'orateur, une ordonnance est d'autant plus nécessaire, que M. le Ministre de la guerre ne saurait lui-même dire à partir de quelle époque les fortifications doivent être considérées comme ayant été faites, et depuis quand la loi est applicable.

M. LE MINISTRE DE LA GUERRE répond :

« Le Gouvernement ne se refuse pas à donner aux citoyens les garanties dont parle le preopinant. Mais les fortifications sont à peines faites ; quelques unes ne sont pas complètes encore.

« S'ensuit-il que ce travail doit être fait instantanément, et que, faute que ce travail soit fait, et que les limites soient indiquées par les bornes, il n'y ait pas de zône de servitudes ?

« Je dis que c'est une question de bonne foi. Il ne s'agit pas du maraîcher et de sa cabane ; on ne lui refuserait pas une indemnité.

« Mais il s'agit de constructions importantes, et personne ne voudra ériger un bâtiment considérable avec la crainte qu'il ne soit compris dans les démolitions sans indemnité.

« Le Gouvernement ne se refuse pas à faire le travail dont parlait le preopinant, Mais, parce qu'il n'est pas fait, il ne s'ensuit pas que l'art. 8 de la loi sur les fortifications de Paris ne détermine pas d'une manière positive que tout terrain, à 250 mètres des ouvrages, est un terrain sujet aux servitudes militaires. »

LE PRÉOPINANT demande de nouveau qu'on veuille bien

déclarer depuis quand la loi est applicable et il pose en fait qu'on ne saurait résoudre cette question.

L'UN DES MEMBRES PRÉCÉDEMMENT ENTENDUS dit que son unique intention est de réserver les droits de tous; il reconnaît que la Chambre ne peut prendre aucune résolution; mais le Ministère lui paraît suffisamment averti, et il faut que, dans l'intervalle des deux sessions, il avise à faire cesser le doute qui plane sur cette question.

UN MEMBRE est d'avis que la marche de l'administration de la guerre est ici très-dommageable pour les intérêts du Trésor; car, tant que les délimitations ne seront pas faites d'une manière certaine, toutes les constructions seront présumées de bonne foi, et, par conséquent, l'intérêt du Trésor peut se trouver très-gravement engagé.

UN DEUXIÈME MEMBRE est d'avis que tous les conflits tiennent à l'état d'incertitude dans lequel se trouve la propriété pour les constructions existantes dans le rayon de 250 mètres. Cette incertitude ne peut cesser que par une loi, et l'orateur exprime le vœu que M. le Ministre de la guerre fasse étudier la question, et vienne présenter un projet de loi dans le plus bref délai possible.

UN TROISIÈME MEMBRE reconnaît qu'il y a nécessité et urgence de régler la position des propriétaires; mais il n'admet pas qu'il faille pour cela recourir à une loi. Il appartient, selon lui, au Gouvernement de régler la question.

L'UN DES PRÉOPINANTS dit qu'il n'a pas décliné d'une manière absolue l'intervention d'une ordonnance; il désire seulement qu'il soit bien entendu qu'elle ne pourra pas donner ouverture a un droit d'indemnité.

On passe au chapitre II, intitulé : *Travaux de fortifications dans les places autres que Paris*, 4,500,000 fr.

— La Commission a proposé, sur ce chapitre, une réduction de 1,120,000 fr., qui est consentie par le Gouvernement.

UN MEMBRE invite M. le Ministre de la guerre à vouloir

bien, dans l'intervalle des sessions, faire étudier les places
secondaires, de manière à pouvoir déterminer celles qu'on
pourra déclasser, et à n'avoir pas à dépenser, pour ces dernières, une portion du crédit porté au budget.

M. LE MINISTRE DE LA GUERRE répond que les 4,500,000
francs ne seront pas appliqués, ainsi que paraît le craindre
l'orateur, à des places qui sont susceptibles d'être déclassés;
ils sont destinés uniquement à des travaux neufs pour des
places nouvelles.

— La Chambre adopte le chiffre du chapitre, réduit à
3,380,000 fr.

CHAPITRE III.

« Travaux pour les bâtiments militaires, 8,820,000 fr. »

UN MEMBRE propose, sur ce chapitre, une réduction de
125,485 fr. 73 cent.

L'AUTEUR DE L'AMENDEMENT critique l'emploi qui a été
fait des crédits ouverts par la loi de 1841, en ce qui concerne les bâtiments militaires. On s'était engagé à commencer les travaux de casernement dans quatre-vingt-dix-
sept villes : ces travaux n'ont eu lieu que dans cinquante-
quatre villes seulement, et la dépense, qui devait s'arrêter à
24 millions, s'est élevée, pour l'exercice 1846, à 43 millions.
On avait demandé, l'année dernière, au Gouvernement, la
situation générale du casernement en France et des services
accessoires. M. le Ministre de la guerre avait promis de
joindre cet état au budget : on s'est borné à le soumettre en
manuscrit à la Commission.

L'orateur pose en fait qu'il y a actuellement, dans nos
établissements militaires, plus de place qu'il n'en faut pour
loger notre effectif. Il demande un retranchement de
125,485 fr., parce qu'il ne voit pas comment, avec 2,000,000
francs de crédits spéciaux, on pourrait payer 2,125,485 fr.
La différence existant entre le crédit alloué et la dépense,
est, à ses yeux, une hérésie budgétaire que préviendrait le
contrôle de M. le Ministre des finances, s'il était admis à
vérifier préalablement les demandes financières de ses collègues

M. LE MINISTRE DE LA GUERRE a la parole ; il dit :

« Le préopinant a supposé que les propositions de dépenses pour le casernement étaient faites trop souvent par les chefs des divisions militaires, par complaisance pour les villes; cela est impossible Les dépenses de casernement sont faites tout autrement : les plans et devis pour les casernements sont dressés par des officiers de génie qui les envoient au Ministre de la guerre, qui les soumet au comité des fortifications. Le comité les examine avec le plus grand soin, et ils ne sont mis à exécution par le Ministre de la guerre qu'après l'avis du comité.

« On s'est étonné de l'augmentation du casernement, et de ce que la dépense ne corresponde pas à l'augmentation de l'effectif.

« Messieurs, le budget a été présenté, et l'on a reconnu qu'il fallait absolument ajouter au casernement, des bâtiments assez considérables, uniquement dans l'intérêt du soldat. Il a fallu, par exemple, faire des bâtiments de casernement pour des ateliers et pour des infirmeries régimentaires; ces infirmeries sont une excellente création. Au moyen des infirmeries régimentaires, on traite, dans la caserne même, des hommes qui n'ont que des maladies légères ou des commencements de maladie. On épargne ainsi des sommes considérables qui seraient dépensées dans les hôpitaux.

« Il y a eu aussi pour le casernement de la cavalerie une augmentation considérable, parce que l'espacement est maintenant tout différent; et nous avons déjà senti les bons effets des changements qui ont été opérés dans les casernes de cavalerie depuis quelques années. En effet, le nombre des chevaux morts de maladie a diminué chaque année; c'est une chose qui est constatée à présent et que tout le monde sait.

« On ne peut donc appliquer à des causes légères ou illégitimes l'augmentation des dépenses qui ont été faites sur ces divers objets.

« En outre, on a commencé à faire dans les prisons militaires de petites prisons cellulaires. C'est une chose de la plus haute importance. Le mode actuel de répression dis-

ciplinaire est très-défectueux. Un jeune conscrit qui arrive
est souvent corrompu par de mauvais sujets, parce qu'ils
sont renfermés plusieurs ensemble pendant des journées
entières. On a remarqué que, dans les lieux où l'on peut
isoler le soldat, où l'on peut avoir une discipline autrement instituée, il conserve sa moralité. L'on ne pourra
donc pas trouver mauvais qu'on commence dans les casernes ces sortes de travaux. Ils augmentent la dépense,
mais ils sont reconnus comme urgents par les hommes les plus compétents et les plus versés dans ces matières. »

L'AUTEUR DE L'AMENDEMENT répond que les prévisions
de dépenses pour la place de Metz s'élevaient l'année dernière à 150.000 f., et qu'elles s'élèvent cette année à 400,000
fr. Cela tient, selon lui, à ce que l'on a bouleversé tous
les plans sur lesquels reposait la loi de 1841. Il demande de
nouveau comment on paiera un crédit de 2,125,000 fr.
avec un crédit de 2,000,000 fr. seulement.

M. LE COMMISSAIRE DU ROI répond :

« Je ferai observer à la Chambre que, l'année dernière,
on avait proposé d'établir un pénitencier militaire dans la
caserne de Haute-Seille, qui a été abandonnée par les
élèves de l'école d'application d'artillerie et du génie, auxquels on a construit un pavillon pour leurs logements.
Mais, depuis lors, on a arrêté le programme des diverses
prisons militaires que le Gouvernement se proposait d'é-
tablir. On a reconnu qu'il y avait impossibilité absolue,
dans les bâtiments de la caserne de Haute-Seille, d'établir
un pénitencier militaire, avec des cellules, avec des cours
pour les diverses catégories de détenus, et avec des ateliers
pour le travail. En conséquence, on a renoncé au projet
d'établir un pénitencier militaire dans le bâtiment de la
caserne de Haute-Seille.

« On a étudié alors le plan d'une nouvelle caserne sur
un terrain entièrement nouveau ; c'est cette construction,
dont la dépense est évaluée à 400,000 fr., qu'on a portée
au budget en remplacement de celle portée pour l'établissement du pénitencier dans le bâtiment de la caserne de

Haute-Seille. Il est impossible au Gouvernement de porter deux tiers ou trois quarts de la dépense au budget: il l'a portée en entier, mais avec la ferme intention, ainsi que l'a dit l'année dernière M. le Ministre de la guerre, de ne jamais dépenser 1 fr. au-delà des allocations faites par la loi. Il s'arrêtera lorsqu'il aura dépensé 2 millions, et il viendra demander à la Chambre un crédit supplémentaire pour les 125,000 fr. »

L'AUTEUR DE L'AMENDEMENT se croit autorisé à conclure des paroles de M. le Commissaire du Roi, qu'on ne s'arrêtera que lorsque la Chambre sera complètement engagée. Dans son opinion, il faudrait qu'on vînt demander à la Chambre un crédit spécial.

M. LE COMMISSAIRE DU ROI fait observer au préopinant qu'il faudrait alors proposer le retranchement des 400,000 francs.

M. LE RAPPORTEUR dit :

« Il est évident que, dans le système du préopinant, il serait plus simple de réduire le crédit général de 2 millions.

« La Commission a été saisie de l'amendement ; elle approuve tout ce qui a été dit quant à la manière de diriger les travaux publics, et quant à l'application des règles de la comptabilité. Seulement, dans la question actuelle, il s'agit d'établir un pénitencier militaire sur certaines bases qu'on a modifiées ; on a fait un système complet de prisons militaires ; le crédit se trouve accru de 125,000 fr. La Commission n'a pas pensé que cette différence de crédit fût de nature à exiger absolument la présentation d'un projet de loi pour la prison militaire de Metz, et, sous ce rapport-là, elle n'est pas disposée à accueillir la proposition. »

L'AUTEUR DE L'AMENDEMENT déclare que, pour ne pas exposer la Chambre à établir un précédent fâcheux, il retire sa proposition.

— Le chapitre III est mis aux voix et adopté.

CHAPITRE IV.

« Constructions pour le service de l'artillerie, 800,000 fr. »

— La Commission a proposé sur ce chapitre une réduction de 300,000 fr.

M. LE RAPPORTEUR dit que la Commission, d'accord avec M. le Ministre de la guerre, élèverait le crédit pour ce chapitre de 150,000 fr., et il serait porté de 500 à 650,000 fr.; et par contre, le chapitre VII, « Armement des fortifications de Paris, » serait réduit d'une même somme de 150,000 fr., et au lieu de 1,280,000 fr., le chiffre de ce chapitre VII serait de 1,130,000 fr.

— La Chambre adopte le chiffre du chapitre, porté à 650,000 fr.

— On passe à la seconde partie, relative aux travaux régis par la loi du 11 juin 1842.

M. LE PRÉSIDENT propose de délibérer d'abord sur le chapitre VII, relatif à l'armement des fortifications de Paris, et duquel doivent être retranchés les 150,000 fr. que 'a Commission a reportés sur le chapitre IV de la première partie, relatif aux constructions pour le service de l'artillerie.

Le crédit demandé par le Gouvernement était de 3,280,000 f. La Commission avait proposé une réduction de 2 millions, qui, par suite du transport, est augmentée de 150,000 fr.

— La Chambre adopte le chiffre du chapitre, réduit à 1,130,000 fr.

— On revient au chapitre VI, Travaux de fortifications du Hâvre, 1,380,000 fr.

— La Commission a proposé sur ce chapitre une réduction de 580,000 fr., qui est consentie par le Gouvernement.

UN MEMBRE rappelle qu'une loi avait été présentée l'année dernière pour l'agrandissement des fortifications de Toulon. Il en fait ressortir l'utilité et l'importance, aux points de vue militaire, maritime et municipal, et il pose en fait que ces dépenses seront, pour le Trésor, la source de bénéfices certains et considérables.

Le précédent Ministre de la guerre avait manifesté le vif désir de reproduire une loi qui n'avait pu être discutée en temps utile, mais il a dû céder aux représentations de son collègue M. le Ministre des finances, qui, du reste, en motivant son opposition par des considérations empruntées à la situation financière, a reconnu que de toutes les lois de travaux extraordinaires, il n'y en avait ni de plus essentielle ni de plus urgente.

L'orateur désire savoir si l'intention du Ministre actuel est de présenter ce projet dès l'ouverture de la prochaine session.

M. LE MINISTRE DE LA GUERRE reconnaît l'importance du projet de fortifications de Toulon ; aussi soumettra-t-il aux Chambres le nouveau projet, si l'état des finances permet de faire les avances de la dépense avant d'avoir recouvré le prix des terrains qui pourront être vendus.

UN MEMBRE dit qu'effectivement, lorsqu'il dirigeait l'administration des finances, il s'est opposé au projet de loi ; mais jamais détermination ne lui a plus coûté, et il est convaincu que cette dépense se traduira ultérieurement pour l'État en augmentation de ressources. Mais comme les compensations ne se produiront que quelques années après l'exécution des travaux, on comprendra que l'obligation de constituer le Trésor en avances, ait été, dans les circonstances actuelles, un motif d'ajournement.

UN DEUXIÈME MEMBRE croit devoir recommander à M. le Ministre des finances de jeter les yeux sur les tarifs de l'octroi de la ville de Toulon ; il est porté à craindre que cette ville ne songe à couvrir ses dépenses par l'augmentation de ses tarifs.

L'UN DES PRÉOPINANTS répond qu'il s'agit ici d'une dépense militaire que l'État est seul appelé à faire ; mais, dans le cas où la ville croirait devoir y concourir, elle le ferait au moyen des économies qu'elle réalise sur ses revenus.

UN AUTRE MEMBRE rappelle que le Gouvernement avait

pris l'engagement de reproduire cette année le projet de loi
sur les fortifications du Hâvre. Il comprend que la situation
financière ait empêché, cette année, la réalisation de cette
promesse; mais il s'agit, selon lui, d'un projet trop important pour qu'on puisse songer a un ajournement indéfini.
Il demandera, en même temps, s'il est vrai qu'on ait donné
des ordres pour rétablir les fronts nord de la place du
Hâvre. Il a peine à croire a une mesure qui impliquerait la
résolution de ne pas étendre les fortifications actuelles.

M. LE MINISTRE DE LA GUERRE répond :

« J'ai l'intention de donner l'ordre de faire aux fortifications actuelles les réparations les plus nécessaires, celles
qui, si elles n'étaient pas faites, pourraient compromettre
les fortifications du Hâvre et donneraient dans quelques
années une plus forte dépense à faire. Pour ces simples réparations, des fonds ont été votés.

« Quant à la question générale du port du Hâvre, son importance n'est pas moindre que celle du port de Toulon. L'intention du Ministre de la guerre est de la présenter de nouveau
au conseil, sous les mêmes conditions que le projet de Toulon,
c'est-à-dire sous condition que notre situation financière
permettra de commencer des travaux qui seront extrêmement dispendieux. »

UN MEMBRE rappelle que trois projets ont été successivement présentés sur les fortifications du Hâvre ; et il croit
que, par divers motifs, on a eu raison de les écarter tous.
Mais il y a un point sur lequel tout le monde s'est montré
unanime, c'est la destruction de l'ancienne enceinte; et l'o-
rateur s'étonnerait beaucoup que l'on songeât actuellement à la réparer. Relativement aux fortifications de cette
ville, il importe beaucoup, selon lui, de distinguer celles
qui regardent la terre et celles qu'il s'agit d'élever du côté
de la mer. C'est surtout de ces dernières qu'il convient de
s'occuper, parce que, seules, elles ont un véritable caractère
d'urgence.

M. LE MINISTRE DE LA GUERRE reconnaît l'importance
qu'il y a à commencer promptement les fortifications du

Hâvre du côté de la mer, et il se propose de présenter un projet de loi dès l'ouverture de la prochaine session.

— La Chambre adopte le chiffre du chapitre réduit à 800,000 fr.

CHAPITRE VIII

« Travaux extraordinaires de fortifications, 3,600,000 fr. »

La Commission a proposé sur ce chapitre une réduction de 2,000,000 fr.

— La Chambre adopte le chiffre du chapitre, réduit à 1,600,000 fr.

Ce vote termine les délibérations sur le budget du Ministère de la guerre.

Un MEMBRE dit qu'avant qu'on ne passe au budget du Ministère des finances, il croit devoir associer quelques réflexions aux derniers votes de la Chambre sur le budget de la guerre. Il lui paraît évident que l'organisation de l'administration de la guerre est vicieuse, qu'il y a nécessité d'extirper les abus et d'en empêcher le retour. Il conviendrait, selon lui, de revenir au système de l'Empereur, qui avait divisé le département de la guerre en deux parties, et qui avait créé un Ministère de l'administration de la guerre. Il en dira autant du Ministère des finances que l'Empereur avait également scindé, et à côté duquel il avait institué un Ministère du Trésor public.

— On passe au Ministère de finances.

« Personnel, 1,192,400 fr. »

Un MEMBRE appelle l'attention du Gouvernement sur un vœu qu'a souvent exprimé la Cour des comptes. Il importerait, selon lui, que les comptes des payeurs fussent, comme autrefois, réglés et envoyés dans le premier trimestre de l'année, de telle manière que le règlement des comptes pût suivre l'exercice même auquel ils se réfèrent. L'orateur insiste pour qu'on revienne, à cet égard, aux anciens errements.

— Le chapitre xxv est mis aux voix et adopté.

CHAPITRE XXVI.

« Matériel et dépenses diverses, 70,495 fr. »

— Adopté.

ADMINISTRATION CENTRALE DES FINANCES.

CHAPITRE XXVII.

« Personnel, 5,755,600 fr. »

UN MEMBRE demande si une décision a été prise sur une question qui intéresse un grand nombre de citoyens très-pauvres : il veut parler de la tontine d'épargnes de la Caisse Lafarge. Cette tontine a été fondée en 1791, avec la clause de réversion du capital au profit de l'Etat. Mais l'Etat a constamment refusé de s'expliquer sur cette clause de reversion. Au commencement de cette année, les administrateurs de la Caisse se sont réunis, et le résultat des délibérations de cette assemblée a été que l'Etat ne s'étant pas expliqué, la société avait le droit de se considérer comme propriétaire des 1,300 mille francs de rentes inscrites au grand-livre en son nom : elle a décidé, en conséquence, qu'elle actionnerait l'agent judiciaire du Trésor. C'est là la question importante à résoudre. Mais, en dehors de cette question, elle a trouvé que le résultat de ses placements annuels de fonds produisait un revenu de 16,000 fr., dont l'emploi pouvait être fait en tirage d'actions nouvelles. M. le Ministre du commerce, abusant de la tutelle dont l'investit un décret de 1809, a, par une décision préliminaire, mis obstacle à la distribution et au tirage de ces actions. Les pièces ont été renvoyées au Ministère des finances dès le milieu de mai. L'orateur a fait d'inutiles démarches pour provoquer à ce sujet une décision. Il interpelle à cet égard M. le Ministre des finances; il se plaît a espérer que les actionnaires ne seront pas privés de ce faible accroissement de leur capital.

M. LE MINISTRE DES FINANCES dit :

« Cette affaire m'a été soumise ; mais, comme l'a indiqué
le préopinant, elle présente les questions les plus délicates
et les plus difficiles. J'ai cru devoir en préparer la solution
que j'aurai à donner, par l'avis du comité des finances du
conseil d'Etat ; et, dès que j'aurai reçu son avis, l'affaire
sera l'objet, de ma part, de l'examen le plus attentif et de
la solution la plus prompte possible. »

LE PRÉOPINANT fait remarquer qu'il avait soigneusement
distingué entre la question du capital, qu'il reconnaît être
extrêmement grave, et celle qui a trait à la répartition
d'une bonification de revenu, au moyen d'un tirage d'actions. Sous ce dernier rapport, il maintient qu'il y a une
décision d'urgence à prendre.

M. LE MINISTRE DES FINANCES répond que le comité des
finances est précisément consulté sur les deux questions,
et, dans l'avis qu'on lui demande, il indiquera si le Ministre peut séparer la question accessoire de la question
principale, et résoudre provisoirement la question accessoire.

UN MEMBRE croit devoir présenter quelques observations
sur le mode de rédaction des tableaux statistiques du commerce extérieur. La deuxième colonne de ces tableaux
contient l'indication des valeurs, et l'on a pris pour élé
ment de détermination de la valeur, des bases tout-à-fait
surannées : c'est ainsi que, pour 1845, nos exportations
en tissus de coton s'élèveraient, d'après les indications
officielles, à 128 millions ; tandis que l'orateur, après les
investigations les plus minutieuses, n'est arrivé qu'à un
chiffre de 38 millions. L'orateur ajoute, au sujet de l'industrie alimentée par l'importation des cotons en balles,
que la consommation intérieure est à nos exportations
dans le rapport de 95 à 100.

M. LE COMMISSAIRE DU ROI ne conteste pas que des valeurs dont la fixation remonte à 1826, puissent, en beaucoup de points, n'être plus en rapport avec les valeurs
actuelles ; mais les documents qui constatent et présentent

chaque année les résultats du commerce général de la
France, n'indiquent pas seulement la valeur ; la valeur
officielle peut être facilement contrôlée , car pour chaque
article se trouve l'indication du taux d'après lequel s'établit la valeur officielle. Ainsi, celui qui veut faire une évaluation plus actuelle, peut parfaitement se rendre compte
de la réduction que peut comporter cette valeur.

Ce qui fait le mérite de ces docu'' ''nts, c'est la fixité
même des bases comparatives ; et d'ailleurs, à côté du
chiffre de la valeur sont placés les chiffres indicatifs des
quantités, qui à elles seules sont des bases suffisantes d'appréciation. Les éléments propres à se rendre compte des
faits ne manquent donc à personne, et le préopinant peut
mieux qu'un autre, par sa position, convertir les valeurs
officielles en valeurs actuelles.

Un MEMBRE insiste sur l'inexactitude des documents
produits par l'Administration , et sur la nécessité d'y apporter remède.

M. LE COMMISSAIRE DU ROI dit qu'il n'accepte pas la
manière dont le préopinant qualifie ces documents.

Un MEMBRE dit que tout le monde rend justice aux soins
et à l'habileté avec lesquels les tableaux de l'administration
des douanes sont rédigés. Mais il croit en même temps que
le système qu'on applique pourrait être utilement modifié,
et il voudrait qu'à l'instar de ce qui se fait en Angleterre,
on mît la valeur déclarée en regard de la valeur officielle.

M. LE COMMISSAIRE DU ROI répond que ce n'est pas devant l'augmentation de travail qu'amènerait l'indication
parallèle de la valeur officielle et de la valeur déclarée,
que l'Administration reculerait; mais ce serait devant la
difficulté d'avoir la valeur déclarée exacte. La plupart des
opérations d'importation et d'exportation se font d'après
l'unité de poids. Les redevables pourraient se refuser à
faire la déclaration de la valeur. En admettant qu'ils ne
s'y refusassent pas, rien ne garantirait que la valeur qu'ils
auraient déclarée fût une valeur exacte. Il faudrait donner
une sanction à de pareilles obligations, et par conséquent
faire intervenir la loi.

Ce serait là une difficulte très-sérieuse. L'Administration a souvent songé à la possibilité, sans abandonner les bases de valeurs fixes, indispensables pour opérer des comparaisons homogènes d'une époque avec une autre à des points de vue généraux, de fournir en même temps des renseignements sur les valeurs actuelles. Mais jusqu'ici les moyens pratiques de le faire n'ont pas été trouvés. Elle ne cessera pas de les rechercher, et se féliciterait de pouvoir donner cette indication, ainsi que le demande le préopinant.

LE PRÉOPINANT répond que les objections qu'on lui oppose, ont été depuis longtemps résolues par la pratique A cet égard, l'exemple de l'Angleterre est décisif. L'orateur admet qu'il pourrait y avoir des déclarations inexactes, mais il croit qu'elles seraient en général sincères.

UN MEMBRE pense que des déclarations sur la valeur réelle, entraîneraient des difficultes presque insurmontables. D'un autre côte, l'énoncé de la valeur officielle donne lieu a de graves erreurs : c'est ainsi que le chiffre de nos exportations en cotonnades pour l'Algérie, pour être ramené au vrai, devrait être réduit dans des proportions considerables. L'orateur aimerait mieux que les tableaux de la douane se bornassent à l'énonciation des quantités.

L'UN DES PRÉOPINANTS insiste sur les inconvénients de données inexactes, qui exposent à de graves erreurs ceux qui consultent les tableaux.

— Le chapitre XXVII est mis aux voix et adopté.

CHAPITRE XXVIII.

« Matériel, 622,100 fr. »

— Adopté.

CHAPITRE XXIX.

« Dépenses diverses, 301,141 fr. »

La Commission a proposé, sur ce chapitre, une augmentation de 15,300 fr., qui correspond à un retranchement de 30,600 fr. par elle opéré sur le chapitre XXX, relatif au per-

sonnel des monnaies et médailles. Il a été présenté un
amendement qui tend à la fois à supprimer l'augmentation
et le retranchement.

L'AUTEUR DE L'AMENDEMENT fait observer qu'il s'agit,
pour la Commission, de substituer une indemnité, au traitement dont continuent de jouir les employés des hôtels
des monnaies, qui ont été supprimés. Cette mesure proposée, dès l'année dernière, a été écartée par la Chambre,
qui a compris qu'en réduisant les appointements des employés, elle eût préjugé la question de la centralisation des
monnaies. Elle a voulu que cette question demeurât entière. Cette grande affaire des monnaies, lorsqu'on l'a discutée en 1842, comprenait des opérations fort importantes,
dont plusieurs, telles que la réorganisation des ateliers monétaires de Paris, l'établissement d'un système de contrôle
et le retrait des pièces de 75 cent. et de 1 fr. 50 cent., ont
été conduites à heureuse fin. Deux questions restent à résoudre, la refonte des sous de cuivre et la centralisation des
monnaies ; et c'est dans un moment où l'on touche à cette
double solution, que, pour réaliser une économie de 15,000
francs, on propose de retirer à des employés méritants, la
situation qu'ils doivent à de longs services, alors que leur
expérience peut être mise si utilement à profit, pour l'exécution des grandes mesures dont on doit encore se préoccuper. L'État ne doit pas perdre de vue le parti qu'il peut
tirer de la refonte des pièces de 5 fr. aurifères et des pièces
de 20 fr. argentifères. Ces questions doivent porter à sou-
haiter le maintien d'employés qui sont aptes à rendre de
grands services. L'orateur fait appel au sentiment de justice
bienveillante qui a dicté le vote de la Chambre l'année
dernière.

M. LE RAPPORTEUR demande la parole et s'exprime en ces
termes :

« Depuis que la discussion du budget est commencée, on
peut dire que la Commission n'a succombé que sur le terrain qui lui paraissait le mieux choisi pour défendre ses
propositions ; celle-ci aurait-elle le même sort ?

« En ce moment, j'ai non-seulement à soutenir une réduction de crédit, mais en vérité, il semble que j'ai à défendre la Commission du reproche d'injustice, et presque d'iniquité.

« Ne semblerait-il pas que c'est à plaisir que la Commission recherche avec tant de soins et de sollicitude, dans les colonnes de ce budget, que vous trouvez si lourd quelquefois, le moyen de faire des économies.

« Croyez-vous qu'elle prenne quelque plaisir à venir discuter ici pied à pied tous ces crédits qui ne lui paraissent pas indispensables, et à se voir assiégée, poursuivie partout, en dedans et en dehors de cette Chambre, aussitôt qu'on touche à quelques intérêts individuels ou de localité? Vous avez voulu des économies, vous nous avez en quelque sorte prescrit de vous en apporter ; nous avons dû les rechercher. Eh bien ! je fais appel à la conscience de la Chambre : y a-t-il une économie plus naturelle, plus légitime que celle qui consiste non pas à supprimer, mais à réduire des traitements sans fonctions?

« En 1845, M. le Ministre des finances, d'initiative, proposa la réduction que nous demandons aujourd'hui.

« Il y avait, disait-on alors, une question de principe engagée sous cette proposition.

« On prétendait que, par cette réduction, la question de centralisation de la fabrication des monnaies à Paris et la suppression des ateliers monétaires des départements, était préjugée. La Commission du budget avait eu grand soin, cependant, alors comme aujourd'hui, de déclarer qu'elle était entièrement réservée. Déjà, à cette époque, et depuis plusieurs années, certains établissements ne fabriquaient pas, et cependant les fonctionnaires dont nous nous occupons recevaient l'intégralité de leur traitement.

« Il y a deux ans, lorsque nous discutions cette même proposition de M. le Ministre des finances, on nous disait comme aujourd'hui : Vous aurez l'année prochaine un projet de loi qui fixera le sort des hôtels des monnaies ; ne préjugez pas la question.

« En présence d'un engagement qu'on semblait prendre sérieusement, d'apporter un projet de loi dans la session suivante, la Commission ne fit pas une longue résistance. Deux années se sont écoulées avec un projet, et rien n'a été apporté, et rien n'annonce que l'année prochaine la question soit résolue; je suis persuadé qu'elle sera ce qu'elle est aujourd'hui.

« Eh bien! croyez-vous donc, dans cet état, que nous fassions un acte d'injustice, parce que nous proposons une réduction sur les traitements de fonctionnaires qui n'exercent aucun emploi? Si vous aviez fait, il y a deux ans, ce que nous proposons aujourd'hui, vous eussiez fait une chose utile pour le Trésor et pour les employés mêmes, car ils seraient replacés.

« La Chambre peut rejeter notre proposition; mais nous déclarons qu'à nos yeux elle ne peut pas faire une économie plus légitime que celle que nous lui proposons, surtout lorsque nous demandons qu'il soit accordé provisoirement aux employés la moitié de leur traitement. La Commission persiste donc dans sa proposition. »

Un membre dit que, malgré sa propension à soutenir toutes les économies, il a déjà combattu celle dont il s'agit maintenant, parce qu'il entrevoyait la secrète pensée de l'administration des finances, c'est-à-dire la centralisation à Paris de tout le monnayage de France. Il veut que la question demeure entière, et pour cela, il repousse la réduction proposée par la Commission. Il lui paraît utile qu'il y ait en France plusieurs hôtels des monnaies. Il ne voit pas pourquoi Marseille, qui a une banque et qui reçoit des lingots, serait obligée de les envoyer à Paris pour les faire monnayer.

M. le Rapporteur demande qu'il soit bien entendu, quel que soit le sort de l'amendement, que la question est parfaitement réservée; et, pour son compte, il proteste contre la pensée que la proposition de la Commission pourrait impliquer la question de la centralisation.

Le préopinant persiste à croire que la question n'est pas réservée, du moins dans la pensée du Gouvernement, et il est convaincu qu'on veut arriver à la réalisation du projet préconçu.

Un membre croit également que si la question est réser-

vée dans l'esprit de la Commission, elle ne l'est pas dans
l'esprit du Gouvernement. Il ajoutera qu'une erreur s'est
glissée dans le rapport; que la Commission a mal à propos
supposé qu'on ne trouvait pas d'entrepreneurs pour les
ateliers monétaires de province : il s'en est présenté pour
Marseille et pour Lyon, qui offraient toutes les garanties
désirables. L'orateur vote contre la mesure proposée par la
Commission.

M. LE RAPPORTEUR fait observer qu'il ne croit pas avoir
signalé dans son rapport l'impossibilité où l'on aurait été
de trouver des entrepreneurs pour les ateliers monétaires
des départements.

UN MEMBRE appuie la proposition de la Commission, et
dit que, dès que les fonctions ont cessé, il lui paraît inutile de conserver les fonctionnaires. D'ailleurs, dans son opinion, vouloir le maintien des hôtels de monnaies dans les
départements, c'est venir à l'appui d'un système suranné.
Les métaux précieux ne suivent plus les mêmes canaux
qu'autrefois : ils nous arrivent directement par l'Angleterre;
Lyon et Marseille ne sont plus que les courants par lesquels
ils s'exportent au-dehors. Enfin, si l'on veut des procédés
perfectionnés, il ne faut pas disséminer la fabrication ; il
faut imiter l'exemple de l'Angleterre, qui a centralisé la
sienne. L'orateur voudrait savoir si M. le Ministre des finances compte donner suite aux recherches auxquelles s'est
livrée son administration, et qui tendent à prouver que le
degré d'alliage employé jusqu'à présent dans la fabrication
des métaux, n'est pas celui qui est propre à leur donner le
plus de solidité.

UN AUTRE MEMBRE a été surpris d'entendre dire qu'il ne
nous arrive plus de métaux par Marseille. Chaque année,
on en expédie d'Espagne sur ce point, pour 20 et 30 millions; et, faute d'ateliers monétaires, on est obligé de les
laisser fabriquer en Italie. Ignore t on aussi l'abondance des
mines de Russie, dont les produits nous arriveront par l'Est
et par le Nord. L'orateur voit de grands avantages à ne pas
concentrer à Paris la fabrication des métaux.

LE PRÉOPINANT maintient que le grand marché des métaux est à Londres, et que c'est de là qu'ils nous **viendront** directement.

M. LE PRÉSIDENT fait observer que l'augmentation **de** 15.300 fr. sur le chapitre **XXIX**, n'étant qu'une conséquence du retranchement de 30,600 fr. proposé par la Commission sur le chapitre **XXX**, il convient de statuer d'abord **sur** ce retranchement.

Le chapitre **XXX**, relatif au personnel des monnaies et médailles, a été crédité par le Gouvernement de **150,400** francs.

— La réduction de 30,600 fr., proposée par la Commission, est mise aux voix ; elle n'est pas adoptée.

— La Chambre adopte le chiffre du chapitre.

— Ce vote ayant pour résultat de faire tomber l'augmentation de 15,300 fr. proposée sur le chapitre **XXIX**, la Chambre adopte ce chapitre, dont le chiffre demeure fixé à 301,141 fr.

CHAPITRE XXXI.

« Monnaies et médailles (Matériel), 78,100 fr. »
— Adopté.

CHAPITRE XXXII.

« Monnaies et médailles (Dépenses diverses), 5,100 fr. »

La Commission a proposé sur ce chapitre une réduction de 1,200 fr., qui est consentie par le Gouvernement.

— La Chambre adopte le chiffre du chapitre, réduit à 3,900 fr.

CHAPITRE XXXIII.

« Frais de trésorerie, 3,450,000 fr. »

CHAPITRE XXXIV.

« Traitements et frais de service des receveurs généraux et particuliers des finances, 5,081,000 fr. »

CHAPITRE XXXV.

« Traitements et frais de service des payeurs dans les départements, 1,060,000 fr. »

— Adoptés.

La Chambre renvoie la suite de la délibération à lundi.

— La séance est levée.

Signé SAUZET , *Président ;*
De Bussières, Oger, Saglio, Lanjuinais ,
Secrétaires.

Collationné :

Le Secrétaire-Rédacteur,

-       *Signé* D. Lagarde.

Présidence de M. SAUZET.

—

Séance du Lundi 12 Juillet 1847.

— Le procès-verbal de la séance du 10 est lu et adopté.

MM. Junyen et Oudinot demandent et obtiennent des conges.

M. de Bussières (de la Marne) s'excuse par lettre, sur l'état de santé de sa mère , de ne pouvoir assister à la séance.

M. le Président donne lecture de la lettre suivante :

« Monsieur le Président,

« J'ai la douleur de vous annoncer que le lieutenant-gé-
« néral Schneider, Député de la Moselle , mon beau-père,
« vient de mourir.

« Je vous prie de vouloir bien informer la Chambre que
« ses obsèques auront lieu après demain mercredi , à dix
« heures du matin.

« J'ai l'honneur d'être , etc.

« *Signé* A. Saisset. »

*L'or Ire du jour est la discussion de divers projets de
lois d'intérêt local.*

— La Chambre décide, pour chacun de ces projets,
qu'elle passera à la discussion des articles.

— Ces projets sont ensuite adoptés article par article et
dans leur ensemble.

En voici la teneur :

PREMIER PROJET.

Article unique.

« Le département d'Eure-et-Loir est autorisé, conformément à la demande que son conseil général en a faite
dans sa session de 1846, à s'imposer extraordinairement,
pendant six années, à partir de 1848, deux centimes et
demi additionnels au principal des quatre contributions directes, dont le produit sera exclusivement affecté aux travaux d'achèvement et d'amélioration des routes départementales classées. »

DEUXIÈME PROJET.

Article unique.

« Le département de la Seine est autorisé, conformément
à la demande que son conseil général en a faite dans sa
session de 1846, à s'imposer extraordinairement, pendant
cinq années, à partir de 1848, trois centimes additionnels au principal des quatre contributions directes, dont
le produit sera exclusivement affecté aux travaux d'agrandissement, d'isolement et d'amélioration du Palais-de-
Justice de Paris. »

TROISIÈME PROJET.

Article unique.

« La ville de Quimper (Finistère) est autorisée : 1° à
emprunter, soit avec publicité et concurrence, soit directement de la Caisse des dépôts et consignations, à un
intérêt qui ne pourra dépasser 5 pour 100, une somme de
soixante-quinze mille francs, destinée à l'exécution de divers travaux d'utilité communale énumérés en la délibéra-

tion municipale du 9 avril 1847, et remboursable en quatre
années, a partir de 1855 ;

« 2° A s'imposer extraordinairement, pendant onze ans,
cinq centimes additionnels au principal des quatre contributions directes, pour le produit de cette imposition être
affecté, concurremment avec ses revenus ordinaires, au
paiement des intérêts et à l'amortissement de l'emprunt. »

QUATRIÈME PROJET.

Article unique.

« La ville d'Evreux (Eure) est autorisée 1° à emprunter,
soit avec publicité et concurrence, soit directement de la
Caisse des dépôts et consignations, à un intérêt qui ne
pourra dépasser 5 pour 100, une somme de **50,000 fr.**, applicable au paiement des dépenses indiquées dans la délibération municipale du 4 juin 1847, et remboursable en dix
ans, à partir de 1848 ;

« 2° A s'imposer extraordinairement pendant dix ans, à
partir de la même année, 4 centimes et demi additionnels
au principal de ses contributions directes, pour concourir,
avec ses revenus ordinaires, au remboursement de cet emprunt. »

CINQUIÈME PROJET.

Article unique.

« Le département du Jura est autorisé, conformément à
la demande que son conseil général en a faite, dans sa session de 1846, a s'imposer extraordinairement pendant trois
années, à partir de 1848, deux centimes additionnels au principal des quatre contributions directes, dont le produit sera
appliqué à la dépense d'appropriation des prisons de Dôle
et d'Arbois, ainsi qu'à la dépense d'agrandissement du palais
de justice de Saint-Claude, et de construction d'une caserne de gendarmerie à Chemin. »

SIXIÈME PROJET.

Article premier.

« Le département de l'Orne est autorisé, conformément à
la demande que son conseil général en a faite dans sa ses-

sion de 1846, à emprunter, en 1847, à un taux d'intérêt qui ne pourra dépasser quatre et demi pour cent, une somme de cent mille francs, qui sera appliquée aux travaux d'achèvement ou d'amélioration des routes départementales.

« L'emprunt aura lieu avec concurrence et publicité Toutefois, le préfet du département est autorisé à traiter directement avec la Caisse des dépôts et consignations, à un taux d'intérêt qui ne soit pas supérieur à celui ci-dessus fixé.

Art. 2.

« Le département de l'Orne est autorisé, conformément à la demande que son conseil général en a également faite dans sa session de 1846, à s'imposer extraordinairement, en 1853, trois centimes additionnels au principal des quatre contributions directes, dont le produit sera exclusivement affecté au remboursement de l'emprunt ci-dessus autorisé.

« Il sera pourvu au service des intérêts au moyen des sommes annuellement portées par le conseil général au budget départemental. »

SEPTIÈME PROJET.

Article unique.

« La ville de Saumur (Maine-et-Loire) est autorisée à emprunter, soit avec publicité et concurrence, soit directement de la Caisse des dépôts et consignations, à un intérêt qui ne pourra dépasser cinq pour cent, une somme de quarante mille francs, destinée à venir au secours de sa population malheureuse.

« Cet emprunt sera remboursé en huit ans, à partir de 1849, par annuités de cinq mille francs chacune, à prélever sur les revenus de la ville. »

HUITIÈME PROJET.

Article unique.

« Le département de la Manche est autorisé, conformément à la demande que son conseil général en a faite dans sa session de 1846, à s'imposer extraordinairement pendant six années, à partir de 1848, trois centimes additionnels au principal des quatre contributions directes, dont le produit sera exclusivement affecté aux travaux d'achèvement des chemins vicinaux de grande communication classés.

« Cette imposition sera recouvrée concurremment avec les centimes spéciaux dont les lois de finances autoriseront l'établissement, en vertu de l'art. 12 de la loi du 21 mai 1836. »

NEUVIÈME PROJET.

Article unique.

« Le département de la Manche est autorisé, conformément à la demande que son conseil général en a faite dans sa session de 1846, à s'imposer extraordinairement pendant six années, à partir de 1848, deux centimes additionnels au principal des quatre contributions directes, dont le produit sera exclusivement appliqué aux travaux d'amélioration et de restauration des routes départementales classées. »

DIXIÈME PROJET.

Article unique.

« Le département de la Charente est autorisé, conformément à la demande que son conseil général en a faite dans sa session de 1846, à s'imposer extraordinairement en 1848, trois dixièmes de centime additionnels au principal des quatre contributions directes, dont le produit sera exclusivement affecté à celles des dépenses de l'instruction primaire auxquelles il ne pourra être pourvu au moyen des centimes spéciaux perçus en vertu de la loi du 28 juin 1834. »

L'ordre du jour appelle ensuite la suite de la discussion du projet de budget pour l'exercice 1848 (Dépenses).

MINISTÈRE DES FINANCES.

Contributions directes.

CHAPITRE XXXVII.

« Personnel, 2,422,700 fr. »

— Adopté.

CHAPITRE XXXVIII.

« Dépenses diverses, 1,644,238 fr. »

La Commission propose une réduction de 6,300 fr.

M. LE MINISTRE DES FINANCES fait observer que sur l'article que la Commission réduit de 6,300 fr., on a pris les frais de réunion des Commissions chargées d'examiner les aspirants aux surnumérariats. Cet article est destiné aux secours ; il est évident que si on le réduit, les secours pourront en souffrir.

M. LE RAPPORTEUR répond que la Commission a fait la part des secours, et qu'elle persiste dans son avis.

— La réduction est adoptée.

— Le chapitre réduit est adopté ; son chiffre est de 1,637,938 fr.

UN MEMBRE présente des considérations sur la conservation du cadastre. On peut y procéder, selon lui, de deux manières, ou y insérer au fur et à mesure les changements qui surviennent dans la distribution de la propriété, ou le faire périodiquement à certaines époques. Dans quelque sens que l'on se determine, il est urgent de pourvoir à cette conservation. Les premiers travaux ont été faits d'une manière défectueuse ; et, depuis cette époque, les divisions et les subdivisions survenues dans la propriété y ont introduit de grands changements. Aujourd'hui ; nous possédons un excellent personnel d'ingénieurs, et la matière est parfaitement connue ; il conviendrait de mettre à profit ces deux circonstances.

M. LE MINISTRE DES FINANCES répond qu'avec les fonds qui lui ont été alloués ; on a procédé à des expériences et à des études sur cette matière. L'administration sera prochainement en mesure de présenter un projet de loi.

UN MEMBRE fait observer que la conservation entraîne la création d'un nouveau personnel, ce qui constituerait une nouvelle charge pour le budget. On pourrait l'éviter, selon lui, en chargeant de cette fonction les employés des Domaines.

UN SECOND MEMBRE regarde comme nécessaire de changer le caractère de ce service. Si l'on ne veut faire du cadastre qu'un instrument pour les ventes et pour l'établissement de l'impôt, le résultat ne vaudrait pas les frais d'un renouvellement complet. Avec l'habitude qui s'introduit journellement de faire des ventes sans garanties de contenance, il n'y aura plus bientôt un seul acte de propriété qui contienne une véritable délimitation. Mais si l'on veut faire du cadastre un véritable terrier, c'est une grande œuvre qui mérite d'attirer l'attention de l'Administration et des Chambres.

M. LE MINISTRE DES FINANCES répond qu'il tiendra compte de toutes les observations qui viennent d'être présentées, dans la préparation du projet de loi.

CADASTRE.

CHAPITRE XXXIX.

Frais d'arpentage et d'expertise. { Dépenses à la charge du fonds commun. 200,000 f. Dépenses imputables sur le produit des centimes facultatifs votés par les conseils généraux des départements. . . 574,000 } 774,000 f.

La Commission propose, sur le premier chiffre, une réduction de 50,000 fr. consentie par le Gouvernement.

— Le chapitre ainsi réduit est adopté au chiffre de 724,000 f.

CHAPITRE XL.

« Frais de mutations cadastrales, 600,000 fr.

La Commission avait proposé une réduction de 100,000 f.

M. LE RAPPORTEUR dit que depuis que son rapport a été déposé, la Commission a obtenu des renseignements qui la déterminent à modifier ses propositions.

La Chambre peut voir. par la lecture du rapport, que la Commission s'était particulièrement appuyée, pour lui proposer un retranchement de 100,000 fr., sur les dépenses faites dans les trois dernières années. et qui ne s'étaient elevées qu'à moins de 500,000 fr.; elle avait donc pensé, dans le premier moment, qu'on pouvait rester dans cette limite. Ce que la Commission a pu apprendre depuis. c'est que les travaux de mutations cadastrales avaient été pendant très-longtemps négligés ; que l'administration venait de changer le système d'après lequel s'opéraient autrefois les mutations, système à l'aide duquel on a atteint ce double but : que les mutations sont mieux et plus régulièrement faites, et que l'on reprend tout le passé pour recuiller les matrices et mettre les travaux à jour. Or, il résulte déjà de l'application des nouveaux règlements et des nouvelles méthodes en 1846 et 1847. qu'on dépassera considérablement le nombre des parcelles mutées dans les années précédentes ; que, par conséquent, comme il ne saurait être dans l'intention de la Commission d'arrêter les travaux et les dépenses qui doivent en être la conséquence. elle s'est trouvée dans la situation d'adopter la proposition du Gouvernement ou de faire de ce chapitre un service voté. La Chambre connaît l'opinion de la Commission sur cette question d'extension des services votés Elle y résiste tant qu'elle peut ; elle préfère donc maintenir momentanément le chiffre de 600,000 fr., tout en reservant à la Chambre le droit de le réduire ; car il est dans la pensée de la Commission qu'il ne sera pas toujours atteint. Mais quant à présent, pour ne pas gêner le Ministre dans son action, et attendu que les mutations se font maintenant régulièrement, par une meilleure méthode et selon un tarif déterminé, la Commission. revenant sur sa première résolution, propose d'allouer le chiffre de 600,000 fr.

—Le chapitre est adopté ; son chiffre est de 600,000 fr. »

CHAPITRE XLI.

« Remises aux percepteurs ; frais de distribution de premier avertissement ; frais judiciaires et secours, 11,938,572 francs. »

— Adopté.

ENREGISTREMENT ET DOMAINES.

CHAPITRE XLII.

« Personnel, 9,272,800 fr. »

Un membre donne lecture de l'art. 8 de la loi du 18 juillet 1829, qui est ainsi conçu :

« Les inventaires des mobiliers fournis, soit par l'État, soit par les départements, aux fonctionnaires publics, seront faits avant le 1er janvier 1830.

« Ces inventaires seront récolés à la fin de chaque année, et à chaque mutation de fonctionnaires responsables.

« Ils seront déposés aux archives du Ministère des finances. »

Il donne ensuite connaissance des observations de la Commission de vérification des comptes des Ministères, dont voici le texte :

« L'inventaire existe partout, mais il est diversement établi ; les entrées et les sorties n'y sont pas toujours constatées d'une manière régulière ; les désignations y sont, la plupart du temps, vagues et dépourvues de renseignements quant à la valeur des objets : en ce qui concerne particulièrement le Ministère de l'Intérieur, le mode adopté permet difficilement de rapporter les numéros qui doivent leur correspondre. Le récolement exercé annuellement dans les autres Ministères ne l'a pas toujours été avec la même exactitude aux Ministères de l'intérieur et de l'instruction publique. Dans ce dernier Ministère, le récolement le plus récent s'est effectué le 30 janvier 1844 ; dans l'autre, il a eu lieu en 1847 ; mais, en remontant aux années précédentes, nous avons constaté que plusieurs fois on avait laissé passer deux ou trois ans sans le faire. Dans les seuls Ministères de la guerre et des finances, l'agent a été assujetti à un cautionnement pour garantie de sa gestion.

« On voit, d'après ce qui précède, que les prescriptions de l'article de la loi du 26 juillet 1829 sont diversement exécutées, et d'une manière souvent incomplète, dans les administrations centrales des différents Ministères. Cet état

de choses doit éveiller la sollicitude de l'administration des
domaines ; car c'est à elle particulièrement qu'il appartient
de veiller à ce que les inventaires soient tenus uniformé-
ment et satisfassent aux exigences d'une bonne comptabilité. »

L'orateur croit, au contraire, que la charge de faire l'inventaire appartient au Ministère des finances, et que l'administration des domaines n'a à faire que les récolements. Il
cite, à l'appui de son opinion, le passage suivant d'une
Commission législative :

« Les mobiliers achetés avec les centimes généraux et
départementaux, et remis à des fonctionnaires publics, tels
que les Ministres, les préfets et les évêques, pour les aider
à supporter le poids de la représentation, ont été l'objet de
quelques mesures d'ordre ; mais ces mesures d'ordre sont
incomplètes, elles n'atteignent pas tous les mobiliers, *et ne
garantissent nullement le remplacement des objets perdus
ou détournés.* Ce défaut de précaution est d'autant plus
fâcheux, que ces mobiliers sont beaucoup plus à la discrétion des subalternes qu'à celle du fonctionnaire qui en est
censé responsable. »

Il prie M. le Ministre de faire savoir quelles sont ses intentions sur l'exécution de cette loi.

M. LE MINISTRE DES FINANCES répond :

« Je crois que le préopinant donne à l'administration
des finances des attributions plus complètes que celles qui
lui sont déférées par l'ordonnance. L'ordonnance de 1829 a
chargé les fonctionnaires à qui des mobiliers sont remis par
l'État, de dresser eux-mêmes l'inventaire de ces mobiliers ;
elle charge l'administration des domaines de faire annuellement, et à chaque mutation du fonctionnaire responsable, le récolement de son mobilier ; elle a chargé enfin
l'administration des finances de conserver ces inventaires
dans ses archives. Voilà l'ordonnance de 1829.

« Je n'aurais aucun pouvoir, dans l'état de la législation,
pour aller faire faire par les agents de l'administration des
finances, et je serais même embarrassé de décider par les

quels, les inventaires des mobiliers remis à des fonctionnaires qui ne ressortissent pas du Ministère des finances.

« Le devoir de l'administration des finances, par l'intermédiaire de la régie et des domaines, est de faire faire le
récolement annuel Or, ce récolement se fait exactement.
J'ai sous les yeux l'état de ceux qui ont été effectués. Dans
les deux Ministères dans lesquels on dit que le récolement
n'a pas été fait, ceux de la justice et de l'intérieur, il est
constaté que le récolement a été fait tous les ans avec exactitude, sauf que, dans une année, il a été anticipé dans un
Ministère et arriéré dans un autre, à cause des réparations
qu'on exécutait dans les bâtiments de ce Ministère Le devoir imposé à l'administration des domaines est donc parfaitement rempli.

« J'examinerai s'il y a des dispositions complémentaires
qui puissent assurer encore mieux le but de l'ordonnance
de 1829 ; je les prendrai s'il y a lieu. »

— Le chapitre XLII est adopté.

CHAPITRE XLIII.

« Matériel, 308,500 fr. »

CHAPITRE XLIV.

« Dépenses diverses, 806,300 fr. »

TIMBRE.

CHAPITRE XLV.

« Personnel, 427,700 fr. »

CHAPITRE XLVI.

« Matériel et dépenses diverses, 529,400 fr. »

— Adopté.

FORÊTS.

CHAPITRE XLVII.

« Personnel, 3,637,900 fr. »

Un membre exprime le regret que la Chambre n'ait pas
pu discuter le projet de loi sur le reboisement. Il importe

que l'Administration vienne en aide aux propriétaires pour des choses qu'elle seule peut leur fournir. Ainsi, ce qui coûte dans des travaux de cette nature, c'est la préparation du sol. Cependant, il arrive souvent qu'une fois ces frais faits, les propriétaires sont obligés de renoncer à leur projet, par la difficulté de se procurer des graines convenables. M. le Ministre des finances pourrait établir dans les forêts du Gouvernement des sècheries qui recueilleraient ces graines, et qui les fourniraient aux particuliers.

M. le Ministre des finances répond qu'il tiendra compte de ces observations, lorsqu'il préparera le projet de loi définitif sur le reboisement.

Un membre ajoute quelques détails à ceux qui viennent d'être présentés Dans le Midi, le reboisement des coteaux sablonneux se fait au moyen de graines de pins maritimes et de pins du Nord, que l'on se procure aisément dans la secherie établie par l'Administration a Haguenau. Il serait à désirer que l'on établît dans le Midi des secheries qui fournissent des graines de pins d'Alep et de Jérusalem, nécessaires pour reboiser les coteaux crayeux et calcaires.

M. le Ministre des financs répond que les fonds alloués au budget ne sont pas suffisants pour faire la dépense dont il s'agit. L'Administration s'occupera de l'étude de ce projet, et, selon le résultat, elle viendra demander à la Chambre les moyens de le mettre à exécution.

Un membre fait observer que l'Administration publique dispose de la moitié des forêts existant en France, et qui appartiennent, soit à l'Etat, soit aux communes. Elle peut donc exercer une grande influence sur le prix des combustibles, et par là sur la situation des industries qui en ont besoin, telles que les tanneries, les forges, les hauts fourneaux, les verreries, cristalleries, etc. L'usage est d'établir les prix courants, sur les prix de l'année précédente. Or, il est notoire que l'esprit exagéré de spéculation, qui a régné l'année dernière, a élevé ces prix au-delà de toute limite raisonnable. Cela est démontré par les pertes énormes que le commerce de bois a supportées à Paris en en province. L'orateur reconnaît que l'Administration doit maintenir

intacts les revenus de l'Etat ; mais il ne voudrait pas non
plus que tous les autres intérêts fussent sacrifiés à l'intérêt
fiscal. Il demande donc qu'à l'avenir, les prix ne soient
établis par l'administration des forêts, qu'après avoir con
sulté les préfets, l'administration des mines, et le Ministre
du commerce.

M. LE MINISTRE DES FINANCES répond que le devoir de
l'Administration est de conserver le capital de l'Etat ; cependant, elle sait se garder de toute exagération. Il suffit,
pour en donner la preuve, de faire connaître la circulaire
suivante du directeur général :

« Je vous recommande de nouveau de réviser les estimations avec le plus grand soin, avant les ventes, en ayant
égard à toutes les circonstances qui peuvent influer en
hausse ou en baisse. »

On ne pourrait aller au-delà, sans abandonner les intérêts de l'Etat.

— La chapitre XLVII est adopté.

UN MEMBRE présente des observations sur différentes
remises d'amendes prononcées contre les journaux pour
frais de timbre. Il conteste au Gouvernement le droit de
faire de pareilles remises. La loi du 22 frimaire an VII l'interdit positivement, sous peine, pour l'autorité qui les a
accordées, de rester responsable. Mais ce qui rend cette
violation de la loi plus déplorable encore, c'est qu'elle ne
s'est accomplie qu'au profit de journaux favorables au Ministère. On a été jusqu'à rendre des amendes dont le montant avait été versé. C'est en vain que l'on voudrait rattacher ces remises à l'exercice du droit de grâce. Les grâces
ne s'accordent que par ordonnances royales insérées au
Bulletin des Lois. et elles sont toujours signées par le Roi.
Il est tellement notoire que l'Administration a agi en
dehors de tout pouvoir. qu'un journal ministériel passé
momentanément dans l'opposition, a violé ouvertement les
lois sur le timbre, en défiant le Ministère de le poursuivre,
et qu'il l'a fait impunément Ce même journal brave aujourd'hui le Gouvernement, en reproduisant, sans qu'on ose

le poursuivre , des articles pour lesquels d'autres journaux
sont en ce moment déferés aux tribunaux.

M. LE MINISTRE DES FINANCES dit que, dans une précédente
séance, son prédécesseur a établi d'une manière incontestable les droits de l'Administration, et l'impartialité avec
laquelle elle a prononcé les remises d'amendes qu'on lui
reproche.

UN MEMBRE dit que la Charte n'établit de droit de grâce
qu'en ce qui concerne les peines corporelles: Il demande
en vertu de quelle disposition générale l'Administration
remet les peines fiscales.

M. LE COMMISSAIRE DU ROI dit qu'il n'y a jamais de remises d'amendes en matière de timbre et d'enregistrement,
sans qu'il y ait proposition par le conseil d'administration.
Il n'y a jamais eu de remises spontanées de la part du
Ministre des finances

Un membre a demandé en vertu de quelle loi le Gouvernement fait des remises en matière de timbre et d'enregistrement ?

Il lui répondra qu'il n'en connaît pas ; que depuis quarante ans que la loi existe, l'usage a consacré cette indul-
gence dont les Ministres usent envers les contribuables qui
lui en paraissent dignes

Il y a quarante ans que cela dure.

UN MEMBRE dit que cet aveu établit seulement que la
violation de la loi est bien plus ancienne qu'on ne le croyait.
La Cour des comptes s'est déjà plainte de ces remises illé-
gales.

UN DEUXIÈME MEMBRE dit qu'il existe deux ordonnances :
l'une du 25 novembre 1816, l'autre du 3 janvier 1821 , qui
permettent ces remises ; il est vrai que la première n'a pas
été insérée au *Bulletin des Lois*. La seconde porte dans
son article 14 :

« Le conseil d'administration délibère sur les demandes
en remise des amendes pour contravention. »

UN MEMBRE a la parole pour un fait personnel ; Il s'exprime en ces termes :

« Messieurs ,

« Je demande d'abord à dire un mot sur le fond du droit.
et à donner quelques renseignements que mon successeur
n'a pas été à portée de connaître.

«La Charte accorde au Roi le droit de grâce sans aucune
distinction ; je ne connais aucun motif pour fonder cette
distinction entre les peines corporelles et les peines pécu
niaires. L'article de la Charte n'en contient aucune, et, dans
la pratique, le droit de grâce s'est toujours exercé ainsi

« Les amendes, en toutes matières, peuvent donner lieu à
des recours en grâce par l'intermédiaire de M. le Garde des
Sceaux, sur la proposition duquel intervient la décision
royale.

« En matière de roulage, de grande voirie, il est fait
remise des amendes sur le rapport de M. le Ministre des
travaux publics.

« Quant aux amendes prononcées par les régies financières, le droit de grâce existe également. Ainsi que l'a dit M. le
directeur général des domaines, la pratique constante a été
de les accorder, et cette pratique n'avait rien d'illégal, car,
là où la constitution donne au souverain le droit de grâce
sans aucune distinction , il est évident que les dispositions
des lois antérieures ne peuvent amoindrir le droit du souverain. Mais il s'est élevé, entre le département de la justice et celui des finances, des difficultés sur le point de savoir quel était le département par l'intermédiaire duquel
le droit de grâce devait être exercé. Le garde des S.eaux
prétendait que cet exercice entrait dans les attributions
exclusives de son Ministère. Il y a eu , sur ce point, une
correspondance assez longue entre les deux Ministres.

« Et M. le Garde des sceaux d'alors reconnut, qu'en
matière fiscale, l'exercice du droit de grâce se liait à beaucoup de considérations, dont la plus grave était celle qui
tenait à l'efficacité même de ces lois fiscales, et à l'inconvénient qu'il y aurait à ce que l'Administration n'eût pas,
dans beaucoup de cas, la facilité d'en tempérer la rigueur,
et il reconnut que, sous ce rapport-là , c'était le Ministre
des finances qui état seul à même de juger quand les tem-
péraments devaient être accordés, et dans quelles limites
ils devaient être renfermés. Mais il maintint que , pour

les peines corporelles, il y avait là quelque chose qui
intéressait plus particulièrement la vindicte publique ; et le
résultat de cette correspondance fut que, pour les peines
corporelles, l'exercice du droit de grâce, même en matière
fiscale, serait provoqué par M. le Garde des Sceaux, après
avoir pris l'avis du Ministre des finances.

« Voilà quel est l'état suivant lequel les choses s'exécutent; état parfaitement légal, car toute prétention contraire
serait inconstitutionnelle.

« Ainsi, si M. le directeur général des domaines ne connaît pas de loi spéciale qui ait dérogé à la loi qui ne s'applique qu'aux matières d'enregistrement, la loi de brumaire
an VII, il n'en est pas moins vrai qu'à cette époque-là le droit
de grâce n'existait pas encore dans la constitution, mais
qu'il a été établi très-peu de temps après; et c'est ainsi
qu'on s'explique pourquoi, peu de temps après la promulgation de la loi, les remises d'amendes ont été faites sans
que jamais leur illégalité ait été proclamée par personne.

« Maintenant, j'arrive à un fait particulier.

« Lorsqu'une attaque pareille à celle qui est portée ici a
été dirigée par un membre de la Chambre, relativement
aux remises aux journaux, j'avais demandé dans mes bureaux l'état des remises accordées. Cet état portait que,
dans un intervalle de trois à quatre ans, ma mémoire ne
me représente pas bien ce détail, il y avait un chiffre dépassant 2 millions de remises accordées ; il y avait dans cet
état l'indication des chiffres les plus considérables de ces
remises. Et dans cet état d'indication figuraient la *Mode*
et la *Démocratie pacifique*; et c'est pour cela que je citai la
Mode et la *Démocratie pacifique*. Depuis cette époque, le gérant du journal la *Démocratie pacifique* a réclamé contre
la désignation qui a été faite. Il en a fait l'objet d'une publication que citait tout-à-l'heure le préopinant.

« Je n'ai à dire que deux mots sur cette publication ; il y
avait délibération du conseil d'administration de l'enregistrement et décision du Ministre des finances, qui fixait à
20,000 et quelques francs la remise accordée à la *Démocratie pacifique* Cette décision était indiquée dans l'état
qui était sous mes yeux ; je l'ai citée, et j'étais en droit de
la citer.

« J'avais demandé un état général avec les trois ou quatre
mille dossiers dont il était le résumé. Depuis, je me suis
fait représenter l'affaire de la *Démocratie*, et j'ai reconnu,
je n'hésiste pas à le déclarer, que dans le fond il n'y avait
pas eu, de la part de ce journal, des intentions de fraude.
Dans la forme, j'aurais été parfaitement maître de mainte-
tenir l'amende, car l'amende était légalement encourue:
mais comme il n'y avait pas eu intention de fraude, je n'ai
pas hésité à faire la remise.

« Maintenant, on a cité un autre journal, le journal *l'E-
poque*, je puis bien le nommer, qui aurait été l'objet de faveurs particulières. Eh bien! que disait le journal *l'Epoque?*
Non-seulement il le disait, mais il le prouvait; il disait:
« Nous vous demandons une remise de timbre, car nous
avons eu des exemplaires maculés; ces exemplaires, quoique timbrés, nous avons été obligés de les mettre au
pilon. » Et il produisait des certificats de négociants honorables, qui attestaient avoir acheté des exemplaires timbrés pour les mettre au pilon. Et cela est si vrai,
que dans le procès qui a été soutenu à l'occasion du
journal *l'Epoque*, on a articulé comme griefs contre le
journal, qu'on l'accusait d'avoir voulu tromper le public,
d'avoir fait timbrer plus d'exemplaires qu'on n'en envoyait
aux abonnés. Par conséquent, si la *Démocratie pacifique*
arguait d'un fait matériel qui montrait qu'il n'y avait pas
fraude de sa part, vous voyez que le journal *l'Epoque* pouvait aussi, au moins pour une partie, arguer d'un fait
matériel, et motiver ainsi sa réclamation contre la décision
qui avait été prise.

« Ce que je tenais à dire à la Chambre, c'est que sur cette
matière là il n'y avait pas deux poids et deux mesures.
Lorsque les faits autorisaient la présomption de bonne foi,
ordinairement l'Administration se fondait là-dessus pour
proposer les réductions ou des remises d'amende, et le
Ministre appréciait la proposition. Lorsque les circonstances n'étaient pas les mêmes, la décision était différente.

« Je rappellerai, d'ailleurs, que pour éviter à l'avenir
les attaques auxquelles l'Administration était en butte,
par suite de cette état de choses, j'avais pris une décision
qui a été constamment exécutée pendant le temps où je

suis encore resté au département des finances, et d'après
laquelle aucune excuse de ce genre n'était pus admissible,
moyennant un arbitrage qui avait été fait de 5 ou 6 pour
100, je crois, pour tenir compte des cas où des faits, des
accidents amènent une contravention matérielle, sans qu'il
y ait mauvaise foi.

« Depuis cette époque, aucune remise n'a été faite ; la
mesure qui avait été prise a été maintenue. Je crois que
c'était la meilleure disposition à prendre, parce qu'au
moyen de cette part faite aux erreurs et aux actes qui
n'entachent pas la bonne foi, quand il y a fraude, il n'y a
pas remise d'amende. »

Un DEUXIÈME MEMBRE fait observer que si un article de
la Charte donne au Roi le droit de grâce, un autre article
déclare qu'une ordonnance ne pourra jamais dispenser de
l'exécution des lois. Il regarde comme une atteinte à la
royauté, de la faire intervenir en de pareilles circonstances.

CHAPITRE XLVIII.

« Matériel, 1.268,700 fr. »

Un MEMBRE propose une augmentation de 100,000 fr.,
ayant pour objet de faire contribuer l'Etat aux dépenses
que les départements font pour ouvrir des routes qui peuvent aider à desservir les forêts du domaine.

— L'amendement n'étant pas appuyé, n'est pas mis aux
voix.

— Le chapitre XLVIII est adopté.

CHAPITRE XLIX.

« Dépenses diverses , 526,900 fr. »

— Adopté.

Douanes.

CHAPITRE L,

« Personnel, 24,354,000 fr. »

— La Commission propose une réduction de 30,000 fr.,
consentie par le Gouvernement.

— Le chapitre, ainsi réduit, est adopté au chiffre de 24,314,100 fr.

CHAPITRE LI.

« Matériel, 595,300 fr. »

— Adopté.

CHAPITRE LII.

« Dépenses diverses, 1,450,250 fr. »

— La Commission propose une réduction de 6,000 fr., consentie pas le Gouvernement.

— Le chapitre, ainsi réduit, est adopté au chiffre de 1,444,250 fr.

Contributions indirectes.

CHAPITRE LIII.

« Personnel, 20,091,878 fr. »

Un membre prie M. le Ministre des finances de faire savoir à la Chambre s'il se dispose à présenter le projet de loi promis par son prédécesseur sur le vinage des vins.

M. LE MINISTRE DES FINANCES répond que l'Administration continue à s'occuper de cet objet.

Un membre signale un abus qui consiste à autoriser certains débitants à vendre le vin avec des taxes différentes à la bouteille et au litre. C'est une infraction à la loi sur le système décimal; il prie M. le Ministre des finances de donner des instructions, et qu'il y soit mis un terme.

M. LE COMMISSAIRE DU ROI répond que, comme les particuliers emploient souvent des bouteilles dans les transports des vins, et qu'il est difficile d'en déterminer la contenance, on a assimilé ces bouteilles aux litres, et on les a assujetties au même droit. Cette assimilation n'a d'ailleurs pas un grand inconvénient, la taxe ne frappant que sur les vins fins et d'un prix élevé.

M. LE MINISTRE DES FINANCES reconnaît que les taxes doivent être assises sur des mesures légales, et qu'elles doirent être perçues de telle sorte, que le consommateur ne soit pas victime d'une fraude ; mais le Trésor ne peut pas abandonner la disposition que vient de rappeler M. le Commissaire du Roi.

CHAPITRE LIV.

« Matériel, 452,100 fr. »

— Adopté.

CHAPITRE LV.

« Dépenses diverses, 1,569,000 fr.

La Commission propose une réduction de 24,000 fr., consentie par le Gouvernement.

— Le chapitre, ainsi réduit, est adopté au chiffre de 1,545,000 fr.

CHAPITRE LVI.

« Avances recouvrables, 952,000 fr. »

Poudres à feu.

CHAPITRE LVII.

« Personnel, 75,000 fr. »

CHAPITRE LVIII.

« Matériel et dépenses diverses, 3,619,500 fr. »

Tabacs.

CHAPITRE LIX.

« Personnel, 1,007,000 fr. »

— Adoptés.

CHAPITRE LX.

« Matériel, 6,423,220 fr. »

La Commission propose une réduction de 193,440 francs, consentie par le Gouvernement.

— Le chapitre, ainsi réduit, est adopté au chiffre de 6,229,780 fr.

CHAPITRE LXI.

« Achats et transports de tabacs, 27,700,000 fr. »

CHAPITRE LXII.

« Dépenses diverses, 265,000 fr. »

— Adoptés.

Postes.

UN MEMBRE attire l'attention de la Chambre et du Gouvernement sur les perfectionnements apportés au transport des dépêches par une récente découverte ; il veut parler du télégraphe électrique, que l'on joint partout aux chemins de fer. En Angleterre, en Amérique, en Belgique, on le met à la disposition des particuliers, qui en retirent de très-grands avantages. La France est le seul pays qui soit en arrière sur ce point. On craint que ce mode de transmission ne soit employé à des jeux de bourse et à des spéculations qui détruiraient l'égalité entre les contractants. Mais on oublie que, dans l'état actuel, on peut obtenir l'avantage de la priorité des nouvelles, au moyen de certaines dépenses ; ce qui met tout l'avantage du côté des gros capitalistes. Le télégraphe électrique, au contraire, mis à la disposition de tout le monde, rétablirait l'égalité et ferait disparaître toute possibilité de fraude. L'orateur en réserve d'ailleurs la direction et la surveillance au Gouvernement. Ce serait un service semblable à celui des postes ; et l'administration aurait dans tous les temps la priorité de l'usage, pour la transmission de ses propres dépêches.

M. LE MINISTRE DES FINANCES dit :

« La question que vient de traiter le préopinant a déjà été traitée devant la Chambre, quand M. le Ministre de l'intérieur lui a demandé des fonds pour l'établissement de télégraphes électriques. On a examiné alors si le télégraphe électrique devait être un instrument politique, un instrument de gouvernement, ou bien un instrument commercial, et la question a été résolue contre le système que propose le préopinant.

« A mon avis, la question a été bien résolue. Le préopinant reconnaît lui-même quels seraient les inconvénients
du télegraphe électrique s'il était à la disposition du public, et il croit échapper à ces inconvénients, en déclarant
qu'il doit rester à la disposition du Gouvernement, le Gouvernement étant le surveillant, et en quelque sorte le cen-
seur des transmissions télégraphiques.

« Qu'il me permette de lui dire que cette surveillance serait souvent illusoire, et cette censure inefficace, si en effet
l'on voulait faire réprimer les transmissions télégraphiques
qui auraient un inconvénient auquel on croit que le Gouvernement pourrait remédier à l'aide d'un langage conven-
tionnel.

« Le Gouvernement ne pourrait exercer aucune espèce de
surveillance. La Chambre a été tellement frappée des inconvénients de la publicité du télégraphe électrique, qu'elle
a redoublé de précautions à l'égard des Compagnies des chemins de fer, en ne leur laissant le droit de s'en servir
qu'avec des signes convenus et limités. »

Un membre rappelle que la discussion de cette matière
n'a pas été complète. Il engage le Gouvernement à ne pas
adopter un parti définitif, avant d'avoir mieux étudié une
matière si grave.

Un deuxième membre dit que la rapidité du transport
des personnes et des marchandises, réalisée par les chemins
de fer, ne produira toute son utilité que si l'on peut réaliser
le même avantage pour la transmission des dépêches et de
la correspondance. Quant à la surveillance, elle serait très-
facile à exercer.

Un troisième membre se plaint de ce que le service des
journaux se fait d'une manière très-irrégulière, et de ce que
les réponses aux réclamations élevées à ce sujet, se font attendre très-longtemps.

M. le Commissaire du Roi dit que le plus grand zèle sera
déployé pour prévenir ces erreurs qu'il a signalées.

Quant à la lenteur des réponses, il est impossible de ne
pas donner à l'Administration tout le temps nécessaire
pour faire une enquête; quand elle est saisie de réclama-

tions, elle est obligée de les transmettre aux directeurs
des départements, qui sont obligés de consulter le directeur et de donner des ordres pour faire cesser l'irrégularité.

M le Commissaire du Roi trouve que six semaines, si
c'était le délai habituel, est un délai un peu long. Il veillera
à ce que ce délai soit le plus court possible. Mais on ne
doit pas être étonné de ce qu'il ait une certaine durée, à
raison du grand nombre de personnes par la filière desquelles il faut passer pour examiner la réclamation.

ADMINISTRATION ET PERCEPTION.

CHAPITRE LXIII.

« Personnel, 11,837,610 fr. »

La Commission avait proposé une réduction de
128,990 fr.

M. LE RAPPORTEUR dit :

« La Commission, en effet, à proposé sur le chapitre LXIII
plusieurs réductions qui s'élèvent ensemble à 128,990 fr.
Je crois que M. le Ministre les accepte toutes ; seulement
il en est une sur laquelle il aurait pu présenter des observations, et je me hâte d'aller au-devant.

« Il s'agit d'une somme de 6,700 fr. pour soixante-sept
facteurs surnuméraires. La Commission a exprimé dis-
tinctement dans son rapport son opinion sur toutes les
propositions de l'administration, et sur celle-ci particulièrement, p. 471 ; elle s'était appuyée sur ce qu'en général
l'Administration trouvait facilement des facteurs surnuméraires ; que ces places, si peu rétribuées qu'elles fussent,
étaient fort recherchées, parce qu'elles offraient la chance
de devenir promptement titulaires ; qu'en outre ils obtenaient, indépendamment du traitement de 600 fr., d'autres avantages qui permettaient de les maintenir dans la
situation actuelle J'ajoute que la Commission pensait que
les facteurs surnuméraires remplissent, en fait, une partie
des emplois à titre de surnuméraire, jusqu'à ce qu'ils aient
atteint le temps d'épreuve avant de devenir facteurs en
pied ; elle pensait que dans cette position ils obtenaient des
gratifications de fin de l'année, qui, réunies au traitement

annuel, paraissaient suffire à leur position ; mais il lui a
été appris qu'ils ne remplaçaient les titulaires que pas-
sagèrement, qu'ils étaient employés au service des bureaux
et autres emplois accidentels ; que, par conséquent, ils ne
recevaient pas les gratifications que nous croyons qu'ils
obtenaient ; en présence donc des explications qui lui ont
été données, la Commission consent à retirer sa proposition,
et à vous proposer d'accorder les 6,700 fr. qui doivent
porter le traitement de ces soixante-sept surnuméraires de
600 à 700 fr. »

— La réduction, ramenée au chiffre de 122,290 fr., est
adoptée.

— Le chapitre est adopté au chiffre de 11,715,320 fr.

CHAPITRE LXIV.

« Matériel , 906,000 fr. »

La commission propose une réduction de 9,000 fr., qui
est consentie par le Gouvernement.

— Le chapitre réduit est adopté au chiffre de 897,000 fr.

CHAPITRE LXV.

« Dépenses diverses, 1,447,824 fr. »

La Commission propose une réduction de 25,500 fr.,
qui est consentie par le Gouvernement.

— Le chapitre réduit est adopté au chiffre de 1,424,324
francs.

Transport des dépêches.

CHAPITRE LXVI.

« Personnel, 2,791,168 fr »

UN MEMBRE rappelle que dans la discussion du projet de
loi sur les crédits extraordinaires, M. le Ministre des finances avait promis d'étudier les améliorations dont pouvait
être susceptible le service de la correspondance entre Londres et Paris. Il y a, dans ce service, des retards très-préjudiciables au Trésor et aux particuliers. On peut, par le service des chemins de fer, envoyer les journaux de Londres

qui partissent à quatre heures du soir, de manière à les
faire arriver à Paris à onze heures du soir ; tandis que les
lettres et les journaux portés par l'administration, n'arrivent que vingt-quatre heures plus tard : il y a trois mois
qu'un débat s'est élevé à ce sujet dans cette Chambre. et,
depuis cette époque, l'administration n'a rien fait.

M. LE COMMISSAIRE DU ROI répond qu'il est très-vrai qu'il
y a une lenteur très-regrettable dans la manière dont la
correspondance se fait entre Londres et Paris.

L'administration s'est occupée des moyens de faire cesser
ces retards très-préjudiciables ; mais les moyens de faire
cesser cet état de choses ne sont pas uniquement dans les
mains du Gouvernement français. Les lettres venant de
Londres sont apportées jusqu'à Calais par le *Post-Office*
anglais. Le Post-Office anglais se sert de bâtiments appartenant a l'Amirauté Il faut que le Gouvernement français
s'entende avec le Gouvernement anglais, le Post-Office et
l'Amirauté, pour faire cesser l'état de choses actuel.

Le Gouvernement français, dans les démarches qu'il a
faites jusqu'ici, a trouvé un grand obstacle au succès de ces
démarches ; c'est que le Gouvernement français mettait une
très-grande lenteur a faire arriver les dépêches de *France*.
En effet, les paquebots dont se servait l'administration des
postes françaises étaient des paquebots qui marchent très-
lentement, et qui mettent quelquefois plus de six heures
pour faire la traversée.

Toutefois, on a voté des fonds pour modifier tout-à-fait
le service. A partir du 1er août prochain, le service sera fait
par des paquebots qui ne mettront pas plus d'une heure et
demie pour faire la traversée du détroit.

Ayant obtenu ce résultat, le Gouvernement français sera
bien plus en droit de pousser énergiquement le Gouvernement anglais pour que, de son côté, il prenne des mesures
propres à faire cesser ce peu de retard dont se plaint le
préopinant.

Le Gouvernement espère réussir dans ses démarches ;
mais, jusqu'à présent, il était empêché dans le succès de ces
démarches mêmes, par la circonstance qui vient d'être indiquée.

Un membre dit qu'effectivement les journaux de Londres peuvent être transportés à Paris, aussi rapidement que l'a dit un des préopinants; mais cela ne constitue pas une fraude, et cela impose d'énormes dépenses à ceux qui veulent se les procurer ainsi; il n'en coûte pas moins de 4,500 fr. par an, pour avoir ainsi un journal qui, par la voie ordinaire, ne devrait pas coûter plus de 100 fr. Tout le mal vient de ce que, dans cette circonstance, on sacrifie l'intérêt public à l'intérêt de la ville de Calais.

Un deuxième membre dit que ce sont les équipages seuls des paquebots anglais qui appartiennent à l'Amirauté. Quant aux paquebots eux-mêmes, ils appartiennent au *Post-Office*, et l'on n'aura, pour cet objet, qu'à traiter avec lui. Il est déplorable que l'intérêt général soit sacrifié à la rivalité de Calais et de Boulogne; et il est regrettable qu'après trois mois, cette affaire ne soit pas plus avancée.

M. LE COMMISSAIRE DU ROI répond que les avantages du transport par Boulogne, ne peuvent être obtenus que lorsque le chemin de fer sera complètement terminé.

La Commission propose une réduction de 2,700 francs, qui est consentie par le Gouvernement.

— Le chapitre, ainsi réduit, est adopté au chiffre de 2,788,468 fr.

CHAPITRE LXVII.

« Matériel, 12,119,190 fr. »

— Adopté.

CHAPITRE LXVIII.

« Dépenses diverses, 5,614,875 fr. »

Un membre attire l'attention de la Chambre sur le service des paquebots à vapeur de la Corse. Il donne d'abord lecture d'un extrait du rapport de la Commission des finances, qui a examiné le budget de 1846, et qui s'exprimait ainsi :

« Avant de terminer ce qui est relatif au service de nos paquebots-postes, nous prions M. le Ministre des finances

de s'assurer s'il n'y aurait pas un notable avantage pour
le Trésor, à substituer le régime de l'entreprise à celui de
la régie pour l'exploitation du service de la poste. On peut
être assuré qu'on trouverait, à des subventions modérées,
des Compagnies offrant des garanties désirables, outre
celles qu'un cahier des charges pourrait stipuler. »

La Commission chargée du budget de 1848, à son tour,
s'exprime ainsi :

« Un dernier service qu'on ne paraît pas disposé à modifier, et sur lequel, cependant, nous appelons la plus
sérieuse attention de M. le Ministre des finances ; c'est le
service de la Corse. Ici, on ne peut pas être arrêté par des
considérations politiques ; c'est une ligne commerciale,
et on peut être plus préoccupé de la question de dépenses,
c'est-à-dire de l'économie à réaliser.

« Les objections que nous avons rencontrées portent
sur les souvenirs du passé, lorsque ce service était exploité
par une Compagnie ; sur l'importance que la Corse attache
à un service qui semble la rattacher plus directement à la
France; enfin sur la crainte de voir une Compagnie absorber
tout le mouvement commercial et maritime de la Corse. Ces
motifs nous ont paru ne pas être de nature à arrêter l'Administration. »

Le service actuel a été établi en 1841. Il a remplacé le
service de la Compagnie Gérard, qui présentait différents
inconvénients, sur lesquels l'orateur n'entrera dans aucun
détail. Il a pu y avoir des avantages dans cette substitution,
mais, si l'on compare les offres faites par la Compagnie
Vallerie avec le service actuel, on reconnaîtra que la correspondance de la Corse sera parfaitement assurée, et qu'il
y aura en outre une économie considérable pour le Trésor,
en même temps qu'une réduction des prix payés par les
particuliers. Cette Compagnie offre d'y employer cinq bateaux à vapeur, qui présentent toutes les conditions nécessaires pour assurer la régularité et la rapidité de la correspondance, ainsi qu'on l'a reconnu dans différentes épreuves.
On objecte que la navigation à la voile de la Corse, redoute
cette concurrence. A cela, on répond que l'ensemble des
navires à voiles employés entre Bastia et Marseille, jau-

gent 2,478 tonneaux. Or, sur ce nombre, 1,450 appartiennent aux actionnaires de la Compagnie Vallerie. On prétend, en outre que l'opinion publique de la Corse est contraire à ce projet. A cela, la Compagnie Vallerie répond, en produisant une déclaration en sa faveur, revêtue de cent vingt signatures, parmi lesquelles on remarque, celles du préfet, du commandant de la division, du premier président de la Cour royale, du procureur général, des présidents et membres des tribunaux civils et de commerce, et de la Chambre de commerce, des directeurs des douanes, du commissaire en chef de la marine, et des principaux négociants, avocats et propriétaires de Bastia.

L'orateur termine, en disant que l'ensemble de ces offres présente tant d'avantages, qu'il ne comprendrait pas que M. le Ministre des finances hésitât plus longtemps. Quelles que soient les influences personnelles qui luttent pour maintenir la régie actuelle, l'orateur espère que le Ministre ne résistera pas aux observations de la Commission, et, au besoin, à la décision que la Chambre pourrait prendre.

M. LE MINISTRE DES FINANCES a la parole, et dit :

« Je crois qu'il y a deux choses qui importent, la première qu'il existe entre la France continentale et la Corse, des communications fréquentes, rapides et sûres ; la seconde, c'est que ces communications soient établies au meilleur marché possible.

« La Compagnie dont il vient d'être question m'a fait ses propositions.

« En examinant l'affaire, je n'ai pas pu m'empêcher d'être frappé de la résistance très-vive que ces propositions avaient rencontré en Corse.

« Le préopinant vient de dire les noms des principaux fonctionnaires ou habitants du pays qui appuyaient la proposition de la Compagnie.

« Si je ne me trompe, ces déclarations s'adressaient à un projet de concurrence contre le service de l'Etat, et non pas à un projet de substitution d'un service de compagnie au service de l'Etat.

« Ce projet a été, au contraire, l'objet des réclamations

les plus vives, dont il était impossible que je ne fusse pas
préoccupé ; il était impossible que je ne regardasse pas de
très-près à une proposition qui avait soulevé les réclamations,
sinon unanimes, du moins présentées à une très-grande
majorité.

« Il y a déjà eu un service de compagnie en Corse ; ce service, le préopinant ne l'a pas contesté, a été qualifié de
déplorable.

« Je dois dire que j'ai vu des lettres, des réclamations
sans nombre, dans lesquelles on parlait avec la plus vive
répulsion du service de la Compagnie Gérard, et, si je
ne me trompe, le préopinant le reconnaissait lui-même.

« J'ai donc dû dire à la Compagnie Vallerie que, si j'étais
sans objection contre l'admission de ses propositions, dans
le cas où elle ferait aussi bien et à meilleur marché que
l'Etat, je trouverais au contraire des objections très-graves
contre sa proposition, si je n'étais pas assuré qu'elle fît
aussi bien, tout en faisant à meilleur marché.

« J'ai, en conséquence, donné à l'administration des postes mission d'examiner les projets d'exécution dont la Compagnie dispose, et d'étudier un cahier des charges qui as-
surerait la parfaite régularité du service.

« S'il m'est démontré que le service peut être aussi bien
fait par une Compagnie que par l'Etat, et que, en même
temps, il soit fait à meilleur marché, la Chambre comprendra que je ne puis pas avoir une seule objection pour repousser la proposition ; mais, dans le cas où il me serait
démontré, au contraire, que ce service perdrait de sa sécurité, de sa rapidité et de sa régularité, je sacrifierais, si
j'adoptais les propositions de la Compagnie, la grande
question à la petite ; un service d'un très-grand intérêt à
une économie d'une médiocre importance.

« Si le service d'une Compagnie peut me donner les mêmes garanties de régularité et de rapidité, et en même
temps l'avantage du meilleur marché, j'accepterai la proposition de la Compagnie. Si, au contraire, il résulte de
cette étude que le service de la Compagnie ne se ferait à
meilleur marché qu'en se faisant moins bien, je crois que
l'intérêt du service doit l'emporter sur l'intérêt de l'économie.

« Et maintenant, que la Chambre me permette de m'expliquer par anticipation, pour ainsi dire, sur l'amendement qui lui a été soumis.

« Cet amendement a pour objet de réduire de moitié le crédit alloué pour ce service de l'année.

«J'ose dire que rien n'exposerait à des conséquences plus funestes que l'adoption de cet amendement. J'aurais à traiter avec une Compagnie, je traiterais avec elle désarmé ; quand je lui ferais des objections, quand je lui dirais : « Vos bateaux ne sont pas assez nombreux, ne sont pas « assez puissants ; vous n'acceptez pas des clauses de cahier « de charges assez sévères, vous ne me donnez pas de ga- « ranties suffisantes ! » La Compagnie me répondrait : « Vous n'avez d'argent que pour six mois, vous serez bien « obligé d'en passer par mes conditions ! »

« Je demande donc à la Chambre de me laisser examiner en toute liberté, et je n'ai de liberté qu'avec un crédit complet, qui me permette de satisfaire à la double condition que je posais, à savoir : que le service serait bien fait, et qu'il serait à meilleur marché. »

Le préopinant dit que la Compagnie Gérard faisait un service irrégulier ; il n'a pas voulu dire autre chose. On affirmait généralement que le préfet était un de ses principaux actionnaires ; mais ce qui est certain, c'est que le père du préfet était l'agent principal de la Compagnie.

Un membre propose une réduction de 180,000 fr., laquelle est applicable au service des dépêches entre Marseille et la Corse, pour le second semestre de l'exercice 1848.

L'auteur de cette réduction rappelle que, de l'aveu même de l'Administration, ce service présente un excédant de dépense de 360,000 fr. La compagnie Vallerie offre de le faire pour 120,000 fr. ; il y a donc une économie considérable à réaliser pour le Trésor. La Compagnie consent d'ailleurs à réduire le prix des places ; elle fera le transport des marchandises, et elle donnera toutes les garanties nécessaires pour assurer la régularité et la rapidité du service. Une première épreuve pour la correspondance avec Alger

a déjà démontré l'avantage de l'entreprise : depuis cette
époque, le Gouvernement a traité avec des Compagnies pour
la correspondance transatlantique ; son opinion n'est donc
pas douteuse, et ce n'est pas de lui que vient la résistance :
elle ne vient pas non plus du commerce. Quant au service
de l'exercice prochain, si, après examen, M. le Ministre
pense que la compagnie Vallerie n'offre pas les garanties
nécessaires, il y pourvoira par une demande de crédits extraordinaires.

M. LE MINISTRE DES FINANCES a la parole, et s'exprime en
ces termes :

« Le préopinant croit qu'en traitant sous ma responsabilité, je dois traiter avec liberté.

« Eh bien ! je ne trouve pas que j'ai eu sécurité complète
dans les faits qui me sont connus, et dans les conditions
qui sont offertes j'aurais des objections à faire, des garanties à exiger. Les conditions, telles qu'elles sont offertes,
donnent-elles, à l'avis du préopinant, des garanties complètes pour la régularité des communications ? Voudrait-il
répondre que les moyens dont dispose la Compagnie sont
suffisants ? que ses bateaux sont assez nombreux, qu'ils ont
une assez grande puissance, que ses emménagements
sont bien établis pour la commodité des voyageurs ? Il ne
le sait pas plus que moi : les bateaux n'ont pas été visités ;
il est évident que la négociation ne pourra arriver à un résultat que quand j'aurai pris à cet égard toutes les sécurités
que m'impose l'administration d'un service public. Elles
pourront aussi, en présence d'une Compagnie, ayant à
traiter avec elle, lui imposer probablement des conditions
qu'elle refusera d'abord. Voilà la situation que me fait le
préopinant ; dans six mois, je n'aurai plus d'argent, le
service sera abandonné.

« La Compagnie saura que si, dans le premier semestre
de 1848, je n'ai pas traité, je suis hors d'état de faire le
service. Et c'est dans ces conditions que vous voulez que
je traite avec une Compagnie! J'ose dire qu'on place l'Administration dans l'impossibilité de faire son devoir, de
garantir l'intérêt public.

«Il y a deux grands intérêts, l'intérêt d'une bonne communication avec la Corse , c'est l'intérêt prédominant, ce n'est pas seulement l'intérêt principal, c'est l'intérêt auquel il faut satisfaire à tout prix. Je sais ce que coûte cet intérêt bien desservi par l'Etat, je saurai ce que coûtera un intérêt bien desservi par une Compagnie, quand j'aurai un cahier de charges adopté par l'Administration et par la compagnie; je ne saurai qu'alors si le service peut se faire à aussi bon marché et aussi bien par une Compagnie. Je n'hésite pas à déclarer que je traiterai avec la Compagnie, mais je ne traiterai utilement avec la Compagnie, que quand je traiterai librement ; c'est ma liberté que je demande à la Chambre de me laisser , dans l'intérêt public. »

Un MEMBRE rappelle que l'on n'a reproché à la Compagnie Gérard qu'un petit nombre d'inexactitudes dans le service ; c'est dans un intérêt militaire et maritime qu'on a substitué la régie. L'orateur demande que l'on mette en dehors toutes les questions de personnes, et que si la régie actuelle est supprimée , on ne lui substitue une entreprise qu'au moyen d'une adjudication faite sur enchère et avec publicité.

Un SECOND MEMBRE désire que l'on ne tienne compte d'aucune influence, que l'on ne se préoccupe que des intérêts de l'Etat. Il croit qu'on s'exagère les avantages que présenterait la Compagnie Valierie. L'entreprise ne pourrait être adjugée qu'avec concurrence et publicité. Dans tous les cas , il convient de laisser à M. le Ministre des finances tous ses moyens d'action, afin qu'il soit parfaitement libre dans ses rapports avec les Compagnies.

M. LE RAPPORTEUR dit que dans l'entreprise des paquebots de la Méditerranée, il y a une question politique ; ici il n'y a qu'une question commerciale. On ne peut tirer aucun préjugé du service fait par la Compagnie Gérard. La Commission croit que l'Etat pourrait desservir cette correspondance à des frais moins considérables qu'il ne le fait à présent. C'est au Ministre à examiner la question sous toutes ses faces , de manière à obtenir le résultat qui assure le mieux l'intérêt de l'Etat.

L'AUTEUR DE L'AMENDEMENT regarde le système de l'entreprise comme le meilleur en pareille matière. Il est prêt à retirer son amendement, si M. le Ministre veut reconnaître ce principe et s'engager à présenter un projet de loi à la session prochaine.

M. LE MINISTRE DES FINANCES dit :

« Je n'ai pas de profession à faire sur le système de l'entreprise. Le préopinant disait avec raison que j'avais proposé de l'étendre sur une bien plus grande échelle que sur celle de l'entreprise des bateaux à vapeur de la Corse. Je crois donc que ce système d'entreprise est bon; et si c'est là ce que le préopinant me demande, je le lui déclare de très-grand cœur. Mais s'il me demande de déclarer que le système de l'entreprise, telle qu'elle est proposée aujourd'hui, vaut mieux que la régie par l'Etat, il me demande de me prononcer sans examen, et de décider sans réflexion.

« Si une Compagnie peut faire le service aussi bien, aussi vite, et à meilleur compte que l'Etat, je n'hésite pas à dire que le système par entreprise est préférable ; mais si je ne puis obtenir à meilleur marché qu'en sacrifiant le service, comme le service est un des plus essentiels que je sache, je ne puis pas prendre immédiatement l'engagement de sacrifier le service de l'Etat.

« J'ajoute qu'un des préopinants disait tout-à-l'heure que l'entreprise n'était pas d'une telle importance, qu'on ne pût la faire par concurrence, et je suis porté à penser qu'il a raison. Ce qu'on demande, c'est de restreindre tellement la durée du délai dans lequel j'aurai à traiter, que la concurrence ne soit plus possible; car il y a des Compagnies qui n'ont pas ce moyen de concourir, qui n'ont pas de bateaux prêts, qui n'ont pas de société formée; qui seront empêchées et forcloses en quelque sorte par ce bref délai dans lequel le traité devra être conclu. »

UN MEMBRE fait observer que la Compagnie Bazin fait aujourd'hui pour 84,000 fr. le service de l'Algérie, qui coûtait 1,100,000 fr. à l'Etat.

— L'amendement qui tend à opérer une réduction de 180,000 fr. applicable au service des paquebots entre Marseille et la Corse, n'est point adopté.

Un MEMBRE dit que les bateaux de la Compagnie Gérard, dont le service avait été reconnu comme mauvais, ont été achetés par la marine royale. L'un d'eux, *le Var*, déclaré incapable de faire le service de la Corse, a été envoyé à Mogador, et renvoyé de là sur-le-champ à Toulon, pour être de nouveau mis en réparation. Expédié ensuite au Tréport, il a mis deux mois à faire le trajet, et à peine arrivé, reconnu impropre au service, il a été renvoyé à Cherbourg.

M. LE COMMISSAIRE DU ROI répond qu'en effet, à l'époque où l'on eut besoin d'entretenir des communications de tous les instants avec la côte d'Afrique, à l'occasion des affaires du Maroc, l'administration des ports à Toulon se trouva n'avoir pas à sa disposition un nombre de petits bâtiments à vapeur suffisant pour établir ses communications.

Pour porter une simple lettre, pour se procurer un simple avis, on hésitait fort souvent à employer des bâtiments à vapeur de grande dimension, qui occasionnaient des dépenses considérables en combustibles.

A cette époque, il fut proposé au département de la marine d'acheter trois ou quatre petits bâtiments à vapeur, qu'on supposait propres à ce service. Les bâtiments proposés furent examinés, une Commission fut chargée de constater leur état, de faire connaître s'ils étaient susceptibles de faire le service indiqué, et d'apprécier leur valeur.

Les documents qui furent envoyés au Ministère de la marine furent favorables, et le déterminèrent à faire cette acquisition.

On a tiré un parti plus ou moins bon de ces bâtiments; mais c'est une acquisition dont le Gouvernement n'a pas eu à se louer, il faut en convenir; l'expérience faite n'a point été perdue pour le département de la marine. Depuis lors, beaucoup de propositions lui ont été faites de la part des Compagnies industrielles pour acheter des bâtiments construits pour elles, et dont elles cessaient d'avoir besoin; et ces propositions n'ont jamais été accueillies.

Un MEMBRE rappelle que déjà, en 1834, l'État a acheté, à un prix très-élevé, à une Compagnie de Bordeaux, deux bâtiments à vapeur destinés par elle, dans l'origine, à desservir une correspondance dans la Manche. Reconnus impropres au service, ils n'existent plus depuis longtemps sur les états de la marine. Quant aux bateaux de la Compagnie Gérard , si on en avait besoin , on pouvait les louer au lieu de les acheter. La Commission qui a été chargée de prononcer sur leur valeur, a manqué à tous ses devoirs ; et le fait est d'autant plus blâmable, que le préfet de la Corse figurait, par lui ou par les siens, au nombre des membres de cette Compagnie.

La Commission propose , sur le chapitre LXVIII , une réduction de 59,000 fr., qui est consentie par le Gouvernement.

— Le chapitre ainsi réduit est adopté ; son chiffre est de 5,555,875 fr.

CHAPITRE LXIX.

« Restitutions et non-valeurs. — Contributions directes.

« Restitutions de fonds communaux, 44,187,120 fr.

« Non-valeurs et réimpositions, 5,468,110 fr.

« Restitutions pour propriétés démolies après la confection des rôles , 100,000 fr.

« Taxes perçues en vertu de rôles. — Dégrèvements et non-valeurs, 17,000 fr. »

— Adopté.

Un membre rappelle que l'Administration s'est engagée à distribuer aux Chambres les documents qui établissent l'état financier de toutes les communes du royaume.

M. le Sous-secrétaire d'Etat de l'intérieur répond que cet état sera distribué dans la session prochaine.

Un membre appelle l'attention du Gouvernement sur le service des paquebots du Levant.

CHAPITRE LXX.

« Remboursements sur produits indirects et divers, 2,366,000 fr. »

— Adopté.

— **La** suite de la délibération est renvoyée à demain.

— **La** séance est levée.

Signé SAUZET, *Président ;*

DE BUSSIÈRES, OGER, SAGLIO, LANJUINAIS,,
Secrétaires.

Collationné :

Le Secrétaire-Rédacteur,

Signé CERCLET.

Présidence de M. F. DELESSERT,

Vice-Président.

Séance du Mardi 13 Juillet 1847.

— Le procès-verbal de la séance du 12 est lu et adopté.

Un membre dépose le rapport sur les propositions relatives au timbre et au droit de poste des journaux et imprimés.

Vingt rapports sont également déposés au nom de la Commission chargée de l'examen des projets de lois d'intérêt local.

— La Chambre ordonne l'impression et la distribution de ces rapports.

(*Voir les annexes imprimées nᵒˢ 311 à 331 inclusivement.*)

M. le Président annonce à la Chambre que l'heure des obsèques du général Schneider a été changée : ces obsèques auront lieu demain à huit heures du matin.

L'ordre du jour appelle la suite de la discussion du projet de budget pour 1848 (Dépenses).

On reprend la discussion de la cinquième partie du budget (*Ministère des finances*).

CHAPITRE LXXI.

« Répartitions des produits de plombage , d'estampillage, etc., en matière de douanes, 1,250,000 fr. »

UN MEMBRE rappelle qu'à l'occasion du projet de loi sur les agents du service des douanes, il avait soumis à la Chambre des observations relatives à la répartition des produits de plombage et d'estampillage. Le débat à ce sujet ayant été ajourné, il croit devoir entretenir de nouveau la Chambre de cette question. Les investigations auxquelles il s'est livré, l'ont amené à reconnaître que le produit apparent (car en réalité, il le croit supérieur) , que le produit des plombages et des estampillages s'élevait à 1,250,000 fr. ; il a retenu en même temps que ce que la douane faisait payer 25 et 50 centimes, ne lui en coûtait que *cinq*, de sorte qu'une mesure qui avait pour but d'assurer un service régulier, est devenue une mesure tout-à-fait fiscale. Les réclamations dont elle a été l'objet, doivent céder, sans doute, à la force des circonstances. Le commerce se résignera à supporter encore un impôt si considérable, mais en faisant ses réserves pour des temps meilleurs.

Ce qu'on pourrait du moins exiger dès à présent, ce serait un emploi plus judicieux de ce sacrifice dont le produit n'entre au Trésor que pour en ressortir sous titre de répartition. On en fait des parts entières et jusqu'à des sixièmes de part. L'orateur ne ferait pas d'objection, si la meilleure partie des produits était réellement attribuée à ceux qui font le travail, aux emballeurs et aux commis; mais il n'en est rien. Les parts les plus fortes vont aux employés les plus largement rétribués. L'orateur désire qu'il soit porté remède à un abus qu'il répute intolérable.

M. LE COMMISSAIRE DU ROI demande la parole, et dit :

« Le préopinant a d'abord élevé un doute sur l'exactitude du chiffre porté au budget, sous le titre de *Répartitions des produits de plombage*, etc., ce doute n'est pas admissible. Il suffit de jeter les yeux sur le budget pour reconnaître que le chiffre de la recette est correspondant au chiffre de la dépense; et comme il est régulièrement justifié de celle-

ci à la Cour des comptes, il ne peut rester aucune incerti
tude sur l'importance de l'un et de l'autre.

« Ce fait établi, je n'apprendrai rien à la Chambre, en lui
disant qu'à aucune époque l'Administration n'a prétendu
que la fixation du produit du prix du plomb n'excédât pas
la dépense matérielle du plombage. La loi de 91, qui est la
loi organique des douanes, a, la première, posé le principe
de l'émolument du plombage : elle l'avait fixé à 15 centimes,
en laissant à la charge du commerce les frais de la corde.

« Ce prix a beaucoup varié depuis : il s'est élevé jusqu'à
1 fr. 50 cent., et s'était maintenu longtemps à un taux supérieur à ce qu'il est aujourd'hui.

« En 1836, une révision générale a été faite de la question
du plombage, tant en ce qui concerne les divers cas d'exploitation, qu'en ce qui touche la fixation du coût des
plombs.

« Le préopinant peut, en se reportant à la loi du 2 juillet
1836, voir les dispositions qui ont été adoptées alors et qui
subsistent encore aujourd'hui.

« A la même époque, toutes les questions qui pouvaient
se rattacher, soit à l'existence, à l'utilité du plombage lui-
même, soit à la rémunération qui s'y attachait pour les
employés, furent examinées et résolues.

« Le traitement des agents des douanes a toujours été fixé
en raison même de ce que l'émolument du plombage pouvait y ajouter à titre de complément.

« Le préopinant critique, il est vrai, la manière dont cette
répartition se fait. Dans son opinion, ce seraient les agents
inférieurs qui devraient être le plus rétribués, tandis qu'ils
le sont le plus mal. Il a rappelé que la distribution comprend des parts entières, des demi-parts, des tiers de part
et des sixièmes de part.

« Rien ne prouve mieux que cette ressource, mise à la
disposition de l'Administration pour rémunérer ses agents,
se proportionne à la classification hiérarchique. Un embal-
leur est un homme de peine ; il a un salaire approprié à la
nature de ses fonctions ; il n'est associé en rien à l'intelligence qui doit présider à l'application de la loi : ce n'est
qu'un simple ouvrier.

« En suivant la filière indiquée par le préopinant, je ferai

remarquer que les agents placés aux derniers degrés de l'é-
chelle sont nécessairement des employés au début de leur
carrière, dont les services et le zèle ont encore besoin d'être
éprouvés, dont l'avancement successif a lieu selon les règles
générales qui président aux promotions, et à qui, par conséquent, pour entretenir l'émulation à tous les degrés, on
doit attribuer, sur le produit du plombage, une part proportionnée au rang qu'ils occupent dans la hiérarchie générale du service de chaque douane. Rien n'est plus convenable ni plus d'accord avec les règles d'une bonne justice
distributive.

« Le préopinant prétend que l'application du plombage
entraîne des abus, les agents qui en sont chargés étant intéressés à ce que les plombs soient appliqués dans le plus
grand nombre de cas possible.

« A cela il y a une réponse péremptoire à faire, c'est que
les deux chefs placés au sommet de la hiérarchie dans le
service des départements, ne participent pas à la répartition, et sont par conséquent placés dans une condition complète de désintéressement et d'impartialité pour veiller,
comme c'est leur devoir, a ce que l'application du plombage
soit toujours justifiée et conforme à la loi.

« Maintenant, conviendrait-il d'exonérer le commerce
d'une charge qu'il supporte depuis plus de cinquante ans
très-légitimement, car c'est toujours plus ou moins le prix
du service rendu, le plombage lui épargnant beaucoup d'autres frais, en rendant les vérifications plus promptes et plus
sommaires. En un mot, il s'y attache pour lui des avantages dont il profite directement.

« D'ailleurs, tout le monde comprendra que ce n'est pas,
en définitive, sur le commerce, que pèse la charge dont il
s'agit. Le commerce est un intermédiaire qui se reprend
nécessairement sur les consommateurs des frais qu'occasionnent les services qu'il leur rend.

« La question se présente encore à un autre point de vue.

« Pour mon compte, chargé d'une partie de la responsabilité qui s'attache à la bonne exécution du service des
douanes, je considérerais un crédit fixe, inscrit au budget,
en remplacement du produit éventuel obtenu du plombage,

comme n'offrant pas, à beaucoup près, les avantages que présente le mode de rémunération actuel.

« Dans l'état présent des choses, le personnel d'une douane est fort intéressé à ce que toutes les opérations se fassent avec célérité, à ce que le commerce n'ait justement à se plaindre d'aucun retard. On obtient ainsi de chaque agent des efforts de zèle soutenus, parce que chacun d'eux sait que plus les opérations se multiplient, plus la part éventuelle qui est espérée du produit du plombage peut s'accroître. Il y a là un stimulant aussi efficace que légitime, qui amène de la part de chaque agent la plus grande mesure possible de coopération.

« Le jour où l'on substituerait, au chiffre variable et progressif du produit du plombage, une allocation qui demeurerait fixe, quel que fût le développement des opérations du commerce, les employés des douanes montreraient encore du zèle, sans doute, parce que leur devoir les y oblige, mais il ne serait plus possible d'espérer qu'il se manifestât dans la même mesure. Or, il en résulterait inévitablement qu'un personnel, qui, dans sa composition actuelle, suffit aux opérations, n'y suffirait plus, et que le commerce se plaindrait d'un défaut de célérité suffisante dans ses opérations, et que l'administration, dont ce serait le devoir d'écouter des plaintes fondées et d'y satisfaire dans une équitable mesure, serait infailliblement amenée à reconnaître la nécessité d'augmenter le personnel, et avec lui les charges de l'État dans une proportion qui serait sûrement plus considérable qu'on ne le supposerait d'abord.

« Toutes ces considérations militent donc pour le maintien de l'état actuel des choses, dont les bons effets sont éprouvés et garantis par une expérience de plus d'un demi-siècle. »

LE PRÉOPINANT dit qu'il tiendrait pour légitime une répartition qui aurait pour but de stimuler le zèle des employés ; mais il ne voudrait point qu'on en fît un appât pour leur cupidité, et, ce qu'il demande surtout, c'est que cette rémunération ne profite pas aux employés supérieurs, auxquels on alloue ainsi sans nécessité un supplément de traitement.

M. LE COMMISSAIRE DU Roi dit qu'il repousse l'expression de *cupidité* dont vient de se servir le préopinant. Les agents des douanes ne font pas d'actes de cupidité, et l'administration supérieure ne tolèrerait pas que rien qui y ressemblât pût leur être justement reproché. Il n'y a d'ailleurs pas possibilité que des actes de cupidité puissent se pratiquer dans le service des douanes.

— Le chapitre LXXI est mis aux voix et adopté.

CHAPITRE LXXII.

« Répartitions de produits d'amendes, saisies et confiscations attribuées à divers , 3,662,000 fr. »

UN MEMBRE dit qu'il approuve en principe le droit de préemption attribué à la douane , en ce qui concerne les laines étrangères : cette mesure est en elle-même un correctif peut-être nécessaire aux fausses déclarations de valeurs ; mais il ne voudrait pas qu'elle dégénérât en abus, et l'abus lui parait incontestable. Lorsqu'un chargement de laine arrive au Hâvre, on envoie des échantillons à Rouen, et les agents de la douane vont les colporter à Elbeuf et à Louviers , les offrant aux consommateurs, et usurpant ainsi l'office du commerce intermédiaire. En avril 1845, un chargement de 400 balles de laine a été préempté par la douane de Rouen , moyennant 100,000 fr. Ces laines sont encore déposées à la douane pour le compte des préposés. C'est le Trésor qui a acquitté le prix de la préemption, et comme il ne lui est pas tenu compte des intérêts depuis deux ans, il perd une somme de 10,000 fr.

Il arrive aussi quelquefois, qu'après avoir exercé la préemption , les agents de la douane ne trouvent que difficilement à réaliser les bénéfices qu'ils se sont promis. Dans ce cas , ils traitent avec les négociants , en leur concédant la faculté de laisser les marchandises à l'entrepôt ; ils vendent à long terme, et profitent ainsi de ce qu'ils n'ont pas d'intérêt à payer au Trésor. Il résulte de ces opérations de commerce, que la douane de Rouen a été compromise pour une somme de 20,000 fr. dans une faillite survenue à Elbeuf. L'orateur invite M. le Ministre des finances à porter sur ce point toute son attention.

M. LE COMMISSAIRE DU ROI dit :

« Le préopinant a reconnu que ce qu'il qualifie d'abus, était l'application rigoureuse mais légale de la législation sur la matière. Je n'insisterai donc pas sur la première partie de ses observations ; il a cité des faits dont l'un est à ma connaissance, et l'autre n'y est pas. Le premier s'applique à la préemption exercée à Rouen sur une quantité considérable de laines. Cette préemption aurait pu être faite au compte du Trésor, la loi le permet ; mais elle a été faite au compte des employés, à leurs risques et périls.

« Apparemment, les employés auront mal apprécié la valeur de la laine ; ils se seront trompés : ou plutôt encore l'acte de préemption s'étant accompli à une époque où le prix des laines a subi une dépréciation considérable, dépréciation qui dure encore, leur opération, de bonne qu'elle eût pu être sans cette circonstance, se réalisera en perte.

« En pareil cas, l'administration, dans l'intérêt même en vue duquel s'exercent les préemptions, l'administration vient en aide aux préempteurs, en permettant que les sommes à payer au préempté dans le délai de quinze jours, soient avancées des fonds du Trésor.

« La Chambre ne saurait méconnaître que ce n'est pas dans l'intérêt personnel des agents que les préemptions s'exercent ; elles se font dans le double intérêt du Trésor, et surtout dans celui de notre agriculture, que le droit sur les laines entend protéger.

« Je ne sais pas exactement si la préemption remonte à deux ans, comme l'affirme le préopinant, et si le Trésor est encore à découvert de la somme dont il a fait l'avance. Dans tous les cas, je ne conteste pas qu'un pareil fait se soit produit ; seulement je suis loin de reconnaître fondé le blâme qu'on prétend y attacher.

« Quant à l'autre fait, je ne puis pas l'admettre.

« Lorsque les agents des douanes ont fait une préemption à leur compte, qu'ils ont vendu ou rétrocédé les laines, objet de la préemption, il faut qu'à l'instant même le Trésor encaisse les droits qui lui sont dus. Je ne puis pas admettre que des laines restent sous le régime et au compte des employés, lorsqu'elles ont été rétrocédées ou vendues à des tiers. Un tel fait serait contraire à toutes les règles en matière d'entrepôt et de préemption.

« Il est donc probable qu'en ce point le préopinant se trompe. Les agents des douanes n'ont pas le droit de faire une rétrocession, ou une vente avec des conditions de sursis pour le paiement dont le Trésor aurait à faire les frais, tandis que les préempteurs toucheraient des intérêts pour le délai du paiement.

« Le fait allégué me paraît donc de tout point improbable. Cependant, s'il avait eu lieu, ce complet écart des règlements ne demeurerait pas sans répression. »

Un MEMBRE s'attache à faire ressortir les inconvénients du droit de préemption attribué à la douane.

M. LE COMMISSAIRE DU ROI combat les inconvénients signalés par le préopinant, et fait ressortir les avantages du droit de préemption pour réprimer les déclarations frustratoires des intérêts du Trésor.

L'UN DES PRÉOPINANTS maintient l'exactitude du fait même que M. le Commissaire du Roi a paru révoquer en doute, et il fait observer qu'on en acquerra facilement la preuve, en s'adressant aux tribunaux de commerce de la localité.

M. LE COMMISSAIRE DU ROI répète qu'une information sera faite, et si le fait est exact et accompagné des circonstances indiquées par le préopinant, il y aura répression.

— Le chapitre LXXII est mis aux voix et adopté.

CHAPITRE LXXIII.

« Primes à l'exportation des marchandises, 15,000,000 f. »

CHAPITRE LXXIV.

« Escomptes sur divers droits, 2,135,500 fr. »

— Adoptés.

La délibération s'établit sur les chapitres du buget *de la marine.*

Un Membre appelle l'attention de la Chambre sur les inconvénients de la division du budget de la marine en budget ordinaire et extraordinaire. Il s'agit d'une somme de 13,300,000 fr. qui s'appliquent aux salaires d'ouvriers, aux approvisionnements généraux de la flotte, et aux approvisionnements de prévoyance. Il croit être, au fond, d'accord avec la Commission, et il s'étonne que, pour se donner le stérile plaisir d'avoir l'air d'aligner des chiffres et de simuler un équilibre financier qui, en réalité, n'existe pas, elle ait maintenu une division essentiellement défectueuse.

L'orateur ne comprend pas quelle distinction on peut établir à l'égard des salaires d'ouvriers et des approvisionnements imputés sur le budget ordinaire et sur le budget extraordinaire.

.M. le Rapporteur demande la parole, et s'exprime en ces termes :

« Le préopinant me paraît raisonner comme si le budget extraordinaire de la marine était l'œuvre de la Commission ; comme si nous avions retiré du budget ordinaire cette somme de 13,300,000 francs pour la faire passer à la seconde section du budget de la marine. Qu'est-ce que c'est que cette somme de 13,300,000 fr. ? C'est une ensuite créée par une loi spéciale pour accroître extraordinairement le matériel naval. Or, tout ce qui vient d'être dit pour critiquer la classification de cette dépense, s'applique au Gouvernement qui a présenté la loi, à la Commission qui a examiné ce projet, et à la Chambre qui l'a voté.

« La Commission a compris quelles seront les difficultés pour distinguer, dans les travaux d'un même matériel naval, les dépenses qui s'appliqueront au budget extraordinaire de celles qui seront imputables sur les crédits ordinaires, parce qu'elles sont de même nature ; en d'autres termes, il est évident qu'il y a dans les constructions neuves, pour le renouvellement des coques, et dans les constructions nouvelles autorisées par la loi spéciale des 93 millions, en vue de développer le matériel de notre marine royale ; il y a, dirons-nous, une identité de dépense qui en rendra la distinction très-difficile quand on aura à vous présenter séparément les comptes du budget extraordinaire et du budget ordinaire.

« La Chambre se rappellera dans quelles circonstances la loi spéciale des 93 millions a été votée. En se résignant à s'imposer ce sacrifice, elle a voulu qu'on lui rendît un compte exact et spécial de l'emploi de ce crédit général. La Chambre se montra défiante et très-chatouilleuse à cet endroit; elle ne voulut pas que les crédits fussent confondus. Nous étions donc en présence de deux difficultés : d'un côté, la crainte de ne pas obtenir des comptes sérieux et sincères; et, de l'autre, une prescription récente de la Chambre que nous devions respecter. Dans cette situation, nous avons tout simplement exposé les faits et nos doutes, et nous avons dû nous borner à inviter la Chambre à examiner la question lorsqu'on lui aura rendu le premier compte, à l'effet de savoir s'il faudra ramener au service ordinaire une dépense qui a une complète analogie avec la dépense ordinaire de renouvellement des coques et des approvisionnements généraux. »

Le PRÉOPINANT maintient que la séparation qu'on a voulu établir est impossible, et cette division est, selon lui, mal justifiée, par le désir de faire cadrer le budget des recettes avec celui des dépenses.

M. LE RAPPORTEUR a la parole ; il dit :

« Je répondrai au préopinant, en lisant à la Chambre un paragraphe du rapport.

« La Commission disait : « Mais quelques scrupules se « sont élevés au sein de votre Commission: et d'abord cette « fusion rendrait impossible l'équilibre du budget; puis, il « y a là un crédit extraordinaire et spécial dont vous avez « voulu suivre l'emploi, des travaux dont vous avez pres- « crit l'exécution, des approvisionnements généraux que « vous avez voulu réaliser en sept années. »

« La Chambre le voit, il y a là plusieurs motifs. Quant à celui de l'équilibre du budget, nous n'avons jamais pensé que ce fût un motif absolu de renoncer à la possibilité de réunir les crédits; mais comme nous avions le désir sincère de pouvoir nous rapprocher le plus près possible de l'équilibre du budget ordinaire, c'était nous en éloigner beaucoup que de ramener à la première section du budget de la marine une somme de 13,300,000 fr. ; mais, je le répète, il y avait d'autres motifs qui devaient réprimer ce premier mouvement qui nous avait portés à vous proposer cette opération d'ordre. »

UN MEMBRE reproduira, au sujet de nôtre armée navale, la question qu'il a posée relativement aux troupes de notre armée de terre. Il voudrait que des documents authentiques missent la Chambre en mesure d'apprécier l'état sanitaire de toutes nos troupes. En imitant à cet égard ce qui se pratique en Angleterre, on arriverait à améliorer le sort des soldats et des marins. Depuis que des statistiques régulières ont mis le Gouvernement britannique en mesure d'apprécier toutes les difficultés inhérentes à l'acclimatement des Européens dans les pays chauds, il a été pris des mesures profitables aux soldats européens. On a établi une rotation pour les troupes envoyées dans les colonies ; la durée de leur séjour a été limitée à trois ans au plus, et on les a assujetties à de fréquents changements de résidence dans le pays même. Enfin, l'on a multiplié les corps de troupes indigènes. L'orateur exhorte le Gouvernement à entrer dans les mêmes voies, et il s'attache à faire ressortir toutes les chances de mortalité auxquelles sont exposés les marins et soldats que l'on envoie soit au Sénégal, soit dans nos colonies des Antilles.

M. LE MINISTRE DE LA MARINE dit :

« Le préopinant a demandé que le Ministre de la marine publiât une statistique des soldats et des marins qui sont placés sous ses ordres. Je crois qu'une pareille statistique pourrait avoir de bons effets, et je prendrai cette demande en très-sérieuse considération.

« Le préopinant a encore demandé qu'à l'exemple de l'Angleterre, il fût établi, dans les colonies, une rotation des troupes, et que l'on employât, autant que possible, des troupes indigènes.

« La France, ainsi que fait l'Angleterre, ne laisse point séjourner longtemps ses troupes aux colonies ; elles n'y restent pas plus de quatre ans, et je ne crois pas que l'expérience ait prouvé que ce terme fût trop long. Quant aux possessions les plus insalubres de la France, sur la côte occidentale de l'Afrique, à Mayotte, à Nossy-bé, nous n'avons que des cadres européens, nous employons des troupes indigènes; par conséquent, les deux objets sur lesquels s'est portée la sollicitude du préopinant, sont déjà remplis. Le préopinant et la Chambre ne doutent pas, j'en suis convaincu, de toute la sollicitude que le Ministre de la marine apportera toujours à tout ce qui peut intéresser la santé des marins et des troupes placés sous ses ordres.

M. LE PRÉSIDENT appelle la délibération de la Chambre sur les chapitres du budget de la marine.

CHAPITRE PREMIER.

« Administration centrale (Personnel), 967,350 fr. »

La Commission a proposé sur ce chapitre une réduction de 4,600 fr., qui est consentie par le Gouvernement.

— La Chambre adopte le chiffre du chapitre, réduit à 962,750 fr.

CHAPITRE II.

« Administration centrale (Matériel), 175,020 fr. »

La Commission a proposé sur ce chapitre une réduction de 2,000 fr., qui est également consentie.

— La Chambre adopte le chiffre du chapitre, réduit à 173,020 fr. »

CHAPITRE III.

« Officiers militaires et civils, 7,723,296 fr. »

La Commission a proposé sur ce chapitre diverses réductions, dont l'ensemble monte à 148,439 fr.

UN MEMBRE croit devoir reproduire une observation qu'il a déjà présentée, l'année dernière, au sujet des enrôlés volontaires de la marine. Le corps des officiers de la marine

ne se recrute guère que parmi les élèves de l'école navale.
L'ordonnance de 1839 a enlevé toute chance d'avancement
aux jeunes gens qui, n'ayant pu subir à 16 ans les examens
exigés pour l'école, prennent le parti de s'enrôler dans la
marine. On a multiplié à tel point, sous leurs pas, les exigences et les difficultés, que malgré l'éclat même de leurs
services, ils ont à peine l'espoir d'arriver au grade d'officier. L'orateur pense qu'il est urgent de rémédier à un tel
état de choses, et d'accorder aux jeunes gens qui entrent dans
l'armée navale, tous les avantages garantis à ceux qui
prennent du service dans l'armée de terre. Le système qu'on
a adopté tend, selon l'orateur, à introduire une espèce
d'aristocratie dans la marine française. Il insiste pour qu'on
se hâte de réformer l'ordonnance de 1839, et pour qu'on
rende applicable à l'école navale la disposition qui, jusqu'à
certaines limites d'âge, ouvre l'accès des écoles militaires
aux jeunes gens qui se sont enrôlés sous le drapeau.

M. LE MINISTRE DE LA MARINE répond :

« Il n'est pas exact de dire que, dans la marine, les voies
pour arriver aux grades supérieurs ne sont pas ouvertes à
tout le monde comme dans l'armée de terre. Il y a une assimilation assez exacte entre les règles d'après lesquelles un
sous-officier peut devenir officier de l'armée de mer, et
celles d'après lesquelles il peut obtenir le même avancement dans l'armée de terre.

« Ce que demandait le préopinant, c'est un retour, à ce
qu'il me semble, à l'ordonnance de 1827. Il est vrai que
l'ordonnance de 1827 était plus favorable aux volontaires
que l'état actuel. D'après l'ordonnance de 1827, les volontaires pouvaient arriver au grade d'élève de 1re classe, ou
en se signalant par une action d'éclat, et cette exemption
est toujours admise, ou bien quand, avant l'âge de vingt-
deux ans, ils avaient subi un examen déterminé. Aujour-
d'hui les conditions sont plus sévères ; deux voies sont ouvertes au volontaire pour arriver au grade d'officier : la première, quand il est capitaine au long cours ; la seconde,
après six ans d'embarquement, en passant par les grades
de second et de premier maître, et en subissant un certain
examen.

« Comme le préopinant le voit, la porte n'est pas fermée, seulement l'admission est plus difficile aujourd'hui que sous l'empire de l'ordonnance de 1827.

« On a renoncé à l'ordonnance de 1827 par plusieurs raisons : la première, c'est que souvent les volontaires ne présentaient pas toujours les conditions d'instruction et de tenue nécessaires dans les états-majors de la marine ; la seconde, c'est que l'ordonnance de 1827 avait l'inconvénient d'ouvrir une concurrence aux matelots qui, en passant par la maistrance, peuvent arriver au grade d'officier. Ainsi, la modification qui a été faite à l'ordonnance, loin d'être aristocratique, est tout à l'avantage des matelots qui peuvent devenir sous-officiers, et puis officiers, en passant par la maistrance.

« Je crois que le système actuel est bon ; cependant la Commission du budget a recommandé cet l'objet à l'attention du Ministre ; il étudiera de nouveau la question. »

Le préopinant fait observer que les six années d'embarquement exigées par l'ordonnance de 1839, sont un obstacle matériel aux études théoriques auxquelles les sous-officiers de marine doivent se livrer, pour subir l'épreuve des examens.

Un membre ne voudrait pas que les observations qu'on vient de présenter, eussent pour résultat d'étendre à l'armée de mer les dispositions selon lui abusives qui, dans l'armée de terre, ont ménagé jusqu'à 25 ans l'accès des écoles aux jeunes gens que leur éducation tardive a éloignés des examens dans les conditions communes. Il ne faut pas ici se préoccuper des exceptions : il s'agit de savoir si, au fond, la règle est bonne, et l'orateur croit fermement à l'utilité des règles établies par l'ordonnance de 1839.

Un deuxième membre reconnaît l'utilité des connaissances théoriques pour la marine, mais il croit aussi à la vertu des vocations et de la pratique ; et il ne veut pas que la carrière soit fermée aux jeunes gens qui, n'ayant pu arriver à l'école, sont pourtant entraînés vers la marine par une irrésistible vocation. Il ne faut pas oublier que la mar rine française a été illustrée par des hommes que l'on qualifiait d'intrus et parmi lesquels l'orateur se bornera à citer le bailli de Suffren. Ici l'orateur ne se préoccupe pas de l'intérêt des personnes, mais bien de celui de la marine, et il désire que le Gouvernement prenne en sérieuse considération les observations qu'a présentées à ce sujet la Commission du budget.

UN TROISIÈME MEMBRE verrait un danger réel dans des modifications qui auraient pour résultat de compromettre l'avenir des officiers qui sortent de l'école navale. On se tromperait, en supposant que cette école ne soit pas une école pratique. L'institution, telle qu'elle existe, est complète, et lui paraît devoir être maintenue.

LE PRÉOPINANT n'admet pas qu'on doive recruter exclusivement les officiers dans l'école de marine. Il insiste pour qu'une porte soit ouverte aux jeunes gens que leur vocation entraîne dans l'armée navale. Dans tous les corps de l'armée de terre, même dans les armes spéciales, la proportion des sous-officiers dans l'avancement est déterminé; l'orateur ne voit pas pourquoi on se montrerait si restrictif dans la marine.

M. LE MINISTRE DE LA MARINE répond que ce que désire le préopinant existe dans la marine; la carrière n'est pas fermée aux sous-officiers : sur 50 à 60 enseignes qui sont nommés par an, il y en a 13, c'est-à-dire le quart à peu près, qui sont pris parmi les capitaines au long cours et parmi les maîtres.

UN MEMBRE expose qu'un certain nombre d'officiers de marine a été attaché au commandement des bateaux-poste placés dans les attributions du Ministère des finances. Il a vu avec regret que le prédécesseur du Ministre actuel de la marine se fût imposé la règle d'exclure de l'avancement au choix, les officiers qui avaient accepté ces commandements. Cette exclusion motivée, par les avantages pécuniaires attachés à leur position, a jeté le désespoir parmi ces officiers, et l'orateur la répute déplorable, dans l'intérêt même de la marine. Il croit que les nombreux sinistres qui ont apparu notre marine à vapeur, tiennent surtout au défaut d'expérience des officiers, relativement à ce mode de navigation. Il est par conséquent utile que des officiers de la marine royale soient préposés au commandement des paquebots que l'Etat a mis à la disposition du Ministère des finances, et l'orateur espère que M. le Ministre actuel de la marine ne croira pas devoir maintenir la décision de son prédécesseur.

M. LE MINISTRE DE LA MARINE répond :

« Je ne crois pas qu'il y ait eu de décision prise par mon prédécesseur à cet égard ; il n'y a eu qu'une certaine règle de conduite.

« Je ne fais aucune espèce de difficulté de déclarer que je ne mettrai point de différence entre les services rendus par les officiers de marine, soit sur les bateaux de correspondance de la Méditerranée, soit autre part.

« J'ai eu l'occasion particulière de pouvoir apprécier par mes propres yeux les services que rendent les officiers employés sur les bateaux de la correspondance. Je sais que ces services sont réels, ils les rendent dignes de la sollicitude du Gouvernement. »

Un MEMBRE désire que le Gouvernement résiste à une réduction de 40,000 fr. , que la Commission a motivée sur la situation des finances, et qui porterait sur un crédit destiné à améliorer le sort des syndics des gens de mer. Ces honorables fonctionnaires, répartis sur tout le littoral, sont en contact direct avec le matelot, et rendent à l'inscription maritime d'inappréciables services. Ils sont divisés en quatre classes. Les syndics de première classe touchent 600 fr., et ceux de la troisième, c'est-à-dire les plus nombreux, ne perçoivent que 300 fr., sans qu'aucune indemnité vienne grossir des émoluments qui ont le caractère d'une aumône. Le crédit demandé par le Gouvernement aurait pour résultat de réduire les classes au nombre de trois ; cent cinquante syndics recevraient un traitement de 500 fr.; cinquante toucheraient 600 fr., et le traitement de cinquante autres serait porté à 800 fr. L'orateur insiste pour que la Chambre rétablisse au budget les 40,000 fr. que la Commis-

sion en a fait disparaître, et il espère que le concours de
M, le Ministre de la marine ne lui fera pas défaut.

M. LE MINISTRE DE LA MARINE a la parole ; il dit :

« Messieurs,

« Je demande avec instance à la Chambre, de maintenir
les 40,000 fr. destinés à augmenter la solde des syndics des
gens de mer, et je le demande avec la conviction profonde
que cette augmentation est utile, et je puis dire nécessaire.

« Je n'ajouterai rien a ce qu'a si bien dit le préopinant,
sur les services que ces agents inférieurs rendent à l'inscription maritime. Ils en sont la cheville ouvrière, leur sort est
intimement lié au développement de l'inscription maritime,
liée elle-même au sort de la marine française.

« Aujourd'hui, les syndics des gens de mer, dans les degrés
inférieurs, sont très-difficiles à trouver.

« Les capitaines de vaisseau qui ont été envoyés en 1845,
pour inspecter les quartiers de l'inscription, ont insisté sur
la nécessité d'augmenter leur traitement ; ils ont exposé
l'état fâcheux dans lequel se trouvent ces fonctionnaires si
utiles, et c'est sur les rapports des inspecteurs, que l'administration de la marine s'est fondée pour demander à la
Chambre d'améliorer leur sort. »

M. LE RAPPORTEUR demande la parole, et s'exprime en
ces termes :

» Messieurs,

« J'éprouve, je l'avoue, un certain embarras à venir combattre la proposition qui vous est faite par l'un des membres de la Commission du budget, aussi bien que par M. le
Ministre de la marine, qui demandent qu'on maintienne
au budget le crédit réclamé pour les syndics des gens de mer.

« Je crois pouvoir dire que personne n'apprécie mieux
que moi l'utilité de ces agents du commissariat. J'ai vécu
près d'eux, je connais leur dévouement ; ce sont, je puis le
dire, les instruments utiles du recrutement ou plutôt de
l'inscription maritime. Mais permettez-moi de vous dire
qu'il y a à peine deux ans que leur situation a été améliorée;

eh bien! Messieurs, lorsque vous nous demandez tous les jours de vous apporter des économies, nous nous sommes demandé s'il était opportun, en ce moment, de proposer d'améliorer de nouveau leur situation, et s'il n'était pas convenable, raisonnable même d'attendre de meilleures circonstances pour la changer.

« Les syndics des gens de mer sont, en général, des officiers en retraite, des officiers mariniers demi-soldiers, enfin, des anciens capitaines au long cours, qui ont acquis une petite fortune, et qui trouvent dans cette position une rémunération, faible sans doute, mais qui vient s'ajouter à leur bien-être,

« J'étais, il y a deux ans, comme aujourd'hui, Rapporteur de la Commission du budget. On proposait, à cette époque, d'améliorer la situation des syndics des gens de mer; je puis le dire sans crainte d'être démenti, je fus leur plus chaud défenseur dans la Commission, et je fus assez heureux pour triompher des obstacles qui s'y rencontraient. Il y a deux ans, le chiffre porté au budget pour le traitement des syndics des gens de mer s'élevait à 97,500 fr. Cette somme fut élevée alors à 130,000 fr.; on demande aujourd'hui de la porter à 170,000 fr. Messieurs, lorsque le moment sera venu, lorsque les circonstances seront plus favorables, je ne m'opposerai pas à une augmentation; mais proposer en moins de deux ans des augmentations qui doubleraient le traitement de ces agents, je ne crois pas que cela soit convenable. Je ne conteste pas que le classement proposé ne soit meilleur, mais le classement peut être modifié sans augmentation. Je demande donc à la Chambre de vouloir bien s'associer à la pensée de la Commission qui croit qu'en ce moment, après l'augmentation accordée il y a deux ans, il n'y a rien de plus à faire pour le moment. Au nom de la Commission, je persiste dans sa proposition. »

—Après de nouvelles observations présentées par le membre qui a demandé le rétablissement du crédit, M. LE PRÉSIDENT consulte la Chambre sur la réduction de 40,000 fr. que la Commission a proposée et qui porterait sur la solde des syndics des gens de mer.

— Cette réduction n'est pas adoptée.

Un MEMBRE dit qu'il a été vivement frappé de la disproportion qui existe entre l'état-major maritime et l'état-
major administratif. 1,900,000 fr. seulement sont demandés
pour l'état-major militaire, tandis que l'état-major administratif coûte 5,882,000 fr., dont il faut toutefois défalquer
75,000 fr., qui portent sur les dépenses du matériel. Le
commissariat de la marine, à lui seul, absorbe un crédit de
1,625,000 fr. L'orateur livre cette statistique aux méditations de M. le Ministre de la marine.

Un DEUXIÈME MEMBRE fait observer que les articles 7 et
9, compris dans le chapitre en délibération, et relatifs au
commissariat et au contrôle, ont provoqué dans le sein de
la Commission de graves discussions, qu'il n'a pas l'intention de reproduire devant la Chambre. Il veut seulement,
par respect pour la vérité, constater qu'il y a eu dans la
Commission une minorité qui n'a pas partagé sans réserve
l'approbation donnée à ces créations excessives d'emplois
bureaucratiques dans les ports.

Un TROISIÈME MEMBRE expose que l'établissement du
contrôle a exigé une augmentation de dépense de 500,000
francs, et il croit qu'on doit s'attendre à d'autres sacrifices
encore. Pour justifier ces augmentations de crédits, on allègue une indemnité de responsabilité. L'orateur croit que
s'il s'agit de responsabilité effective, l'indemnité est insuffisante, et que, s'il s'agit de responsabilité morale, l'indemnité est inutile. Il voudrait savoir de quel genre de responsabilité se préoccupe M. le Ministre de la marine.

M. LE MINISTRE DE LA MARINE répond qu'il y a, à la fois,
responsabilité morale et responsabilité effective, lorsque des
abus sont constatés.

La responsabilité des comptables est toujours effective,
elle n'est pas seulement morale.

—Le rétablissement du crédit de 40,000 fr. pour les syndics des gens de mer, ayant abaissé à 108,439 fr. le chiffre
des réductions proposées par la Commission, et consenties

par le Gouvernement, la Chambre adopte le chapitre III, dont le chiffre est fixé à 7,614,857 fr.

CHAPITRE IV.

« Maistrance, gardiennage et surveillance, 1,773,189 fr.»

La Commission a proposé, sur ce chapitre, une réduction de 5,868 fr., qui est consentie par le Gouvernement. .

— La Chambre adopte le chiffre du chapitre, réduit à 1,767,321 fr.

CHAPITRE V.

« Solde et habillement des équipages et des troupes, 29,866,720 fr. »

La Commission a proposé, sur ce chapitre, une réduction de 2,700 fr., qui est consentie par le Gouvernement.

UN MEMBRE signale une lacune à remplir dans le règlement spécial de compte, rendu le 29 octobre 1840, à l'occasion des arrérages de solde. Le but de ce règlement a été de soustraire les arrérages de solde aux forclusions dont la loi de 1837 a frappé les créances légales non acquittées dans les délais prescrits. Ce règlement n'a pas fait disparaître toutes les entraves auxquelles il importait de remédier. Lorsque les décomptes arrivent dans les ports durant le trimestre qui précède la clôture de l'exercice, les porteurs de délégations ne reçoivent pas immédiatement le montant des créances qu'ils réclament, et il faut avoir recours à des crédits supplémentaires qui ajournent les liquidations à six mois. Cela a donné lieu à des réclamations qui méritent d'être prises en considération par le département de la marine.

M. LE MINISTRE DE LA MARINE reconnaît que le règlement de 1840 a restreint la faculté accordée par la loi du 8 juillet 1837, dans ce sens que, d'après le règlement, les dépenses des exercices clos ne peuvent plus être payées qu'en règlement de compte, tandis que, d'après la loi du 8 juillet 1837, ces dépenses pouvaient être payées sur l'exercice courant, sauf à faire un revirement à l'époque du règlement de compte ; mais, à l'avenir, l'intention de M. le

Ministre est d'user de la faculté donnée par la loi du 8 juillet 1837.

Pour l'affaire de la *Sabine*, la solde arriérée n'est que de 966 fr., le retard vient de circonstances tout-à-fait particulières.

Un MEMBRE annonce qu'il a des explications à demander sur l'exercice de la traite. Il désire savoir s'il est vrai que l'Angleterre seule fasse des prises ; s'il est vrai que les saisies par nous faites, et montant à douze seulement, aient été constamment annulées par le conseil d'Etat ; s'il est vrai enfin que la traite soit plus considérable que jamais, tant au Brésil qu'à Cuba. Dans ce cas, il y aurait, selon l'orateur, nécessité d'établir des conventions diplomatiques avec le Brésil et le Portugal. Il conviendrait aussi de modifier le système des zônes déterminé par les lois françaises.

M. LE MINISTRE DES AFFAIRES ÉTRANGÈRES répond :

« Je crois que le préopinant est dans l'erreur, quand il pense que la traite ne diminue pas ; s'il lisait une discussion toute récente qui vient d'avoir lieu dans le Parlement, il y aurait vu proclamer par lord Palmerston que la traite a sensiblement diminué depuis deux ans.

« Il est vrai qu'antérieurement à la dernière convention, les bâtiments français ne faisaient pas de saisies. Ils en ont fait douze l'année dernière , et quatre dans l'année où nous sommes.

« Quand le conseil d'Etat a examiné ces saisies, il a expliqué les lois et sa jurisprudence. Le conseil d'Etat agit dans une complète indépendance du Gouvernement sur ces questions, et le Gouvernement ne peut rien faire pour invalider ses décisions.

« Il est vrai que nous ne pouvons pas exercer la répression de la traite sur les navires brésiliens, portugais et espagnols ; nous n'avons avec eux aucun traité ; nous n'avons sur eux aucun droit de visite , et ce n'est pas au moment où nous venons d'abolir le droit de visite pour notre propre compte, que nous pouvons demander à conclure de nouveaux traités qui contiennent le droit de visite.

« L'Angleterre a avec le Brésil, le Portugal et l'Espagne,

des traités qui lui concèdent le droit de visite ; elle l'exerce de tout son pouvoir ; ces traités et le droit de visite qu'ils consacrent, ne suffisent pas à réprimer efficacement la traite. Vous avez vu, et la discussion à laquelle je faisais allusion tout-à-l'heure le proclamait, qu'au point d'arrivée de la traite, et particulièrement au Brésil et à Cuba, il y a l'un de ces points où la traite a beaucoup diminué : c'est Cuba. Au Brésil, il ne paraît pas qu'elle diminue. L'arrivée de la traite est très-considérable ; mais nous n'avons, quant à nous, ainsi que je l'indiquais tout-à-l'heure, aucun moyen de répression efficace à cet égard. »

Le préopinant ne voit pas pourquoi l'on ne traiterait pas avec le Brésil comme on a traité avec le Gouvernement danois et le Gouvernement sarde. Dans l'état actuel des choses, notre droit de surveillance est neutralisé par le pavillon brésilien, et, d'un autre côté, il est paralysé par le conseil d'Etat, qui se refuse, dans tous les cas, à condamner. Si la loi dont l'application est faite par ce conseil, est mauvaise, il faut la changer.

M. le Ministre de la marine répond :

« La raison qui fait que la croisière anglaise fait des prises et que nous n'en faisons que très-peu, c'est que la traite ne se fait plus guère aujourd'hui que sous pavillon brésilien, espagnol ou portugais, et qu'avec ces trois nations nous n'avons pas de traité qui nous donne le droit de visite.

« Mais il n'est pas exact de dire qu'un bâtiment sans papiers réguliers puisse nous échapper, en usurpant le pavillon d'une de ces trois nations. Nous avons toujours le droit, Messieurs, de vérifier la nationalité du pavillon, et de droit, nous l'exerçons. Seulement, quand nous vérifions la nationalité d'un pavillon, et que nous reconnaissons que le bâtiment est un négrier, s'il est brésilien, espagnol ou portugais, nous n'avons pas le droit de l'arrêter comme négrier, nous sommes réduits à l'arrêter comme pirate.

« Or, pour qu'il soit pirate, il faut deux circonstances : que les papiers de bord soient irréguliers, et que le bâtiment soit armé. Les douze prises que nous avons faites, et qui n'ont pas été validées par le conseil d'Etat, avaient l'un de ces caractères de piraterie, ils n'avaient pas de papiers de bord réguliers, mais il leur manquait le second caractère, celui d'être armés ; ils ne l'étaient pas. C'est pour cette raison que le conseil d'Etat n'a pas validé les prises. »

Un membre se bornera à faire observer que les critiques dirigées contre les décisions du conseil d'Etat, reposent sur une perpétuelle confusion entre la traite et la piraterie. On oublie que le conseil d'État n'a à intervenir qu'en ce qui concerne la piraterie, et que les bâtiments étrangers ne sont, à raison des faits de traite, justiciables que de leur propre pays. {Les annulations de saisies prononcées par le conseil d'Etat, tenaient à ce que le conseil n'a pas reconnu les circonstances caractéristiques de la piraterie dans les faits dont l'appréciation lui était déférée.

Un autre membre appelle l'attention de M. le Ministre de la marine sur une traite particulière d'esclaves qui se fait aux Antilles, et qui consiste à exporter des esclaves de nos colonies dans l'île de Cuba.

M. le Commissaire du Roi dit :

« L'observation du préopinant est fondée, si elle se restreint à un seul cas ; elle ne l'est plus, si elle prend un caractère général.

« Il est certain qu'on a exporté de la colonie de la Guadeloupe quelques esclaves pour Porto-Rico.

« Dès que l'autorité a été informée de ce fait, une information judiciaire a été ouverte, et, de plus, dans ce moment-ci, nous sommes en réclamation vis-à-vis du gouvernement de Porto-Rico, pour que les esclaves ainsi importés dans cette colonie soient restitués.

« Nous pensons que, d'une part, les démarches auprès de l'autorité espagnole, et que, d'autre part, l'instruction judiciaire qui est ouverte, auront pour résultat de satisfaire à la juste sollicitude du préopinant. »

Un membre rappelle qu'à l'occasion de la discussion de l'Adresse, il a été donné sur l'affaire du *Véloce*, des explirations équivoques et embarrasées. Il résulte d'une publication récente, que les diverses assertions produites à ce sujet par l'ancien Ministre de la guerre, étaient inexactes ; que M. le gouverneur général de l'Algérie avait parfaitement connaissance de l'ordre donné au commandant du *Véloce* d'aller a Cadix, se mettre à la disposition de M. Alexandre Dumas. Il en résulte aussi que le passeport même de M. Alexandre Dumas constatait la mission qu'il avait reçue. Enfin, il est avéré que cette mission a coûté au Trésor une somme de 5,000 fr., et que les frais occasionnés par les pérégrinations du *Véloce* ont entraîné une dépense de 30,000 fr. L'orateur ajoute que ce n'est pas là un fait isolé, et que cette année même, un jeune artiste a été en Grèce visiter le Mont-Athos, grâce à la bonté qu'a eue M. le contre-amiral, commandant notre station du Levant, de mettre à sa disposition un brick de guerre de huit canons. L'orateur proteste contre un pareil emploi des bâtiments de l'Etat.

M. LE MINISTRE DE LA MARINE répond :

« Quant au premier fait que vient de rappeler le préopinant, il m'est tout-à-fait étranger, et je n'ai rien à ajouter à ce qui a été dit par mon prédécesseur.

« Quant au second fait, je l'ignore complétement ; je ne puis faire à cet égard que des conjectures, mais je crois pouvoir assurer qu'aucun bâtiment de la station du Levant n'a été mis à la disposition d'un artiste.

« Il est possible que M. le contre-amiral Turpin, soit sur la demande de notre Ministre à Athènes, soit de son propre mouvement, ait autorisé un capitaine de bâtiment allant d'un lieu à un autre, à donner passage à un artiste, et dans ce cas je n'y verrais point d'abus. »

LE PRÉOPINANT insiste sur l'exactitude du fait qu'il a signalé à la Chambre ; il maintient que le brick *l'Argus* a été détaché de l'escadre du Levant pour transporter un artiste au Mont-Athos.

— La Chambre adopte le chiffre du chapitre, réduit à 29,864,020 fr.

CHAPITRE VI.

« Hôpitaux , 1,738,240 fr. »

— Adopté.

CHAPITRE VII.

. « Vivres, 11,988,200 fr. »

'La Commission a proposé sur ce chapitre une réduction de 28,554 fr., qui est consentie par le Gouvernement.

— La Chambre adopte le chiffre du chapitre , réduit à 11,959,646 fr.

CHAPITRE VIII.

« Justice maritime , 91,710 fr. »

— Adopté.

CHAPITRE IX

« Salaires d'ouvriers , 10,400,000 fr. »

La Commission a proposé sur ce chapitre une réduction de 100,000 fr., qui est consentie par le Gouvernement.

— La Chambre adopte le chiffre du chapitre , réduit à 10,300,000 fr.

CHAPITRE X.

« Approvisionnements généraux de la flotte , 25,200,000 francs. »

Un MEMBRE reproduit les observations qu'il a faites au commencement de la séance, sur les inconvénients de la division de la marine en budgets ordinaire et extraordinaire. Il ajoute que les adjudications du département de la marine sont de nature à éveiller toute l'attention de M. le Ministre A Toulon , on a adjugé une fourniture de bois de chene, et l'on a demandé des bois de chêne de Sardaigne. Or, l'exploitation des bois en Sardaigne est assignée à une seule Compagnie. Partant, l'adjudication était fictive et ne pouvait aboutir qu'à un traité à l'amiable.

M. LE COMMISSAIRE DU ROI répond :

« Les bois de chêne de Sardaigne sont tous appréciés dans la marine. L'Administration de Toulon les considère comme pouvant faire très-utilement partie de nos approvisionnements.

« En 1844, il a été passé dans ce port un marché pour se procurer de ces bois. Le marché a été passé par adjudication publique.

« Il paraît, d'après ce que vient de dire le préopinant, qu'il n'était pas possible à un autre entrepreneur que celui avec lequel on a traité, de se présenter. Nous le savons aujourd'hui ; à l'époque où le marché a été passé, en 1844, nous l'ignorions.

« En 1846, on a traité avec le même fournisseur, à des prix débattus, pour une augmentation de fournitures de 5,000 stères de bois.

« Lorsqu'il y aura lieu à passer un nouveau marché pour des bois de la même provenance, nous tiendrons un très-grand compte des observations qui viennent d'être faites par le préopinant. »

UN MEMBRE dit qu'il ne veut pas jouer le rôle de délateur, mais qu'il a pourtant un devoir à remplir, parce qu'il a par-devers lui la preuve matérielle d'abus considérables dans l'approvisionnement de nos flottes à l'étranger. Un moyen bien simple s'offre à M. le Ministre de découvrir la trace de ces désordres. Aucun chargement ne pouvant se faire sans un manifeste de douane, il suffit à M. le Ministre de se faire représenter les manifestes des fournitures faites depuis deux ans. En les comparant avec les quantités reçues à l'étranger, on saura à quoi s'en tenir.

M. LE MINISTRE DE LA MARINE dit :

« Je serai toujours prêt à donner la plus grande attention aux faits de cette nature, et à chercher à les éclaircir dans un double but, celui de punir, s'ils sont vrais, celui de justifier, s'ils sont faux. Je prendrai donc note de ce que vient de dire le préopinant, et je ne négligerai rien pour arriver à la vérité. »

LE PRÉOPINANT, invité à donner les indications propres à éclairer l'Administration dans ses recherches, déclare qu'il n'en peut dire davantage, qu'il ne dépassera pas les limites marquées par la délicatesse; mais si l'on veut l'indication d'une limite de temps, il engagera l'Administration à ne pas remonter au-delà des deux dernières années, dans les explorations à faire sur les manifestes de la douane.

— Le chapitre x est mis aux voix et adopté.

CHAPITRE XI.

« Travaux hydrauliques et bâtiments civils, 3,960,000 francs. »

La Commission a proposé sur ce chapitre une réduction de 268,000 fr.

M. LE RAPPORTEUR demande la parole, et s'exprime en ces termes :

« Messieurs,

« L'année dernière, on vous avait proposé d'accorder un crédit de 50 mille francs pour construire une avant-cale de la cale n° 5, à Rochefort. Le devis qui alors avait été présenté, n'élevait la dépense qu'à 58 mille francs La Commission, après avoir examiné l'utilité de cette dépense, et le devis qui lui était soumis à l'appui, souscrivit à l'exécution de ce travail.

« Cette année, en trouvant dans le tableau de la décomposition du crédit général du chapitre II, une somme de 78 mille francs pour le même travail, au lieu de 58 mille francs, on ne put pas se rendre compte de cette différence en rapprochant les deux chiffres des propositions de 1846 et 1847.

« La Commission, fidèle à son principe de n'accorder de crédit que sur justification, déclara que, si l'on avait besoin de 20 mille francs pour terminer cette entreprise, il fallait qu'on vînt, avec un nouveau devis, prouver que la dépense s'élèverait à 78 mille francs, et exposer les motifs de cette augmentation.

« Depuis que le rapport est déposé, M. le Ministre de la

marine a fait remettre à la Commission un devis de cette dépense, qui n'est pas de 58 mille francs, mais bien de 78 mille francs : et la conséquence, c'est que l'année dernière, lorsqu'on demandait ce crédit, l'administration de la marine était en mesure de savoir que la dépense générale était de 78 mille francs, et cependant elle avait énoncé un chiffre qui n'était point exact. C'est donc par sa faute, et non par celle de la Commission, qu'il n'a été proposé alors comme aujourd'hui qu'un crédit insuffisant.

« La Commission vous propose donc de restituer les 20 mille francs que nous étions d'avis de retrancher, et dont nous reconnaissons aujourd'hui l'utilité ; en conséquence, la réduction totale du chapitre descendrait à 248 mille francs »

— La réduction de la Commission, atténuée de 20 mille francs, est mise aux voix et adoptée.

— La Chambre adopte le chiffre du chapitre, fixé à 3,712,000 fr.

CHAPITRE XII.

« Poudres, 433,912 fr. »

CHAPITRE XIII.

« Ecole navale en rade de Brest, 103,400 fr. »

—Adoptés.

CHAPITRE XIV.

« Affrètement et transports par mer, 350,000 fr. »

La Commission a proposé sur ce chapitre une réduction de 10,000 fr., qui est consentie par le Gouvernement.

— La Chambre adopte le chiffre du chapitre, réduit à 340,000 fr

CHAPITRE XV.

« Chiourmes, 329,000 fr. »

— Adopté.

CHAPITRE XVI.

« Frais généraux d'impressions, 300,000 fr. »

La Commission propose une réduction de 25,000 fr., qui est consentie par le Gouvernement.

— La Chambre adopte le chiffre du chapitre , réduit à 275,000 fr.

CHAPITRE XVII.

« Frais de voyages et dépenses diverses, 1,481,984 fr. »

La Commission propose une réduction de 49,700 fr., qui est également consentie.

— La Chambre adopte le chiffre du chapitre, réduit à 1,432,284 fr.

CHAPITRE XVIII.

« Dépenses temporaires, 100,000 fr. »

— Adopté.

CHAPITRE XIX.

« Sciences et arts maritimes (Personnel), 482,960 fr. »

La Commission propose une réduction de 1,000 fr., qui est consentie par le Gouvernement.

— La Chambre adopte le chiffre du chapitre, réduit à 481,960 fr.

CHAPITRE XX.

« Sciences et arts maritimes (Matériel) , 500,600 fr. »

— Adopté.

—On passe à la première section du service colonial.

CHAPITRE XXI.

« Dépenses des services militaires aux colonies (Personnel), 6,101,950 fr. »

Un membre appelle toute la sollicitude de la Chambre et du Gouvernement sur un vœu consigné dans une pétition émanée des colonies elles-mêmes, et qui tend à provoquer pour la prochaine session, un projet de loi qui introduirait en faveur des colonies la représentation directe. Il fait observer que ce ne serait point là une innovation, mais on retour à l'état de choses qui existait à l'époque même où le régime de l'esclavage n'avait encore subi aucune atteinte.

Un DEUXIÈME MEMBRE répond qu'il n'appuiera la proposition qui est faite dans l'intérêt des colonies, que lorsque les colonies se seront placées, par l'abolition de l'esclavage, sous l'empire du droit commun.

Le PRÉOPINANT répète qu'autrefois les colonies jouissaient de la représentation directe. Il n'admet pas qu'on puisse leur refuser la restitution d'une garantie de droit commun. Ce vœu a été exprimé par les plus hautes notabilités coloniales, et l'on ne doit pas oublier que les colonies font partie intégrante de l'empire français.

Le MEMBRE PRÉCÉDEMMENT ENTENDU n'admet pas l'assimilation qu'on voudrait établir entre les colonies et la France. En France, les Députés représentent, indirectement du moins, tous les citoyens; tandis que ceux auxquels les colonies donneraient un mandat, ne représenteraient qu'une partie de la population. L'orateur n'accueillera le vœu exprimé au nom des colonies, que lorsque le régime des colonies aura cessé d'être exceptionnel.

M. LE MINISTRE DES AFFAIRES ÉTRANGÈRES dit que le Gouvernement ne peut et ne doit prendre aucun engagement sur la question que vient de soulever le préopinant. Elle est très-grave. Il est évident que, dans l'état actuel des colonies, l'institution qu'on demande aurait des conséquences dont personne dans cette Chambre ne voudrait.

Le PRÉOPINANT dit que la question a été discutée dans la Commission coloniale dont il a eu l'honneur de faire partie. Au nombre des difficultés qui ont été signalées, il en est une sur laquelle il appellera les méditations de la Chambre. Il demandera si l'on compte faire entrer la propriété des hommes dans le cens électoral.

Un MEMBRE dit qu'il partage les sentiments du préopinant, mais qu'il n'arrive pas aux mêmes conséquences. Il ne voit pas pourquoi l'on refuserait aux colonies la repré-

sentation directe. Ce système vaudrait mieux, selon lui,
que celui d'une représentation salariée.

Le PRÉOPINANT fait observer que les délégués des colonies ne sont pas des Députés.

L'UN DES MEMBRES PRÉCÉDEMMENT ENTENDUS fait observer
que cette question de la représentation directe a été résolue
affirmativement par l'unanimité de la sous-Commission à
laquelle avait été déféré, par le Gouvernement, l'examen
des affaires coloniales.

UN MEMBRE exprime des regrets au sujet des retards apportés par le Gouvernement dans la publication des faits
qui se passent dans nos colonies. Un événement grave est
survenu dans l'Indo-Chine ; il importe d'apprécier la véritable cause des hostilités qui ont éclaté entre les populations du littoral et le commandant de notre station. L'orateur s'étonne que le Gouvernement n'ait pas cru devoir
publier au *Moniteur* la dépêche qu'il a reçue.

M. LE MINISTRE DE LA MARINE dit qu'effectivement il a
reçu, il y a très-peu de temps, une dépêche peu circonstan-
ciée du commandant Lapierre. Dans cette dépêche, il an-
nonçait un rapport détaillé qui devait arriver par une autre
voie. Ce rapport sera publié demain ou après-demain dans
le *Moniteur*.

UN MEMBRE regrette que les communications du Gouvernement avec le commandant de notre station n'aient pas
été plus rapides. La collision qui a eu lieu date du 15 avril,
et déjà un grand nombre de lettres sont arrivées par la voie
d'Egypte ; mais on serait beaucoup mieux renseigné par
des documents officiels. De tous temps, on avait mis un
grand prix aux relations de commerce à établir dans ces
contrees, et aux mesures à prendre pour rendre efficace le
rôle de protection que nous avons à remplir à l'égard des
chrétiens de la Cochinchine. Sous ces divers rapports, il
serait à regretter que des instructions auxquelles il n'aura
certainement pas manqué de se conformer, eussent *mis*
M. le commandant Lapierre dans l'obligation d'engager un

combat dont les principales victimes seront, en définitive, les chrétiens de ces contrées.

UN DEUXIÈME MEMBRE fait observer qu'il a eu sous les yeux les lettres écrites par des officiers de la station ; il en résulte la preuve que la vie de nos équipages était compromise, et que le commandant n'a fait que ce qu'il a dû faire.

UN AUTRE MEMBRE dit que la lecture des documents officiels l'a peu édifié sur l'utilité de la formation d'un escadron de spahis au Sénégal, dépense pour laquelle on a précédemment obtenu l'acquiescement de la Chambre. Les bâtiments affectés à l'intallation de cet escadron ont été établis sur un emplacement tellement circonscrit, qu'il est impossible de promener les chevaux. L'eau y manque pendant six mois de l'année ; on est obligé d'en faire apporter par des navires, et, à défaut d'orge et d'avoine, on nourrit les chevaux de millet. Aussi les chevaux expédiés cette année même, ont-ils déjà en partie succombé.

M. LE COMMISSAIRE DU ROI répond :

« Les renseignements sur lesquels portent les observations du préopinant sont d'une très-ancienne date.

» Depuis qu'ils ont été publiés, l'état de choses a changé, et je puis dire que tout ce qui est nécessaire pour l'entretien de l'escadron de spahis existe au Sénégal ; les nouvelles qui nous sont parvenues ne laissent aucun doute sur la possibilité d'entretenir cette force armée, et sur l'utilité qu'on peut en retirer.

» Ce n'est pas dans l'endroit indiqué dans la correspondance de l'orateur, que doit être définitivement placée la caserne des spahis ; cette caserne fait partie d'un plan de travaux militaires qui est dans ce moment-ci soumis à l'étude ; en attendant, leur logement n'est que provisoire ; mais l'escadron ne souffre nullement de son séjour dans la colonie, et sa présence y est d'une utilité incontestable. Je puis donc assurer à la Chambre que les renseignements qui lui ont été produits sont complètement inexacts. »

UN MEMBRE dit que le corps de cavalerie dont il est question a été installé sur un banc de sable de 35 hectares où les chevaux sont, pour ainsi dire, emprisonnés. Selon lui, cet escadron ne sert qu'à parader autour du gouverneur. Il croit que c'est assez d'avoir des spahis qui ne servent à rien, sans ajouter aux sacrifices qu'on a déjà faits la dépense de nouvelles casernes à construire.

— Après de nouvelles observations échangées entre M. le Commissaire du Roi et le préopinant, la Chambre adopte sur le chapitre XXI, une réduction de 11,000 fr. proposée par la Commission et consentie par le Gouvernement.

— Elle adopte également le chiffre du chapitre, réduit à 6,090,950 fr.

CHAPITRE XXII.

« Dépenses des services militaires aux colonies (Matériel: 2,580,160 fr. »

La Commission a proposé sur ce chapitre des réductions montant à 257,575 fr.

— Ce retranchement est consenti par le Gouvernement.

UN MEMBRE rappelle qu'il y a deux ans, un lieutenant général a été envoyé à la Martinique pour examiner l'emplacement d'un camp d'acclimatement. Désignation a été effectivement faite d'un emplacement qui servirait en même temps de point culminant pour la défense de l'île. Mais cette indication paraît contestée par un certain nombre de colons, et l'orateur est porté à craindre que le gouvernement central ne cède aux influences de la colonie. L'orateur désirerait aussi que des explications fussent données au sujet de l'elargissement du port de la Martinique. Si les travaux ne sont pas poussés avec activité, les ravages causés par la mer sont tels que le port tout entier pourrait être bientôt comblé.

M. LE COMMISSAIRE DU ROI dit qu'à la session dernière quelques observations furent présentées par un orateur qui témoignait de ses inquiétudes sur le choix du camp d'acclimatation à la Martinique.

Depuis cette époque, l'observation a été signalée à l'administration coloniale à la suite d'une investigation approfondie sur les conditions, les circonstances locales, en ce qui concerne l'acclimatement. On a reconnu, non pas sans contestations, qu'il était convenable de changer le camp et de lui donner un autre emplacement ·

Dans ce moment-ci, les plans du nouvel emplacement sont à l'examen ; on peut donc dire que les observations présentées à l'Administration ont été prises en très-grande considération, et qu'elles ont maintenant leur effet dans l'administration coloniale.

Un MEMBRE pense qu'il conviendrait d'édifier la Chambre sur ce qu'à coûté le premier camp d'acclimatement qu'on abandonne en ce moment.

— La Chambre adopte le chiffre du chapitre, réduit à 2,322,585 fr.

CHAPITRE XXIII.

« Dépenses des colonies régies par la loi du 25 juin 1841, (Martinique, Guadeloupe, Guyane française et Bourbon), service général, 6,550,900 fr. »

La Commission a proposé sur ce chapitre des réductions montant à 227,713 fr.

M. LE RAPPORTEUR a la parole; il dit :

« Je viens présenter à la Chambre une nouvelle proposition, d'après une communication que nous a faite M. le Ministre de la marine, à l'occasion d'un projet de loi adopté il y a un mois. La Chambre se souvient qu'à cette époque elle a voté une loi ayant pour objet d'organiser des cours criminelles dans les colonies pour juger les crimes commis envers les esclaves par des individus libres, et réciproquement.

« Le projet de loi, dans son principe, proposait de former les cours criminelles de six magistrats. La Chambre, sur l'avis de sa Commission, a pensé que le nombre des magistrats devait être de sept.

« Or, pour se préparer à appliquer la loi il a fallu se rendre compte de quels éléments sont composées les cours royales des colonies. Dans l'état actuel, le personnel des cours royales de Bourbon et de Cayenne ne leur permettrait pas, sans l'adjonction de nouveaux conseillers, de remplir la tâche qui leur est imposée, c'est-à-dire qu'en appelant les conseillers auditeurs, et même au besoin le juge royal, et en écartant les trois magistrats de la chambre des mises en accusation, il ne resterait plus, dans bien des circonstances, de quoi satisfaire aux besoins de ce service.

« C'est dans cette situation que la loi a faite aux colonies, que M. le Ministre de la marine propose d'ajouter au chapitre XXIII une somme de 15,000 fr. pour une place de conseiller à la cour royale de Bourbon (9,000 fr.), et un conseiller à celle de Cayenne (6,000 fr.).

« J'ai donc l'honneur de proposer à la Chambre, au nom de la Commission, cette augmentation, qui est la conséquence du vote qu'elle a émis sur la loi que je viens de rappeler.

« Voici maintenant une modification que la Commission propose :

« Dans les 227,730 fr. de réduction proposée par la Commission, se trouvait un retranchement de 2,000 fr. opéré sur le traitement de l'inspecteur des douanes de Bourbon. M. le Ministre de la marine avait présenté ces 2,000 fr. comme une augmentation de traitement de cet inspecteur, sans autre indication qu'une amélioration de position en faveur de tous les hauts fonctionnaires de la colonie de Bourbon.

« La Commission, mieux instruite par des communications qui lui ont été faites depuis le dépôt du rapport, a pu s'assurer que l'inspecteur des douanes de Bourbon ne recevait pas ces 2,000 fr. comme une simple faveur, mais que, procédant hiérarchiquement, l'administration des finances lui conférait le titre et les fonctions d'inspecteur des douanes de première classe ; que, par conséquent, l'augmentation demandée pour lui dérivait de son nouveau grade, et que ce grade lui était acquis par un avancement légitime.

« La Commission, dans l'ignorance du fait, avait proposé de réduire 2,000 fr., et de faire cette économie parce que la demande ne lui paraissait pas justifiée ; elle connaît aujourd'hui les motifs de cette augmentation, elle revient donc ur ses propositions, et, par conséquent, elle est d'avis d'accéder les 2,000 fr. dont elle avait opéré la réduction.

«Ainsi, réunissant, d'une part, les 15,000 fr., et de l'autre les 2,000 fr. dont nous venons de parler, y aurait-il à duire 17,000 fr. sur les 227,713 fr. de réduction dont le kapitre était frappé, il resterait encore en dernière analyse un retranchement de 210,713 fr. sur la généralité du hapitre. »

—Les deux crédits de 15.000 fr. et de 2,000 fr. défalqués es réductions primitivement proposées par la Commission, sont successivement mis aux voix et adoptés.

Un membre dit que, de l'aveu même du Gouvernement, il y a lieu de faire plus d'une critique sur l'emploi des fonds consacrés au rachat des esclaves. L'examen des faits prouve qu'il a été souvent fait une mauvaise application de ces fonds; qu'il y a eu presque toujours une exagération excessive dans les estimations, et que quelquefois même, les fonds ont été détournés de leur destination. Cette exagération les estimations n'a pas été moins grande dans les Antilles qu'à l'île Bourbon. L'orateur cite, à ce sujet, des faits qui tendent à établir que, le plus souvent, la moyenne du prix des esclaves a été portée à 1,100 fr. Il est même arrivé qu'à la Guyane, un esclave de soixante-treize ans et sa femme, âgée de soixante-huit ans, ont dû payer 3,000 fr. pour leur rachat. A l'île Bourbon, l'estimation d'un esclave a été portée jusqu'à 4,500 fr.

Les fonds ont été détournés de leur destination, car on les a appliqués à des cas de liberté litigieuse. Au mépris des termes de l'art. 47 du Code noir, qui a proclamé l'indivisibilité de la famille, on a imposé l'obligation du rachat à des esclaves pour qui la liberté était de droit, soit qu'ils eussent à revendiquer le bénéfice de l'indivisibilité, soit que, provenant de la traite, depuis que la traite est prohibée par les lois, leur liberté ne fût qu'une conséquence rigoureuse des principes du droit des gens.

Dans l'opinion de l'orateur, l'attention du Gouvernement doit se porter sur deux choses : sur la composition des Commissions de rachat, et sur la procédure que ces Commissions doivent suivre. Dans l'état actuel des choses, ces

Commissions, composées de trois membres, comptent au moins deux propriétaires d'esclaves ; le personnel doit être modifié. Relativement à la procedure, il importe qu'avant de procéder à l'estimation des rachats, on consulte l'état civil de l'esclave. Il faut, par conséquent, qu'une pièce authentique certifie sa situation réelle.

M. LE MINISTRE DE LA MARINE demande la parole, et s'exprime ainsi :

« Le préopinant a appelé l'attention du Ministre sur l'emploi des fonds de rachat. Il s'est plaint des évaluations exagérées faites par les Commissions de rachat, et de ce que les fonds étaient souvent détournés de l'objet auquel ils devaient être appliques Quant aux exagérations, je reconnais, malheureusement, qu'elles ont eu lieu dans certains cas, et même dans certaines colonies, d'une manière assez générale, et je pourrais citer la colonie de Bourbon.

« L'orateur s'est plaint aussi de la tendance qu'ont montrée les Commissions de rachat, à exhausser les estimations dans le cas où l'État doit concourir au rachat. Pour obvier à cet inconvénient, des instructions ont été données, afin que les représentants de l'Administration ne fassent pas connaître l'intention de l'État de concourir au rachat avant que l'estimation de l'esclave ait été faite. J'espère que de cette manière on évitera les inconvénients signales Quant aux esclaves victimes de sévices de la part de leurs maîtres, il est vrai que très-peu ont été rachetés ; je pense qu'il y a des circonstances où ces rachats sont très-bons et très-légitimes.

« Cependant, je ne voudrais pas trop m'engager, et je crois que la Chambre, dans l'intérêt du bon emploi des fonds de rachat, doit désirer qu'on ne procède, dans cette matière, qu'avec beaucoup de discernement, car l'appréciation est ici fort délicate, et il faut bien se garder de donner une prime à l'indiscipline des ateliers.

« Il reste un troisième cas, celui des esclaves qui se trouvent dans un état de liberté litigieuse.

« Des instructions ont été envoyées par mon département dans les colonies, pour que, toutes les fois que les droits d'un nègre à la liberté sembleront bien constatés, que l'issue du procès paraîtra certaine, on évitât d'employer dans ce cas les fonds du rachat. Mais quand la liberté est vraiment litigieuse, quand l'issue du procès peut être douteuse, quand il s'agit de rendre à la liberté un esclave qui pourrait n'y être rendu qu'en vertu de la jurisprudence de la Cour de cassation, et qui serait exposé en conséquence deux et quelquefois trois années à 'attendre s'il demandait lui-même à se racheter, je ne crois pas que, dans ce cas, il soit bon, toujours et d'une manière générale, que l'Etat s'abstienne de contribuer au rachat de ces nègres qui se trouvent dans une position plus intéressante, puisqu'ils ont certains droits plus ou moins litigieux à la liberté, et qu'ils désirent se racheter.

« J'ai fait vérifier le cas dont a parlé le préopinant relativement à une négresse nommée Marianne, introduite, a-t-on dit, dans la colonie en vertu d'un traité postérieur aux lois qui ont défendu la traite, je n'ai trouvé aucun renseignement à cet égard. »

Un MEMBRE demande formellement qu'en matière de liberté litigieuse, toutes les fois qu'il y a lieu d'appliquer l'article 47 du Code noir, cette application soit réclamée en vertu de l'initiative du ministère public; son intervention d'office pourra seule triompher des résistances qu'on rencontre trop souvent de la part des maires ou des magistrats.

L'orateur désire en outre, qu'en cas de réclamation élevée en vertu de l'art. 47, l'esclave soit renvoyé jusqu'à la décision à intervenir, non pas dans l'atelier du maître où il est exposé à de mauvais traitements, mais dans un établissement public.

Enfin, l'orateur représente qu'il y a un nombre considérable d'esclaves introduits dans nos colonies postérieurement à l'abolition de la traite, qui remonte à 1815. Ceux-là sont libres de droit, puisqu'à leur égard l'esclavage était une infraction au droit des gens. Il importe donc que les Commissions appelées à statuer, s'enquièrent de l'origine des esclaves. L'orateur voudrait même qu'une enquête fût ordonnée à cet égard par M. le Ministre de la marine, de manière à pouvoir constater la provenance de tous les esclaves. Cette opération lui paraît·praticable, et il fait remarquer qu'elle serait d'un haut intérêt, puisqu'à l'égard des esclaves de traite, depuis l'époque où la traite est prohibée, il n'y aurait lieu ni à compensation, ni à indemnité.

UN DEUXIÈME MEMBRE fait observer que l'application de l'art. 47 peut donner lieu à des difficultés sérieuses, et que, dans certains cas de liberté litigieuse, le Gouvernement peut se prêter à une estimation et à la fixation d'un prix de rachat, sans exposer sa responsabilité. L'orateur cite à ce sujet plusieurs espèces dérivant du principe d'indivisibilité de la famille, qui lui paraissent susceptibles d'interprétations diverses, et il répète que, dans les cas incertains, le Gouvernement pourrait, sans manquer à ses devoirs, employer une partie des fonds mis à sa disposition pour hâter la mise en liberté de l'esclave.

UN AUTRE MEMBRE croit que, dans les cas auxquels on vient de faire allusion, le devoir du Gouvernement est de racheter la famille entière; mais il ne faut pas qu'on se serve des fonds de rachat, lorsqu'il s'agit d'esclaves qui sont libres de droit. Les fonds seraient détournés de leur destination, si on les employait, par exemple, à racheter des esclaves provenant de la traite, depuis que la traite a été abolie.

· M. LE MINISTRE DE LA MARINE répond que dans tous les cas où il serait constaté qu'un esclave a été introduit dans les colonies par une contravention aux lois qui défendent la traite, non-seulement le Gouvernement ne contribuera pas à son rachat, mais il le fera déclarer libre.

UN MEMBRE pense que les Commissions de rachat doivent exiger· la preuve que les esclaves n'ont pas été introduits depuis la promulgation des lois prohibitives de la traite.

M. LE MINISTRE DE LA MARINE dit qu'il ne pourrait aller aussi loin que cela : la légitimité de la possession est une preuve suffisante.

· UN MEMBRE dit qu'une vérification devra être faite par le ministère public, avant qu'on procède à l'estimation.

M. le Ministre de la marine répond affirmativement.

Un **membre** voudrait que la Chambre fût bien pénétrée
de toute la gravité de la question. La prohibition de la
traite remonte à une ordonnance de 1817, qui a été publiée
et notifiée dans toutes les colonies. Seulement, jusqu'en
1831, ses dispositions ont été trop souvent éludées, et l'on
evalue à plus de cent mille le nombre des noirs que la
traite a induement introduits dans nos colonies durant cette
période. On voit quels immenses résultats obtiendrait le
Gouvernement, s'il s'attachait à constater scrupuleusement
la provenance des esclaves.

Il importerait beaucoup aussi que le Ministère se consi-
dérât comme un tuteur obligé, dans certains cas, d'agir
d'office; jusqu'à présent, il s'est refusé à remplir ce rôle,
et il est trop souvent arrivé que, lorsque les esclaves ont
demandé à se pourvoir en cassation, les maires des colonies
se sont refusés à leur délivrer des certificats d'indigence
pour les affranchir d'une consignation qui monte à 200 fr.
A la vérité, la Cour de cassation a passé outre et a admis
les pourvois, sans le préalable de la consignation; mais il
conviendrait que le ministère public enjoignît aux maires
de délivrer les certificats d'indigence, et que des mesures
sévères fussent prises en cas de refus.

M. le Ministre de la marine répondra aux deux questions présentées par le préopinant, relativement aux nègres
qui se trouvent dans le cas de l'application de l'article 47
du Code noir ; sur la première question, il dira que des
instructions ont été envoyées pour que les maires délivrent,
dans tous les cas semblables, des certificats d'indigence.

Sur le second point, les instructions sont toutes prêtes
pour que le ministère public intervienne d'office.

Un **membre** désire qu'il soit bien constaté que la liberté
des esclaves introduits depuis la prohibition de la traite est
une conséquence directe et formelle de la loi même; mais
il va plus loin, il pose en fait que ces esclaves ont le droit
de réclamer une indemnité, et que, d'après les principes
du droit commun, leur réclamation ne pourrait être écartée.
L'orateur ajoute que les instructions et les lois sont im-

puissantes s'il n'y a pas une sanction pénale, et il pose en fait que si l'on veut atteindre le but, il faut que des poursuites soient dirigées contre les fonctionnaires qui manqueront à leurs devoirs.

— La Chambre adopte le chiffre du chapitre, réduit à 6,840,187 fr.

— La délibération est continuée à demain.

— La séance est levée.

Signé F. DELESSERT, Vice-Président;

DE BUSSIÈRES, OGER, SAGLIO, LANJUINAIS,
Secrétaires.

Collationné :

Le Secrétaire-Rédacteur,

Signé D. LAGARDE.

===

Présidence de M. LEPELETIER D'AUNAY,

Vice-Président.

——

Séance du Mercredi 14 Juillet 1847.

— Le procès-verbal de la séance du 13 est lu et adopté.

Six rapports sont déposés au nom de la Commission chargée de l'examen des projets de lois d'intérêt local.

Un membre dépose le rapport sur le projet de loi *relatif au chapitre royal de Saint-Denis.*

— La Chambre ordonne l'impression et la distribution de ces rapports.

(*Voir les annexes imprimées n°* 332 *à* 338 *inclusivement.*)

L'ordre du jour est la suite de la discussion du projet de budget de l'exercice 1848 (Dépenses).

MINISTÈRE DE LA MARINE

CHAPITRE XXIV.

« Dépenses des colonies régies par la loi du 25 juin 1841. (Martinique, Guadeloupe, Guyane française et Bourbon) Service local, 4,902,500 fr. »

La Commission propose une augmentation de 219,153 fr., qui n'est que le transport de pareille somme retranchée du chapitre XXIII.

— Le chapitre ainsi modifié est adopté; son chiffre est de 5,121,653 fr.

CHAPITRE XXV.

«Subventions à divers établissements coloniaux, 1,317,900 francs. »

La Commission propose une réduction de 67,200 fr. con· sentie par le Gouvernement.

— Le chapitre ainsi modifié est adopté ; son chiffre est de 1,250,700 fr.

CHAPITRE XXVI.

« Dépenses générales des établissements français de l'Océanie, 1,765,600 fr. »

UN MEMBRE demande des explications sur l'arrangement conclu avec l'Angleterre, relativement à certaines îles voisines d'Otaïti qui est sous notre protectorat. Il a été stipulé que notre protectorat ne s'étendrait point sur ces îles, et en même temps que les mécontents d'Otaïti auraient le droit de s'y retirer. Cette permission pourrait fournir aux ennemis de la France le moyen de faire naître des troubles dans nos possessions de l'Océanie.

UN SECOND MEMBRE dit qu'il est disposé à formuler une réduction motivée, selon lui, par les conséquences que doit entraîner cet arrangement.

M. LE MINISTRE DE LA MARINE a la parole; il dit :

« Il est vrai qu'une déclaration a été échangée à Londres, déclaration par laquelle on a pris l'engagement réciproque de respecter l'indépendance du groupe d'îles connues sous le nom d'îles du Nord-Ouest ou Sous-le-Vent. La souveraineté de la reine Pomaré sur ces îles a été contestée : c'est une question fort obscure, la solution en est très-difficile ; il est évident que nous ne pouvons exercer le protectorat que sur les îles sur lesquelles la souveraineté de la

reine Pomaré est établie. Eh bien ! il a paru convenable au
Gouvernement, dans ces circonstances, d'assurer le point
essentiel, c'est-à-dire l'indépendance de ces îles. Nous
croyons que cette déclaration a pourvu à tout ce à quoi il
était sage et essentiel de pourvoir.

« Quant aux craintes exprimées par l'un des préopinants, que ces îles ne deviennent un foyer d'intrigues contre nos possessions, je ferai observer que ces îles sont assez
distantes de nos possessions; que nous entretenons dans ces
parages une station navale, et qu'il serait toujours facile
d'intercepter les communications et de tourner les dangers
que des intrigues ourdies dans les îles Sous-le-Vent pourraient faire courir à notre protectorat.

« C'est une question qui a été étudiée de part et d'autre,
que celle de savoir si la souveraineté de la reine Pomaré
sur les îles dont il s'agit était incontestablement établie.
Cette question était d'une solution très-difficile; dès lors,
l'intérêt essentiel était d'aviser à ce que, si nous ne pouvions pas réclamer le protectorat sur ces îles, leur indépendance fût respectée par tout le monde, et surtout par
l'Angleterre. C'est le but qui a été atteint. »

Un MEMBRE dit que, d'après ce que les journaux avaient
rapporté de cette convention, il l'avait regardée comme un
gage de sécurité et de paix. Si elle avait été portée plus tôt
à la connaissance de la Commission du budget, cette Commission aurait formulé une réduction sur les dépenses de
l'Océanie, au lieu de se borner à émettre un vœu exprimé
de la manière suivante :

« Ce qui nous est permis d'espérer, quant à présent,
c'est que le rétablissement de la bonne harmonie entre le
Gouvernement et le protectorat de Taïti, permettra prochainement de réduire l'effectif que nous y entretenons, et,
par conséquent, nos dépenses sur ce point....

« Malgré la confiance que peut nous inspirer l'évènement nouveau de Papeïti, nous n'avons pas cru devoir
prendre l'initiative d'une réduction de cet effectif; mais le
Gouvernement comprendra sans doute que si la sécurité
de nos établissements et la nécessité de faire respecter notre
protectorat ont pu commander la présence de cette force,

son devoir sera de la réduire, *le jour où elle ne sera plus indispensable dans les proportions actuelles.* »

L'orateur ajoute qu'actuellement, le corps d'occupation d'Otaïti se compose de 1,663 hommes, formant deux compagnies d'artillerie et onze compagnies d'infanterie de marine. Aussi longtemps que la lutte a duré, on n'a pas pu penser à diminuer cette garnison ; et maintenant que la paix est rétablie par la reconnaissance du protectorat, par le retour de la reine Pomaré et par la convention conclue à Londres, il regarde comme possible de diminuer cet effectif. On pourra restreindre l'occupation d'Otaïti ; et peut-être abandonner celle des Marquises. En résumé, il demande une diminution de 550 hommes, c'est-à-dire de deux compagnies d'infanterie et d'une compagnie d'artillerie, pour la moitié d'une année, attendu qu'à raison de la distance, ces troupes ne pourront être embarquées pour la France, avant le 1ᵉʳ janvier de l'année prochaine. Quant au chiffre, l'orateur prenant pour point de départ la somme de 303,000 francs, à laquelle la Commission des crédits supplémentaires a évalué les frais de l'accroissement d'effectif pour une année, l'orateur propose de réduire le chiffre du chapitre de 150 mille francs.

M. LE MINISTRE DE LA MARINE ne pense pas qu'il soit juste de rattacher cette proposition de réduction à la convention dont il vient d'être parlé, car la demande de crédit a été calculée sur notre protectorat dans les limites où il a été fondé, et sans comprendre les îles Sous-le-Vent. Il n'y aurait donc là aucun motif de réduction.

Il est vrai que, après une action éclatante, brillante, Taïti a été pacifiée ; la reine Pomaré y est retournée, et par conséquent il y a espoir que bientôt on pourra réduire l'effectif des forces à Taïti. Mais il serait prématuré de proposer aujourd'hui une réduction. Les évènements sont évidemment trop récents pour que le Gouvernement puisse consentir à diminuer son effectif à Taïti. Ce ne serait, dans tous les cas, que pour le budget de 1849, qu'une réduction pourrait avoir lieu.

L'AUTEUR DE L'AMENDEMENT reproduit les motifs qu'il a

donnés ci-dessus. Il ajoute que, dans l'origine de l'occupation de Taïti, il avait conçu, pour le développement de la puissance maritime de la France, des espérances que les actes subséquents du Gouvernement n'ont point réalisées ; il déplore la guerre qu'on a été obligé de soutenir contre les naturels, qui a entraîné avec elle de véritables dévastations, nuisibles au plus haut point à la prospérité de la colonie, et qui a donné lieu à des expéditions meurtrières, et sans utilité, dans les îles voisines.

Son amendement ne contient aucune censure de la convention conclue à Londres, dont il espère, au contraire, de bons résultats. Il n'entraîne pas non plus une réduction de l'effectif, car les troupes seront ramenées en France, et non pas licenciées. La réduction du crédit ne porte que sur le supplément que coûte le séjour aux colonies. Enfin, l'amendement ne compromet pas la puissance navale de la France, et y maintient le respect et la sécurité du pavillon.

M. LE MINISTRE DE LA MARINE répond :

«Je me suis déjà expliqué, prononcé même sur la réduction proposée. J'ai tout lieu d'espérer que cette réduction pourra être faite ; mais je ferai observer à la Chambre, qu'en général on ne regarde pas comme sage d'opérer une réduction d'effectif le lendemain d'une pacification.

« Les dernières nouvelles que nous avons reçues de Taïti nous apprennent, il est vrai, là pacification et le retour de la reine Pomaré ; mais nous n'avons aucunes nouvelles postérieures, nous n'avons même pas la nouvelle de l'arrivée de l'officier supérieur qui doit remplacer M. Bruat. Il me semble donc que, dans ces circonstances, il serait prématuré de prononcer une réduction.

« La Chambre peut compter que le Gouvernement ne désire nullement entretenir à Taïti un effectif plus considérable que celui qui sera nécessaire dans les circonstances favorables où nous nous trouvons maintenant placés.

« Si j'avais besoin de donner une preuve des dispositions où est le Gouvernement à cet égard, je citerais les réductions qu'il a déjà opérées dans les dépenses relatives aux établissements en Océanie.

« En 1845, le crédit demandé était de 2,482,000 francs
en 1846, de 2,174,000 fr. seulement ; et enfin, en 1847, il
n'est que de 1,976,000 fr. ; de sorte que, dans ces trois
années, une réduction de 700 mille francs environ a été
opérée. Il me semble que c'est là pour la Chambre une
garantie que le Gouvernement continuera à opérer dans
les dépenses à Taïti toutes les réductions qui seront reconnues possibles. »

Un membre fait observer que la réduction n'aura pas lieu
le lendemain de la pacification, mais seulement à dix-huit
mois de date. Sans insister sur ce point, il aurait désiré
que M. le Ministre des affaires étrangères donnât quelques
détails sur ce nouvel arrangement. Il craint qu'il ne s'éta-
blisse là un foyer d'intrigues pour les mécontents d'Otaïti.

M. le Ministre des affaires étrangères dit :

« Je suis tout prêt à donner à la Chambre les explications que désire le préopinant.

« Il y avait, quant à l'étendue de la souveraineté de la
reine Pomaré, et, par conséquent, de notre protectorat à
Taïti, une question pendante qui était l'objet de contestations entre le Gouvernement anglais et nous ; une enquête
avait été faite à ce sujet : on prétendait que la souveraineté
de la reine Pomaré s'étendait sur trois petites îles situées,
non pas tout près de Taïti, mais à quarante ou cinquante
lieues de Taïti. On le soutenait d'un côté, on le niait de
l'autre. C'était là une contestation qui pouvait devenir encore, entre le Gouvernement anglais et nous, un sujet d'embarras.

« Il a paru raisonnable au Gouvernement anglais et à
nous de vider cette contestation d'un commun accord, de
mettre ces trois petites îles. dont l'occupation et la domination n'avaient pour nous aucun intérêt réel et pratique,
en dehors de tout protectorat, de toute domination ; de
faire, pour ces trois petites îles, ce que nous avions déjà
fait d'un commun accord, l'Angleterre, les États Unis et
nous, pour l'archipel bien autrement important des îles
Sandwich. Nous sommes donc convenus, d'un commun accord, que ces îles n'appartiendraient jamais à personne, et

ne tomberaient jamais sous le protectorat particulier d'aucune puissance. Nous y avons ajouté une condition propre
à établir la sécurité dans nos établissements d'Otaïti, c'est
que jamais à Taïti ne pourrait s'établir un chef régnant dans
ces îles et réciproquement.

« D'un côté donc, une séparation complète a été prononcée entre Taïti et les trois îles dont il s'agit ; d'un autre
côté, l'indépendance de ces îles, et l'impossibilité de tout
protectorat étranger, ont été reconnues et convenues. Il
nous a paru que cela était bon, et pour la sécurité de notre
établissement à Taïti, et pour que nous ne nous trouvas-
sions pas engagés dans une nouvelle contestation sans importance pour nous.

« Un orateur reconnaissait tout-à-l'heure la légitimité des
motifs de cette convention ; ce n'est pas même une convention ; c'est sous la forme d'une déclaration signée par les
deux plénipotentiaires, mais ce n'est pas, à proprement
parler, un traité, une convention.

« J'ajouterai, pour répondre à une observation que faisait
l'orateur, qu'il n'est pas dans les habitudes, je dirai dans
le devoir du Gouvernement, de communiquer officiellement aux Chambres des actes diplomatiques qui n'en-
traînent aucune intervention des Chambres, pour lesquelles
il n'y a aucun besoin de leur action.

« Il n'y a donc pas lieu de s'étonner que nous n'ayons
pas communiqué officiellement aux Chambres cette petite
convention ; mais nous n'avons absolument aucune raison
de la tenir secrète. Elle est, je crois, parfaitement, conforme aux intérêts des établissements français dans l'O-
céanie ; elle confirme leur sécurité, et prévient tous les embarras qui pourraient naître à cet égard.

« Maintenant, quant à ce qui regarde l'amendement, j'aurai l'honneur de faire observer à la Chambre que jamais
ces trois petites îles n'avaient reçu de garnison française,
et que jamais des soldats français n'y avaient été établis.
Nous n'avons donc eu aucune diminution d'effectif à opérer en raison de la séparation complète établie entre ces
îles et Taïti. Il est vrai que ces îles avaient donné lieu une
fois à une expédition qui avait employé un certain nombre
de soldats. Je crois, comme l'indiquait tout-à-l'heure M. le

Ministre de la marine, que la réduction désirée pourra avoir
lieu dans le cours de l'année 1848. Mais je crois aussi qu'il
ne serait pas prudent, je dirai qu'il ne serait pas convenable pour le Gouvernement, de s'engager d'avance et d'une
manière absolue, à faire cette réduction sans avoir reçu
seulement la nouvelle de l'arrivée de l'officier qui va prendre le gouvernement de Taïti à la place de M. l'amiral
Bruat.

M. LE MINISTRE DES AFFAIRES ÉTRANGÈRES, sur l'interpellation d'un membre, ajoute que cette faculté donnée aux
indigènes d'aller s'établir ailleurs, a été donnée par le Gouvernement longtemps avant cette convention, et qu'il n'y a
été fait aucune dérogation.

L'AUTEUR DE L'AMENDEMENT insiste pour son adoption.
Il se sera écoulé entre la convention et la réduction de
l'effectif les délais nécessaires pour s'assurer que la pacification est réelle. Il engage la Chambre à adopter cette réduction, qui est opportune, puisqu'elle ne compromet pas
le service.

M. LE MINISTRE DE LA MARINE dit que le Gouvernement
est prêt à opérer cette réduction, qui n'est présentée, par
son auteur, que dans l'hypothèse que la pacification est
réelle; mais il ne serait pas prudent d'engager l'avenir, en
prenant, dès ce moment, cette résolution.

UN MEMBRE rappelle qu'une des premières conditions de
l'établissement du protectorat, fut le respect de la liberté
des cultes. Or, des détails de la dernière conférence dans
laquelle le protectorat a été reconnu par les chefs dissidents,
il résulterait que l'on veut leur imposer notre culte et nos
missionnaires. C'est là une violation d'un principe essentiel
du droit public français. C'est aussi un acte qui pourrait
avoir de fâcheuses conséquences pour les bonnes relations
de la France et de l'Angleterre.

M. LE MINISTRE DE LA MARINE répond que le Gouvernement est fermement résolu à maintenir et à respecter la
liberté des cultes. Des instructions formelles ont été et
seront encore données dans cet esprit.

UN MEMBRE dit que la propagande religieuse a eu, selon trop de part dans notre établissement à Otaïti, et l'antagonisme des deux religions nous prépare peut-de grandes difficultés pour l'avenir.

uant à la réduction demandée, si le Gouvernement nnaît que la pacification est complètement opérée et lle est sanctionnée par le concours de l'Angleterre, il lieu de s'étonner qu'il n'ait pas devancé l'amendement. st impossible qu'il faille continuer en pleine paix les fices que nécessitaient l'insurrection des indigènes et navais vouloir de l'Angleterre.

N DEUXIÈME MEMBRE tient à constater l'existence du iment religieux dans la Chambre et dans le pays. Tout nonde reconnaît que la France est chargée d'une mission civilisation; or, les croyances en sont le moyen le plus cace. Il faut, surtout au milieu de ces peuplades in-les, que nous manifestions la nôtre. Quand à l'amen-ment, la nécessité de la réduction lui paraît douteuse; Chambre n'est point en mesure de la voter, aussi long-mps qu'on ne sera pas plus complètement assuré de la cification.

Un TROISIÈME MEMBRE demande si l'indemnité stipulée ur le missionnaire Pritchard a été réglée.

M. LE MINISTRE DES AFFAIRES ÉTRANGÈRES répond que en encore n'a été réglé entre les deux amiraux qui ont le chargés de cette affaire.

— La réduction de 150,000 fr. est mise aux voix, et n'est oint adoptée.

La Commission propose sur ce chapitre une réduction le 30.500 fr., consentie par le Gouvernement.

— Le chapitre réduit est adopté; son chiffre est de 1.735,100 fr.

2ᵉ SECTION. — *Service extraordinaire.*

UN MEMBRE rappelle que, lors des événements de 1840, on jugea à propos de former à Castineau des établissements destinés à la marine à vapeur. Ce projet reçut sa sanction définitive dans la loi du 25 juin 1841. Cependant rien i encore commencé, malgré les réclamations qui se sont pétées d'année en année.

M. LE COMMISSAIRE DU ROI répond que les travau faire sur les terrains acquis à Castineau devaient don lieu a des dépenses considérables ; ils ont été l'objet de l gues études. Les premiers devis qui avaient été fourni M. le Ministre. s'élevaient à des sommes si considérabl que M. le Ministre a jugé convenable de soumettre projets à de nouvelles études ; les nouveaux devis propc sont parvenus au Ministère, ils portent la date de a 1847 ; le temps qui s'est écoulé depuis lors n'était pas s fisant pour qu'ils fussent soumis à un examen complet qu'un projet de loi pût être présenté cette année.

Dans le cours de la session prochaine, ce projet de sera apporté à la Chambre.

CHAPITRE IV.

« Digue et arsenal de Cherbourg, 6,500,000 fr. »

La Commission propose une réduction de 1,500,000 consentie par le Gouvernement.

— Le chapitre ainsi réduit est adopté ; son chiffre est 5 millions.

CHAPITRE VII.

« Salaires d'ouvriers (*Loi du 3 juillet 1846* 1,740,000 fr. »

CHAPITRE VIII.

« Approvisionnements généraux de la flotte (*Loi d 3 juillet 1846*), 7,560,000 fr. »

CHAPITRE IX.

« Approvisionnements de prévoyance (*Loi du 3 juille 1846*), 4,000,000 fr. »

— Adoptés.

— La Chambre passe à la discussion des services spéciau portés pour ordre au budget.

Légion-d'Honneur.

MEMBRE présente des considérations sur la manière
est conférée la décoration de la Légion-d'Honneur.
npare la prodigalité qu'y apporte le Gouvernement
l, avec l'économie qu'y mettait l'Empereur. Il rappelle
sous Louis XIV on aimait mieux donner 2,000 fr. de
ion que la croix de Saint-Louis. La Chambre avait
e de poser une limite à cette profusion, en exigeant
ertion des nominations au *Moniteur;* cette mesure n'a
ucun résultat. L'orateur s'était d'abord appliqué à re-
cher quelques précautions efficaces, mais il y a re-
ce, parce qu'il lui a semblé qu'il n'y avait ni courage,
oo goût, à entrer en lutte avec un pouvoir qui tombe.
e bornera à protester contre les abus qu'il a signalés.

IN DEUXIÈME MEMBRE rappelle l'engagement qu'a pris
le Garde des Sceaux, d'examiner les pétitions présentées
des militaires nommés officiers de la Légion après le
vril 1814. Il espère qu'à la session prochaine, M. le
nistre présentera un projet de loi qui leur donnera satis-
tion.

Le même membre demande que l'on tire parti, soit en le
ndant, soit en l'exploitant, du domaine d'Ecouen, qui ne
one aucun revenu.

CHAPITRE PREMIER.

« Grande-chancellerie (Personnel), 166,050 fr. »

CHAPITRE II.

« Grande-chancellerie (Matériel), 44,950 fr. »

CHAPITRE III.

« Traitements des membres de l'Ordre, 5,366,000 fr. »

CHAPITRE IV.

« Supplément de traitement de 100 fr. aux membres de
l'Ordre, conformément à la loi du 21 juin 1845, 841,500 fr. »

CHAPITRE V.

« Gratifications aux membres de l'Ordre, 60,000 fr. »

CHAPITRE VI.

« Maison royale de Saint-Denis (Personnel), 117,61

CHAPITRE VII.

« Maison royale de Saint-Denis (Matériel), 424,000

CHAPITRE VIII.

« Succursale de la Légion-d'Honneur (Personn
20,500 fr. »

CHAPITRE IX.

« Succursale de la Légion-d'Honneur (Matériel), 287
francs. »

CHAPITRE X.

« Pensions diverses, 70,800 fr. »

CHAPITRE XI.

« Commissions aux receveurs généraux chargés des p
ments dans les départements, 28,800 fr. »

CHAPITRE XII.

« Décorations pour les membres de l'Ordre, 48,000 f

CHAPITRE XIII.

« Fonds de secours aux élèves , à leur sortie des mais
d'éducation , 2,000 fr. »

CHAPITRE XIV.

« Dépenses diverses et imprévues, 18,888 fr. »

CHAPITRE XV.

« Frais relatifs au domaine d'Ecouen , 13,000 fr. »
— Adoptés.

Imprimerie Royale.

UN MEMBRE rappelle que les Commissions du budget
1847 et de 1848 , ont réclamé la communication des ordo
nances et des réglements qui fixent l'organisation de l'I
primerie royale , et qui régissent sa comptabilité.

M. LE MINISTRE DES FINANCES répond que l'Administr

tion s'occupe de la rédaction et de la publication d'un règlement sur cet objet.

CHAPITRE PREMIER.

« Administration , 42,500 fr. »

La Commission propose une réduction de 1,400 fr. , ce
qui réduit le crédit à 41,100 fr.

— Le chapitre 1er , réduit , est mis aux voix et adopté.

CHAPITRE II.

« Dépenses fixes d'exploitation, 236,300 fr. »

Sur ce chapitre, la Commission propose une réduction
de 8,000 fr.

— Le chapitre réduit est mis aux voix et adopté.

CHAPITRE III.

« Dépenses d'exploitation non susceptibles d'un évaluation fixe, 3,004,500 fr. »

CHAPITRE IV.

« Augmentation et renouvellement du matériel, 45,310 fr. »

— Adopté.

CHAPITRE V.

« Dépenses des exercices clos (Mémoire.)

CHAPITRE VI.

« Application à faire, aux produits divers du budget, de
l'excédant présumé des recettes , 224,390 fr. »

Sur ce chapitre , la Commission propose une augmentation de 9,400 fr.

— Le chapitre est adopté au chiffre de 233,790 fr.

Chancelleries consulaires,

Un membre fait observer qu'on a donné un traitement
fixe au lieu d'un traitement éventuel, aux employés des chancelleries ; mais il a fallu pour cela faire un fonds commun,
où les chancelleries qui produisent contribuent pour celles
qui ne produisent pas.

M. LE MINISTRE DES AFFAIRES ÉTRANGÈRES annonce qu'il ne pourrait indiquer la répartition faite entre ces différentes chancelleries, sans entrer dans des détails purement administratifs. Il dira seulement qu'il est précisément en travail depuis quelques jours avec M. le Ministre des finances pour introduire dans les chancelleries consulaires, en ce qui concerne les recettes, le même ordre, la même régularité, les mêmes garanties de comptabilité qui y ont déjà été introduites en ce qui concerne les dépenses. C'est un travail qui n'est pas encore complet, mais qui se traite en ce moment-ci entre l'administration des finances et son département.

CHAPITRE PREMIER.

« Frais de chancelleries, honoraires des chanceliers et pertes sur le change, 326,000 fr. »

CHAPITRE II.

« Versement à effectuer au Trésor à titre de fonds commun des chancelleries consulaires, savoir :

« Portion à employer pour les chancelleries dont les recettes seront inférieures aux dépenses, 50,000 fr.

« Excédant disponible à porter en recette au budget de l'Etat, 24,000 fr. »

— Adoptés.

Caisse des Invalides.

CHAPITRE PREMIER.

« Pensions dites *demi-soldes*, 2,110,000 fr. »

CHAPITRE II.

« Pensions pour ancienneté et pour blessures, et pensions de veuves, 5,535,000 fr.

CHAPITRE III.

« Fonds annuel de secours et subside à l'hospice des Orphelines de Rochefort, 206,000 fr. »

CHAPITRE IV.

« Frais d'administration et de trésorerie, 340,000 fr. »

CHAPITRE V.

« Remboursements sur les anciens dépôts provenant de solde, de parts de prises, etc., 180,000 fr. »

CHAPITRE VI.

« Remboursements sur les anciens dépôts provenant de naufrages, 50,000 fr. »

CHAPITRE VII.

« Dépenses diverses, 50,000 fr. »

— Adoptés.

Monnaies.

CHAPITRE PREMIER.

« Frais de fabrication des monnaies, payés aux directeurs, 719,394 fr. »

CHAPITRE II.

« Tolérances en fort sur la fabrication des monnaies, 30,000 fr. »

Médailles.

CHAPITRE III.

« Frais de fabrication, y compris la valeur des matières, 531,000 fr. »

CHAPITRE IV.

« Application à faire aux produits divers du budget, de l'excédant des recettes présumées :

« Sur les monnaies, 20,100 fr.
« Sur les médailles, 50,000 fr. »

— Adoptés.

Un MEMBRE dit qu'il est urgent de présenter un projet

de loi sur la refonte des monnaies de cuivre , à la fois pour
satisfaire les besoins des populations , pour établir la sincérité des transactions commerciales, et dans l'intérêt du
Trésor, dont l'ajournement ne fait qu'accroître les pertes.

Un deuxième membre reconnaît cette urgence , mais
cependant il serait plus convenable; selon lui , de procéder
partiellement à cette refonte.

M. le Ministre des finances rappelle qu'il avait déjà dit
qu'il avait trouvé à l'administration des finances plusieurs
projets préparés pour la refonte de la monnaie de cuivre,
des projets de refonte simultanée , des projets de refontes
successives, des projets de refonte en monnaie lourde, des
projets de refonte en monnaie plus légère.

Lorsqu'il aura arrêté son choix entre ces divers projets,
il aura l'honneur de présenter à la Chambre, à l'ouverture
de la session prochaine, celui qu'il aura préféré.

La Chambre passe ensuite à la délibération du projet de
résolution relatif au service de la bibliothèque.

M. le Président donne lecture de l'article premier, qui
est ainsi conçu :

« Il sera fait un nouveau catalogue des livres composant
la bibliothèque de la Chambre des Députés.

« Ce catalogue sera rédigé par les employés de la bibliothèque, sous la direction du bibliothécaire.

« Jusqu'à l'entier achèvement du catalogue , il sera présenté à la Chambre, dans le courant de chaque session, un
compte-rendu sur l'état d'avancement du travail. » .

— Adopté.

Art. 2.

« Le personnel des employés de la bibliothèque sera composé ainsi qu'il suit , à partir du 1er août 1847, savoir :

    « Un bibliothécaire ;
    « Un sous-bibliothécaire ; .
    « Un sous-bibliothécaire adjoint ;
    « Deux employés principaux ;
    « Deux employés ordinaires.

« A l'avenir, les employés de la bibliothèque ne pourront être choisis que parmi les employés, soit des bibliothèques publiques, soit des bibliothèques dépendant des grands établissements publics, et parmi les anciens élèves de l'Ecole des Chartes, munis d'un diplôme d'archiviste paléographe. Ils devront posséder au moins une langue vivante. »

UN MEMBRE demande par qui sera nommé le sous-bibliothécaire adjoint, dont va s'augmenter le personnel de la bibliothèque; il conviendrait qu'il le fût par la Chambre.

M LE RAPPORTEUR répond qu'aux termes du Règlement, le sous-bibliothécaire est nommé par les questeurs, le bibliothécaire seul est nommé par la Chambre.

UN MEMBRE demande pourquoi l'on détermine des catégories dans lesquelles devront être choisis les employés de la bibliothèque : il conviendrait, selon lui, que l'on pût prendre ces employés parmi les autres employés de la Chambre, qui seraient reconnus capables.

M. LE RAPPORTEUR répond que la Commission a été unanime sur cette question ; elle croit que, pour le service d'une bibliothèque, il faut certaines aptitudes. On n'apprend pas le métier de bibliothécaire du premier jour. Par conséquent, la Commission a pensé qu'il était bon de bien poser les conditions d'aptitude, et de ne pas faire l'éducation, dans les bibliothèques, des employés qu'on y introduirait.

La Commission maintient la disposition.

—L'article 2 est mis aux voix et adopté.

—La résolution est adoptée dans son ensemble.

La Chambre passe à la discussion de son budget particulier.

SEPT MEMBRES, dont les noms suivent, demandent le comité secret.

Ce sont MM. de LOYNES, CADEAU d'ACY, baron de SALLES, de MALEVILLE, d'ARAGON, baron de CHASSIRON et DENESMAY.

M LE PRÉSIDENT, aux termes de l'article 38 de la Char-
et 33 du Règlement, donne au chef des huissiers l'ordre
faire évacuer les tribunes ; cet ordre est exécuté immédi-
ement.

—La Chambre se forme en comité secret.

La séance publique étant reprise, la Chambre revient a
budget général des dépenses.

M. LE PRÉSIDENT rappelle que pour compléter le vote
tableau A, il ne reste plus à voter que sur le chapitre xx
intitulé : Dotation de la Chambre des Députés, qui avait é
réservé jusqu'après la discussion du budget particulier d
la Chambre. Ce chapitre serait ainsi conçu :

CHAPITRE XXIV.

« Chambre des Députés, 832,150 fr. »

Le vote de l'état A étant terminé, la Chambre revient
l'article 1er, qui , par suite des modifications apportées, s
trouve maintenant rédigé de la manière suivante :

Article premier.

« Des crédits sont ouverts jusqu'a concurrence d
1,446,210,170 fr., pour les dépenses de l'exercice 1848
conformément à l'état A ci-annexé.

Service ordinaire.

« Dette publique.....................	384,346,191 fr
« Dotations.........................	14,922,150
« Services des Ministères...........	731,335,104
« Frais de régie, de perception et d'ex-ploitation des impôts et revenus publics.	156,892,495
« Remboursements et restitutions, non--valeurs, primes et escomptes..........	74,185,730
« Total du service ordinaire...	,361,681,670

Service extraordinaire.

« Travaux régis par la loi du 25 juillet 1841.........................	20,298,500
« Travaux régis par la loi du 11 juin 1842.........................	64,230,000
« Total général...............	1,446,210,170

« Des crédits montant à la somme de 21,283,592 fr., sont galement ouverts, pour l'exercice 1848, conformément à l'état B ci-annexé, aux services spéciaux portés pour ordre u budget. »

— Adopté.

La suite de la discussion est renvoyée à demain.

— La Chambre s'occupe du règlement de son ordre du our.

Un membre demande qu'on ajoute le projet de loi des chemins de fer de Dieppe et Fécamp, à la suite des projets de lois qui seront discutés entre le budget des dépenses et celui des recettes.

— Adopté.

Un deuxième membre demande que l'on retranche de cette liste le projet de loi sur le chemin de fer de Lyon à Avignon. L'adoption du nouveau projet aurait pour résultat d'annuler une loi, et une adjudication faite aux enchères publiques en vertu de cette loi. Il y a un grand danger à montrer ainsi qu'il n'y a point de fixité dans les votes législatifs. Une Compagnie qui a encouru la déchéance pour n'avoir pas tenu ses engagements, ne mérite aucun égard. Il n'y a, d'ailleurs, aucun inconvénient à l'ajournement, parce que, d'ici à l'année prochaine, la Compagnie ne fera rien.

M. LE RAPPORTEUR demande le maintien du projet de loi à l'ordre du jour, à cause de l'importance de la ligne de l'Océan à la Méditerranée, dont cette section fait partie. Les travaux pourront être commencés immédiatement après le vote du nouveau projet de loi. On pourra y employer un matériel et un personnel qui sont tout prêts sur la ligne d'Avignon à Marseille.

M. LE MINISTRE DES TRAVAUX PUBLICS fait observer que les considérations présentées contre le projet de loi à l'ordre du jour, se rapportent au fond même de la question. Pour le moment, il ne s'agit que de savoir si l'on ajournera la discussion du projet, qui aura pour résultat de hâter l'achèvement de la grande ligne de l Océan à la Méditerranée L'a ournement ne serait pas seulement à l'année prochaine il serait indéfini ' Son premier résultat serait la dissolutio immédiate de la Compagnie, et, après cette dissolution, i faudrait exécuter les clauses du cahier des charges, ce qu entraînerait de très-grands délais avant la reconstitutio d'une nouvelle Compagnie et la reprise des travaux.

UN MEMBRE s'oppose au maintien du projet, qui, selon lui, n'a pas pour but de réprimer l'agiotage, mais bien, au contraire, de lui accorder de nouvelles primes. Ce projet d'ailleurs, soulève une question importante, celle de la substitution de l'État aux Compagnies. Une pareille discussion ne peut pas avoir lieu à la fin de la session Quant à la nécessité de maintenir les travaux pour la classe ouvrière, l'orateur répond qu'il y a dans ces Compagnies trop de capitalistes étrangers, et que les ouvriers qu'ils emploient sont-eux-mêmes presque tous étrangers.

UN DEUXIÈME MEMBRE exprime le vœu de voir mettre un terme à cette accusation perpétuelle d'agiotage adressée par quelques membres de la Chambre à leurs collègues.

Quant à ce qui concerne les capitaux étrangers, l'orateur est obligé de le dire, quoique avec regret, sans les capitaux anglais et sans l'esprit anglais qui a présidé à cette entreprise, il n'existerait peut-être pas de chemins de fer en France.

UN TROISIÈME MEMBRE proteste contre toute intention d'accusation portée par une partie de la Chambre contre l'autre : dans de pareilles questions, toute différence d'opinion est effacée. Ce dont la Chambre a le droit de se plaindre, c'est que de pareils projets soient toujours présentés vers la fin de la session. Il se trouve encore que les projets sont remplacés par d'autres projets élaborés au sein des Commissions : de cette manière, l'initiative se déplace, la responsabilité s'efface, et les éléments de la discussion disparaissent. A cette époque de la session, il ne reste plus en général que les membres de la Chambre qui sont fonctionnaires, les Députés des départements traversés par les chemins de fer dont il s'agit, et ceux qui peuvent être intéressés personnellement dans ces entreprises. Ce n'est pas dans cet état de la Chambre, que de pareilles discussions peuvent avoir lieu complétement et fructueusement.

— La Chambre, consultée par M. le Président, maintient à l'ordre du jour le projet de loi sur le chemin de fer de Lyon à Avignon.

UN MEMBRE demande le retrait du projet de loi sur le chemin de fer de Paris à Lyon.

— La Chambre maintient ce projet de loi à l'ordre du jour.

UN MEMBRE rappelle que lorsque ces projets de lois furent présentés, on demanda la communication des listes d'actionnaires. Cette communication semblait d'autant plus nécessaire, que l'on s'appuyait sur la détresse prétendue des entrepreneurs. La Chambre ne voulut pas prononcer avant d'avoir entendu les rapports de ses Commissions. Aujourd'hui, il convient d'autant plus d'insister sur cette communication, qu'il importe de savoir le nombre des personnes qui peuvent être appelées à voter dans leur propre cause. Ces listes ont sans doute été communiquées aux Commissions; l'orateur demande qu'elles soient imprimées et distribuées à la Chambre.

MM. LES RAPPORTEURS des deux chemins de fer de Lyon et d'Avignon, répondent que ces listes ont été communiquées aux Commissions, qui les ont examinées, et qu'elles sont à la disposition de tous les membres de la Chambre qui voudront en prendre connaissance.

— Sur cette déclaration, la demande d'impression est retirée par son auteur.

— La séance est levée.

Signé LEPELETIER-D'AUNAY, Vice-Président;

DE BUSSIÈRES, OGER, SAGLIO, LANJUINAIS,

Secrétaires.

Collationné:

Le Secrétaire-Rédacteur,

Signé CERCLET.

PRÉSIDENCE DE M. SAUZET.

Séance du Jeudi 15 Juillet 1847.

— Le procès-verbal de la séance du 14, et celui du comité secret du même jour, sont lus et adoptés.

Un MEMBRE dépose le rapport sur le projet de loi relatif *aux marques de fabrique et de commerce.*

Trois autres rapports sont également déposés au nom de la Commission chargée de l'examen des projets de lois d'intérêt local.

— La Chambre ordonne l'impression et la distribution de ces rapports.

(*Voir les annexes imprimées n°° 339 à 342 inclusivement*)

L'ordre du jour appelle la discussion de projets de lois d'intérêt local.

— Après avoir décidé qu'elle passe à la discussion des articles, la Chambre adopte successivement les dispositions et l'ensemble des projets dont la teneur suit :

PREMIER PROJET.

Article unique.

« La ville de Dieppe (Seine-Inférieure) est autorisée à em-

prunter, soit avec publicité et concurrence, soit directement
de la Caisse des dépôts et consignations, à un intérêt qui
ne pourra dépasser 5 pour 100, une somme de trente mille
francs, remboursable en cinq ans, à partir de 1849, et
destinée à solder les travaux exécutés à l'église du Pollet. »

DEUXIÈME PROJET.

Article unique.

« Le département de l'Oise est autorisé, conformément
à la demande que son conseil général en a faite dans sa session de 1846, à s'imposer extraordinairement, pendant
quatre années, à partir de 1848, 8 centimes additionnels
au principal des quatre contributions directes, dont le
produit sera affecté aux travaux d'achèvement ou d'amélioration des routes départementales classées, ou aux travaux
d'achèvement des chemins vicinaux de grande communication classés.

« L'emploi du montant de cette imposition sera réglé
annuellement, par ordonnance royale, sur la proposition
du conseil général. »

TROISIÈME PROJET.

Article unique.

« La ville de Nantes (Loire-Inférieure) est autorisée :
1° à emprunter, soit avec publicité et concurrence, soit
directement de la Caisse des dépôts et consignations, à un
intérêt qui ne pourra dépasser 5 pour 100, une somme de
cent mille fr., destinée à venir en aide à la population
pauvre ;

« 2° A s'imposer extraordinairement, pendant six ans,
deux centimes additionnels au principal de ses contributions directes, dont le produit sera affecté à l'amortissement du nouvel emprunt. »

QUATRIÈME PROJET.

Article unique.

« Le département du Lot est autorisé, conformément à

la demande que son conseil général en a faite dans sa session
de 1846, à s'imposer extraordinairement en 1848, cinquante-
huit centièmes de centime additionnel au principal des quatre contributions directes, pour en affecter exclusivement le
produit à la dépense de construction de la lacune dont le
classement est projeté, sur le territoire du Lot, à l'effet de
relier les deux parties de la route départementale de Tarn-
et-Garonne, n° 20. »

CINQUIÈME PROJET.

Article unique.

« La ville de Lyon (Rhône) est autorisée à emprunter,
soit avec publicité et concurrence, soit directement de la
Caisse des dépôts et consignations, à un taux d'intérêt qui
ne pourra dépasser 5 pour 100, une somme de un million
neuf cent mille francs, destinée à couvrir le déficit de son
budget pour l'exercice 1849, et à venir au secours de la
classe indigente.

« Le remboursement de cet emprunt aura lieu dans un
délai de douze ans, au moyen des revenus ordinaires de la
ville, aux époques et dans les proportions indiquées par
les délibérations municipales des 19 novembre 1846 et 29
avril 1847. »

SIXIÈME PROJET.

Article unique.

« Le département du Pas-de-Calais est autorisé, conformément à la demande que son conseil général en a faite
dans sa session de 1846, à s'imposer extraordinairement
en 1848 et 1849, un centime additionnel au principal des
quatre contributions directes, dont le produit sera exclusivement affecté aux travaux d'amélioration des routes départementales classées. »

SEPTIÈME PROJET.

Article premier.

« La section de Saint-Michel, cotée A sur le plan annexé
à la présente loi, et circonscrite par des liserés rose et

jaune, est distraite de la commune de *Touvet*, canton du même nom, arrondissement de Grenoble, département de l'Isère, et réunie à celle de *Saint-Bernard*, même canton.

« En conséquence, la limite des deux communes est fixée dans la direction indiquée par le liseré jaune du dit plan.

Art. 2.

« Les dispositions qui précèdent auront lieu sans préjudice des droits d'usage et autres qui pourraient être respectivement acquis.

« Les autres conditions de la distraction prononcée seront, s'il y a lieu, ultérieurement determinées par une ordonnance du Roi. »

HUITIÈME PROJET.

Article premier.

« La section de Mesnil-Veneron est distraite de la commune de Saint-Jean-de-Daye, canton de Saint-Jean-de-Daye, arrondissement de Saint-Lô, département de la Manche, et rétablie en commune distincte, telle qu'elle existait avant l'ordonnance du 1er avril 1859.

Art. 2.

« Les dispositions qui précèdent auront lieu sans préjudice des droits d'usage et autres qui pourraient être respectivement acquis.

« Les autres conditions de la distraction prononcée seront, s'il y a lieu, ultérieurement déterminées par une ordonnance du Roi. »

NEUVIÈME PROJET.

Article premier.

« La section de Traversay est distraite de la commune de Dissay, canton de Saint-Georges, arrondissement de Poitiers, département de la Vienne, et réunie à celle de Saint-Cyr, même canton.

« En conséquence , la limite entre ces deux communes est fixée conformément au liseré orange du plan annexé à la présente loi.

Art. 2.

« Les dispositions qui précèdent auront lieu sans préjudice des droits d'usage et autres qui pourraient être respectivement acquis.

« Les autres conditions de la distraction prononcée seront, s'il y a lieu, ultérieurement déterminées par une ordonnance du Roi. »

DIXIÈME PROJET.

Article unique.

« La limite des deux cantons de Pau est et ouest , département des Basses-Pyrénées , est établie conformément à la ligne rouge mi-partie pleine et pointillée du plan annexe à la présente loi. »

ONZIÈME PROJET.

Article premier.

« Les communes de Lye, canton de Valençay , arrondissement de Châteauroux , département de l'Indre , et de Meusnes , arrondissement de Blois , département de Loir-et-Cher , sont délimitées entre elles , conformément à la ligne hachée en noir , désignée par les lettres A , B , C, D , E , F , G , sur le plan annexé à la présente loi.

Art. 2.

« Les dispositions qui précèdent auront lieu sans préjudice des droits d'usage et autres , qui pourraient être respectivement acquis. »

DOUZIÈME PROJET.

Article unique.

« Le département de la Charente-Inférieure est autorisé, conformément à la demande que son conseil général en »

faite dans sa séance de 1846, à s'imposer extraordinairement pendant huit ans, à partir de 1848, trois centimes
additionnels au principal des quatre contributions directes,
dont le produit sera exclusivement affecté aux travaux d'a-
chèvement des chemins vicinaux de grande communication actuellement classés.

« Cette imposition sera recouvrée concurremment avec
les centimes spéciaux dont les lois de finances autoriseront l'établissement, en vertu de l'article 12 de la loi
du 21 mai 1836. »

*L'ordre du jour appelle la suite de la délibération sur
le budget des dépenses pour l'exercice 1848.*

M. LE PRÉSIDENT rappelle que la Chambre a hier adopté
l'ensemble de l'art. 1er, qui résume tous les crédits portés
dans les états A et B. On passe à l'art. 2, qui est ainsi
conçu :

« Il sera pourvu au paiement des dépenses mentionnées
dans l'art. 1er de la présente loi et dans les tableaux y an-
nexés, par les voies et moyens de l'exercice 1848. »

— Cet article est mis aux voix et adopté.

Art. 3.

« L'effectif à entretenir en Algérie, au-delà duquel il y
aura lieu à l'application du deuxième paragraphe de l'art. 4
de la loi de finances du 11 juin 1842, est fixé, pour l'année
1848, à 60,000 hommes et 15,490 chevaux. »

Art. 4.

« Il sera rendu un compte spécial et distinct de l'emploi
des crédits ouverts à chacun des paragraphes des chapitres XXI, XXV et XXXIII du budget du Ministère de la guerre,
pour travaux extraordinaires civils et militaires à exécuter
en 1848, sur divers points de l'Algérie ; ces crédits ne pourront recevoir aucune autre affectation. »

— Adoptés.

M. LE PRÉSIDENT expose qu'il a été présenté un article

additionnel qui, s'il était adopté, prendrait ici sa place et deviendrait l'art. 5. La Chambre délibérerait ultérieurement sur cet article.

—On passe à l'art. 5 du projet de loi, qui est ainsi conçu:

« Il est ouvert au Ministre de la guerre un crédit de 1,050,000 fr. pour l'inscription, au Trésor public, des pensions militaires à liquider dans le courant de l'année 1848. »

— Adopté.

Art. 6.

« La faculté d'ouvrir, par ordonnance du Roi, des crédits supplémentaires, accordée par l'art. 3 de la loi du 24 avril 1833, pour subvenir à l'insuffisance, dûment justifiée, d'un service porté au budget, n'est applicable qu'aux dépenses concernant un service voté, et dont la nomenclature suit :

Ministère de la justice et des cultes.

« Frais de justice criminelle ;
« Indemnités pour frais d'établissement des évêques, des archevêques et des cardinaux ;
« Frais de bulles et d'information ;
« Traitements et indemnités des membres des chapitres et du clergé paroissial ;
« Traitement des ministres des cultes non catholiques.

Ministère des affaires étrangères.

« Frais d'établissement des agents politiques et consulaires ;
« Frais de voyages et de courriers ;
« Frais de service. »

M. LE RAPPORTEUR dit qu'à l'égard des frais de service, il doit déclarer que M. le Ministre des affaires étrangères a été d'avis, avec la Commission, de supprimer cette énonciation des frais de service, attendu que la Commission elle-même, prenant l'initiative pour qu'on n'ait pas besoin de recourir à des crédits extraordinaires, a ajouté à son crédit 150,000 fr. dans ce but.

—Le retranchement proposé par la Commission est adopté.

«Missions extraordinaires.

Ministère de l'instruction publique.

« Traitements éventuels des professeurs des facultés;

« Frais de concours dans les facultés et pour l'agrégation des collèges ;

« Prix de l'Institut et de l'Académie royale de médecine ;

« Frais de tournées des inspecteurs généraux de l'Université, ainsi que des recteurs et inspecteurs des académies.

Ministère de l'intérieur:

« Dépenses ordinaires du service intérieur des maisons centrales de force et de correction ,

« Remboursement sur le produit du travail des condamnés détenus dans les maisons centrales de force et de correction ;

« Transport des condamnés aux bagnes et aux maisons centrales de force et de correction ;

« Dépenses départementales.

Ministère de l'agriculture et du commerce.

« Encouragements aux pêches maritimes;

« Frais relatifs à la mise en vente des eaux thermales ;

« Frais relatifs à la publication des brevets d'invention ;

« Achats de fourrages pour les animaux reçus dans les hôpitaux des écoles vétérinaires et pour les haras et dépôts d'étalons ;

« Frais de missions et achats d'échantillons de produits étrangers. »

La Commission propose le retranchement de ces deux derniers paragraphes.

—Ces deux paragraphes sont retranchés.

Ministère des travaux publics.

« Service des prêts autorisés pour les chemins de fer ;

« Frais de police et de surveillance sur les chemins de fer ;

« Frais d'entretien et d'exploitation des chemins de fer exécutés sur les fonds de l'État.

Ministère de la guerre.

« Frais de procédure des conseils de guerre et de révision ;

« Achats de grains et de rations toutes manutentionnées ;

« Achats de liquides ;

« Achats de combustibles ;

« Achats de fourrages pour les chevaux de troupe et de gendarmerie (troupes françaises et services militaires indigènes) ;

« Dépenses de transports d'armes , de munitions, d'effets d'hôpitaux et de couchage ;

« Solde de non-activité et solde de réforme , créées par la loi du 19 mai 1834 ;

« Dépenses d'exploitation et de fabrication du service des poudres et salpêtres , et ventes de poudres par les entreposeurs en Algérie.

Ministère de la marine et des colonies.

« Achats de vivres ;

« Justice maritime.

Ministère des finances.

« Dette publique (*dette perpétuelle et amortissement*);

« Intérêts , primes et amortissement des emprunts pour ponts et canaux ;

« Intérêts de la dette flottante ;

« Intérêts de la dette viagère ;

« Intérêts de cautionnements ;

« Pensions (chapitres XII, XIII, XIV, XV, XVI et XVII) ;

« Frais judiciaires, de poursuites et d'instances, et con-
damnations prononcées contre le Trésor public;

« Frais de trésorerie;

« Frais de perception, dans les départements, des contributions directes et des taxes perçues en vertu de rôles ;

« Remises pour la perception, dans les départements, des
droits d'enregistrement ;

« Contributions des bâtiments et des domaines de l'Etat
et des biens séquestrés ;

« Frais d'estimation, d'affiche et de vente de mobilier et
de domaines de l'Etat ;

« Dépenses relatives aux épaves, déshérences et biens va-
cants ;

« Achat de papier pour passeports et permis de chasse ;

« Achat de papier à timbrer, frais d'emballage et de
transport ;

« Travaux d'abattage et de façon de coupes de bois à exploiter par économie ;

« Frais d'adjudication des produits de forêts et des droits
de chasse et de pêche ;

« Avances recouvrables et frais judiciaires ;

« Portion contributive de l'Etat dans la réparation des
chemins vicinaux ;

« Remises pour la perception des contributions indirectes dans les départements ;

« Achat de papier filigrané pour les cartes à jouer ;

« Contribution foncière des bacs, canaux et francs-
bords ;

« Service des poudres à feu ;

« Dépenses des manufactures de tabacs (gages, salaires
et fournitures diverses) ; .

« Achats de tabacs et frais de transport ;

« Primes pour saisies de tabacs et arrestations de colpor-
teurs ;

« Remises des directeurs des bureaux de poste aux lettres ;

« Achat de lettres venant de l'étranger ;

« Remises sur le produit des places dans les paquebots
et les malles-postes ;

« Droits de tonnage et de pilotage des paquebots employés au transport des dépêches ;

« Réparations et frais de combustibles des mêmes paquebots ;

« Frais de justice, de poursuites, d'arrestation des marins des paquebots des postes, absents sans congés, pertes et avaries ;

« Transport des dépêches par entreprise ;

« Service des dépêches par les chemins de fer ;

« Salaire des facteurs ruraux des postes ;

« Frais d'hôpitaux et de quarantaine (paquebots de la Méditerranée) ;

« Pertes résultant des tolérances en fort sur le titre et le poids des monnaies fabriquées ;

« Remboursements, restitutions, non-valeurs, primes et escomptes. »

La Commission a proposé un article additionnel, qui est consenti par le Gouvernement, et dont voici la teneur :

« La faculté accordée par des lois spéciales de reporter, par une ordonnance royale, d'un exercice a l'autre, les crédits non consommés, cessera d'exister à partir du 31 décembre 1848.

« Cette disposition ne recevra pas son application dans le cas où il s'agirait, soit d'un crédit limité à un seul exercice, soit de la dernière allocation d'un crédit réparti sur plusieurs années »

— Cet article est mis aux voix et adopté.

UN MEMBRE croit devoir provoquer des explications sur la manière dont la spécialité est appliquée par le Ministère des travaux publics, en ce qui concerne le budget extraordinaire. En prenant pour exemple le chapitre XIII du budget extraordinaire, M. le Ministre des travaux publics paraît croire qu'il lui est loisible de disposer des fonds votés pour le chemin de fer de Bordeaux, et de les reporter sur le chemin du Centre ; il ne regarde pas la spécialité comme obligatoire pour les articles. D'un autre côté, si l'orateur consulte les paroles prononcées par le dernier Ministre des finances, celui-ci aurait fait une opposition constante à ce système , et aurait considéré comme mauvaise cette manière d'interpréter la spécialité.

Il est, en effet, à remarquer que les crédits portés au
budget extraordinaire, sont presque toujours le résultat de
lois spéciales. L'orateur serait heureux de recueillir, de la
part de M. le Ministre des travaux publics, des paroles
d'adhésion à la doctrine de l'ancien Ministre des finances.
Quant à lui, il n'admet pas qu'il soit possible d'intervertir
les votes de la Chambre.

M. LE MINISTRE DES FINANCES a la parole, et dit :

« Sur la question que vient de soulever le préopinant, il
y a deux points à distinguer : l'allocation générale, et le
crédit annuel. L'allocation générale est le résultat d'une loi
spéciale, ou d'un vote spécial. Il ne peut pas être permis
au Ministre des travaux publics d'excéder l'allocation générale ouverte par les Chambres, pour un travail déterminé, sans avoir l'assentiment d'un nouveau vote de la
Chambre. Ainsi,¹ le chemin du Nord avait reçu une allocation générale de 78 millions. Il lui a été accordé,
si je ne me trompe , un supplément d'allocation de 4 millions.

« Il eût été impossible que le Ministre des travaux publics, quoique le chemin de fer du Nord fît partie du chapitre XIII, quoiqu'il ne fût qu'un article de ce chapitre ,
empruntât, sans un vote de la Chambre, ces 4 millions
aux chemins compris dans le même chapitre que le chemin
du Nord.

« Il ne peut y avoir de doute; l'allocation générale engage strictement M. le Ministre des travaux publics , et
forme une spécialité.

« Maintenant, j'arrive à ce qui concerne le crédit annuel ;
ici, je crois qu'il y aurait de très-grands dangers à emprisonner le Ministre des travaux publics dans le vote du crédit annuel ouvert pour chaque article, pour chaque ligne.
Quant à la légalité , elle ne peut être douteuse.

« C'est le vote d'un chapitre ; le Ministre a la liberté de
se mouvoir dans ce chapitre, sauf, je ne le conteste pas,
la justification du transport de crédit qu'il aura effectue.

« Quant à l'utilité, elle est immense ; et l'entrave qu'' ;
voudrait imposer au Ministre des travaux publics parai;
serait l'exécution des travaux.

« Je prierai donc la Chambre d'y regarder très-sérieusement avant d'introduire un vote par article, qui, dans de
circonstances déterminées, empêcherait la prompte et éco
nomique exécution des travaux publics. J'en citerai un
exemple.

« Le chemin de Tours à Nantes s'est exécuté avec un
grande rapidité, attendu que les études et l'acquisition d'
chemin n'ont pas éprouvé de grandes difficultés. Pendant
ce temps, l'exécution d'autres chemins languissait par des
raisons inverses. Si la doctrine qu'on voudrait faire préva
loir était admise par la Chambre, le Ministre des travaux
publics aurait été obligé d'apporter une langueur factice,
une langueur artificielle, de son fait, dans les travaux du
chemin de fer de Tours à Nantes, tandis que les travaux
d'autres chemins de fer auraient subi un ralentissement
forcé indépendant de son fait. Le devoir du Ministre,
dans ce cas, c'est de donner une forte impulsion aux
travaux qui peuvent la recevoir, sauf à restituer, l'année d'après, aux chemins qui en ont reçu une moindre, le
crédit qui leur aura été emprunté.

« C'est là ce que j'ai eu l'honneur de soutenir plusieurs
fois dans le sein des Commissions et dans la Chambre;
c'est là ce qui est conforme à la loi, et j'ose dire qu'une dérogation à la loi serait une entrave déplorable pour la rapide exécution des grands travaux publics. »

Un membre comprend que le Ministre qui vient de prendre
dre la parole ait cru, lorsqu'il dirigeait le département des
travaux publics, faire une chose utile au point de vue pratique, en revendiquant la faculté de se mouvoir dans toute
l'étendue des chapitres du budget extraordinaire. Mais il ne
conçoit pas qu'en sa qualité de Ministre des finances, il
vienne soutenir que les chapitres de finances ne sont pas
votés par articles.

Dans l'opinion de l'orateur, c'est la subversion de tous
les principes, et il demande que la Commission du budget
soit saisie de cette question.

UN AUTRE MEMBRE pense que, dans l'intérêt des prérogatives de la Chambre, on doit maintenir fermement la spécialité par chapitre. Mais, en même temps, il importe que les Ministres puissent se mouvoir librement dans l'intérieur des chapitres; et à cet égard, l'orateur n'admet pas la distinction qu'on prétend établir en ce qui concerne le budget extraordinaire. Il ne pense pas qu'on doive empêcher un Ministre qui n'aurait pu dépenser les fonds alloués pour tel ou tel article, de les reporter sur un autre : au surplus, cette question ne lui paraît pas pouvoir être utilement débattue dans les circonstances actuelles. Les crédits alloués au budget ayant été votés par chapitres, on ne peut plus, en ce qui concerne l'exercice 1848, revenir sur les décisions de la Chambre.

M. LE MINISTRE DES TRAVAUX PUBLICS dit :

« Je crois qu'il y a eu erreur dans les observations présentées par l'avant-dernier orateur. Il a signalé avec beaucoup de raison l'inconvénient qu'il y aurait à ce que le Ministre des travaux publics dépassât les allocations générales votées par une loi spéciale; ce n'est pas là ce dont il est question.

« Les lois spéciales votent une allocation générale pour l'exécution des chemins de fer. Nous n'entendons pas les dépasser. Souvent, comme l'expliquait tout-à-l'heure mon collègue M. le Ministre des finances, il est nécessaire, par des circonstances qui suivent immédiatement la clôture de la session, de ralentir les travaux sur un chemin de fer, tandis qu'il paraît convenable de les activer sur un autre. Et, sans dépasser les crédits, sans dépasser l'allocation affectée au chemin de fer pour lequel les travaux peuvent être activés, le Ministre des travaux publics ne pourrait pas prendre sur le chemin de fer dont les travaux doivent être ralentis! Cela ne saurait être.

« Je déclare que si l'on obtenait de la Chambre un vote d'après lequel le Ministre ne pût pas se mouvoir librement dans les chapitres votés, c'en serait fait de la bonne administration des travaux publics. Nous en serions réduits à fonctionner comme fonctionne un ingénieur en chef, avec cette différence que les ingénieurs en chef, lorsque les cré-

dits mis à leur disposition ont été dépensés, peuvent s'a
dresser au Ministre pour obtenir un crédit nouveau, tandis
que le Ministre, dans l'intervalle des sessions, serait obligé
de suspendre complètement les travaux. »

Un MEMBRE demande si, jusqu'à présent, on a usé de cette
faculté, qu'on réclame pour le budget extraordinaire, de
transporter les crédits d'un chapitre à l'autre.

M. LE MINISTRE DES TRAVAUX PUBLICS répond affirmativement que cela a eu lieu, au grand profit des travaux pu
blics.

Un MEMBRE rappelle que lorsqu'on s'est occupé de la loi
relative aux travaux de canalisation de la Seine, il avait
présenté un amendement dans lequel il avait introduit la
division par chapitre, à l'effet précisément d'empêcher ces
transports de crédits.

Le rapporteur de la Commission, tout en déclarant qu'il
n'adoptait pas l'amendement, adhéra à l'intention qui avait
été exprimée, et dit que, dans la pensée de la Commission,
la division par articles législatifs était aussi impérieuse que
la division par chapitres. M. le Président lui-même prit, à
ce sujet, la parole, et dit que les articles spéciaux engageaient la responsabilité du Ministre, et que celui-ci ne
pouvait dépasser les crédits annuels. Il résulte de là, selon
lui, que la spécialité telle qu'elle a été établie par la loi,
existe par la loi; et comme il n'a pas été établi de distinction
entre le budget ordinaire et le budget extraordinaire, si
l'on veut modifier cette spécialité, il faut procéder par voie
de changement à la législation actuelle. On pourrait, par
exemple, soumettre aux délibérations des Chambres une
disposition ainsi conçue : « Les sommes affectées par la loi
à chacun des articles législatifs ne peuvent être appliquées
à des articles différents. »

En présence de la législation actuelle, il ne peut y avoir
qu'un engagement moral de l'Administration; mais en
fait, les Ministres peuvent transporter les crédits d'un
article à un autre, et la Cour des comptes n'est armée
d'aucune disposition législative pour dénoncer ces transports comme abusifs.

UN AUTRE MEMBRE s'étonne que M. le Ministre des finances veuille transporter dans le budget extraordinaire
une latitude qui, selon lui, n'existe évidemment qu'à
l'égard du budget ordinaire; cette interprétation n'a pas
toujours été celle de l'Administration des finances, et l'orateur est d'autant moins disposé à l'accueillir, qu'elle aurait
des conséquences graves pour les droits de la Chambre.
Les crédits votés pour les chemins de fer, résultent de plusieurs lois spéciales qui ont été isolément soumises aux délibérations de la Chambre. Parce que tous ces crédits auront été groupés dans un seul chapitre, s'ensuit-il qu'on
puisse arbitrairement les reporter d'un chemin sur un autre chemin? L'orateur n'admet pas une conséquence qui
porterait atteinte aux attributions essentielles de la Chambre et à la volonté manifeste qu'elle a eue de voter par
ligne.

M. LE RAPPORTEUR dit :

«Je rappellerai d'abord que la loi des crédits supplémentaires de 1834 a bien déterminé que les crédits extraordinaires étaient spéciaux par articles.

« Je n'ai pas la prétention d'appliquer ce principe-là aux
budgets extraordinaires comme nous les avons votés
depuis.

«Cependant, je dois dire que j'ai été moi-même préoccupé
de cette question, et qu'un jour, lorsque le Ministre des
finances actuel était Ministre des travaux publics, je lui ai
exprimé mes doutes; je lui disais que je ne voyais rien
d'absolu dans la législation, mais que je croyais que,
pratiquement, il était entendu que les lignes et les rivières
avaient une spécialité. Il me répondit qu'il ne le croyait
pas.

« La question est restée indécise pour moi, en ce sens
qu'aucun commandement législatif ne la tranchait.

« Je crois qu'il est utile de s'entendre sur ce point, et
que la Commission du budget de l'année prochaine s'occupe
de la question. »

M. LE MINISTRE DES FINANCES répond :

« Je ne demande pas mieux que d'ajourner la discussion

de la question ; mais il est impossible que je ne présente pas quelques observations en réponse à ce qui a été dit par l'avant-dernier orateur.

« Il y a ici une question de légalité et une question d'utilité.

« La question de légalité n'est pas douteuse , après ce qu'un membre a rappelé tout-à-l'heure.

« Il avait pensé que la Chambre devait diviser l'ensemble des grands travaux publics par chapitre; il avait pensé, avec raison aussi, que la spécialité obligatoire n'était possible qu'à cette condition.

« J'avais établi dans le sein de la Commission, et de son aveu, qu'il n'y avait de spécialité obligatoire que quand la division avait lieu par chapitre; et quand elle n'a pas lieu par chapitre, les allocations générales et le crédit annuel des chapitres seuls étaient obligatoires , que les crédits annuels votés pour chaque chemin de fer engageaient, sans doute moralement, la responsabilité du Ministre, mais qu'ils n'étaient pas strictement, légalement, obligatoires.

« J'ajoutais qu'en cas de nécessité, le transport d'un article à un autre avait été pratiqué, dans des cas rares sans doute, par M. le Ministre des travaux publics.

« La Commission a entendu cette explication, et la Cour des comptes n'y a pas fait d'observation.

« Ainsi, quant à la légalité, je ne pense pas qu'il puisse y avoir des doutes, sauf un vote de la Chambre, sauf une loi nouvelle.

« J'arrive à la question d'utilité, et j'ose dire, avec l'expérience que peut m'avoir donnée la direction, pendant trois ans et demi, des travaux publics, que si la proposition était convertie en loi, la Chambre, par là, retarderait d'un an, de deux ou trois ans peut-être , l'achèvement des chemins de fer.

« On parle d'abus possible; en cas d'abus, la responsabilité du Ministre est la garantie de la Chambre.

« Il serait très-commode certainement pour l'administration, de diviser les lignes par chapitres; l'administration viendrait, devant la Chambre, dire : « Vous nous avez « donné 180 millions à·dépenser, nous n'avons dépensé « que 140 millions ; vous vouliez que nous en dépensions

« 180 ; il aurait été de l'intérêt public que les travaux
« reçussent une activité proportionnée à ce crédit, mais
« nous n'en avons dépensé que 140 millions, parce qu'il
« y a eu des lignes sur lesquelles les études, sur lesquelles
« les acquisitions de terrain ont été retardées, et que nous
« n'avons pas pu reporter les crédits inutiles de ces lignes
« sur l'exécution des lignes qui étaient en état. » Vous
n'auriez pas un reproche à faire a l'Administration, mais le
pays aurait de graves reproches à faire à nous tous. C'est
en ce sens que je maintiens qu'un transport de crédit peut
et doit être fait, quand l'utilité publique l'exige.

« Sans doute, quand on fera un emprunt à une ligne
pour une autre ligne, il faudra que l'administration explique
la nécessité de cet emprunt ; sans doute, les populations qui
devaient être traversées par la ligne à laquelle on n'aura
pas travaillé, auront le droit de demander si c'est par ca-.
prices ou par nécessité que les travaux ont été activés sur
un chemin de fer, et non sur celui qui les intéresse.

« Dire que, dans ce cas, il y a intérêt public à ne pas
exécuter plus activement le chemin du Nord. par exemple,
parce que l'on ne pouvait pas exécuter telle autre ligne,
c'est imposer à l'Administration des entraves telles, que
l'achèvement du réseau des chemins de fer en sera retardé
de deux ans. »

UN MEMBRE examinera la question, et au point de vue de
la légalité, et au point de vue de l'utilité. La question de
légalité n'est pas, selon lui, aussi simple qu'on a paru le
croire. Il lui semble qu'on n'a pas tenu suffisamment compte
de la loi de 1834, relative aux crédits extraordinaires, de laquelle il résulte que nulle création de route, de canal, de
pont, ou d'autres ouvrages importants, ne pourra avoir lieu
qu'en vertu d'une loi spéciale et d'un crédit ouvert en un
chapitre spécial du budget. Selon lui, la portée de cette
disposition est d'interdire le transport de la dépense d'un
article sur un autre article. Quant aux considérations d'utilité qu'on a fait valoir, elles ne sont que spécieuses. Les
allocations portées au budget, au moment où le budget est
présenté, sont apparemment le résultat d'une saine et complète appréciation des besoins réels. Si, pendant l'élabora-

tion du budget, des faits nouveaux sont survenus, les Chambres sont réunies, on peut leur soumettre des propositions nouvelles, et par conséquent, la spécialité par article ne gêne en rien la liberté de mouvement que l'Administration a besoin de conserver.

L'UN DES PRÉOPINANTS s'applaudit d'avoir provoqué un débat qui a manifesté une dissidence d'opinion assez tranchée entre le Cabinet et une partie de la Chambre. M. le Ministre des finances et M. le Ministre des travaux publics revendiquent la liberté de se mouvoir dans les limites des chapitres du budget extraordinaire. Cette théorie, sur laquelle tout le monde n'est pas d'accord, a évidemment besoin d'être examinée ; il faudra que la prochaine Commission du budget s'en préoccupe sérieusement, et qu'une mesure législative vienne fixer à cet égard toute incertitude. L'orateur reconnaît que la législation n'a introduit aucune règle spéciale applicable aux travaux publics extraordinaires, mais il persiste à croire que le chapitre XIII du budget extraordinaire, est plutôt une rubrique qu'un chapitre.

M. LE MINISTRE DES FINANCES fait observer que le préopinant oublie que le budget se prépare quinze mois avant qu'on l'exécute, et que les prévisions qui sont raisonnables et naturelles au moment où le budget est préparé, ne le sont plus au moment où le budget est exécuté.

UN MEMBRE dit que, pour juger la question, il faudrait se rendre compte des motifs qui ont fait introduire dans le budget ordinaire la spécialité par chapitre ; il lui paraît évident que la considération à laquelle on s'est surtout arrêté, c'est qu'ici le chapitre constitue un service, tandis que dans le budget extraordinaire, chaque article constitue un service spécial. Il n'y a donc pas lieu d'étendre au budget extraordinaire un principe qui n'a été établi qu'à raison des divisions naturelles du budget ordinaire.

—La discussion sur l'incident étant épuisée, M. LE PRÉSIDENT donne lecture d'un article additionnel dont l'examen avait été réservé, et qui, s'il est adopté, formerait l'art. 5 du projet de loi. Cet amendement est ainsi conçu :

« Il sera joint, chaque année, aux documents fournis à l'appui du budget, un état des traitements des fonctionnaires, agents administratifs, officiers de tous grades et employés des services civils et militaires, compris au budget général de l'Etat, conforme à celui publié en 1831. L'état de 1831 sera lui-même réimprimé et joint au budget de 1849. »

L'AUTEUR DE L'AMENDEMENT ne suppose pas qu'on puisse contester l'utilité d'un document à l'égard duquel il peut invoquer l'initiative prise en 1831 par le Gouvernement lui-même. A cette époque, il a été publié un tableau officiel où étaient récapitulés les fonctionnaires et les employés de tous grades par Ministère, ainsi que la répartition des émoluments affectés à chacun d'eux. Le Gouvernement avait senti la nécessité de mettre sous les yeux de la Chambre l'emploi des dépenses du personnel. En 1844 et en 1845, la Commission du budget a demandé qu'à l'avenir on annexât à la loi des finances un état récapitulatif établi sur les mêmes bases que celui de 1831. Dans l'opinion de l'orateur, il convient que satisfaction soit enfin donnée à ce vœu. Au moment où on annonce un remaniement à faire dans les dépenses de l'État, il importe que la Chambre ait sous les yeux tous les éléments d'appréciation.

M. LE MINISTRE DES FINANCES dit :

« Je n'ai aucune objection à faire au principe de l'amendement. Je crois qu'il peut être très-utile que l'état des traitements, que l'effectif civil de l'Administration soit mis sous les yeux de la Chambre ; je crois même que la publication de cet effectif aura pour résultat de dissiper beaucoup de préventions, et de faire tomber beaucoup d'accusations.

« Je ferai une seule observation.

« Voici l'état de 1831 ; je consens immédiatement à ce qu'il soit imprimé dans le prochain budget ; mais s'il fallait reproduire cet état d'année en année, avec toutes les modifications qu'il aurait subies dans chaque budget, je craindrais que cette publication annuelle n'entraînât beaucoup de dépenses et un gros volume.

« Je proposerai donc à l'auteur de l'amendement de le

modifier, en ce sens que la publication de l'état général du nombre des fonctionnaires et de leurs traitements ne sera annexée au budget que tous les trois ans ou tous les cinq ans. »

L'AUTEUR DE L'AMENDEMENT consent à ce que la publication n'ait lieu que tous les cinq ans.

UN MEMBRE fait observer que le document publié en 1831 se composait de beaucoup d'états de détails; il suppose qu'on n'entend annexer au budget que l'état récapitulatif.

L'AUTEUR DE L'AMENDEMENT répond qu'il a en vue la publication des documents complets.

— L'article additionnel est modifié par son auteur ainsi qu'il suit :

« Il sera joint, tous les cinq ans, aux documents fournis à l'appui du budget, un état des traitements des fonctionnaires, agents administratifs, officiers de tous grades et employés des services civils et militaires, compris au budget général de l'État, conforme à celui publié en 1831. L'état indiqué par le présent article et celui de 1831, seront imprimés et joints au budget de 1849. »

— Cet article est mis aux voix et adopté; il formera l'article 5 du projet de loi. L'intercalation de cet article a pour résultat de modifier le numérotage des articles suivants.

M. LE PRÉSIDENT donne lecture d'un autre article additionnel, ainsi conçu :

« A l'avenir, le budget de la Caisse d'amortissement et de celle des dépôts et consignations, sera annexé au budget général de l'Etat. »

L'AUTEUR DE L'AMENDEMENT dit qu'il se propose de remplir une lacune qui existait dans les budgets depuis trente et un ans. En 1816, on n'avait pas songé à faire figurer dans la loi de finances le budget de la Caisse des dépôts et consignations. A la vérité, il est annuellement rendu compte aux deux Chambres des opérations de cet établissement; mais l'orateur ne voit pas de garantie réelle dans un compte-rendu fugitif qui, au sein de la Chambre, n'est l'objet d'aucun examen et ne provoque aucune délibération. La Commission des comptes de 1834 avait pris l'initiative du vœu que l'orateur a formulé dans son amendement, et il croit que ce qui était bon alors, est meilleur encore aujourd'hui. La Caisse des dépôts et consignations, dans le sein de laquelle sont versés les fonds des Caisses d'épargne, a pris une extension qui implique, pour le corps législatif, l'obligation d'une surveillance plus directe et plus étroite. L'orateur est loin de vouloir élever un doute sur la manière dont cet établissement est administré, mais la confiance qu'elle mérite n'exclut pas, selon lui, le contrôle et l'examen des Chambres.

UN MEMBRE dit qu'en sa qualité de membre de la Commission de surveillance, il regarde comme un devoir de venir défendre des droits qui ont été placés sous l'égide de la loi du 28 avril 1816. Le but du législateur a été de placer cette institution dans un état complet d'indépendance. C'est pour cela qu'il a été décidé qu'elle fonctionnerait aux mains d'une haute Commission de surveillance recrutée dans les deux Chambres et dans les grands corps de l'Etat. Chaque année, l'état complet de toutes les opérations de la Caisse est présenté aux deux Chambres; il est loisible à chacun des membres du Parlement d'examiner toutes les pièces produites. L'orateur insiste pour que rien ne soit changé à la constitution des deux Caisses.

L'AUTEUR DE L'AMENDEMENT répond qu'il a été le premier à rendre hommage à la manière dont la Caisse des dépôts et consignations était gérée; il sait qu'un compte-rendu des opérations des deux Caisses est annuellement présenté aux Chambres. Mais autre chose est un rapport qu'on ne renvoie à l'examen d'aucune Commission, autre chose un budget sur lequel la Chambre serait appelée à délibérer comme elle délibère sur la loi de finances. Il importe, selon lui, de faire rentrer cet établissement sous l'empire de la loi commune, et l'on ne doit pas perdre de vue que les conditions d'existence de la Caisse des dépôts et consignations se sont profondément modifiées depuis 1816. Par suite des versements opérés par les Caisses d'épargnes, la Caisse des

dépôts et consignations a plus de 400 millions à gérer, et les
prêts qu'elle est appelée à faire aux communes se sont élevés,
depuis 1837, dans la proportion de 2 à 57 millions. Ne serait-il pas possible que l'idée vînt aux administrations
de faire des prêts aux Compagnies des chemins de fer? et un
si notable accroissement de ressources ne prescrit-il pas à
la Chambre de se préoccuper, plus qu'elle ne l'a fait jusqu'à
présent, des opérations d'un si vaste établissement?

LE PRÉOPINANT fait observer que la crainte de voir la
Caisse des dépôts et consignations s'aventurer dans des prêts
aux chemins de fer, est tout-à-fait chimérique. La Caisse n'a
jamais placé son argent que sur l'Etat ; elle n'a fait aux
communes que des prêts autorisés par des lois spéciales
Quant aux fonds des Caisses d'épargne, ils n'ont en rien
modifié la constitution de l'établissement.

M. LE MINISTRE DES FINANCES fait observer que la question est grave, puisqu'il s'agit de changer, dans un point
essentiel , la constitution de la Caisse des dépôts et consignations.

En 1816, la Caisse des dépôts et consignations a été instituée (c'a été la prétention et le but du législateur) a été
instituée dans un état de presque complète indépendance.

Elle est surveillée par une Commission indépendante ;
elle est dirigée par un directeur qui ne peut-être révoqué
que de l'avis de cette Commission indépendante. Son budget arrêté par son directeur, est, de l'avis de cette Commission indépendante , est signé par le Roi , et , par respect
pour les formes constitutionnelles, contre-signé par le Ministre des finances.

Or, que propose-t on ? de changer cet état de choses,
de faire voter par la Chambre ce budget qui n'est pas actuellement voté par la Chambre. C'est là un changement grave
dans la constitution de la Caisse des dépôts et consignations.
Une question de cette nature ne peut pas trouver place
dans une discussion de budget ; changer, améliorer même,
si l'on veut, une institution , la modifier, quand la modification est si vivement contestée, cela ne peut pas être
l'affaire d'un amendement au budget.

La discussion qui s'est élevée dans la Chambre n'a jamais eu lieu que dans une loi des comptes, et non par un amendement au budget. M. le Ministre prie donc la Chambre de vouloir bien rejeter l'amendement.

— L'article additionnel est mis aux voix; il n'est pas adopté.

— On procède au scrutin de division sur l'ensemble du projet de budget des dépenses pour 1848.

L'appel et le réappel terminés, le dépouillement donne le résultat suivant :

Nombre des votants.........	234
Pour l'adoption............	216
Contre...................	18

— La Chambre a adopté.

L'ordre du jour appelle la discussion du projet de loi relatif à l'allocation de nouveaux crédits pour les chemins de fer de Lille, de Marseille et de Vierzon.

— La Chambre, consultée par M. LE PRÉSIDENT, décide qu'elle passe à la discussion des articles.

M. LE MINISTRE DES TRAVAUX PUBLICS ayant déclaré qu'il adhère aux amendements de la Commission, M. le Président annonce que les articles de la Commission deviendront le texte des délibérations de la Chambre.

UN MEMBRE dit que la ville de Lille s'est imposée de grands sacrifices pour obtenir un débarcadère spacieux et commode. Non-seulement elle a voté un subside de 600,000 fr., mais elle a livré des terrains et des bâtiments en retour desquels elle espérait l'avantage qu'on lui avait fait entrevoir. Un projet de débarcadère intérieur avait été approuvé par M. le Ministre des travaux publics, mais la Compagnie du chemin de fer résiste à l'exécution de ce projet, et jusqu'à présent, nulle décision ne paraît avoir été prise. L'orateur prie M. le Ministre de vouloir bien se prononcer au sujet du conflit qui existe entre la ville et la Compagnie.

M. LE MINISTRE DES TRAVAUX PUBLICS annonce qu'il lui est impossible de répondre d'une manière affirmative à l'interpellation que vient de lui adresser le préopinant.

Après avoir demandé l'agrandissement de la gare de Lille, la Compagnie du chemin de fer du Nord, mue sans doute par des considérations économiques, a sollicité l'autorisation de ne pas exécuter les travaux qui avaient été d'abord proposés. Elle a demandé notamment à être dispensée de démolir deux hôtels acquis pour l'agrandissement de la gare, qui, d'après elle, peuvent être parfaitement appropriés au service des voyageurs. La question est, dans ce moment, soumise à l'Administration ; elle a été déjà l'objet de rapports dont M. le Ministre a pris connaissance, et d'après lesquels il a chargé le commissaire royal de la section de Lille, de prendre des renseignements sur les lieux. Il attend ces renseignements pour soumettre la question à un dernier examen, et pour statuer.

Il affirme que les intérêts de la ville de Lille seront pris en grande considération par lui.

L'article premier du projet de loi est ainsi conçu :

« Une somme de quatre millions de francs (4,000,000 fr.) est affectée a l'achèvement des travaux du chemin de fer de Paris à Lille et à Valenciennes. »

— Cet article est mis aux voix et adopté.

Art. 2.

« Une somme de quatre millions de francs (4,000,000 fr.) est affectée à la liquidation des indemnités de terrains sur la ligne du chemin de fer de Marseille a Avignon.

Art. 3.

« Une somme de quatre millions six cent mille francs (4,600.000 fr.) est affectée à l'achèvement des travaux à la charge de l'État sur le chemin de fer d'Orléans à Vierzon. »

Art. 4.

« Sur les allocations portées aux articles précédents, et

s'élevant à douze millions six cent mille francs (12 millions 600,000 francs), il est ouvert au Ministre des travaux publics :

« Sur l'exercice de 1847, un crédit de 8,600,000 francs, savoir :

« Chemin de Paris à Lille et à Valenciennes. 2,000,000 f.
« Chemin d'Avignon à Marseille.......... 3,000,000
« Chemin d'Orléans à Vierzon.......... 3,600,000

« Total égal....... 8,600,000 f.

« Et sur l'exercice de 1848, un crédit de 4 millions, savoir :

« Chemin de Paris à Lille et à Valenciennes. 2,000,000 f.
« Chemin d'Avignon à Marseille.......... 1,000,000
« Chemin d'Orléans à Vierzon. 1,000,000

« Total égal...... 4,000,000

Art. 5.

« Il sera pourvu aux dépenses autorisées par la présente loi, conformément à l'art. 18 de la loi du 11 juin 1842. »

— Adoptés.

M. LE PRÉSIDENT annonce qu'on va procéder au scrutin sur l'ensemble du projet de loi.

UN MEMBRE demande la parole sur l'ordre du jour, et dit que, préalablement à la discussion des projets de lois de chemins de fer, il importe de publier tous les documents propres à éclairer les délibérations de la Chambre. S'il n'en a pas demandé jusqu'à présent l'impression, c'est qu'il ne croyait pas que les chemins de fer fussent mis à l'ordre du jour. Les projets sur lesquels la Chambre est appelée à délibérer apportent de nombreuses modifications aux cahiers des charges précédemment adoptés par la Chambre. Pour apprécier ces modifications, il faut qu'on ait sous les yeux les articles primitifs qu'il est impossible d'aller rechercher dans le *Bulletin des Lois.* La lecture du rapport n'a pas mis l'orateur en mesure d'apprécier les dispositions qu'il s'agit de modifier.

M. LE MINISTRE DES TRAVAUX PUBLICS répond qu'il y a trois semaines que les rapports concernant les lois de chemins de fer ont été imprimés et distribués. Il était facile à cette époque à l'orateur, si tant est qu'il n'ait pas le *Bulletin des Lois*, et qu'il ne puisse pas y recourir, de demander la réimpression des documents qui ont été distribués il y a deux ans. M. le Ministre ne peut voir dans la demande qui vient de lui être faite, qu'un moyen d'infirmer la double décision de la Chambre qui maintient les projets à l'ordre du jour.

LE PRÉOPINANT répond qu'il n'appartient pas à un Ministre d'interpréter les opinions d'un membre de l'*Assemblée*. Ce qu'il réclame, c'est le droit commun, c'est un examen sérieux, c'est la faculté pour chacun de discuter en *pleine* connaissance de cause.

Après diverses observations à ce sujet, la Chambre, conformément à la réclamation qui en est faite, passe à l'ordre du jour.

On procède au scrutin de division sur l'ensemble du projet de loi dont les dispositions ont été provisoirement adoptées par assis et levé.

L'appel et le réappel terminés, le dépouillement donne le résultat suivant :

> Nombre des votants...... 217
> Pour l'adoption..... 216
> Contre............. 1

La Chambre n'étant pas en nombre pour délibérer, le scrutin est annulé et renvoyé à demain.

M. LE PRÉSIDENT dit qu'il ne saurait trop répéter combien de tels résultats sont déplorables. Il a annoncé que la Chambre entière serait convoquée à domicile pour demain midi et demi. Il sera procédé à l'appel nominal, pour s'assurer de l'exactitude des membres. M. le Président *espère*

que chacun comprendra quel poids de responsabilité pèse-
ait sur lui , si , par son inexactitude , il portait ainsi atteinte à la dignité de la Chambre , et s'exposait à la réduire
à l'impossibilité de délibérer.

— La séance est levée.

Signé SAUZET, *Président ;*

De Bussières, Oger, Saglio, Lanjuinais,
Secrétaires.

Collationné :
L· Secrétaire-Rédacteur,

Signé D. Lagarde.

ANNEXES

DES

PROCES - VERBAUX.

———

EXPOSÉS DES MOTIFS ET PROJETS DE LOIS, PRO-
POSITIONS, RAPPORTS, IMPRESSIONS ORDONNÉES
PAR LA CHAMBRE.)

———

P. V. 12.

Chambre des Députés.

SESSION 1847.

PROJETS DE LOIS

Relatifs à des impositions extraordinaires et à des emprunts pour les départements et les villes ci-après :

Départ. : **AIN,**
AUBE (routes départementales),
AUBE (archives),
BOUCHES-DU-RHONE,
CANTAL,
CHARENTE-INFÉRIEURE,
CHER,
DORDOGNE,
JURA,
LOIRE-INFÉRIEURE,
Villes : **BLOIS** (Loir-et-Cher),
CHARTRES (Eure-et-Loir).

PRÉCÉDÉS

DES EXPOSÉS DES MOTIFS,

PRÉSENTÉS

PAR M. LE MINISTRE SECRÉTAIRE D'ÉTAT AU DÉPARTEMENT DE L'INTÉRIEUR.

Séance du 5 Juillet 1847.

Ain.

Exposé des motifs d'un projet de loi tendant à autoriser le département de l'Ain à s'imposer extraordinairement pour les travaux neufs de cinq routes départementales.

———

MESSIEURS,

Le conseil général de l'Ain a voté, dans sa dernière session, le classement au rang des routes départementales de cinq chemins vicinaux de grande communication, dont l'importance ressort tout à la fois de la discussion approfondie qui a eu lieu dans le sein de cette assemblée, des enquêtes qui ont été préalablement ouvertes, et de l'avis favorable émis par le conseil général des ponts-et-chaussées.

La dépense des travaux, strictement nécessaires pour amener à l'état d'entretien ces cinq voies de communication, est évaluée à 256,000 fr., mais elle se réduit pour le département, à 108,000 fr., déduction faite des engagements pris par les communes intéressées, et qui sont aujourd'hui régulièrement autorisées.

Toutefois, le département ne peut assurer son contingent, même ainsi réduit, au moyen de prélèvements sur le produit des centimes facultatifs, et le conseil général s'est vu dans la nécessité de demander qu'il soit autorisé à s'imposer extraordinairement pendant trois ans, à partir de 1849, un centime additionnel au principal des quatre contributions directes, et un centime et demi en sus, pendant les années 1850 et 1851.

Ce vote, Messieurs, a pour objet d'étendre le réseau de la viabilité départementale, et répond à un des plus pressants intérêts des populations ; il n'est pas d'ailleurs incompatible avec la situation financière du département, qu'il n'aggravera que très-légèrement.

Nous venons donc, d'après les **ordres du *Roi*,** soumettre à vos délibérations le projet de loi dont la teneur suit :

———

PROJET DE LOI.

LOUIS-PHILIPPE,

Roi des français,

A tous présents et à venir, salut.

Nous avons ordonné et ordonnons que le projet de loi dont la teneur suit, soit présenté en notre nom à la Chambre des Députés, par notre Ministre secrétaire d'État au département de l'intérieur, que *nous*

chargeons d'en exposer les motifs et d'en soutenir la
discussion.

Article unique.

Le département de l'Ain est autorisé, conformément à la demande que son conseil général en a faite
dans sa session de 1846, à s'imposer extraordinairement en 1849, un centime additionnel au principal des quatre contributions directes, et deux centimes et demi pendant les années 1850 et 1851.

Le produit de cette imposition sera affecté aux
travaux neufs des cinq nouvelles routes départementales, dont le conseil général a voté le classement dans
la même session.

Donné, etc.

Aube.

Exposé des motifs de deux projets de loi tendant à autoriser le département de l'Aube à s'imposer extraordinairement : 1° pour les travaux des routes départementales ; 2° pour la construction d'un bâtiment spécial pour les archives.

MESSIEURS,

Le conseil général de l'Aube a demandé, dans sa dernière session, que ce département soit autorisé : 1° à s'imposer extraordinairement pendant 10 années, à partir de 1848, 4 centimes additionnels au principal des 4 contributions directes pour les travaux des routes départementales classées, et pendant 5 ans, à partir de 1848, 4 autres centimes applicables aux travaux des édifices départementaux ; 2° à contracter un emprunt de 400,000 fr. qui serait affecté à cette double destination, et qui serait remboursé, dans un délai de 5 années, à partir de 1853, au moyen du produit de l'imposition de 4 centimes à recouvrer de 1853 à 1858. Les routes départementales de l'Aube, Messieurs, sont entièrement ouvertes mais elles **exigent** des travaux considérables de restauration et d'amélioration, dont la dépense totale est évaluée à 1,197,800 fr. Toutefois, le conseil général en votant l'imposition précitée de 4 centimes, a voulu seulement pourvoir aux plus pressantes nécessités.

Quant aux édifices départementaux, le conseil général a réparti entre divers projets de construction ou d'amélioration, une somme totale de 459,500 fr., mais de ces divers projets, un seul, celui qui concerne la construction d'un local spécial pour les archives, a été complètement étudié, et est susceptible d'être mis à exécution ; il convient donc de restreindre cette partie des propositions du conseil général, et de limiter à 3 années et à un centime, l'imposition de 4 centimes votée par le conseil pour 5 années. Ainsi réduite, cette imposition couvrirait la seule dépense de la construction des archives. En ce qui touche l'emprunt de 400,000 fr., il convient également de l'ajourner, jusqu'à ce que le conseil général ait pu examiner de nouveau les projets qui sont en ce moment remis à l'étude, et qui lui seront représentés dans sa prochaine session. C'est alors seulement, en effet, que cette assemblée pourra déterminer avec précision dans quelle proportion l'emprunt devra être consacré aux routes e aux édifices.

La situation financière du département de l'Aube ne s'oppose pas, Messieurs, à ce que vous donniez votre sanction à la double proposition dont il s'agit, dans les limites que nous venons d'indiquer.

Nous venons donc, d'après les ordres du Roi, soumettre à vos délibérations les deux projets de loi dont la teneur suit :

PROJET DE LOI.

LOUIS-PHILIPPE, etc.

Article unique.

Le département de l'*Aube* est autorisé, sur la demande que son conseil général en a faite dans sa session de 1846, à s'imposer extraordinairement pendant dix années, à partir de 1848, quatre centimes additionnels au principal des quatre contributions directes, dont le produit sera exclusivement affecté aux travaux de restauration et d'amélioration des routes départementales classées.

Donné, etc.

PROJET DE LOI.

LOUIS-PHILIPPE, etc.

Article unique.

Le département de l'*Axbe* est autorisé, sur la demande que son conseil général en a faite dans sa session de 1846, à s'imposer extraordinairement pendant trois ans, à partir de 1848, un centime additionnel au principal des quatre contributions directes, dont le produit sera exclusivement affecté à la dépense de construction d'un local spécial pour les archives du département.

Donné, etc.

Bouches-du-Rhône.

Exposé des motifs d'un projet de loi tendant à autoriser le département des Bouches-du-Rhône à s'imposer extraordinairement pour subvenir à la dépense annuelle d'un dépôt de mendicité à créer à Marseille.

MESSIEURS,

Frappé de l'impérieuse nécessité de mettre un terme à l'extension croissante de la mendicité dans le département des Bouches-du-Rhône, le conseil général de ce département a voté, dans sa dernière session, l'établissement à Marseille d'un dépôt départemental où seraient renfermés les mendiants condamnés par les tribunaux, et où seraient en même temps reçus, à titre d'hospitalité, les indigents infirmes et âgés.

Dans la pensée du conseil général, il serait pourvu aux frais de premier établissement, tant au moyen d'une allocation départementale et d'un secours sur le deuxième fonds commun, qu'au moyen de subventions fournies par les villes de Marseille, d'Aix, d'Arles et de Tarascon. Quant à la dépense annuelle d'entretien , le conseil général a demandé que le département soit autorisé à y faire face en s'imposant extraordinairement, et pour un temps illimité, un centime additionnel au principal des quatre contributions directes.

La haute utilité de la création projetée ne saurait être méconnue, Messieurs, et la situation financière du département ne s'oppose pas d'ailleurs à un nouveau sacrifice de la part des contribuables, mais il nous paraît conforme à l'esprit de la loi du 10 mai 1838, et au caractère même des ressources extraordinaires, de ne pas admettre la durée illimitée de l'imposition demandée par le conseil général, et de la restreindre au contraire, à cinq années.

Nous avons la confiance que vous approuverez cette restriction, et nous venons, d'après les ordres du Roi, soumettre à vos délibérations le projet de loi dont la teneur suit :

PROJET DÉ LOI.

LOUIS-PHILIPPE, etc.

Article unique.

Le département des *Bouches-du-Rhône* est autorisé, sur la demande que son conseil général en a faite, dans sa session de 1846, à s'imposer extraordinairement pendant cinq ans, à partir de 1848, un centime additionnel au principal des quatre contributions directes, dont le produit sera exclusivement affecté à la dépense annuelle d'un dépôt de mendicité à créer à Marseille.

Donné etc.

Cantal.

Exposé des motifs d'un projet de loi tendant à autoriser le département du Cantal à s'imposer extraordinairement pour les travaux des chemins vicinaux de grande communication.

MESSIEURS ,

Sur les vingt-quatre chemins vicinaux de grande communication aujourd'hui classés dans le département du Cantal, huit classés antérieurement à 1845 doivent seuls, jusqu'à leur entier achèvement, participer à la distribution des fonds départementaux. Pour terminer ces huit lignes, il ne faudrait pas moins de 1,760,000 fr., d'après les évaluations de l'ingénieur en chef.

Mais les ressources spéciales de toute nature qui peuvent être appliquées annuellement au service des chemins vicinaux, ne permettraient pas d'obtenir avant quinze années ce résultat impatiemment attendu par les populations, si, conformément au vœu émis par le conseil général dans sa dernière session, le département n'était pas autorisé à s'imposer ex-

traordinairement, pendant neuf ans, à partir de 1848
4 centimes additionnels au principal des 4 contri
butions directes.

Il nous paraît donc, Messieurs, qu'il est urgen
d'accueillir cette proposition, bien qu'il doive en ré
sulter une aggravation de charges pour les contri
buables. Le département du Cantal est, en effet, ur
de ceux où le système des communications est le plu:
arriéré et commande les plus énergiques 'efforts.

Nous venons, en conséquence, soumettre à vos dé
libérations, d'après les ordres du Roi, le projet de
loi dont la teneur suit :

PROJET DE LOI.

LOUIS-PHILIPPE, etc.

Article unique.

Le département du *Cantal* est autorisé, conformément à la demande que son conseil général en a faite, dans sa session de 1846, à s'imposer extraordinairement pendant *neuf* ans, à partir de 1848, quatre centimes additionnels au principal des quatre contributions directes, dont le produit sera exclusivement affecté aux travaux d'achèvement des chemins de grande communication classés sous les n°° 1, 2, 3, 4, 5, 6, 7 et 8. Cette imposition sera perçue concurremment avec le produit des centimes spéciaux, dont les lois de finances autoriseront l'établissement en vertu de l'art. 12 de la loi du 21 mai 1836.

Donné, etc.

Charente-Inférieure.

*Exposé des motifs d'un projet de loi tendant à au
toriser le département de la Charente—Inférieur
à s'imposer extraordinairement pour les travau.
des chemins vicinaux de grande communication*

———

MESSIEURS,

Le conseil général de la Charente-Inférieure a de
mandé, dans sa dernière session, que ce départe
ment soit autorisé à s'imposer extraordinairement
pendant huit années, à partir de 1848, 3 centimes
additionnels au principal des quatre contributions
directes, dont le produit serait exclusivement appli
qué aux travaux des chemins vicinaux de grande
communication classés.

Ce vote se justifie, Messieurs, tout à la fois par
l'état de ces chemins, qui sont encore en lacunes sur
une étendue de 171 kilomètres, et par l'insuffisance
bien constatée des ressources que le département
peut actuellement appliquer à leur construction. En
effet, l'ingénieur en chef évalue à 1,426,000 fr. la

dépense nécessaire pour amener à l'état d'entretien toutes les lignes de grande vicinalité, et cet important résultat ne pourrait être obtenu avant quinze années, si les ressources dont il s'agit n'étaient pas accrues du produit de l'imposition extraordinaire demandée par le conseil général.

Cette imposition aggravera, il est vrai, les charges des contribuables, mais pas d'une manière assez notable, toutefois, pour que vous deviez hésiter, Messieurs, à sanctionner une proposition à laquelle se rattachent les intérêts les plus essentiels du département.

Nous venons; en conséquence, soumettre à vos délibérations, d'après les ordres du Roi, le projet de loi dont la teneur suit :

PROJET DE LOI.

LOUIS-PHILIPPE, etc.

Article unique.

Le département de la Charente-Inférieure est autorisé, conformément à la demande que son conseil général en a faite dans sa session de 1846, à s'imposer extraordinairement pendant huit ans, à partir de 1848, 3 centimes additionnels au principal des quatre contributions directes, dont le produit sera exclusivement affecté aux travaux d'achèvement des chemins vicinaux de grande communication actuellement classés.

Cette imposition sera recouvrée concurremment

avec les centimes spéciaux dont les lois de finances autoriseront l'établissement en vertu de l'article 12 de la loi du 21 mai 1836.

Donné, etc.

Cher.

Exposé des motifs et projet de loi tendant à autoriser le département du Cher à contracter un emprunt et à s'imposer extraordinairement pour les travaux des routes départementales.

———

Messieurs,

Une dépense de 429,000 fr. est encore nécessaire pour exécuter les travaux d'achèvement et d'amélioration qu'exigent les routes départementales classées du département du Cher.

Le conseil général de ce département s'est rendu, dans sa dernière session, un compte exact de cet état de choses, et, après une mûre délibération, il a pensé que la situation financière du département ne permettait pas d'assurer, quant à présent, la réalisation complète de la dépense dont il s'agit. Il s'est, en conséquence, borné à émettre le vote d'un emprunt de 90,000 fr., réalisable en 1848, et spécialement applicable aux travaux qui offrent un caractère plus particulier d'urgence.

Le conseil géné   a, en même temps, voté la perception, pendant 7 années, à partir de 1848, d'une imposition extraordinaire de un centime additionnel au principal des 4 contributions directes, dont le produit garantirait largement le remboursement et le service des intérêts du capital emprunté.

Cette combinaison, Messieurs, n'aurait, en définitive, pour résultat, qu'une légère aggravation des charges des contribuables, bien compensée par l'intérêt que les populations attachent à voir compléter rapidement le réseau de la viabilité départementale.

Nous venons donc, d'après les ordres du Roi, soumettre à vos délibérations le projet de loi dont la teneur suit.

PROJET DE LOI

LOUIS-PHILIPPE, etc.

Article premier.

Le département du Cher est autorisé, conformément à la demande que son conseil général en a faite dans sa session de 1846, à emprunter, en 1848, à un taux d'intérêt qui ne pourra dépasser quatre et demi pour cent, une somme de quatre-vingt-dix mille francs, qui sera exclusivement affectée aux travaux d'achèvement et d'amélioration des routes départementales classées.

L'emprunt aura lieu avec publicité et concurrence. Toutefois, le préfet du département pourra traiter directement avec la Caisse des dépôts et consignations à un taux d'intérêt qui ne soit pas supérieur à celui ci-dessus fixé.

Art. 2.

Le département du Cher est autorisé, conformé-mément à la demande que son conseil général en a également faite dans sa dernière session, à s'imposer extraordinairement, pendant sept ans, à partir de 1848, un centime additionnel au principal des quatre contributions directes, dont le produit sera appliqué au service des intérêts et au remboursement de l'em-prunt ci-dessus autorisé, et, pour le surplus, aux travaux des routes.

Donné, etc.

Dordogne.

Exposé des motifs d'un projet de loi tendant à autoriser le département de la Dordogne à contracter un emprunt et à s'imposer extraordinairement pour les travaux des routes départementales.

MESSIEURS,

Des sommes considérables ont été jusqu'ici consacrées à l'achèvement des routes départementales classées du département de la Dordogne. Cette œuvre importante est loin cependant d'être arrivée à son terme ; en effet, près de 380 kilomètres sont encore en lacunes sur ces voies de communication, et une portion notable du parcours exige des améliorations essentielles.

Le conseil général de la Dordogne, appelé à se rendre compte de cette fâcheuse situation, dans sa session de 1846, n'a pu songer à adopter une combinaison financière assez large pour comprendre la totalité de la dépense, mais il a voulu du moins créer des ressources suffisantes pour subvenir aux besoins les plus urgents.

La combinaison à laquelle il s'est arrêté dans ce but, **après une mûre délibération**, tend à obtenir pour le département l'autorisation 1° de contracter un emprunt de un million, réalisable dans le cours des années 1848, 1849, 1850 et 1851 ; 2° de s'imposer extraordinairement pendant 9 ans, à partir de 1848, 6 centimes additionnels au principal des 4 contributions directes ; 3° de proroger, pendant 6 ans, à partir de 1851, les cinq centimes extraordinaires établis par une loi du 6 août 1839 ; 4° de proroger également, pendant 2 années, à partir de 1855, les 4 centimes créés par une autre loi du 4 juin 1842.

Déduction faite du remboursement et du service des intérêts de l'emprunt, le produit de ces divers centimes donnerait une somme disponible de 1,382,575 fr., qui, ajoutée au million emprunté, porterait à 2,382,575 fr. la masse de fonds qui pourraient être répartis entre les travaux qui ont été formellement spécifiés par le conseil général comme devant obtenir la priorité.

Il est vrai, Messieurs, que la combinaison proposée par le conseil général aggraverait les charges des contribuables, mais cette aggravation serait compensée par les avantages que les populations attendent justement du développement de la viabilité départementale.

Le département est d'ailleurs trop engagé pour pouvoir s'arrêter, les sacrifices mêmes qu'il a déjà faits lui commandent de nouveaux efforts.

Nous venons, en conséquence, d'après les ordres du Roi, soumettre à vos délibérations le projet de loi dont la teneur suit :

PROJET DE LOI.

LOUIS-PHILIPPE, etc.

Article premier.

Le département de la *Dordogne* est autorisé, conformément à la demande que son conseil général en a faite, dans sa session de 1846, à emprunter à un taux d'intérêt qui ne pourra dépasser 4 et demi pour cent, une somme de un million, réalisable dans le cours des années 1848, 1849, 1850 et 1851, et qui sera appliquée aux travaux d'achèvement des routes départementales classées.

L'emprunt aura lieu avec publicité et concurrence. Toutefois, le préfet du département est autorisé à traiter directement avec la Caisse des dépôts et consignations, à un taux d'intérêt qui ne soit pas supérieur à celui ci-dessus fixé.

Art. 2.

Le département de la Dordogne est autorisé, conformément à la demande que son conseil général en a également faite dans sa session de 1846, à s'imposer extraordinairement : 1° six centimes additionnels au principal des quatre contributions directes, pendant neuf années, à partir de 1848 ; 2° cinq centimes pendant six ans, à partir de 1851 ; 3° quatre centimes pendant deux années, à partir de 1855.

Le produit de cette imposition sera affecté tant au remboursement et au service des intérêts de l'emprunt ci-dessus autorisé, qu'aux travaux des routes départementales.

Donné, etc.

Jura.

Exposé des motifs d'un projet de loi tendant à modifier la loi du 11 juin 1842, qui a autorisé le département du Jura à contracter un emprunt et à s'imposer extraordinairement.

MESSIEURS,

Une loi du 11 juin 1842 a autorisé le département du Jura 1° à emprunter une somme de 517,000 fr., applicable jusqu'à concurrence de 417,000 fr. aux travaux des six routes départementales, et jusqu'à concurrence de 100,000 fr. aux travaux d'endiguement du Doubs et de la Loue ; 2° à s'imposer extraordinairement pendant huit ans, à partir de 1845, 5 centimes additionnels au principal des quatre contributions directes, applicables tant aux travaux des dites routes, qu'au remboursement et au service des intérêts de l'emprunt.

Mais, deux propositions faites par le conseil général du Jura, dans sa dernière session, rendent indispensable la modification de cette loi.

Ainsi, cette assemblée a demandé qu'une allocation

de 45,000 fr. soit faite cette année sur le fonds de l'emprunt, pour la rectification de la route n° 6, entre le Mont-des-Planches et la route royale n° 5. Or, la route n° 6 ne se trouve pas comprise dans les termes limitatifs de la loi.

D'autre part, le conseil a reconnu, après un mûr examen, que l'exécution des travaux d'endiguement du Doubs et de la Loue, était de nature à soulever les plus graves difficultés, et il lui a paru plus conforme aux intérêts du département, de reporter une partie des fonds primitivement consacrés à cette entreprise sur les travaux des routes départementales, et d'affecter l'autre partie à quelques améliorations partielles, dans le cours du Doubs et de la Loue.

Nous pensons, Messieurs, que vous ne verrez pas d'objection à modifier dans le sens de ce double vote, la loi du 11 juin 1842, et nous venons, en conséquence, soumettre à vos délibérations le projet de loi dont la teneur suit :

———

PROJET DE LOI.

LOUIS-PHILIPPE, etc.

Article premier.

Le département du Jura est autorisé, conformément à la demande que son conseil général en a faite, dans sa session de 1846, à comprendre la route départementale n° 6, au nombre de celles aux travaux desquelles sont affectées les ressources extraordinaires créées par la loi du 11 juin 1842.

Une somme de quatorze mille francs applicable aux travaux de rectification de la dite route, pourra

quant à présent, à la totalité de la dépense, il s'est borné, après une mûre délibération, a demander qu'' le département soit autorisé, pour faire face aux besoins les plus urgents, à contracter un emprunt de 356,000 fr. Cet emprunt serait remboursé sur le produit d'une imposition de un centime extraordinaire, qui serait perçu pendant 3 années, à partir 'e 1848, de 4 centimes et demi qui seraient établis en 1851, et de 3 centimes et demi en 1852.

Cette proposition, Messieurs, nous parait conforme aux intérêts, bien entendus, du département, bi n qu'il doive en résulter une légère aggravation des charges des contribuables.

Nous venons donc, d'après les ordres du Roi, soumettre à vos délibérations le projet de loi dont la teneur suit.

———

PROJET DE LOI.

LOUIS-PHILIPPE, etc.

Article premier.

Le département de la *Loire-Inférieure* est autorisé, conformément à la demande que son conseil général en a faite, dans sa session de 1846, à emprunter, à un taux d'intérêt qui ne pourra dépasser quatre et demi pour cent, une somme de *trois cent cinquante-six mille francs*, qui sera exclusivement affectée aux travaux d'achèvement et d'amélioration des routes départementales classées.

L'emprunt aura lieu avec publicité et concurrence. Toutefois, le préfet du département est autorisé a traiter directement avec la Caisse des dépôts et consignations, à un taux d'intérêt qui ne soit pas supérieur à celui ci-dessus fixé.

Art. 2.

Le département de la Loire-Inférieure est autorisé, conformément à la demande que son conseil général en a faite, dans sa session de 1846, à s'imposer extraordinairement, savoir : 1° un centime additionnel au principal des quatre contributions directes pendant les années 1848, 1849 et 1850; 2° quatre centimes et demi en 1851; 3° 3 centimes et demi en 1852, dont le produit sera affecté au service des intérêts et à l'amortissement de l'emprunt ci-dessus autorisé, concurremment avec l'excédant que présentera le produit de l'imposition extraordinaire, créé par la loi du 5 juillet 1838.

Donné, etc.

Blois.

Exposé des motifs et projet de loi tendant à autoriser la ville de Blois (Loir-et-Cher) à contracter un emprunt et à s'imposer extraordinairement.

MESSIEURS,

La ville de Blois (Loir-et-Cher) est obligée de pourvoir à plusieurs dépenses urgentes qui s'élèvent à une somme de 181,500 fr. Ces dépenses se rapportent à des secours nécessités par l'inondation, au soulagement des indigents, en raison de la chèreté du pain, à divers travaux d'utilité communale qui ne peuvent être ajournés, enfin, au remboursement d'une portion d'un emprunt antérieur.

La ville pourra affecter aux dépenses dont il s'agit, une somme libre de 21,500 fr. ; il lui manque donc une somme de 160,000 fr., qu'elle demande à se procurer par la voie d'un emprunt. Cet emprunt devrait, aux termes de la délibération municipale du 24 octobre 1846, être remboursé :

1° Au moyen d'une taxe additionnelle de 6 centimes au tarif de l'octroi, pendant douze années, laquelle, défalcation faite des vins et des alcools, donnerait annuellement 6,454 fr. 02 c., et pour douze ans .... 77,448 fr. 24 c.

2° Au moyen d'une imposition extraordinaire de 3 centimes additionnels aux contributions directes, à percevoir pendant douze années, et qui produirait chaque année 4,242 f. 48, et pour 12 ans. 60,549 76

3° Au moyen d'une somme égale rendue libre sur les fonds du budget ordinaire, par suite de l'impôt de 3 centimes spéciaux applicables aux dépenses de l'instruction primaire 60,549 76

Total........ 178,547 76

Le complément, pour le service des intérêts, serait prélevé sur les revenus de la ville.

L'excédant des recettes ordinaires, sur les dépenses de même nature, ne dépasse pas, chaque année, la somme de 23,000 fr., et la ville se trouve grevée de quelques dettes qui, réunies à divers travaux à effectuer, absorberont, pendant plusieurs années, l'excédant dont il s'agit; il y a donc nécessité de créer des ressources nouvelles. L'administration des finances a émis l'avis que la taxe additionnelle de six centimes au tarif de l'octroi, pouvait être autorisée pendant dix ans, sauf à la proroger ensuite pendant deux autres années.

Le remboursement de l'emprunt étant ainsi assuré, nous pensons qu'il y a lieu d'accueillir favorablement la demande de la ville, et nous venons, en conséquence, d'après les ordres du Roi, soumettre à vos délibérations le projet de loi ci—joint :

PROJET DE LOI.

LOUIS-PHILIPPE, etc.

Article unique.

La ville de Blois (Loir-et-Cher) est autorisée :

1° A emprunter, soit avec publicité et concurrence, soit directement de la Caisse des dépôts et consignations, à un intérêt qui ne pourra dépasser 5 p. 0/0, une somme de *cent soixante mille francs*, applicable à diverses dépenses énumérées dans la délibération municipale du 26 décembre 1846;

2° A s'imposer extraordinairement, pendant douze ans, 3 centimes additionnels au principal de ses contributions directes, pour concourir, avec d'autres ressources, au remboursement de cet emprunt.

Donné, etc.

Chartres.

Exposé des motifs et projet de loi tendant à autoriser la ville de Chartres (Eure-et-Loir) à s'imposer extraordinairement.

———

MESSIEURS,

Les circonstances malheureuses de l'hiver qui vient de s'écouler, ont obligé la ville de Chartres (Eure-et-Loir) à faire des dépenses disproportionnées avec ses ressources. Le budget supplémentaire de cette ville, pour 1847, présente un déficit de 19,525 fr., et elle vient, en outre, de garantir le remboursement d'un emprunt de 30,000 fr., que sollicite son bureau de bienfaisance, ce qui la place sous le coup d'un découvert d'environ 50,000 fr., qui eût été bien plus considérable encore sans l'ajournement de plusieurs dépenses urgentes. La ville est grevée, d'ailleurs, d'une dette arriérée de 398,000 fr., qui absorbera l'excédant des recettes ordinaires, sur les dépenses de même nature, jusqu'à l'année 1856. Elle demande, en conséquence, pour faire face aux besoins qui la pressent en ce moment, la création de plusieurs ressources extraordinaires, parmi lesquelles figure une imposition, pendant trois ans,

de 5 centimes additionnels au principal des contributions directes, les patentes exceptées, attendu
l'état de souffrance où se trouve le commerce. L'imposition dont il s'agit paraissant indispensable pour
aider la ville à sortir des embarras où elle se trouve,
le Roi nous a ordonné de soumettre à vos délibérations le projet de loi ci-joint.

PROJET DE LOI.

LOUIS-PHILIPPE, etc.

Article unique.

La ville de Chartres (Eure-et-Loir) est autorisée à s'imposer extraordinairement, pendant trois ans, 5 centimes additionnels au principal de ses contributions foncière, personnelle et mobilière, et des portes et fenêtres, pour le produit de cette imposition être appliqué, concurremment avec d'autres ressources, au paiement des charges résultant des secours accordés en 1847 à la classe indigente.

Donné, etc.

Signé **LOUIS-PHILIPPE.**

Par le Roi :

Le Ministre secrétaire d'État au département de l'intérieur,

Signé **DUCHATEL.**

(N° 285.)

Chambre des Députés.
SESSION 1847.

PROJETS DE LOIS

*Relatifs à de nouvelles délimitations de communes
dans les départements ci-après :*

AVEYRON (communes de Lasval, de Rouffiac et de Rieupeyroux);
DORDOGNE et CORREZE (communes de Lafeuillade et de
Larches);
PUY-DE-DOME et CANTAL (communes d'Anzat-le-Luguet et
de Leyvaux);
HAUTE-VIENNE (communes de Saint-Georges-les-Landes et de
Chezeaux),

PRÉCÉDÉS

DES EXPOSÉS DES MOTIFS,

PRÉSENTÉS

PAR M. LE MINISTRE SECRÉTAIRE D'ÉTAT AU
DÉPARTEMENT DE L'INTÉRIEUR.

Séance du 5 Juillet 1847.

distincte lui fût rendue. Mais cette commune
hors d'état de s'administrer elle-même convenab
ment. On ne pourrait la rétablir qu'en lui adjo
gnant, comme elle le voudrait, des portions cons
dérables de la commune de Rieupeyroux, et mê
de celle de Prévinquières', ce qui désorganiserait
la fois deux communes importantes, pour ne cré
qu'une commune encore insuffisante, car ses rev
nus n'atteindraient que la faible somme de 125 f

Cette considération a dû faire renoncer aux d
sirs exprimés par la commune de Rouffiac, bie
que le conseil général, après plusieurs votes défavorables, ait cru devoir enfin les appuyer.

Les habitants de Rouffiac et des localités à lui
adjoindre, ne tarderaient pas, en voyant les charges nouvelles qu'ils seraient obligés de supporter, à
reconnaître que l'organisation d'une nouvelle municipalité n'est nullement dans leur intérêt bien
entendu, et il est à la fois plus simple et plus convenable de le maintenir dans la situation où ils se
trouvent depuis un si grand nombre d'années,
sans que cette situation ait donné lieu à aucun inconvénient.

Voici, Messieurs, le texte du projet de loi.

PROJET DE LOI.

LOUIS-PHILIPPE ,

Roi des Français ,

A tous présents et à venir, salut.

Nous avons ordonné et ordonnons que le projet
de loi dont la teneur suit, soit présenté en notre
nom à la Chambre des Députés, par notre Ministre
secrétaire d'Etat au département de l'intérieur, que
nous chargeons d'en exposer les motifs et d'en
soutenir la discussion.

Article premier.

Les communes de Lasval, de Rouffiac et de Rieupeyroux , canton de Rieupeyroux , arrondissement
de Villefranche, département de l'Aveyron, sont
réunies en une seule, dont le chef-lieu est fixé à
Rieupeyroux.

Art. 2.

Les communes réunies continueront, s'il y a lieu,
à jouir séparément, comme sections de commune,
des droits d'usage ou autres qui pourraient leur
appartenir, sans pouvoir se dispenser de contribuer
en commun aux charges municipales.

Les autres conditions de la réunion prononcée
seront, s'il y a lieu, ultérieuremeut déterminées
par une ordonnance du Roi.

Donné, etc.

Dordogne et Corrèze.

Exposé des motifs du projet de loi tendant à détruire la commune de Lafeuillade du département de la Dordogne, et à la réunir à la commune de Larches, département de la Corrèze.

MESSIEURS,

Le Roi nous a chargé de soumettre à la Chambre un projet de loi qui change la circonscription du département de la Dordogne et de la Corrèze.

Il s'agit de distraire du département de la Dordogne la commune de Lafeuillade, dont les habitants, depuis plusieurs années déjà, demandent instamment à être placés sous l'administration de la municipalité de Larches, chef-lieu de canton dans le département de la Corrèze.

C'est, pour le premier de ces départements, une perte insignifiante, car la petite commune de Lafeuillade, dont la population n'est que de 250 âmes, a des revenus si faibles, qu'ils ne peuvent suffire aux frais de son administration. La marche régulière des affaires ne peut donc que gagner à la

lusion projetée. La prospérité des deux communes
y est d'ailleurs intéressée, les plus étroites relations
subsistent entre elles; elles ne forment même, à
vrai dire, qu'une seule localité, car leurs territoires sont si confondus, que les propriétés des habitants de Larches se trouvent enclavées ou contiguës avec les propriétés des habitants dc Lafeuillade, et que le champ de foire de Larches ne peut
être établi que sur le territoire de Lafeuillade.

Cette situation exceptionnelle répond même suffisamment aux craintes manifestées par la Dordogne au sujet des communes limitrophes qui
pourraient être tentées de suivre l'exemple de Lafeuillade, en demandant aussi un changement de
circonscription territoriale; aucune de ces communes n'aurait à faire valoir à l'appui d'une distraction ou d'une réunion les mêmes motifs qui sont
mis en avant par les communes de Lafeuillade et de
Larches. Quant à la nouvelle circonscription judiciaire qui résultera de la réunion, elle sera beaucoup plus favorable que l'ancienne aux intérêts des
justiciables comme à ceux de l'administration de la
justice.

Nous croyons donc que ce projet, que les réclamations de la Dordogne avaient seules fait suspendre, ces réclamations étant une fois écartées comme
non fondées, est conforme à tous les principes administratifs, et doit mériter d'être adopté. La Chambre
qui, déjà en 1837, a été saisie de l'examen de cette
mesure, ne s'est pas montrée défavorable. Elle demanda seulement un supplément d'instruction. Aujourd'hui que les documents produits, par suite
de cette demande, corroborent le projet en démon-
trant l'assentiment unanime des communes inté-

ressées, nous ne doutons pas que le projet de loi dont il s'agit ne doive être l'objet d'un vote favorable.

Voici, Messieurs, le texte de ce projet de loi.

PROJET DE LOI.

LOUIS-PHILIPPE, etc.

Article premier.

La commune de Lafeuillade est distraite de l'arrondissement de Sarlat et du département de la *Dordogne*, et réunie à la commune de Larches, arrondissement de *Brives*, département de la Corrèze.

En conséquence, la limite des départements de la Corrèze et de la Dordogne, entre les communes de Larches et de Pazayac, est fixée dans la direction indiquée par le liséré rouge AB sur le plan annexé à la présente loi.

Art. 2.

Les communes réunies continueront de jouir des droits d'usage ou autres qui pourraient leur appartenir, sans pouvoir se dispenser de contribuer en commun aux charges municipales.

Les autres conditions de la réunion prononcée seront, s'il y a lieu, ultérieurement déterminées par une ordonnance du Roi.

Donné, etc.

Puy-de-Dôme et Cantal.

Exposé des motifs du projet de loi tendant à chan-
ger la limite des départements du Puy-de-Dôme
et du Cantal sur le territoire des communes
d'Anzat le-Luguet et de Leyvaux.

MESSIEURS ,

La commune de Leyvaux, département du Cantal,
a une portion de son territoire enclavée, d'un côté,
par la commune d'Anzat-le-Luguet, qui dépend
du département du Puy-de-Dôme, et d'un autre
côté, par la commune d'Antrac et de Saint-Etienne,
situées sur le département de la Haute-Loire.

Pour faire cesser cet état d'enclave, il faut, ou
supprimer la commune de Leyvaux, en la partageant entre les communes voisines, ou distraire,
soit de Saint-Etienne, soit d'Anzat-le-Luguet, les
terrains propres à établir la contiguïté entre toutes
les portions du territoire communal de Leyvaux.
C'est à ce dernier parti, et à la combinaison qui
tend à prendre ces terrains à Anzat, que l'on a dû
s'arrêter.

La suppression de Leyvaux, commune qui peut

suffire à elle-même, serait une mesure trop grave,
que rien ne nécessite ; et, en outre, le partage de
ou territoire donnerait lieu à trop de difficultés
dministratives, et rencontrerait même des obsta-
les matériels, par l'impossibilité où l'on serait
l'établir de bonnes limites à travers les terrains
insi partagés.

Quant à la préférence donnée à Anzat, au sujet
les terrains à distraire, ce choix se justifie par
l'importance de cette municipalité, qui, mieux que
celle de Saint-Etienne, peut supporter le retranchement territorial nécessaire pour effectuer la rectification dont il s'agit. Le territoire du hameau de
Combalibœuf qu'il faut lui enlever, parce qu'il sépare actuellement Leyvaux de son enclave, n'est pas
indispensable à cette commune, qui conservera encore 7,020 hectares et 1,991 habitants.

Les documents recueillis pendant le cours d'une
instruction complète et régulière , justifiant suffisamment la mesure qu'il s'agit d'effectuer pour
régulariser la circonscription territoriale des départements du Cantal et du Puy-de-Dôme, nous venons,
après avoir pris à ce sujet les ordres du Roi, soumettre à la Chambre le projet de loi dont je vais
avoir l'honneur de vous donner lecture.

PROJET DE LOI.

LOUIS-PHILIPPE , etc.

Article premier.

Le territoire du hameau de Combalibœuf, indiqué

par une teinte blanche sur le plan annexé à la pré
sente loi, est distrait de la commune d'Anzat-le-
Luguet, canton d'Ardes, arrondissement d'Issoire,
département du Puy-de-Dôme, et réuni à celle de
Leyvaux, canton de Massiac, arrondissement de
Saint-Flour, département du Cantal.

En conséquence, la limite des deux départements
sur le territoire des communes d'Anzat-le-Luguet
et de Leyvaux, est fixée conformément au tracé indiqué au dit plan, par un liséré jaune coté A B C
D E I K.

Art. 2.

Les dispositions qui précèdent auront lieu sans
préjudice des droits d'usage et autres qui pourraient être respectivement acquis.

Les autres conditions de la distraction prononcée
seront, s'il y a lieu, ultérieurement déterminées
par une ordonnance du Roi.

Donné, etc.

Haute-Vienne.

Exposé des motifs du projet de loi tendant à distraire cinq villages de la commune de Saint-Georges-les-Landes, pour les réunir à celle de Chezeaux (Haute-Vienne).

MESSIEURS,

Nous venons soumettre à la Chambre un projet de circonscription territoriale tendant à distraire, dans le département de la Haute-Vienne, plusieurs villages de la commune de Saint-Georges-les-Landes, pour les réunir à la commune de Chezeaux.

Ce projet a été instruit d'après la demande des habitants de ces villages, qui se plaignent du préjudice qu'apporte à leurs intérêts le temps qu'il leur faut consacrer à se rendre à un chef-lieu, dont la moindre distance est pour eux de six kilomètres. D'ailleurs, ajoutent-ils, la difficulté du chemin, les dangers même de la route durant la mauvaise saison, interrompent souvent toute communication, et il leur devient dès lors impossible de faire profiter leurs enfants des bienfaits de l'instruction primaire. Ce serait donc pour eux une véritable amélioration de dépendre de la municipalité de Chezeaux, dont ils ne sont qu'à un kilomètre de distance.

Le conseil municipal de Saint-Georges s'oppose à la réalisation du vœu exprimé à ce sujet par les habitants de ces villages. On leur conteste d'abord la vérité des allégations concernant la distance; cette distance est, en effet, diversement évaluée par les adversaires du projet, qui, de six kilomètres. la réduisent à quatre, et même à trois seulement. On soutient encore que la demande en changement n'est ni spontanée, ni même librement exprimée; plusieurs pétitions ayant été rédigées dans une étude dont le titulaire est précisément le maire de la commune de Chezeaux, c'est-à-dire de la commune appelée à profiter de la modification demandée.

Mais ces objections, que l'intérêt local peut faire croire exagérées, n'ont point été admises par les assemblées électives d'arrondissement et de département, ni par les autorités administratives, toutes favorables au projet.

Il est constaté que sur 62 habitants, formant la population des villages, 18 chefs de famille demandent la distraction; or, ce nombre représente sinon la totalité, au moins la grande majorité des parties intéressées, et c'est même cette appréciation qui a déterminé le conseil général à revenir sur son premier vote de 1841, et lui a fait; dans sa dernière session, complètement approuver le projet. Quant au conseil d'arrondissement, il a toujours été unanime en faveur du changement réclamé.

La commune de Saint-Georges peut d'ailleurs supporter sans inconvénient la perte de ces vil-

lages, car elle restera avec 795 habitants, et un
territoire de 1,603 hectares ; tandis que la nouvelle
circonscription donnera plus de régularité à la marche des affaires dans la petite commune de Chezeaux , où sur un territoire de 1,000 hectares
environ, on ne compte actuellement que 491 habitants.

D'après ces motifs, le Roi nous a chargé de soumettre à votre approbation le projet de loi dont je
vais avoir l'honneur de vous lire le texte.

PROJET DE LOI.

LOUIS-PHILIPPE, etc.

Article premier.

Les villages de Puy-Chaffrat, Puy-Laurent, la
Clidière et les Landes, sont distraits de la commune
de Saint-Georges-les-Landes, canton de Saint-
Sulpice, arrondissement de Bellac, département
de la Haute-Vienne, et réunis à celle de Chezeaux,
même canton.

En conséquence, la limite des deux communes
est fixée selon le tracé indiqué par un liséré jaune
et par les lettres A B C D, sur le plan annexé à la
présente loi.

Art. 2.

Les dispositions qui précèdent auront lieu sans
préjudice des droits d'usage et autres qui pourraient
être respectivement acquis.

Les autres conditions de la distraction prononcée seront, s'il y a lieu, ultérieurement déterminées par une ordonnance du Roi.

Donné, etc.

Signé : **LOUIS-PHILIPPE.**

Par le Roi :

Le Ministre secrétaire d'État au département des finances,

Signé : **S. DUMON.**

Chambre des Députés.

SESSION 1847.

RAPPORT

FAIT

Au nom de la Commission* chargée de l'examen d'un projet de loi relatif aux livrets des ouvriers,

PAR M. SALVETON,

Député de la Haute-Loire.

Séance du 6 Juillet 1847.

MESSIEURS,

Sous un titre modeste, le projet de loi relatif aux livrets des ouvriers présente une grande importance. En effet, l'institution du livret soumet à une condition préalable l'exercice de certaines professions ; elle intervient entre le chef d'établissement

---

* Cette Commission est composée de MM. Salveton, Martin du Rhône, de Lafarelle, Moreau (Meurthe), Schneider (d'Autun), Edmond-Blanc, Oger, le comte Becker (Martha), Colombel.

et l'ouvrier, pour régler une partie de leurs rapports; elle est considérée comme un des moyens les plus puissants et les plus ingénieux du système d'administration intérieure qui régit nos manufactures; c'est assez vous dire qu'elle intéresse la prospérité industrielle du pays dans ses principes les plus féconds; qu'elle touche, d'une manière plus ou moins directe, à toutes les questions d'organisation et de liberté du travail; qu'elle est de nature, enfin, à éveiller la susceptibilité des deux classes dont le concours est nécessaire à la production, que leur intérêt commun bien entendu devrait conserver toujours unies, et parmi lesquelles une différence obligée et apparente de position fait naître trop souvent des sentiments de défiance et d'hostilité réciproques.

La matière offre donc des difficultés réelles et des questions délicates; elle est digne d'exciter la sollicitude et de fixer l'attention des esprits les plus sérieux.

Le Gouvernement a très-bien compris et fidèlement observé les devoirs qui lui étaient imposés par cet état de choses. Il n'est entré dans leur examen qu'à la suite des parties intéressées, lorsque les voix qui s'élevaient vers lui de tous côtés, par l'intermédiaire des autorités les plus compétentes, lui ont démontré qu'il était urgent de réviser une institution excellente par elle-même, mais qui, ayant été créée sous un régime différent et renouvelée à une époque de transition, avait besoin d'être mise en harmonie avec les progrès de notre temps, dans les voies de l'industrie, de l'économie politique et de la liberté.

. La prudence qu'il avait eue dans l'entreprise, il

l'a également portée dans l'examen et l'exécution.
Les matériaux de l'ancienne législation et de la
législation actuelle ont été réunis et sagement appréciés ; les corps constitués, dont plusieurs avaient
pris l'initiative, ont été mis à même de se prononcer de nouveau et en parfaite connaissance de
cause ; les conseils généraux de départements ont
été consultés ; on a aussi recueilli l'opinion de
toutes les sociétés, auxquelles leur destination spéciale semble donner une compétence plus directe ;
conseils agricoles, chambres consultatives des arts
et manufactures, conseils de prud'hommes, tous
se sont empressés de répondre de tous les points
du royaume, et l'on a enfin complété cette vaste et
consciencieuse enquête par les délibérations ap-
profondies et motivées des trois conseils supérieurs
de l'agriculture, du commerce et des manufactures.

Le projet de loi, né de la combinaison de tant
d'éléments précieux, fut porté directement à la
Chambre des Pairs, où il a donné lieu à une de ces
discussions fortes et élevées qui la distinguent ; il
vous avait été transmis avec des modifications importantes dans la session de 1846, et se trouvait
déjà livré à l'examen d'une Commission, lorsque la
dissolution de la Chambre est venue mettre un terme
à ses travaux. Aussi M. le Ministre du commerce
s'est-il empressé de le soumettre de nouveau à vos
délibérations, dès le commencement de cette législature. Nous n'avons pas besoin d'ajouter que les
lenteurs de cette marche ont favorisé l'intervention
de la presse périodique, qui, à son tour, s'est emparée du sujet pour le traiter avec l'étendue des intérêts qui y sont engagés, et la vivacité des senti-

ments qui s'y rattachent. Un certain nombre d'ouvriers résidants à Paris ont aussi profité de cet intervalle pour renouveler près de vous une pétition
qu'ils avaient déjà adressée à la Chambre des Pairs,
et qui a excité de notre part une attention d'autant
plus scrupuleuse, que le droit de pétition est, dans
les mains de cette classe de personnes, le seul moyen
d'influence légale que nos institutions leur accordent sur la confection des lois.

C'est au milieu de ces nombreux documents que
votre Commission a entrepris l'examen que vous lui
avez délégué. Elle devait les interroger tous, et elle
a rempli ce devoir avec un scrupule qui justifie le
temps employé à l'accomplir. Elle a, en outre, écouté
toutes les explications orales qu'ont désiré lui transmettre des personnes honorables que leur goût ou
leur position avait dirigées vers l'étude spéciale de
la matière; elle a notamment accueilli avec un vif
intérêt les observations que sont venus lui offrir
quelques ouvriers-rédacteurs du journal l'*Atelier*,
qui s'intitule l'*organe spécial de la classe laborieuse*.

Après avoir ainsi tout vu, tout entendu, tout examiné par elle-même, elle a compris que l'existence
de ces matériaux, dont une grande partie est déjà
connue de vous, lui imposait, vis-à-vis de la Chambre, un devoir qu'elle a transmis à son Rapporteur,
le devoir de restreindre son travail à un résumé
fidèle des débats qui ont eu lieu, en appelant toutefois votre attention d'une manière plus spéciale sur
les points restés en controverse, et sur les amendements que nous avons cru devoir introduire dans
la loi, même après les modifications qu'elle avait
déjà subies.

Pour mieux apprécier les résultats auxquels nous

sommes arrivés, faut-il encore vous faire connaître, avant toute chose, l'esprit qui nous a dominés dans nos discussions préliminaires, que nous avons voulu introduire dans la loi nouvelle, et dont vous ne pouvez vous faire une idée juste que par sa comparaison avec l'esprit des législations antérieures? Permettez-nous donc, dans ce but, l'exposé rapide de quelques recherches nécessaires à la complète intelligence du sujet qui nous occupe.

Personne n'a pu encore oublier quelle était, sous l'ancien régime, la triste condition des classes ouvrières (1). Comme toutes les institutions humaines, les corporations, les jurandes, les maîtrises, avaient d'abord répondu à un besoin de la société, au sein de laquelle elles avaient pris naissance; mais, comme toutes aussi, le besoin qui les avait fait naître une fois passé, elles ne tardèrent pas à dégénérer en abus contraires à l'objet de leur établissement. Créées dans des temps de lutte pour protéger, par la puissance de l'association, les membres des classes laborieuses que l'isolement eût livrées sans défense aux dominations violentes qui se disputaient le monde, elles avaient fini par tourner leur propre force contre le plus grand nombre d'entre eux, dans l'intérêt exclusif de quelques-uns. Les maîtres se partageaient tous les bénéfices de l'industrie; quant aux autres, enchaînés dans les entraves de l'apprentissage et du compagnonnage,

---

(1) Chaptal, *De l'Industrie française*, tom. II, chap. 4, 6, 7, 8 et 9; *Histoire de l'administration en France de l'agriculture, du commerce*, etc., par Anthelme-Costas, tom. II, pag. 339; Lafarelle, *Plan d'une réorganisation disciplinaire des classes industrielles en France*, pag. 383 et suivantes.

arrêtés par les épreuves exigées d'eux pour l'exercice du métier le plus vulgaire, ils parvenaient difficilement au titre qui devait leur permettre de travailler pour leur propre compte; et parmi ceux que des efforts répétés avaient fait triompher des obstacles, combien peu encore pouvaient utiliser cette conquête de leur persévérance! Car ils arrivaient presque toujours au but, épuisés par les nombreux impôts que la fiscalité la plus ingénieuse avait su multiplier à l'infini au profit même de la corporation. •

Il est facile d'imaginer quelle pouvait être, dans l'ordre de ces idées, la nature des rapports établis entre les fabricants et les ouvriers employés par eux.

Aux termes de l'ordonnance du 2 janv. 1749 (1), l'ouvrier qui était une fois entré dans une fabrique ou une manufacture, ne pouvait plus la quitter pour aller travailler ailleurs sans avoir obtenu de son maître un congé exprès et par écrit. Aucune convention préalable ou contraire n'était admise, la loi n'en suppose même pas l'existence; par le seul fait de son introduction dans la fabrique, l'ouvrier était attaché à son métier comme le laboureur l'était à la glèbe. Il semble que les personnes et les choses appartenant à une industrie, devaient tomber également dans l'étendue du privilège accordé pour son exploitation.

Il pouvait cependant recouvrer aussi la liberté de son travail, par l'autorité du juge de police, mais dans des cas très-rares, et toujours à la condition d'achever les ouvrages commencés, et de rembourser les avances reçues.

_____

(1) Ordonnance du 2 janvier 1749, article premier.

D'heureuses améliorations furent introduites dans cet état de choses, par les lettres-patentes du 12 septembre 1781. Dans l'intervalle, des plaintes légitimes et trop longtemps méconnues, avaient enfin réussi à se faire écouter ; des idées plus saines d'économie politique commençaient à prévaloir dans l'opinion, elles étaient même parvenues avec Turgot, au gouvernement des affaires publiques; en 1776 était intervenu l'édit si connu sous le nom d'édit de suppression, et qui abolissait, dans son intégralité, le vaste système des communautés, maîtrises et jurandes. Si les réformes radicales tentées par ce Ministre éclairé et courageux, durent échouer devant les causes diverses que tout le monde connaît, il n'en est pas moins vrai que l'esprit libéral dont ces mesures étaient empreintes se retrouve jusque dans les édits qui les ont rapportées, et notamment dans les lettres-patentes de 1781, auxquelles on doit la création des livrets d'ouvriers.

L'art. 2 reconnaît, d'une manière expresse, l'autorité des conventions intervenues entre les maîtres et les ouvriers, lors même que ces derniers seraient employés dans des fabriques ou des manufactures. Ils ne peuvent donc plus être engagés sans leur consentement formel, et au-delà des termes de ce consentement. C'est une véritable émancipation pour cette classe d'ouvriers.

Les engagements deviennent libres et réciproques; l'ouvrier est obligé de travailler pendant le temps convenu ou d'achever l'ouvrage commencé, mais aussi, le terme arrivé, ou sa tâche accomplie, il a droit au *billet de congé* qui doit lui ouvrir les portes d'une autre manufacture, et lui assurer son existence avec sa liberté.

Le législateur de cette époque a poussé la prévoyance jusqu'à tracer lui-même le modèle de ces certificats. Réduits aux termes adoptés par le projet de loi actuel, ils ne devaient contenir d'autre énonciation que celle de la durée du travail et de la libération des engagements. Toute annotation favorable ou défavorable se trouvait ainsi exclue et l'ouvrier protégé, comme on nous propose de le faire, contre l'injustice ou la mauvaise humeur du maître dont il abandonnait les ateliers.

Cette analyse suffit pour vous faire apprécier la nature des dispositions au milieu desquelles apparaît, pour la première fois, l'obligation du livret. C'était une origine bonne à constater, et d'où il ne peut que résulter des présomptions favorables à cette institution. Avant elle, les billets de congé étaient donnés sur des feuilles volantes, comme l'indique suffisamment leur ancienne dénomination. Ces feuilles étaient réunies avec soin par les bons ouvriers, qui avaient reconnu l'avantage de pouvoir présenter à leur nouveau maître la suite des attestations délivrées par les anciens, et lui donner ainsi un gage de fidélité pour les engagements à venir dans la preuve de celle qu'ils avaient mise à accomplir les engagements passés. La loi n'a fait autre chose que reconnaître et régulariser cette habitude. Elle est venue au secours des ouvriers, en les obligeant à faire porter successivement leurs certificats sur un livre plus facile à conserver ; elle est aussi venue au secours des maîtres, que les mauvais ouvriers ne pouvaient plus abuser à l'aide d'une attestation isolée et de complaisance.

Tel était l'état des choses, lorsque la Révolution, emportant dans son cours les obstacles qui avaient

paralysé les efforts de Turgot, a détruit en France
les anciennes et puissantes constitutions qui ré-
gissaient l'industrie. Deux lois successives, l'une
du 17 mars, l'autre du 17 juin 1791, décrètent la
liberté absolue du commerce et de l'industrie,
suppriment toutes les maîtrises et jurandes, et
proclament l'anéantissement des privilèges qui y
sont attachés comme une des bases fondamentales
de la constitution française. Aucune disposition
spéciale ne touchait à l'institution du livret, mais
elle subit le sort des choses bonnes en elles-mêmes
qui se trouvent mêlées à des abus; elle périt avec
eux.

L'industrie, ainsi brisée dans sa vieille organisation, ne put mettre immédiatement à profit les
avantages d'une liberté à laquelle elle n'était pas
préparée (1). Les troubles qui agitèrent les années
suivantes n'étaient pas, au reste, de nature à favoriser son développement; elle resta donc abandonnée à elle-même, dans un état de langueur
complet, jusqu'au moment où le génie qui avait
reçu la mission de tout reconstituer en France,
vint en réunir les éléments dispersés, afin de les
soumettre à une règle commune.

C'est dans ce but que fut préparée la loi du 22
germinal an XI, relative aux manufactures, fabriques et ateliers. Elle en règle la police, et détermine d'une manière générale les obligations entre
les ouvriers et ceux qui les emploient. Son art. 12
renouvelle, pour les premiers, l'obligation de se
munir d'un livret, puisqu'il comprend la défense

---

(1) Rapport du jury nommé pour examiner les objets admis
l'exposition de 1819; avant-propos, page 21.

faite à toute personne de recevoir un ouvrier s'il n'est porteur d'un *livret portant le certificat d'acquit de ses engagements antérieurs.* L'article suivant réserve au Gouvernement le droit de déterminer, par un règlement d'administration publique, la forme de ces livrets et les règles à suivre pour leur délivrance, leur terme et leur renouvellement. Ce règlement a eu lieu le 9 frimaire an XII ; il régit encore la matière, et mérite, pour une grande partie de ses dispositions, l'éloge qui en a été fait dans le rapport si lumineux présenté à la Chambre des Pairs sur le projet de loi actuel.

Cependant votre Commission a été frappée de l'intervention fréquente de la police administrative dans les diverses formalités auxquelles le livret est soumis. Si la législation antérieure à la Révolution reste empreinte de l'esprit d'inégalité extrême qui existait à cette époque entre les diverses classes de citoyens, il lui a semblé que la législation de l'an XII se ressent beaucoup trop des troubles qui l'ont précédée, et qui pouvaient réclamer à cette époque, dans l'intérêt du Gouvernement, des moyens de surveillance incompatibles avec l'état actuel de nos mœurs. Elle a senti le besoin de purger la législation nouvelle du vice que chacune des législations précédentes avait emprunté au régime différent sous l'empire duquel elles ont été promulguées, et c'est dans cette double intention qu'elle a entrepris son travail de réforme; bien déterminée néanmoins à ne pas dépasser le but et à ne jamais sacrifier à des désirs aveugles d'indépendance exagérée, les idées d'ordre et de justice qui sont aussi nécessaires que la liberté elle-même à la prospérité de l'industrie.

La première question qui se soit présentée à son

examen, est celle de l'utilité même de la réforme.
Les réflexions qui précèdent suffiraient sans doute
pour la justifier ; mais nous ne pensons pas pouvoir nous dispenser de reproduire ici deux graves
reproches élevés contre la loi actuelle, et qui tendent à la faire considérer en même temps comme
inefficace et comme insuffisante.

En effet, d'une part, elle manque de toute sanction pénale ; d'autre part, renfermée dans un cercle
qui n'a pu s'agrandir suivant les proportions du
développement acquis par l'industrie, son application laisse en dehors un certain nombre de professions qu'il est utile et conséquent de placer à leur
tour sous l'empire de la règle établie pour les professions analogues et plus anciennes.

Plusieurs projets de lois vous ont d'ailleurs été,
ou doivent vous être présentés, les uns, sur le travail des enfants et l'apprentissage, les autres, sur
les marques ainsi que sur les dessins et modèles de
fabrique. Leur réunion doit former le code industriel ; il eût été impossible de négliger, dans ce
travail d'ensemble, la loi qui, en statuant sur les
livrets d'ouvriers, règle un des points les plus importants de la matière.

Votre Commission a donc été unanime sur l'opportunité de la loi ; elle l'a été également sur l'utilité incontestable de la prescription principale qui
en a fait l'objet.

Le livret lui a paru présenter, sous tous les rapports, des avantages qu'on ne saurait trop apprécier (1).

---

(1) Costas, tom. II, pag. 353.

Villermé, *État physique et moral des ouvriers*, tom. II,
pag. 140.

· Il fournit à l'ouvrier le titre le plus précieux auquel un homme puisse aspirer de nos jours, car il
reçoit et conserve l'histoire complète des travaux
de sa vie. Il le suit dans ses fréquentes pérégrinations, l'y soutient et l'y protège, lui procure l'entrée des ateliers où il est le plus inconnu, et lui
prête un appui également fidèle dans les relations
les plus étrangères à son industrie. C'est pour lui
un frein contre les mauvais penchants, une excitation vers le bien, un agent puissant et infatigable
de moralisation, l'espoir et la consolation de ses
mauvais jours, le lustre et l'honneur des temps de
sa prospérité.

Dans les mains du chef d'établissement, il devient
à la fois un moyen infaillible de connaître les hommes qui lui demandent du travail, et une garantie
certaine pour l'exécution des engagements contractés par eux.

C'est ainsi qu'il facilite, entre ces deux classes,
des conventions nécessaires, qui, sans lui, auraient
toujours été plus lentes et souvent impossibles.
C'est ainsi qu'il assure et régularise le travail des
manufactures, contribue à la sécurité des marchés
les plus considérables, et peut être regardé comme
un des éléments essentiels de la prospérité publique.

Cette opinion est aujourd'hui consacrée par la
double sanction de l'expérience et de la théorie;
elle est partagée par tous ceux qui se sont occupés
du sujet à ce double aspect; et si un préjugé contraire a pu s'accréditer dans certaine sphère des
classes laborieuses, il est à espérer qu'elles ne ré-
sisteront pas longtemps sur ce point aux conseils

réunis de la raison, de l'intérêt public et de leur intérêt privé.

Vos Commissaires n'ont donc pas été touchés du
reproche adressé à la loi, qu'on accuse d'aggraver
le sort des classes ouvrières, parce qu'elle augmente
le nombre des ouvriers qui seront désormais soumis
à l'obligation du livret. Cette obligation est un bienfait à nos yeux, et la mesure qui étend son empire
nous paraît une amélioration.

Cette conviction a valu notre entier assentiment,
non-seulement à la nomenclature plus complète de
l'article 1er par rapport aux établissements où l'ouvrier ne peut être admis sans livret, mais encore à
cette disposition de l'art. 13 du projet qui permet
au Gouvernement d'étendre l'application de la présente loi à des établissements autres que ceux qui
sont mentionnés en l'art. 1er. Nous avons eu déjà
occasion de faire observer que le développement de
l'industrie avait dépassé de beaucoup le cercle tracé
par le législateur de l'an XII ; il faut espérer que
notre pays ne s'arrêtera pas dans cette voie de progrès, et il serait imprévoyant de ne pas ménager
par avance un moyen facile d'étendre le bienfait
de la loi existante aux industries nouvelles dont la
France peut s'enrichir.

La Commission a donc adopté d'abord les dispositions de l'article 1er, qui obligent à se munir
d'un livret les ouvriers des manufactures, fabriques, usines, mines, carrières, chantiers et ateliers;
elle admet aussi le principe qui permet d'augmenter cette nomenclature au moyen de simples ordonnances royales, portant règlement d'administration publique. Et après avoir ainsi arrêté quels
sont les lieux qui composent, en quelque sorte, le

domaine de la loi, elle s'est immédiatement occupée
des personnes qui doivent lui être soumises.

Pour les désigner dans leur acception la plus
étendue, le projet emploie l'expression générique :
ouvriers. Il aurait pu s'élever quelques doutes sur le
sens qui doit lui être attribué, si déjà ces doutes
n'avaient été prévus et dissipés par les explications
du Gouvernement, et celles qui ont été échangées
au sein de la Chambre des Pairs. Nous les avons
acceptées sans discussion, et désormais il doit
rester bien entendu que le mot *ouvriers*, employé
par le projet de loi, n'a pas une étendue plus grande
que les termes mieux définis de compagnons et de
garçons, employés par l'arrêté de l'an XII, et que
l'usage a fait tomber en désuétude. La loi nouvelle
excepte donc toutes les personnes qui étaient exceptées par la loi qu'elle est appelée à remplacer,
c'est-à-dire les chefs d'atelier, les contre-maîtres,
les apprentis ; elle restreint ses prescriptions à la
classe des simples ouvriers, ceux qui ne paient *point*
de patente aux termes de l'art. 13 de la loi du 25
avril 1844, sauf encore certaines distinctions dont
nous aurons bientôt à vous entretenir.

Le projet du Gouvernement n'en établit aucune
entre les ouvriers de différents sexes, et une disposition spéciale assujettit les hommes comme les
femmes à l'obligation du livret. La jurisprudence
avait déjà interprété dans ce sens les termes de la
loi de l'an XI ; l'usage du livret appliqué aux femmes
s'est généralement introduit, et n'a révélé aucun
des inconvénients qui semblent encore faire hésiter
quelques esprits. Il ne nous a paru contraire ni à
la réserve naturelle de leur sexe, ni à la position dé-
pendante dans laquelle elles se trouvent placées sous

l'autorité maritale. Toutefois, nous avions été péniblement affectés d'un inconvénient particulier à la ville de Paris, où l'obligation de se présenter à la police peut condamner les femmes les plus honnêtes aux contacts les plus honteux. Nous détruisons le mal dans sa cause, en affranchissant les livrets de toutes formalités de police, et dès lors, nous avons pensé qu'il ne pouvait plus y avoir une seule objection à ce que la loi consacrât par un texte positif l'état actuel des choses.

Voilà donc arrêté tout ce qui touche à l'indication des établissements, et à celle des personnes considérées isolément. Mais la position des ouvriers, par rapport aux établissements qui les emploient, n'est pas toujours et identiquement la même.

Les uns sont occupés dans l'intérieur de l'atelier, où ils se trouvent réunis sous les yeux et sous la direction du chef; les autres restent libres et travaillent chez eux, à la tâche ou à la façon.

Les premiers se divisent encore en deux classes : celle des ouvriers habituels qui, formant une population stable, constituent une véritable colonie, et celle des ouvriers nomades, que l'augmentation du travail ou toute autre circonstance, appelle accidentellement à des travaux dans lesquels ils ne persévèrent jamais.

Quant aux seconds, il ne faut pas confondre ceux qui travaillent pour un seul maître, avec ceux qui travaillent pour plusieurs.

Doivent-ils être indistinctement assujettis au livret? La diversité de leur situation a fait naître, sur ce point, plusieurs questions qui ont donné lieu à des discussions sérieuses dans la Chambre des Pairs, et ont aussi préoccupé votre Commission.

Une des premières questions qui se sont présentées, était relative aux ouvriers momentanément appelés dans un établissement quelconque, pour une tâche passagère et accessoire. Ce sont là évidemment de simples journaliers, ne remplissant aucune des conditions qui peuvent rendre le livret utile et exigible; ils ne sauraient y être soumis. Nous ne vous aurions même pas entretenus de cette difficulté, si elle n'avait donné lieu à l'introduction, dans cet article, d'un mot qui a de l'importance, et dont il est essentiel de bien définir l'acception.

La rédaction du projet de loi présenté à la Chambre des Pairs se servait des mots : *employés dans les manufactures,* pour désigner les ouvriers de l'intérieur; et comme cette expression ne pouvait être commune aux ouvriers du dehors, le projet avait été obligé d'ajouter : *ou travaillant pour ces établissements.*

Sur des observations relatives aux simples journaliers qu'on ne voulait pas soumettre au livret, et qui sont cependant *employés* dans les manufactures, on voulut remplacer l'expression *employés* par une autre qui impliquât l'idée d'une durée plus longue dans le service.

Après plusieurs propositions sans résultat, on en vint à adopter l'expression d'*attachés aux manufactures*, qui présentait le double avantage d'exclure les ouvriers à la journée, et de pouvoir être appliquée aux ouvriers en chambre. Cette rédaction nouvelle dut entraîner un second changement dans la partie de l'article relative à ces derniers ouvriers, et l'on fut obligé de substituer à ces mots : *ou travaillant chez eux*, les deux propositions qui sont restées dans le projet actuel et consistent à dire :

soit qu'ils travaillent dans l'établissement, soit qu'ils travaillent chez eux. D'où il résulte que non-seulement la substitution du mot *attachés* au mot *employés* est exclusive des simples journaliers, mais encore qu'elle suppose l'existence d'ouvriers qui doivent être considérés comme attachés aux établissements industriels, quoiqu'ils ne travaillent pas à l'intérieur de ces établissements. Nous croyons devoir insister sur cette dernière conséquence du changement opéré dans la rédaction de l'article premier, parce qu'elle tend à faire comprendre et à justifier la résolution prise par vos Commissaires, en ce qui concerne les ouvriers en chambre.

Le projet primitif du Gouvernement les assujettissait tous à l'obligation du livret, et la Chambre des Pairs, adoptant le principe de cette opinion, ne s'est arrêtée que devant les difficultés matérielles qui, dans le système du livret unique, empêchent l'ouvrier, travaillant pour plusieurs maîtres, de remplir, envers chacun d'eux en même temps, les obligations qui lui sont imposées par la loi. Elle a donc cru pouvoir établir une distinction entre les ouvriers de cette classe travaillant pour plusieurs maîtres et ceux qui travaillent pour un seul. Elle a effacé pour les premiers, et maintenu pour les seconds, l'obligation du livret. Le Gouvernement s'est rallié à ce système, qui se trouve ainsi de nouveau soumis à vos délibérations

Votre Commission a été frappée des raisons également puissantes qui ont été développées tour-à-tour, soit par ceux qui le soutiennent, soit par ceux qui le combattent.

Elle a compris, avec les uns, la nécessité de maintenir l'existence du livret que l'usage a établi dans

nos principales villes manufacturières pour les ouvriers, disséminés dans un rayon assez considérable, qui travaillent chez eux, et auxquels cependant
la force des choses et la nature de leur industrie
obligent les chefs d'établissements de confier quelques-uns des travaux de leur fabrique.

Elle a senti avec les autres l'inutilité et l'impuissance de la loi à l'égard des ouvriers, comme il
s'en trouve beaucoup à Paris, qui travaillent en
chambre, tantôt pour un maître, tantôt pour un
autre, et souvent pour plusieurs à la fois. L'obligation du livret changera-t-elle pour eux, suivant
le caractère des engagements qu'ils ont contractés?
Quel sera le moyen de constater leur position
réelle? N'est-ce pas introduire dans la loi un principe de confusion qui diminuera son autorité, en
augmentant les chances d'erreur et de fraude attachées à son exécution?

Ces inconvénients ont paru assez graves à votre
Commission, pour qu'elle mît tous ses soins à les
éviter, et, comme les deux opinions que nous venons d'exposer, sont plus contradictoires en apparence qu'en réalité, parce qu'elles s'appliquent
à des lieux et à un ordre de faits différents, elle a
cherché les moyens de donner à chacune d'elles la
satisfaction qui lui est due. La difficulté était de
trouver une rédaction à l'aide de laquelle on pût à
la fois maintenir pour les uns, et supprimer pour
les autres, l'obligation du livret, que les termes de
la législation actuelle rendent commune à tous.

Elle a pensé obtenir ce résultat par la simple
suppression de ces mots : *soit qu'ils travaillent
dans l'établissement, soit qu'ils travaillent chez
eux pour un seul maître.*

D'une part, en effet, disparaît cette obligation

rmelle et absolue, qui obligeait de soumettre à
l loi du livret tous les ouvriers travaillant chez eux
our un seul maître, et semblait n'admettre aucune
xception.

D'autre part, reste l'expression *attachés aux
manufactures*, etc., qui, avec l'interprétation qu'elle
prend des circonstances et que nous avons eu soin
de constater, retient naturellement sous l'application de notre article les ouvriers que l'habitude
d'un travail assidu pour la même fabrique attache
à la fabrique même, quoiqu'ils ne viennent pas de
leur personne travailler dans ses ateliers.

L'art. 1er serait donc conçu dans les termes suivants : « Les ouvriers de l'un et l'autre sexe atta-
« chés aux manufactures, fabriques, usines, mines,
« carrières, chantiers et ateliers, sont tenus de se
« munir d'un livret. »

La rédaction plus simple et plus large en même
temps, laisserait aux tribunaux une liberté d'interprétation plus grande, qui s'exercerait sans nul
doute dans le sens du double résultat que nous
venons d'indiquer.

Vous avez sans doute remarqué, Messieurs, que
cet article laisse dans un complet oubli deux classes
de personnes que de très-bons esprits auraient
aussi voulu soumettre à l'obligation du livret : les
domestiques et les ouvriers ruraux. Il ne faut pas
en tirer la conséquence que votre Commission ne
s'est pas occupée des grandes questions que soulèvent les vœux formés à cet égard par plusieurs conseils généraux. Elles ont été pour elle l'objet des
plus sérieuses méditations; mais elle n'a pas hésité à adopter les motifs qui ont enfin réuni, pour
une décision négative, et la Chambre des Pairs et

le Gouvernement. Ce concours semble la dispense
de reproduire devant vous les raisons de décider
qui ont reçu ailleurs de longs développements; i
lui suffira de vous faire observer que cette déter
mination devait lui convenir d'autant mieux, qu'ell
rentre complètement dans une des pensées aux
quelles nous attachons le plus d'importance, cell
d'attribuer à l'institution du livret un caractère ex
clusivement industriel.

A ce titre, les apprentis devraient certainemen
être compris dans les dispositions relatives au livret.
La loi du 22 mars 1841 (art. 6), y soumet les enfants admis à travailler dans les fabriques; la loi
actuelle décrète des conditions analogues, en ce qui
concerne les ouvriers; il serait singulier que la
classe intermédiaire des apprentis pût seule échapper à une mesure dont l'influence moralisatrice
doit agir sur eux avec plus d'efficacité que sur les
autres, puisqu'ils ont, de plus que les premiers,
une intelligence capable de comprendre toutes les
conséquences de cette mesure, et, de plus que les
seconds, une nature docile que l'âge rend plus
susceptible de céder aux bonnes comme aux mauvaises impressions.

Mais nous pensons que le livret donné à l'apprenti doit, à l'exemple de celui des enfants, former
un livret particulier. Les hommes de cette classe ne
sont pas, en général, retenus par les préservatifs
d'une éducation qui manque à leurs premières années. Ils grandissent dans une liberté presque absolue, loin de la surveillance du père et de la mère
dont le temps est absorbé par d'autres besoins et
d'autres travaux. Le sentiment du devoir et de la
soumission se développe plus lentement en eux, et

ce retard livre souvent leur jeunesse à la dissipation. On ne peut vouloir faire peser sur leur vie entière les fautes qui peuvent en avoir signalé le commencement ; c'est cependant ce qui aurait lieu si le même livret devait servir à l'apprenti et à l'ouvrier. Pour éviter toute équivoque à cet égard, la loi sur les livrets d'ouvriers ne doit en aucune façon s'occuper des apprentis. La question qui les concerne reste réservée à la loi spéciale que M. le Ministre du commerce a préparée sur le contrat d'apprentissage et la condition des apprentis.

Après avoir ainsi désigné les personnes qui doivent être soumises au livret, le projet de loi s'occupe du livret lui-même, pour dire seulement (art. 2) qu'il sera en papier non timbré, coté et paraphé gratuitement, et que son prix ne peut excéder 25 centimes.

L'économie des frais nous paraît sans doute une chose assez importante, pour faire partie d'une loi qui s'applique à des individus pauvres; mais il nous a semblé que la délivrance du livret faisait naître des questions plus graves qui intéressent vivement l'état social de la classe ouvrière tout entière, et sont par conséquent plus dignes du caractère élevé et immuable de la loi. Quelle sera l'autorité chargée de délivrer les livrets ? Quelles doivent être les conditions de cette délivrance? Tels sont les points essentiels que le projet de loi réservait au système des ordonnances, et que nous avons cru convenable de faire décider par le législateur.

Ici, Messieurs, s'est présentée à nous, pour la première fois, l'occasion de manifester l'esprit dans lequel cette loi a été conçue, et nous avons peut-être sacrifié l'élégance de la rédaction au désir

utile de formuler nettement, et de placer comme
relief, dans un paragraphe qui prendrait place
tête de l'article second, notre volonté expresse
ne faire intervenir en cette matière d'autre auto
que l'autorité paternelle des municipalités.

L'arrêté du 9 frimaire an XII avait adopté, pour
villes de Paris, Lyon et Marseille, une règle di
rente, étendue par un arrêté additionnel du 10 v
tôse de la même année, à toutes les villes dans les
quelles serait établi un commissaire-général de po
lice. Nous n'avons pu admettre cette exception
notre principe même pour Paris, et comme cer
taines des attributions municipales sont déférée
dans cette ville au préfet de police, nous avon
reconnu la nécessité d'introduire dans la loi un
disposition spéciale portant, qu'à Paris, les livret
seront délivrés par les maires des arrondissements
La même précaution n'a pas été prise dans la loi
du 22 mars 1841, par rapport aux livrets des en
fants employés dans les manufactures. C'est donc
le préfet de police qui est chargé de cette délivrance; mais la contradiction qui résulte de ce fait
entre deux lois si rapprochées l'une de l'autre, n'a
pu nous arrêter. Le Gouvernement a d'ailleurs dans
ses mains le moyen de le faire disparaître. Les termes de l'article 6 de la loi du 22 mars 1841, nous
ont paru lui laisser à cet égard toute la latitude
désirable, et l'empressement qu'il a mis à accepter
l'innovation que nous avons proposée, nous fait
présumer qu'il ne voudra pas soumettre les enfants
à un traitement plus rigoureux que les pères.

L'art. 11 de l'arrêté du 9 frimaire an XII, auto-
risait l'expédition du premier livret sous l'une des
trois conditions suivantes : 1° Présentation de

'acquit d'apprentissage; 2° demande faite par la
ersonne chez laquelle l'ouvrier avait travaillé ; 3°
ffirmation de deux citoyens patentés de sa profes-
ion et domiciliés , portant que le pétitionnaire est
ibre de tout engagement , soit pour raison d'apprentissage, soit pour raison d'obligation de travailler comme ouvrier.

Quelques-unes des conditions énoncées suppo-
sent que le pétitionnaire a déjà travaillé comme
ouvrier, et qu'il a pu prendre des engagements en
cette qualité. Cependant il s'agit, dans cet article,
du premier livret qu'il réclame. Cette contradiction apparente s'explique facilement par les circonstances dans lesquelles sont intervenues les dispositions qui la renferment. A cette époque, l'obligation du livret avait cessé d'être en vigueur pendant
un assez long intervalle de temps. Il existait donc
un grand nombre d'ouvriers déjà employés en cette
qualité, que la mesure de son rétablissement devait atteindre, et c'est eux qu'avaient en vue des
prescriptions qui présentent ainsi un caractère purement transitoire. Elles ne pouvaient trouver place
dans la loi actuelle, où leur application se trouvait
restreinte à quelques cas exceptionnels dont la loi
n'a point à s'occuper.

Quelques autres de ces conditions nous ont
paru présenter des difficultés superflues et souvent
insurmontables, telle que celle de produire deux
citoyens patentés et de la même profession que l'ouvrier en instance. Beaucoup de communes rurales
ne présenteraient certainement pas à cet égard des
ressources proportionnées aux exigences établies,
et l'administration serait ainsi placée dans l'alternative ou de violer le texte de la loi positive, ou

d'atteindre, dans la liberté de son exercice, le premier des droits naturels de l'homme, le droit du travail,

Tout ce qui gêne le travail individuel est d'ailleurs aussi contraire à l'intérêt public qu'à l'intérêt privé, et la bonne politique se trouve ici d'accord avec le droit rigoureux, pour donner le conseil d briser, partout où on pourra le faire sans dan ger, les entraves qui sont de nature à en arrêt l'essor. Or, on sait avec quelle facilité les habitan de la campagne se laissent rebuter par l'accomplis sement des formalités les plus simples. Tel qui au rait pu devenir un ouvrier habile ou un maître dis tingué, restera souvent dans son village parce qu'il n'aura pas osé ou qu'il n'aura pas su faire les démarches exigées pour obtenir un livret. Combien d'heureuses facultés et de bonnes résolutions ne peuvent-elles pas être ainsi étouffées dans leur principe ?

Votre Commission a été amenée par ces considé- rations de diverse nature à faciliter autant que pos- sible la première expédition du livret. Elle a pensé, d'autre part, qu'elle aurait satisfait à tout ce que le maintien de l'ordre peut exiger de précaution, en arrêtant que le livret d'un ouvrier lui sera expédié sur la présentation de son acquit d'apprentissage ou sur la remise de son passeport, ou sur l'attesta- tion de deux personnes domiciliées dans la com- mune de sa résidence (art. 3, projet de la Com- mission).

Sa première pensée avait été de pousser plus loin dans la voie où elle est entrée, et de tracer les règles propres au renouvellement, après avoir arrêté celles qui doivent en régir la première expédition;

c'était l'ordre logique. Nous avons cru cependant qu'il n'y avait point inconséquence à ne pas aller jusqu'à la dernière conclusion, et c'est ce que nous avons fait, tout en reconnaissant que cette situation nous imposait le devoir de vous expliquer succinctement les motifs de notre réserve.

L'ouvrier peut être obligé de renouveler son livret dans trois cas : lorsque le livret est rempli, qu'il est hors d'état de servir ou qu'il a été perdu. Les deux premières hypothèses n'offrent aucune difficulté. Dans l'une comme dans l'autre, le second livret est expédié sur la présentation du premier.

Il n'en est pas de même pour la dernière hypothèse ; elle est souvent le résultat de la fraude. Certains ouvriers ont intérêt à ne pas représenter le livret dont ils sont munis, soit parce qu'il est chargé d'avances, soit parce qu'il constate un fréquent changement d'ateliers ou l'inexécution d'engagements antérieurs. Dans cette position, les ouvriers compromis se laissent facilement entraîner à faire disparaître cette preuve de leur mauvaise conduite. Ils prétendent que leur premier livret a été involontairement perdu, et ils viennent en demander un second. Comment prévoir dans un article de loi toutes les combinaisons que l'esprit de fraude peut employer ? Comment, surtout, déterminer d'avance les moyens propres à les déjouer ? Votre Commission a fait, dans ce but, des efforts persévérants, mais qui sont restés infructueux. Il eût fallu entrer dans des détails qui appartiennent essentiellement au domaine de l'ordonnance, dont les mesures sont d'ailleurs toujours plus faciles à modifier ou à compléter, dès que des faits nou-

veaux viennent en démontrer l'erreur ou l'insuffi
sance.

Quant aux ouvriers de bonne foi, ceux qui on
réellement perdu leur livret, le nombre ne peut e
être fort grand. Ils auraient d'ailleurs à se repro
cher au moins une faute de négligence. C'est à ell
seule qu'ils devraient imputer la perte de leur li
vret, et les formalités plus gênantes auxquelles il
seraient soumis pour en obtenir la renouvellement
L'intervention de ce fait leur enlève tout droit d
se plaindre, et dans aucun cas, leur considératio
ne saurait être assez puissante pour nous impose
le sacrifice des moyens propres à prévenir ou a ré
primer la fraude.

Les mentions que le livret doit contenir sont for
simples : la date de l'entrée, celle de la sortie, l'ac
quit des engagements, le montant des avances,
c'est-à-dire quelques faits sans commentaire, don
généralement on semble méconnaître la portée
et qui prennent une valeur immense aux yeux d
celui qui veut y réfléchir; car ils tendent à afffirme
ou à nier l'existence des qualités les plus précieuse
de l'ouvrier : l'assiduité à son travail, la bonne fo
dans ses engagements, et l'économie dans ses habi
tudes. C'est un moyen énergique et sincère à l
fois de le faire louer ou blâmer par ses propre
actes, et de remplacer avec avantage les annotation
favorables ou défavorables que l'importunité arrach
· à la faiblesse des maîtres, ou qui pourraient leu
être inspirées par la mauvaise humeur (art. 3 d
projet du Gouvernement, 4 de la Commission .

Il n'eût pas été suffisant d'imposer à l'ouvrier
l'obligation de se munir d'un livret; la loi fait aussi
au chef d'établissement la défense corrélative de

envoyer celui qui ne pourrait pas en produire.
Cette disposition est la conséquence, et comme la
sanction de la première. On la retrouve dans toutes
les lois analogues. Il n'en est pas de même en ce
qui touche la prescription de tenir un registre sur
lequel chaque chef d'établissement est obligé d'inscrire les nom et prénoms de l'ouvrier, le nom et
le domicile du chef d'établissement qui l'a employé
précédemment, et le montant des avances dont
l'ouvrier peut rester débiteur. C'est une idée nouvelle, émise dans le but de suppléer a la perte du
livret, de même que le livret a été introduit pour
éviter les inconvénients des certificats écrits sur de
simples feuilles volantes. Elle nous a paru constituer, sous ce rapport, une amélioration sensible ;
elle constitue également un moyen d'ordre assuré,
qui a déjà été mis à l'épreuve dans les grandes manufactures, et dont nous croyons utile de généraliser
l'usage, malgré les légers embarras que la tenue
de ce registre peut occasionner à certains chefs
d'atelier.

Ici vient se placer une des questions les plus graves du projet de loi, la seule qui ait fait naître des
dissentiments sérieux au sein de votre Commission,
et que nous éprouvons, par conséquent, le besoin
de préciser avec un soin plus scrupuleux. Repor-
tons-nous dans ce but au moment même de son
origine.

Le livret a été produit, les conditions de l'engagement sont arrêtées, les inscriptions légales ont
eu lieu sur le registre, l'ouvrier accepté par le chef
d'établissement va prendre place dans ses ateliers.
Auquel des deux le livret doit-il être remis ? Quel

est celui qui sera chargé de le conserver pendai
la durée de l'engagement?

L'arrêté de l'an xii donne au maître la facul
d'en exiger le dépôt; la loi nouvelle lui en impo
l'obligation. Il faut reconnaître qu'en cela, elle r
fait que continuer l'état actuel des choses. Partou
en effet, les maîtres ont usé de la faculté qui leu
était accordée, et le dépôt du livret dans les mai
du chef d'établissement est devenu un fait d'usag
constant et général. Des plaintes très-vives n'e
ont pas moins été élevées contre cette dispositio
de la loi. Elle serait empreinte d'une défiance in
jurieuse envers l'ouvrier; elle est contraire aux prin
cipes communs sur la forme des actes, blesse l'éga
lité qui doit régner entre toutes les parties d'un
même contrat, met l'ouvrier à la discrétion du maître, lui enlève enfin le seul moyen efficace qu'il aî
en sa possession, de trouver du travail dans un
autre établissement, et de se procurer, dans des
lieux où il est souvent inconnu, le crédit dont i
peut avoir besoin pour sa famille et pour lui-même.

La minorité de votre Commission était loin d'adopter l'ensemble de ces reproches dans toute leur
étendue; mais enfin, quel que fût le motif qui agit
sur la détermination de chacun de ses membres,
elle n'en a pas moins pensé qu'on ne devait pas décerner au chef d'établissement le droit et surtout
l'obligation de conserver le livret de l'ouvrier.

Elle s'est demandé s'il ne conviendrait pas plutôt de laisser le livret dans les mains de l'ouvrier
lui-même, en autorisant le maître à en transcrire
toutes les énonciations sur son registre. Elle a cherché le moyen d'en effectuer le dépôt dans les archives d'une autorité indépendante, telle que le *conseil*

s prud'hommes ; mais elle a été obligée de renon-
r d'elle-même à ces deux expédients pour s'arrêter
l système d'après lequel le livret serait fait double,
e manière à ce que l'un des originaux fût déposé
ans les mains du maître, et l'autre ne sortît ja-
nais de celles de l'ouvrier.

La majorité de votre Commission n'accepte aucun
es griefs élevés contre le système adopté sur ce
oint par le projet du Gouvernement. Il serait trop
ong d'exposer à part et successivement les motifs
e réfutation qui s'adressent à chacun d'eux ; elle
s'en tiendra pour toute réponse au résumé succinct
les principes qui lui paraissent devoir régir la ma-
ière.

Le livret n'est point une pièce chargée de constater les conventions intervenues entre l'ouvrier et le
chef de fabrique. Aussi la loi ne permet d'y insérer aucune stipulation de cette nature. Il ne présente donc pas les caractères de l'acte synallagma-
tique, et ne saurait être soumis aux formalités
qui régissent cette sorte de contrats.

Réduit à ces termes, il ne peut être pour l'ouvrier
qu'un instrument nécessaire de son travail, et par
conséquent le signe représentatif, ou plutôt le titre
apparent de son unique et véritable fortune.

Il devient ainsi dans les mains du chef d'établissement un gage qui lui assure l'exécution des engagements contractés par l'ouvrier. La position précaire de ce dernier le met dans l'impossibilité d'en
offrir aucun autre, tandis qu'il a lui-même pour
garantie des obligations contractées envers lui tous
les biens du chef d'établissement, sur une portion
desquels l'art. 549 du Code de commerce lui accorde un privilége.

L'égalité est donc parfaite entre les deux parties contractantes. Elle cesserait au détriment du maître dès le moment où il ne serait plus dépositaire du livret ; la sécurité des engagements disparaîtrait avec leur garantie ; ce serait pour tous un malheur dont l'ouvrier aurait à souffrir plus que personne.

L'existence d'un double livret relâcherait évidemment les liens de cette garantie, sans avantage sérieux pour l'ouvrier, dans les mains duquel un des originaux pourrait devenir une tentation et un instrument de fraude. Ce serait une complication inutile, et par conséquent fâcheuse, d'une institution qui doit rester simple pour continuer à être efficace.

A quoi, en effet, la possession de son livret peut-elle être bonne pour un ouvrier qui a du travail, et pendant la durée de son engagement ? A contracter furtivement un engagement contraire, en allant d'établissement en établissement, son livret à la main, solliciter un travail nouveau qu'il abandonnerait bientôt avec la même facilité. C'est là une tendance malheureusement trop commune à la classe ouvrière, et qu'il faudrait mieux réfréner qu'encourager.

Le seul avantage licite que l'ouvrier, déjà engagé avec un chef d'établissement, puisse retirer de la possession de son livret, est celui de conserver un moyen de s'en servir près des personnes dont il peut avoir besoin en dehors de ses occupations industrielles, afin d'établir à leurs yeux et son identité, et ses titres à leur confiance.

Le fait de son admission dans une fabrique suffirait sans doute pour suppléer à l'exhibition du livret lui-même, Mais enfin, quelque faible et passager que soit cet avahtage prétendu, la majorité de la Commission s'est montrée on ne peut plus soucieuse d'y donner satisfaction, et elle a été ainsi conduite à la pensée d'imposer au chef de fabrique l'obligation de donner un récépissé du livret déposé dans ses mains.

Cet acte, fait pour remplacer le livret pendant le temps du dépôt, n'aurait plus aucune valeur après sa restitution ; il ne présenterait aucun des inconvénients matériels de tenue et de conservation, qui rendent la condition du double livret onéreuse et embarrassante. Il implique une reconnaissance formelle du droit de l'ouvrier ; il constate le véritable contrat qui se forme entre l'ouvrier et le chef d'établissement par le dépôt du livret dans les mains de ce dernier ; il est plus conforme, sous ce rapport, à l'état réel des choses et aux principes communs ; il fait aussi disparaître l'inégalité apparente de cet abandon absolu, par lequel l'ouvrier se trouvait dessaisi de son livret sans rien obtenir en échange, et condescend, sous ce rapport, dans de justes limites à une susceptibilité peu éclairée, mais qui mérite néanmoins d'être prise en considération.

Cette mesure a déjà pris place dans une loi récemment votée en Belgique, et votre Commission a été unanime pour vous en recommander l'introduction dans la loi française.

Les art. 5, 6, 7, 8 et 9 du projet du Gouvernement embrassent, dans leurs dispositions, tout ce qui est relatif à la remise du livret, à l'acquit des engagements de l'ouvrier et aux droits du chef d'établissement, pour les avances qu'il a pu lui faire.

Nous avons adopté ces divers articles tels qu'ils sont sortis de la discussion de la Chambre des Pairs et du nouvel examen qui en a été fait par le Gouvernement. Les termes en sont simples et n'exigent pas, de notre part, un nouveau commentaire. Vous ne serez donc pas étonnés de nous voir borner les réflexions que nous devons vous présenter, à deux points capitaux : l'étendue des engagements de l'ouvrier et la question des avances, sous la réserve toutefois d'expliquer, lorsque nous aurons à nous occuper de la juridiction en général, les motifs qui nous font conserver au maire le droit de délivrer les congés provisoires.

L'ouvrier qui a contracté un engagement ne peut exiger la remise de son livret avant d'avoir rempli cet engagement. Tels sont les termes dans lesquels est conçu le paragraphe premier de l'art. 5 du projet. Quand on les rapproche de la disposition antérieure, qui interdit l'entrée de tout atelier à l'ouvrier qui n'est pas muni de son livret, on serait disposé à en tirer cette conséquence : que la loi met ainsi dans les mains du maître un moyen d'assujétir l'ouvrier, malgré sa volonté, à un travail qui, pour lui, ne pourrait jamais se changer en dommages et intérêts, contrairement aux principes du droit commun, en ce qui concerne les obligations de faire (art. 1,142 du Code civil).

Cette exception avait paru exorbitante à quelques uns des membres de la Commission. Les considérations tirées de la nature particulière de l'engagement et de la position personnelle de l'ouvrier, n'auraient peut-être pas été suffisantes pour les déterminer à en accepter les conséquences rigoureuses. Mais ils ont dû céder à deux raisons puissantes, présentées au sein de la Commission, l'une de fait, l'autre de droit.

En fait , dès qu'un ouvrier manifeste l'intention
le quitter l'atelier où il travaille, loin d'avoir in-
érêt à le retenir malgré lui, le maître a les plus
graves motifs d'agir dans le sens contraire, et de
hâter le moment où cette résolution pourra être
exécutée. En effet , l'ouvrier qui est dans cette situation d'esprit , travaille moins et moins bien ,
parce qu'il travaille sans goût. Les effets de sa préoccupation involontaire , peuvent occasionner des
pertes considérables au chef d'établissement. Que
sera-ce donc si le mécontentement et la vengeance
viennent y joindre des fautes préméditées, qui cependant ne peuvent être ni prévenues, ni réparées.
Il n'y a donc pas, sous ce rapport, de craintes sérieuses à concevoir pour la liberté de l'ouvrier.

En droit, il paraît certain que la jurisprudence
presque unanime des prud'hommes, avait adouci
dans la pratique ce que cette règle présentait de
trop rigoureux en principe (1). Cependant elle
était écrite dans l'arrêté de l'an XII, en termes bien
impératifs, puisqu'il y est dit que l'ouvrier ne
pourra exiger la remise de son livret, qu'après avoir
acquitté sa dette *par son travail*, et rempli ses engagements.

Les termes de la loi nouvelle sont loin de présenter le même caractère; non-seulement elle ne reproduit pas l'obligation imposée à l'ouvrier de payer
sa dette *par le travail*, mais elle renferme des dispositions formelles qui sanctionnent pour le passé,
et favorisent pour l'avenir, la jurisprudence dont
nous venons de parler. Le second paragraphe de

_____

(1) *Le Moniteur des conseils des prud'hommes, première*
année, pag. 119, 187, 189.

l'art. 6 lui-même porte, en effet, que le chef d'é-
tablissement ne peut refuser la remise du livret,
si l'inexécution de l'engagement provient, soit du
défaut de paiement de salaires, soit du manque d'ouvrage, et il ajoute : *ou de toute autre cause indépendante de la volonté de l'ouvrier.* Cette dernière
restriction, immédiatement portée au principe
proclamé dans le premier paragraphe, en détermine clairement le sens et l'étendue. Il ne fait obstacle qu'à la mauvaise foi, au caprice, au mouvement irréfléchi qui porteraient l'ouvrier à rompre
ses engagements. Dans tous les autres cas, les tribunaux compétents ont la plus grande latitude
d'appréciation. On ne peut douter qu'ils en *usent*
de manière à concilier les deux principes, également tutélaires, de la liberté du travail et de la sain-
teté des engagements.

La question des avances se présente elle-même
sous une double face, et avec deux intérêts contradictoires à ménager. Le ouvriers sont, en général,
d'une nature imprévoyante, et, malgré l'amélioration introduite dans leurs habitudes, par l'établissement des Caisses d'épargne, il en est très-peu *qui*
se trouvent préparés contre les accidents si communs de la vie, qui peuvent exiger une dépense et
des frais extraordinaires.

On serait donc porté à favoriser tout ce qui est
de nature à leur procurer des ressources plus grandes pour ces moments plus difficiles. Sous ce rapport, comment ne pas comprendre au nombre des
moyens les plus efficaces, le privilège qui encourage
le maître à leur faire des avances, en assurant au *prê-
teur,* sur le prix des salaires à venir, toute sécurité
pour le remboursement des sommes avancées ?

Cependant, l'expérience a prouvé que cette disposition était loin de produire les bons effets que
l'on était en droit d'en attendre. Lors même que
les avances sont faites avec bienveillance et discernement, la charge est souvent trop lourde pour
l'ouvrier qui les a reçues ; elle le fait désespérer de
son avenir, et le découragement l'entraîne presque
toujours à la paresse et au désordre. Aussi les
grands propriétaires d'usines et de manufactures,
ceux qui portent aux ouvriers qu'ils emploient l'intérêt le plus vif et le plus éclairé, ont-ils pour maxime de tenir fermée cette source dangereuse de
secours , tandis qu'ils répandent sur eux et sous
toutes les formes, les bienfaits les plus propres à
leur assurer une existence paisible (1).

Mais il s'est trouvé des chefs d'établissement
d'une classe inférieure, qui n'ont pas craint d'employer ce moyen de bienfaisance trompeuse, et
presque inévitable, dans le but unique de se procurer, sur leurs ouvriers, l'autorité sans contrôle que
le créancier exerce toujours sur son débiteur. Ils en
abusent pour leur imposer des conditions défavorables de travail et de salaire, que les imprudents
sont obligés de subir, parce qu'ils trouveraient difficilement à se placer dans un autre atelier avec un
livret chargé d'avances considérables.

Votre Commission est donc restée convaincue du
danger des avances faites par le chef d'établissement
à l'ouvrier. Elle croit, par conséquent, qu'il est utile

---

(1) Villermé, *Etat physique et moral des ouvriers*, tom. II,
pag. 126 et suivantes.

Théodore Tin, *Observations sur l'état des classes ouvrières*, pag. 281.

de diminuer le privilège que la loi en vigueur attache aux créances de cette nature, et elle s'est arrêtée, comme exprimant le chiffre le plus bas, aux propositions déjà faites de le réduire à 30 fr. Cette somme n'est pas assez forte pour devenir un instrument de domination injuste dans les mains du maître, et elle l'est assez pour servir de soulagement à une de ces misères cachées, qui sont trop nombreuses et trop touchantes, pour qu'on veuille encourir la responsabilité, même éventuelle, d'en avoir privé une seule du secours qu'elle aurait pu recevoir.

Les dispositions précédentes ont eu pour but de régler la manière dont les choses doivent se passer dans leur cours naturel ; les dispositions qui suivent, au contraire, prévoient le cas où des contestations viendraient à s'élever entre les chefs d'établissements et les ouvriers, relativement aux trois objets dont s'occupent leurs principales dispositions : la remise du livret, la délivrance de l'acquit des engagements et la quotité des avances. A quelle juridiction convient-il d'attribuer les affaires de cette nature ? Telle est la question qui se présentait, et que laissait indécise l'état de la jurisprudence sous l'empire des lois en vigueur.

En effet, nous trouvons en présence deux systèmes contraires, appuyés l'un et l'autre sur des motifs sérieux et des autorités fort graves.

Le premier maintient la juridiction spéciale établie par la loi du 22 germinal an xi (art. 19), et l'arrêté du 9 fructidor an xii (art. 6), c'est-à-dire le préfet de police à Paris, les commissaires-généraux de police là où il en existe, et dans tous les autres lieux, le maire ou l'un de ses adjoints.

On invoque à l'appui le texte et les motifs de la loi, la nature des affaires et la nécessité de les juger promptement et sans frais. C'est l'opinion consacrée par la jurisprudence unanime du conseil d'Etat et de la Cour de cassation (1).

Le second a pour objet de ramener la décision de cette sorte d'affaires aux conseils des prud'hommes, et, à leur défaut, aux juges-de-paix. Il s'appuie, d'une part, sur la loi du 18 mars 1806, les décrets du 11 juin 1809 et 3 août 1810, qui ont constitué l'institution des prud'hommes et réglé leur compétence; d'autre part, sur la loi du 25 mai 1838, attributive d'une juridiction nouvelle en faveur des juges-de paix. Ces divers actes législatifs auraient eu pour effet d'abréger la législation spéciale de l'an xi, et de rendre à la juridiction commune et civile, des affaires qui sont purement civiles de leur nature et qu'on ne pouvait abandonner sans danger à un tribunal qui ne présente même pas une organisation appropriée aux choses qu'on lui demande.

Tel était l'avis du Ministre du commerce et de la justice, sur l'affaire où est intervenu, dans un sens contraire, l'arrêté du conseil d'État, dont il a été question plus haut ; telle était aussi l'opinion de plusieurs Cours royales, qui ont donné à ces principes la sanction de leurs arrêts. (2).

_____

(1) Exposé des motifs de la loi de l'an ix, Reynaud de Saint-Jean-d'Angély ; arrêts de la Cour de de cassation, 23 juin 1812, 13 septembre 1836 ; arrêté du conseil d'Etat, 14 juillet 1841. Carré, *Comp.*, tom. VI, n° 446, pag. 281.
Foucart, *Eléments de droit public*, tom. I, n° 241.

(2) Arrêts : Rennes, 7 janvier 1839 ; Paris, 6 janvier 1841 ;

Dans l'origine, lorsqu'il eut à prendre un part sur cette question, à propos du projet de loi actuel, le Gouvernement avait cédé à la double influence des décisions du conseil d'État et de la Cour de cassation ; il accordait la préférence à la juridiction des maires, pour les contestations qui pouvaient s'élever, entre les chefs d'établissements et les ouvriers, relativement aux livrets. Il n'en proposait pas moins le maintien des compétences respectives des juges-de-paix et des conseils de prud'hommes, en ce qui touche les différends de toute nature à intervenir entre les mêmes personnes ; de telle sorte que ce concours de juridictions rivales, et mal définies, aurait perpétué les difficultés et l'indécision de la jurisprudence actuelle.

La Chambre des Pairs comprit qu'il était urgent de les faire cesser ; elle adopta dans ce but le second système, et une disposition formelle fut introduite, qui attribuait aux conseils de prud'hommes, et aux juges-de-paix à leur défaut, la connaissance des contestations relatives aux livrets, et complétait ainsi cette partie de leur juridiction, en y comprenant les différends de toute nature, entre les chefs d'établissement et les ouvriers.

Le nouveau projet du Gouvernement s'est approprié cette opinion ; il vous propose de l'écrire définitivement dans la loi que vous allez rendre. Votre Commission croit devoir appuyer de toute

---

Bourges, 5 janvier 1842 ; Limoges, 8 juillet 1842 ; Favard, *Rép. au mot Apprenti*, n° 95.

Curasson, *Traité de la compagnie des juges-de-paix*, tom. Ier, art. 5, pag. 3, n° 2.

on autorité la proposition qui vous est faite à
cet égard. L'exposé qui précède suffit, sans doute,
pour justifier son adhésion, elle n'ajoutera qu'un
seul motif à ceux que vous connaissez déjà, c'est
que des renseignements recueillis, en 1843, par les
procureurs-généraux de Douai, de Lyon, de Paris
et de Rouen, il résulte que les choses se passent
déjà ainsi dans leurs ressorts respectifs, et que
votre loi n'aura d'autre effet que de consacrer et
d'étendre, à tous les lieux, un usage déjà établi
dans les contrées les plus industrielles du royaume.

Il faut cependant convenir que si la juridiction adoptée offre l'avantage d'une régularité plus
grande, elle entraîne avec elle l'inconvénient de
quelque lenteur de plus dans la marche des affaires.
Le droit nouveau accordé à l'ouvrier, d'obtenir un
congé provisoire dans le cas et les formes prévus
par l'art. 6 du projet, a été introduit dans la loi
pour y porter remède. Si le chef d'établissement
refuse de remettre le livret, ou s'il le remet sans la
mention d'acquit, l'ouvrier se présente devant le
maire, qui lui délivrera immédiatement un congé,
pour lui tenir lieu de livret jusqu'à ce que le juge
compétent ait prononcé sur la contestation. Muni
de cette pièce, l'ouvrier peut être reçu dans tout
autre établissement et y trouver le moyen d'attendre, sans dommage, les résultats de la demande
formée contre son ancien patron, ...

Votre Commission avait d'abord été choquée de
l'espèce d'inconséquence, qui charge le maire du
droit de délivrer le congé provisoire, tandis que la
loi défère à une autre autorité le soin de prononcer sur toutes les questions élevées, à propos du
congé définitif. Il lui semblait que le juge du fond

devait être aussi le juge du provisoire. Mais elle n'a pas longtemps persisté dans cette opinion, en réfléchissant sur le véritable caractère de la mission attribuée au maire dans cette circonstance. Les termes de la loi sont impératifs; le maire est tenu de délivrer le congé provisoire, immédiatement, sans examen du fond et sur la simple demande de l'ouvrier. Ce fonctionnaire ne procède donc pas ici en qualité de juge. Il ne s'agit que de donner à un acte obligatoire l'authenticité, sans laquelle cet acte ne saurait faire pleine foi; toute personne revêtue d'un caractère public aurait capacité suffisante à cet égard. Mais le cas était urgent, on a dû recourir à l'autorité la plus expéditive et la plus rapprochée de chacun; or, l'autorité municipale remplit mieux que toute autre cette double condition de célérité et de proximité.

La disposition qui attribue au livret, dans les mains de l'ouvrier, les effets du passeport pour tous les citoyens, a le double avantage de procurer à la classe ouvrière une économie qui n'est pas sans importance, et d'ajouter un motif de faveur à l'institution même du livret. Votre Commission l'a donc acceptée avec empressement. Envisagé sous ce point de vue, le livret doit être soumis aux lois et règlements relatifs aux passeports; c'est là une conséquence obligée de l'assimilation qui en a été faite. Aussi ne serez-vous pas étonnés que la loi s'explique formellement sur ce point, et qu'elle ait soumis, dans ce but, le livret au visa du maire de la commune où travaille l'ouvrier. A Paris, c'est évidemment le préfet de police qui doit être chargé de ce visa, puisque tout ce qui concerne les passeports se trouve placé dans les attributions de ce

onctionnaire. Votre Commission a cru néanmoins
levoir introduire une disposition formelle à cet
`gard. Elle avait substitué l'autorité des maires
à celle des préfets de police, pour la délivrance du
ivret. On aurait pu conclure d'un cas à l'autre ; et
comme les deux cas sont fort différents, il était
utile de nous expliquer afin d'éviter toute confusion.

On aurait pu craindre que cette faveur ne cachât
un moyen détourné de soumettre l'ouvrier à la surveillance continue de la police. Ces appréhensions
ont même été exprimées dans une autre enceinte,
mais elles ont dû s'évanouir aussitôt devant les explications données par le Gouvernement, et desquelles il résulte que le livret ne saurait être considéré comme le passeport nécessaire de l'ouvrier ;
à celui-ci appartient la faculté de l'employer à cet
usage ou de se munir d'un passeport séparé, semblable à celui qui est délivré à toutes les autres
classes de citoyens.

Nous avons déjà signalé, à propos de l'exécution
de la loi de l'an XI, une certaine disposition, de la
part de la police administrative, à se servir du livret
comme d'un moyen commode, et en quelque sorte
tout trouvé, d'exercer sa surveillance sur les classes
ouvrières. A Paris, notamment, une ordonnance
de police, en date du 1er avril 1831 (1), qui s'exécute encore aujourd'hui, astreint les ouvriers à obtenir des visa répétés, à leur arrivée à Paris, et à
leur départ de cette ville, à leur entrée et à leur
sortie de chacun des ateliers dans lesquels ils pren-

_____

(1) Collection officielle des ordonnances de police, tom. II,
pag. 606.

nent du travail. Cette mesure, dont la date explique
peut-être les motifs, a perdu beaucoup de l'utilité
qu'elle a pu emprunter aux circonstances qui en-
touraient son origine. Elle impose aux ouvriers une
perte de temps considérable; ils y trouvent une
suspicion blessante, des formalités qui les humilient
et semblent mettre leur classe tout entière en dehors du droit commun. Malgré l'exagération de ces
plaintes, l'état de choses qui les a fait naître ne peut
se continuer, sous le régime de la loi qui vous est
proposée, sans en violer la lettre et l'esprit; car.
nous ne saurions trop le répéter, cette loi a été conçue et faite avec la pensée d'attribuer au livret d'ouvrier un caractère purement industriel. La Chambre des Pairs a déjà exprimé un vœu dans le même
sens; nous avons pensé, comme elle, qu'il ne fallait pas aller plus loin, et introduire dans la loi
une prohibition formelle, qui ressort assez de toutes
ses dispositions.

La loi ayant, d'une part, déterminé elle-même le
mode de délivrance des livrets d'ouvriers, et, d'autre part, introduit pour le chef d'établissement l'o-
bligation d'un récépissé, cette double circonstance
a obligé la Commission à quelques changements
dans la rédaction des deux premiers paragraphes
de l'art. 13 du projet, qui s'occupe des objets abandonnés au règlement des ordonnances royales.
Comme ces changements sont de pure forme, elle a
pensé qu'il suffisait de vous les indiquer sans les
faire suivre d'aucune explication.

Mais elle a été d'un avis différent en ce qui touche le troisième paragraphe, lequel a pour but d'accorder au Gouvernement la faculté d'étendre l'application des dispositions de la présente loi à des

tablissements autres que ceux mentionnés en l'ar-
icle premier. La Commission entend restreindre
ette faculté dans le cercle des ouvriers qui appartien-
ent à l'industrie, soit que leur catégorie déjà exis-
ante ait été omise par la loi, soit que nos progrès
ncessants dans les voies industrielles puissent
lonner un jour naissance à des catégories nouvelles.
Quant aux personnes vivant aussi du travail de leurs
bras, qui sont employées à des travaux autres que
ceux de l'industrie proprement dite, la Commission
n'entend rien préjuger sur l'utilité de la soumettre
à un règlement, et sur la nature du règlement à intervenir par rapport à elles; elle pense seulement,
et elle a cru utile d'exprimer sa pensée à cet égard,
qu'il doit être statué sur une condition différente et
spéciale par des dispositions particulières.

Vous savez déjà que le défaut de sanction pénale
constituait un des principaux griefs reprochés à la
législation actuelle par tous les partisans de la réforme. L'art. 44 du projet du Gouvernement a pour
but d'obvier à cette imperfection; il prononce des
peines de simple police tant contre les ouvriers que
contre les chefs d'établissement coupables des contraventions qu'il détermine. Ces peines nous ont
paru suffisantes pour en assurer la répression,
d'autant plus qu'elles doivent être prononcées sans
préjudice des dommages-intérêts réciproquement
encourus.

Nous avons été moins rassurés sur l'efficacité des
moyens propres à constater les conventions elles-
mêmes, et la Commission a jugé utile d'appeler sur
ce point l'attention du Gouvernement, afin qu'il
s'en occupe d'une manière toute spéciale dans les

règlements d'administration publique qui doivent compléter la loi.

A côté de l'institution si simple du **livret** d'ouvrier, il existe une institution analogue et plus compliquée, née à Lyon des besoins d'une fabrication qui s'exerce à l'aide d'instruments plus chers et sur des matières plus précieuses. Tous les chefs d'ateliers sont tenus de se pourvoir d'un **double livre d'acquit** pour chacun des métiers qu'ils font travailler. C'est une espèce de compte courant ouvert entre le fabricant et le chef d'atelier, sur lequel s'inscrivent successivement, aux époques de leur livraison, et les matières et l'argent que le chef d'atelier peut recevoir. Tel n'est pas le but du livret, et de cette différence entre les deux institutions est résultée une différence nécessaire dans plusieurs des règles auxquelles elles sont soumises. Il n'est sans doute pas utile d'entrer, à cet égard, dans de plus grands détails ; la seule chose qu'il nous importe de constater, c'est que le double livre d'acquit, institué à Lyon, par la loi du 18 mars 1806, a été, depuis cette époque, importé dans d'autres villes, ou par des règlements d'administration publique, ou par le consentement libre des parties intéressées, et que partout il a produit les plus heureux effets pour les industries qui vivent sous sa règle.

La nouvelle loi sur les livrets devait reconnaître et respecter cet état de choses. Elle devait aller plus loin, et laisser aux industries qui peuvent en éprouver le besoin, la liberté de se placer de préférence sous la loi d'un régime mieux approprié à leur nature.

D'autre part, cette alternative vous offre peut-être

e seul moyen de résoudre, d'une manière satisfai-
ante et complète, les difficultés que présente la
question des ouvriers en chambre. Ne devrait-on
pas soumettre au double livre d'acquit ceux que
eur position semble devoir soustraire à l'obligation
l'un livret unique?

L'art. 34 de la loi du 18 mars 1806 en donne le
droit au Gouvernement, et la rédaction de l'art. 15
du projet le lui permet et l'y engage.

Le premier motif avait paru suffisant à la
Chambre des Pairs, pour introduire dans la loi que
vous discutez, cette disposition additionnelle. Votre
Commission croit devoir s'y associer, mais elle n'attache pas une importance moins grande à la considération nouvelle qu'elle vous a présentée, et qu'elle
recommande à toute la sollicitude du Gouvernement.

Nous pensons avoir parcouru dans toutes ses parties le cercle que nous avions tracé d'avance à la discussion. Arrivée à ce moment extrême où tous les
souvenirs de délibérations antérieures semblent se
réveiller avec plus d'ensemble et de puissance, votre Commission est restée plus que jamais convaincue de la bonté d'une œuvre dont elle réclame
une part très-faible, et qui arrive jusqu'à vous après
avoir subi tant d'épreuves diverses.

A chacune d'elles, on retrouve de la part des pouvoirs qui s'en sont occupés, le même esprit de justice envers tous, et d'inquiète sollicitude pour une
classe dont le sort doit nous occuper d'autant plus,
qu'elle a moins de ressources pour s'en occuper
elle-même. La loi fait à cet ordre de sentiments,
toutes les concessions permises; elle aurait pu être
moins favorable sans se montrer injuste, mais elle

a entendu porter la condescendance jusqu'aux limites derrière lesquelles lui est apparu le danger de
porter atteinte à des principes et à des droits également respectables. C'est dans cette mesure difficile
à garder que votre Commission a voulu se renfermer ; c'est à vous, Messieurs, qu'il appartient de décider si le résultat de ses travaux répond complètement à la droiture de ses intentions.

PROJET DE LOI.

PROJET DE LOI *Présenté par le Gouvernement.*	AMENDEMENTS *De la Commission.*
Article premier.	**Article premier.**
Les ouvriers de l'un et l'autre sexe attachés aux manufactures, fabriques, usines, mines, carrières, chantiers et ateliers, *soit qu'ils travaillent dans l'établissement, soit qu'ils travaillent chez eux, pour un seul chef d'établissement,* seront tenus de se munir d'un livret.	Les ouvriers de l'un et l'autre sexe attachés aux manufactures, fabriques, mines, carrières, chantiers et ateliers, seront tenus de se munir d'un livret.
Art. 2.	**Art. 2.**
Les livrets seront en papier non timbré, cotés et paraphés gratuitement ; ils seront délivrés sans autres frais que le remboursement de leur prix de confection, qui ne pourra excéder 25 centimes.	Les livrets seront délivrés, dans les diverses communes du royaume, par l'autorité municipale, et à Paris, par les maires des arrondissements. *Le deuxième paragraphe comme l'article 2 du projet du Gouvernement.*
	Art. 3.
	Le premier livret d'un ouvrier lui sera expédié : 1° sur la

PROJET DE LOI	AMENDEMENTS
Présenté par le Gouvernement.	*De la Commission.*

présentation de son acquit ou livret d'apprentissage ; 2° sur la remise de son passeport ; 3° sur l'attestation de deux témoins domiciliés dans la commune, qui constateront son identité et sa position.

Art. 3.

Lorsqu'un ouvrier entrera dans un des établissements mentionnés en l'article premier, le chef d'établissement devra inscrire sur le livret la date de l'entrée de l'ouvrier.

A la sortie de l'ouvrier, le chef d'établissement inscrira sur le livret la date de cette sortie, l'acquit des engagements de l'ouvrier, et le montant des avances dont celui-ci pourra rester débiteur envers lui.

Il ne pourra être fait sur le livret aucune annotation favorable ou défavorable à l'ouvrier.

Art. 4.

Comme l'article 3 du projet du Gouvernement.

Art. 4.

Aucun chef d'établissement ne pourra employer un ouvrier soumis à l'obligation prescrite par l'article premier, si celui-ci ne produit son livret.

Le chef d'établissement conservera le livret entre ses mains tant qu'il continuera

Art. 5.

Le premier paragraphe comme à l'article 4 du projet du Gouvernement.

Le chef d'établissement conservera le livret entre ses mains tant qu'il continuera

PROJET DE LOI

Présenté par le Gouvernement.

AMENDEMENTS

De la Commission.

d'employer l'ouvrier. Il inscrira sur un registre spécial, en papier non timbré, qu'il devra tenir à cet effet, les nom et prénoms de l'ouvrier, le nom et le domicile du chef de l'établissement qui l'aura employé précédemment, et le montant des avances dont l'ouvrier aura pu rester débiteur.

d'employer l'ouvrier; *il lui en délivrera un récépissé,* et inscrira sur un registre spécial, en papier non timbré, qu'il devra tenir à cet effet, les nom et prénoms de l'ouvrier, le nom et le domicile du chef de l'établissement qui l'aura employé précédemment, et le montant des avances dont l'ouvrier aura pu rester débiteur.

Art. 5.

L'ouvrier qui a contracté un engagement, ne peut exiger la remise de son livret avant d'avoir rempli cet engagement.

Si l'inexécution de l'engagement provient du défaut de paiement des salaires, du manque d'ouvrage, ou de toute autre cause indépendante de la volonté de l'ouvrier, le chef de l'établissement ne peut refuser la remise du livret revêtu de la mention d'acquit des engagements de l'ouvrier, et l'ouvrier conserve les droits qui peuvent résulter pour lui de l'inexécution des conventions intervenues.

Art. 6.

Comme à l'art. 5 du projet du Gouvernement.

Art. 6.

Si le chef d'établissement refuse de remettre à l'ouvrier

Art. 7.

Comme à l'art. 6 du projet du Gouvernement.

<table>
<tr><td>

PROJET DE LOI

Présenté par le Gouvernement.

</td><td>

AMENDEMENTS

De la Commission.

</td></tr>
</table>

son livret ; ou s'il le lui remet sans la mention d'acquit des engagements , le maire délivrera immédiatement, et sans frais ; un congé provisoire, après y avoir inscrit le montant des avances réclamées par le chef d'établissement. Ce congé provisoire tiendra lieu de livret à l'ouvrier, jusqu'à ce que le juge compétent ait prononcé sur la contestation.

Si le chef d'établissement est empêché, le maire, après avoir constaté ce fait, inscrira sur le livret l'acquit des engagements et le montant des avances dont l'ouvrier pourrait être débiteur.

Art. 7.

Le chef d'établissement qui emploie un ouvrier dont le livret se trouve chargé d'avances , doit exercer sur le salaire de ce dernier une retenue d'un cinquième au profit des créanciers, mais sans que la retenue totale puisse excéder 30 fr. Il en donnera avis au créancier , et tiendra le montant de cette retenue à sa disposition.

Si le chef d'établissement néglige d'exercer la dite retenue, il en restera personnelle-

Art. 8.

Comme à l'art. 7 du projet du Gouvernement.

PROJET DE LOI	AMENDEMENTS
Présenté par le Gouvernement.	*De la Commission.*

nent responsable jusqu'à concurrence du maximum fixé
ci-dessus,

Art. 8.

Dans le cas où la retenue
serait exercée pour le remboursement d'avances portées
sur un congé provisoire, et
dont l'ouvrier contesterait la
quotité, le chef d'établissement
ne remettra qu'après le jugement définitif le montant de
la retenue à qui de droit.

Art. 9.

Le paiement des avances
faites antérieurement à la promulgation de la présente loi,
restera soumis aux dispositions
des articles 7, 8 et 9 de l'arrêté du 9 frimaire an XII.

Art. 10.

Les contestations qui pourraient s'élever entre les chefs
d'établissement et les ouvriers
relativement à la remise du
livret, à la délivrance de l'acquit des engagements, ou à la
quotité des avances, seront
jugées par les conseils de pru-
d'hommes, et dans les lieux
où cette juridiction n'est pas
établie, par les juges-de-paix,
en se conformant aux décrets
du 20 février et du 3 août

Art. 9.

*Comme l'article 8 du projet
du Gouvernement.*

Art. 10.

*Comme l'article 9 du projet
du Gouvernement.*

Art. 11.

*Comme l'article 10 du pro-
jet du Gouvernement.*

PROJET DE LOI
Présenté par le Gouvernement.

AMENDEMENTS
De la Commission.

1810, et à l'art. 5, numéro 3, de la loi du 25 mai 1838.

Art. 11.

Le juge-de-paix prononcera, les parties présentes ou appelées par voie de simple avertissement ; sa décision sera exécutoire sur minute et sans aucun délai.

Art. 12.

Le livret, visé gratuitement par le maire de la commune où travaille l'ouvrier, tiendra lieu à ce dernier de passeport à l'intérieur. Le visa sera valable pour une année.

Les lois et règlements relatifs aux passeports à l'intérieur, sont applicables aux livrets, sauf les exceptions résultant des dispositions de la présente loi.

Art. 13.

Des ordonnances royales portant règlement d'administration publique, détermineront la forme des livrets et les règles à suivre pour *leur délivrance,* leur tenue et leur renouvellement.

Elles règleront la tenue du registre prescrit par l'art. 4, et les indications qu'il devra contenir.

Art. 12.

Comme l'article 11 du projet du Gouvernement.

Art. 13.

Le livret, visé gratuitement par le maire de la commune où travaille l'ouvrier, *et à Paris par le préfet de police,* tiendra lieu à ce dernier de passeport à l'intérieur. Le visa sera valable pour une année.
- *Le deuxième paragraphe comme au projet du Gouvernement.*

Art. 14.

Des ordonnances royales portant règlement d'administration publique, détermineront la forme des livrets et les règles à suivre pour leur tenue et leur renouvellement.

Elles règleront *la forme du récépissé,* celle du registre prescrit par l'article 4, *et les* indications qu'ils devront contenir.

I
nement.

re l'ap-
ns de la
ablisse-
ux qui
art. 1ᵉʳ.

*Le troisième paragraphe
comme au projet du Gouvernement.*

Art. 15.

aux art.
t aux rè-
ation pu-
bliés pour
sente loi,
devant le
police, et
d'un franc
préjudice
t intérêts,

*Comme au projet du Gou-
vernement.*

, être pro-
irconstan-
nent d'un

Art. 16.

sement et
rmément
i du 18
isage du
t, ne se
disposi-

*Comme au projet du Gou-
vernement.*

Art. 17.

d'effet
a pro-

*Comme au projet du Gou-
vernement.*

PROJET DE LOI	AMENDEME
Présenté par le Gouvernement	*De la Commis*

Toutes les dispositions des lois antérieures, contraires à la présente loi, seront abrogées à partir de la même époque.

Chambre des Députés.

SESSION 1847.

RAPPORT

FAIT

Au nom de la Commission* chargée d'examiner le projet de loi tendant à autoriser la ville de Marseille à contracter un emprunt de 9 millions de francs,

PAR M. LAPÉNE,

Député de la Haute-Garonne.

Séance du 6 Juillet 1847.

MESSIEURS,

Vous êtes appelés pour la troisième fois à vous associer par votre vote à l'une des plus grandes œuvres d'édilité qui se soient jamais accomplies. C'est du grand canal de Marseille que votre Commission vient vous entretenir.

* Cette Commission est composée de MM. de Loynes, Lapéne, Goury, de Bontin, Costé, Champanhet, le baron de Salles, Pidancet, Dutens.

Il ne s'agit de rien moins pour cette ville que de dériver une portion très-considérable des eaux de la Durance par un canal de 82 kilomètres ; suivant tantôt les pentes naturelles, tantôt traversant les monts par trente-six tunnels, taillés en grand nombre dans le roc; tantôt franchissant les vallées sur des ponts-aqueducs, dont douze de plusieurs arches, et dont l'un, rival, par son immensité, des monuments romains; livrant, en passant, aux usines une force motrice de 4,500 chevaux, à l'agriculture, des moyens d'irrigation pour 5,000 hectares de fonds; puis, pour dernière et principale destination, transmettant à la cité l'élément nécessaire à la création d'innombrables fontaines, à l'assainissement de ses rues et de son port, à 8,000 concessions en faveur des maisons particulières, un rafraîchissement continuel de l'air sous un ciel embrasé, causes incessantes de bien-être pour la population, et de salubrité publique

Mais, quelle que soit l'unanimité des vœux et des sympathies qui s'attachent à son exécution, quelques grands bienfaits qui puissent en découler sur la ville de Marseille et sur sa zône agricole, il engage à tel point son avenir financier, les dépenses ont si fort dépassé les prévisions jusqu'à ce jour, qu'il appelle toute l'attention de la Chambre, après avoir éveillé tous les scrupules de sa Commission.

Ce n'est aussi qu'après un mûr examen qu'elle a donné son assentiment au nouvel emprunt réclamé pour l'achèvement des travaux.

L'importance du projet est trop grande pour qu'il ne convienne pas d'en retracer en peu de mots l'histoire et les incidents.

Marseille, vous le savez, s'assied au bas d'un plan fortement incliné vers la Méditerranée, assez accidenté dans sa surface, et dont la partie supérieure s'encadre dans un arc formé de hautes collines. Ce serait un cirque complet si la mer n'en interrompait la continuité. L'admirable situation industrielle de cette grande cité, sa prospérité commerciale, font illusion de loin sur la stérilité dont est frappé le pays qui l'environne : les arbres y sont rares et sans développement; les hauteurs qui le dominent n'offrent que des masses calcaires presque sans végétation. La sécheresse le désole. Les trois ruisseaux qui le parcourent, et dont l'Uvehaune est le principal, y tarissent pendant l'été. C'est à peine si des prodiges de culture peuvent amasser un peu de verdure et d'ombre autour des nombreuses villas éparses dans la campagne, sous le nom de *bastides*.

On comprend que la cité se ressente également de cette extrême sécheresse. Ses rares fontaines, alimentées d'une eau peu salubre, par l'Uveaune et par quelques autres sources, n'en fournissent plus dans les fortes chaleurs. L'usage de quelques puits particuliers y devient un bienfait de leurs heureux propriétaires envers des concitoyens moins privilégiés. Qu'on juge des rigueurs de cette privation pour une population sédentaire ou flottante de cent cinquante mille ames, et de son influence sur la propreté des habitations et des rues, sur la pureté de l'air et généralement sur l'hygiène publique.

Les écoulements des ateliers insalubres, les immondices de toute nature, faute d'un courant qui les entraîne ailleurs, se jettent continuellement

dans le port, s'y mêlent avec les eaux de la mer toujours stagnantes sur ce point, dès lors impuissantes
pour s'épurer, et dont les exhalaisons, si tristement
renommées, gâtent, pour l'habitant et pour l'étranger, le charme de ce magnifique voisinage.

Quand on se rappelle l'antique prospérité de la
ville des Phocéens, de l'Athènes des Gaules, quand
on songe au pont-aqueduc contemporain du Gard,
on se demande comment des travaux semblables
n'ont pas rendu, dès cette même époque, la Durance tributaire de Marseille. Nous savons du moins
que ses habitants en ont fait depuis plusieurs siècles leur rêve de prédilection.

Pour en concevoir de nos jours la réalisation, il
fallait la fièvre dominante des grands travaux publics, l'excitation de la volonté générale, une témé-
rité de résolution qui ne tînt pas trop compte des
difficultés; enfin, ces habitudes modernes de crédit
qui ne reculent pas devant les gros emprunts, et
savent léguer à l'avenir l'amortissement graduel des
charges du temps présent.

Dès 1834, le conseil municipal embrassa sérieusement ce grand projet. Il fit procéder aux études.
Le mode d'une Société par actions fut mis en balance avec l'exécution au compte de la ville. Ce dernier système, qui prévalut, se prêtait lui-même à
des combinaisons diverses. Recevrait-on des soumissions générales ? Des enchères seraient-elles ouvertes pour les entiers travaux ; ou bien devraient-ils
être fractionnés pour exécuter les uns en régie, et
faire pour les autres des adjudications partielles? Le principe du fractionnement fut adopté,

de même que le système mixte de la régie et des adjudications.

On avait eu quelque temps la pensée d'associer
d'autres grands intérêts à ceux de la ville de Marseille, et d'alléger ainsi pour elle le fardeau de la
dépense ; mais son volume d'eau aurait trop souffert d'une répartition. Pour restituer au projet son
caractère de grandeur et ses immenses avantages,
elle dut en assumer toute la dépense et s'en réserver l'usage exclusif.

Les études se poursuivirent avec activité ; mais
il importe de signaler, dès à présent, cette singulière circonstance, qu'elles embrassèrent seulement l'ensemble des travaux jusqu'au point de partage fixé sur une hauteur appelée la Viste, et
dominant la région marseillaise proprement dite.
Les plans et les devis furent presque muets sur le
surplus de l'intervalle à parcourir, c'est-à-dire sur
d'importants ouvrages qui devaient couronner tous
les autres en affectant définitivement les eaux à
leur triple destination agricole, industrielle et municipale. Le silence fut absolu pour tous les ouvrages à pratiquer dans l'intérieur de la ville.

Etait-ce une réticence calculée pour dissimuler,
dans les premières prévisions, une part considérable de la dépense ? Voulait-on, par là, ménager
à l'entreprise un accueil plus facile, au premier
emprunt qui serait fait une approbation plus certaine, toujours avec l'excuse de cette conviction
profonde, que la dépense définitive ne dépasserait
pas les forces de la ville ? Telle n'a pas été la pensée de votre Commission. En regrettant ce défaut de
prévision qu'on ne saurait justifier, elle se plaît à

reconnaître l'esprit de bonne foi qui respire dans les documents primitifs placés sous ses yeux. Tous les grands et nombreux problèmes du projet se rattachaient à la marche du canal depuis la Durance jusqu'à la Viste. Là se trouvaient les grosses difficultés de terrain, et les victoires d'art à remporter. On se considérait comme en possession réelle des eaux aussitôt qu'elles seraient arrivées au point culminant d'où leur distribution générale devait s'opérer.

La question financière, liée à cette dernière branche de l'entreprise, ne préoccupait point les esprits, du moins fortement, malgré toute son importance. Les voies et moyens assurés à la grande et première section du canal, laissaient alors espérer un excédant considérable. On devait compter aussi sur la prompte réalisation de cet excédant en temps opportun, pour l'appliquer, avec d'autres fonds libres, à l'achèvement des travaux.

Nous aurons bientôt l'occasion d'apprécier la valeur de ces espérances, en même temps que les ressources dont la ville peut disposer.

Une loi, du 4 juillet 1838, tient le projet comme suffisamment mûri, et les moyens d'en couvrir la dépense comme assez certains, pour autoriser son exécution. Ce premier concours législatif assura la prise d'eau dans la Durance, et le privilége de l'expropriation pour cause d'utilité publique, dans tous es cas où la nécessité s'en ferait sentir. La concession est d'un minimum de 5 mètres 75 centimètres cubes d'eau par seconde.

Cette quantité fut calculée sur les rares époques du plus bas étiage, c'est-à-dire seulement tous les

cinq ou six ans, et pendant dix ou douze jours. La
dérivation doit être bien plus forte dans les temps
ordinaires, puisqu'elle absorbera dix mètres par seconde. Une si forte masse d'eau répond dignement
aux proportions grandioses de l'entreprise.

C'est le moment d'aborder la série des opérations
financières dont l'objet fut de pourvoir à la dépense
des travaux. Elles méritent l'examen le plus attentif, pour saisir l'ensemble des faits et bien former
votre conviction à l'égard du nouveau concours
qui, sur l'initiative de la ville de Marseille , vous
est demandé par le Gouvernement.

Une loi du 7 août 1839 l'avait d'abord autorisée
à contracter un emprunt de dix millions pour être
affecté à la construction de son canal; Le rembours-
sement de cet emprunt devait être , au plus tard,
effectué dans le délai de vingt années après l'achèvement des travaux. Des moyens particuliers de libération ne furent point précisés , mais seulement
établis d'une manière générale sur les excédents de
recettes , tant ordinaires qu'extraordinaires.

En dehors de cette loi , le service des intérêts ,
montant à 450,000 fr., se trouvait assuré d'avance
par une surtaxe d'octroi dont le produit, en maximum, était évalué à 600 mille fr., et qui, dans ce
moment, s'élève à 660 mille francs. L'excédant devait venir en extinction de la dette principale. Le
canal, d'après l'opinion commune , devait être terminé dans six ans. Ses produits qui, nécessairement, monteront à une somme très-considérable
par la multiplicité des concessions , constituaient,
dans toutes les prévisions, l'élément principal de l'amortissement. Ces données furent four-

nies à la législature de 1839. Elle eut aussi communication des plans et devis. Il nous est bien
démontré qu'elle considéra l'emprunt de dix millions comme prévision, du moins approximative,
de l'entière dépense. Tout en reconnaissant l'admirable utilité de l'entreprise, l'eût-elle consacrée
par son assentiment, si, dans sa pensée, le chiffre
définitif des frais avait dû s'élever à trois fois ce
premier emprunt? La ville de Marseille elle-même
eût-elle osé l'abandonner? On peut raisonnablement en douter.

Les travaux avaient marché jusqu'en 1843. Beaucoup de mécomptes survinrent pendant leur exécution. Il faut faire une grande part à l'imprévu
quand on lutte contre des obstacles cachés qui se
révèlent à mesure que l'on avance. On peut ranger
dans cette classe le creusement du long souterrain
des Taillades, où tantôt l'éboulement des rochers
trop friables, tantôt l'abondance des eaux jaillissan-
tes, créaient de nouvelles difficultés, exigeaient de
grands travaux, soit de défense, soit de dessèchement par l'emploi de pompes les plus puissantes,
et jetaient, à chaque pas, de nouveaux problèmes
aux hommes de l'art. Il suffit d'énoncer que les ouvrages supplémentaires, sur ce seul point, ont
nécessité une dépense extraordinaire d'environ cinq
cent mille francs.

Le pont-aqueduc colossal, établi sur la vallée de
l'Arc-Roquefavour, devait être construit en simple
moellon, d'après le devis. Il a paru convenable
d'imprimer un plus grand caractère de solidité à un
monument qui doit traverser les siècles. La pierre
de taille a remplacé le moellon avec des conditions

particulières d'assemblage. La dépense de ce grand
ouvrage d'art s'est élevée à 2,350,000 francs.

Il ne faut pas omettre non plus les frais de rétablissement de la première digue, emportée par une
crue extraordinaire de la Durance, et qui, trop récemment construite, n'avait pas encore acquis toute
sa force de résistance. Nous nous bornons à l'indication de ces grands travaux supplémentaires.

Votre Commission n'a pas de blâme pour des
charges inattendues de cette nature. Mais elle n'a
pas eu sous les yeux les devis primitifs, non plus
que l'état des ouvrages additionnels, afin de les
mettre en regard. Elle ne peut donc savoir si tous
ces ouvrages avaient dû nécessairement échapper
aux prévisions, comme ceux dont nous venons de
parler. Les auteurs des premières évaluations seraient sans excuse, s'il y avait eu possibilité de les
y comprendre.

Elle y puisera, du moins, l'occasion de proclamer
un principe, ou, mieux encore, un devoir, pour
les agents de l'administration qu'elle charge de la
rédaction des devis. Ils engagent gravement leur
responsabilité, quand leurs projets pèchent, soit
par des omissions importantes ou nombreuses, soit
par des évaluations au dessous de la réalité. L'administration, et le pouvoir législatif après elle, s'éga-
rent sur la foi de projets incomplets ou de fausses
estimations. C'est une surprise faite à leurs convictions. Les conséquences peuvent en devenir funestes pour les finances, grevées de ces charges
imprévues. Une juste sévérité doit donc être déployée
contre ces caluls erronés, coupables presqu'autant

que s'ils étaient volontaires, quand ils s'éloignent trop de la vérité. Votre Commission aime à penser que cette censure générale ne reçoit pas ici d'application particulière. C'est à l'Administration de prononcer, puisqu'elle tient dans ses mains tous les éléments d'appréciation.

En 1844, la ville de Marseille déclara son impuissance pour continuer ses travaux avec le crédit primitif, qui se trouvait complètement épuisé. Elle fit connaître au Gouvernement qu'un nouvel emprunt, de sept millions, lui était indispensable pour l'achèvement des ouvrages. Si l'engagement de les conduire à leur terme, moyennant ce second crédit, ne fut pas exprès, le langage de l'honorable rapporteur de cette époque (1), prouve que telle fut sa pensée, et plus tard celle de la Chambre. « L'Administration, dit-il, s'est occupée de la création « de voies et moyens suffisants pour achever « l'œuvre entreprise. »

En effet, une loi du 3 août 1844 autorisa l'emprunt de sept millions, *destiné à l'achèvement du canal de la Durance ;* comme aussi l'imposition de cinq centimes additionnels aux quatre contributions directes, jusqu'à l'acquittement de la dette contractée pour l'exécution du canal. Cette ressource extraordinaire, jointe à un crédit offert par la surtaxe créée pour servir les intérêts du premier emprunt, suffisait aussi pour couvrir les intérêts du second.

Le montant de ce nouvel emprunt est à son *tour*

_____

(1) M André Kœchlin.

puisé. Le canal est terminé jusqu'à la Viste; mais
ans l'intervalle de ce point à l'enceinte de la ville,
faut d'abord établir une répartition des eaux entre
's usines et l'agriculture par des canaux secondai-
es, et conduire à son terme la branche principale,
épense évaluée à 2,500,000 fr. Il faut ensuite dis-
ribuer les eaux dans l'intérieur de la ville, établir,
n conséquence, les principales artères, les tuyaux
econdaires, les sous-divisions de détails, les fon-
aines monumentales, les bornes-fontaines, enfin
ous les ouvrages d'agrément et d'utilité qui doiven
nettre la population en jouissance du bienfait
ju'elle appelle depuis si longtemps par ses vœux.

Cette dernière partie des travaux exige une dépense de 6,500,000 francs. C'est donc, en tout, un
déficit de neuf millions que la ville de Marseille demande à combler par un troisième et dernier
emprunt.

Le Gouvernement y donne son adhésion, et vous
propose de le revêtir de votre part de sanction législative.

De dix-sept millions déjà demandés au crédit, le
projet de loi porterait, en dernier résultat, la somme
totale des emprunts à vingt-six millions. En présence d'un tel chiffre, c'était un devoir, pour votre
Commission, de sonder profondément la situation
financière de la ville de Marseille.

Elle doit assurer des moyens immédiats de libéra-
ration pour le service des intérêts, et présenter des
ressources certaines, sauf réalisation ultérieure,
pour l'amortissement du principal de sa dette.

Avant de présenter l'énumération générale de ses
moyens libératoires, rappelons ceux qu'elle cré

pour les mettre spécialement en regard du troisième emprunt.

Jusqu'à l'année 1846 inclusivement elle ouvrait
constamment dans son budget un crédit de 400
mille francs, qu'elle consacrait à dégrever ses habitants de la contribution personnelle et mobilière.
Elle a réduit ce fonds de dégrèvement à 200,000 f.,
exclusivement imputables sur les cotes inférieures
à 100 fr. La moitié restante de ce même fonds se
convertit conséquemment en ressource disponible pour l'acquittement de sa dette.

Un nouveau décime additionnel au tarif de l'octroi les vins, les alcools et les viandes exceptés),
voté par le conseil municipal, et pour lequel l'approbation prochaine du Gouvernement est officiellement annoncée, produirait annuellement une
somme de 161,000 fr.

Elle est en instance pour obtenir la mise en vigueur d'un nouveau tarif de l'octroi, et l'extension
du territoire soumis à la perception. Des assurances
sont également données par le Gouvernement,
pour l'approbation de cette double mesure. L'augmentation qui doit en résulter dans les recettes de la
ville, peut être approximativement évaluée à 200
mille francs.

C'est donc une ressource nouvelle d'environ
361,000 fr., qui s'élèverait dans le budget, en
faveur du dernier emprunt projeté. Elle présenterait un assez fort excédant sur les intérêts, lors
même qu'ils atteindraient, contre les probabilités,
le maximum de 5 pour 100.

Maintenant, éclairons plus complètement la situa-

ı, en mettant en présence de l'entière dette, la
ılité des ressources.

Jn crédit de 500,000 fr. ayant été ouvert au
lget de l'année courante, pour payer un à compte
' e principal des anciens emprunts, la dette, en
omprenant le nouveau, serait de 25,500,000 f.,
l'intérêt annuel de 1,147,500 fr., au taux de 4
lemi pour 100.

Additionnons les recettes imputables, en premier
u, sur les intérêts. Nous connaîtrons le résidu
plicable à l'amortiss'ment du principal.

1° L'excédant des recettes municipales, sur les
lpenses, s'élève annuellement à la somme
ıoyenne de huit cent mille francs, ci   800,000ᶠ

2° Le produit de la taxe spéciale sur
s farines, autorisée par ordonnance
oyale, avec affectation du paiement de la
ette, et exempte du prélèvement du 10°
u profit du Trésor, est de 660,000 f. ci.   660,000

3° Le montant de 5 centimes addition-
ıels au principal des quatre contribu-
lions directes, ayant la même affecta-
lion, ci   120,000

4° Montant de la diminution, sur un
ancien chiffre, du dégrèvement de la contribution personnelle et mobilière, ci . .   200,000

5° Vote d'un décime additionnel au
tarif de l'octroi (les vins, les alcools et

A reporter..   1,780,000

mandés à l'emprunt, et quatre déjà soldés ave[c]
ressources ordinaires.

Si la perspective de cette énorme dépense s[e]
offerte à la Chambre lors de son premier vo[te]
est plus que douteux, nous l'avons dit, qu'elle [fût]
autorisée avant la réalisation d'un fonds impo[r]
d'économies. C'était tout un avenir financier q[u']
engageait trop fortement, et pour de trop lon[g]
années. Mais maintenant il n'est pas permis d'hési[ter]
Les choses ne sont plus entières. L'œuvre est
complie au-delà des deux tiers. Loin de l'aban[don]
ner inachevée, il y a urgence à la conduire à
terme, pour rendre productif un immense ca[pital]
frappé jusque-là de stérilité.

La Chambre peut éprouver le regret de ne p[as]
posséder une entière liberté d'action ; mais
fléchirait toujours sous l'empire des circonstan[ces]
dût-elle éprouver une certaine contrainte mo[rale]
Toutefois, elle partagera sans doute le vœu d[e la]
Commission, pour qu'à l'avenir ses votes ne s[']
chaînent plus à des études incomplètes et à des p[ré]
visions erronées.

Son adhésion au projet de loi la laissera d'aille[urs]
sans scrupules. L'œuvre imposante que la ville [de]
Marseille mène à son terme avec ses seules for[ces]
est un monument national. La fiction qui donn[e]
à la contrée le nom de jardin de la France, devie[n]
dra, dans peu de temps, une réalité. Rafraîch[ie]
fécondée par une abondante irrigation, elle se c[ou]
vrira de pâturages, et même d'une belle végétati[on]
forestière. Elle pourra fournir à la grande popu[la]
tion marseillaise, les diverses variétés de légum[es]
dont elle est obligée de se pourvoir au loin. Le p[lus]

ler qu'elle s'est ménagé les moyens de payer, en
187, un à-compte de 500,000 fr. sur le principal
: la dette.

Tout récemment encore, elle a pu faire l'avance,
r les deniers municipaux, sauf à les rendre en-
ite à leur destination, au moyen de l'emprunt,
2 millions, qui ont été employés provisoire-
ent à la continuation des ouvrages. Il y a donc
ospérité et non dépression dans les ressources
dinaires de la ville.

Mais, il ne faut pas non plus se taire sur un
tre gage considérable d'amortissement que la ville
it trouver dans les revenus du canal. Le volume
s eaux est calculé de manière à répondre à tous
s besoins. Il existe un état des soumissions déjà
ites pour obtenir des concessions urbaines. Le
ombre en est grand et le deviendra davantage.
n s'est livré pareillement à des évaluations sur le
roduit des prises d'eau pour les besoins de l'irri-
tion et le jeu des usines. Nous n'osons placer
us vos yeux le chiffre présumé des revenus, dans
craint de le voir classer parmi les rêves de l'i-
magination, et de paraître donner des illusions pour
as au projet de loi. Qu'il nous suffise de vous dire
ue, d'après ces calculs, les deniers versés dans
entreprise seraient pour la ville un bon placement,
même en réduisant de beaucoup l'évaluation des
roduits. Toujours est-il certain qu'ils assureront
une belle recette, et qu'il faut conséquemment les
compter pour une forte part dans les moyens d'extinction de la dette.

Telle est la situation de cette vaste entreprise qui
doit absorber trente millions, dont vingt-six de-

Ce silence exceptionnel n'est pas sans exemple : la loi du 3 août 1844, portant autorisation du second emprunt, nous offre elle-même un de ces précédents. Marseille se trouve dans des conditions particulières qui problablement lui permettront de puiser, comme elle l'a déjà fait, à des taux réduits, dans les bourses privées. Pour jouir de cet avantage, il lui faut une certaine élasticité de durée dans ses emprunts. Elle ne pourra d'ailleurs les contracter, même après l'autorisation législative, qu'avec l'approbation spéciale du Gouvernement. Ce contrôle serait toujours une garantie suffisante contre l'extension abusive des termes du remboursement ; un bon usage a été fait déjà d'une semblable latitude. C'est un gage de la même sagesse dans l'avenir. Les organes de la ville de Marseille ont fait accueillir ces motifs par le Gouvernement. Vous leur donnerez, sans doute, aussi votre approbation.

D'après toutes ces considérations, j'ai l'honneur de vous proposer, au nom de votre Commission, l'adoption du projet de loi amendé comme suit:

PROJET DE LOI.

PROJET DE LOI	PROJET DE LOI
Proposé par le Gouvernement.	*Amendé par la Commission.*

Article unique.

La ville de Marseille (Bou-ches-du-Rhône), est autorisée à emprunter, soit avec publicité et concurrence, soit directement de la Caisse des dépôts et consignations, à un intérêt qui ne pourra dépasser 5 pour 100, une somme de *neuf millions*, applicable aux travaux d'achèvement du canal destiné à amener les eaux de la Durance dans l'intérieur de ses murs.

Cet emprunt sera remboursé au moyen du produit des concessions d'eaux, et les intérêts payés sur les recettes, tant ordinaires qu'extraordinaires de la ville.

Article unique.

Le paragraphe premier comme au projet.

Il sera pourvu au remboursement de l'emprunt, et au paiement des intérêts, au moyen du produit des concessions d'eaux, et, s'il y a lieu, au moyen des recettes tant ordinaires qu'extraordinaires de la ville.

(N° 286.)

Chambre des Députés.
SESSION 1847.

RAPPORT

FAIT

Au nom de la Commission * chargée de l'examen
du projet de loi tendant à autoriser le département d'Eure-et-Loir à s'imposer extraordinairement pour travaux d'édifices départementaux
et acquisitions,

PAR M. LAPÉNE,

Député de la Haute-Garonne.

Séance du 6 Juillet 1847.

MESSIEURS,

Trois projets de loi marchent de front dans l'intérêt du département d'Eure-et-Loir. S'ils sont distincts par leur objet, ils ont cela de commun, qu'il
consacrent la nécessité de plusieurs dépenses extrao

*Cette Commission est composée de MM. de Loynes,
Goury, de Bontin, Costé, Champanhet, le baron de Salles, P
cet, Dutens.

dinaires, et de la création d'un impôt suffisant pour les couvrir.

Celui des trois dont j'ai l'honneur de vous entretenir, est relatif, soit à l'acquittement d'une dette départementale, contractée pour l'achat de diverses maisons affectées à des services publics, soit aux frais ultérieurs d'appropriation de trois d'entre elles pour leur nouvelle destination.

L'achat des bâtiments, au nombre de quatre, est un fait accompli. L'administration et le conseil général avaient eu l'espoir, à ce qu'il paraît, d'en payer le prix avec des économies sur les recettes ordinaires. Les dépenses annuelles et obligatoires ont constamment épuisé les ressources du budget, et la dette est restée. Elle a, d'ailleurs, une cause très-légitime dans la rigoureuse nécessité des acquisitions auxquelles elle doit son origine. L'un des bâtiments achetés est devenu le siège du tribunal de commerce de Dreux ; les autres, contigus à l'hôtel de la préfecture, doivent lui procurer des développements indispensables. C'est un acte de bonne administration, que d'avoir saisi l'occasion d'assurer ainsi ces avantages évidents d'utilité publique.

Pour achever de les réaliser, pour que l'hôtel de la préfecture reçoive l'extension réclamée par les besoins du service, il faut reconstruire, du moins en partie, les bâtiments acquis dans cet objet. L'ensemble de ces diverses dépenses doit s'élever approximativement, selon les prévisions du conseil général, à la somme de 139,652 fr.

Cette somme ne peut être demandée qu'à un impôt extraordinaire. Ce même conseil, acceptant la pensée de l'Administration, a considéré, comme opportune, la cessation, en 1847, d'un précédent im-

pôt de 7 centimes, pour en demander la prorogati
pendant six ans, dans l'intérêt de divers services
partementaux, et de l'affecter, à concurrence
1 centime, aux frais d'acquittement de la dette d
nous venons de parler, et, de plus, à l'appropriati
des bâtiments contigus à l'hôtel de la préfecture.

Le produit de ce centime, qui est par année d'
viron 30,000 fr., donnerait, pour six années, 180,0
francs, ce qui présenterait un excédant de 40,347
sur le chiffre des dépenses que nous venons d'én
mérer. Le conseil général trouve à cet excédant d'
tiles emplois. Il indique de nombreux travaux d'u
gence réclamés par divers édifices départementau
et d'autres affectations qui se recommandent égal
ment par une incontestable utilité.

Les appréciations du Gouvernement ont été lav
rables à l'ensemble des votes du conseil génér
d'Eure-et-Loir, pour l'établissement d'une contri
bution extraordinaire. Il les a compris et classés dai
trois projets de loi distincts, au nombre desquels fi
gure celui qui fait la matière de ce rapport, et qu
se saisit d'un centime sur l'impôt qui vous est de
mandé, pour l'appliquer aux dépenses particulière
dont la convenance et l'utilité appellent en ce momer
votre examen.

Les convictions ont été favorables, au sein de votr
Commission, pour le projet de loi qui vous est so
mis. J'ai donc l'honneur de vous en proposer,
son nom, l'adoption.

Il est ainsi conçu :

....

PROJET DE LOI.

Article unique.

Le département d'Eure-et-Loir est autorisé, conformément à la demande que son conseil général en a faite dans sa session de 1846, à s'imposer extraordinairement pendant quatre années, à partir de 1848, 1 centime additionnel au principal des quatre contributions directes, dont le produit sera exclusivement affecté aux dépenses d'acquisitions et de travaux d'édifices départementaux, et autres dépenses désignées dans la délibération du conseil général.

Chambre des Députés.

SESSION 1847.

RAPPORT

FAIT

*Au nom de la Commission * chargée de l'examen du
projet de loi tendant à autoriser le département d'Eure-
et-Loir à s'imposer extraordinairement pour les travaux de grande communication classés,*

PAR M. LAPÉNE,

Député de la Haute-Garonne.

Séance du 6 Juillet 1847.

MESSIEURS,

Le département d'Eure-et-Loir supporte depuis six
ans une imposition extraordinaire de 7 centimes,
consacrée à l'achèvement de ses routes départementales. Elle doit cesser à la fin de l'année courante.
Dans sa dernière session, le conseil général de ce

* Cette Commission est composée de MM. de Loynes, Lapéne, Goury, de Bontin, Costé, Champanhet, le baron de Salles,
Pidancet, Dutens.

département a voté la prorogation, pour six autres
années, de la même imposition, avec affectation du
produit à trois destinations différentes, savoir : de 3
centimes et demi aux travaux d'achèvement et d'amélioration des chemins vicinaux de grande communication; de 2 centimes et demi au complément des
routes départementales classées, et de 1 centime aux
dépenses d'acquisition et de travaux d'édifices départementaux.

Le Gouvernement a décomposé cette charge totale
en trois impôts distincts, en égard à la diversité des
destinations, et en a fait l'objet d'autant de projets de
loi. Je viens d'abord vous apporter notre tribut d'examen du premier d'entre eux, de celui qui se préoccupe
des intérêts de la grande vicinalité dans le département d'Eure-et-Loir.

Trente chemins de cette catégorie s'y trouvaient
précédemment classés, lorsque le conseil général,
dans sa dernière session, a jugé convenable d'y ajouter sept lignes nouvelles. C'est un parcours en plus
de 81 kilomètres, qui porte au-delà de 727 kilomètres la longueur totale du réseau de la viabilité vicinale, et à 233 kilomètres la portion qui exige des
travaux de construction et de réparation.

L'ensemble de la dépense nécessaire pour cette
double catégorie de travaux, est évalué par l'agent-
voyer en chef du département à 1,250,000 fr. Or,
déduction faite des dépenses de personnel et d'entretien, les ressources spéciales de toute nature, qui
sont applicables au service des chemins vicinaux,
ne peuvent donner annuellement qu'une somme de
100,000 fr., à répartir entre les travaux neufs de ces
voies de communication. L'achèvement complet en
serait donc ajourné au moins pendant douze années,

si la création de ressources extraordinaires n'était pas autorisée.

L'impôt de 3 centimes et demi voté par le conseil général et proposé par le Gouvernement, produirait, pendant sa durée de six ans, une somme de 642,000 f. qui, jointe à l'allocation annuelle de 100,000 fr., sur les fonds spéciaux, permettrait d'amener à l'état normal toutes les lignes de grande vicinalité, dans un espace de moins de sept années.

Cet avantage est grand, sans doute; mais convient-il d'établir des impôts extraordinaires pour un service auquel la loi du 21 mai 1836 affecte, soit des prestations en nature, soit des centimes spéciaux, votés par les conseils électifs, avec pouvoirs même aux préfets d'imposer d'office, dans les limites d'un maximum légal, les communes qui ne s'exécuteraient pas volontairement? C'est l'objection qui se présente et à laquelle nous devons une réponse.

Il y aurait abus, sans doute, à demander des ressources, pour ce genre de travaux, à des impôts extraordinaires, si les communes et les départements n'y consacraient déjà celles que la loi du 21 mai 1836 a spécialement créées. Ce serait une perturbation dans la marche régulière des contributions, surtout si celles que la loi demande aux personnes elles-mêmes, sous le nom de prestations, étaient remplacées par des charges additionnelles à l'impôt direct. Mais quand les départements ont épuisé leurs centimes facultatifs et leurs ressources spéciales dans la grande œuvre de la viabilité vicinale, où serait la raison pour les priver de demander à leurs forces contributives d'autres voies et moyens pour compléter cette œuvre? Seulement, on comprend la mesure et les règles de prudence prescrites en pareil cas pour éviter une trop

rande surcharge dans les impôts. C'est au Gouver-
ement, c'est aux Chambres législatives à bien ap-
récier les circonstances d'utilité, d'urgence et de
ituation financière qui peuvent légitimer et com-
nander quelquefois des sacrifices extraordinaires.

Aussi vos précédents offrent-ils de nombreux
xemples d'imposition de centimes additionnels pour
enir en aide à la grande viabilité vicinale.

Le département d'Eure-et-Loir peut supporter la
charge que le projet de loi, combiné avec les deux
autres projets dont nous avons parlé, tend à lui imposer. Elle n'est pas nouvelle pour lui. Ce sera seulement la continuation, pendant quelques années, d'une
contribution extraordinaire qui n'est point exagérée,
et qui sera bien rachetée par l'avantage si grand,
pour la population du département, d'une complète
et parfaite viabilité.

Votre Commission a donc l'honneur, par mon
organe, de vous proposer l'adoption du projet de
loi.

Il est ainsi conçu :

PROJET DE LOI.

Article unique.

Le département d'Eure-et-Loir est autorisé, conformément à la demande que son conseil général en a faite dans sa session de 1848, à s'imposer extraordinairement, pendant six années, à partir de 1848, trois centimes et demi additionnels au principal des quatre contributions directes, dont le produit sera exclusivement affecté aux travaux d'achèvement et d'amélioration des chemins vicinaux de grande communication classés.

Cette imposition sera perçue concurremment avec les centimes spéciaux, dont le recouvrement sera annuellement autorisé par les lois de finances, en vertu de l'article 12 de la loi du 21 mai 1836.

(N° 288.)

Chambre des Députés.

SESSION 1847.

RAPPORT

FAIT

Au nom d'une Commission* chargée d'examiner le projet de loi tendant à autoriser le département d'Eure-et-Loir à s'imposer extraordinairement pour les travaux des routes départementales,

PAR M. LAPÉNE,

Député de la Haute-Garonne.

———

Séance du 6 Juillet 1847.

MESSIEURS,

Une loi du 5 août 1840 autorisa le département d'Eure-et-Loir à s'imposer extraordinairement, pendant six ans, à partir de 1842, sept centimes additionnels au principal des quatre contributions directes, pour les travaux neufs des routes dépar-

---

* Cette Commission est composée de MM. de Loynes, La-pène, Goury, de Boutin, Coste, Champanhet, le baron de Salles, Vidamont, Ducom.

temcntales. Cet impôt expire à la fin de l'année
courante; il n'a point suffi pour couvrir les dépenses auxquelles il était applicable. Vingt routes départementales ont été classées. Il reste à effectuer des travaux neufs sur un parcours de 11.820
mètres, dont le chiffre est porté, par l'administration
des ponts-et-chaussées, à la somme de 320,000 fr

Ce n'est même pas la seule dépense extraordinaire réclamée par la viabilité départementale. Elle
exige, d'après la même administration, des améliorations importantes, telles que le remplacement
de ponts de charpente par des ouvrages définitifs
de maçonnerie, l'adoucissement de pentes rapides,
l'élargissement des parties trop resserrées, le rechargement des chaussées en mauvais état, etc. Cette
dernière catégorie de travaux, qui comprend une
étendue de 35 kilomètres, nécessiterait, d'après les
évaluations de M. l'ingénieur en chef, une dépense
de 230,000 fr.

C'est donc une somme totale de 550,000 fr. que
le département d'Eure-et-Loir aurait encore à réaliser pour compléter le réseau de ses routes classées,
et pour les placer dans les conditions définitives
d'un bon état d'entretien.

Les allocations indispensables pour parvenir à
cet important résultat, cesseraient en même temps
que la perception de l'impôt des sept centimes additionnels, si une prorogation ne continuait de
l'affecter, du moins en partie, à la même destination. Le conseil général s'est préoccupé de cette nécessité; mais embrassant aussi, dans ses prévisions,
deux autres classes de dépenses extraordinaires, il
a cherché d'y pourvoir conjointement par des voies
et moyens suffisants. Il n'a pu voir, sans regret, la

grande lacune de la viabilité départementale, et
l'impossibilité de la combler avec les ressources
spéciales de ce service. Il lui fallait enfin aviser à
l'acquittement d'une somme assez considérable due
pour prix, soit de construction, soit d'acquisition
de plusieurs édifices départementaux. Il a cru que
l'impôt de 7 centimes, prorogé pendant six ans, et
combiné avec des économies sur les recettes ordinaires, parerait suffisamment à ces diverses nécessités, moyennant une distribution proportionnelle.
Les routes départementales recevraient, pour leur
part, 3 centimes et demi, applicables aux travaux
neufs et aux grosses réparations. Nous ne nous occupons pas ici du surplus de la répartition.

Telle est l'origine des trois projets de loi distincts
qui vous sont simultanément soumis, et qui tendent
également à la prorogation de l'impôt préexistant.

Si chacun de ces projets appelle un examen particulier sur la convenance et l'utilité de la dépense
qu'il propose, tous trois provoquent une seule et
même appréciation, en ce qui touche l'opportunité
de l'entière contribution qu'il s'agit d'établir.

Or, il a été démontré par tous les documents
produits, qu'elle ne sera pas trop onéreuse pour le
département. Il supporte sans effort, depuis six ans,
cette charge extraordinaire de sept centimes. C'est
la seule qu'il doive subir, outre ses contributions
normales. Tout nous donne donc la conviction que
la juste mesure à rechercher toujours en pareil cas,
ne sera point dépassée.

Aussi, l'assentiment de votre Commission est-il
également acquis aux trois propositions du Gouvernement. L'examen de chacune d'elles réclame un
rapport distinct. Je remplis une portion de la tâche

que votre Commission m'a fait l'honneur de me confier, en soumettant à votre approbation celui des trois projets de lois qui concerne l'achèvement et l'amélioration de la viabilité départementale.

Il est conçu comme suit :

PROJET DE LOI.

Article unique.

Le département d'Eure-et-Loir est autorisé, conformément à la demande que son conseil général en a faite dans sa session de 1846, à s'imposer extraordinairement, pendant six années, à partir de 1848, deux centimes et demi additionnels au principal des quatre contributions directes, dont le produit sera exclusivement affecté aux travaux d'achèvement et d'amélioration des routes départementales classées.

(N° 289.)

—

Chambre des Députés.

SESSION 1847.

RAPPORT

FAIT

Au nom de la Commission * chargée de l'examen d
projet de loi tendant à autoriser le départeme
de la Seine à s'imposer extraordinairement pou
les travaux du Palais-de-Justice de Paris,

PAR M. LAPÉNE,

Député de la Haute-Garonne.

—

Séance du 7 Juillet 1847.

MESSIEURS,

Le Palais—de—Justice de Paris se trouve placé da
de telles conditions, que l'État, le département de
Seine et la ville, doivent tous trois concourir dans
certaines proportions, aux frais de reconstruction
agrandissement, appropriation et grosses répar
tions.

L'utilité de travaux considérables, dans l'int
de ce palais, avait été déjà reconnue en 1838. *Le*
principal objet était de procurer de nouveaux locau

---

* Cette Commission est composée de MM. de Loyns
Lapéne, Goury, de Bontin, Costé, Champanhet, le baron
Salles, Pidancet, Dutens.

pour différents genres de service, de restaurer la tour de l'Horloge, et d'acheter plusieurs bâtiments pour isoler ce grand édifice. Des avant-projets furent rédigés à la même époque, seulement pour donner une base à la demande de fonds adressée au conseil général de la Seine. D'après ces premières évaluations, le contingent départemental devait se porter en acquisition à...................... 2,590,533 fr.
et en travaux à................ 5,208,250 «

Ensemble...... 7,798,783 «

Mais, d'une part, les indemnités payées pour les acquisitions déjà consommées, s'élèvent à 2,462,742 fr. 73 c., et les estimations de celles restant à faire au compte du département, pour compléter l'isolement du palais, sont portées à 1,500,000 fr., d'où suit une dépense qui ne peut être moindre de........ 3,962,742^f 73^c

D'autre part, la totalité des travaux faits et à faire devant coûter, suivant les nouveaux devis présentés...... 7,177,181 »

'e miut - nant une dépense de........... 11,139,923^f 73^c 11,139,923^f 73^c

Qui excède les évaluations primitives d'une somme de........ 3,344,140 73
Quant aux ressources, elles avaient été calculées

P.-V. 12.   10

PROJET DE LOI.

Article unique.

Le département de la Seine est autorisé, co[...]
mément à la demande que son conseil général[...]
faite dans sa session de 1846, à s'imposer extra[...]
nairement, pendant cinq années, à partir de l[...]
trois centimes additionnels au principal des q[...]
contributions directes, dont le produit sera exc[...]
vement affecté aux travaux d'agrandissement, d[...]
lement et d'amélioration du Palais-de-Justice[...]
Paris.

te, en effet, aujourd'hui, que 5 c. et 6 dixièmes
npôt extraordinaire, sur lesquels deux seulement
tinueront à être perçus de 1848 à 1850, de telle
te que l'imposition qu'il s'agirait d'établir n'em-
herait pas les contribuables d'éprouver un allè-
nent de 6 dixièmes de centime dès l'année pro-
iine.

De la réalisation du vote du conseil général, dépend
chèvement d'une entreprise signalée comme im-
rtant essentiellement à la bonne distribution des
rvices judiciaires. La suspension du cours des tra-
ix commencés aurait aussi ses inconvénients ; ils
nt quelquefois plus graves que les retards apportés
leur ouverture.

C'est la manière dont le Gouvernement envisage
question dans les motifs du projet de loi qu'il vous
soumis. Partageant les mêmes convictions , votre
ommission, par mon organe , a l'honneur de vous
o proposer l'adoption ; il est ainsi conçu :

PROJET DE LOI.

Article unique.

Le département de la Seine est autorisé, con
mément à la demande que son conseil général
faite dans sa session de 1846, à s'imposer extra
nairement, pendant cinq années, à partir de 18
trois centimes additionnels au principal des qu
contributions directes, dont le produit sera excl
vement affecté aux travaux d'agrandissement, d'
lement et d'amélioration du Palais-de-Justice
Paris.

Chambre des députés.

SESSION 1847.

RAPPORT

FAIT

*om de la Commission * chargée de l'examen*
un projet de loi tendant à autoriser la ville de
ieppe (Seine-Inférieure) à contracter un em-
runt,

PAR M. DUTENS,

Député de la Somme.

Séance du 6 Juillet 1847.

MESSIEURS,

La ville de Dieppe a reconnu, il y a déjà quel-
es années, la nécessité de faire construire une
uvelle église dans le quartier de cette ville nom-
!le Pollet. Ce quartier, séparé par le port de la
lle proprement dite, est principalement habité par

---

* Cette Commission est composée de MM. de Loynes, La-
be, Goury, de Bontin, Costé, Champanhet, le baron de Salles,
Mancot, Dutens.

une nombreuse population de pêcheurs et de
rins, et l'administration municipale de Dieppe
le dotant d'un édifice religieux, avait la consci
de satisfaire à un besoin réel et à des sentim
respectables.

Les travaux de construction de cette église
été adjugés le 28 mars 1843 ; la dépense, d'apr
devis qui a servi de base à cette adjudication,
tait évaluée qu'à 147,045 fr. La nature du sol
lequel a dû être élevé l'édifice, a bientôt démo
l'impossibilité de ne pas bâtir sur pilotis, et la
cessité impérieuse de donner à la construction
conditions de solidité autres que celles qui a
d'abord été déterminées ; en définitive, les pi
sions de dépense ont été portées au chiffre tot
235,000 fr.

Les travaux exécutés depuis l'adjudication
qu'à présent, atteignent le chiffre de 163,86
98 c. Après un sérieux examen de la situation fi
cière de la ville de Dieppe, l'administration
conseil municipal ont résolu de suspendre pr
soirement, et jusqu'à nouvel ordre, l'achèveme
la construction de l'église du Pollet. Les tra
qui restent à exécuter peuvent, sans de grands
convénients, être différés jusqu'à ce que les ch
ges qui pèsent sur le budget municipal soient a
gées, ou jusqu'à ce que la ville soit parvenue
créer de nouvelles ressources. Mais, sur le mont
de la dépense effectuée jusqu'ici, il n'a été p
par la ville, à l'entrepreneur, qu'une somme
111,000 fr, à la réalisation de laquelle ont c
couru divers crédits régulièrement ouverts au b
get ; une allocation de la fabrique de l'église
Pollet, et les subventions accordées par le Gou

nement sur les fonds de l'Etat. La ville se trouve
donc encore en ce moment débitrice envers l'entrepreneur d'une somme de 52,868 fr. 98 c.; et
ses représentants légaux ont dû aviser aux moyens
d'éteindre cette dette.

En conséquence, par délibération du 12 mai
dernier, le conseil municipal de Dieppe a demandé
que la ville fût autorisée à emprunter à cet effet, et
à un taux annuel d'intérêt qui ne pourra excéder
5 pour 100, une somme de 30,000 fr., se réservant
de pourvoir à l'acquittement des 22,868 fr. 98 c.
restants, au moyen d'allocations spéciales qui seront
inscrites aux budgets de 1848 et de 1849.

Aux termes de cette délibération, le remboursement de cet emprunt, en principal et intérêts, aur
lieu dans l'espace de cinq années, à partir du 1er
janvier 1849, au moyen de prélèvements égaux et
successifs sur les revenus ordinaires de la ville pendant les exercices de 1849, 1850, 1851, 1852 et
1853.

Les recettes ordinaires de la ville de Dieppe présentent, sur les dépenses ordinaires, un excédant
de 55,000 fr. environ, et votre Commission, Messieurs, s'est assurée que, conformément aux intentions du conseil municipal, le remboursement du
capital et des intérêts de l'emprunt de 30,000 fr.
pouvait, dans le cours des cinq années dont il vient
d'être parlé, être imputé sur cet excédant sans porter atteinte aux nécessités du service municipal, et
sans nuire à l'accomplissement des autres obligations qui pèsent déjà sur le budget de la ville.

Par ces motifs, Messieurs, et attendu d'ailleurs
qu'il s'agit de pourvoir à l'acquittement d'une dette
exigible, et au paiement d'une dépense obligatoire,

votre Commission a l'honneur de vous proposer l'adoption du projet de loi qui vous a été présenté, et dont suit la teneur :

PROJET DE LOI.

Article unique.

La ville de Dieppe (Seine-Inférieure) est autorisée à emprunter, soit avec publicité et concurrence, soit directement de la Caisse des dépôts et consignations, à un intérêt qui ne pourra dépasser cinq pour cent, une somme de trente mille francs, remboursable en cinq ans, à partir de 1849, et destinée à solder les travaux exécutés à l'église du Pollet.

Chambre des députés.

SESSION 1847.

RAPPORT

FAIT

Au nom de la Commission chargée de l'examen d'u
projet de loi tendant à autoriser le départemen
de l'Oise à s'imposer extraordinairement pou
les travaux des routes départementales et de
chemins vicinaux de grande communication,

PAR M. DUTENS,

Député de la Somme.

Séance du 6 Juillet 1847.

Messieurs,

Le nombre des routes départementales classées
dans le département de l'Oise est de 28. Le développement total de ces 28 routes est de 780 kilomètres, sur lesquels 753 sont à l'état d'entretien,

* Cette Commission est composée de MM. de Loynes, Lapène, Goury, de Bontin, Costé, Champanbet, le baron de Salles,
Pidancet, Dutens.

2 sont en lacunes, et 25 exigent des améliorations
et des réparations indispensables. M. l'ingénieur
en chef à évalué qu'une dépense de 397,000 fr.
était nécessaire, savoir :

Pour l'achèvement des lacunes...... 38,000ᶠ
Pour les réparations et améliorations. 359,000
                                        ─────────
           Total. 397,000

D'un autre côté, le département de l'Oise compte
29 lignes classées comme chemins vicinaux de
grande communication ; leur étendue totale est de
402 kilomètres ; 312 kilomètres sont à l'état d'entretien, et 90 sont en cours de construction ou encore en lacunes.

Il résulte des documents soumis au conseil général de l'Oise, dans sa session de 1846, par M. le
préfet de ce département, que, pour assurer l'achèvement complet des parties en lacunes sur ces 29
lignes classées, il serait nécessaire d'affecter à cette
dépense, à partir du 1er janvier 1848, une somme
de................................. 934,400ᶠ

A laquelle il convient d'ajouter une
autre somme de 45,500 fr., représentant
les frais de construction de deux nouvelles lignes, dont le conseil général a
prononcé le classement dans sa dernière
session, ci.......................... 45,500
                                        ─────────
           Total.............. 979,900

Ainsi, la dépense totale à effectuer pour achever
complétement et mettre à l'état d'entretien le réseau de 1,182 kilomètres dont se compose actuellement le système des communications départemen-

tales et des lignes vicinales de premier ordre du
département de l'Oise, s'élève à 1,376,900 fr.

Le conseil général de ce département, adoptant
les motifs invoqués par l'autorité préfectorale, a
reconnu qu'il importait, dans l'intérêt de la circulation générale, et afin de doter promptement toutes les parties du département des avantages d'une
bonne viabilité, de prendre les mesures convenables pour que ce but pût être atteint dans un court
délai. En conséquence, par ses délibérations des 18
et 20 septembre 1846, cette assemblée a demandé
que le département fût autorisé à s'imposer extraordinairement, pour les travaux dont il s'agit, pendant quatre ans, à partir du 1er janvier 1848, 8
centimes additionnels au principal des quatre contributions directes.

Le montant de chaque centime additionnel est,
dans le département de l'Oise, de 42,000 fr. environ ; la perception de 8 centimes, pendant quatre
ans, produira donc une somme approximative de
1,344,000 fr., qui n'est inférieure que de peu à l'é-
valuation des dépenses pour l'exécution desquelles
on réclame la création de cette ressource extraordinaire.

Votre Commission, Messieurs, a puisé, dans un
examen attentif des pièces produites à l'appui du
projet de loi tendant a sanctionner la demande du
conseil général de l'Oise, la conviction que cette
demande était de nature à être accueillie. Elle a
reconnu qu'elle était suffisamment justifiée, en ce
qui concerne les routes départementales, par l'indispensable nécessité de pourvoir à l'achèvement
et au perfectionnement de ces voies de communication si utiles ; elle a constaté qu'il en était de

même à l'égard des lignes de grande vicinalité ; en
effet, le produit des centimes spéciaux que le département est autorisé à s'imposer annuellement,
pour le service vicinal, par la loi du 21 mai 1836,
et celui des contingents fournis, en vertu de la
même loi, par les communes intéressées à l'établissement des chemins vicinaux de grande communication, sont, en grande partie, absorbés tant par les
dépenses du personnel des agents-voyers, que par
les frais d'entretien des portions de chemin entièrement confectionnées, le chiffre total de ces frais
s'accroissant nécessairement chaque année, à mesure que s'augmente aussi l'étendue des parties
amenées à l'état d'entretien ; de telle sorte que le
reliquat disponible pour l'exécution des travaux
neufs, décroît annuellement et ne fournit plus
qu'une ressource tout-à-fait disproportionnée avec
les besoins urgents de ce dernier élément du service vicinal.

Votre Commission doit, d'ailleurs, vous faire
remarquer que l'admission du vote exprimé par le
conseil général de l'Oise, n'imposera aux contribuables aucune charge nouvelle, attendu que la
perception des 8 centimes que ce département
avait été autorisé, par une loi du 24 juin 1845, à
s'imposer, pendant deux ans, pour les travaux des
routes départementales, prendra fin au 31 décembre 1847. La nouvelle imposition extraordinaire
qu'il s'agit, en ce moment, d'autoriser, ne sera
donc, à vrai dire, que la prorogation, pendant
quatre années de plus, de celle qui avait été établie en vertu de la loi que nous venons de citer.

Le second paragraphe de l'article unique du projet de loi qui vous est présenté, dispose que l'emploi

du montant de cette nouvelle imposition extraordinaire sera réglé annuellement par ordonnance royale, sur la proposition du conseil général. Votre
Commission, Messieurs, a d'autant moins hésité à
vous proposer d'adopter ce paragraphe, que la teneur des délibérations prises par le conseil général
de l'Oise, les 18 et 20 septembre 1846, peut laisser
quelque incertitude sur le mode et la proportion suivant lesquels cette assemblée a entendu répartir entre le service des routes départementales et celui des
chemins vicinaux de grande communication, le
produit total de l'imposition extraordinaire pour
l'établissement de laquelle la sanction législative est
aujourd'hui réclamée. La disposition dont il s'agit
remédie à cet inconvénient, en ce qu'elle exige implicitement que, après que la loi qui vous est soumise aura été promulguée, le conseil général de
l'Oise soit appelé, dans sa prochaine session et dans
les trois sessions suivantes, à délibérer sur l'emploi
et la répartition des ressources extraordinaires dont
il a demandé la création.

Votre Commission a donc l'honneur, Messieurs,
de vous proposer l'adoption du projet de loi dont la
teneur suit :

PROJET DE LOI.

—

Article unique.

Le département de l'Oise est autorisé, conformément à la demande que son conseil général en a faite dans sa session de 1846, à s'imposer extraordinairement, pendant quatre années, à partir de 1848, 8 centimes additionnels au principal des quatre contributions directes, dont le produit sera affecté aux travaux d'achèvement ou d'amélioration des routes départementales classées, ou aux travaux d'achèvement des chemins vicinaux de grande communication classés.

L'emploi du montant de cette imposition sera réglé annuellement, par ordonnance royale, sur la proposition du conseil général.

(N₀ 292.)

Chambre des Députés.

SESSION 1847

RAPPORT

FAIT

Au nom de la Commission* chargée d'examiner
projet de loi tendant à autoriser la ville de Qu
per à contracter un emprunt, et à s'imposer e
traordinairement,

PAR M. GOURY,

Député du Finistère.

Séance du 6 Juillet 1847.

MESSIEURS,

La ville de Quimper fait construire un march
couvert. Pour achever cette entreprise, il lui man
que une somme de........... 27,983 fr. 37 c
Pour faciliter les mouvements

---

* Cette Commission est composée de MM. de Loynes, L
pène, Goury, de Bontin, Costé, Champanhet, le baron de Salle
Pidancet, Dutens.

Report...	27,983 fr. 37 c.	
ce marché et ses relations avec port, la ville a l'intention de construire, sur la rive gauche du eyr, un quai dont la dépense s'élevera à............	37,955	00
Pour améliorer sa place principale, dite de Saint-Corentin, il lui faut une somme de.........	11,250	00
L'ensemble des besoins de la ille de Quimper s'élève donc en e moment à..............	77,188	37

L'utilité de ces travaux est bien établie par les ièces qui composent le dossier. Il est d'ailleurs évilent qu'il faut terminer le marché couvert, puisqu'on a commencé ; il ne l'est pas moins qu'il faut en faciliter les abords L'amélioration de la place Saint-Corentin est également un travail de première nécessité.

Votre Commission s'est assurée que les ressources ordinaires de la ville de Quimper ne lui permettraient pas de faire face à cette dépense, et qu'il est de rigueur qu'elle ait recours à des moyens extraordinaires.

Elle demande en conséquence à emprunter une somme de 75,000 fr. remboursable au moyen d'une imposition extraordinaire de 5 centimes, au principal des quatre contributions directes. Cette contribution durera onze ans, et produira annuellement une somme de 3,375 fr.

Pendant les sept premières années, elle servira l'intérêt de l'emprunt, dont l'amortissement ne commencera qu'en 1855. A cette époque, l'emprunt de

144,000 fr. que la ville de Quimper a contracté,
vertu de la loi du 14 juin 1844, sera complètem
remboursé, et elle disposera de la différence qui ex
entre ses recettes et ses dépenses ordinaires, differe
qui, pour les années 1844, 1845 et 1846, a et
moyenne de 29,321 fr. 53 c. Elle pourra donc r
bourser le nouvel emprunt en quatre années, et a
ses ressources ordinaires.

Votre Commission ne voit pas de motifs pour
refuser à une mesure qui doit procurer à la ville
Quimper de grands avantages, en ajoutant à son bi
être et à ses revenus. Elle me charge donc de v
proposer l'adoption du projet de loi qui vous est pi
senté, et dont la teneur suit :

PROJET DE LOI.

Article unique.

La ville de Quimper (Finistère) est autorisée :
1° à emprunter, soit avec publicité et concurrence, soit directement de la Caisse des dépôts et consignations, à un intérêt qui ne pourra dépasser 5 pour 100, une somme de soixante-quinze mille francs, destinée à l'exécution de divers travaux d'utilité communale, énumérés en la délibération municipale du 9 avril 1847, et remboursable en quatre années, à partir de 1855;

2° A s'imposer extraordinairement, pendant onze ans, cinq centimes additionnels au principal des quatre contributions directes, pour le produit de cette imposition être affecté, concurremment avec ses revenus ordinaires, au paiement des intérêts et à l'amortissement de l'emprunt.

Chambre des Députés.

SESSION 1847.

RAPPORT

FAIT

Au nom de la Commission * *chargée d'examiner le projet de loi tendant à autoriser le département de l'Ariège à contracter un emprunt, et à s'imposer extraordinairement pour les travaux des routes départementales,*

PAR M. GOURY,

Député du Finistère.

Séance du 6 Juillet 1847.

MESSIEURS,

Une loi du 24 juillet 1848 a autorisé le département de l'Ariège à emprunter une somme de 3 40,000 francs pour des travaux neufs et d'achèvement de ses routes départementales. Pour faire face aux intérêts

* Cette Commission est composée de MM. de Loynes, Lapène, Goury, de Boutin, Coste, Champanhet, le baron de Salles, Pidancet, Dutens.

et à l'amortissement de cette somme, le département
a été autorisé à s'imposer extraordinairement, pendant onze années, 5 centimes au principal de ses
quatre contributions directes, à partir de 1844 , jus-
ques et compris 1854. Cet emprunt sera amorti alors;
il restera même en caisse un reliquat assez considérable.

Cette somme n'étant pas destinée à amener l'achèvement complet des routes à exécuter dans ce département, si difficile à traiter, d'autres travaux
resteront encore à exécuter. Pour y faire face, le
conseil général, sur les rapports de M. l'ingénieur en
chef et de M. le préfet, demande à contracter un
nouvel emprunt qui sera remboursé avec les intérêts,
au moyen de 3 nouveaux centimes que le département ajouterait à ceux précités, et qui seraient prélevés de 1848 à 1854 inclusivement ; de sorte que ,
pendant sept ans , les contribuables auront à supporter une charge extraordinaire de 8 centimes.

L'utilité de la mesure ne saurait être contestée
dans un département comme celui de l'Ariège , où
les communications sont rares et difficiles. L'agriculture et l'industrie sont dans un grand état de
souffrance ; le devoir des administrateurs est de leur
venir en aide. Ce devoir paraît bien compris par les
hommes honorables qui composent le conseil général
de l'Ariège.

Malheureusement, la situation financière du département n'est pas prospère, les recouvrements
sont arriérés, les frais de poursuite sont élevés. M. le
Ministre des finances attribue cet état de gêne au
manque de débouchés, et se montre disposé à ce que
'on donne suite a la demande du conseil général.

(166)

Votre Commission partage tout-à-fait cette opinion: elle n'hésite donc pas à vous proposer d'adopter le projet de loi qui vous est soumis, et dont la teneur suit.

PROJET DE LOI.

Article premier.

Le département de l'*Ariège* est autorisé, conformément à la demande que son conseil général en a faite dans sa session de 1846, à emprunter, à un taux qui ne pourra dépasser 4 et demi pour cent, une somme de deux cent mille francs, qui sera affectée au travaux d'achèvement et d'amélioration des routes départementales classées.

L'emprunt aura lieu avec publicité et concurrence. Toutefois, le préfet du département est autorisé à traiter directement avec la Caisse des dépôts et consignations, à un taux d'intérêt qui ne soit pas supérieur à celui ci-dessus fixé.

La somme à emprunter en 1847 est fixée à quatre-vingt-dix mille francs.

Art. 2.

Le département de l'Ariège est autorisé, conformément à la demande que son conseil général en a ég..

ment faite dans sa dernière session , à s'imposer
traordinairement , pendant sept années , à partir
1848 , trois centimes additionnels au principal
quatre contributions directes, dont le produit :
exclusivement consacré au remboursement et au
vice des intérêts de l'emprunt ci-dessus autorisé.

L'excédant du produit de l'imposition extrao
naire autorisé par la loi du 24 juillet 1843 , r
vra la même destination.

Chambre des Députés.

SESSION 1847.

RAPPORT

FAIT

Au nom de la Commission* chargée d'examiner le projet de loi tendant à autoriser le département des Hautes-Pyrénées à contracter un emprunt pour la construction d'un palais-de-justice à Tarbes,

PAR M. GOURY,

Député du Finistère.

Séance du 6 Juillet 1847.

Messieurs,

La nécessité de reconstruire le palais-de-justice de Tarbes, a été reconnue par M. le préfet et par le conseil général du département des Hautes-Pyrénées.

Le projet a été soumis à un concours; 34 concur-

---

* Cette Commission est composée de MM. de Loynes, Lapène, Goury, de Bontin, Costé, Champanhet, le baron de Salles, Pidancet, Dutens.

rents y ont pris part. Le projet qui a obtenu la préférence, donnera lieu à une dépense de . 191,623ᶠ '·

Il faudra y ajouter, pour l'acquisition
d'une maison . . . .   40,000 »

Le montant total de la dépense sera
donc de . . . .   231,623 ›

Le conseil général trouve dans ses
ressources ordinaires, le moyen de faire
face à une dépense de 95,250 90

La somme à demander à l'impôt ex-
traordinaire serait donc de 136,372 10

C'est pour accélérer la construction de cet édifice
indispensable, que le département des Hautes-Pyrénées demande à emprunter une somme de 120,000 f.
à un intérêt de 4 et demi pour cent.

Cet emprunt n'imposera aucune charge nouvelle
aux contribuables. Une loi du 3 juillet 1846 a autorisé le département à s'imposer extraordinairement,
et pendant huit ans, six centimes extraordinaires, tant
pour cet objet que pour les travaux de routes départementales et de chemins vicinaux ; ainsi, le remboursement de l'emprunt est assuré d'avance.

Votre Commission ne voit aucun inconvénient à
autoriser le département des Hautes-Pyrénées à emprunter la somme qui doit hâter l'achèvement d'un
travail, que l'état de détérioration du palais actuel
rend indispensable ; elle vous propose donc, par mon
organe, d'adopter le projet de loi qui vous est présenté, et dont la teneur suit :

PROJET DE LOI.

Article premier.

Le département des Hautes-Pyrénées est autorisé, conformément à la demande que son conseil général a faite dans sa session de 1846, à emprunter, à taux d'intérêt qui ne pourra dépasser 4 et demi par 100, une somme de cent vingt mille francs, réalisable en 1847, jusqu'à concurrence de quarante mille francs, et qui sera appliquée à la dépense de construction d'un palais-de-justice à Tarbes.

L'emprunt aura lieu avec concurrence et publicité. Toutefois, le préfet est autorisé à traiter directement avec la Caisse des dépôts et consignations, à un taux d'intérêt qui ne soit pas supérieur à celui ci-dessus fixé.

Art 2.

Il sera pourvu au service des intérêts et au remboursement de l'emprunt ci-dessus autorisé, au moyen du produit de l'imposition extraordinaire créée par la loi du 3 juillet 1846.

(N° 295.)

—

Chambre des Députés.

SESSION 1847.

RAPPORT

FAIT

Au nom de la Commission* chargée d'exami
projet de loi tendant à autoriser la ville d'
(Lot-et-Garonne) à s'imposer extraordinaire

PAR M. PIDANCET,

Député de la Moselle.

Séance du 6 Juillet 1847.

MESSIEURS,

Pendant que les circonstances malheureuses
nous sortons à peine, imposaient à la ville d'A
(Lot-et-Garonne) des sacrifices considérables
venir au secours de la classe pauvre de sa populati
le produit de son octroi, sa principale ressou.

---

* Cette Commission est composée de MM. de Loynes, l'ap
Goury, de Bontin, Costé, Champarbet, le baron de
Pidancet, Dutens.

ivait une diminution sensible ; ainsi, elle a vu
ecettes, durant les six derniers mois de 1846,
· au-dessous des prévisions de son budget, pour
somme de près de 20,000 fr ; et les mêmes cau-
nt produit un résultat de même nature, pendant
emier semestre de 1847.

i nécessité de pourvoir aux dépenses ordinaires,
emplir les obligations contractées par la ville,
· des travaux urgents et d'utilité publique, qui
sont exécutés ou en cours d'exécution, et dont le
re s'élève à la somme de 48,730 fr.; cette né-
té, disons-nous, a determiné le conseil munici-
demander que la ville lût autorisée à s'imposer
sordinairement , *pendant trois années, quinze*
imes additionnelles au principal des quatre con-
ations directes. Le produit total de cette imposi-
sera de 50,000 environ.

acore bien que la ville d'Agen n'ait à supporter,
ce moment, aucune charge extraordinaire, nous
us dû examiner la question de savoir si l'impôt
itionnel qu'elle propose, était le seul moyen de la
sortir de l'embarras financier qu'elle éprouve,
il ne serait pas plus avantageux, pour ses habits, de recourir à un emprunt remboursable sur un
redant de recettes, sur lequel le passe et un avenir
illeur donnent lieu de compter. Mais nous avons
connu que la caisse municipale de la ville d'Agen
ut déja grevée de deux emprunts antérieurs, dont
mortissement absorbait l'excedant de ses recettes
squ'en 1857, et il n'était pas possible de penser à
engager dans un nouvel emprunt.

Ce sont, Messieurs, ces motifs qui ont amené
tre Commission à vous proposer unanimement
doption du projet de loi dont la teneur suit :

PROJET DE LOI.

Article unique.

La ville d'Agen (Lot-et-Garonne) est autori.
s'imposer extraordinairement, pendant trois n
à partir de 1848, quinze centimes additionnels
principal de ses contributions directes, pour
venir aux dépenses énumérées dans la déli
municipale du 31 mai 1847.

Chambre des Députés.

SESSION 1847.

RAPPORT

FAIT

Au nom de la Commission * *chargée d'examiner le projet de loi tendant à distraire une section de la commune de Siaugues Saint Romain, pour la réunir à la commune de Sainte-Marie-des-Chazes (Haute-Loire),*

PAR M. PIDANCET,

Député de la Moselle.

Séance du 6 Juillet 1847.

M ESSIEURS,

Les habitants du village de Vergouzac ont été unanimes pour demander à être distraits de la commune de Siaugues-Saint-Romain, canton de Langeac, arrondissement de Brioude (Haute-Loire),

---

* Cette Commission est composée de MM. de Loynes, Lapène, Goury, de Bontin, Costé, Champanhet, le baron de Salles, Pidancet, Dutens.

dont ils font partie en ce moment, pour être réunis et appartenir à la commune de Sainte - Marie-des-Chazes (même canton).

Les documents produits à l'appui de cette demande, constatent que cette modification est basée sur des motifs sérieux. En effet, pour aller de Vergouzac à Siaugues, la distance est de 6,000 mètres; encore ne peut-elle être franchie qu'en parcourant un chemin ardu, montagneux, souvent encombré de neige et coupé par des ravins profonds et dangereux, qui, au moment des grandes pluies, offrent des barrières insurmontables ; tandis que pour se rendre à Sainte-Marie des-Chazes, la distance n'est plus que de 1 500 mètres, et le trajet s'opère par un chemin facile et accessible dans toutes les saisons de l'année.

Le changement de circonscription dont il s'agit a été soumis à une instruction régulière. Appuyé par la Commission syndicale, il a été aussi l'objet d'un avis unanimement favorable dans la commune de Sainte-Marie. Le sous-préfet, le préfet, le conseil d'arrondissement et le conseil général le considèrent comme une mesure avantageuse. La commune de Siaugues, seule, voulant, dit-elle, conserver l'intégrité de son territoire, s'y est opposée. Cependant, la superficie totale du périmètre de cette dernière localité étant de 3,348 hectares, la distraction de la section de Vergouzac, qui ne comprend que 226 hectares, influera d'une manière bien peu sensible sur l'ensemble de sa contenance et sur les éléments de son organisation municipale; car après la séparation des 200 habitants de Vergouzac, sa population s'élèvera encore à 1,880.

D'un autre côte ; Sainte-Marie-des-Chazes, qui

n'est actuellement qu'une très-petite commune, recevra un agrandissement qui accroîtra notablement son importance. Ainsi , son territoire sera porté de 669 hectares à 1,003 , et sa population de 282 à 482 habitants.

Sans s'arrêter à l'opposition non motivée de la commune de Siaugues, votre Commission a reconnu que le changement de circonscription dont il s'agit offrait des avantages réels aux populations qui le réclament et à celles qui l'acceptent, et elle a l'honneur de vous proposer, à l'unanimité, l'adoption du projet de loi dont la teneur suit :

PROJET DE LOI.

Article premier.

La section de Vergouzac , désignée au plan annexé à la présente loi, par une teinte grise, est distraite de la commune de Siaugues-Saint-Romain,
canton de Langeac , arrondissement de Brioude,
département de la Haute-Loire, et réunie à celle de
Sainte-Marie-des-Chazes, même canton.

En conséquence , la limite des deux communes
est fixée , d'un côté , par le ruisseau de Guisson,
de l'autre par un pointillé noir, conformément au
dit plan.

Art. 2.

Les dispositions qui précèdent auront lieu sans
préjudice des droits d'usage et autres qui pourraient
être respectivement acquis.

Les autres conditions de la distraction prononcée seront, s'il y a lieu, ultérieurement déterminées
par une ordonnance du Roi.

Chambre des Députés.

SESSION 1847

PROJET DE LOI

Relatif à un emprunt de 350,000,000 de fr.,

PRÉCÉDÉ

DE L'EXPOSÉ DES MOTIFS,

PRÉSENTÉ

PAR M. LE MINISTRE SECRÉTAIRE D'ÉTAT AU DÉPAR-
TEMENT DES FINANCES.

Séance du 7 Juillet 1847.

MESSIEURS,

Nous aurons l'honneur de vous apporter, dans
votre prochaine session, des propositions qui, en
réalisant les vœux de la Chambre, assurent, entre
les recettes et les dépenses ordinaires de notre
budget, l'équilibre si nécessaire et si désiré. Nous
aurions voulu pouvoir ajourner jusqu'à cette époque les propositions relatives aux moyens de cré-

dits nécessaires pour faciliter l'acquittement de no
dépenses extraordinaires. Mais, après avoir exami
né attentivement notre situation, il nous a paru
que cet ajournement pourrait présenter de serieu
inconvénients.

Déjà, dans une discussion récente, l'évaluatio
de la dette flottante du Trésor a attiré l'attention d
la Chambre. Nous avons cru prudent de la porter
dans nos prévisions, à 600 millions environ vers l
fin de l'année courante, et à près de 800 millions
vers la fin de l'année prochaine.

La composition de la dette flottante doit être
autant que sa quotité même, l'objet de notre constante préoccupation. La Chambre sait que les principales sources auxquelles s'alimente la dette flottante, sont les avances des receveurs-généraux, les
versements des communes et des établissements
publics, les versements des Caisses des dépôts et
consignations, comprenant ceux des caisses d'é-
pargne et les émissions des bons royaux.

L'activité imprimée aux travaux de l'Etat développe des besoins de fonds sur tous les points du
royaume, et tend à réduire les avances des receveurs généraux. Les nombreux ateliers ouverts par
les communes les forcent à diminuer l'actif de leurs
comptes-courants, et à provoquer même, par les
emprunts qu'elles contractent, les retraits qu'o-
père la Caisse des dépôts et consignations. Les exigences d'une année difficile ralentissent les versements dans les caisses d'épargne et multiplient les
demandes de remboursement.

Sans doute, les circonstances plus favorables sur
lesquelles il nous est, de jour en jour, plus permis
de compter, peuvent changer toutes ces tendances

t rendre leur abondance ordinaire aux ressources
que nous fournissent ces éléments de la dette flot-
ante. Mais si cette confiance était trompée, l'émission des bons royaux devrait subvenir pour une trop
orte part aux besoins du Trésor; elle devrait être
portée vers la fin de l'année à un chiffre jusqu'ici
sans précédent ; et, dans tous les cas, cette émission devrait s'accroître dans une proportion encore
plus considérable pour suffire aux nécessités de
l'année prochaine.

Il est impossible de méconnaître que cette situation ne pourrait se prolonger, sans risquer de
donner naissance à de sérieux embarras; et la
prudence nous a fait un devoir, longtemps avant
que nos embarras puissent se manifester, de nous
mettre en mesure de les prévenir, en obtenant de
vous l'autorisation de consolider une partie de la
dette flottante.

Pour déterminer l'importance du crédit en rentes, à l'aide duquel nous opérerons cette consolida-
tion, nous avons dû consulter à la fois les ressources du pays et les besoins du service. Il nous a paru
qu'il valait mieux donner, dès l'abord, à l'opération
que nous vous proposons d'autoriser, des proportions suffisantes, que de renouveler, à un intervalle rapproché, les demandes de moyens de crédit; en nous plaçant à ce double point de vue, nous
pensons qu'un emprunt de 350 millions, soit que
nous le divisions, soit que nous le fassions par une
seule adjudication, n'est pas, pourvu que les versements soient convenablement distribués, au-dessus
des forces reproductives du pays.

Nous pensons, en même temps, que ces versements, échelonnés de manière à se combiner avec

nos fortes échéances de bons royaux, et avec le développement mesuré des travaux publics que vous avez votés, suffiront pour procurer au Trésor toutes les facilités dont il a besoin ; et si l'équilibre de nos budgets rend disponibles les réserves de l'amortissement, nous avons la confiance que nous arriverons sans effort à l'acquittement de nos dépenses extraordinaires, en ne laissant à la charge de la dette flottante qu'un fardeau qu'elle pourra aisément supporter.

Nous venons donc vous demander, Messieurs, l'autorisation de négocier, avec publicité et concurrence, la somme de rentes nécessaires pour produire, au taux de la négociation, un capital de 350 millions. Comme on l'a toujours pensé, en pareille matière, nous ne croyons pas qu'il soit possible de régler législativement les détails de l'opération : l'époque de l'emprunt, les rentes à émettre, le prix de leur émission, les termes à accorder pour les versements, toutes ces circonstances ne peuvent être ni prévues, ni déterminées à l'avance ; elles doivent être abandonnées à notre libre choix, et, par conséquent, à notre responsabilité. Il vous appartient, Messieurs, de juger si nous méritons votre confiance ; c'est de notre devoir de la justifier.

Nous avons l'honneur de vous proposer, au nom du Roi, le projet de loi dont la teneur suit :

PROJET DE LOI.

LOUIS-PHILIPPE,

ROI DES FRANÇAIS,

A tous présents et à venir, salut.

Nous avons ordonné et ordonnons que le projet de loi dont la teneur suit, sera présenté en notre nom à la Chambre des Députés, par notre Ministre secrétaire d'Etat au département des finances, que nous chargeons d'en exposer les motifs et d'en soutenir la discussion.

Article unique.

Le Ministre des finances est autorisé à faire inscrire sur le Grand-Livre de la Dette publique, et à négocier avec publicité et concurrence, la somme de rentes nécessaires pour produire, au taux de la négociation, un capital de trois cent cinquante millions (350,000,000 fr.). Ces rentes pourront être aliénées dans le fonds, aux taux et aux conditions qui concilieront le mieux les intérêts du Trésor avec la facilité des négociations.

Un fonds d'amortissement du centième du capital nominal des rentes créées en vertu de l'autorisation qui précède, sera ajouté à la dotation de la
Caisse d'amortissement.

Les crédits nécessaires pour le paiement des
intérêts des rentes et de l'amortissement, seront
provisoirement ouverts par des ordonnances royales, sauf régularisation législative.

Le produit de l'emprunt est affecté aux dépenses des travaux publics extraordinaires.

Il sera, chaque année, rendu aux Chambres un
compte spécial de la réalisation et de l'emploi des
fonds provenant des susdites négociations.

Fait au palais de le juillet mil
huit cent quarante-sept.

Signé LOUIS-PHILIPPE.

Par le Roi :

Le Ministre secrétaire d'État
au département des finances.

Signé S. DUMON.

Chambre des Députés.

SESSION 1847.

RAPPORT

FAIT

au nom de la Commission* chargée d'examiner le projet de loi tendant a autoriser la ville d'Evreux (Eure) à contracter un emprunt et à s'imposer extraordinairement,

PAR M. COSTÉ,

Député des Vosges.

Séance du 6 Juillet 1847.

MESSIEURS,

La ville d'Évreux s'est trouvée, comme beaucoup d'autres, dans la nécessité de faire de nombreux sacrifices pour venir en aide aux classes pauvres, soit en leur procurant le pain à prix réduit, soit en établissant des ateliers de charité.

* Cette Commission est composée de MM. de Loynes, Lapéne, Goury, de Bontin, Costé, Champanhet, le baron de Salles, Pidancet, Dutens.

Les ressources de la caisse municipale ne pouvan
suffire au paiément de ces dépenses, non plus qu'
l'exécution des obligations contractées dans le b
d'arriver à l'extinction de la mendicité, s'élevant
la somme totale de 67,206 fr. 67 cent., le conseil
dans sa séance du 4 juin dernier, a voté un emprun
de 50,000 fr. qui serait remboursé sur le produ
d'une imposition extraordinaire de 4 centimes et
demi par addition au principal des quatre contributions directes, pendant dix ans, à partir de 1848,
auquel produit serait ajouté un prélevement annuel
de 4,325 fr. sur les recettes ordinaires du budget.

Déjà, par une loi du 8 juillet 1846, la ville d'Evreu
a été autorisée à s'imposer extraordinairement 4
centimes, pour se libérer d'une somme de 84,200 fr.,
employée à des travaux d'utilité communale.

C'est donc une charge de 4 centimes et demi de
plus que les contribuables auront à supporter jusqu'en 1857 ; toutefois, il a paru à votre Commission
qu'elle ne serait pas trop lourde, et qu'il y avait lieu
de l'autoriser ; elle a l'honneur, en conséquence, de
vous proposer l'adoption du projet de loi dont la
teneur suit :

PROJET DE LOI.

Article unique.

La ville d'Évreux (Eure) est autorisée 1° à emprunter, soit avec publicité et concurrence, soit directement de la Caisse des dépôts et consignations, à un intérêt qui ne pourra dépasser 5 p. 100, une somme de 50,000 fr. applicable au paiement des dépenses indiquées dans la délibération municipale du 4 juin 1847, et remboursable en dix ans, à partir de 1848 ;

2° A s'imposer extraordinairement pendant dix ans, à partir de la même année, 4 centimes et demi additionnels au principal de ses contributions directes, pour concourir, avec ses revenus ordinaires, au remboursement de cet emprunt.

Chambre des Députés.

SESSION 1847.

RAPPORT

FAIT

Au nom de la Commission * chargée d'examiner le projet de loi tendant à autoriser le département du Jura à s'imposer extraordinairement pour travaux d'édifices départementaux,

PAR M. COSTÉ,

Député des Vosges.

Séance du 6 Juillet 1847.

MESSIEURS,

L'insuffisance et le mauvais état des prisons de Dôle et d'Arbois, rendaient nécessaire leur reconstruction.

Le palais de justice de Saint-Claude demandait également à être agrandi.

---

* Cette Commission est composée de MM. de Loynes, Lapéne, Goury, de Bontin, Costé, Champanhet, le baron de Salles, Pidancet, Dutens.

Enfin, il y avoit lieu de construire une caserne de gendarmerie à Chemin.

Les deux projets concernant les prisons de Dôle et d'Arbois, dressés suivant le système de la séparation individuelle, et approuvés définitivement par le conseil général du Jura, nécessiteront ensemble une dépense de................................ 138,487^f 20^c

Celui concernant le palais de justice de Saint-Claude, également approuvé, porte la dépense à................... 21,525 »

Et le dernier, relatif à la caserne de gendarmerie de Chemin, aussi approuvé, la fixe à.................... 20,000 »

En tout, y compris pour dépenses imprévues, une somme de........... 4,987 80

Total......... 185,000 »

Il était impossible que le département pût faire face à ces diverses dépenses, au moyen de ses ressources facultatives ; aussi le conseil général demanda-t-il à ce qu'il fût autorisé à s'imposer extraordinairement pendant trois ans, à partir de 1848, deux centimes additionnels au principal des quatre contributions directes, pour le produit de cette imposition être spécialement affecté, concurremment avec la portion des ressources facultatives qui pourra être annuellement réservée pour cet objet, et la subvention provenant du second fonds commun, aux dépenses des quatre constructions départementales ci-dessus désignées.

Le produit de ces deux centimes donnerait, en trois années, une somme totale d'environ 118,000 f., inférieure de 67,000 fr. à celle nécessaire à la confection des travaux projetés.

ent pu être amenées à l'état d'entretien, sur une lon gueur de 346,819 mètres. Il reste à terminer 14.09 mètres sur la route départementale n° 14 d'u Mor gne à Gacé, et 4,167 mètres sur la route départema tale n° 7, de Domfront à Falaise. La dépense néca saire pour construire ces lacunes est évaluée 77,000 fr. Il y a en outre à pourvoir à la reconstructi du pont de Rémalard, route n° 2, à l'élargissement la traverse de Longui, route n° 9, et au solde de d verses indemnités de terrain.

Une somme de 100,000 fr. a été votée par le cons général de l'Orne, dans sa séance du 22 septemb dernier, pour satisfaire à ces divers besoins. Reco nuissant l'impossibilité de la prélever sur le produ des centimes facultatifs, il s'est vu contraint d'en de mander la réalisation par la voie d'un emprunt.

L'amortissement de cet emprunt de 100,000 f serait garanti par une imposition extraordinaire 3 centimes additionnels au principal des quatre co tributions directes, qui serait perçue en 1853 : quant au service des intérêts, il serait assuré par une a location annuellement portée au budget départemental

La situation financière du département de l'Orn ne s'oppose pas à ce que cette proposition, dont l u tilité est d'ailleurs incontestable, reçoive un accuei favorable. Le département ne supporte, en effet, qu 5 centimes extraordinaires, établis par les lois des 1 juillet 1840 et 5 juillet 1846, qui prendront fin au 31 décembre 1852, époque à laquelle doit commen cer la perception des 3 centimes destinés à l'amortis sement de l'emprunt actuel. Les charges des contri buables ne seront donc pas aggravées.

Les recouvrements s'opèrent avec facilité dans le département de l'Orne, les frais de poursuite n°

passent pas sensiblement la proportion moyenne
u royaume, et le rapport du total de l'impôt foncier
a revenu territorial n'y est que très-peu supérieur à
lui des départements moyens.

Votre Commission, appréciant la juste importance
ue le conseil général de l'Orne attache au prompt
chèvement du réseau de la viabilité départementale,
pensé qu'on ne pouvait refuser d'accorder à son
vote la sanction législative; en conséquence, elle a
hargé son rapporteur de proposer à la Chambre
l'adoption du projet de loi dont la teneur suit :

PROJET DE LOI.

Article premier.

Le département de l'Orne est autorisé, conformément à la demande que son conseil général en a faite dans sa session de 1846, à emprunter, en 1847, à un taux d'intérêt qui ne pourra dépasser quatre et demi pour cent, une somme de cent mille francs, qui sera appliquée aux travaux d'achèvement ou d'amélioration des routes départementales.

L'emprunt aura lieu avec concurrence et publicité. Toutefois, le préfet du département est autorisé à traiter directement avec la Caisse des dépôts et consignations, à un taux d'intérêt qui ne soit pas supérieur à celui ci-dessus fixé.

Art. 2.

Le département de l'Orne est autorisé, conformément à la demande que son conseil général en a également faite dans sa session de 1846, à s'imposer extraordinairement, en 1853, trois centimes additionnels au principal des quatre contributions

rectes, dont le produit sera exclusivement affecté
remboursement de l'emprunt ci-dessus autorisé.
Il sera pourvu au service des intérêts au moyen
s sommes annuellement portées par le conseil
néral au budget départemental.

Chambre des Députés.

SESSION 1847.

RAPPORT

FAIT

Au nom de la Commission * chargée d'examiner le projet de loi tendant à autoriser la ville de Nantes (Loire-Inférieure) à contracter un emprunt et s'imposer extraordinairement,

PAR M. DE BONTIN,

Député de l'Yonne.

———

Séance du 7 Juillet 1847.

MESSIEURS,

Il est peu de villes qui aient fait des sacrifices plus considérables que la ville de Nantes pour venir au secours de sa population indigente, dans les circonstances difficiles où la plaçait le prix toujours croi-

---

* Cette Commission est composée de MM. de Loynes, Lapéne, Goury, de Bontin, Costé, Champanhet, le baron de Salles, Pidancet, Dutens.

nt des subsistances. Déjà deux emprunts de cent mille francs ont été sollicités par elle. Elle devait espérer que ces sommes seraient suffisantes pour pourvoir aux nécessités de la situation, et que le retour de la belle saison, en activant les travaux de tout genre, favoriserait en outre les arrivages maritimes et amènerait ainsi une baisse notable dans le prix des grains et des farines.

Malheureusement, cet espoir qu'on croyait fondé a été déçu. Malgré les nombreux arrivages qui ont eu lieu, le prix des céréales s'est maintenu à un taux fort élevé, et les travaux, paralysés par la crise actuelle, n'ont pas repris leur essor accoutumé.

Le 25 mai dernier, le conseil municipal de Nantes s'est réuni, et revenant sur la décision qu'il avait prise le 24 avril précédent, de cesser à la fin de mai la distribution de bons de pain gratis et de bons de pain à prix réduit, il a senti la nécessité de persévérer dans la voie qu'il s'était tracée, et de voter un nouvel emprunt de cent mille francs, pour continuer à donner des secours aux indigents de la commune jusqu'au moment de la récolte.

Cet emprunt serait, ainsi que le précédent, remboursé en six années, au moyen d'une imposition extraordinaire de deux centimes, au principal des quatre contributions directes ; les intérêts pour la fin de l'année 1847 devraient seuls être prélevés sur les ressources ordinaires des budgets.

La ville de Nantes ne sera grevée, à partir de 1848, que d'une imposition totale de 4 centimes extraordinaires, savoir : 2 centimes pour l'amortissement de l'emprunt précédemment voté, et 2 centimes pour l'amortissement de l'emprunt actuel. Cette charge est proportionnellement légère, si on

la compare au résultat qu'il s'agit d'obtenir.
conséquence, votre Commission a chargé son
porteur de vous proposer l'adoption du proje
loi suivant :

PROJET DE LOI.

—

Article unique.

La ville de Nantes (Loire-Inférieure) est autorisée : 1° à emprunter, soit avec publicité et concurrence, soit directement de la Caisse des dépôts et
consignations, à un intérêt qui ne pourra dépasser
cinq pour cent, une somme de cent mille fr. destinée à venir en aide à la population pauvre ;

2° A s'imposer extraordinairement, pendant six
ans, deux centimes additionnels au principal de ses
contributions directes, dont le produit sera affecté
à l'amortissement du nouvel emprunt.

la compare au résultat qu'il s'agit d'obtenir. En conséquence, votre Commission a chargé son rapporteur de vous proposer l'adoption du projet loi suivant :

Dès sa session de 1836, le conseil général de ce département avait donné son consentement au classement de cette route sur le territoire de la commune de Belfort, canton de Lalbucque, mais il y avait mis la condition qu'il ne supporterait pas les frais d'exécution. Depuis cette époque, les deux départements du Lot et de Tarn-et-Garonne étaient en instance pour la solution de cette affaire.

En 1844, un avant-projet de classement fut fait par ordre du Ministre. Cet avant-projet fut soumis à une enquête dans les deux départements.

Une Commission mixte, organisée pour donner son avis, constata que le département du Lot avait intérêt à la route projetée, et fut unanimement d'avis qu'il devait contribuer, pour une somme de 10,000 f., aux frais de construction, évalués à 20,000 fr. environ.

Les conclusions de la Commission d'enquête ont paru, au Ministre des travaux paublics et au Ministre de l'intérieur, devoir être adoptées. Toutefois, avant de proposer une loi qui ordonnât le classement et établît d'office une imposition, M. le Ministre des travaux publies a voulu que l'examen de l'affaire fût de nouveau soumis au conseil général du département du Lot. Dans sa séance du 18 septembre 1846, cette assemblée, adoptant l'avis de la Commission d'enquête, a voté le classement du prolongement de la route départementale n° 20, sur le territoire de la commune de Belfort, et a demandé à s'imposer extraordinairement sur l'exercice 1848, cinquante-huit centièmes de centime additionnels au principal des quatre contributions directes, qui lui permettront de réaliser la somme

de 10,009 f., formant sa part contributive dan
dépense.

L'utilité du classement et de la construction
l'enclave ne peut laisser aucun doute, et il a
unanimement reconnu que la fixation du conting
à fournir par le département du Lot était équita
Il est vrai que la situation financière de ce dépa
ment est assez grevée. Il supporte, en effet, actu
ment 15 centimes extraordinaires, en vertu des
des 6 août 1839 et 24 juin 1845; mais l'imposi
nouvelle qu'il s'agit d'établir ne devant durer qu'
année, et ne devant, d'ailleurs, aggraver les char
des contribuables que d'une fraction de centiu
puisque le centime, dans le Lot, vaut plus de 17,00
votre Commission a pensé qu'il y avait lieu de d
ner suite au vote du conseil général.

En conséquence, elle a chargé son rapport
de proposer à la Chambre l'adoption du projet
loi dont la teneur suit :

PROJET DE LOI

Article unique.

Le département du Lot est autorisé, conformé
ment à la demande que son conseil général en a
site dans sa session de 1846, à s'imposer extraordinairement en 1848, cinquante-huit centièmes de
centime additionnels au principal des quatre contributions directes, pour en affecter exclusivement
le produit à la dépense de construction de la lacune dont le classement est projeté, sur le territoire du Lot, à l'effet de relier les deux parties
de la route départementale de Tarn-et-Garonne,
n° 20.

la prévision normale, qui était de 182,000. Les quatre premiers mois de 1847 donnent déjà sur cette prévision un excédant de 12,048 fr. 35 c. Il y a donc certitude de pourvoir facilement, par cet accroissement de recette, au paiement des annuités de remboursement du nouvel emprunt , dont la nécessité est incontestable. Votre Commission , en conséquence, a chargé son rapporteur de vous proposer l'adoption du projet de loi dont la teneur suit :

réduit, et les secours affectés à l'atelier de charité, se sont élevés à une somme de 77,539 fr. 38 c. La charité privée et un secours du Gouvernement ont pourvu à cette dépense pour 34,042 fr., et les excédants de recette du budget ont permis de solder le reste sans grever la commune d'aucune dette, Mais, le 17 mai dernier, la baisse ne s'étant pas fait sentir sur le prix des grains, le conseil municipal n'a point hésité à poursuivre son œuvre de charité jusqu'à la récolte prochaine. Il a voté un nouveau fonds de 30,000 fr., auquel il lui a fallu joindre encore 10,000 fr. pour couvrir les premières pertes sur les approvisionnements faits dans l'intérêt de la population. Les dépenses de son budget additionnel, pour 1847, se sont ainsi élevées au chiffre de 110,589 fr. 40 c., et dépassent les recettes de 39,998 fr. 60 c.

Pour couvrir ce déficit, il n'a pas trouvé d'autre moyen que celui de demander l'autorisation de contracter un emprunt de 40,000 fr., remboursable en huit ans, par annuités de 5,000 fr., à partir de 1849.

La ville a en ce moment à solder des dettes arriérées jusqu'à concurrence de 214,500 francs. L'excédant des recettes ordinaires, sur les dépenses ordinaires de ses trois derniers exercices, s'élève, en moyenne, à 40,403 fr. 32 c., somme suffisante pour amortir en quelques années sa dette ancienne. La nouvelle serait remboursée par un prélèvement annuel sur le produit de l'octroi. Cette branche de revenu est dans une période ascendante. Le total des recettes brutes de l'octroi, pour l'année 1846, s'est élevé à 208,750 fr. 68 c. C'est 13,671 fr. 18 c. de plus qu'en 1845, et 26,750 fr. 68 c. au-delà de

Chambre des Députés.

SESSION 1847.

RAPPORT

FAIT

Au nom de la Commission chargée de l'examen
d'un projet de loi tendant à autoriser le département de la Manche à s'imposer extraordinairement pour les chemins vicinaux de grande communication,*

PAR M. DE LOYNES,

Député du Loiret.

Séance du 17 Juillet 1847.

MESSIEURS,

Le département de la Manche a classé 1,012 kilomètres de chemins de grande communication ;
mais, sur cette longueur totale, 557 kilomètres
restent encore à confectionner.

* Cette Commission est composée de MM. de Loynes, Lapène, Goury, de Bontin, Costé, Champauhet, le baron de
Salles, Pidaucet, Duteus.

D'après les évaluations de l'agent-voyer en chef,
ces travaux devront occasionner une dépense d'environ 4,800,000 fr. ; or, les ressources spéciales
de toute nature qui sont applicables annuellement
au service des chemins vicinaux, savoir : le produit des cinq centimes départementaux, le montant
des subventions communales et souscriptions particulières, les prestations rachetées en argent, enfin les journées de prestations exécutées en nature,
n'équivalent ensemble qu'à une somme de 544,000
francs, qui, déduction faite des dépenses d'entretien et du personnel, ne laisse disponible, pour les
travaux neufs, qu'une allocation moyenne, par
année, de 230,000 fr.

D'autre part, la situation financière du département ne permet de faire aucun prélèvement sur
les fonds de la deuxième section du budget, en faveur des chemins de grande communication.

Il ne faudrait donc pas moins de vingt années
pour amener à l'état d'entretien le réseau de la viabilité vicinale, si des fonds supplémentaires ne pouvaient être affectés à cette destination.

Le conseil général s'est occupé, dans sa dernière
session, des moyens de rapprocher l'époque où cet
important résultat pourra être obtenu.

Il a reconnu que le seul parti qui lui restât à
prendre dans ce but, était de recourir à une imposition extraordinaire, et il a demandé, en conséquence, que le département de la Manche soit autorisé à s'imposer, pendant six ans, à partir de
1848, 3 centimes additionnels au principal des
quatre contributions directes.

Cette imposition, qui produirait 138,000 fr. par
an et 828,000 fr. pour six années, permettrait, avec

Chambre des Députés.

SESSION 1847.

RAPPORT

FAIT

Au nom de la Commission chargée de l'examen
d'un projet de loi tendant à autoriser le département de la Manche à s'imposer extraordinairement pour les chemins vicinaux de grande communication,*

PAR M. DE LOYNES,

Député du Loiret.

Séance du 7 Juillet 1847.

MESSIEURS,

Le département de la Manche a classé 1,042 kilomètres de chemins de grande communication ;
mais, sur cette longueur totale, 557 kilomètres
restent encore à confectionner.

* Cette Commission est composée de MM. de Loynes, Lapène, Goury, de Boutin, Costé, Champauhet, le baron de
Salles, Pidancet, Duteus.

D'après les évaluations de l'agent-voyer en chef, ces travaux devront occasionner une dépense d'environ 4.800,000 fr. ; or, les ressources spéciales de toute nature qui sont applicables annuellement au service des chemins vicinaux, savoir : le produit des cinq centimes départementaux, le montant des subventions communales et souscriptions particulières, les prestations rachetées en argent, enfin les journées de prestations exécutées en nature, n'équivalent ensemble qu'à une somme de 544,000 francs, qui, déduction faite des dépenses d'entretien et de personnel, ne laisse disponible, pour les travaux neufs, qu'une allocation moyenne, par année, de 230,000 fr.

D'autre part, la situation financière du département ne permet de faire aucun prélèvement sur les fonds de la deuxième section du budget, en faveur des chemins de grande communication.

Il ne faudrait donc pas moins de vingt années pour amener à l'état d'entretien le réseau de la viabilité vicinale, si des fonds supplémentaires ne pouvaient être affectés à cette destination.

Le conseil général s'est occupé, dans sa dernière session, des moyens de rapprocher l'époque où cet important résultat pourra être obtenu.

Il a reconnu que le seul parti qui lui restât à prendre dans ce but, était de recourir à une imposition extraordinaire, et il a demandé, en conséquence, que le département de la Manche soit autorisé à s'imposer, pendant six ans, à partir de 1848, 3 centimes additionnels au principal des quatre contributions directes.

Cette imposition, qui produirait 138,000 fr. par an et 828,000 fr. pour six années, permettrait, avec le concours des autres ressources précitées, sinon de terminer dans ce laps de temps tous les travaux qui restent à exécuter, du moins de pourvoir aux besoins les plus urgents, et elle donnerait en même temps les moyens de procurer du travail aux classes ouvrières.

Elle n'imposerait pas de charges nouvelles aux contribuables, puisque, jointe à une autre imposition de 2 centimes, également demandée pour les routes départementales, elle ne ferait que remplacer celle de 5 centimes autorisée par la loi du 23 juin 1840, et dont le recouvrement doit finir en 1847.

Le département de la Manche n'est d'ailleurs grevé que de cette dernière imposition, et sa situation financière ne s'oppose pas à ce que la demande du conseil général soit favorablement accueillie.

Tel est l'avis de M. le Ministre des finances et de votre Commission, qui vous propose de rédiger ainsi la loi :

PROJET DE LOI.

Article unique.

Le département de la *Manche* est autorisé, conformément à la demande que son conseil général en a faite dans sa session de 1846, à s'imposer extraordinairement pendant six années, à partir de 1848, trois centimes additionnels au principal des quatre contributions directes, dont le produit sera exclusivement affecté aux travaux d'achèvement des chemins vicinaux de grande communication classés.

Cette imposition sera recouvrée concurremment avec les centimes spéciaux dont les lois de finances autoriseront l'établissement, en vertu de l'art. 12 de la loi du 21 mai 1836.

Chambre des Députés.

SESSION 1847.

RAPPORT

FAIT

Au nom de la Commission * *chargée de l'examen d'un
projet de loi tendant à autoriser le département de la
Manche à s'imposer extraordinairement pour les travaux des routes départementales,*

PAR M. DE LOYNES,

Député du Loiret.

Séance du 7 Juillet 1847.

MESSIEURS,

Les vingt-trois routes départementales classées
dans le département de la Manche, sont aujourd'hui ouvertes et livrées à la circulation sur leur
étendue totale, qui est d'environ 556 kilomètres;
toutefois il existe sur certaines parties de ces voies

---

* Cette Commission est composée de MM. de Loynes, Lapéne, Goury, de Boutin, Coste, Champanhet, le baron de Salles,
Pidancet, Dutens.

de communication de notables dégradations, qu'il importe de réparer le plus promptement possible.

Ainsi, les chaussées d'empierrement sont, sur beaucoup de points, complétement détruites et exigent des rechargements nouveaux; un grand nombre de traversés pavées doivent également être restaurées; de plus, les besoins d'une circulation toujours croissante, ont rendu indispensable l'élargissement de portions trop étroites, et la rectification de pentes trop rapides.

L'ensemble des améliorations de toute nature que réclame le système de la viabilité départementale, n'est pas évalué, par M. l'ingénieur en chef, à moins de 2,400,000 fr.; mais elles ne présentent pas toutes le même degré d'urgence, et il serait possible de pourvoir, quant à présent, aux nécessités les plus pressantes, au moyen d'une somme qui n'excéderait pas 600,000 fr.

Cependant, le département de la Manche n'est pas en mesure de faire face à la dépense, même aussi réduite.

En effet, les ressources de la première section du budget sont loin d'être suffisantes pour les services départementaux ordinaires. D'un autre côté, les centimes facultatifs sont absorbés, soit, pour suppléer à cette insuffisance même, soit pour acquitter diverses dépenses également nécessaires.

Enfin, le boni provenant de l'imposition extraordinaire établie en vertu de la loi du 23 juin 1840, pour remboursement d'un emprunt départemental, et que la loi du 5 juin 1846 a permis d'employer aux travaux des routes, ne produira qu'une somme disponible d'environ 129 mille francs; il est donc utile pour opérer, même partiellement,

les améliorations que commande la situation actuelle, d'autoriser la création de ressources extraordinaires.

Le conseil général s'est vivement préoccupé, dans
sa dernière session, de cette question importante;
et, après une mûre délibération, il a demandé que
le département de la Manche soit autorisé à s'imposer extraordinairement, pendant six années, à
partir de 1848, deux centimes additionnels au
principal des quatre contributions directes.

Cette imposition produirait annuellement 92,000
francs, et 552,000 fr. pour six années; les fonds
seraient répartis dans les proportions déterminées
par le conseil général, entre les diverses catégories
de travaux spécifiés plus haut.

Cette imposition, Messieurs, offrirait en même
temps l'avantage de procurer du travail aux classes
ouvrières; elle n'aggraverait point d'ailleurs les
charges actuelles des contribuables; réunie, en
effet, à une autre imposition de trois centimes, également votée par le conseil général dans sa dernière session, pour les chemins vicinaux de grande
communication, elle ne ferait que remplacer l'imposition extraordinaire autorisée par la loi précitée
du 23 juin 1840, dont le recouvrement doit finir
en 1847, et qui est la seule que supporte aujour-
d'hui le département de la Manche.

J'ajouterai, Messieurs, que dans ce département,
la situation des recouvrements est satisfaisante, et
les frais de poursuite y sont peu élevés.

En conséquence, votre Commission pense, avec
M. le Ministre des finances, qu'il peut être donné
suite à la délibération du conseil général, et elle
vous propose de sanctionner le projet de loi ainsi
formulé;

PROJET DE LOI.

Article unique.

Le département de la Manche est autorisé, conformément à la demande que son conseil général en a faite dans sa session de 1846, à s'imposer extraordinairement pendant six années, à partir de 1848, 2 cent. additionnels au principal des quatre contributions directes, dont le produit sera exclusivement appliqué aux travaux d'amélioration et de restauration des routes départementales classées.

(N° 306.)

Chambre des Députés.

SESSION 1847.

RAPPORT

FAIT

Au nom de la Commission * chargée de l'exam
le d'un projet de loi tendant à autoriser le dépar
ment de la Charente à s'imposer extraordinaire-
ment pour les dépenses de l'instruction primaire,

PAR M. DE LOYNES,

Député du Loiret.

Séance du 7 Juillet 1847.

MESSIEURS,

Les centimes spéciaux votés annuellement par le
conseil général du département de la Charente, en
exécution de la loi du 28 juin 1833, ne produisent
pas des ressources suffisantes pour subvenir à toutes les dépenses de l'instruction primaire; ainsi,

* Cette Commission est composée de MM. de Loynes, Lapène, Goury, de Bontin, Costé, Champauhet, le baron de Salles,
Pidancet, Dutens.

produit, qui s'élève à 50,614 fr. 16 cent., comte à peine les fonds indispensables aux frais or-
naires des écoles primaires communales, de l'é-
e normale primaire, et aux menues dépenses
la caisse d'épargnes, des comités d'arrondisse-
ent et de la Commission d'instruction primaire.
Le département est donc dans l'impossibilité de
élever, sur ces centimes spéciaux, aucune allo-
tion pour une autre catégorie de dépenses émi-
mment propres à hâter le développement de l'in-
truction primaire.

Ces dépenses consistent notamment en subven-
on aux communes pour acquisitions, construc-
ns et réparations des maisons d'écoles, indem-
tés aux instituteurs qui fréquentent les cours de
École normale, en allocations pour les cours nor-
aux destinés aux élèves-instituteurs.

Le conseil général de la Charente s'est occupé,
ans sa dernière session, de pourvoir à cette insuf-
sance de ressources, et il a demandé que le dépar-
ment soit autorisé à s'imposer extraordinairement, en 1848, trois dixièmes de centime, au
principal des quatre contributions directes.

Cette imposition donnerait environ une somme
le 7,500 fr., et permettrait de seconder plus largement les efforts faits par les communes.

L'utilité de ce vote est incontestable, Messieurs,
et votre Commission pense qu'il y a lieu de l'accueillir, bien qu'il doive résulter, l'année prochaine, une légère augmentation de charges pour
les contribuables qui sont déjà grevés de 10 centimes extraordinaires, établis en vertu des lois des
4 juin 1834 et 5 juin 1846, pour les travaux de
routes départementales et de chemins vicinaux

de grande communication ; mais cette impositi
prendra fin en 1849 , pour 4 centimes, et en 18:
pour les six autres.

Le rapport de l'impôt foncier au revenu terri
rial ne dépasse pas, dans le département, la pr
portion moyenne du royaume ; à la vérité, l
frais de poursuites y sont un peu élevés (2 fr. 16
pour 1,000 fr., au lieu de 1 fr. 60 c. qui est
moyenne), et les recouvrements y sont arriérés d'i
demi douzième. Néanmoins, M. le Ministre d
finances, consulté, est d'avis qu'il peut être don
suite à la délibération du conseil général.

Votre Commission a l'honneur de vous propos
l'adoption de la loi ainsi formulée :

PROJET DE LOI.

Article unique.

Le département de la Charente est autorisé, conormément à la demande que son conseil général n a faite dans sa session de 1846, à s'imposer xtraordinairement en 1848, trois dixièmes de cenime additionnels au principal des quatre contribuions directes, dont le produit sera exclusivement affecté à celles des dépenses de l'instruction primaire auxquelles il ne pourra être pourvu au moyen des centimes spéciaux perçus en vertu de la loi du 28 juin 1834.

. . . .

les observations de deux de nos collègues, l'u
maire de Lyon, et l'autre, membre de la muni
palité de la ville; elle s'est mise en rapport avec
Ministère de l'intérieur ; elle a voulu savoir au
ce que le conseil d'État et la Cour des comp
pensaient de cette importante situation.

Elle vous doit ici le résultat de ses investigatio

C'est le 23 mars dernier que le comité de l'in
rieur du conseil d'État a pris connaissance d
rapport et d'un projet de loi ayant pour objet d'
toriser la ville de Lyon à emprunter une somme
1,300,000 fr. pour combler le déficit que *pré*
teront les comptes pour les exercices de 184;
1847.

Pour n'avoir plus à y revenir, nous devons i
Messieurs, vous dire que les 600,000 fr. qui v
sont demandés en plus par le projet de loi sou
à la Chambre, ont été dépensés en bons de pain
des prix réduits, et en secours aux établisseme
charitables. Cette dépense est au-dessus de tou
critiques, dans une ville qui renferme une si nou
breuse population ouvrière.

Mais revenons à l'avis du comité du cons
d'État sur l'emprunt; il est ainsi libellé :

« Considérant que les ressources que l'admin
« tration municipale de Lyon annonce devoir e
« ployer à l'amortissement de l'emprunt qu'elle
« licite l'autorisation de contracter, se composen
« 1° de l'excédant des recettes ordinaires sur l
« dépenses de même nature; 2° du produit de l'
« liénation de ses immeubles;

« Considérant que de l'examen du budget
« 1847, et de l'appréciation des besoins auxquels
« ville de Lyon est obligée de satisfaire chaque a
« née, il résulte que l'excédant des recettes ordin

res, qui s'élève effectivement à 1,100,000 fr., sera absorbé, *pendant longtemps encore*, par les dépenses que la ville a à faire dans l'intérêt de la voierie et des autres services communaux, ainsi que pour les intérêts des dettes déjà contractées par elle ;

« Considérant qu'en admettant que la ville de Lyon réalise *les ventes d'immeubles, qu'elle projète depuis si longtemps sans jamais les effectuer*, cette réalisation ne produirait, d'après l'exposé du maire, qu'une somme de 6,695,000 fr. ;

« Que cette somme serait loin d'être suffisante pour amortir les dettes de la ville, qui, d'après le même exposé, s'élevaient, au mois de novembre dernier, à 8,718,000 fr.;

« Considérant que la ressource qui paraîtrait devoir être employée au remboursement *de cet emprunt, que les déficits de 1846 et 1847 ont malheu- reusement rendu indispensable*, serait le produit *d'une imposition extraordinaire* à laquelle la ville de Lyon n'a pas encore eu recours ;

« Considérant que les déficits des années 1846 et 1847 ont eu lieu en grande partie par suite de *l'admission aux recettes extraordinaires du pro- duit des ventes projetées d'immeubles, et parce que, bien que ces ventes n'aient point été effec- tuées, les dépenses auxquelles elles devaient faire face n'en ont pas moins été faites par l'adminis- tration municipale* ;

« Considérant qu'il importe de prévenir le retour d'une semblable manière de procéder, qui vien- drait aggraver encore la situation déjà si déplora- ble de la ville de Lyon, *est d'avis* :

« 1° Que l'emprunt que la ville de Lyon demande à contracter, ne peut être autorisé qu'autant que

« cette ville , soit par une imposition extraordi-
« naire , soit par toute autre ressource assurée ,
« garantira le remboursement de l'emprunt ;

« 2° Que l'attention toute particulière de M. le
« Ministre de l'intérieur , doit être appelée sur
« les budgets de la ville de Lyon , lors de leur
« règlement , et qu'il y a lieu de n'admettre aux
« recettes extraordinaires de ces budgets ; comme
« produits de ventes d'immeubles, que le produit
« des ventes effectuées et réalisées. »

Après l'avis du conseil d'Etat, nous avons cru devoir, Messieurs , vous dire ce que pense la Cour des
comptes sur la situation financière de la ville de
Lyon.

Veuillez vous reporter au rapport au Roi , et à la
déclaration générale sur les comptes de l'année 1844,
vous y trouverez consignées les observations suivantes : « Une circulaire du Ministre de l'intérieur,
« adressée aux préfets, le 12 août 1840 , porte tex-
« tuellement : Suivant le conseil d'Etat , un conseil
« municipal ne peut , sans remplir les formalités
« exigées en matière d'emprunt , traiter avec un
« entrepreneur pour la construction d'un édifice,
« l'ouverture d'une rue, ou toute autre opération
« d'utilité communale , avec stipulation que cet
« entrepreneur ne sera payé qu'en plusieurs an-
« nées, et à charge par la commune de lui tenir
« compte de l'intérêt de ses avances : *de semblables*
« *conventions* sont considérées en général comme
« *constituant de véritables emprunts.*

« Nonobstant des dispositions aussi formelles,
« et dont l'exécution était aussi expressément re-
« commandée à la vigilance de l'Administration,
« nous avons rencontré, dans la vérification des

« comptes de 1844, de nombreuses dérogations à
« cette jurisprudence, qui ont même reçu quel-
« quefois l'approbation de l'autorité supérieure.

« La tendance trop générale des villes à devan-
« cer les progrès de leurs revenus, pour réaliser
« par anticipation, des embellissements et des amé-
« liorations de toute nature, les entraîne, au mépris
« des règles prescrites, à contracter des emprunts
« à longue échéance, constituant des engagements
« déguisés, qui affranchissent des précautions or-
« données en ces termes par la sagesse de la loi
« du 18 juillet 1837, article 41 :

« Aucun emprunt ne peut être autorisé que par
« ordonnance du Roi, rendue dans la forme des
« réglements d'administration publique, pour les
« communes ayant moins de 100,000 fr. de revenus,
« et par une loi, s'il s'agit d'une commune ayant
« un revenu supérieur.

« Cet entraînement des conseils municipaux à
« satisfaire prématurément des exigences locales,
« avait, en effet, besoin d'être contenu par la main
« puissante et modératrice du Gouvernement. L'ou-
« bli de ces dispositions protectrices de la fortune
« municipale, a conduit des cités importantes à
« souscrire des obligations à longs termes, qui ont
« grevé leur avenir de charges considérables en ca-
« pital et intérêts.

« La ville de Lyon, dont le revenu n'atteint pas
« la somme de 4 millions, a été autorisée, par des
« lois spéciales, depuis un certain nombre d'an-
« nées, à emprunter 5,927,000 fr., dont elle a payé
« l'intérêt à divers taux de 5 et de 4 1/2 pour 0/0 ;
« emprunts qui la rendent encore débitrice, au

« 31 décembre 1844, d'un capital de 5,519,000 fr.,
« et de 253,465 fr. d'intérêts.

« Toutefois, cette situation de prêts légalement
« contractés ne fait connaître qu'imparfaitement la
« dette effective de la ville, qui s'est augmentée par
« les créances suivantes, *irrégulièrement* ajoutées
« à son passif, savoir : »

Ici, Messieurs, la nomenclature de ces créances,
relatée pages 126 et 127 du rapport, et montant
à un total de 1,284,773 fr. 76 cent.

« Ce premier supplément, poursuit la Cour des
« comptes, porterait la dette de la commune à
« 6,806,973 f. 76 c en capital, et à 317,713 f. 68 c.
« en intérêts; mais elle s'est encore accrue par deux
« entreprises de constructions de trottoirs, paya-
« bles en annuités prolongées pendant vingt ans,
« et s'élevant ensemble à 436,375 fr. 58 c.

« Ce seul exemple démontre la nécessité de pro-
« téger les finances municipales, par un retour com-
« plet aux dispositions de la loi du 18 juillet 1837.»

La Cour des comptes a eu à s'occuper tout récemment de l'apurement du dernier compte du
revenu municipal de la ville de Lyon, et elle a inséré dans le rapport le passage suivant : « Une fois
« engagée dans cette voie mauvaise, l'administra-
« tion municipale ne s'est plus arrêtée; et la Cour
« n'apprendra pas sans étonnement que les nou-
« velles acquisitions de 1845 ont atteint le chiffre
« énorme de 1,177,774 fr. »

Suit au rapport un tableau qui constate l'acquisition de nombreuses maisons achetées au prix de
1,177,774 francs 57 centimes. « Mais, ajoute le
« rapport, ce qu'il importe de bien remarquer,
« c'est que toutes les acquisitions ont eu lieu aux

« mêmes conditions que par le passé, c'est-à-dire
« avec obligation, pour la ville, de servir l'intérêt
« du capital sur le pied de 5 pour 100, pendant
« plusieurs années, jusqu'au remboursement in-
« tégral du prix d'acquisition. »

Et un nouveau renvoi au rapport au Roi, a été
ordonné pour l'année prochaine.

Ainsi que je l'avais annoncé en commençant,
Messieurs, la Commission a appelé dans son sein
notre honorable collègue, M. le maire de Lyon.

Il a expliqué d'abord, que si une ordonnance
royale du 10 janvier dernier, veille de l'ouverture
de la session législative, avait autorisé la ville à contracter un emprunt de 900,000 fr., cela tenait à ce
que la Caisse des dépôts et consignations avait déclaré ne plus vouloir attendre le remboursement
déjà en retard de cette somme. Il annonce que
parmi les éléments du malaise de la ville de Lyon,
il fallait placer en première ligne la désastreuse
inondation de 1840, qui a nécessité un emprunt
considérable; puis, la dépense des enfants trouvés et
abandonnés, qui occasionne, au compte de 1846, un
déficit de 923,687 fr., par suite de la manière dont
ont été interprétées la loi et la circulaire ministérielle
du 21 août 1839, par le conseil général du Rhône
et par le conseil d'État; que le refus du Gouvernement d'admettre la somme de 64,347 fr. comme
représentant le dixième de la valeur du terrain
sur lequel est construit l'entrepôt des liquides, a
occasionné le déficit de pareille somme au budget
de 1846 ; que la nécessité de faire jouir les habitants
de la ville de toutes les améliorations de la viabilité, avait en effet entraîné l'Administration à des
dépenses considérables: ainsi la rue Centrale, pour

et sanctionnés par l'autorité supérieure; on a vai
nement essayé d'en supprimer quelques unes : le
choix est impossible. Il a fallu, pour régler le budget, admettre en recette un emprunt de 1,300,000 f.
sous la réserve de l'obtention de la loi. Puis sont
survenues les fâcheuses circonstances de 1847,
qui obligent à porter le chiffre de l'emprunt
à 1,900,000 fr.

Si cet emprunt n'était pas autorisé, l'administration municipale se trouverait dans la plus fâcheuse
de toutes les positions, et la ville hors d'état de satisfaire à des dettes exigibles, pour lesquelles elle
pourrait être actionnée.

Si l'on jette les yeux sur le tableau du passif de
la ville, on voit qu'une portion de la dette résulte
d'acquisitions payables à longs termes et passibles
d'intérêts.

Les acquisitions ont été légalement autorisées, il
est vrai; mais la Cour des comptes les considère
comme des emprunts déguisés, et de nature à compromettre la fortune publique.

Pour revenir à l'emprunt, le conseil d'État a été
d'avis qu'il est indispensable ; il pense également
que pour en assurer l'amortissement, la ville devrait recourir à l'imposition de centimes additionnels.

Cette opinion, M. le préfet du Rhône l'avait exprimée dans une lettre du 7 mai 1847, lettre adressée à M. le Ministre de l'intérieur, et dans laquelle
il expose que le principal des contributions directes
de la ville étant de 2,634,615 fr., une imposition de
10 centimes additionnels seulement produirait annuellement plus de 263,000 francs.

Votre Commission, Messieurs, partage entièrenent l'avis du conseil d'Etat et de M. le préfet du Rhône.

Le conseil municipal de Lyon n'a pas encore délibéré sur ce point : il ne paraît avoir songé qu'à se procurer d'insuffisantes ressources, en étendant les droits d'octroi à quelques objets qui, jusqu'à ce jour, en ont été exempts; ce topique resterait sans efficacité.

La loi de 1837 donne au Gouvernement des droits dont, au besoin, il doit faire usage; c'est, en réglant le budget de la ville, d'ajourner toute dépense nouvelle, jusqu'à ce que sa position financière soit améliorée. Lorsqu'on aura élagué toute dépense facultative nouvelle, si le budget n'offrait pas des ressources suffisantes pour payer les dépenses obligatoires et pourvoir à l'amortissement de la dette municipale, le préfet aurait le droit d'imposer d'office à la ville les centimes spéciaux de l'instruction primaire et des chemins vicinaux, afin de rendre disponible une portion équivalente de son revenu, applicable au paiement de la dette.

Mais il est, Messieurs, plus que probable qu'on n'aura pas besoin d'agir ainsi d'office, et que le conseil municipal, reconnaissant la nécessité de l'impôt, s'y résignera de bonne grâce.

En résumé, Messieurs, votre Commission reconnaît que l'emprunt de 1,900,000 fr., sollicité par l'administration municipale de la ville de Lyon, est indispensable, et qu'il faut le lui accorder, sauf à l'administration supérieure à assurer les voies et moyens du remboursement; mais elle espère que M. le Ministre de l'intérieur voudra bien prendre la résolution de ne pas souffrir désormais que la ville rembourse des emprunts avec de nouveaux emprunts, et de l'obliger à restreindre les dépenses, tant ordinaires qu'extraordinaires, dans la limite des ressources que présente son budget.

Sous la réserve de ces observations, votre Commission, Messieurs, me charge de vous proposer l'adoption du projet de loi ainsi formulé :

PROJET DE LOI.

Article unique.

La ville de Lyon (Rhône) est autorisée à emprunter, soit avec publicité et concurrence, soit directement de la Caisse des dépôts et consignations, à un
taux d'intérêt qui ne pourra dépasser cinq pour
cent, une somme de un million neuf cent mille
francs, destinée à couvrir le déficit de son budget
de l'exercice 1847, et à venir au secours de la
classe indigente.

Le remboursement de cet emprunt aura lieu dans
un délai de donze ans, au moyen des revenus ordinaires de la ville, aux époques et dans les proportions indiquées par les délibérations municipales
des 19 novembre 1846 et 29 avril 1847.

(Nº 308.)

Chambre des Députés.

SESSION 1847

RAPPORT

FAIT

Au nom de la Commission* chargée d'examine
projet de loi tendant à autoriser le départen
du Pas-de-Calais à s'imposer extraordina
ment pour les travaux de ses routes départen
tales,

PAR M. LE COLONEL DE SALLE

Député du Loiret.

Séance du 8 Juillet 1847.

MESSIEURS,

Les routes départementales du Pas-de-Calai
clament des réparations urgentes et des amél
tions qu'il n'est pas possible d'ajourner plus l
temps; le conseil général de ce département s

* Cette Commission est composée de MM. de Lo
Lapéne, Goury, de Bontin, Costé, Champanhet, le
de Salles, Pidancet, Dutens.

(Nº 309.)

Chambre des Députés.

SESSION 1847.

RAPPORT

Au nom de la Commission * *chargée de l'examen du
projet de loi tendant à proroger, jusqu'au 31 décembre 1852, la suspension de la réorganisation
des gardes nationales dissoutes,*

PAR M. LE BARON DUPRAT,

Député de Tarn-et-Garonne.

Séance du 9 Juillet 1847.

MESSIEURS,

L'art. 5 de la loi du 22 mars 1831, sur la garde
nationale, dit textuellement :

« Cette organisation (conséquence de l'art. 4),

---

* Cette Commission est composée de MM. Devienne, Chégaray, Barada, le baron Duprat, Moreau (Meurthe), Clapier
(Bouches-du-Rhône), de Loynes, le marquis de Bérenger, le
baron de Bastard.

« sera permanente ; toutefois, le Roi pourra sus-
« dre   ou dissoudre la garde nationale en de
« lieux déterminés.

« Dans ces deux cas, la garde nationale sera re-
« mise en activité ou réorganisée dans l'année qu
« s'écoulera à compter du jour de la suspension ou
« de la dissolution, s'il n'est pas intervenu une
« loi qui prolonge ce délai. »

Voici le principe clairement et nettement pos-
dans la loi, qui est encore aujourd'hui le Code d
la garde nationale.

Le législateur a reconnu la nécessité d'accorde
au Roi la faculté de dissoudre la garde nationale
mais avec la précaution tutélaire qui commande sa
réorganisation dans le délai d'une année.

Le Gouvernement a prononcé, par ordonnance
royale, cette dissolution dans diverses villes du
royaume, telles que Lyon, La Guillotière, Vaise
Caluire et Cuire (Rhône); Carcassonne, Limoux
(Aude); Saint-Étienne, Saint-Chamond, Valbe-
notte, Outrefurens et Montaud (Loire); Toulouse
(Haute-Garonne), Montauban (Tarn-et-Garonne)

Ces diverses mesures, prises à des époques différentes, remontent jusqu'en 1832 : elles ne furent
pas suivies de la réorganisation prescrite par l'article précité.

L'opinion publique dut s'en préoccuper. Dans
cette Chambre, le Gouvernement fut plusieurs fois
interpellé sur la question de savoir pour quel motif
les gardes nationales dissoutes, par ordonnance
royale, n'avaient pas été réorganisées dans les délais
prescrits.

Le Ministre a constamment allégué des considé-

ations d'ordre public, d'intérêt général, qui ne
ermettaient pas de rendre aux gardes nationales
issoutes l'organisation et l'action que la loi leur
onlère. Si ces causes venaient à disparaître ou à
'affaiblir, il s'empresserait de rentrer dans la légalité. Comme aussi, si les moyens de temporisa-
ion qu'il jugeait utile de tenter étaient inefficaces,
l s'adresserait aux Chambres pour faire proroger le
lélai de réorganisation.

Ces promesses sont remplies. Le Gouvernement
vous a présenté un projet de loi tendant à proroger jusqu'au 31 décembre 1852, la suspension de
la réorganisation des gardes nationales dissoutes.

La mesure s'applique aux villes de Lyon, la
Croix-Rousse, La Guillotière, Vaise, Caluire et
Cuire (Rhône); Carcassonne (Aude); Saint-Étienne,
Saint-Chamond, Valbenoîte, Outrefurens et Montaud (Loire); Toulouse (Haute-Garonne). La Commission que vous avez chargée d'examiner le projet de loi, a désiré entendre M. le Ministre de l'intérieur sur les causes qui commandaient cette disposition.

Nous avons reçu tous les renseignements susceptibles de nous éclairer, et de nous convaincre de
son urgente nécessité.

Il nous a été expliqué que les gardes nationales de
Limoux (Aude), de Montauban (Tarn-et-Garonne),
dissoutes par ordonnance royale, n'étaient pas com-
prises dans le projet, parce que leur réorganisation était ordonnée depuis 1846, et qu'il y avait
commencement d'exécution.

Votre Commission, ainsi renseignée, n'a pu concevoir aucun doute sur l'utilité et l'opportunité du projet ; il nous a été démontré jusqu'à l'évidence qu'il y aurait danger à en refuser l'adoption.

Nous pourrions produire à l'appui de cette résolution des développements applicables aux d verses localités indiquées au projet.

Mais, quelques précautions que nous eussions prises dans la forme, nous devions nécessairement reproduire des faits, des rapprochements qui pouvaient ranimer des dissensions mal éteintes, exciter les passions publiques, et faire renaître des agitations menaçantes pour l'ordre général.

Nous avons pensé que nous devions être sobres de détails, et qu'il suffisait de produire le résultat de nos convictions.

Quelleque soit l'amélioration de l'opinion publique, nous croyons, avec l'exposé des motifs, qu'il y aurait imprudence à s'y confier trop aveuglément, et que la sagesse conseille encore la mesure de précaution ménagée par le projet de loi.

La prorogation du délai de la réorganisation, jusqu'au 31 décembre 1852, a appelé notre attention ; nous avons voulu connaître les motifs de cette durée. M. le Ministre de l'intérieur nous a fait remarquer que le délai était facultatif ; le projet dit : la suspension pourra être prorogée. Ainsi, le Gouvernement restera juge des circonstances qui pourront lui permettre, soit de devancer l'époque fixée, soit de solliciter une nouvelle prorogation, si le grand intérêt de l'ordre public l'exigeait.

Un autre motif a déterminé la date du 31 décembre 1852, c'est la coïncidence avec la réélection générale des gardes nationales du royaume.

Votre Commission a été satisfaite de ces explications; elle a l'honneur de vous proposer l'adoption du projet de loi.

PROJET DE LOI.

—

Article unique.

La suspension de la réorganisation de la garde nationale, dont la dissolution a été prononcée par ordonnances royales, dans les villes de Lyon, la Croix Rousse, la Guillotière, Vaise, Caluire et Cuire (Rhône); Carcassonne (Aude); Saint-Étienne, Saint-Chamond, Valbenoîte, Outrefurens et Montaud (Loire); Toulouse (Haute Garonne), pourra *être* prorogée jusqu'au 31 décembre 1852.

(N° 510.)

Chambre des Députés.

SESSION 1847.

PROJETS DE LOIS

ADOPTÉS PAR LA CHAMBRE DES PAIRS,

Relatifs à de nouvelles délimitations de communes dans les départements ci-après :

CHARENTE (ville de Cognac et commune de St-Martin),
CORSE (commune d'Ajaccio et section de Mezzavia),
CREUSE ET INDRE (commune de Measmes et d'Aigurande),
GIRONDE (arrondissements de La Réole et de Bazas),
LOIR-ET-CHER (section d'Herbilly et commune de Courbouzon),
MANCHE (section de Mesnil-Veneron et commune de St-Jean-de-Daye),
MARNE (communes de Fagnières et de Châlons),
PYRENEES (BASSES-) cantons est et ouest de la ville de Pau),
SAONE ET-LOIRE (cantons de St Martin et de Verdun-sur-Saône),
VIENNE (commune de Traversay et de Saint-Cyr),

PRÉCÉDÉS

DES EXPOSÉS DES MOTIFS,

PRÉSENTÉS

PAR M. LE MINISTRE SECRÉTAIRE D'ÉTAT AU DÉPAR-
TEMENT DE L'INTÉRIEUR.

Séance du 10 Juillet 1847.

Charente.

Exposé des motifs du projet de loi tendant à agrandir la ville de Cognac sur le territoire de Saint-Martin, et à réunir à cette dernière la commune de Châteaubernard (Charente).

·····

MESSIEURS,

La ville de Cognac (Charente) est si resserrée par les limites de son territoire, qu'elle ne peut trouver que sur la commune de Saint-Martin les terrains nécessaires à la construction de divers établissements publics, dont les projets sont au moment d'être mis à exécution.

Le conseil municipal de Cognac a demandé qu'on assignât à la ville un périmètre plus étendu, afin de ne pas laisser ces divers établissements sour la surveillance d'une autorité étrangère, et afin de pouvoir lui-même veiller à l'exécution de ses règlements, tant sur les établissements dont il s'agit, que sur plusieurs lieux publics sur lesquels aucune surveillance efficace ne peut être exercée.

Cette demande ayant été jugée fondée sur des considérations qui intéressent la sûreté générale et la marche régulière de l'Administration, on a proposé de réunir à Cognac 26 parcelles apparte-nant à la commune de Saint-Martin, et formant une étendue de 194 hectares, sur lesquels se trouvent environ 500 habitants, et qui produisent 74 francs en centimes additionnels.

La distraction à faire subir à Saint-Martin est donc considérable, et l'on conçoit la résistance du conseil municipal de cette commune. Mais d'abord, malgré cette perte, il lui resterait 750 habitants et 1,088 fr. en centimes additionnels, c'est-à-dire des moyens suffisants d'administration ; et il faut re-marquer qu'elle est destinée à recevoir une com-pensation presque équivalente, du moins quant aux revenus, par l'adjonction qu'on se propose de lui faire de la petite commune de Châteaubernard, en-clavée sur son territoire, qui renferme 314 habitants, et dont les revenus ordinaires en centimes addition-nels sont de 69 fr. Le conseil municipal de cette petite commune reconnaît la convenance et la né-cessité de cette réunion ; seulement il voudrait (prétention jugée inadmissible) conserver les avan-tages du chef-lieu.

Toutes ces modifications de territoire, malgré les objections qu'elles ont soulevées, nous ayant paru tout-à-fait conformes aux principes adminis-tratifs qui doivent être suivis en pareille circon-stance, nous avons pris les ordres du Roi, afin de

umettre à la Chambre la mesure législative qui
it les sanctionner.

Voici, Messieurs, le texte de ce projet déjà adopté
r la Chambre des Pairs, dans sa séance du 6 juillet
347.

PROJET DE LOI.

LOUIS-PHILIPPE,

Roi des Français ,

A tous présents et à venir, salut.

Nous avons ordonné et ordonnons que le projet
de loi dont la teneur suit, adopté par la Chambre
des Pairs, dans sa séance du 6 juillet 1847, soit présenté en notre nom à la Chambre des Députés, par
notre Ministre secrétaire d'Etat au département
de l'intérieur, que nous chargeons d'en exposer les
motifs et d'en soutenir la discussion.

Article premier.

Les parcelles de terrains lavées en jaune
pâle et circonscrites par un liséré vert sur le plan
annexé à la présente loi, sont distraites de la
commune de Saint Martin, canton et arrondissement de Cognac, département de la Charente, et
réunies à celle de Cognac, mêmes canton et arrondissement.

En conséquence, la limite entre les deux com-

munes est fixée selon le tracé du liséré vert, con
mément au dit plan.

Art. 2.

Les dispositions qui précèdent auront lieu
préjudice des droits d'usage et autres qui
raient être respectivement acquis.

Art. 3.

Les communes de Saint-Martin et Châte
bernard, canton et arrondissement de Cognac, so
réunies en une seule, dont le chef-lieu est fixé
Saint-Martin, et qui prendra le nom de San
Martin-Châteaubernard.

Art. 4.

Les communes réunies par les articles précédent
continueront, s'il y a lieu, à jouir séparément
comme sections de commune, des droits d'usage
autres qui pourraient leur appartenir, sans pou
voir se dispenser de contribuer en commun au
charges municipales.

Les autres conditions des distractions et réunion
prononcées, seront, s'il y a lieu, ultérieurement dé
terminées par une ordonnance du Roi.

Donné, etc.

Corse.

Exposé des motifs du projet de loi tendant à réunir à la commune d'Ajaccio la section de Mezzavia et Aqualongua, distraite de la commune de Tavera (Corse).

MESSIEURS,

La commune de Tavera, canton de Bocagnano, arrondissement d'Ajaccio, département de la Corse, administre le territoire du hameau de Mezzavia et d'Aqualongua, qui est totalement séparé de son périmètre par les communes d'Alatta et d'Ajaccio.

Les règlements cadastraux exigeant la suppression de cette enclave, on ne pourrait tenir compte de l'opposition du conseil municipal de Tavera.

D'ailleurs, cette commune, peuplée de 718 habitants, sur un territoire de 3,314 hectares, peut, sans inconvénient, supporter la perte de 59 habitants et de 190 hectares.

Une autre opposition à laquelle on **devait** moin
s'attendre, est celle de la commune d'Ajaccio, appe
lée à profiter de cette adjonction territoriale. L
conseil municipal d'Ajaccio craint que l'administration des deux villages lui soit plus à **charge** qu
profitable; mais les autorités **administratives** du
département, ainsi que le conseil d'arrondissemen
et le conseil général, ont démontré, **par leur** avis
favorable, ce que cette assertion **paraît** avoir
d'exagéré.

Les autorités judiciaires ont également *regardé*
la réunion de l'enclave au territoire d'Ajacci
comme une bonne mesure; cette rectification cadastrale, qui intéresse deux cantons, exigeant le
concours du pouvoir législatif, nous venons, d'après
les ordres du Roi, soumettre à votre approbation le
projet de loi que la Chambre des Pairs a adopté
dans sa séance du 6 de ce mois, et dont je vais *avoir*
l'honneur de vous faire connaître les dispositions:

———

PROJET DE LOI.

LOUIS-PHILIPPE, etc.

Article premier.

Le territoire des hameaux de Mezzavia et Aqualongua, circonscrits par des liserés roses et jaunes,
sur le plan annexé à la présente loi, est distrait de
la commune de Tavera, canton de Bocagnano, ar-

ndissement d'Ajaccio, département de la Corse,
réuni à celle d'Ajaccio, canton du même nom.

En conséquence, la limite entre les communes
Ajaccio et d'Alatta, est fixée selon le tracé du liseré
vé en rose au dit plan.

Art. 2.

Les dispositions qui précèdent auront lieu sans
réjudice des droits d'usage et autres, qui
ourraient être respectivement acquis.

Les autres conditions de la distraction pronon-
e, seront, s'il y a lieu, ultérieurement détermi-
es par une ordonnance du Roi.

Donné, etc.

Creuse et Indre.

Exposé des motifs du projet de loi tendant à chan-
ger la circonscription des départements de
Creuse et de l'Indre, sur le territoire des com-
munes de Measmes, Lourdoueix et Aigurande.

MESSIEURS,

Nous venons, d'après les ordres du Roi, soumett
à vos délibérations un projet de loi déjà adopté p
la Chambre des Pairs dans sa séance du 6 juillet 184
et qui change la circonscription des départemen
de la Creuse et de l'Indre, sur le territoire de
communes de Measmes, Lourdoueix et Aigurand

Ce changement a pour but de donner à la vil
d'Aigurande un accroissement de territoire do
elle a besoin, et qu'elle ne peut obtenir qu'a
moyen de la distraction de plusieurs portions d

erritoire dépendant des communes de Measmes et
le Lourdoueix.

Ces portions de territoire sont en quelque sorte
me dépendance de la ville d'Aigurande; les mai-
ons qui y sont construites forment un des côtés
l'une rue, dont l'autre côté appartient à Aigurande,
n sorte que le ruisseau de cette rue forme la limite,
non-seulement de deux communes, mais de deux
départements.

Un pareil état de choses montre bien que l'Administration n'est pas moins intéressée que la ville
d'Aigurande à l'établissement d'une délimitation
plus régulière. Aussi n'est-il pas possible de s'arrêter devant les objections soulevées contre ce projet. La plupart de ces objections n'ont d'ailleurs
qu'une faible valeur. Le dommage causé aux deux
communes par l'enlèvement de quelques portions de
territoire, sera sans importance pour elles, et les
réclamations des habitants à réunir à Aigurande ne
naissent que du désir qu'ils ont de continuer à
participer à tous les avantages de la cité, dont
ils font matériellement partie, en échappant à toutes
ses charges.

La seule objection fondée, c'est que ces habitants
se trouveront dépendre, après leur changement,
d'un chef-lieu d'arrondissement plus éloigné que
celui dont ils ressortissent actuellement; mais cette
considération qui, aux yeux de l'Administration de
la justice, n'est pas sans importance, ne saurait
cependant être mise en balance avec les inconvénients qui résultent, même pour les rapports judiciaires, de la limite mal déterminée qui place aujour-
d'hui ces mêmes groupes d'habitants sous le ressort
de divers centres administratifs et judiciaires.

Cette objection écartée, la Chambre reconnaîtra sans doute que la mesure est conforme à tous les principes administratifs, et produira des améliorations incontestables. Voici, Messieurs, le texte du projet de loi.

PROJET DE LOI.

LOUIS-PHILIPPE, etc.

Article premier,

Les territoires des hameaux de Bontemps, le Mas-de-la-Ribaudonnière, Bois-Bouchard et Lemérin, sont distraits, le premier de la commune de Measnes, les trois autres de celle de Lourdoueix-Saint-Pierre, arrondissement de Guéret, département de la Creuse, et réunis à la commune d'Aigurande, arrondissement de la Châtre, département de l'Indre.

En conséquence, la limite des deux départements est fixée entre les communes de Measnes, Lourdoueix-Saint-Pierre et Aigurande, conformément au tracé indiqué par une ligne rouge sur le plan annexé à la présente loi.

Art. 2.

Les dispositions qui précèdent auront lieu sans préjudice des droits d'usage et autres qui pourraient être respectivement acquis.

Les autres conditions de la distraction pronon—
e seront, s'il y a lieu, ultérieurement détermi-
és par une ordonnance du Roi.

Donné, etc.

Gironde.

*Exposé des motifs du projet de loi tendant à chan-
ger la circonscription des arrondissements de
Réole et de Bazas, sur le territoire des commun
de Saint-Martin-de-Lescas et de Castels (Gironde).*

———

Messieurs,

Le cours de la Garonne formait naguère, entre
commune de Saint-Martin-de-Lescas, arrondissement de La Réole, et celle de Castels, arrondissement de Bazas (Gironde), une petite île nommée
l'*Ilot de Saint-Martin*, que le cadastre rattacha,
1812, au territoire de la commune de Castels. Aujourd'hui le fleuve a abandonné la portion de son
lit qui séparait l'îlot dont il s'agit de la commune
de Saint-Martin. Pour que le fleuve puisse continuer à servir de limite entre ces deux communes
et par suite entre les deux arrondissements dont

elles dépendent, il convient d'attribuer à Saint-Martin l'îlot déjà topographiquement réuni à son territoire, et qui a été mis en culture par ses habitants. Cette rectification, proposée par toutes les autorités administratives et judiciaires, et approuvée par le conseil général, n'enlèvera à Castels que 32 hectares et 15 francs de centimes additionnels, perte très minime pour une municipalité dont les revenus dépassent de beaucoup les dépenses ordinaires.

Une mesure législative est nécessaire pour opérer cette rectification de limite entre deux communes qui ne dépendent pas du même arrondissement, et nous venons, d'après les ordres du Roi, la soumettre à l'approbation de la Chambre.

Je vais avoir l'honneur, Messieurs, de vous lire le texte du projet de loi, déjà adopté par la Chambre des Pairs dans sa séance du 6 juillet 1847.

PROJET DE LOI.

LOUIS-PHILIPPE , etc.

Article premier.

Le territoire dit l'Ile-Saint-Martin , et circonscrit par deux cours d'eau teintés en bleu au plan annexé à la présente loi, est distrait de la commune de Castels, canton de Langon, arrondissement de Bazas, département de la Gironde, et réuni à celle de Saint-Martin-de-Lescas, canton de Saint-Macaire, arrondissement de La Réole.

En conséquence, la limite de ces deux commun
est déterminée par l'axe même du fleuve la Garonn
conformément au liséré rose et aux lettres A, F,
du dit plan.

Art. 2.

Les dispositions qui précèdent auront lieu san
préjudice des droits d'usage et autres qui pou
raient être respectivement acquis.

Les autres conditions de la distraction pronon
cée seront, s'il y a lieu, ultérieurement déterminée
par une ordonnance du Roi.

Donné, etc.

Loir-et-Cher.

Exposé des motifs du projet de loi tendant à distraire la section d'Herbilly de la commune de Courbouzon, pour la réunir à celle de Mer (Loir-et-Cher).

MESSIEURS,

Le Roi nous a chargé de soumettre à la Chambre un projet de loi tendant à réunir à la commune de Mer, département de Loir-et-Cher, l'ancienne commune d'Herbilly, supprimée par décret impérial du 22 janvier 1808, et qui, depuis cette époque, forme une des sections de la commune de Courbouzon, même département.

Cette première réunion de territoire, motivée par l'insuffisance des ressources administratives de la commune d'Herbilly, n'a pas eu les résultats avantageux que l'on s'en était promis; bien que les habitants eussent donné en apparence leur adhésion, des dissentiments graves n'ont pas tardé à éclater entre les deux populations, et, depuis, quelqu'effort que l'on ait pu faire pour chercher à concilier ces rivalités locales, que le moindre prétexte allume, que les moindres intérêts aliment, il a été impossible de les calmer; et si, grâce à la vigilance des autorités supérieures, les désordres graves dont ces communes ont été plusieurs fois le théâtre, ont cessé de se reproduire, l'administration n'y est pas devenue plus facile. Il importe donc de les séparer; c'est une nécessité reconnue par les autorités départementales aussi bien que par le conseil d'arrondissement de Blois, et par le conseil général. Mais cette séparation laissant, comme autrefois, la section d'Herbilly sans ressources suffisantes, on a dû examiner à quelle autre commune il convenait de la réunir.

La configuration du territoire ne se prêtait pas facilement à ces diverses opérations; mais les convenances locales, bien supérieures à ces accidents de détail, ne permettaient pas d'hésiter, et la commune de Mer, liée d'intérêt avec la section d'Herbilly, est, de toutes les communes environnantes, celle qui peut former, avec Herbilly, la réunion la plus homogène. Les habitants d'Herbilly, presque tous propriétaires sur le territoire de Mer, désirent cette réunion autant que ceux de la commune de Mer; et en donnant satisfaction à leurs vœux, on aura l'espoir, fondé cette fois, de mettre fin à un état de choses qui, depuis 1808, a toujours suscité des embarras à l'administration.

Le projet de loi rédigé en vue de cette amélioration, est conforme, dans ses dispositions, aux

opositions des autorités locales, excepté sur un
int où l'on a dû s'en écarter, afin d'éviter que la
nite assignée aux communes de Courbouzon et de
er, ne touchât de trop près les maisons du chef-lieu
Courbouzon.

Je vais avoir l'honneur, Messieurs, de vous lire
texte de ce projet, déjà adopté par la Chambre des
airs, dans sa séance du 6 juillet 1847.

PROJET DE LOI.

LOUIS—PHILIPPE, etc.

Article premier.

Le territoire de la section d'Herbilly, moins le
polygone côté D, d, au plan annexé a la présente
loi, est distrait de la commune de Courbouzon, canton de Mer, arrondissement de Blois, département
de Loir-et-Cher, et réuni à la commune de Mer,
même canton. En conséquence, la limite entre les
communes de Courbouzon et de Mer, est fixée conformément au tracé de la ligne rouge, cotée A, B,
C, D, E, F, G, H, I, K et L au dit plan.

Art. 2.

Les dispositions qui précèdent auront lieu sans
préjudice des droits d'usage et autres qui pourraient
être respectivement acquis.

Les autres conditions de la distraction prononcée seront, s'il y a lieu, ultérieurement déterminées par une ordonnance du Roi.

Donné, etc.

Manche.

Exposé des motifs du projet de loi tendant à distraire la section de Mesnil-Veneron de la commune de Saint-Jean-de-Daye, pour l'ériger en commune (Manche).

MESSIEURS,

Le Roi nous a chargé de soumettre à vos délibérations un projet de loi tendant à ériger en commune la section de Mesnil-Veneron, actuellement administrée par la municipalité de Saint-Jean-de-Daye, département de la Manche.

La section de Mesnil-Veneron a déjà possédé une municipalité; l'acte qui a supprimé cette administration communale ne remonte qu'à 1839, et ce n'est même pas sans regret que l'administration se voit dans la nécessité d'en faire prononcer le retrait; car la section de Mesnil-Veneron est si peu étendue,

si peu peuplée, qu'il faut des motifs aussi graves
~~que ceux qui nous ont décidés pour se résoudre à~~
lui rendre une individualité dont la reconstitution
fera supporter aux habitants des charges considérables. Mais leur désir d'être séparés de Saint-Jean-de-
Daye est tel, qu'ils consentent à s'imposer toute
espèce de sacrifice. Cette résolution vous indique
déjà, Messieurs, toute la mésintelligence qui existe
entre les populations de Mesnil-Veneron et de Saint-
Jean-de-Daye. Cette mésintelligence, loin de se
calmer avec le temps, comme on pouvait l'espérer,
est devenue une véritable hostilité, qui rend toute
administration impossible. Devant de tels obstacles,
on ne doit plus se préoccuper des ressources res-
treintes de Mesnil-Veneron, puisque son adjonction, loin de faciliter la marche des affaires, la compromet à la fois dans deux localités.

Voici, Messieurs, le texte du projet de loi qui
tend à les replacer toutes les deux dans la situation
où elles étaient avant l'ordonnance royale du
1er avril 1839, et que la Chambre des Pairs a adopté
dans sa séance du 6 de ce mois.

PROJET DE LOI.

LOUIS-PHILIPPE, etc.,

Article premier.

La section de Mesnil-Veneron est distraite de la
commune de Saint-Jean-de-Daye, canton de Saint-
Jean-de-Daye, arrondissement de Saint-Lô, dé-

rtement de la Manche, et rétablie en commune
stincte , telle qu'elle existait avant l'ordonnance
1ᵉʳ avril 1839.

ART. 2.

Les dispositions qui précèdent auront lieu sans
préjudice des droits d'usage et autres qui pour-
aient être respectivement acquis.

Les autres conditions de la distraction prononcée seront, s'il y a lieu, ultérieurement déterminées par une ordonnance du Roi.

Donné , etc.

Marne.

Exposé des motifs du projet de loi tendant à dis-
traire des sections de la commune de Fagnières
pour les réunir au territoire de Châlons-sur-
Marne, département de la Marne.

———

Messieurs,

Un projet de loi relatif à l'agrandissement de la
ville de Châlons-sur-Marne, chef-lieu du département de la Marne, a été adopté par la Chambre des
Pairs, dans sa séance du 6 juillet 1847.

D'après les ordres du Roi, nous venons soumettre
ce projet à votre approbation.

De graves motifs d'intérêt public rendent nécessaire cette modification de circonscription territoriale.

Dans l'état actuel des choses, le territoire de Châlons se trouve resserré par le périmètre de la commune de Fagnières, précisément aux lieux où des
groupes de maisons publiques, le passage d'un
canal, l'établissement d'une gare du chemin de
fer, rendent indispensable la surveillance de la police

municipale. Toutes ces circonstances sont autant
de motifs, à l'appui de la demande formée par le
conseil municipal de Châlons, pour obtenir plusieurs portions de la commune de Fagnières. Mais
ces circonstances doivent aussi déterminer l'étendue des sacrifices à imposer à cette dernière commune, à laquelle il ne serait pas juste d'enlever des
terrains qui peuvent être à la convenance de la
ville de Châlons, mais dont l'intérêt public ne demande pas le changement.

C'est ce qu'ont pensé les autorités administratives
et les conseils électifs d'arrondissement et de département, en restreignant l'opération aux seules
portions du territoire que l'on ne pourrait laisser à
Fagnières sans compromettre le maintien du bon
ordre, ou sans entraver la marche régulière de l'administration. Ainsi réduite, la distraction à opérer
fera perdre à la commune de Fagnières 88 hectares,
176 habitants et 101 fr. de revenu ; mais il lui restera une étendue territoriale de 2,268 hectares, une
population de 422 ames, et 4,039 fr. de revenu ;
par conséquent, des moyens bien suffisants d'administration. Il n'y avait donc pas lieu de tenir compte
de l'opposition du conseil municipal de Fagnières,
ni de se préoccuper de l'indemnité que l'on avait
d'abord proposé d'accorder à cette commune, sans
songer que le territoire des communes n'est pas
leur propriété, et qu'il appartient au Gouvernement de leur donner les limites les plus convenables
aux besoins généraux et à l'intérêt des affaires publiques.

Voici, Messieurs, le texte du projet de loi.

PROJET DE LOI.

LOUIS-PHILIPPE, etc.

Article premier.

La limite entre les communes de Châlons et Fagnières, canton et arrondissement de Châlon département de la Marne, est fixée suivant le tr de la ligne jaune du plan annexé à la présente lo

En conséquence, les terrains compris entre l'a cienne et la nouvelle limite, sont distraits de la com mune de Fagnières, et réunis à celle de Châlon

Art. 2.

Les dispositions qui précèdent auront lieu s préjudice des droits d'usage ou autres qui pou raient être respectivement acquis.

Les autres conditions de la distraction prononc seront, s'il y a lieu, ultérieurement déterminé par une ordonnance du Roi.

Donné, etc.

Basses-Pyrénées.

Exposé des motifs du projet de loi tendant à modifier la limite des cantons est et ouest de la ville de Pau (Basses-Pyrénées).

MESSIEURS,

Nous venons, d'après les ordres du Roi, soumettre à la Chambre un projet de loi tendant à déterminer, d'une manière plus précise qu'elle ne l'est actuellement, la limite qui doit séparer les deux cantons est et ouest de la ville de Pau, chef-lieu du département des Basses-Pyrénées.

L'incertitude que, sur quelques points, présente le tracé de ce périmètre, est une source d'embarras et de confusion pour l'administration. Les juges-de-paix et les officiers ministériels ne savent point au juste où s'arrêtent leurs attributions, et craignent à tout moment d'empiéter les uns sur les autres. D'un autre côté, les dénominations est et ouest que portent les deux cantons de Pau, ne correspondent pas à l'orientation des territoires , et de plus, par suite de quelques nouvelles constructions, des enclaves réciproques existent sur le territoire des deux cantons.

La nouvelle limite que le projet de loi vient établir, à la suite d'une instruction complète et régulière, fera disparaître ces divers inconvénients, et nous ne doutons pas que la Chambre, après en avoir reconnu les avantages, n'accueille par un vote favorable cette mesure législative.

Voici, Messieurs, le texte du projet de loi déjà adopté par la Chambre des Pairs dans sa séance du 6 juillet 1847.

PROJET DE LOI.

LOUIS-PHILIPPE, etc.

Article unique.

La limite des deux cantons de Pau, est et ouest, département des Basses-Pyrénées, est établie conformément à la ligne rouge mi-partie pleine et pointillée du plan annexé à la présente loi.

Donné, etc.

Saône-et-Loire.

Exposé des motifs du projet de loi tendant à chan-
ger la circonscription des cantons de Saint-Martin
et de Verdun-sur-Saône, par suite de la réunion
des communes de Sennecey et de Toutenant en une
seule commune (Saône-et-Loire).

MESSIEURS,

Les autorités administratives du département de
Saône-et-Loire ont proposé de réunir la commune
de Sennecey en Bresse à celle de Toutenant.

Ce projet de réunion, motivé par l'insuffisance
des ressources de la commune de Sennecey, n'a soulevé aucune difficulté. Tous les conseils électifs en
ont reconnu la nécessité. Sennecey surtout, qui
n'a que 192 habitants, 326 francs de revenus et
point d'établissements publics, ne peut que gagner
à cette fusion, dont la commune de Toutenant a besoin aussi pour rendre plus assurée la marche de
son administration.

Mais les deux communes ne dépendent pas du même canton, et lorsqu'il s'est agi de déterminer à quelle justice de paix il fallait rattacher la nouvelle municipalité, on n'a pu aussi facilement rallier tous les avis à une même opinion.

Une circonstance donnait lieu à cette difficulté, c'est la disproportion existante entre les deux cantons.

En effet, le canton de Verdun, dont dépend la commune de Toutenant, renferme vingt-quatre communes, formant une population de 17,225 habitants, tandis que celui de Saint-Martin, dans le ressort duquel se trouve actuellement la commune de Sennecey, ne comprend que dix communes, dont la population s'élève seulement à 6,136 habitants.

Et comme le désir des populations s'est manifesté en faveur du canton déjà le plus considérable, on ne doit pas s'étonner qu'on ait longtemps hésité à le satisfaire.

Mais il a été reconnu que la situation topographique et les relations des habitants exigeaient qu'on les rattachât à la justice de paix de Verdun, et ces considérations ont dû prévaloir sur les simples motifs de convenance d'abord allégués. Le canton de Saint-Martin ne fera d'ailleurs qu'une perte bien peu importante, en cédant à celui de Verdun les 192 justiciables formant la population de la commune de Sennecey.

D'après ces motifs et les derniers avis transmis par les autorités judiciaires, nous avons pensé que rien ne devait plus arrêter la réunion administrative des communes de Sennecey et de Toutenant, et nous venons, d'après les ordres du Roi, soumettre à vos délibérations, le projet de loi que la Chambre des Pairs a adopté dans sa séance du 6 de ce mois, et dont je vais avoir l'honneur de vous donner lecture.

———

PROJET DE LOI.

LOUIS-PHILIPPE, etc.

Article premier.

Les communes de Toutenant, canton de Verdun-sur-Saône, arrondissement de Châlon, département de Saône-et-Loire, et de Sennecey-en-Bresse, canton de Saint-Martin-en-Bresse, même arrondissement, sont réunies en une seule, dont le chef-lieu est fixé à Toutenant.

Art. 2.

La nouvelle commune est réunie au canton de Verdun-sur-Saône.

Art. 3.

Les communes réunies par les articles précédents continueront, s'il y a lieu, à jouir séparément, comme sections de commune, des droits d'usage ou autres qui pourraient leur appartenir, sans pouvoir se dispenser de contribuer en commun aux charges municipales.

Les autres conditions de la réunion prononcée seront, s'il y a lieu, ultérieurement déterminées par une ordonnance du Roi,

Donné, etc.

Vienne.

Exposé des motifs du projet de loi tendant à dis-
traire la section de Traversay de la commune
de Dissay, pour la réunir à celle de Saint-Cyr
(Vienne.)

MESSIEURS,

La section de Traversay, bien qu'administrée
par la commune de Dissay (Vienne), est si rapprochée de la commune de Saint-Cyr, même département, que les maisons qui se trouvent sur cette
section se confondent avec celles du chef-lieu de
Saint-Cyr, en sorte que le bourg qui porte ce nom
est par le fait divisé entre deux administrations municipales différentes.

Cette infraction aux règles administratives a des
inconvénients très-grands, pour la section aussi
bien que pour la commune de Saint-Cyr. L'état
d'abandon où la section est laissée par la commune

dont elle dépend, prive°les habitants de Traversay
et ceux de Saint-Cyr d'un débouché utile, en occa-
sionnant la dégradation du seul chemin vicinal qui
pourrait leur permettre d'atteindre la route royale
par où s'écouleraient facilement, jusqu'à Bordeaux,
les productions de ces contrées. Aussi, les habitants
des deux localités sont-ils unanimes à demander
l'établissement d'une nouvelle délimitation, par laquelle le territoire de la section de Traversay serait
placédans le périmètre de la commune de Saint-Cyr.

Le refus exprimé par la commune de Dissay,
nous oblige de recourir à l'intervention du pouvoir
législatif pour l'exécution d'une mesure dont on ne
saurait contester d'une manière motivée, ni la
convenance , ni la nécessité.

Ceux qui , comme le conseil d'arrondissement ,
ont cru devoir appuyer la commune de Dissay
dans son vote négatif, nous paraissent s'être trop
préoccupés de la crainte d'affaiblir cette commune.
La distraction qu'elle devra subir, ne peut avoir
aucun fâcheux résultat sur la marche régulière de
son administration ; car Dissay conservera un territoire de 2,162 hectares, 970 habitants , et un
revenu ordinaire à peu près égal à ses dépenses de
même nature.

Quant aux difficultés soulevées pour le partage de
quelques communaux, elles seront sans doute facilement aplanies. Lorsque la séparation à laquelle on
s'oppose actuellement sera devenue un fait accompli, et que, par conséquent, ces difficultés ne pourront plus servir d'objections, nous ne doutons pas
que les ceux communes ne partagent à l'amiable les
biens meubles objet de la contestation.

Quoi qu'il en soit, cette circonstance, tout-à-fait

(N° 311.)

Chambre des Députés.

SESSION 1847.

RAPPORT

FAIT

Au nom de la Commission* chargée d'examiner Proposition de MM. Glais-Bizoin et de Girardin celle de M. de Chapuys-Montlaville, relatives au l bre et au droit de poste des journaux et imprimés,

PAR M. DE GASPARIN,

Député des Bouches-du-Rhône.

Séance du 13 Juillet 1847.

MESSIEURS,

La proposition de MM Emile de Girardin Glais-Bizoin, relative au port et au timbre des jou naux et imprimés, et celle de M. de Chapuys-Mo laville, sur le timbre des journaux, soulèvent d

* Cette Commission est composée de MM. Vatout, Edmon Blanc, le marquis de Lavalette, Durand de Romorantin, Guye Desfontaines, Prosper Hochet, Vayson, Debelleyme, de Gasp rin (Paul).

tions de la plus haute importance. Ce n'est pas
à-fait sans raison, qu'on appelle la presse un
rième pouvoir ; par les ouvrages scientifiques et
aires, elle contribue puissamment à la marche
'esprit humain ; par les journaux politiques,
influe sur les affaires du pays, et même sur sa
alité ; par la publicité rapide et répétée, elle
aider puissamment au développement du com-
ce et de l'industrie dont elle fait connaître les
duits.

but ce qui touche aux imprimés, depuis le livre
atifique jusqu'au plus mince avis de commerce,
onc d'une très-haute gravité, et mérite le plus
ux examen.

otre Commission a été pénétrée de ces consi-
tions, pendant les longues séances qu'elle a
acrées à l'examen des propositions qui lui
ont soumises ; toutes les fois qu'elle a voulu
ber les questions nombreuses qui se présen-
at à l'esprit de chacun de ses membres, elle a
obligée, par la force des choses, de reconnaître
leur solidarité était forcée ; ainsi, on ne pou-
examiner les droits et les obligations des feuil-
périodiques, sans se préoccuper de l'intérêt du
merce, engagé dans les annonces, dont l'inser-
a entre pour une si grande partie dans les com-
aisons financières de la presse quotidienne ;
térêt de la librairie, de la moralité publique
me, à propos des romans-feuilletons et des bi-
othèques plus ou moins choisies distribuées au
onnés ; la position des imprimeurs typographes,
s compagnies de distribution, venaient successi-
ment, et à juste titre, préoccuper l'esprit des

membres de la Commission , et rendre plus l
rieuse la tâche que lui avait imposée la confian
la Chambre.

Votre Commission s'est partagée. La minori
pensé que la conciliation de tous ces intérêts si di
et souvent si opposés, était bien difficile à obteni
partant de la base des intérêts eux-mêmes; il fai
suivant elle, examiner la question à un point di
plus élevé, partir des véritables principes de li
de la pensée, d'une part, d'administration de l'ai
déduire les conséquences naturelles de ces princi
enfin, examiner à ce point de vue, les proposil
soumises à notre examen, la législation qui nou
·git, et, il faut bien le dire, les usages ou les ti
rances qui tiennent lieu, jusqu'à un certain point
législation.

Un premier point admis par la minorité de v
Commission, c'est qu'en France, la pensée, qi
s'applique à la politique, à la science ou à la litt
ture, doit être franche d'impôt. C'est d'après i
maxime libérale, que les livres échappent à l'imp
mais il est difficile de comprendre pourquoi la pen
qui échappe à l'impôt quand elle est impri
sous une forme matérielle, est saisie par l'u
quand le mode de publication varie. Il faut le i
franchement, ce sont les nécessités de surveilla
qui ont amené ce résultat, et la tentation de trans
mer une mesure de surveillance en une source de
venu public, a été si forte, qu'on n'a pas su y résis

La liberté de la presse, comme toutes les libe
véritables, doit être réglée, surveillée, mais ne d
pas être entravée : toutes les mesures préventi
qu'elles se présentent ouvertement ou qu'elles se

nt sous un manteau fiscal, sont, à des degrés diffé-
nts, des obstacles à l'exercice de la liberté ; aussi la
norité de votre Commission a-t-elle reconnu que
pensée devait être franche d'impôt, et que la sur-
llance, nécessairement exercée par tout Gouverne-
nt, et qui est une charge imposée à la presse, ne
ait pas servir de base à l'établissement d'une taxe.
Un second point lui a paru également facile à éta-
ir : c'est que l'Etat n'est pas obligé à s'imposer des
crifices pour le transport de la pensée dans sa forme
matérielle ; il doit la liberté, mais il ne doit pas de
payer au Trésor , c'est-à-dire au produit de
impôt perçu sur tous ou sur une certaine partie de
société, ce qui s'adresse à une autre partie de la
été. La conséquence de ce principe est celle-ci :
tes les fois que les imprimés usent du service
blic des postes, l'Etat peut leur faire payer les frais
ils occasionnent.

Un troisième point a paru également incontestable
la minorité de votre Commission , c'est que l'Etat
deux droits : le premier, d'opérer sa surveillance
r les imprimés de toute nature dans l'intérêt de la
été, et de prendre les moyens de gouvernement
propres à rendre cette surveillance efficace sans
pêcher la pensée de se produire; le second, d'impo-
r tout ce qui est purement industriel ou commer-
el, et de faire entrer le produit de cet impôt dans
s ressources publiques. C'est là une base d'impôt
réellement légitime, et l'annonce qui vante ou re-
mmande tel ou tel produit commercial, ne saurait
e confondue un moment avec la pensée politique ,
entifique ou littéraire. Toutefois , si l'impôt peut
gitimement atteindre le commerce et l'industrie,

soit directement par les patentes, soit indirecte
par le timbre sur les lettres de change, sur les a
ces, etc., il ne suffit pas qu'un impôt soit lé
dans sa source, il doit être modéré dans son applica

Enfin, la minorité de votre Commission a
qu'on devait tenir un grand compte, dans l'appli
de ces bases, du rapport établi par les habitud
usages, les tolérances même, entre les différent
dustries engagées dans la question soumise
examen; et, en effet, quand des conditions son
blies depuis un long espace de temps, toutes les
tences, toutes les industries s'organisent d
ces conditions ; quand on les altère brusque
on change aussi brusquement la position des
ressés ; si on élève les uns, on ruine les au
et il est incontestable que, si le poids absolu des c
ges est fortement ressenti, quand on s'est habi
supporter ce poids, on est plus vivement affecté
qui porte atteinte au poids relatif qui pèse sur d

Mais la minorité de votre Commission pense
cette préoccupation, quelque juste qu'elle soi
doit pas aller plus loin ; on ne doit pas être arrêté
telle ou telle position particulière ; les lois ne doi
pas être faites pour des exceptions ; bien plus
l'examen de la situation des imprimés, dans le p
révélait un mal sérieux; si le monopole, sous l'
pire des conditions existantes, tendait à se substi
à la liberté, on ne devrait pas hésiter un mome
appliquer le remède, sans s'écarter des princ
qu'on vient d'exposer.

Cette opinion de la minorité de votre Commiss
peut se résumer en quelques lignes.

1º La pensée politique, scientifique ou littérai
quel que soit le mode de publication, ne doit pas ê

nise à l'impôt. Des mesures préventives, quand
1e elles seraient purement fiscales, seraient un
acle à la libre émission de la pensée. Le caution-
1ent et la responsabilité du gérant, des auteurs et
rimeurs, suffisent à répondre des écarts politiques
ittéraires de la presse.

!° L'impôt peut être légitimement perçu sur la
tie commerciale de la presse, soit qu'il s'agisse
nnonces faites directement par le négociant, soit
e ces annonces passent par l'intermédiaire d'un
irnal d'annonces, ou d'une feuille partie politique,
rtie littéraire et partie industrielle; seulement l'im-
t doit être fixé, en prenant pour point de départ son
1is absolu, qui doit être modéré, et la situation
1ative des intérêts engagés.

3° L'État a le droit et le devoir de surveiller la
esse par trois motifs : pour pouvoir réprimer, dans
ntérêt de la société, les écarts politiques, les immo-
lités littéraires, et pour s'assurer que nul n'échappe
l'impôt légitimement établi. Pour que cette sur-
eillance soit complète, il faut que l'État vérifie et
u'il compte ; qu'il vérifie le contenu de chaque pu-
fication, qu'il compte le nombre des publications qui
oivent acquitter l'impôt: Il est donc indispensable
jue toutes les publications, sans exception, soient dé-
osées ; que toutes celles qui peuvent ouvrir une porte
l'application de l'impôt passent par un office public.

4° Quand l'État, soit par intérêt de surveillance,
soit dans l'intérêt public, concentre dans ses mains
le transport des imprimés, il peut percevoir une taxe
en raison des frais qu'occasionne ce transport. La
minorité de votre Commission est entrée dans l'application de ces principes dans les termes suivants :

Les produits de la presse peuvent être divisés e
trois grandes catégories :

Les livres ,

Les journaux et imprimés ,

Les affiches.

Les livres sont essentiellement exempts de l'impôt
il suffit de vérifier leur contenu, ce qui peut se fair
par le dépôt de un ou deux exemplaires ; il n'est pa
nécessaire de les faire passer en totalité par un offic
public pour les compter, et leur transport, qui serai
à la fois onéreux au service des postes, et onéreux i
la librairie doit être laissé entièrement libre ; seule
ment, en raison même de cette liberté laissée au trans
port des livres, il faut, s'ils empruntent exceptionnel-
lement la voie du service public, qu'ils paient er
raison du service rendu.

Les journaux et imprimés peuvent se diviser er
quatre catégories :

1° Les prospectus de librairie, et catalogues de
librairie ;

2° Les avis de commerce ;

3° Les journaux scientifiques et autres à périodicit
éloignée;

4° Les journaux quotidiens.

Tous les imprimés de ces quatre catégories doivent
passer par un office public pour être vérifiés et comp-
tés, que cet office soit distinct de l'administration des
transports ou réuni à cette administration.

Ce premier point établi, examinons successivement
les quatre catégories.

Les prospectus et les catalogues des libraires n'é-
tant que l'annonce de la pensée, et un appel aux
intelligences, la minorité de votre Commission a

pensé qu'ils devaient échapper à l'impôt ; c'est la législation actuelle. La marche libérale qui, depuis longtemps, a été suivie en France pour ce qui touche à la librairie, a certainement été la conséquence de l'élévation intellectuelle de notre pays, et a servi puissamment à l'entretenir.

Les avis de commerce sont susceptibles d'être soumis à l'impôt, et ils y sont soumis en droit par notre législation. C'est là une source légitime, naturelle, de revenus publics, et la minorité de votre Commission l'approuve. Quant à son assiette actuelle, elle est naturelle ; en voici le tarif :

1/8 de feuille 6 décim. 2 m. c.......... 1 c.
1/4 de feuille 12 décim. 5 m. c.........2 c. 5
1/2 feuille 25 décim. car............... 5 c.
1 feuille 50 décim. car.............. 10 c.

La feuille est de vingt-cinq décimètres carrés au folio seulement, ou de cinquante décimètres carrés, folio et verso compris.

La taxe est, comme on le voit, proportionnelle à la surface, et c'est ce qui doit être.

Les journaux purement scientifiques, politiques ou littéraires, à périodicité éloignée, doivent être exempts de l'impôt : ce sont de véritables livraisons de librairie, qui doivent être assujetties à la surveillance, pour qu'on puisse s'assurer que le caractère n'en est pas altéré, mais qui ne doivent pas être imposées en raison de cette surveillance.

Quant aux journaux quotidiens, ou à périodicité rapprochée, leur caractère est mixte. Si, dans tout ce qui touche à l'intérêt public, ils doivent échapper à l'impôt toutes les fois qu'ils servent nommément et

P.-V. 12.   19

explicitement un intérêt commercial particulier, au moyen de l'annonce, toute la partie du journal consacrée à l'annonce peut être assimilée, sans hésitation et sans controverse possible, aux avis de commerce et devient sujette à l'impôt.

Il y a deux manières d'envisager l'annonce dans les journaux pour l'application de l'impôt : le nombre, la surface occupée. On pourrait dire que tout avis commercial isolé, quelle que soit son importance, étant taxé au minimum à un centime, les journaux doivent en impôt autant de centimes qu'ils contiennent d'annonces. Ce mode serait illibéral, il ne tuerait pas la publicité politique et littéraire, cette publicité peut vivre sans annonces ; mais sous prétexte d'égaliser les charges imposées au commerce pour faire connaître ses produits, soit qu'il les annonce directement, soit qu'il prenne l'intermédiaire des journaux, on lui enlèverait par le fait un puissant moyen de publicité, qui ne doit pas être le seul possible, qui ne doit pas devenir un monopole, mais qu'il ne faut pas non plus rendre difficile et onéreux au commerce. La seconde base a paru, à la minorité de votre Commission, la seule raisonnable ; les avis de commerce doivent payer la même taxe par surface occupée, quelle que soit la forme dans laquelle ils se produisent ; et dans la pratique, les journaux conservent un grand avantage pour l'annonce sur les avis isolés, car les avis isolés n'occupent le plus souvent que le folio, et les journaux emploient complètement le folio et le verso.

Pour fixer les idées, supposons des journaux différents formats, ayant leur dernière page couverte d'annonces ; l'impôt serait établi ainsi qu'il suit :

Un huitième de feuille, avis de commerce,
6 décimètres carrés...................... 1ᶜ 0ᵐ

   La Presse, 27 décim. carrés........... 4 5

   Le Constitutionnel, 33 décim. carrés..... 5 5

   Le Moniteur industriel, 15 décim. carrés. 2 5

   Le Messager de la Haute-Marne, 10 décimètres carrés...... .... 1 7

La perception de l'impôt cesserait d'être quotidienne, elle pourrait se faire sans aucune difficulté
par mois ou par quinzaine; on ferait le relevé des
surfaces occupées par l'annonce dans la quinzaine ou
dans le mois écoulé, et la somme des produits du
nombre de chaque tirage, multiplié par la surface
des annonces dans une feuille de tirage, donnerait
immédiatement le chiffre de l'impôt à payer à raison
de 10 centim. par 60 décim. carrés de surface occupée.

Cette solution parfaitement naturelle, et on peut
le dire, mathématique, a de grands avantages; elle
aide puissamment à la liberté de la presse, en permettant la concurrence. Le journal qui s'établit, qui
n'attire pas encore à lui les annonces commerciales,
s'il perd le bénéfice, est déchargé de l'impôt; le fisc
ne vient pas entraver la production de la pensée.

Cette considération a paru de la plus grande
importance à la minorité de votre Commission. Il
est tel journal qui, en raison du produit des annonces,
peut abaisser son prix d'abonnement au-dessous du
chiffre des frais, et ce chiffre des frais est beaucoup
moins considérable, par feuille, pour un journal d'une
publicité étendue, que pour un journal d'une publicité restreinte. Si l'impôt est uniforme, il faut sacrifier

Ainsi , d'après l'autorité très-respectable que je viens de citer, et l'un des honorables auteurs de la proposition, les frais seuls de tradition des journaux et imprimés dépassaient déjà , en 1843, de près de 600,000 fr. la recette brute que l'office des postes en retire en 1846.

En admettant même que le chiffre des frais de tradition fût susceptible d'être atténué, on voit dès à présent qu'il n'y a pas excès dans le tarif, et il ne faut pas oublier que ce que l'on appelle le chiffre des frais de tradition est diminué de la recette des voyageurs, et de tous les frais de personnel, des bureaux de poste, et des facteurs ruraux, dont la dépense est si considérable.

Si on portait au débit des journaux et imprimés une portion des frais d'administration , et cela serait de la stricte justice, voici ce qui en résulterait : d'après l'honorable Rapporteur de 1844 , les frais d'administration s'élèvent, pour la totalité du service des dépêches, à 12,200,000 f., et chaque lettre de bureau à bureau supporterait 8 c. de frais d'administration, soit, en totalité, pour les lettres particulières, 6,400,000 f. Votre Commission a pensé, qu'en raison de l'affranchissement préalable et des facilités particulières qui en résultent pour le classement des envois, et pour la distribution, ce chiffre pouvait approximativement être réduit à moitié pour les journaux et imprimés, et porté à 4 c.; ce qui porte à 2,240,000 fr. la partie des frais d'administration afférente aux journaux et imprimés.

La dépense totale imposée à l'office des postes par le transport des journaux et imprimés, serait donc de 5 millions environ, et la conclusion à en tirer

erait, que l'État fournirait une subvention de
,200,000 fr. à ce service spécial.

On aurait tort d'attribuer, dans ce résultat, la plus
rande part d'influence aux prospectus et avis de commerce ; le poids moyen de chacun des imprimés
ransportés par la poste est de 15 grammes, ce qui
représente une feuille de 25 décimètres carrés ; il est
donc évident que les journaux jouent le plus grand
rôle dans ces transports et les frais qu'ils occasionnent (1).

En présence de ces faits bien constatés, votre
Commission a dû se demander s'ils résultaient de la
législation.

D'après la loi du 4 thermidor an IV, les tarifs de la
poste, pour les livres et prospectus, sont les suivants.

6.25 décimètres carrés et au-dessous..	1ᶜ 25
12.25 —	.... 2 50
25.00 —	.... 5 00
35.00 —	.... 6 25
45.00 —	.... 7 50

D'après la loi du 14 décembre 1830, les tarifs de la
poste pour les journaux et ouvrages périodiques sont
les suivants :

_____

(1) La recette des postes, sur les journaux transportés de
bureau à bureau, a été, en 1846, de...... · 2,338,268 ᶠ
Celle sur les imprimés de............. 453,265
Par suite des tolérances pour la perception du droit sur les
journaux, la taxe est moitié moindre pour le même poids quand
il s'agit d'un journal ; il en résulte que plus des 9/10 du poids
des imprimés portés par le service des postes consiste en journaux.

30 décimètres carrés et au-dessous	4
60 —	8
90 — . . . .(1) 12

Il est facile de voir d'abord que les deux tarifs son semblables, et la seule différence essentielle entre le deux, consiste en ce que le premier s'applique à de imprimés susceptibles d'être réduits à de très-petite dimensions, tandis que le second s'applique à des imprimés qui atteignent toujours nécessairement une certaine dimension. Il fallait donc que l'échelle du premier fût beaucoup plus divisée que celle du second. Une deuxième remarque, également essentielle et incontestable, c'est que les tarifs sont réglés d'après les surfaces ou les poids des imprimés; en d'autres termes, qu'ils ne font payer aux imprimés que la portion des frais afférents à leur poids.

On dirait que le législateur a considéré l'office de postes comme constitué complètement en vue du service des lettres; qu'il a supposé que le personnel affecté au service des lettres pouvait, sans augmentation de dépense, faire le service de tous les imprimés, quelque dût être le développement ultérieur de ce service, et que, par conséquent, on pouvait laisser aux correspondances particulières toute la charge des frais généraux, et ne demander aux imprimés que la dépense occasionnée par leur poids ou leur volume. Cette loi si libérale a-t-elle même demandé aux imprimés toute la dépense afférente au poids? Non, si nous nous reportons à l'examen que nous avons fait précédemment, et que nous rappelons en deux lignes:

---

(1) Voir l'annexe n° 1.

aque imprimé pesant en moyenne 15 grammes,
:upant 25 décimètres carrés de surface, aurait
ûté à l'État, en raison de son poids, 6 centimes, et
lû payer, en raison de la loi, 5 centimes si c'était un
re ou un prospectus, 4 centimes si c'était un jour-
l ou un écrit périodique.

La législation existante est donc très-modérée, et
tre Commission approuve cette modération; elle
nse qu'il est vraiment libéral de faire quelques sa-
.lices de revenus, pour assurer l'extension de la pu-
blité. La minorité de votre Commission a même pensé
ue le moment était venu d'abaisser le tarif de 1830,
ıi lui-même avait abaissé le tarif de 1827; les tolé-
ances actuelles de l'Administration, sous l'empire de
législation de 1830, prouvent en fait que cette mo-
ération est politique.

Votre Commission n'est donc pas d'avis d'aggraver
ette situation, qui pourtant est telle que les lettres
articulières supportent tous les frais des lettres administratives, les frais généraux, et une partie même
es frais de tradition des journaux et imprimés, et
annent encore à l'État des recettes importantes (1).

Nous ne pouvons quitter cette discussion sans examiner la situation particulière des journaux et im-
rimés qui n'empruntent pas le service des postes;
es décisions judiciaires, confirmées par la Cour su-
rême, ont établi les points suivants:

1º La poste a le privilège exclusif pour le transport
les lettres hors du lieu d'où elles partent, et même
our la distribution de celles adressées d'une ville
lans son intérieur;

2º La poste a le privilège exclusif du transport des

_____

(1) Voir l'annexe nº 3.

journaux, ouvrages périodiques et imprimés de toute espèce, même fermés (pourvu qu'ils puissent être vérifiés facilement), s'ils sont adressés d'une ville ou d'une localité dans une autre ; le privilège disparaît s'il s'agit seulement de la distribution dans la ville ou dans la localité d'où on les expédie.

L'examen des conséquences de cette décision a un intérêt considérable. En effet, les distributions des journaux sont très-importantes dans le lieu même d'expédition ; il en est de même des imprimés, des avis de commerce, des lettres de faire part, etc. ; et, en fait, ces distributions, à la faveur du silence de la législation, se font presque en entier par des services particuliers, ou des entreprises publiques de distribution. Il en résulte deux inconvénients très-graves, relatifs l'un à la surveillance, l'autre au revenu public.

Les imprimés distribués, cessant de passer par un office public, et par suite d'être vérifiés, le contrôle, en ce qui touche à la moralité et à la sûreté publique, est imparfait ; en second lieu, une grande partie des imprimés soumis par la loi à l'impôt, trouvent le moyen de s'y soustraire. Il résulte des renseignements recueillis par votre Commission, de la bouche des intéressés eux-mêmes, que plus de 80 p. 0/0 des avis de commerce ainsi distribués à Paris n'étaient pas timbrés, et que les feuilles périodiques échappent également à l'impôt quoique dans une moindre proportion.

C'est là un état de choses fâcheux, et que votre Commission devait signaler sans ménagement.

La majorité a pensé que l'État, chargé de percevoir les impôts établis par les lois, a incontestablement, dès aujourd'hui, le droit de faire vérifier, à tous les degrés d'une distribution publique, s'il y a violation des lois, en ce qui concerne l'obligation du

mbre; et en cas d'insuffisance, le devoir de sup·
léer au silence de la législation.

La minorité de votre Commission a pensé que
dans la détermination à intervenir nécessairement
pour corriger une législation inappliquée et incomplète, on devait tenir grand compte de la condition
actuelle de ces distributions, qui s'effectuent à des
prix très-modiques.

A ce point de la discussion, une question administrative très-grave a été soulevée dans le sein de la
Commission : quel doit être le mode de perception
des taxes ? Différents systèmes sont en présence : 1° la
perception de l'impôt sera-t-elle séparée, comme aujourd'hui, de l'affranchissement de la poste?

2° Si l'impôt est réuni au droit de poste, pour
former une taxe unique pour chaque nature d'imprimés, la perception de cette taxe unique doit-elle
être ou non accompagnée d'un signe qui constate la
perception et qui vaudrait affranchissement ?

Si le transport par la poste n'est pas obligatoire
dans tous les cas, il ne saurait y avoir de doute ; la
perception de l'impôt obligatoire doit rester séparée
de celle du droit facultatif.

Si le transport par la poste est rendu obligatoire,
la perception de l'impôt et celle du droit de transport,
pourraient être simultanées, et avoir lieu, soit dans
un office distinct de l'office des transports, soit à l'office même des transports. Il n'y aurait de difficultés
que pour les journaux, dans le système de la minorité
de votre Commission, parce que la surface imposable
peut varier d'un jour à l'autre ; nous avons indiqué
précédemment la solution ; en ce qui les concerne, la
perception de l'impôt pourrait se faire dans le même

office, à la fin de chaque mois ou de chaque quinzaine, au lieu d'être quotidienne et préalable.

Quant à l'application d'un signe valant affranchissement, il aurait de très-grands avantages, en permettant de saisir le délit partout, et à une époque
quelconque; et en donnant ainsi un puissant moyen
d'assurer l'exécution des lois.

Cette opinion, qui a réuni la majorité des membres de votre Commission, a été combattue dans
son sein : on a dit que le transport par la poste de-
venant obligatoire , tous les imprimés passerai nt
nécessairement par l'office postal; que la contravention deviendrait impraticable, et, par suite, la con-
statation du flagrant délit inutile.

La majorité de votre Commission aurait voulu
pouvoir partager cette confiance dans la sévérité d'exécution des lois postales; mais elle n'a pu se dissimuler
que le passé n'était pas de nature à donner une grande
sécurité pour l'avenir ; que, parallèlement à chaque
nouvelle législation , s'établissaient des moyens nouveaux de s'y soustraire, et qu'en raison de cette donnée expérimentale , il était essentiel de conserver toujours la précieuse ressource de pouvoir constater le
délit, à une époque même éloignée du moment où il
a été commis.

Les affiches forment la troisième classe d'imprimés ; cette catégorie est tout-à-fait spéciale; la solution des questions qui s'y rapportent devait rester
indépendante. Toutefois , votre Commission a senti
la nécessité de faire remarquer, dès à présent , que
les affiches imprimées pouvaient être considérées,
en ce qui concerne l'impôt, comme analogues aux
annonces et avis divers. Quant aux affiches peintes,

les doivent nécessairement être l'objet., par leur
ature et leur *stabilité*, de dispositions particulières,
ans l'examen desquelles votre Commission n'a pas
gé à propos d'entrer.

Cet examen préalable était nécessaire pour faciliter
lui des propositions, et nous permettra de le faire
es-rapidement.

La proposition de MM. Émile de Girardin et Glais-
bizoin a pour effet immédiat:

1° De fixer à 4 centimes, prix uniforme, la taxe
le tous les imprimés, périodiques ou non, ayant 49
décimètres carrés et au-dessous, et transportés de dé-
artement à département;

2° De fixer à 2 centimes, prix uniforme, la taxe
e tous les imprimés, périodiques ou non, de 49
écimètres carrés et au-dessous, transportés dans la
irconscription du même département;

3° D'assurer le monopole des transports à la
oste.

Il en résulterait les conséquences suivantes :

1° Par la suppression de l'impôt perçu par l'administration du timbre, et auquel on ne substitue rien,
me recette de près de cinq millions serait totalement perdue pour le Trésor;

2° Le service postal ne serait pas couvert de ses
rais seuls de tradition. Ces frais sont actuellement,
l'après l'un des auteurs de la proposition, de 6 cen-
imes pour une feuille de vingt-cinq décimètres car-
s; la proposition propose une taxe de quatre centi-
nes pour une surface double. Quelle que puisse être
erreur commise par l'honorable M. Chégaray, dans
on rapport de 1844, et après lui par l'honorable
M. Glais-Bizoin, on peut, dès à présent, affirmer que

plus le nombre des feuilles transportées augmente
rait, plus la perte serait considérable;

3° Un simple avis de commerce, une feuille à
grande publicité et à grand format, contenant cet
avis de commerce, paieraient exactement la même
taxe; il est facile d'en conclure que tous les avis de
commerce seront forcés d'emprunter la publicité du
journal; il en sera de même des prospectus de librai
rie, qui devront disparaître. Le commerce et la librai
rie protestent, et protestent avec raison contre ce ré
sultat inévitable;

4° Les journaux à grande publicité existant au mo
ment de la promulgation d'une pareille disposition
seraient assurés du monopole; le produit considéra
ble des annonces, augmenté par la contrainte du
tarif, leur permettrait de réduire outre mesure le
prix des abonnements, et il faudrait des sacrifices
énormes de la part des journaux qui voudraient s'é
tablir pour arriver à soutenir la lutte (1).

Nous ne presserons pas les conséquences de la
deuxième disposition reproduite de la loi de 1830;
si elle rend, en apparence un peu moins inégale, la
concurrence entre une feuille de Paris et une feuille
départementale, dans le département où cette der
nière s'imprime, elle laisse subsister toutes les con
séquences générales que nous venons d'exprimer, et
les aggrave en ce qui concerne la situation du Tré
sor.

Quant au monopole des transports concentré entre
les mains de l'Etat, par la poste, les considérations

_____

(1) Consulter les Annexes nᵒˢ 2 et 3.

ui précèdent montrent qu'on peut faire valoir de
très-fortes raison en faveur de l'opinion des auteurs
e la proposition.

Néanmoins, votre Commission, dominée par ce
fait, que la proposition aurait pour conséquence de
faire disparaître toute différence de taxe entre des
imprimés qui peuvent varier à l'infini, soit par les
matières qu'ils contiennent, soit par leur étendue,
soit par les dépenses qu'ils imposent à l'Etat, a dû
vous proposer de ne pas l'adopter.

La proposition de l'honorable M. de Chapuys Mont-
laville a attiré d'une manière toute particulière l'at-
ention et les sympathies de votre Commission ; elle
a pour but d'obvier à un mal considérable, et dont
le développement justifie la louable persévérance avec
laquelle l'auteur de la proposition en poursuit le remède.

Cette littérature immorale, qui prend une place si
considérable dans nos feuilles périodiques, est un
danger sérieux, et d'autant plus sérieux, que le ta-
lent des écrivains est plus incontestable. Tant que
cette littérature a été renfermée dans les livres, son
influence était limitée et silencieuse ; en écartant le
livre on pouvait écarter l'influence : mais quand elle
a été produite dans des feuilles qui se répandent tous
les jours sur toute la surface du pays, le contact de
l'immoralité est devenu en quelque sorte inévitable,
et quelque fermes que puissent être les sentiments et
les principes en France, il est impossible qu'ils n'en
éprouvent pas quelque atteinte. Le but que se propose
l'honorable M. de Chapuys-Montlaville, et que votre
Commission s'est proposé, est en parfait accord de
sentiment avec lui; peut-il être atteint par le moyen qu'il
indique ? Votre Commission ne l'a pas pensé. Elle a

craint que des mesures fiscales, spécialement appl
quées à tel ou tel genre de production littéraire, n
pussent impliquer indirectement, pour leur exécu
tion, une idée de censure, contrairement à l'intention
de l'honorable auteur de la proposition. Du reste
votre Commission a jugé, d'accord en cela avec l'ho
norable auteur de la proposition, que l'exécution des
lois postales, qui règlent le tarif d'affranchissemen
des journaux et imprimés proportionnellement à leur
étendue, était de nature à combattre efficacement le
développements parasites donnés à certaines feuilles
et qui ne tournent en aucune manière au profit de
la pensée instructive et bonne dans un pays libre
dans tous les cas, la législation répressive doit atta
quer en face l'immoralité sous quelque forme qu'elle
se produise, et l'Administration et les tribunaux doi
vent concourir à l'exécution sévère de la législation
sur ce point important.

Votre Commission, en vous proposant de ne pas
adopter les propositions, croit devoir, en terminant
son travail, indépendamment des points déjà signalés
dans le courant du rapport, appeler l'attention de la
Chambre et du Gouvernement sur plusieurs points
signalés par M. de Girardin dans ses développements.

1° La loi de 1830 fixe une taxe de poste de 4 centimes par chaque journal de 30 décimètres carrés e
au-dessous, et de 4 centimes pour chaque trente dé
cimètres ou fraction de trente décimètres excédant.

L'administration des finances, appliquant au droi
de poste ce qui est stipulé pour l'impôt du timbre seu
lement, ne fait payer que 4 centimes pour tout journal, quelle que soit soit sa dimension (consultez l'an
nexe n° 1). Bien plus, elle étend pour le droit de
poste la stipulation relative à l'impôt du timbre. En

et, le supplément n'est dispensé d'un droit de tim-
e particulier que s'il n'excède pas trente décimè-
s carrés de surface. Des suppléments qui ont plus
trente décimètres carrés n'ont pas été frappés du
oit de poste, et des journaux de moins de trente
cimètres carrés ont été dispensés également du droit
poste et de timbre pour leurs suppléments.

La librairie, les imprimés, restant soumis à une
xe graduelle d'après leur surface, en vertu de la loi
thermidor an IV, ont, ainsi que le dit M. de Girar-
n, le droit de protester contre cette fausse interpré-
tion de la loi de 1830.

En second lieu, les auteurs de la proposition signa-
ent avec raison l'inexécution des lois, en ce qui con-
erne l'obligation du timbre des imprimés en grand
nombre échappant à l'impôt et à la surveillance.

Enfin, les remises d'amendes considérables ont affaibli encore la crainte qui devrait toujours accompa-
ner l'inexécution des lois.

En signalant à la Chambre, après les auteurs de la
roposition, ces faits incontestables, votre Commission exprime l'espoir qu'ils ne se renouvelleront plus.

PROPOSITION

DE

MM. ÉMILE DE GIRARDIN ET GLAIS-BIZOIN,

PORTANT

Fixation du port des imprimés et Suppression du timbre.

Article premier.

Le port des imprimés de toute nature, journaux recueils, écrits périodiques, livres, prospectus, affiches et autres, transportés hors des limites du département où ils sont publiés, et quelle que soit la distance parcourue dans le royaume, est fixé à 4 c. pour chaque feuille de la dimension de 40 décimètres et au-dessous; ce port sera augmenté d'un centime par chaque dix décimètres excédant.

Les mêmes imprimés ne paieront que la moitié des prix fixés ci-dessus, toutes les fois qu'ils seront destinés pour l'intérieur du département où ils auront été publiés. Les mêmes conditions seront applicables aux avis de naissance, de mariage, de décès et aux cartes de visites.

Il ne sera perçu aucun droit de poste sur les suppléments exclusivement occupés par le texte et les exposés de motifs des projets de loi et des ordonnances royales, les débats des séances législatives et les documents officiels.

Le port devra toujours être acquitté d'avance. Les journaux et imprimés ne pourront être expédiés que sous bandes, et ces bandes devront être disposées de manière que le contenu puisse être facilement vérifié.

Ils ne devront contenir ni chiffres ni signes quelconques, ni caractères imprimés après coup, ni aucune espèce d'écriture à la main, si ce n'est sur les mémoires, circulaires, annonces et avis divers, la date et la signature de l'envoyeur.

En cas d'infraction, ces objets seront taxés comme lettres.

Les avis imprimés de naissance, de mariage, de décès ou autres, pourront être présentés à l'affranchissement sous forme de lettres, pourvu qu'ils soient pliés de manière à être facilement vérifiés.

Les dispositions qui précèdent sont applicables aux imprimés originaires ou à destination de l'Algérie.

Il est expressément défendu à toute personne étrangère au service des postes de s'immiscer dans le transport et la distribution des imprimés, de quelque nature qu'ils puissent être, ayant moins de cinq feuilles d'impression de quarante décimètres carrés, sous peine d'une amende de 300 fr. par chaque contravention.

Art. 2.

Les droits du timbre sur les journaux et leurs sup‑
pléments, écrits périodiques, prospectus, affiches,
avis et tous autres imprimés, sont abolis.

PROPOSITION

DE

M. LE BARON DE CHAPUYS-MONTLAVILLE,

RELATIVE

Au timbre des journaux et imprimés.

———

Article premier.

Les dispositions de l'article 2 de la loi du 14 décembre 1830 ; celles de la loi du 12 vendémiaire an VII, et l'article 89 de la loi du 15 mai 1818 ; celles de la loi du 6 prairial an VII, en ce qui concerne les droits de timbre sur les journaux et feuilles périodiques, sont abrogées en faveur de tous les journaux et feuilles périodiques qui s'engageront à ne pas publier de romans-feuilletons.

Art. 2.

Les journaux qui voudront profiter des avantages de la présente loi, seront tenus de faire leur déclaration au parquet du procureur du Roi. Acte leur sera donné de cette déclaration.

Art. 3.

Les journaux qui, après avoir fait cette déclaration, contreviendraient à cet engagement, ne seraient plus admis à profiter, pendant le cours d'une année, des bénéfices de la présente loi. De plus, ils seront tenus de payer au Trésor les droits de timbre pour tous les numéros parus depuis le jour de leur déclaration.

ANNEXE N° 1.

La loi du 15 mars 1827 porte :

Art. 8. — « Le port des journaux, gazettes, écrits périodiques, transportés hors des limites du département où ils sont publiés, et quelle que soit la distance parcourue dans le royaume, est fixée à 5 cent. pour chaque feuille de la dimension de 30 décimètres carrés et au-dessous. Ce port est augmenté de 5 cent. pour chaque 30 centimètres ou fractions de 30 décimètres excédaut. Les mêmes feuilles ne paieront que la moitié du prix ci-dessus fixé, toutes les fois qu'elles seront destinées pour l'intérieur du département où elles auront été publiées. Dans tous les cas, le port devra être payé d'avance. »

La loi du 14 décembre 1830 porte :

Art. 2. — « Le droit de *timbre fixe* ou de dimension sur les journaux et écrits périodiques, sera de 6 cent. pour chaque feuille de 30 décimètres carrés et au-dessous, et de 3 cent pour chaque demi-feuille de 15 décimètres carrés ou au-dessous. Tout journal, ou écrit périodique imprimé sur une demi-feuille de 15 décimètres carrés, et de moins de 30 décimètres carrés, paiera 1 cent. en sus pour chaque 5 décimetres carrés. Il ne sera perçu aucun droit pour un supplément qui n'excèdera pas 30 décimètres carrés, publié par les journaux et imprimés sur une feuille de 30 décimètres carrés et au-dessous. »

Art. 3. — « Le droit de 5 cent. fixé par l'art. 8 de la loi du 15 mars 1827, pour le port des journaux et autres feuilles transportées hors du département dans lequel ils sont publiés, sera réduit à 4 cent.

« Les mêmes feuilles ne paieront que 2 cent., toutes les fois qu'elles seront destinées pour l'intérieur du département où elles sont publiées. »

Ainsi que le dit M. Emile de Girardin, dans les développements de sa proposition, le sens de ces lois ne saurait être douteux en ce qui concerne le droit de poste ; la loi de 1830 n'a fait d'autre changement à, celle de 1827 qu'elle rappelle, que de réduire à 4 cent le droit qui était de 5 cent. C'est en contradiction avec la loi, que l'administration des finances, par des circulaires du 10 janvier 1831, et du 15 avril 1836, a fixé a 4 cent. le droit de poste à payer par une feuille, quelle que fût sa grandeur et avec son supplément, appliquant ainsi et étendant même pour le droit de poste, ce qui était réglé pour l'impôt du timbre seulement. Par suite de ces décisions, un journal de 66 décimètres carrés, avec un supplément de même grandeur, c'est-à-dire ayant en tout 132 décimètres carrés de surface, paie 4 cent. de port; tandis qu'un imprimé de même dimension paie 26 cent. 1 quart., c'est-à-dire plus de six fois autant; enfin, un poids de 80 grammes transporté par la poste. s'il s'applique à un journal, paie la même taxe qu'un poids de 14 grammes, appliqué à un imprimé.

Les tribunaux de première instance, les Cours royales, la Cour de cassation, la Cour des comptes, ont unanimement reconnu que l'Administration avait mal interprété la loi.

Annexe N° 2.

SITUATION COMPARÉE DES TAXES

la législation existante, et d'après la proposition de MM. Emile de
rdin et Glais-Bizoin, pour les imprimés transportés de département
arlement.

SIGNATION DE L'IMPRIMÉ.	TAXE actuelle.	TAXE d'après la Proposition.	RÉSULTAT DE LA PROPOSITION.	
			en aggravation	en soulagement.
cus de librairie, de 3 décimètres carrés de surface.....	cent. 1 1/4	cent. 4	cent. 2 3/4	cent. »
Idem. de 6 Idem	1 1/4	4	2 3/4	»
Idem. de 12 Idem.....	2 1/2	4	1 1/2	»
gue de librairie, de 25 Idem.....	5	4	»	1
le commerce, de 3 Idem.....	2 1/4	4	1 3/4	»
Idem. de 6 Idem.....	3 3/4	4	» 1/4	»
id, de 15 Idem.....	7	4	»	3
m. de 20 Idem...,...	8	4	»	4
m. de 30 Idem.....	9	4	»	5
m. de 50 et au-dessus, id.	14	5	»	9
m. de 60 Idem.....	18	6	»	12

SUITE DE L'ANNEXE N° 2.

SITUATION COMPARÉE DES TAXES

D'après les tolérances existantes, et d'après la proposition de MM Girardin et Clais-Bizoin, pour les imprimés transportés de di département.

DÉSIGNATION DE L'IMPRIMÉ.	TAXE d'après les tolérances.	TAXE d'après la Proposition.	RES DE LA P en aggrava.
Prospectus de librairie, de 3 décimètres carrés de surface...	cent. 1 1/4	cent. 4	cent 2 3/4
Idem. de 6 Idem.....	1 1/4	4	2 3/4
Idem. de 12 Idem.....	2 1/2	4	1 1/2
Catalogue de librairie, de 25 Idem.....	5	4	»
Avis de commerce, de 3 Idem.....	2 1/4	4	1 3/4
Idem. de 6 Idem.....	3 3/4	4	» 1/4
Journal, de 15 Idem	7	4	»
Idem. de 20 Idem.....	8	4	»
Idem. de 30 Idem.....	9	4	»
Idem. de 59 et au-dessous, id	10	5	»
Idem. de 69 Idem	10	6	»

SITUATION COMPARÉE DES TAXES

tolérances existantes, et d'après la proposition de MM. Emile de Girardin et Glais-Bizoin, dans le lieu même d'expédition.

NATION DE L'IMPRIMÉ.	DÉPENSE actuelle (1)	TAXE d'après la proposition.	RESULTAT DE LA PROPOSITION	
			en aggravation.	en soulagement.
	cent.	cent.	cent.	cent.
librairie, de 3 décimètres carrés de surface.....	» 3/4	2	1 1/4	»
m. de 6 Idem.....	» 3/4	2	1 1/4	»
m. de 12 Idem.....	1	2	1	»
m. de 25 Idem.....	2	2	»	»
mmerce, de 3 Idem.....	» 3/4	2	1 1/4	»
m. de 6 Idem.....	» 3/4	2	1 1/4	»
de 15 Idem.....	4	2	»	2
de 20 Idem.....	5	2	»	3
de 30 Idem.....	6	2	»	4
de 60 et au-dessous, id...	7 1/2	2 1/2	»	5
de 69 Idem.....	8	3	»	5

dépense est composée d'éléments variables : c'est une approximation.

Annexe n° 3.

RÉSULTATS FINANCIERS DE LA PROPOSITIO

Pour un journal de 54 décimètres carrés et ayant 30,000 ab
10,000 à Paris et 20,000 dans les départements.

1° D'APRÈS LA LÉGISLATION.

Economie par jour, pour 20,000 feuilles à 9 c. (1)... 1,800[f]
    Par an.................................
Economie par jour, pour 10,000 feuilles à 5 c. (2)... 500
    Par an.................................
        Économie totale........

2° D'APRÈS LES TOLÉRANCES.

Économie par jour, pour 20,000 feuilles à 5 c. (3)... 1,000
    Par an.................................
Économie par jour, pour 10,000 feuilles à 5 c. (4)... 500
    Par an. ....
        Economie totale........

(1) Les 9 c se composent de 6 c. d'économie sur le timbre, et de 3 c. sur les
(2) Les 5 c. se composent de 6 c. d'économie sur le timbre, et de 1 c. d'aggrav
de transport.
(3) Les 5 c. se composent de 6 c. d'économie sur le timbre, et de 1 c. d'aggrav
de poste.
(4) Les 5 c. se composent de 6 c. d'économie sur le timbre, et de 1 c. d'aggra
de transport.

CHAMBRE DES DÉPUTÉS.

SESSION 1847.

RAPPORT

FAIT

om de la Commission* chargée d'examiner le
ojet de loi tendant à distraire la section de
aint-Michel de la commune de Touvet, pour la
unir à la commune de Saint-Bernard (Isère),

PAR M. CHAMPANHET,

Député de l'Ardèche.

Séance du 13 Juillet 1847.

MESSIEURS,

Jn projet de loi vous est présenté pour distraire
ameau de Saint-Michel de la commune de Tou-
(Isère), dont il fait partie en ce moment, et le
nir à la commune de Saint-Bernard, dont il
voisin.

Cette Commission est composée de MM. de Loynes,
ène, Goury, de Bontin, Costé, Champanhet, le baron de
les, Pidancet, Dutens.

Les motifs de ce changement sont, que la se
de Saint-Michel est séparée du chef-lieu de T
par des rochers à pic, qui ne peuvent être
chis qu'en une heure et demie, par des che
difficiles et parfois impraticables, tandis que
section n'est éloignée de Saint-Bernard que
kilomètres, qui peuvent être, parcourus en
demi-heure, et par des chemins faciles.

Ces difficultés de communication ont déjà
terminé l'autorité ecclésiastique à joindre la se
de Saint-Michel à la paroisse de Saint-Bernar
telle sorte que le changement proposé pa
projet de loi, aurait pour résultat de m
en harmonie les circonscriptions civiles et
gieuses, ce qui est toujours fort désirable
l'est surtout dans la circonstance actuelle, o
longue distance qui sépare la paroisse de Sa
Bernard et le chef-lieu de Touvet, oblige le
bitants de Saint-Michel à des courses considé
toutes les fois qu'ils ont à faire des déclarat
l'état civil, suivies de cérémonies religieuses.

La distraction projetée ne diminuera pas d
manière bien sensible l'importance de la comu
de Touvet, sous le rapport de la population, j
qu'elle ne lui enlève que 99 habitants, sur pré
1,700, de sorte que sa population restera encor
1,584.

Sous le rapport de l'étendue du territoire
diminution sera plus sensible, mais il resten
côté à la commune de Touvet 1,411 hectar
des ressources plus que suffisantes pour faire
à toutes les charges de son organisation com
nale. D'un autre côté, la réunion projetée,

mposera que des sacrifices relativement peu imrtants à la commune de Touvet, accroîtra avanceusement, au point de vue administratif, l'imrtance de la commune de Saint-Bernard, dont la pulation et le territoire sont peu considérables, donnera ainsi plus de consistance à son organition communale ; de sorte que les pertes peu nsibles éprouvées par la commune de Touvet, ront pour celle de Saint-Bernard de très-utiles ugmentations.

La demande en distraction est d'ailleurs apuyée des avis favorables de M. le préfet, de M. le irecteur des contributions directes de l'Isère, insi que de ceux du conseil d'arrondissement et u conseil général du département, appelés, suiant l'usage, à donner leur opinion.

Votre Commission, déterminée par ces considéations, qui lui paraissent décisives, vous propose n conséquence l'adoption pure et simple du prot de loi dont la teneur suit :

PROJET DE LOI.

Article premier.

La section de Saint-Michel, cotée A sur le plan annexé à la présente loi, et circonscrite par des liserés rose et jaune, est distraite de la commune du *Touvet*, canton de même nom, arrondissement de Grenoble, département de l'Isère, et réunie à celle de *Saint-Bernard*, même canton.

En conséquence, la limite des deux communes est fixée dans la direction indiquée par le liseré jaune du dit plan.

Art. 2.

Les dispositions qui précèdent auront lieu sans préjudice des droits d'usage et autres qui pourraient être respectivement acquis.

Les autres conditions de la distraction prononcée seront, s'il y a lieu, ultérieurement déterminée par une ordonnance du Roi.

Chambre des Députés.

SESSION 1847.

RAPPORT

FAIT

Au nom de la Commission* chargée d'examiner le projet de loi tendant à distraire la section de Mesnil Veneron de la commune de Saint-Jean-de-Daye (Manche), pour l'ériger en commune,

PAR M. PIDANCET,

Député de la Moselle.

Séance du 13 Juillet 1847.

MESSIEURS,

Le peu d'importance qu'avait la commune de Mesnil-Veneron, qui ne comptait que 195 habitants, et dont le territoire ne présentait qu'une superficie de 300 hectares environ; l'embarras

---

* Cette Commission est composée de MM. de Loynes, Lapène, Goury, de Bontin, Costé, Champanhet, le baron de Salles, Pidancet, Dutens.

qu'elle éprouvait à subvenir à ses charges municipales; toutes ces raisons avaient déterminé l'administration à la réunir, même contre son gré, à la
commune de Saint-Jean-de-Daye. Une ordonnance royale du 1er avril 1839 opéra cette réunion
qu'alors on croyait avantageuse.

Mais, à peine en avait-on commencé l'exécution
qu'une vive hostilité éclata entre les deux populations; et, dès 1843, le conseil d'arrondissement,
le conseil général et le préfet, reconnurent qu'il y
avait urgence de remettre les choses dans leur état
ancien et d'opérer la séparation.

M. le Ministre de l'intérieur, espérant que les esprits se calmeraient, que certaines mesures, qui
seraient prises par le préfet, pourraient amener un
rapprochement entre les deux fractions de la nouvelle commune, crut devoir ne pas donner suite
immédiatement aux demandes qui lui étaient faites.

Il en a été tout différemment, et la mésintelligence n'a fait qu'augmenter ; elle est devenue plus
vive que jamais, et l'hostilité est telle maintenant,
que tous rapports, même administratifs, sont in-
terrompus entre les deux sections, et que la séparation est devenue indispensable.

En reprenant son ancienne individualité municipale, la commune de Mesnil-Veneron va se retrouver, il est vrai, en présence des embarras et des
difficultés administratifs, que l'ordonnance du
1er avril 1839 avait eu pour but de faire cesser ;
mais ses habitants sont disposés à faire tous les sacrifices pour mettre leurs recettes communales au
niveau de leurs dépenses. Ils ont tous leurs édifices communaux, à l'exception d'une maison d'é-

ile, que les principaux propriétaires consentent à
ever à leurs frais; ils espèrent également que le
épartement leur viendra en aide pour l'instruction
imaire, au moyen d'une subvention.

Quant à la commune de Saint-Jean-de-Daye, elle
'aura pas à souffrir de la distraction proposée, car
le dépensait en plus ce que la section de Mesnil-
eneron lui rapportait.

La séparation dont il s'agit a été de nouveau de-
andée avec instance, comme le seul moyen de ré-
iblir la paix et les bons rapports entre les habitants
e ces deux localités.

Votre Commission est convaincue qu'elle est
aintenant une nécessité; aussi a-t-elle l'honneur
e vous proposer d'adopter le projet de loi qui vous
st soumis, et qui déjà a été accueilli par la Cham-
re des Pairs. Ce projet est ainsi conçu :

PROJET DE LOI.

Article premier.

La section de Mesnil-Veneron est distraite de l
commune de Saint-Jean-de-Daye, canton de Sain
Jean-de-Daye, arrondissement de Saint-Lô, dépaì
tement de la Manche, et rétablie en commun
distincte, telle qu'elle existait avant l'ordonnanc
du 1ᵉʳ avril 1839.

Art. 2.

Les dispositions qui précèdent auront lieu san
préjudice des droits d'usage et autres qui pourraien
être respectivement acquis.

Les autres conditions de la distraction prononcé
seront, s'il y a lieu, ultérieurement déterminée
par une ordonnance du Roi.

Chambre des Députés.

SESSION 1847.

RAPPORT

FAIT

u nom de la Commission * chargée de l'examen du projet de loi tendant à distraire la section de Traversay de la commune de Dissay, pour la réunir à celle de Saint-Cyr (Vienne),

PAR M. PIDANCET,

Député de la Moselle.

Séance du 13 Juillet 1847.

MESSIEURS,

La section de Traversay demande à être séparée le la commune de Dissay, arrondissement de Poiiers (Vienne), pour faire partie de la commune de Saint-Cyr.

* Cette Commission est composée de MM. de Loynes, Lapéne, Goury, de Bontin, Costé, Champanhet, le baron de Salles, Pidancet, Dutens.

Cette demande a été soumise à une instruction régulière. Une commission syndicale a été nommée, des enquêtes ont eu lieu ; le géomètre en chef du cadastre, le directeur des contributions directes, ont été consultés ; enfin le conseil d'arrondissement de département et le préfet, ont été appelés à donner leur avis.

L'opinion unanime de la commission syndicale a été favorable à la distraction. Ainsi qu'il arrive fréquemment en pareille matière, chaque commune consultée a pris une délibération conforme à son intérêt. Saint-Cyr, qui devait profiter de la distraction, en a soutenu les avantages ; Dissay, qui avait à perdre une portion de son territoire, de ses habitants et de son revenu, s'est prononcé pour le maintien de l'état de choses ; les mêmes prétentions rivales se sont renouvelées dans les enquêtes faites dans chacune des localités. Le conseil d'arrondissement, tout en reconnaissant que la circonscription des deux communes ne présentait pas toutes les conditions désirables pour une bonne et facile administration, mais dans la crainte, dit-il, qu'en accueillant cette demande, beaucoup d'autres de même nature ne viennent à se produire bientôt, et de manière à jeter une perturbation fâcheuse dans les travaux du cadastre et dans l'administration même des communes, s'est prononcé pour le rejet. Enfin, le conseil général, malgré l'avis contraire de la commission qu'il avait nommée, s'est montré favorable à la réclamation des habitants de Traversay, qui a aussi obtenu l'adhésion de M. le Préfet.

Cette diversité dans les opinions imposait à votre

ommission le devoir d'apporter la plus sérieuse et
plus minutieuse attention dans l'examen du pro-
et de loi qui vous est soumis.

Les motifs allégués en faveur de cette mutation
ont puisés surtout dans des convenances de situa-
on topographique.

Traversay est éloigné de Dissay de 2.600 mètres;
n hiver, les communications deviennent très-
difficiles. Son rapprochement de Saint-Cyr est tel,
u contraire, que la ligne séparative entre cette
dernière localité et Dissay, traversé à peu près par
e milieu le chef-lieu de Saint-Cyr, dont une partie,
ouchant pour ainsi dire aux habitations qui dépendent de Traversay, se trouve ainsi sous l'administration municipale de Dissay.

La même irrégularité existe à l'égard de deux
petits hameaux dits la Ponpottitte et la Varennes,
dépendant de Traversay, et qui, par la mutuelle
délimitation, rentreraient dans la commune de
Saint-Cyr, dont ils sont des barrières naturelles.

Cette irrégularité de délimitation reconnue généralement par tous, se trouve d'ailleurs justifiée
par la carte qui est jointe aux pièces produites.

Un autre motif d'intérêt matériel vient à l'appui de la demande de Traversay; c'est l'état d'a-
bandon dans lequel est laissée cette section par la
commune chef-lieu de Dissay. Les voies de communication intérieure et extérieure de Traversay
sont laissées dans un état déplorable; tandis que
les portions du même chemin qui dépendent de
Saint-Cyr, sont entretenues avec soin. Il en est
ainsi, notamment d'un chemin de grande communication, qui conduit à la route royale de Paris à

Bordeaux, et qui, tenu en bon état, devrait procurer un écoulement facile et nécessaire aux productions du sol. L'adjonction de Traversay à Saint-Cyr, donne le moyen de compléter cette route vicinale si importante.

A ces considérations, viennent se joindre les convenances administratives et religieuses, qui toutes militent en faveur de la mutation proposée.

La commune de Dissay n'éprouverait pas, du reste, une perte sensible, et la distraction de la section de Traversay ne porterait pas une atteinte grave à sa prospérité. Il lui resterait environ 2,162 hectares, 970 habitants, et un revenu ordinaire suffisant pour couvrir ses dépenses;

Tandis que Saint-Cyr verrait s'élever sa population de 300 à 500, et ses ressources municipales s'accroître dans la même proportion.

La seule difficulté serait donc dans le partage qui serait à faire des biens communaux. Il y a lieu de penser, quel que soit, sur ce point, le mauvais vouloir de la commune de Dissay, que la séparation étant prononcée, les parties intéressées s'entendront pour le règlement de leurs droits respectifs; et, dans tous les cas, cette dernière considération n'a pas paru à votre Commission être assez puissante pour faire renoncer à une rectification commandée par de graves intérêts publics et particuliers.

Elle a donc l'honneur de vous proposer à l'unanimité l'adoption du projet de loi qui vous est soumis, et qui déjà a été accueilli par l'autre Chambre. Ce projet de loi est ainsi conçu :

PROJET DE LOI.

Article premier.

La section de Traversay est distraite de la commune de Dissay, canton de Saint-Georges, arrondissement de Poitiers, département de la Vienne, et réunie à celle de Saint-Cyr, même canton.

En conséquence, la limite entre ces deux communes est fixée conformément au liséré orange du plan annexé à la présente loi.

Art. 2.

Les dispositions qui précèdent auront lieu sans préjudice des droits d'usage et autres qui pourraient être respectivement acquis.

Les autres conditions de la distraction prononcée seront, s'il y a lieu, ultérieurement déterminées par une ordonnance du Roi.

Chambre des Députés.

SESSION 1847.

RAPPORT

FAIT

*Au nom de la Commission * chargée de l'examen
d'un projet de loi tendant à réunir les communes
de Lasval et de Rouffiac à celle de Rieupeyroux
(Aveyron),*

PAR M. LAPÈNE,

Député de la Haute-Garonne.

Séance du 13 Juillet 1847.

MESSIEURS,

Il existait anciennement dans le canton de Rieupeyroux, arrondissement de Villefranche, département de l'Aveyron, une commune dite de Rouffiac,
offrant un territoire de 647 hectares, et une popu-

* Cette Commission est composée de MM. de Loynes, Lapène, Goury, de Bontin, Costé, Champanhet, le baron de Salles,
Pidancet, Dutens.

lation qui s'élève maintenant à 349 habitants. Cette
population n'est pas réunie dans un principal foyer.
Elle se divise entre divers petits centres d'agglomérations, qui forment autant de hameaux. Nous men-
tionnerons, dès ce moment, celui de Rivières, qui
possède une église succursale, quoiqu'il ne se compose que de cinq maisons, et qui, dans la moins
heureuse, sans doute, des combinaisons soumises à
votre examen, serait appelé à une destinée municipale peu faite pour sa médiocre importance.

Cette petite commune de Roufflac se trouvait
située entre deux autres, d'une bien forte consistance, savoir : celle de Rieupeyroux, chef-lieu du
canton, dont le territoire primitif présente une
population de 2,360 habitants, et celle de Prévinquières, peuplée de 969 ames, et siége de quelques
foires.

Dans les premiers jours du Gouvernement consulaire, une atteinte fut portée à l'existence administrative de la commune de Roufflac; un arrêté
préfectoral du 5 messidor an VIII la réunit à celle
de Rieupeyroux. Cet acte, évidemment, dépassa la
compétence de l'autorité dont il fut l'ouvrage. Alors,
comme aujourd'hui, les changements de circonscription territoriale appartenaient, soit au Gouvernement, soit au pouvoir législatif, selon les forces différentes de la population. Mais cet arrêté
reçut son exécution; il n'a postérieurement existé
qu'une administration et un conseil municipal unique pour les deux localités.

Ajoutons qu'une troisième commune, plus petite
encore, dite de Lasval, n'ayant qu'une population
de 183 habitants, fut réunie par le même arrêté
à Rieupeyroux.

Toutefois, les besoins spirituels commandèrent
certains fractionnements du même territoire, pour
l'établissement des succursales. Il en fut fixé une
dans le hameau de Rivières, dont nous avons déjà
parlé. Sa circonscription se compose de la section
de Roufflac et de six hameaux contigus, faisant dépendance de la commune de Prévinquières; on les
nomme Cabanelles, Lacaze, Bouissonnade, Latour,
Confins et Flottes.

Cette unité paroissiale a fait naître l'idée de constituer en corps de commune les sections ou hameaux
divers dont elle est composée. Il y aurait désormais
identité, dans ce système, entre le lien administratif
et le lien religieux.

Pour atteindre ce but, il fallait, d'une part, réclamer contre l'adjonction illégale de Roufflac à
Rieupeyroux, en l'an VIII, et solliciter, d'autre part,
la distraction des six hameaux dont nous venons de
parler, de la commune de Prévinquières, à laquelle
ils ont toujours appartenu, pour en faire une part
intégrante de la nouvelle commune à créer.

Ce projet, contre lequel de fortes objections vont
bientôt s'élever, est en grande faveur auprès des divers éléments de population qu'il s'agirait de réunir.
Porté dans le hameau de Rivières, où se trouve déjà
l'église succursale, le siège de la mairie se trouverait
dans une position centrale. La circonscription serait
régulière. Le nouveau corps collectif serait de 579
habitants. Comme ses ressources financières se rédui-
raient à la somme de 125 fr. 82 c., montant de ses
centimes additionnels, plusieurs principaux propriétaires ont signé l'offre d'acquérir une rente sur
l'État, de 75 fr., et d'en gratifier la nouvelle com-

mune , pour élever ses revenus à 200 fr., chiffre indiqué comme convenable par le conseil général.

Ce conseil, après des délibérations contraires, s'est montré, par deux fois, favorable à la création dont il s'agit, dans ses deux dernières sessions. Toutefois, si ce remaniement de territoire n'était pas adopté, il a voté subsidiairement pour la confirmation des mesures de l'an VIII. L'adjonction définitive de Lasval à Rieupeyroux lui paraît d'ailleurs convenable dans tous les cas.

Rieupeyroux et Prévinquières ont respectivement protesté contre tout démembrement de leurs territoires pour la formation de la commune nouvelle; ils demandent le maintien de l'état actuel des choses. Prévinquières repousse le dédommagement éventuel qu'on serait tenté de lui offrir par l'annexion de Lasval, annexion insuffisante, sans régularité de configuration, et repoussée par le conseil général lui-même, quoique aujourd'hui favorable à l'érection en commune de la circonscription spirituelle de Rivières.

Le conseil d'arrondissement a pareillement repoussé tout projet d'innovation. M. le Préfet de l'Aveyron a partagé la même opinion, et le Gouvernement, à son tour, se borne à vous demander la confirmation du changement territorial opéré par simple arrêté préfectoral, en l'an VIII.

C'est aussi l'opinion de votre Commission ; il faut tendre à l'augmentation plutôt qu'au morcellement des communes existantes. On obtient ainsi des éléments plus nombreux pour une bonne formation du conseil municipal, et pour le choix des administrateurs locaux. Les ressources financières sont moins exiguës. L'enseignement primaire y prospère davantage. Les travaux publics s'opèrent avec plus d'ensemble et sur une plus large échelle. Tous les services sont mieux assurés.

Pour motiver la création d'une nouvelle existence municipale, il ne suffit pas qu'elle présente un territoire régulier, une assez forte agglomération d'habitants; il ne suffit pas que les démembrements dont elle se compose soient essentiellement nuisibles aux communes qui les supporteraient. Il faut un intérêt public évident, une amélioration incontestable dans les liens et les moyens administratifs précédents, pour opérer de tels changements. Aucune considération semblable ne vient ici insister en faveur d'une innovation. Les hameaux qu'on voudrait détacher des circonscriptions actuelles sont convenablement reliés aux centres respectifs dont ils dépendent. Les six qui relèvent de Prévinquières n'en sont qu'à une demi-heure de distance; aucune rivière ne les en sépare; une viabilité facile les unit; Rouffiac, et les hameaux ses consorts, se trouvent dans d'aussi bons rapports locaux avec Rieupeyroux. Aucune objection, même spécieuse, ne s'élève contre la réunion de l'an VIII.

Pourquoi donc ces divorces que rien ne commande, que rien ne vient légitimer?

Il suffirait de l'absence de tout avantage positif, pour écarter la demande de Rouffiac et des six hameaux dissidents de Prévinquières. Mais cette dernière commune la repousse encore comme devant avoir pour effet l'affaiblissement de ses ressources financières, et, par voie de suite, de sa constitution. Ce n'est pas tout pour elle que de perdre, dans ce

projet , 250 habitants , sur les 960 qu'elle possède
en ce moment. Elle conserverait encore une population de 739 ames, chiffre très-raisonnable ; mais
son faible revenu de 211 fr. 89 c. descendrait à
celui de 141 f. 89 c., somme évidemment insuffisante
pour couvrir les dépenses ordinaires.

La formation en corps de commune de la circonscription paroissiale, n'est pas, dans l'espèce, une
nécessité ; elle n'est même pas une convenance.
Les besoins religieux reçoivent une satisfaction
complète dans ce moment. L'établissement d'une
mairie à côté de l'église et du presbytère, n'ajouterait rien aux facilités du culte et de l'enseignement
de la religion aux enfants.

L'intérêt religieux exerco sans doute, et mérite
d'exercer beaucoup d'influence sur les questions de
délimitations territoriales ; mais c'est lorsqu'il y a
souffrance , interposition d'obstacles dans l'état
présent des choses. Alors, pour placer les populations dans une situation normale, on fait ici des retranchements, là des annexions dont le résultat soit
de remplir le mieux possible toutes les convenances
locales. Aucun ordre de considérations ne vient ici
prescrire des mesures semblables.

Cette pensée est celle du Gouvernement. Dans
un cas ordinaire, il lui aurait suffi de garder le silence sur les prétentions des hameaux dissidents de
Rieupeyroux et de Prévinquières. Faute d'initiative
de sa part pour demander un changement, les circonscriptions seraient demeurées ce qu'elles sont.
Mais l'état provisoire de la commune de Rieupeyroux prescrivait une constitution définitive. Le Gouvernement en réclame la consécration par le pouvoir législatif.

C'est l'objet du projet de loi qui vous est soumis. Il a réuni tous les suffrages au sein de votre Commission. J'ai donc l'honneur de vous en proposer en son nom l'adoption. Il est ainsi conçu :

PROJET DE LOI.

Article premier.

Les communes de Lasval, de Rouffiac et de Rieupeyroux, canton de Rieupeyroux, arrondissement
de Villefranche, département de l'Aveyron, sont
réunies en une seule, dont le chef-lieu est fixé à
Rieupeyroux.

Art. 2.

Les communes réunies continueront, s'il y a lieu,
à jouir séparément, comme sections de commune,
des droits d'usage ou autres qui pourraient leur
appartenir, sans pouvoir se dispenser de contribuer
en commun aux charges municipales.

Les autres conditions de la réunion prononcée
seront, s'il y a lieu, ultérieuremeut déterminées
par une ordonnance du Roi.

Chambre des Députés.

SESSION 1847.

RAPPORT

PAR

Au nom de la Commission* chargée de l'examen du projet de loi tendant à modifier la limite des cantons est et ouest de la ville de Pau (Basses-Pyrénes),

PAR M. DE LOYNES,

Député du Loiret.

Séance du 13 Juillet 1847.

MESSIEURS,

La ligne divisoire actuelle des deux cantons don se compose la ville de Pau (Basses-Pyrénées), est in décise sur plusieurs points, et cet état de choses

---

* Cette Commission est composée de MM. de Loynes, La pène, Goury, de Bontin, Costé, Champanhet, le baron Salles, Pidancet, Dutens.

une source d'embarras pour l'administration, les juges-de-paix et les officiers ministériels.

D'un autre côté, il résulte de l'examen des plans, que les dénominations d'*est* et d'*ouest* sont fort improprement données à la division actuelle ; le canton *est* comprenant un assez grand nombre de maisons situées dans la partie la plus occidentale, et le canton *ouest*, une portion notable de la partie orientale de la ville. Par suite de la construction de maisons nouvelles sur la ligne délimitative dont il s'agit, des dépendances d'un canton ont formé une enclave sur le territoire de l'autre, et il est résulté de cette circonstance, que les points rapprochés des enclaves sont restés sans détermination exacte ; de telle sorte, que les juges-de-paix ne connaissent pas les véritables limites de leur juridiction, et que des contestations fréquentes ont lieu entre eux à ce sujet.

Des intérêts très-graves peuvent ainsi être compromis : beaucoup de justiciables ne connaissent point la juridiction dont ils relèvent, et des irrégularités des procédure, en cas de procès, peuvent en être la suite.

Dans cet état de choses, M. le maire de Pau, autorisé par le préfet du département à préparer un autre plan de délimitation et à le soumettre aux délibérations du conseil municipal, a saisi cette assemblée d'un projet nouveau, qu'il avait étudié en commun avec les juges-de-paix et le commissaire de police de la ville.

Le conseil municipal, assisté des plus imposés, y a donné une entiere adhésion ; le conseil d'arrondissement, le conseil général, le préfet, l'ont

également approuvé, et M. le Garde des sceaux, qui a consulté M. le Ministre de l'intérieur, a fait connaître que la nouvelle limite proposée lui paraît de beaucoup préférable à l'ancienne.

Votre Commission, Messieurs, est également persuadée qu'elle fera disparaître tous les inconvénients que présente la ligne divisoire actuelle ; aussi vous propose-t-elle d'être favorable à la sanction de la loi que, déjà, la Chambre des Pairs a adoptée dans sa séance du 6 juillet présent mois. Toutefois, il est bien convenu qu'en disant dans l'article unique de la loi : « La limite des deux cantons de Pau, *est* et *ouest*, est établie conformément à la ligne « rouge mi-partie pleine et pointillée *du plan an-* « *nexé* à la présente loi, » cela s'entend du plan dressé et certifié par l'architecte de la ville, le 14 juillet 1846, visé par le maire en conseil municipal, le 15 juillet 1846, et vu et approuvé par M. le préfet des Basses-Pyrénées, le 28 février 1847.

PROJET DE LOI.

Article unique.

La limite des deux cantons de Pau, est et ouest, département des Basses-Pyrénées, est établie conformément à la ligne rouge mi-partie pleine et pointillée du plan annexé à la présente loi.

Chambre des Députés.

SESSION 1847.

RAPPORT

FAIT

Au nom de la Commission * *chargée d'examiner le projet de loi tendant à changer la limite des départements du Puy-de-Dôme et du Cantal, sur le territoire des communes d'Anzat-le-Luguet et de Leyvaux,*

PAR M. DE BONTIN,

Député de l'Yonne.

Séance du 13 Juillet 1847.

Messieurs,

Une portion de la commune de Leyvaux (Cantal) se trouve enclavée dans celle d'Anzat-le-Luguet et d'Apchat (Puy-de-Dôme), d'Autrac et de Saint-Étienne-sur-Blesle (Haute-Loire).

* Cette Commission est composée de MM. de Loynes, Lapène, Goury, de Bontin, Costé, Champanhet, le baron de Salles, Pidancet, Dutens.

Pour faire cesser cet état d'enclave, divers systèmes se présentent. Il faut, ou supprimer la commune de Leyvaux en partageant son territoire entre les communes voisines, ou relier entre elles les deux portions de cette commune, en y réunissant, soit le hameau de Brugely dépendant de Saint-Etienne-sur-Blesle, soit le hameau de Combaliboeuf appartenant à Anzat-le-Luguet.

La suppression de la commune de Leyvaux rencontrerait dans le pays une opposition vive et unanime. Son ancienneté, soit comme paroisse, soit comme commune, remonte à des temps très-reculés, et ce ne serait pas sans exciter de grandes résistances, qu'on entreprendrait de rompre les liens qui unissent ses divers hameaux accoutumés à vivre sous une même administration municipale. Le partage de son territoire entre les communes contiguës, présenterait ensuite des obstacles sérieux résultant de prétentions rivales qui ne manqueraient pas de se produire. Il offrirait, en outre, cet inconvénient, de ne pouvoir assigner aux départements intéressés des limites fixes et régulières.

La commune de Leyvaux doit donc être conservée. Elle ne peut l'être qu'à la condition de ne point attribuer à d'autres communes la portion de son territoire qui est enclavée.

En effet, la population de la commune est de 370 habitants, sa superficie est de 1000 hectares.

La surface géométrique de l'enclave est de 480 hectares, formant deux villages appelés Courtenge et Marzun, qui comptent une population de 120 habitants.

Sur un impôt foncier de 1,460 fr. que supporte la commune, la portion contributive de l'enclave est de 800 fr.

Il est facile de comprendre que la distraction du territoire enclavé compromettrait essentiellement l'existence de Leyvaux, qui, réduit à peu près d moitié, n'aurait plus de ressources suffisantes pour subvenir à ses charges.

Deux moyens, ainsi qu'on peut s'en assurer en jetant les yeux sur le plan annexé aux pièces, peuve t être employés pour rompre l'enclave et rattacher au territoire de Leyvaux les 480 hectares qui en sont séparés.

L'un serait d'enlever à la commune de Saint-Etienne-sur-Blesle le hameau de Brugely et son territoire pour le réunir à Leyvaux. Mais Saint-Etienne-sur-Blesle est une assez faible commune qui ne peut subsister qu'à la condition de ne rien perdre des élém. t actuels de son organisation municipale. D'un au côté, le territoire du hameau de Brugely se compo de pacages, où tous les habitants de la commune ont le droit d'envoyer leurs bestiaux. Sans doute, en ca de réunion de ce hameau à Leyvaux, le droit de para serait conservé à ceux qui le possèdent, mais il y aurai à craindre que les habitants de Leyvaux ne voulussen en user simultanément, et que cette concurrence r donnât lieu à des rixes et à des procès. Tel est du moins l'avis des chefs de la Cour royale de Riom. consultés à cet égard par M. le Garde des sceaux. D'ailleurs, en réunissant Brugely à Leyvaux, on donnerait à cette commune une configuration très-irrégulière, et il serait impossible de lui attribuer de limites fixes du côté de Saint-Etienne. Il faut ajouter. en outre, qu'on doit tenir compte, dans les délimi tions territoriales, des relations et des sympathies les populations, et que les habitants de Brugely, ainsi que tous ceux de la commune de Saint-Etienne, n'ont ne des rapports trè--rares avec ceux de Leyvaux.

L'autre moyen de réunir à Leyvaux les hameaux Marzun et de Courtenge, qui se trouvent actuellement séparés, est celui dont l'adoption a paru préférable au Gouvernement, parce qu'il satisfait davantage à l'équité, aux convenances, et à l'intérêt général. Ce moyen consiste à prononcer la distraction du hameau de Combalibœuf du territoire de la commune d'Anzat-le-Luguet, pour l'attribuer à celui de Leyvaux ; cette attribution ne serait qu'une véritable restitution. Il résulte, en effet, des documents qui sont joints aux pièces, la preuve que Combalibœuf et divers autres hameaux adjacents, ont, avant, et assez longtemps après la révolution de 1789, appartenu à Leyvaux, et qu'on ne sait à quelle époque, par quelle autorité, ni en vertu de quelle décision ils ont été réunis à Anzat-le-Luguet, lequel ne peut aujourd'hui justifier de sa possession qu'en se prévalant de la prescription trentenaire essentiellement inapplicable en pareille matière.

La distraction du hameau de Combalibœuf du territoire d'Anzat, ne saurait porter atteinte à son existence. En effet, la commune d'Anzat a aujourd'hui une superficie de 7,019 hectares 80 ares 85 centiares, pour une population de 1,995 habitants, dans laquelle le terrain qu'il s'agirait de retrancher ne comprend qu'une superficie de 350 hectares, et une population de 14 habitants. On voit qu'il resterait à Anzat 6,670 hectares, et 1,981 habitants, et que son importance excéderait encore de beaucoup celle de Leyvaux.

La mutation résultant de l'adjonction à la commune de Leyvaux, du polygone formé par le territoire de Combalibœuf, ne rencontrerait aucune diffi-

culté matérielle d'exécution, soit par le transfe
d'impôt, car il ne s'agit que d'un très-petit nom
de cotes, soit par la fusion dans la matrice cadastra
de Leyvaux, des parcelles qui composent ce pol.
gône.

L'affaire a été soumise à une instruction réguliè
dans les départements du Cantal, du Puy-de-Dô
et de la Haute-Loire; le projet de réunion de Co
balibœuf à Leyvaux à été l'objet d'une adhésion unanime dans le Cantal, et d'une opposition également
unanime dans le Puy-de-Dôme. Les autorités administratives et les assemblées électives de ce département, se sont bornées à indiquer, comme préférable,
la combinaison qui consisterait à réunir à Leyvau
le hameau de Brugely, dépendant de Saint-Étienne-
sur-Blesle. Mais cette combinaison, qui se présentait
dans la forme d'un échange de territoire entre les deu
communes de Leyvaux et de Saint-Étienne, a été combattue, tant par les assemblées électives, que par le
autorités administratives et financières du département
de la Haute-Loire.

Votre Commission, après avoir examiné avec une
scrupuleuse attention toutes les pièces qui lui ont
été produites, n'a point hésité à adhérer au système
qui consiste à distraire le territoire de Combalibœuf
de la commune d'Auzat-le-Luguet, pour réunir les
deux portions de la commune de Leyvaux actuellement séparées; en conséquence, elle a chargé son rapporteur de proposer à la Chambre l'adoption du projet de loi qui statue en ces termes :

PROJET DE LOI.

—

Article premier.

Le territoire du hameau de Combaliboeuf, indiqué ar une teinte blanche sur le plan annexé à la présente loi, est distrait de la commune d'Anzat-le-Luguet, canton d'Ardes, arrondissement d'Issoire, département du Puy-de-Dôme, et réuni à celle de Leyvaux, canton de Masseiac, arrondissement de Saint-Flour, département du Cantal.

En conséquence, la limite des deux départements sur le territoire des communes d'Anzat-le-Luguet et de Leyvaux, est fixée conformément au tracé indiqué au dit plan, par un liséré jaune coté A B C D E I K.

Art. 2.

Les dispositions qui précèdent auront lieu sans préjudice des droits d'usage et autres qui pourraient être respectivement acquis.

Les autres conditions de la distraction prononcée seront, s'il y a lieu, ultérieurement déterminées par une ordonnance du Roi.

Chambre des Députés.

SESSION 1847.

RAPPORT

FAIT

Au nom de la Commission * chargée d'examiner
projet de loi tendant à changer la limite des
partements de Loir-et-Cher et de l'Indre, su
territoire des communes de Meusnes et de Lye.

PAR M. DE BONTIN,

Député de l'Yonne.

—

Séance du 13 Juillet 1847.

MESSIEURS,

Depuis plusieurs années, le département de Loi
et-Cher et celui de l'Indre étaient dans l'incert
tude sur les limites à arrêter entre les commun
de Meusnes, arrondissement de Blois, et de Ly

---

* Cette Commission est composée de MM. de Loynes, L.
péne, Goury, de Bontin, Costé, Champanhet, le baron de Sal·
Pidancet, Dutens.

ondissement de Châteauroux. Celles indiquées
le cadastre, outre qu'elles n'avaient pas la fixité
iven able, présentaient l'inconvénient de couper
eises parcelles de terrain, et, ce qui est plus
ive, des corps de bâtiments d'un même logis.
En 1842, les géomètres en chef du cadastre des
ux départements avaient proposé respectivement
nouvelles lignes de délimitation, qui ne furent
int admises. Cependant l'état de choses existant
scitait fréquemment des erreurs et des difficultés. .
s habitants se trouvaient imposés à la fois dans
s deux communes, tant pour la contribution per-
nnelle et mobilière, que pour les prestations. Il
ait nécessaire de mettre un terme à des incerti-
des préjudiciables à l'intérêt des propriétaires.
Le 19 novembre 1845, les contrôleurs des con-
butions directes des départements de Loir-et-
her et de l'Indre, procédèrent à l'étude d'une
nouvelle délimitation cadastrale, entre les com-
unes de Meusnes et de Lye, en présence des mai-
es de ces deux localités. A la ligne droite ils substi-
uérent une ligne brisée, qui avait pour avantage
d'offrir sur certains points des bornes fixes et in-
variables, d'éviter autant que possible le morcellement des propriétés, et de ménager les droits ac-
is. Si, par suite de cette opération, une certaine
etendue de terrain est distraite de la commune de
Lye, une autre à peu près équivalente lui est attribuée par compensation.
Le travail des contrôleurs a obtenu l'assentiment
des conseils municipaux des communes intéressées, des conseils d'arrondissement et des conseils
généraux des deux départements. Le conseil d'État

a pensé également que son adoption aurait
effet de terminer, par une transaction salutai
état d'incertitude et de litige qu'il est dési
ne pas voir continuer plus longtemps.

Tel est aussi l'avis de votre Commission,
après avoir examiné le plan annexé aux pi
chargé son rapporteur de proposer à la Cha
d'adopter le projet de loi dont la teneur suit :

PROJET DE LOI.

Article premier.

Los communes de Lye, canton de Valençay, arrondissement de Châteauroux, département de l'Indre, et de Mousnes, arrondissement de Blois, département de Loir-et-Cher, sont délimitées entre elles, conformément à la ligne hachée en noir, désignée par les lettres A, B, C, D, E, F, G, sur le plan annexé à la présente loi.

Art. 2.

Les dispositions qui précèdent auront lieu sans préjudice des droits d'usage et autres, qui pourraient être respectivement acquis.

(N° 319.)

Chambre des Députés.

SESSION 1847.

RAPPORT

FAIT

An nom de la Commission chargée de l'examen du
projet de loi tendant à autoriser le département
de la Charente-Inférieure à s'imposer extraordinairement pour les travaux des chemins vicinaux
de grande communication ,*

PAR M. PIDANCET,

Député de la Moselle.

Séance du 13 Juillet 1847.

MESSIEURS,

Les grandes lignes vicinales qui sont classées
dans le département de la Charente-Inférieure depuis l'année 1840 et avant cette époque, présentent
un développement de 926 kilomètres , sur lesquels

---

* Cette Commission est composée de MM. de Loynes,
Lapéne, Goury, de Bontin, Costé, Champanhet, le baron de
Salles, Pidancet, Dutens.

171 sont, en ce moment encore, en lacunes, et exigent, pour les mettre à l'état d'entretien , une dépense de 1,426,116 fr., suivant les évaluations fournies par M. l'ingénieur en chef de ce département.

Pour faire face à cette dépense considérable , le département de la Charente-Inférieure ne peut disposer annuellement que d'une somme de 98,000 f. restant libre, déduction faite des dépenses du personnel et d'entretien , sur le produit des cinq centimes spéciaux établis en vertu de la loi du 21 mai 1836, et d'une autre somme de 68 mille francs, formant le produit annuel d'une imposition extraordinaire de 3 centimes, créée pour six ans par la loi du 3 août 1844 , et applicable aux travaux des chemins de grande communication dont il s'agit en ce moment.

Dans cette situation, quatorze années devront s'écouler encore avant que l'on n'ait pu terminer, et amener à l'état d'entretien les 171 kilomètres de chemin qui, aujourd'hui, restent inachevés.

Frappé de cet état de choses, le conseil général, dans sa dernière session, s'est arrêté à un moyen qui permettra de terminer tous les travaux des chemins de grande vicinalité, dans l'espace de huit années; et il a demandé que le département fût autorisé à s'imposer extraordinairement, pendant huit ans, à partir de 1848, *trois* centimes additionnels au principal des quatre contributions directes, dont le produit total, pendant les huit années, sera de 864,000 francs.

Quels que soient les avantages qui devront résulter de cette proportion, à laquelle se rattachent les intérêts les plus essentiels de la population, comme

aussi ceux du commerce et de l'agriculture, votre
Commission doit vous mettre sous les yeux la situa
tion financière du département, et vous faire con
naître les charges qui déjà pèsent sur les contribua
bles. En ce moment, ce département est grevé d
neuf centimes extraordinaires, savoir : 4 centime
pour les routes départementales, en vertu de la lo
du 24 avril 1834 ; 2 centimes pour le même objet
en vertu de la loi du 16 juin 1843 ; 2 centimes rap
pelés ci-dessus, en vertu de la loi du 3 août 1844,
et enfin, 1 centime, en vertu de la loi du 3 juillet
1846, pour l'établissement d'un dépôt d'étalons à
Saintes.

Mais il faut de suite vous faire remarquer que
sur ces 9 centimes, 2 prendront fin en 1849, 2 en
1850, 1 en 1851, et les 4 autres en 1852 ; et que
par suite de ces dégrèvements successifs, les charges
des contribuables se trouveraient réduites, en définitive, à partir de 1852, à la seule imposition
extraordinaire dont la création est demandée aujourd'hui.

Votre Commission, Messieurs, a pensé que si
cette imposition nouvelle rendait plus lourde la
charge des contribuables durant les années 1848
et 1849, ce sacrifice, qui leur serait imposé, serait
compensé, et au-delà, par les avantages que présente toujours une bonne et complète viabilité
En conséquence, elle a l'honneur de vous proposer
d'adopter le projet de loi dont la teneur suit :

PROJET DE LOI.

—

Article unique.

Le département de la Charente-Inférieure est autorisé, conformément à la demande que son conseil général en a faite dans sa session de 1846, à s'imposer extraordinairement, pendant huit ans, à partir de 1848, 3 centimes additionnels au principal des quatre contributions directes, dont le produit sera exclusivement affecté aux travaux d'achèvement des chemins vicinaux de grande communication actuellement classés.

Cette imposition sera recouvrée concurremment avec les centimes spéciaux dont les lois de finances autoriseront l'établissement, en vertu de l'article 12 de la loi du 21 mai 1836.

(N° 320.)

Chambre des Députés.

SESSION 1847.

RAPPORT

FAIT

Au nom de la Commission* chargée de l'examen d'un projet de loi tendant à autoriser le département des Bouches-du-Rhône à s'imposer extraordinairement pour subvenir à la dépense annuelle d'un dépôt de mendicité à créer à Marseille,

PAR M. LAPÉNE,

Député de la Haute-Garonne.

Séance du 13 Juillet 1847.

MESSIEURS,

D'après des documents officiels, le fléau de la mendicité aurait pris, dans le département des Bouches-du-Rhône, des proportions extraordinaires. Ce n'est pas seulement la population indigène

* Cette Commission est composée de MM. de Loynes, Lapéne, Goury, de Bontin, Costé, Champanhet, le baron de Salles, Pidancet, Dutens.

qui fournirait cette nombreuse recrue d'individus épuisant, au profit de la paresse, et souvent même du vice, les tributs de la charité particulière ; les départements voisins enverraient un fort contingent, surtout à la ville de Marseille, exposée, par ses habitudes de bienfaisance, à de semblables irruptions.

Les moyens légaux de répression sont aujourd'hui considérés comme insuffisants, faute d'un asyle ouvert aux condamnés. Le conseil général, associant ses idées à celles de M. le Préfet du département, signale comme remède indispensable, l'établissement au chef-lieu d'un dépôt de mendicité, où seraient renfermés les mendiants condamnés par les tribunaux, et où seraient en même temps reçus, à titre d'hospitalité, les indigents infirmes et âgés. C'est un vote exprimé dans sa dernière session, et portant à la fois sur les mesures financières propres à couvrir la dépense. Les bâtiments seraient, d'ailleurs, disposés en deux parts distinctes, pour séparer les deux classes d'individus qu'on doit y recevoir.

Dans le système du conseil général, il serait pourvu aux frais de premier établissement, tant au moyen d'une allocation départementale de 10,000 francs, au budget de 1847, qu'au moyen d'un secours sur le deuxième fonds commun, et de subventions fournies par les villes de Marseille, d'Aix, d'Arles et de Tarascon.

En ce qui concerne la dépense annuelle d'entretien, le conseil général a demandé que le département soit autorisé, pour y faire face, à s'imposer extraordinairement, et pour un temps illimité, à partir de 1848, un centime additionnel au princi-

pal des quatre contributions directes, dont le pro
duit s'élèverait à environ 39,200 fr.

Si le vote du conseil général avait été accueill
sous cette forme, dans le projet de loi, vous n
pourriez lui donner votre approbation, malgré la
gravité des considérations qui ont déterminé le vot
du conseil général, et la haute utilité de l'établis
sement qu'il s'agit de fonder. En effet, si les dé
partements obtiennent souvent l'autorisation de
créer des ressources extraordinaires pour des dépenses qui ont un caractère transitoire et extraordinaire comme ces ressources elles-mêmes, cette
autorisation ne paraît pas devoir être également
accordée, d'une manière permanente et pour une
dépense dont le terme serait illimité. L'impôt, au
lieu d'être exceptionnel, passerait alors à l'état
normal. Ce serait une aggravation perpétuelle des
charges ordinaires du département, de même que
s'il eût été surimposé par suite d'une peréquation
générale.

Le projet de loi concilie la rigueur des principes
en pareille matière, avec le grand intérêt d'utilité
publique qui sollicite une contribution extraordinaire. Il en limite la perception à cinq années, et lui
conserve ainsi son vrai caractère.

Le pouvoir législatif conservera toute sa liberté
de décision pour accorder plus tard une prorogation
de cet impôt, si elle est reconnue nécessaire, et
qu'elle soit demandée par le conseil général.

Averti, d'ailleurs, par la discussion du projet
de loi, des objections qui se sont élevées contre la
permanence des charges extraordinaires, ce conseil
recherchera, dans les ressources ordinaires du département, les moyens de continuer un service im-

portant, dont l'avenir, sans doute, signalera de plus
en plus les bienfaits.

D'après ces considérations, j'ai l'honneur de
vous proposer, au nom de votre Commission, l'a-
doption du projet de loi.

Il est conçu comme suit :

PROJET DE LOI.

Article unique.

Le département des Bouches-du-Rhône est autorisé, sur la demande que son conseil général en a faite, dans sa session de 1846, à s'imposer extraordinairement pendant cinq ans, à partir de 1848, un centime additionnel au principal des quatre contributions directes, dont le produit sera exclusivement affecté à la dépense annuelle d'un dépôt de mendicité à créer à Marseille.

Chambre des Députés.

SESSION 1847.

RAPPORT

FAIT

Au nom de la Commission * chargée de l'examen d'un projet de loi tendant à autoriser le département du Cher à contracter un emprunt et à s'imposer extraordinairement, pour les travaux des routes départementales,

PAR M. DE LOYNES,

Député du Loiret.

Séance du 13 Juillet 1847.

MESSIEURS,

Une loi du 16 juin 1843 a autorisé le département du Cher à emprunter une somme de 1,250,000 fr., applicable aux travaux des routes départementales, et à s'imposer extraordinairement,

---

* Cette Commission est composée de MM. de Loynes, Lapéne, Goury, de Bontin, Costé, Champanhet, le baron de Salles, Pidancet, Dutens.

pendant dix années, à partir de 1844, dix centimes
additionnels au principal des quatre contributions
directes, pour le service des intérêts et le remboursement de cet emprunt, qui a été entièrement ré-
alisé de 1844 à 1846.

Mais diverses circonstances ont concouru à rendre ces fonds insuffisants. M. l'ingénieur en chef
évalue, en effet, à 426,000 fr. la dépense qui restera encore à faire au premier janvier 1848, tant
pour achever les lacunes dans une étendue de 6,706
mètres, que pour exécuter les améliorations nécessaires sur plus du tiers du parcours total des 21
routes départementales classées.

Le conseil général du Cher, dans sa dernière
session, s'est rendu un compte exact de cet état de
choses, et il s'est vivement préoccupé des moyens
d'y porter remède. Toutefois, après une mûre délibération, il a pensé que la situation financière du
département lui faisait un devoir de ne pas assurer,
quant à présent, la réalisation complète de la dépense proposée par M. l'ingénieur en chef. Il s'est,
en conséquence, borné à émettre le vote d'un emprunt de 90 mille fr. réalisable en 1848, et qui serait spécialement appliqué aux travaux qui offrent
un caractère plus particulier d'urgence. Le conseil
général a rangé dans cette dernière catégorie les travaux d'achèvement et d'amélioration qui doivent
être effectués sur les routes numéros 6, 7, 8,
14 et 18.

Le conseil a en même temps voté la perception
pendant sept ans, à partir de 1848, d'une imposition extraordinaire de un centime additionnel au
principal des quatre contributions directes, dont le
produit total, devant s'élever à 106,961 fr. 68 c.,

garantirait largement le service des intérêts et l'a-
mortissement du capital emprunté, et laisserait
même un excédant disponible pour les travaux.

Le département du Cher ne supporte aujourd'hui,
Messieurs, que dix centimes extraordinaires créés
par la loi précitée du 16 juin 1843, de telle sorte
que l'imposition nouvelle qu'il s'agit d'établir ne
porterait qu'à onze l'ensemble des centimes extraordinaires qui pèseraient sur les contribuables jusqu'en 1854. Il n'en résulterait donc, en définitive,
qu'une légère aggravation de charges, bien compensée par l'intérêt que les populations attachent
à voir compléter le réseau de la viabilité départementale.

L'état des recouvrements est d'ailleurs satisfaisant,
et les frais de poursuites sont peu élevés dans le département du Cher. Aussi, votre Commission me
charge-t-elle, Messieurs, de vous proposer l'adoption du projet de loi dont la teneur suit :

PROJET DE LOI.

—

Article premier.

Le département du Cher est autorisé, conformément à la demande que son conseil général en a faite dans sa session de 1846, à emprunter, en 1848, à un taux d'intérêt qui ne pourra dépasser quatre et demi pour cent, une somme de quatre-vingt-dix mille francs, qui sera exclusivement affectée aux travaux d'achèvement et d'amélioration des routes départementales classées.

L'emprunt aura lieu avec publicité et concurrence. Toutefois, le préfet du département pourra traiter directement avec la Caisse des dépôts et consignations à un taux d'intérêt qui ne soit pas supérieur á celui ci-dessus fixé.

Art. 2.

Le département du Cher est autorisé, conformémément à la demande que son conseil général en a également faite dans sa dernière session, à s'imposer extraordinairement, pendant sept ans, à partir de

1848 , un centime additionnel au principal des quatre
contributions directes, dont le produit sera appliqué
au service des intérêts et au remboursement de l'emprunt ci-dessus autorisé, et, pour le surplus, aux
travaux des routes.

Chambre des Députés.

SESSION 1847.

RAPPORT

FAIT

Au nom de la Commission* chargée de l'examen d'un projet de loi tendant à autoriser le département de la Dordogne à contracter un emprunt et à s'imposer extraordinairement pour les travaux des routes départementales ,

PAR M. DE LOYNES,

Député du Loiret.

Séance du 13 Juillet 1847.

MESSIEURS,

Une loi du 6 août 1839 a autorisé le département de la Dordogne à contracter un emprunt de un million de francs pour les travaux de ses routes départementales , et à s'imposer extraordinairement , à

---

* Cette Commission est composée de MM. de Loynes, Lapène, Goury, de Bontin, Costé, Champanhet, le baron de Salles, Pidancet, Dutens.

partir de 1841, et jusqu'à parfait remboursement, cinq centimes additionnels au principal des quatre contributions directes, applicables tant au service des intérêts et à l'amortissement de l'emprunt, qu'aux travaux des mêmes routes.

Une seconde loi du 4 juin 1842 a également autorisé ce département à contracter, pour le même objet, un autre emprunt de un million de francs remboursable, en capital et intérêts, sur le produit d'une imposition extraordinaire de quatre centimes additionnels.

Ces deux emprunts ont été réalisés, et leur remboursement, opéré en partie déjà, est largement assuré par le produit des deux impositions ci-dessus, dont la première sera perçue jusqu'au 31 décembre 1850, et la seconde jusqu'à la fin de l'année 1854

Ce produit présente même un excédant de ressources qui sera consacré aux travaux; toutefois, malgré les sommes considérables qui ont été jusqu'ici dépensées pour l'achèvement de la viabilité départementale proprement dite dans la Dordogne, cette œuvre importante est bien loin d'être arrivée à son terme. En effet, sur une longueur totale de 1,050 kilomètres que comprennent les routes départementales classées, 560 kilomètres seulement sont parvenus à l'état d'entretien ; près de 380 kilomètres sont encore en lacunes, et une portion notable exige des améliorations essentielles.

L'exécution complète de l'ensemble des travaux entraînerait une dépense de plus de 4,000,000 fr.

Le conseil général de la Dordogne, appelé à examiner cette fâcheuse situation, dans sa session de 1846, n'a pu songer à adopter une combinaison financière assez large pour embrasser la totalité de cette dépense ; mais il a voulu du moins créer des ressources suffisantes pour subvenir aux besoins les plus urgents.

Déjà, dans sa session de 1845, il s'était occupé de cette grave question ; mais il ne put être donné suite aux propositions qu'il fit alors.

Celles qu'il a depuis adoptées, dans sa session dernière, sont de nature à recevoir un accueil plus favorable ; elles tendent à obtenir, pour le département, l'autorisation :

1° De contracter un emprunt de 1,000,000 de f. réalisable dans le cours des années 1848, 1849, 1850 et 1851 ;

2° De s'imposer extraordinairement, pendant 9 ans, à partir de 1848, 6 centimes additionnels au principal des quatre contributions directes ;

3° De proroger pendant six ans, à partir de 1851, les cinq centimes établis par la loi précitée du 6 août 1839 ;

4° De proroger également pendant deux années, à partir de 1855, les quatre centimes créés par la loi du 4 juin 1842.

Le produit cumulé de ces divers centimes donnerait une somme totale de 2,622,000 fr., et, déduction faite du remboursement de l'emprunt et du service des intérêts, présenterait, en définitive, un excédant de 1,382,575 fr., qui serait réparti, concurremment avec le million emprunté, entre les travaux qui ont été formellement spécifiés par le conseil général, comme devant obtenir la priorité sur toutes autres entreprises.

C'est donc, Messieurs, une masse de fonds de 2,382,575 fr., que la combinaison du conseil géné-

ral permettrait d'appliquer, dans un petit nombre
d'années , à l'amélioration de la viabilité départementale.

Il est vrai qu'elle porterait à 15 le nombre des
centimes extraordinaires dont les contribuables seraient grevés de 1848 à 1856 , et que cette aggravation de charges ne semble pas très-compatible
avec la situation des recouvrements, qui s'opèrent
difficilement dans la Dordogne ; mais il convient de
remonter à la cause des difficultés que rencontrent
les recouvrements , pour se convaincre qu'elle réside en grande partie dans l'insuffisance même des
communications, qui entrave le déplacement et la
circulation des produits , et retient les habitants
dans un état peu aisé.

Votre Commission n'hésite donc pas à penser;
Messieurs, et en cela elle est d'accord avec l'avis
donné par M. le Ministre des finances, qu'il est
indispensable de mettre le département de la Dordogne à même de continuer la grande œuvre qu'il
a entreprise, et dont les bénéfices qu'il retirera
compenseront largement les sacrifices qu'il s'est
imposés dans le passé et qu'il demande à s'imposer
dans l'avenir. Ce département est trop engagé pour
pouvoir s'arrêter. Lui refuser l'autorisation qu'il
sollicite, ce serait lui faire perdre le prix des efforts
qu'il a déjà faits, et compromettre gravement les
intérêts les plus vitaux des populations.

Aussi, votre Commission m'a-t-elle chargé de
vous proposer l'adoption de la loi dont la teneur
suit :

PROJET DE LOI

Article premier.

Le département de la *Dordogne* est autorisé, co
formément à la demande que son conseil général
a faite, dans sa session de 1846, à emprunter à un ta
d'intérêt qui ne pourra dépasser 4 et demi po
cent, une somme de un million, réalisable dans
cours des années 1848, 1849, 1850 et 1851, et q
sera appliquée aux travaux d'achèvement des rout
départementales classées.

L'emprunt aura lieu avec publicité et concurrenc
Toutefois, le préfet du département est autorisé
traiter directement avec la Caisse des dépôts et con
gnations, à un taux d'intérêt qui ne soit pas sup
rieur à celui ci-dessus fixé.

Art. 2.

Le département de la Dordogne est autorisé, cu
formément à la demande que son conseil général
a également faite dans sa session de 1846, à s'impos
extraordinairement : 1° six centimes additionnels
principal des quatre contributions directes, pendat
neuf années, à partir de 1848 ; 2° cinq centimes pe

it six ans, à partir de 1851 ; 3° quatre centimes
idant deux années, à partir de 1855.

Le produit de cette imposition sera affecté tant au
nboursement et au service des intérêts de l'em-
nt ci-dessus autorisé, qu'aux travaux des routes
artementales.

Chambre des Deputés.

SESSION 1847.

RAPPORT

FAIT

Au nom de la Commission* chargée de l'examen d'
projet de loi tendant à autoriser le dépar
de l'Ain à s'imposer extraordinairement pour l
travaux neufs de cinq routes départementales,

PAR M. DE LOYNES,

Député du Loiret.

Séance du 13 Juillet 1847.

MESSIEURS,

Le conseil général du département de l'Ain
voté, dans sa dernière session, le classeme t a
rang de routes départementales, de cinq chemi.
vicinaux de grande communication, désignés sou

---

* Cette Commission est composée de MM. de Loynes, L
péne, Goury, de Bontin, Costé, Champanhet, le baron de Salles
Pidancet, Dutens.

numéros 1, 5 et 6, qui forment une seule ligne,
, 18 et 38.

l'importanee de ces voies de communication
ort clairement et des enquêtes qui ont été ou-
tes, et de la diseussion approfondie qui a eu lieu
s le sein du conseil général. Trois d'entre elles,
amment, tendant de l'est à l'ouest, auraient
n côté, pour aboutissants, la Saône et le chemin
fer de Paris à Lyon.

l'avantage de cette direction est d'autant plus
réciable, que les dix-sept routes départemen-
s actuellement classées, affectent, presque sans
eption, la circulation du nord au midi; la grande
lité de ces classements a d'ailleurs été reconnue
le conseil général des ponts-et-chaussées, par
le Ministre des travaux publics, et des projets
rdonnances approbatives ont été soumis à la si-
ature royale.

La dépense des travaux strictement nécessaires
ir amener à l'état d'entretien les cinq chemins
nt il s'agit, est évaluée ainsi qu'il suit :

Chemin	n° 1..........................	66,000'
—	n° 5........................	55,000
—	n° 7........................	50,000
—	n° 18.......................	30,000
—	n° 38.......................	55,000
	Total..................	256,000

Mais le concours des communes et des particuliers
duira notablement cette dépense; ainsi les sub-
ntions offertes, et dont le recouvrement est as-
ré, s'élèvent, savoir :

Pour le chemin n° 1................ 33,55

 —   n°˙ 5 et 6........... 39,59

 —   n° 7............. 11,70(

 —   n° 18............ 14,800

 —   n° 38............. 40,62

        Total........... 133,27(

On peut même, dès à présent, porter avec exa titude à 34,000 fr. le chiffre de la subvention q sera réalisée pour le chemin n° 1, et à 55,000 f celle qu'obtiendra le chemin n° 38, attendu que le travaux neufs exécutés cette année sur ce dernie chemin par les communes, ont une valeur d'a moins 14,000 fr.

Il ne resterait plus, en définitive, à la charge du département, qu'une somme d'environ 108,000 fr Toutefois, le produit des centimes facultatifs dé partementaux suffit à peine aux divers service compris dans la deuxième section du budget, et il n'est pas possible de prélever la plus légère allocation sur ce produit pour les travaux neufs des routes.

Le conseil général s'est, en conséquence, vu dans la nécessité de demander que le département soit autorisé à s'imposer extraordinairement, pendant trois ans, à partir de 1849, un centime additionnel au principal des quatre contributions directes, et un centime et demi en plus pendant les années 1850 et 1851. Le produit de cette double imposition don nerait précisément une somme égale à celle qui forme le montant du contingent départemental, soit 108,000 fr.

La situation financière du département de l'Ain est loin, Messieurs, de s'opposer à ce que la pro-

sition du conseil général soit accueillie ; ce dé-
rtement ne supporte, en effet, aujourd'hui, que
q centimes extraordinaires, dont deux, perçus
vertu d'une loi du 24 juillet 1843, prendront
en 1848, et dont trois, créés par une loi du 19
ai 1845, pour les travaux des routes départemen-
les, expireront en 1850 ; de telle sorte, que l'im-
osition votée par le conseil général, combinée avec
elle perçue en exécution de la loi du 19 mai 1845,
e grèvera autrement les contribuables que de 4
nt. en 1849, 5 c. 1/2 en 1850, et 2 c. 1/2 en
851.

Il convient en outre de remarquer que les recou-
rements sont plus qu'au courant dans l'Ain, que
es frais de poursuites y sont peu élevés, et qu'en-
in le rapport de l'impôt foncier au revenu territo-
nal y est fort au-dessous de la population moyenne
du royaume.

J'ajouterai, Messieurs, que le conseil général a
mis pour condition à son vote la régularisation préalable des engagements pris par les communes, et
que, pour remplir cette condition, M. le Ministre
de l'intérieur a dû soumettre au Roi diverses ordonnances tendant à homologuer ces engagements.

Au point de vue de la question des voies et moyens
comme sous le rapport de l'utilité départementale,
la proposition du conseil général ne peut soulever aucune objection ; aussi votre Commission m'a-
t-elle chargé de vous proposer l'adoption du projet
de loi ainsi formulé :

PROJET DE LOI.

Article unique.

Le département de l'Ain est autorisé , conformément à la demande que son conseil général en a fait
dans sa session de 1846, à s'imposer extraordinairement en 1849, un centime additionnel au principal des quatre contributions directes , et deux cen-
més et demi pendant les années 1850 et 1851.

Le produit de cette imposition sera affecté aux
travaux neufs des cinq nouvelles routes départementales, dont le conseil général a voté le classement dans
la même session.

(N° 324.)

Chambre des Députés.

SESSION 1847.

RAPPORT

FAIT

Au nom de la Commission* chargée de l'examen d'un projet de loi tendant à autoriser le département de la Sarthe à s'imposer extraordinairement pour les travaux des routes départementales,

PAR M. DUTENS,

Député de la Somme.

Séance du 13 Juillet 1847.

Messieurs,

Les lois des 25 juin 1841, 5 août 1844 et 15 juillet 1845, ont autorisé le département de la Sarthe à s'imposer extraordinairement, jusqu'à concurrence de 5 centimes additionnels, pour le

* Cette Commission est composée de MM. de Loynes, Lapène, Goury, de Bontin, Costé, Champanhet, le baron de Salles, Pidancet, Dutens.

produit de ces centimes être affecté tant au remboursement d'un emprunt, qu'aux travaux des routes départementales, et à ceux des chemins vicinaux de grande communication.

La perception de ces 5 centimes doit, aux termes des trois lois sus-datées, cesser au 31 décembre 1847; et le département de la Sarthe n'est plus, quant à présent, grevé d'aucune imposition extraordinaire, à partir du 1er janvier 1848.

Appelé, dans sa dernière session, à délibérer sur les propositions qui lui étaient soumises par l'Administration, en ce qui touche le service des routes départementales, le conseil général de ce département n'a cru devoir adopter qu'en partie ces propositions.

Les quatorze routes départementales classées dans le département de la Sarthe, dont le développement total est de 561 kilomètres, sont entièrement construites et livrées à la circulation sur toute leur étendue; sauf quelques rares exceptions, leur situation, sous le rapport de l'entretien, ne laisse que bien peu à désirer; mais elle réclame encore des travaux d'amélioration assez nombreux et assez importants. Ces travaux consisteraient dans l'adoucissement de pentes trop roides, la reconstruction de ponts en charpente, ou leur remplacement par des ponts en maçonnerie, des rectifications de tracés et de traverses, des élargissements, des aqueducs à établir, etc. Un aperçu fourni par M. l'ingénieur en chef, évalue à 500,000 fr. environ la dépense à laquelle donnerait lieu l'exécution, à partir du 1er janvier 1848, des diverses améliorations qui viennent d'être indiquées.

M. le préfet de la Sarthe avait proposé au conseil

général le vote de deux centimes additionnels imputables sur les exercices 1848, 1849 et 1850 ; le montant de chaque centime étant environ de 31,000 fr., cette mesure aurait produit la création, en trois ans, d'une ressource extraordinaire de 186,000 fr. Mais le conseil général, considérant que les perfectionnements en vue desquels on lui demandait le vote de deux centimes, pouvaient, sans trop d'inconvénients, quelques désirables qu'il fussent d'ailleurs, être ajournés, pour une partie du moins, jusqu'à un temps un peu plus éloigné, et regardant comme plus urgente la nécessité de pourvoir au prompt achèvement des lignes vicinales de grande communication dont la construction est commencée; le conseil général, disons-nous, a cru devoir, par sa délibération du 21 septembre 1846, se borner à demander que le département de la Sarthe fût autorisé à s'imposer extraordinairement, en 1848, 1849 et 1850, un centime additionnel extraordinaire pour les travaux d'amélioration de ses routes départementales.

Le projet de loi qui vous est présenté, a pour but de sanctionner cette délibération, et votre Commission, Messieurs, n'a trouvé aucun motif pour ne pas vous en proposer l'adoption ; en effet, si la somme approximative de 93,000 fr. que produira, en trois exercices, le recouvrement du centime voté par le conseil général de la Sarthe, est notablement inférieure au chiffre de la dépense totale que doit entraîner, suivant les prévisions de l'administration, le perfectionnement complet des routes départementales, elle suffira, du moins, à assurer l'exécution de celles de ces améliorations qui seront reconnues être les plus urgentes, et le conseil général demeure toujours libre de pourvoir, par de nouveaux votes, dans ses sessions à venir, à l'accomplissement de celles qu'il croit aujourd'hui pouvoir différer sans qu'il en résulte de graves dommages pour la circulation et pour les intérêts des populations qu'il représente.

PROJET DE LOI.

———

Article unique.

Le département de la *Sarthe* est autorisé, conformément à la demande que son conseil général en a faite dans sa session de 1846, à s'imposer extraordinairement pendant trois années, à partir de 1848, un centime additionnel au principal des quatre contributions directes, dont le produit sera exclusivement affecté aux travaux d'amélioration des routes départementales classées.

doit leur assurer l'entière confection des voies vicinales de premier ordre actuellement classées, qu'à
une époque qui, aux yeux de l'autorité préfectorale
et du conseil général, a paru trop éloignée. Cette
autorité et ce conseil ont pensé qu'il était de l'intérêt bien entendu de la population du département
d'avancer cette époque et d'accélérer l'exécution des
travaux, en accroissant, au moyen du vote d'une
imposition extraordinaire, les ressources que le
budget départemental affecte aux travaux neufs des
chemins vicinaux de grande communication.

A cet effet, le conseil général, par une délibération du 21 septembre 1846, a demandé que le
département de la Sarthe fût autorisé à s'imposer
extraordinairement, pendant les années 1848, 1849
et 1850, deux centimes additionnels au principal
des quatre contributions directes.

Le produit de ces deux centimes, perçu pendant
trois ans, s'élèvera approximativement à 186,000 f.,
qui, ajoutés à l'exédant annuellement libre sur les
centimes spéciaux, couvriront à peu près la dépense
totale.

Déjà, par une loi du 15 juillet 1845, le département de la Sarthe avait été autorisé à s'imposer,
pour les travaux de ses chemins de grande communication, deux centimes additionnels ; mais la perception de ces deux centimes cessera au 31 décembre prochain, et la nouvelle imposition de 2 c.,
dont le projet de loi qui vous est soumis a pour
but d'autoriser le recouvrement à partir du 1er jan-
ver 1848, ne sera, à vrai dire, que la prolongation,
pendant trois années de plus, de celle qui a été
perçue en 1846 et 1847, en vertu de la loi du 15
juillet 1845. Il n'y aura donc point là aggravation

de charges pour les contribuables; et ceux-ci éprouveront même un allègement; car le département de
la Sarthe, qui supporte en ce moment cinq centimes extraordinaires, n'aura plus à en supporter que trois, à partir du 1ᵉʳ janvier 1848, si la
sanction législative est accordée tant au projet de
loi objet du présent rapport, qu'à un autre projet
de loi qui vous est également soumis, et qui concerne les routes départementales.

Cet allègement proviendra de ce que le Gouvernement, avec juste raison, suivant votre Commission, a refusé de donner suite à une imposition
extraordinaire de deux centimes, que le conseil
général de la Sarthe, dans sa dernière session,
avait cru devoir voter, pour en affecter le produit
aux travaux des chemins vicinaux ordinaires. Le
Gouvernement a été d'avis que ce serait créer un
précédent fâcheux, que d'autoriser un département
à établir des ressources extraordinaires pour l'amélioration des chemins de petite vicinalité, qu'une
loi spéciale met exclusivement à la charge des communes; et qu'il importait de contenir dans de justes
limites le droit qui appartient aux conseils généraux, de voter la création de ces ressources. Votre
Commission déclare incidemment à cette occasion,
qu'elle partage entièrement l'opinion du Gouvernement sur le point dont il s'agit.

Votre Commission a pensé, Messieurs, qu'il
suffisait de ce simple exposé, pour motiver l'approbation qu'elle a donnée au projet de loi qui
vous a été présenté, et dont elle a l'honneur de vous
proposer l'adoption.

PROJET DE LOI.

Article unique.

Le département de la Sarthe est autorisé, conformément à la demande que son conseil général en a faite dans sa session de 1846, à s'imposer extraordinairement, pendant trois années à partir de 1848, deux centimes additionnels au principal des quatre contributions directes, dont le produit sera exclusivement affecté aux travaux d'achèvement et d'amélioration des chemins vicinaux de grande communication classés.

Cette imposition sera perçue concurremment avec les centimes spéciaux dont les lois de finances autoriseront l'établissement, en vertu de l'article 12 de la loi du 21 mai 1836.

Chambre des Députés.

SESSION 1847.

RAPPORT

FAIT

Au nom de la Commission* chargée de l'examen d'un projet de loi tendant à autoriser le département de la Mayenne à contracter un emprunt et à s'imposer extraordinairement pour la canalisation de la Mayenne,

PAR M. DUTENS,

Député de la Somme.

Séance du 13 Juillet 1847.

MESSIEURS,

Depuis plusieurs années, le conseil général du département de la Mayenne, s'appuyant sur des considérations d'intérêt public et général qu'il serait superflu de rappeler ici, réclamait vivement la canali-

---

* Cette Commission est composée de MM. de Loynes, Lapène, Goury, de Bontin, Costé, Champanhet, le baron de Salles, Pidancet, Dutens.

sation de la rivière de Mayenne, en amont de la ville
de Laval ; et cette assemblée avait, à plusieurs repri-
ses, offert le concours du département, jusqu'à co:.-
currence d'un million de francs, dans la dépense à
laquelle devaient donner lieu les travaux de canalisation
le la partie de cette rivière comprise entre la ville de
Laval et la ville de Mayenne.

La loi du 31 mai 1846, en affectant aux travaux
dont il s'agit une somme de 3,000,000 fr., a répondu
au vœu si instamment renouvelé par le conseil général de la Mayenne, dans sa session de 1845, et a mis
virtuellement ce département en demeure et dans l'obligation de remplir l'engagement que ses représentants légaux avaient spontanément contracté en son
nom, dans le but d'assurer la réalisation d'une aussi
importante entreprise.

Dans sa séance du 18 septembre 1846, le conseil
général de la Mayenne a reconnu et validé, par une
déclaration explicite et formelle, l'engagement dont il
vient d'être parlé, et a délibéré immédiatement sur
les mesures à prendre pour l'exécution de cet engagement. Il a constaté qu'il ne pouvait y pourvoir qu'en
ayant recours à un emprunt, et en affectant au remboursement de cet emprunt, le produit d'une imposition extraordinaire spéciale, qui serait perçue pendant un nombre d'années déterminé.

Cette assemblée a donc demandé que le département, pour effectuer le versement du contingent jusqu'à concurrence duquel il était tenu de contribuer
aux dépenses de canalisation d'une partie de la rivière
de Mayenne, fût autorisé à emprunter une somme
de 1,000,000 fr, lequel emprunt serait réalisable
dans les quatre années 1850, 1851, 1852 et 1853,
par fractions, au fur et à mesure des besoins du ser-

vice, et remboursable en dix années, à partir de 1850.

Elle a demandé en outre que, pour assurer le remboursement du capital de l'emprunt et le service des intérêts, le département de la Mayenne fût autorisé à s'imposer extraordinairement, pendant dix années, à partir du 1er janvier 1850, six centimes additionnels au principal des quatre contributions directes.

Le montant d'un centime additionnel étant, dans le département de la Mayenne, de 21,600 fr. environ, le produit total de la perception, pendant dix ans, d'une imposition annuelle de 6 centimes, serait de près de 1,300,000 fr. Ainsi l'extinction de l'emprunt, en capital et intérêts, se trouverait régulièrement garantie.

Le département de la Mayenne supporte en ce moment 16 centimes additionnels extraordinaires, savoir :

5, dont l'établissement a été autorisé par une loi du 5 juillet 1844, pour les travaux des chemins de grande communication ; ils cesseront d'être recouvrés au 31 décembre 1849 ;

10, dont la perception a été autorisée par une loi du 3 juillet 1846, et qui cesseront de figurer au rôle le 31 décembre 1852.

Enfin, une dernière imposition de 1 centime, autorisée par une autre loi, portant également la date du 3 juillet 1846, pour la construction du Palais-de-Justice de Mayenne, prendra fin au 31 décembre 1853.

Le conseil général de la Mayenne, afin de ne pas élever démesurément le chiffre des centimes additionnels extraordinaires que le département aurait à supporter à la fois, et afin de ménager les forces contributives de ses habitants, a sagement pensé qu'il convenait que l'imposition extraordinaire de 6 centimes, dont il entendait affecter le produit au remboursement de l'em-

prunt susmentionné, ne commençât d'être mise en
recouvrement que lorsque celle de 5 centimes, actuellement perçue pour les travaux des chemins vicinaux de grande communication, et qui le sera jusqu'au 31 décembre '849, serait arrivée au terme de
sa durée. C'est par ce motif qu'il a fixé au 1er janvier
1850 le point de départ de la nouvelle imposition extraordinaire, dont le projet de loi qui vous est soumis
vous propose d'autoriser la perception.

Il ne résultera de cette combinaison, pour les contribuables du département de la Mayenne, qu'une
surcharge momentanée de 1 centime, comparativement à ce qu'ils paient aujourd'hui, pendant les années 1850, 1851 et 1852. En effet, le nombre des
centimes additionnels extraordinaires du département de la Mayenne, qui, nous le répétons, est actuellement de 16, se trouverait porté à 17 pendant
pendant les 3 années qui viennent d'être désignées;
mais il ne serait plus que de 7 pendant l'année 1853,
et serait finalement, sauf les éventualités de l'avenir,
réduit à 6, à partir du 1er janvier 1854 jusqu'au 31
décembre 1859.

Ces dispositions, adoptées par le conseil général
du département de la Mayenne, ont été accueillies
par le Gouvernement, qui les a formulées dans le
projet de loi soumis à votre sanction.

Votre Commission, Messieurs, n'a pu également
que leur donner son approbation; il s'agit, pour le
département de la Mayenne, d'assurer à la fois l'accomplissement d'une obligation contractée en son
nom par son conseil général, et l'exécution d'un
travail important qui favorisera les intérêts de sa
population et le développement de sa prospérité; et
les moyens proposés pour arriver à ce double but

ont entièrement conformes aux règles d'une sage et bonne administration.

Votre Commission a donc l'honneur, Messieurs, de vous proposer l'adoption du projet de loi dont la teneur suit :

PROJET DE LOI.

Article premier.

Le département de la Mayenne est autorisé, conformément à la demande que son conseil général en a faite dans sa session 1846, à emprunter, à un taux d'intérêt qui ne pourra dépasser quatre et demi pour cent, et en quatre années, de 1850 à 1853, une somme de un million destinée à acquitter le contingent offert par le conseil général dans la dépense de canalisation de la Mayenne, entre Mayenne et Laval.

L'emprunt aura lieu avec concurrence et publicité. Toutefois, le préfet est autorisé à traiter directement avec la Caisse des dépôts et consignations, à un taux d'intérêt qui ne soit pas supérieur à celui ci-dessus fixé.

Art. 2.

Le département de la Mayenne est autorisé conformément à la demande que son conseil général a également faite dans la même session, à s'imposer extraordinairement pendant dix années, à partir de 1850, six centimes additionnels au principal des 4 contributions directes, dont le produit sera exclusivement appliqué au service des intérêts et au remboursement de l'emprunt ci-dessus autorisé.

(No 327.)

Chambre des députés.

SESSION 1847.

RAPPORT

FAIT

Au nom de la Commission* chargée de l'examen d'un projet de loi tendant à autoriser le département du Cantal à s'imposer extraordinairement pour les travaux des chemins vicinaux de grande communication,

PAR M. DUTENS,

Député de la Somme.

Séance du 13 Juillet 1847.

MESSIEURS,

Inaccessible, par la nature de son sol, aux chemins de fer et aux canaux, privé de rivières navigables, le département du Cantal n'est traversé que par un *petit* nombre de routes royales et départementales, dont le

* Cette Commission est composée de MM. de Loynes, Lapéne, Goury, de Bontin, Costé, Champanhet, le baron de Salles, Pidancet, Dutens.

a également faite dans la même session, à s'imposer extraordinairement pendant dix années, à partir de 1850, six centimes additionnels au principal des 4 contributions directes, dont le produit sera exclusivement appliqué au service des intérêts et au remboursement de l'emprunt ci-dessus autorisé.

empierrement ou de simple ouverture, et 104 restent encore en lacunes. La dépense à faire pour terminer la confection de ces huit lignes, et les amener
sur toute leur longueur à l'état d'entretien, est évaluée à une somme de 1,707,806 fr.

Le produit des 5 centimes spéciaux que le département s'impose, en vertu de la loi du 21 mai 1836,
la réunion des contingents demandés aux communes
d'après cette même loi, et les souscriptions volontaires, ne réalisent annuellement, en définitive, déduction faite des dépenses du personnel et des frais d'entretien, qu'une somme de 118,000 f. environ, applicable aux travaux neufs. Il suit de là qu'il faudrait
quinze années, et même davantage, pour atteindre le
but proposé, en supposant que l'on dût se borner à
l'emploi de ces seules ressources. Mais, saisi de l'examen de cette question par l'autorité préfectorale, le
conseil général du département du Cantal, dans sa
dernière session, s'est vivement préoccupé du dommage que cause au développement du commerce et
de l'agriculture, l'état d'imperfection dans lequel est
encore la grande vicinalité, et il a reconnu que l'intérêt bien entendu du département repoussait d'aussi
longs délais, et commandait la création de ressources
extraordinaires.

En conséquence, ce conseil, par une délibération
du 21 septembre dernier, a demandé que le département du Cantal fût autorisé à s'imposer extraordinairement, pendant neuf ans, à partir de 1845,
4 centimes additionnels au principal des quatre contributions directes.

La perception de cette imposition, pendant neuf
années, donnerait un produit de 520,000 f. environ,
qui, joint au montant annuel, pendant le même

space de temps, du reliquat disponible dont il a été
arlé plus haut, couvrirait, à peu de chose près, les
dépenses présumées, et abrègerait ainsi de six ou
huit ans le délai dans lequel la population du Cantal
se trouverait enfin en possession d'une circulation
facile et complète sur les huit chemins vicinaux de
grande communication, dont l'achèvement est jugé
le plus nécessaire.

Le département du Cantal n'est grevé actuellement
que de 3 centimes extraordinaires établis en vertu
d'une loi du 4 avril 1838, et affectés aux travaux des
routes départementales; cette imposition finira avec
l'année 1848 ; ce serait donc pendant le seul exercice
de 1848 que le département aurait à supporter une
charge un peu lourde, résultant de la perception simultanée de la dernière annuité de l'imposition dont
nous venons de parler, et de la première annuité de
celle dont l'établissement vous est demandé par le
projet de loi, objet du présent rapport. A partir du
1er janvier 1849, et pendant les années suivantes, la
surcharge, par comparaison avec ce qui existe aujourd'hui, ne serait plus que d'un centime, et la situation des recouvrements dans le département du
Cantal, permet de penser que les forces contributives
de ce département n'en seraient pas notablement
affectées.

Dans ces conditions, Messieurs, votre Commission
n'a pu que donner son approbation aux résolutions
prises par le conseil général du département du
Cantal, ainsi qu'aux motifs qui les ont inspirées; et
elle a l'honneur de vous proposer l'adoption du projet de loi qui vous est soumis.

PROJET DE LOI.

Article unique.

Le département du *Cantal* est autorisé, conformément à la demande que son conseil général en a faite, dans sa session de 1846, à s'imposer extraordinairement pendant *neuf* ans, à partir de 1848, quatre centimes additionnels au principal des quatre contributions directes, dont le produit sera exclusivement affecté aux travaux d'achèvement des chemins de grande communication classés sous les nos 1, 2, 3, 4, 5, 6, 7 et 8. Cette imposition sera perçue concurremment avec le produit des centimes spéciaux, dont les lois de finances autoriseront l'établissement en vertu de l'art. 12 de la loi du 21 mai 1836.

Chambre des Députés.

SESSION 1847.

RAPPORT

FAIT

Au nom de la Commission* chargée d'examiner le projet de loi tendant à autoriser la ville de Chartres (Eure-et-Loir) à s'imposer extraordinairement,

PAR M. GOURY,

Député du Finistère.

Séance du 13 Juillet 1847.

MESSIEURS,

La ville de Chartres demande à s'imposer extraordinairement, et pendant trois ans, cinq centimes au
principal de ses contributions foncière, personnelle
et mobilière et des portes et fenêtres. Elle excepte

---

* Cette Commission est composée de MM. de Loynes, Lapène, Goury, de Bontin, Costé, Champanhet, le baron de
Salles, Pidancet, Dutens.

de cet impôt la contribution des patentes, parce
que sa nouvelle assiette, sans augmenter la charge
de la commune, l'a répartie d'une manière différente et plus grevante pour quelques uns.

La commune de Chartres ne supporte, en ce
moment, aucune autre imposition extraordinaire
que celle facultative destinée aux dépenses de l'instruction publique et des chemins vicinaux.

La surcharge qu'elle demande à s'imposer, et dont
la durée ne sera que de trois ans, lui est nécessaire
pour couvrir le déficit occasionné dans ses finances
par la nécessité de satisfaire aux besoins de la classe
ouvrière, de pourvoir aux dettes du bureau de bienfaisance, et pour continuer à distribuer des secours
aux indigents, sans nuire au remboursement des
emprunts qu'elle a contractés en 1835, 1838 et
1844, pour construire un abattoir, pour amener et
distribuer des eaux de l'Eure, et pour élever des
casernes, charges qui ne cesseront qu'en 1856.

Votre Commission ne croit pas, d'après cet exposé,
devoir entrer dans de longs détails pour justifier
l'opinion qu'elle a prise, de la convenance de la
mesure que sollicite la ville de Chartres, avec l'approbation de M. le préfet d'Eure-et-Loir, mesure
qu'elle n'a adoptée qu'après avoir restreint plusieurs
crédits afférents à des dépenses de grande utilité, en
avoir ajourné d'autres, et établi l'impossibilité où
elle se trouve, de satisfaire à ses charges du moment
avec ses ressources ordinaires.

Elle me charge de vous proposer l'adoption du
projet de loi qui vous est présenté dans les termes
suivants :

PROJET DE LOI.

—

Article unique.

La ville de Chartres (Eure-et-Loir) est autorisée à s'imposer extraordinairement, pendant trois ans, 5 centimes additionnels au principal de ses contributions foncière, personnelle et mobilière, et des portes et fenêtres, pour le produit de cette imposition être appliqué, concurremment avec d'autres ressources, au paiement des charges résultant des secours accordés en 1847 à la classe indigente.

Chambre des Députés.

SESSION 1847.

RAPPORT

FAIT

Au nom de la Commission* chargée d'examiner le projet de loi tendant à autoriser la ville de Blois (Loir-et-Cher) à contracter un emprunt et à s'imposer extraordinairement,

PAR M. GOURY,

Député du Finistère.

Séance du 13 Juillet 1847.

MESSIEURS,

La balance des recettes et dépenses ordinaires de la ville de Blois laisse moyennement à sa disposition une somme de 23,847 fr. 77 cent. Cette somme ne suffit pas aux besoins du moment, que des circonstances ont singulièrement aggravés.

* Cette Commission est composée de MM. de Loynes, Lapéne, Goury, de Bontin, Champanhet, le baron de Salles, Pidancet, Dutens.

Les dépenses votées pour réparer les désastres causés par la dernière inondation, les distributions faites et à faire encore de bons supplémentaires du prix du pain, l'entretien d'ateliers de charité, l'achèvement de la maison du collège, le concours dans les frais de construction du Palais-de-Justice, l'achèvement de la place de la Bienfaisance, les indemnités à payer pour l'élargissement successif de la rue Royale, la construction du perron et la réparation des murs de la maison des Écoles chrétiennes, les dépenses à faire pour voûter le ruisseau de l'Arrou ; enfin, le remboursement exigible de l'emprunt contracté au moment des désastres; toutes ces obligations réunies constituent le bilan de la ville de Blois en déficit de 160,000 fr.

C'est pour satisfaire à ces besoins, dont l'urgence est suffisamment établie, que le conseil municipal de la ville de Blois demande à emprunter, à un taux d'intérêt qui ne devra pas dépasser 5 p. 100, la somme de 160,000 fr. qui les représente, et qu'elle remboursera en douze annuités de 13,333 fr. 33 c. chacune.

Voici les ressources que le conseil entend appliquer au remboursement de l'emprunt et au service des intérêts.

Jusqu'à ce jour, le conseil n'a pas usé de la faculté de faire usage des centimes facultatifs applicables à l'instruction primaire ; il se décide à les voter, et à rendre ainsi libre sur les ressources du budget ordinaire, une somme de 4,212 fr. 48 cent.

Il demande au Ministre l'autorisation d'ajouter pendant douze ans, 6 centimes au tarif actuel du prix de l'octroi, les vins et les alcools exceptés;

cette augmentation produira une somme de 6,454 f. 2 centimes.

Il demande, en outre, à s'imposer extraordinairement, à partir du 1er janvier 1848, et pendant douze ans, 3 centimes au principal de ses quatre contributions directes, qui donneront encore 4,242 fr. 48 c.

Enfin, son intention est de prélever sur les ressources de son budget ordinaire le complément des sommes annuellement nécessaires pour faire face aux intérêts et à l'amortissement de l'emprunt dans les délais convenus.

L'avis en forme d'arrêté donné par M. le préfet est favorable à la demande.

Votre Commission partage l'opinion de M. le préfet de Loir-et-Cher, sur la nécessité de l'emprunt et de l'imposition extraordinaire destinée à en faciliter l'amortissement, conjointement avec les autres ressources que la commune a l'intention de créer.

Elle a dû étudier le mécanisme des moyens proposés pour l'amortissement, elle le trouve bien entendu, et pense que la ville pourra se libérer dans les délais assignés, sans être privée des moyens de faire face aux besoins extraordinaires qui pourraient survenir.

En conséquence, j'ai l'honneur de vous proposer, en son nom, d'adopter le projet de loi qui vous a été présenté, et dont la teneur suit :

PROJET DE LOI.

—

Article unique.

La ville de Blois (Loir-et-Cher) est autorisée :

1° A emprunter, soit avec publicité et concurrence, soit directement de la Caisse des dépôts et consignations, à un intérêt qui ne pourra dépasser 5 p. 0/0, une somme de *cent soixante mille francs*, applicable à diverses dépenses énumérées dans la délibération municipale du 26 décembre 1846 ;

2° A s'imposer extraordinairement, pendant douze ans, 3 centimes additionnels au principal de ses contributions directes, pour concourir, avec d'autres ressources, au remboursement de cet emprunt.

Chambre des Députés.

SESSION 1847.

RAPPORT

FAIT

Au nom de la Commission* chargée d'examiner le projet de loi tendant à autoriser le département de la Loire-Inférieure à contracter un emprunt et à s'imposer extraordinairement pour les travaux des routes départementales,

PAR M. DE BONTIN,

Député de l'Yonne.

———

Séance du 13 Juillet 1847.

MESSIEURS,

Le département de la Loire-Inférieure possède aujourd'hui dix-sept routes départementales classées, formant une longueur de 471 kilomètres, sur lesquels 438 kilomètres ont été amenés à l'état

———

* Cette Commission est composée de MM. de Loynes, Lapéne, Goury, de Bontin, Costé, Champanhet, le baron de Salles, Pidancet, Dutens

d'entretien, et 33 existent encore à l'état de lacune. Mais, par suite du mouvement toujours croissant de la circulation, ces voies de communication réclament de grosses réparations sur des parties assez considérables de leur parcours. Ces réparations ne peuvent être ajournées. Il s'agit de recharger 123 kilomètres, dont l'empierrement est réduit, d'après les sondages qui ont été faits par l'ingénieur en chef du département, à une épaisseur moyenne de 8 centimètres. Il résulte du rapport de cet ingénieur, que la mise en état et l'achèvement complet des routes départementales, nécessiteraient une dépense de 1,000,000 f.; mais le conseil général, dans sa dernière session, a estimé qu'il fallait surseoir à la construction des 33 kilomètres restant à l'état de lacunes, jusqu'à l'époque où des fonds disponibles pourraient être affectés à cette destination. Il a pensé que la situation financière du département lui imposait, quant à présent, l'obligation de se circonscrire dans des limites étroites, et de pourvoir seulement aux nécessités les plus urgentes, c'est-à-dire au rechargement des chaussées dont la diminution d'épaisseur exigeait un remède immédiat.

Pour atteindre ce but, il a demandé que le département fût autorisé à contracter un emprunt de 356,000 fr., et à s'imposer extraordinairement, pendant les années 1848, 1849 et 1850, un centime additionnel au principal des quatre contributions directes, 4 centimes 1/2 en 1851, et 3 c. 1/2 en 1852.

La dépense, pour le rétablissement des chaussées, est évaluée à 400,000 fr. Il y serait pourvu tant à l'aide du produit de l'emprunt, que par 130,000 f. résultant de la plus-value des centimes affectés à

l'amortissement de l'emprunt contracté en conséquence d'une loi du 5 juillet 1838.

Le département de la Loire-Inférieure est aujour-
d'hui grevé extraordinairement de 9 centimes 1/2,
dont 5 centimes par la loi précitée de 1838, et
4 centimes 1/2 par une loi du 3 août 1844. Ces
4 centimes 1/2 cesseront d'être perçus en 1851, et
les 5 autres centimes en 1852. La demande du conseil général n'aurait donc pour effet que d'augmenter d'un centime les charges des contribuables pendant les années 1848, 1849 et 1850. Cette aggravation de charges est commandée par une impérieuse
nécessité. La situation des recouvrements est d'ailleurs satisfaisante dans le département, et les frais
de poursuites y sont peu élevés. Ces considérations
ont déterminé votre Commission à accueillir l'emprunt proposé par le conseil général, et, en conséquence, elle a chargé son Rapporteur de proposer à
la Chambre l'adoption du projet de loi dont la
teneur suit :

PROJET DE LOI.

Article premier.

Le département de la *Loire-Inférieure* est autorisé, conformément à la demande que son conseil général en a faite, dans sa session de 1846, à emprunter, à un taux d'intérêt qui ne pourra dépasser quatre et demi pour cent, une somme de *trois cent cinquante-six mille francs*, qui sera exclusivement affectée aux travaux d'achèvement et d'amélioration des routes départementales classées.

L'emprunt aura lieu avec publicité et concurrence. Toutefois, le préfet du département est autorisé à traiter directement avec la Caisse des dépôts et consignations, à un taux d'intérêt qui ne soit pas supérieur à celui ci-dessus fixé.

Art. 2.

Le département de la Loire-Inférieure est autorisé, conformément à la demande que son conseil général

en a faite, dans sa session de 1846 , à s'imposer extraordinairement, savoir : 1° un centime additionnel au
principal des quatre contributions directes pendant
les années 1848, 1849 et 1850 ; 2° quatre centimes
et demi en 1851 ; 3° 3 centimes et demi en 1852.
dont le produit sera affecté au service des intérêts et
à l'amortissement de l'emprunt ci-dessus autorisé,
concurremment avec l'excédant que présentera le
produit de l'imposition extraordinaire, créé par la loi
du 5 juillet 1838.

Chambre des Députés.

SESSION 1847.

RAPPORT

FAIT

Au nom de la Commission * chargée d'examiner le projet de loi tendant à autoriser le département de l'Orne à contracter un emprunt et à s'imposer extraordinairement pour les travaux des chemins de grande communication,

PAR M. DE BONTIN,

Député de l'Yonne.

Séance du 13 juillet 1847.

MESSIEURS,

Le département de l'Orne supporte aujourd'hui 5 centimes extraordinaires, qui prendront fin au 31 décembre 1852.

Dans sa dernière session, le conseil général de

---

* Cette Commission est composée de MM. de Loynes, Lapène, Goury, de Bontin, Costé, Champanhet, le baron de Salles, Pidancet, Dutens.

l'Orne, sentant la nécessité de compléter, par l'a-
chèvement de quelques lacunes, le réseau de sa
viabilité départementale, a voté un emprunt de 100
mille fr., réalisable dans le cours même de cette
année, et a demandé l'autorisation de s'imposer
extraordinairement 3 centimes additionnels aux
quatre contributions directes, pour l'amortissement
de cet emprunt, pendant un an, à partir de 1853.

Un projet de loi destiné à revêtir ce vote de la
sanction législative, est en ce moment soumis à
l'examen de la Chambre.

Dans sa même session, le conseil général, après avoir
pourvu au moyen d'achever complètement ses routes
départementales, s'est également occupé de hâter
l'achèvement des chemins vicinaux de grande communication actuellement classés, pour satisfaire à
la juste impatience des populations.

Ces chemins sont au nombre de 36, et présentent
ensemble un développement de 1,171 kilomètres;
648 sont aujourd'hui à l'état d'entretien, 167 sont
en construction, et 356 en lacunes.

Le chiffre des dépenses en travaux neufs est
évalué à 2,407,012 fr. Il est basé sur le prix des
travaux exécutés jusqu'à présent, augmenté d'environ 10 pour cent, dans la prévision d'un renchérissement du prix de la main-d'œuvre.

Les ressources ordinaires applicables au service
des chemins de grande communication s'élèvent,
déduction faite des dépenses du personnel et des
frais d'entretien, à peu près à 300,000 fr.

Huit années seraient donc suffisantes, avec de
semblables ressources, pour achever tous les travaux; mais l'entretien des parties qui seraient livrées
à la circulation successivement, réduisant chaque

année la somme affectée aux travaux neufs , on n'arriverait pas avant 1858 , à voir le réseau des grandes voies vicinales entièrement complet.

C'est pour hâter ce terme et pouvoir, dès le 1er janvier 1851, livrer tous les chemins classés à la circulation, que le conseil général de l'Orne a émis le vote d'un emprunt de 150,000 fr., réalisable par tiers dans le cours des années 1848, 1849 et 1850, et remboursable sur le produit d'une imposition extraordinaire de 2 centimes à percevoir en 1853, et de 5 centimes à percevoir, pendant cinq années, à partir de 1854. Le produit total de ces centimes ne s'élèverait, il est vrai, qu'à 907,200 fr., mais le service de l'emprunt serait également assuré par des prélèvements sur la masse de fonds spéciaux ordinaires.

Le vote émis par le conseil général de l'Orne est d'une utilité et d'un avantage incontestables pour le département. Rien n'est plus nécessaire à l'agriculture que de lui fournir, par l'achèvement des voies de grande communication, les débouchés qui lui manquent. Le service de ces chemins, quant à la marche à suivre pour leur construction, ne peut être assimilé à celui des routes départementales.

Un conseil général a la faculté d'appliquer à une ou deux routes toutes les ressources de son budget. Chaque année il peut entreprendre de grands travaux, et, l'année suivante, le pays est en jouissance.

Il en est autrement des chemins de grande communication. La nature des ressources s'y oppose. Chacun a des centimes spéciaux ; on doit employer sur chacun la prestation en nature, et, pour y arriver, subdiviser à l'infini les ateliers. On ne fait ainsi que des tronçons, qui sont souvent un grand nom-

bre d'années sans pouvoir être reliés entre eux.
Des capitaux considérables doivent ainsi rester im-
productifs jusqu'à l'achèvement d'une lacune de
quelques kilomètres; les chaussées construites ne
servent qu'à l'exploitation des propriétés qui les
bornent, et le commerce, l'industrie, l'agriculture
même, ne se ressentent que très-faiblement des
énormes sacrifices que le pays s'est imposés.

Ces considérations, jointes à un sentiment
d'équité, qui exige que ceux qui participent aux
charges dans une égale proportion, jouissent également des avantages qui en résultent, ont réuni
l'unanimité des membres du conseil général dans
une même opinion.

La situation financière du département ne met
aucun obstacle à ce qu'il soit donné suite à la
délibération du conseil général. Les contribuables
n'auront à supporter aucune aggravation à leurs
charges actuelles. Ainsi que nous l'avons dit en
commençant, les 5 centimes extraordinaires, dont
ils sont imposés pour l'amortissement d'emprunts
antérieurs, cesseront d'être perçus à la fin de 1852.
Le projet de loi actuel, et celui relatif à un emprunt destiné à l'achèvement des routes départementales, n'auront pas d'autre effet que de prolonger l'imposition de 5 centimes jusqu'à la fin de
1858. Votre Commission, appréciant les motifs qui
ont déterminé la mesure prise par le conseil général, a chargé son rapporteur de vous proposer l'adoption du projet de loi dont la teneur suit :

PROJET DE LOI.

Article premier.

Le département de l'Orne est autorisé, conformément à la demande que son conseil général en a faite dans sa session de 1846, à emprunter par tiers, à un taux d'intérêt qui ne pourra dépasser 4 et demi pour 100, peudant les années 1848, 1849 et 1850, une somme de un million cinq cent mille francs, qui sera exclusivement affectée aux travaux d'achèvement des chemins vicinaux de grande communication classés.

L'emprunt aura lieu avec publicité et concurrence. Toutefois, le préfet du département est autorisé à traiter directement avec la Caisse des dépôts et consignations, à un taux d'intérêt qui ne soit pas supérieur à celui ci-dessus fixé.

Art. 2.

Le département de l'Orne est autorisé, conformément à la demande que son conseil général en a faite dans sa session de 1846, à s'imposer extraordinairement, en 1853, deux centimes additionnels au principal des quatre contributions directes, et cinq centimes pendant cinq années, à partir de 1854, dont le produit sera exclusivement affecté au service des intérêts et au remboursement de l'emprunt ci-dessus autorisé.

Cette imposition sera recouvrée concurremment avec les centimes spéciaux dont les lois de finances autoriseront l'établissement, en vertu de l'article 12 de la loi du 21 mai 1836.

Il sera également pourvu au service des intérêts et à l'amortissement de l'emprunt, au moyen de prélèvements sur les ressources spéciales afférentes aux chemins vicinaux.

Chambre des Députés.

SESSION 1847.

RAPPORT

FAIT

Au nom de la Commission * chargée d'examiner le projet de loi tendant à autoriser le département de l'Hérault à s'imposer extraordinairement pour les travaux des routes départementales,

PAR M. LE COLONEL DE SALLES,

Député du Loiret.

Séance du 14 Juillet 1847.

MESSIEURS,

Les routes départementales de l'Hérault sont dans une situation qui préoccupe vivement l'administration et le conseil général de ce département. Ces voies de communication, classées au nombre de 19,

* Cette Commission est composée de MM. de Loynes, Lepéne, Goury, de Bontin, Costé, Champanhet, le baron d Salles, Pidancet, Dutens.

ont un développement total de 480 kilomètres : 62 kilomètres seulement sont à l'état d'entretien ; 152 kilomètres sont dans une situation en apparence satisfaisante, mais ont des chaussées usées, trop minces, et sur lesquelles il est urgent de faire des rechargements extraordinaires, afin de prévenir des dégradations plus considérables, qui entraîneraient plus tard de coûteuses réparations ; 70 kilomètres exigent de grosses réparations sans changement de tracé ; 80 kilomètres sont à l'état de lacunes, enfin 116 kilomètres doivent être rectifiés.

Ainsi, Messieurs, les belles voies de communication construites autrefois par les états du Languedoc, presque complètement négligées de 1789 à 1850, se sont peu à peu détériorées, et les rapports des ingénieurs constatent que pour les amener à un état satisfaisant de viabilité, il faut dépenser une somme de plus de 5 millions.

Cependant, l'activité commerciale a pris un développement considérable dans le département de l'Hérault ; des voies de fer, actuellement en activité, ont amené de plus nombreuses relations avec les départements voisins. La grande voie de fer qui doit joindre l'Océan à la Méditerranée, sera probablement construite d'ici à peu d'années, et cette circonstance donnera une circulation plus considérable sur les routes transversales qui viendront rencontrer le chemin de fer. Enfin, Messieurs, le grand développement commercial du bassin de la Méditerranée s'est fait sentir d'une manière remarquable dans la ville de Cette : ce port, qui recevait de l'intérieur, en 1825, 1 million de kilogrammes de marchandises, en reçoit aujourd'hui plus de 22 millions, et le mouvement général des marchandises, qui n'y était, à cette époque, que de 32 millions de kilogrammes, s'élève maintenant à 132 millions.

Cette situation a vivement préoccupé le conseil général de l'Hérault : déjà, par une loi du 5 août 1844, ce département a été autorisé à s'imposer extraordinairement, pendant dix années, 5 centimes additionnels, à partir de 1845, au principal des quatre contributions directes, pour l'achèvement de ses routes départementales; mais ces ressources seront, évidemment, insuffisantes. Les travaux à exécuter coûteront au moins 5 millions. Les 5 centimes dont la perception a été autorisée, donnent annuellement 170,000 fr., et le département aura pour les huit années qui doivent encore s'écouler jusqu'au 1ᵉʳ janvier 1856, une somme de 136,000 fr., qui représente à peu près le quart de la somme totale que le département doit dépenser, pour amener ses routes départementales à un état satisfaisant de viabilité.

Le conseil général, frappé de la nécessité de créer immédiatement de nouvelles ressources, a demandé l'autorisation d'imposer au département 5 nouveaux centimes additionnels jusqu'au 1ᵉʳ janvier 1856, et 10 centimes additionnels pendant les années 1856 et 1857.

Les ressources que le département de l'Hérault obtiendra, au moyen de la loi qui est soumise à vos délibérations, s'élèveront, pour les dix années, à 3,400,000 francs. Cette somme est inférieure de 1,700,000 fr. à l'estimation des dépenses à faire pour les routes départementales; mais le département aura, au moins, pourvu aux travaux les plus urgents, et il pourra préparer de nouvelles ressourees, pour terminer la grande entreprise dans laquelle il s'engage aujourd'hui.

La situation financière du département de l'Hérault est satisfaisante : le nombre des centimes qu'il supporte, à titre extraordinaire, est inférieur à la moyenne des départements du royaume. Et, d'un autre côté, le prix élevé des vins et des alcools, depuis deux ans, a répandu une grande aisance dans le pays, qui accueillera avec satisfaction toute mesure ayant pour but d'améliorer les routes.

Votre Commission me charge, en conséquence, d'avoir l'honneur de vous proposer d'adopter le projet de loi dont la teneur suit :

PROJET DE LOI.

—

Article unique.

Le département de l'Hérault est autorisé, conformément à la demande que son conseil général en a faite dans sa session de 1846, à s'imposer extraordinairement, pendant huit ans, à partir de 1848, 5 centimes additionnels au principal des quatre contributions directes, et 10 centimes pendant les années 1856 et 1857, dont le produit sera exclusivement affecté aux travaux d'achèvement et d'amélioration des routes départementales classées.

d'une urgente nécessité, pour lesquels la ville d'Arbois s'est engagée à fournir une subvention de 8,000ᶠ, indépendamment de celle promise par l'État, et dont l'exécution doit procurer du travail et des moyens de subsistance à la classe ouvrière et indigente d'une partie des arrondissements de Dôle et de Poligny.

Quant à l'application à des travaux de routes départementales de la somme primitivement affectée à des travaux d'endiguement, cette mesure se justifie par les graves et nombreuses difficultés que soulevait l'exécution des projets d'endiguement, soit à raison des réclamations des populations riveraines, soit à cause des dépenses excessives qui devaient en résulter.

En conséquence, Messieurs, votre Commission a l'honneur de vous proposer l'adoption du projet de loi dont la teneur suit :

PROJET DE LOI.

Article premier.

Le département du Jura est autorisé, conformé·
ment à la demande que son conseil général en a faite,
dans sa session de 1846, à comprendre la route départementale n° 6, au nombre de celles aux travaux
desquelles sont affectées les ressources extraordinaires
créées par la loi du 11 juin 1842.

Une somme de quatorze mille francs applicable
aux travaux de rectification de la dite route, pourra
être empruntée en 1847, sur le montant de l'emprunt de cinq cent dix-sept mille francs autorisé par
la présente loi.

Artr 2.

Le département du Jura est autorisé, conformément à la demande que son conseil général en a également faite, dans sa session de 1846, à affecter aux
travaux des routes départementales classées, et, s'il y
a lieu, à quelques améliorations partielles dans le
cours du Doubs et de la Loue, la somme de quatre-

vingt onze mille cinq cent vingt et un francs quarante
cinq centimes, restant à réaliser sur celle de cent
mille francs dont la loi précitée, du 11 juin 1842,
a autorisé l'emprunt pour les travaux d'endiguement
du Doubs et de la Loue.

Chambre des Députés.

SESSION 1847.

RAPPORT

FAIT

Au nom de la Commission * *chargée d'examiner le projet de loi tendant à ériger en commune la section de La Walck, distraite, à cet effet, de la commune de Bitschoffen (Bas-Rhin),*

PAR M. LE COLONEL DE SALLES,

Député du Loiret.

Séance du 14 Juillet 1847.

MESSIEURS,

La commune de Bitschoffen est composée de deux hameaux : celui de Bitschoffen et celui de La Walck. Avant 1789, il n'existait à La Walck qu'un moulin à foulon, séparé seulement par la Moder de la com-

* Cette Commission est composée de MM. de Loynes, Lapène, Goury, de Bontin, Costé, Champanhet, le baron de Salles, Pidancet, Dutens.

mune de Paffhofen, commune riche et industrielle
dont l'action s'est fait fortement sentir sur le hamea
de La Walck, qui, peu à peu, a pris une extensio
considérable, et se compose aujourd'hui de 655 ha
bitants, tandis que le hameau de Bitschoffen (chef
lieu de la commune) n'en compte que 359. Le carac
tère, les mœurs, les habitudes des deux hameaux dif
fèrent complètement : Bitschoffen est resté un villag
rural, ses habitants ne s'occupent que de travau
agricoles; c'est une population entièrement compos
de laboureurs. A La Walck, au contraire, il n'existe
que des ouvriers, des industriels, et cette opposition
de caractère, de mœurs, a fait naître des antipathies
qu'il est désormais impossible de faire disparaître.

Les intérêts matériels du hameau de Bitschoffen
sont en souffrance : la prospérité qu'a acquise La
Walck, l'industrie de ses habitants, ont permis à un
grand nombre d'entre eux de devenir, par la patente,
électeurs municipaux; ils ont, depuis longtemps, la
majorité dans le conseil, et les habitants de Bitschof
fen se plaignent d'être complètement négligés, de
voir leur église, leur maison d'école tomber en ruines, tandis que des établissements municipaux s'é-
lèvent à La Walck. Bitschoffen demande donc une
séparation qui peut seule sauver le hameau d'une
ruine prochaine, et il propose l'érection en commune
de La Walck. Ce dernier hameau, au contraire, qui
dispose des revenus communaux, résiste vivement à
une séparation qui, quelque juste qu'elle soit, porterait atteinte à ses intérêts.

Après de longs débats, après des enquêtes faites
avec soin, les autorités administratives du département, le conseil d'arrondissement de Wissembourg,
le conseil général du Bas-Rhin, ont reconnu la né-

essité , la justice d'une séparation, qui donnera à
chacun de ces deux hameaux une indépendance et
es ressources nécessaires pour subvenir à tous les services communaux.

De nouvelles difficultés se sont élevées sur la manière d'opérer cette séparation. Le hameau de La
Walck réclamait que le partage du territoire et celui
des revenus se fissent entre les deux communes proportionnellement au nombre de habitants. Le hameau de Bitschoffen , appuyé par le conseil d'arrondissement de Wissembourg, refusait d'admettre cette
base et ne voulait laisser à la commune nouvelle qu'un
territoire réduit à 87 hectares environ ; il demandait,
en outre, que le partage des revenus communaux fût
fait par moitié, et non pas, ainsi que le réclamait La
Walck , en vertu de l'avis du conseil d'Etat du 20
juillet 1807 , proportionnellement au nombre des
habitants.

Le conseil général du Bas-Rhin a adopté l'avis du
directeur des contributions directes et du préfet, sur
les conditions de la séparation entre les deux hameaux ; il émet le vœu que la limite de la nouvelle
commune de La Walck soit portée jusqu'au ruisseau
de Sandgraben. D'après cette disposition qui a servi
de base au projet de loi soumis à vos délibérations,
le territoire actuel de Bitschoffen serait partagé
de la manière suivante :

Bitschoffen............... 155 h. 69 a. 55 c.
La Walck. 140   30   81

Ensemble........... 296   00   00

Bitschoffen............... 339 habitants.
La Walck............... 655

Cette division inégale du territoire, eu éga
à la population, serait compensée pour La W
lck, par le classement et l'évaluation des
priétés formant cette commune : le revenu to
de la commune actuelle s'élève à 16,785 fr. 33
La nouvelle commune de la Walck aurait 9,128 f
78 c., c'est-à-dire les deux tiers environ des cen
mes communaux sur les contributions foncière
personnelle et mobilière ; elle aurait en plus 48 f
37 c. sur l'impôt des patentes, qui ne s'élève, po
toute la commune, qu'à 51 fr. 21 c,

Les revenus ordinaires seraient pour

Bitschoffen .... 1,631 fr.

La Walck......................... 1,823

La séparation de Bitschoffen et de La Walck étau
devenue indispensable, et les bases proposées étau
dans l'intérêt de la justice et de la prospérité d
deux communes, votre Commission me charge,
Messieurs, d'avoir l'honneur de vous proposer d'adopter le projet de loi dont la teneur suit :

PROJET DE LOI.

Article premier.

La section de la Walck est distraite de la commune de Bitschoffen, canton de Wœrbron, arrondissement de Wissembourg, département du Bas-Rhin, et érigée en commune distincte, dont le chef-lieu est fixé à la Walck.

La limite entre les communes de la Walck et de Bitschoffen, est, en conséquence, fixée suivant la ligne A B C D, teintée en rose sur le plan annexé à la présente loi.

Art. 2.

Les dispositions qui précèdent auront lieu sans préjudice des droits d'usage et autres qui pourraient être respectivement acquis.

Les autres conditions de la distraction prononcée seront, s'il y a lieu, ultérieurement déterminées par une ordonnance du Roi.

Chambre des Députés.

SESSION 1847.

RAPPORT

FAIT

Au nom de la Commission* chargée d'examiner le projet de loi tendant à changer la circonscription des cantons de Saint-Martin et Verdun-sur-Saône (Saône-et-Loire), par suite de la réunion des communes de Sennecey et de Toutenant en une seule commune,

PAR M. COSTÉ,

Député des Vosges.

Séance du 14 Juillet 1847.

MESSIEURS,

Les deux communes de Sennecey et de Toutenant, composées, la première de 192, et la seconde de 326 habitants, trop peu importantes pour pouvoir se suffire à elles seules et s'administrer con-

---

* Cette Commission est composée de MM. de Loynes, Lapéne, Goury, de Bontin, Costé, Champanhet, le baron de Salles, Pidancet, D"tens.

venablement, ont demandé à être réunies en une seule commune, dont Toutenant, la plus importante, serait le chef-lieu.

Ce projet de réunion n'a rencontré aucune opposition ; les habitants des deux localités, les avis de toutes les autorités, ceux des conseils d'arrondissement et de département, y sont favorables.

Une seule difficulté s'est élevée relativement au canton duquel dépendrait la nouvelle municipalité. Avant sa réunion, la commune de Sennecey faisait partie du canton de Saint-Martin ; elle insiste vivement pour être rattachée à celui de Verdun, duquel dépend aujourd'hui la commune de Toutenant, qui demande elle-même à ne pas en être distraite.

Les avis, sur cette question, ne sont pas d'accord ; les uns sont pour que la nouvelle commune soit comprise dans la circonscription cantonnale de Saint-Martin, dont l'étendue territoriale et la population sont beaucoup moins considérables que celles de Verdun ; les autres, au contraire, tout en reconnaissant l'importance de cette considération, sont pour la réunion au canton de Verdun, par le motif que les communications sont plus faciles, et que les habitants de ces localités ont toutes leurs relations d'affaires et d'intérêt avec ce chef-lieu de justice-de-paix.

Cette dernière opinion a prévalu dans le sein du conseil général ; elle est partagée par le comité de l'intérieur, et M. le Ministre de la justice y a donné son adhésion.

D'après tous ces motifs, votre Commission approuve le projet de loi déjà adopté par la Chambre des Pairs, et vous propose de lui accorder votre sanction.

PROJET DE LOI.

Article premier.

Les communes de Toutenant, canton de Verdun-sur-Saône, arrondissement de Châlon, département de Saône-et-Loire, et de Sennecey-en-Bresse, canton de Saint-Martin-en-Bresse, même arrondissement, sont réunies en une seule, dont le chef-lieu est fixé à Toutenant.

Art. 2.

La nouvelle commune est réunie au canton de Verdun-sur-Saône.

Art. 3.

Les communes réunies par les articles précédents continueront, s'il y a lieu, à jouir séparément, comme sections de commune, des droits d'usage ou autres qui pourraient leur appartenir, sans pouvoir se dispenser de contribuer en commun aux charges municipales.

Les autres conditions de la réunion prononcée seront, s'il y a lieu, ultérieurement déterminées par une ordonnance du Roi,

Chambre des députés.

SESSION 1847.

RAPPORT

FAIT

Au nom de la Commission chargée de l'examen du
projet de loi tendant à changer la circonscription des
arrondissements de La Réole et de Bazas, sur le territoire des communes de Saint-Martin-de-Lescas et
de Castels (Gironde),*

PAR M. COSTÉ,

Député des Vosges.

Séance du 14 Juillet 1847.

MESSIEURS,

Un terrain d'environ 20 hectares, qui, en **1812**,
formait îlot dans la Garonne, fut, à cette époque,
réuni par le cadastre à la commune de Castels, arrondissement de Bazas.

---

* Cette Commission est composée de MM. de Loynes,
Lapéne, Goury, de Bontin, Costé, Champanhet, le baron de
Salles, Pidancet, Dutens.

Depuis lors, le lit du fleuve s'est porté, tout entier, du côté de cette commune, laissant à sec la portion baignée qui séparait l'îlot dont s'agit de la commune de Saint-Martin-de-Lescas, arrondissement de La Réole.

C'est afin que le fleuve puisse continuer à servir de limite entre ces deux communes, et, par suite, entre les deux arrondissements dont elles dépendent, que l'on a pensé qu'il convenait d'attribuer l'îlot déjà topographiquement réuni, à son territoire, et qui a été mis en culture par ses habitants.

Cette rectification, proposée par toutes les autorités administratives et judiciaires, et approuvée par les deux conseils d'arrondissement et de département, n'a trouvé d'opposition que de la part de la commune de Castels, qui n'en éprouvera qu'une diminution dans ses revenus de 15 fr. de centimes additionnels, perte très-minime pour une municipalité dont les ressources dépassent de beaucoup les dépenses ordinaires.

Votre Commission, Messieurs, ne peut que donner son assentiment à une mesure qui doit avoir pour résultat de délimiter, d'une manière régulière, deux communes et deux arrondissements, comme aussi de faciliter l'action de l'autorité administrative et judiciaire.

Elle a l'honneur, en conséquence, de vous proposer la sanction du projet de loi, déjà approuvé par la Chambre des Pairs, dont la teneur suit :

PROJET DE LOI.

Article premier.

Le territoire dit l'Ile-Saint-Martin , et circonscrit par deux cours d'eau teintés en bleu au plan annexé à la présente loi, est distrait de la commune de Castels, canton de Langon, arrondissement de Bazas, département de la Gironde, et réuni à celle de Saint-Martin-de-Lescas, canton de Saint-Macaire, arrondissement de La Réole.

En conséquence, la limite de ces deux communes est déterminée par l'axe même du fleuve la Garonne, conformément au liséré rose et aux lettres A, F, E du dit plan.

Art. 2.

Les dispositions qui précèdent auront lieu sans préjudice des droits d'usage et autres qui pourraient être respectivement acquis.

Les autres conditions de la distraction prononcée seront, s'il y a lieu, ultérieurement déterminées par une ordonnance du Roi.

CHAMBRE DES DÉPUTÉS.

session 1847.

RAPPORT

FAIT

Au nom de la Commission * *chargée d'examiner le projet de loi tendant à réunir à la commune d'Ajaccio la section de Mezzavia et Aqualongua, distraite de la commune de Tavera (Corse),*

PAR M. GOURY,

Député du Finistère.

Séance du 14 Juillet 1847.

MESSIEURS,

Les hameaux de Mezzavia et d'Aqualongua, qui dépendent de la commune de Tavera, canton de Bocagnano, sont distants de leur chef-lieu de plus de trente kilomètres ; ils en sont séparés par le terri-

* Cette Commission est composée de MM. de Loynes, Lapéne, Goury, de Bontin, Costé, Champanhet, le baron de Salles, Pidancet, Dutens.

toire de plusieurs communes, et n'ont pour s'y rendre
que des chemins d'une fréquentation extrêmement
difficile; ils sont complètement enclavés entre les
communes d'Alatta et d'Ajaccio, canton du même
nom.

M. le préfet a pensé qu'il convenait de rattacher
ces deux hameaux et leurs territoires à la commune
d'Ajaccio, et de satisfaire ainsi aux dispositions de
l'article 8 du règlement du 18 octobre 1821.

Le géomètre délimitateur, le géomètre en chef du
cadastre et le directeur des contributions directes, ont
été du même avis, et il a été également adopté par
le conseil d'arrondissement et par le conseil général
du département

M. le premier président et M. le procureur général de la Cour royale de Bastia, sont favorables à ce
changement; M. le Garde des sceaux en reconnaît l'u-
tilité; il trouve qu'en attachant les deux hameaux à
la commune d'Ajaccio, dont le chef-lieu n'est
distant que de six kilomètres, et vers lequel ils pourront accéder par des chemins faciles, on améliorera
leur condition.

Cependant, les enquêtes qui ont été faites à Tavera
et dans les deux hameaux, y ont trouvé une opposition
générale et systématique; les habitants des hameaux
veulent conserver le *statu quo*, ils se trouvent bien
comme ils sont, et la commune de Tavera ne veut pas
voir diminuer son territoire, sa population et son
revenu.

De son côté, la ville d'Ajaccio se refuse à l'adjonction qui lui est proposée; elle y voit plus de charges
que d'avantages.

En effet, le territoire qu'on veut lui donner, et qui
a 195 hectares 99 ares 6 centiares d'étendue, ne

mpte que 50 habitants, et n'apportera dans la caisse
mmunale que 3 fr. 10 c. de revenu en centimes
ditionnels.

Votre Commission n'a pas cru devoir s'arrêter aux
nsidérations que l'on a fait valoir de part et d'au-
e ; la réunion de ces hameaux à un chef-lieu plus
uissant, infiniment moins éloigné, et vers lequel
s tendront nécessairement à se porter, ne pourra
ue les mettre dans la voie du progrès.

Du reste, la commune de Tavera, qui a 3,510 hec-
ares d'étendue, 768 habitants et 1,756 fr. 65 c. de
evenus, compris les produits divers, ne souffrira pas
les retranchements qu'on demande à lui imposer, et
e refus de la commune d'Ajaccio n'a point de mo-
ifs que l'on puisse admettre.

Votre Commission trouve la mesure bonne, et me
lonne la mission de vous proposer l'adoption du
projet de loi qui vous a été soumis, et qui a reçu l'assentiment de l'autre Chambre.

PROJET DE LOI.

Article premier.

Le territoire des hameaux de **Mezzavia** et **Aqu-longua**, circonscrits par des liserés roses et jaunes sur le plan annexé à la présente loi, est *distrait* de la commune de **Tavera**, canton de **Bocagnano**, arrondissement d'Ajaccio, département de la Corse, et réuni à celle d'Ajaccio, canton du même nom.

En conséquence, la limite entre les communes d'Ajaccio et d'Alatta, est fixée selon le tracé du liseré lavé en rose au dit plan.

Art. 2.

Les dispositions qui précèdent auront lieu sans préjudice des droits d'usage et autres, qui pourraient être respectivement acquis.

Les autres conditions de la distraction prononcée, seront, s'il y a lieu, ultérieurement déterminées par une ordonnance du Roi.

Chambre des Députés.

SESSION 1847.

RAPPORT

FAIT

nom de la Commission * chargée de l'examen du
projet de loi relatif au Chapitre royal de Saint-
Denis,

PAR M. MOULIN,

Député du Puy-de-Dôme.

Séance du 14 Juillet 1847.

MESSIEURS,

Le 20 février 1806, dans le meilleur temps de son
ouvernement et de sa gloire, Napoléon consacra
églize de Saint-Denis, l'antique tombeau des rois,
la sépulture des empereurs, et fonda, pour la des-
rvir, un chapitre épiscopal. Dix chanoines devaient

* Cette Commission est composée de MM. Creton, Mou-
n, Mahul, Pouillet, Vitet, Faucher (Léon), Descloseaux,
baron de la Plesse, Magne.

être choisis parmi les évêques âgés de plus de soix
ans, et hors d'état de continuer l'exercice 'e
fonctions. Ils conservaient, dans cette retraite,
honneurs en même temps que le caractère
dignité indélébiles de l'épi-copat. Ils étaient p
sous l'autorité du grand-aumônier de l'emper
l'un des grands-officiers de la Couronne.

Le passé ne fut pas oublié dans la fondation
périale. Trois chapelles expiatoires étaient élevé
l'honneur et à la mémoire des trois races royales
avaient gouverné la France.

Inspiré par le sentiment monarchique, par un
ces pensées réparatrices qui honorèrent tant
grande époque, le décret de 1806 se justifiait enc
par une raison de haute administration et d'ut
positive. Il instituait (et nous ne saurions mieux f
ici que d'emprunter les expressions mêmes du r
port du Ministre des cultes à l'Empereur), il in
tuait « un honorable asyle pour les prélats auxq
« leur âge ou leurs infirmités ne permettraient p
« d'exercer les fonctions pénibles de l'épiscopat.
« pour ceux qu'une sage politique voudrait, sans
« lence, écarter de leurs sièges, en leur offrant
« existence tranquille et un revenu assuré pour
« reste de leurs jours. »

Avec l'institution d'un chapitre ainsi constitu
était naturellement née l'idée de son exemption
l'autorité diocésaine. « Quelle que soit, disait enc
« l'illustre Portalis, quelle que soit l'institution
« nonique de l'église de Saint-Denis, il est conve
« ble que cette église soit *distraite de la juridic*
« *ordinaire*, et qu'elle soit uniquement sous la ju
« diction de M. le cardinal. grand-aumônier, qu
« le véritable évêque de la Cour »

elle fut, Messieurs, la création d'un établisse-
t qui, renouant la chaîne des traditions, n'en
t pas moins nouveau , il faut le reconnaître, sans
'dent dans la chrétienté quant à sa forme et sa
position ; car, suivant la juste observation qui
fut faite alors, on n'avait aucun exemple d'un
pitre d'évêques dans le monde chrétien.

a Restauration ne pouvait pas répudier , elle
npressa d'adopter une institution qui répondait à
chers et respectables souvenirs. Elle régla et dé-
ppa l'organisation du chapitre royal par une or-
nance du 23 décembre 1816, contresignée *Lainé*.

créa un second ordre de chanoines choisis
mi les ecclésiastiques qui prouveraient avoir été
.nployés, pendant dix années au moins, soit dans
1exercice du ministère, soit dans l'administration des
diocèses. Elle n'hésita pas, d'ailleurs, à maintenir et
la juridiction du grand-aumônier qui devint primicier du chapitre, et l'exemption qui en était la conséquence.

Ces diverses décisions , communiquées par ordre
lu Roi Louis XVIII aux vicaires-généraux capitulaires
•ndant la vacance du siège de Paris, provoquèrent
•urs respectueuses réclamations. Les vicaires-géné-
aux représentaient que l'érection d'un chapitre était,
uivant les règles canoniques, du ressort de l'autorité
ecclésiastique , que la juridiction temporaire dont ils .
laient revêtus ne leur donnait pas le degré d'autorité
•cessaire pour un acte spirituel d'autant plus grave,
ne le chapitre de Saint-Denis *serait exempt de la ju-
diction de l'archevêque de Paris*.

De son côté , le grand-aumônier repoussait éner-
quement toute contestation « sur un établissement

demander au pouvoir législatif la dérogation jugée nécessaire et légitime.

Telle a été l'origine, parfaitement régulière, non-seulement irréprochable, mais franchement constitutionnelle, du projet de loi soumis à vos délibérations.

Ce projet se divise en deux articles : le premier, qui renferme toutes les questions importantes, prononce l'exemption du chapitre et sa soumission, sous l'autorité du Saint-Siège, à la juridiction d'un évêque primicier. Nous avons eu à l'examiner dans ses principes comme dans sa rédaction qui a été, avec l'assentiment du Gouvernement, en partie modifiée ou complétée par le vote de la Chambre des Pairs.

Mais, dans l'examen auquel votre Commission s'est livrée, un débat préliminaire a été soulevé par un de ses membres. « Avant de régulariser une institution même existante, même consacrée par le temps, a dit notre honorable collègue, il faut se demander si elle doit être maintenue, il faut discuter son utilité et le mérite de sa fondation. Qu'est-ce donc que l'institution du chapitre de Saint-Denis? Une des plus mauvaises pensées de l'Empire née d'un sentiment d'orgueil monarchique, une institution à la fois inutile, rétrograde et dangereuse. Inutile; car on ne saurait assigner à son existence aucun but sérieux. Rétrograde; car elle ne répond à aucun besoin, à aucune croyance réelle et sincère de notre époque; elle nous reporte à d'autres temps, à des discussions d'un autre âge. Dangereuse! car elle ne peut être et ne sera qu'un instrument politique, *instrumentum regni*, comme on l'a dit, dont le pouvoir usera et abusera pour ses succès personnels, quand ce ne sera pas pour de mauvais desseins. Nous aurons un clergé de Cour, un clergé ministériel, tout ce qu'il y a de plus contraire à nos nstitutions et à l'esprit de la société moderne. En présence de tels inconvénients, de tels dangers, il ne faudrait pas organiser, il faudrait supprimer l'institution. »

Votre Commission , sans avoir à examiner jusqu'à quel point la question rentrait dans le mandat que vous lui aviez confié, a été presque unanime à reconnaître qu'elle ne pouvait ni s'arrêter à la conclusion qui lui était proposée, ni s'associer au sentiment de défiance qui l avait inspirée. Mais par la vivacité de l'attaque, qui résume la plupart des objections dirigées contre le projet de loi, elle a compris la nécessité de se rendre un compte exact des faits et de la situation, de rechercher, de déterminer le véritable caractère de l'établissement du chapitre de Saint-Denis, d'écarter avant tout du débat d'injustes préventions.

Quel est le but du projet de loi? Que sera l'établissement de Saint-Denis ?

S'agit-il, comme on le suppose , de maintenir ou d'organiser une communauté d'évêques et de prêtres disciplinés sous la main du Gouvernement, vivant dans l'oisiveté, dans l'ambition des dignités ecclésiastiques ? En aucune façon. Il n'y a jamais eu, et il n'est question d'établir à Saint Denis , ni communauté de ce genre, ni séminaire d'évêques. Le Gouvernement a protesté, et véritablement sa protestation était inutile, contre la supposition de pareilles pensées. Elles seraient énergiquement repoussées par les Chambres , comme par les sentiments les plus prononcés du pays. Et , cependant, quel moyen de les réaliser sans le concours et l'assentiment législatifs ?

Les craintes de voir renaître un clergé de Cour, et

organiser comme instrument politique un clergé
ministériel, ne sont pas mieux fondées.

Un clergé de Cour ? Si tel était le projet du Gouvernement, on ne le composerait pas . avant tout.
d'évêques démissionnaires, et pour la plupart invalides; on ne le placerait pas, on ne lui donnerait pas
une retraite à Saint-Denis. On l'établirait à Paris, on
le constituerait en Chapelle Royale.

Un clergé ministériel? Il est difficile de comprendre
l'association de ces deux mots et des idées qu'ils
expriment. Mais, pour remplir l'étrange destination
qu'on suppose ou qu'on soupçonne, il faudrait que
le chapitre de Saint-Denis fût nombreux, et chaque
année le nombre de ses membres est soumis au
contrôle des Commissions de finances et des Chambres. Il conviendrait qu'il fût réparti sur les divers
points où l'on pourrait utiliser ses services, et il sera
concentré dans un seul arrondissement, dans une
seule ville, dans une seule église. Il faudrait surtout
qu'il fût influent, c'est-à-dire qu'il eût ou une juridiction et un territoire étendus, ou une suprématie
quelconque, spirituelle ou temporelle, sur le clergé
de France, ou de grandes richesses . ou d'autres
fonctions que celles de la prière, de l'étude et de
la méditation ; en un mot, des moyens d'action.
dont il est, dont il restera. par sa nature et sa constitution, entièrement dépourvu.—Où trouverait-on
d'ailleurs aujourd'hui, dans l'épiscopat, dans le
clergé de France, des évêques et des prêtres capables
d'accepter une telle situation, l'obligation d'un concours à la fois ridicule, impossible et impuissant?—
D'autres et bien plus importantes fonctions ecclésiastiques, mêlées par la force des choses, par l'inévita-

ble contact des pouvoirs, aux agitations de la vie sociale et politique , sont au choix du Gouvernement. Ont—elles été jamais sacrifiées à ce qu'on appelle l'utilité gouvernementale, conférées dans l'intérêt de tel ou tel Ministère, de tel ou tel système d'administration, de telle ou telle opinion dominante ? Pourquoi, par quelle injuste préoccupation supposer qu'on fera, dans l'avenir , ce qui n'a pas été fait dans le passé, qu'un autre esprit, des idées et des calculs intéressés présideront aux déterminations qui n'ont jamais subi que d'honorables influences ? Quelle serait enfin l'institution possible avec des soupçons aussi facilement, aussi gratuitement conçus pour en dénaturer le but et la portée ? Une expérience de dix-sept ans qui ne s'est pas un seul instant démentie et découragée ; le contrôle incessant des Chambres ; la surveillance d'une publicité qui ne s'arrête plus devant les matières et les nominations ecclésiastiques ; l'esprit du siècle et du pays , l'honneur et les vertus du clergé de France , voilà des garanties qui doivent calmer bien des défiances et rassurer les hommes impartiaux.

Ce qu'il y a de vrai, ce qui fut reconnu par Napoléon et l'illustre Ministre des cultes qui siégeait dans ses conseils, c'est qu'il est juste, utile et politique d'ouvrir une modeste, mais honorable retraite aux évêques que le poids de l'âge et des infirmités, de longs services, d'autres circonstances, peut-être l'insuccès ou les difficultés de leur administration, pourraient décider à résigner leurs sièges.

Ce qui n'est pas moins incontestable, c'est qu'il est nécessaire pour le service religieux de l'église de Saint-Denis, utile au bien de la religion et de l'Etat, de placer à côté et sous la direction des vété-

rans de l'épiscopat, une réunion peu nombreuse des
prêtres d'élite ; de les appeler de tous les diocèses où
ils seront signalés par leur distinction personnelle ;
de fournir aux uns le repos mérité par de longs ou
remarquables travaux, à d'autres, les moyens de
cultiver la science ecclésiastique, toujours trop négli-
gée, ou l'art de la parole chrétienne, l'une des gloires
de l'Eglise de France et de la littérature nationale !

Ce qui est assurément conforme à l'esprit de *nos*
institutions et de la société moderne, c'est d'avoir
quelques occasions de rechercher, de mettre en lu-
mière, de réunir, de fortifier par l'émulation et
l'exemple les hautes aptitudes qui pourraient se manifester dans tous les rangs du clergé, dans les plus
humbles comme dans les plus élevés !

Tel est, Messieurs, sans que nous ayons à invoquer le sentiment monarchique qui aura toujours en
France sa valeur et sa puissance, tel est le sens dans
lequel nous avons compris, et le Gouvernement comprend avec nous, l'utilité réelle, positive, sérieuse, du
chapitre de Saint-Denis. L'établissement doit être à
la fois religieux et national ; il conservera, dans l'ordre
ecclésiastique, le caractère qui lui a été attribué par
son glorieux fondateur. Ainsi constitué, comment
pourrait-il être rétrograde, étranger aux croyances et
aux intérêts de notre temps, dangereux pour nos libertés, contraire à la juste et réciproque indépendance
de l'autorité religieuse et du pouvoir politique, aux
bons rapports qui, pour le bien de la société, doivent
les rapprocher et les unir? Non, Messieurs, aucune de
ces accusations ne peut raisonnablement l'atteindre;
et s'il doit être maintenu et organisé, où pourrait-il
être mieux placé que dans la ville voisine de la capitale

où il existe depuis plus de quarante ans, à côté des
grands modèles, près du foyer des lumières, dans
l'antique basilique à laquelle se rattachent tant et de
si nobles souvenirs de foi, de monarchie, de nationalité !

Le point de départ de la discussion, le principe de
l'existence du chapitre une fois admis, nous retrou-
vons l'intérêt pratique, la question fondamentale et
l'article premier du projet de loi : le chapitre de
Saint-Denis doit-il être exempt ou dépendant de la
juridiction de l'archevêque de Paris?

Les objections les plus graves, les plus décisives,
ont paru à la grande majorité de votre Commission
s'élever contre la juridiction diocésaine avec une
telle force d'évidence, qu'il suffit en quelque sorte
de les énoncer.

Elles résultent d'abord de tous les faits antérieurs,
d'un usage immémorial, à peine interrompu dans
la succession des siècles. Il faudrait remonter presque au berceau de la monarchie, pour trouver l'origine de l'exemption de l'église de Saint-Denis. Elle fut
exempte jusqu'à la Révolution par la nature même
de sa destination, par le dépôt royal qui lui était
confié. Elle l'est redevenue en 1806. Avec plus ou
moins de régularité, par le fait, sinon par le droit,
par un fait quelquefois contesté, partiellement modifié, si l'on veut, depuis 1825, elle n'a pas cessé de
l'être depuis la fondation impériale. Elle l'est encore
en ce moment. Ce qui serait nouveau, contraire à
tous les précédents anciens et modernes, ce serait sa
soumission l'ordinaire. L'exemption, avec un chef
spécial, n'a donné lieu à aucun inconvénient, elle n'a

soulevé d'autres réclamations que celles qui devaient
naître de l'absence de l'institution canonique. Pourquoi substituer à un régime heureusement éprouvé,
qu'il est facile de régulariser, une juridiction nouvelle qui ne pourrait être, comme la première, légalement établie que par une dérogation au Concordat?

La simple raison indique qu'un chapitre épiscopal, le seul qui existe dans le monde chrétien,
ne peut être qu'un chapitre exempt. Le placer au niveau d'un établissement diocésain, ce
serait l'anéantir. Conviendrait-il que des évêques, des
archevêques, investis de la plénitude de l'autorité
épiscopale, descendissent de leurs sièges pour devenir, comme de simples prêtres, les subordonnés du
prélat qui marchait leur égal ? Serait-il juste, *au
point de vue législatif,* de compter à ce point sur leurs
sentiments d'abnégation et d'humilité ? On a parlé
de privilèges ; mais le plus exorbitant, peut-être un
jour le plus regrettable, serait celui qui attribuerait
une telle juridiction aux archevêques de Paris, qui
élèverait, qui constituerait une telle puissance dans le
clergé et l'épiscopat français. Cela ne serait, aux
yeux de votre Commission, ni sage, ni politique.

Le chapitre de Saint-Denis sera un établissement
national ou général, de nul diocèse, *nullius diocœsis,*
en ce sens, du moins, qu'il doit être recruté dans tous
les diocèses, sur tous les sièges épiscopaux du royaume.
Tel est son caractère essentiel et constitutif, telle est sa
raison d'existence et d'utilité. Il n'a pas été créé, il n'a
jamais existé, il ne pourrait pas, aujourd'hui surtout, être maintenu à d'autres conditions. Supprimez
l'exemption, et vous n'aurez plus qu'un chapitre du
diocèse de Paris, composé le plus souvent de pré-

tres de Paris, supérieur en dignité, si l'on veut, mais assurément très-inférieur en pouvoirs au chapitre cathédral.

Qu'est-ce, en effet, que l'autorité diocésaine ? Une autorité, chacun le reconnaît, essentiellement susceptible de délégation, fréquemment déléguée. L'archevêque absent ou même présent est suppléé dans son administration par ses vicaires-généraux. L'archevêque mort est remplacé, pendant la vacance du siège, par le chapitre cathédral, qui délègue lui-même son autorité temporaire à des vicaires-généraux capitulaires. Comment admettre qu'un chapitre d'évêques sera administrativement et juridictionnellement soumis à des vicaires-généraux, au chapitre cathédral ? Un pareil renversement de la hiérarchie sacerdotale serait contraire à tous les principes, comme aux plus simples convenances.

À la vérité, on proposerait, à titre d'expédient, une sorte de transaction. Le chapitre de Saint-Denis étant divisé en deux ordres, les chanoines-évêques pourraient être exempts, mais les chanoines-prêtres resteraient soumis à l'ordinaire.

Votre Commission n'a pas pu, Messieurs, considérer cette idée comme sérieuse. Quelle que soit la distinction des deux ordres de chanoines et de leurs dignités, il n'y a, il ne peut y avoir qu'un chapitre, comme il n'y a qu'une église dont le service divin lui est confié. Cette église ne peut-être à la fois exempte et diocésaine. La coexistence des deux principes, des deux autorités, des deux juridictions, serait la plus singulière anomalie, en même temps qu'une source continuelle d'embarras, de difficultés et de conflits. — Il en résulterait, quant à la légalité, la nécessité d'une double dérogation au Concordat; car il faudrait alors déroger et à l'art. 10 qui abolit les exemptions, et aux articles 11 et 35, qui prohibent tout autre établissement ecclésiastique qu'un chapitre cathédral. — Les choix du personnel, inspirés par l'influence plus ou moins directe de l'ordinaire, prendraient un caractère local et diocésain. — Il serait enfin bien étrange, bien peu respectueux pour l'ordre épiscopal du chapitre, d'affranchir les chanoines-prêtres de sa direction, de sa surveillance, de la juridiction d'un évêque primicier.

Mais, dit-on, les exemptions ne sont pas favorables, elles étaient odieuses, suivant l'expression des jurisconsultes, dans notre ancien droit public et canonique. Elles donnèrent lieu à de graves abus, elles excitèrent de vives plaintes, elles favorisaient les empiètements de la Cour de Rome. Elles se concilient mal avec les libertés de l'Église gallicane, elles ont été abolies par le Concordat. Comment peut-on penser à la rétablir aujourd'hui ?

Ainsi présentée, Messieurs, l'objection touche à un ordre d'idées et de préoccupations qui, nous le reconnaissons, méritent toujours une sérieuse attention.

On ne peut pas contester les abus produits par les anciennes exemptions. Non-seulement on ne peut pas et on ne doit pas les contester, mais il faut au contraire les rappeler, les rechercher avec soin, pour examiner s'ils pourraient, sous l'influence de la loi qui nous est demandée, renaître et trouver quelque place dans notre ordre social et politique. Ce devoir était particulièrement imposé à votre Commission.

La multiplicité des exemptions qui étaient, suivant

l'expression d'un canoniste, sans nombre et sans mesure ;

L'indiscipline des monastères et des ordres
exempts ;

Les difficultés judiciaires quant à la preuve et
à la reconnaissance des exemptions fondées les unes
sur titres, les autres sur une possession plus ou moins
précaire ;

Certaines redevances payées à la Cour de Rome, ou
même autrefois exigées par elle comme prix de ses
concessions ;

L'usage adopté par les papes, de conférer les exemptions sans l'assentiment du Roi et du pouvoir civil ;

Par-dessus tout l'affaiblissement excessif et continu
de l'autorité épiscopale ;

Voilà les principaux, les seuls abus que l'histoire
des exemptions nous signale. Il suffit , en vérité , de
les énoncer pour reconnaître qu'il n'en est aucun
que nous ayons à redouter aujourd'hui.

On ne dira pas que les exemptions sont nombreuses, puisqu'il n'en existe pas actuellement en France,
ni qu'elles pourront facilement se multiplier, puisqu'elles ne peuvent être établies que par une loi qui
en est le titre et la preuve nécessaire, dans les formes
les plus solennelles d'examen, de discussion et de décision.

Nous n'avons plus, nous ne sommes pas menacés
d'avoir des monastères exempts et indisciplinés.

Le Saint-Siège n'exige et ne reçoit pas le prix de
ces sortes de concessions Jamais, depuis le Concordat, il n'a tenté d'établir une exemption en France
sans le consentement, bien mieux, sans l'initiative et
la provocation directe du Gouvernement français.

L'affaiblissement de l'autorité épiscopale n'est pas assurément la tendance et le danger de notre époque. Que l'on compare ce qu'elle était autrefois à ce qu'elle est aujourd'hui ! Sans doute, elle n'a plus la puissance politique et féodale, les richesses temporelles attachées à certains sièges ; elle n'est plus entourée au même degré de l'éclat extérieur qui manque bien plus encore à d'autres pouvoirs. Mais aussi jamais sa juridiction spirituelle ne fut plus générale, plus étendue, plus complète, plus fortement constituée et protégée par la loi. Le temps et le Concordat ont emporté la plupart des institutions qui en restreignaient l'exercice : les droits de régale, l'inamovibilité des desservants, les collations de bénéfices par des ministres inférieurs, les patronages laïques, tant d'autres limitations qui ont disparu sans retour. Quant aux exemptions, quel était le grief principal de l'ancien épiscopat ? Nous l'avons déjà indiqué, et nous le trouvons ainsi consigné dans le préambule du règlement rédigé par l'assemblée générale du clergé en 1645 : « Un des plus grands maux de l'Eglise consiste « dans les exemptions qui tendent à susciter les infé- « rieurs contre les supérieurs, en abusant, contre l'in- « tention du Saint-Siège, des privilèges qu'il a donnés « à quelques ordres religieux. » Jamais une telle plainte pourra-t-elle s'élever contre l'établissement de Saint-Denis ? Le chapitre n'est pas un ordre religieux ; les chanoines-évêques ne sont pas des inférieurs suscités contre l'archevêque de Paris qui n'est pas leur supérieur, et les chanoines-prêtres seront soumis, dans l'intérieur du chapitre, à une autorité d'autant plus vigilante qu'elle n'aura à s'exercer que dans une seule église et sur un clergé peu nombreux. En un mot, l'affaiblissement de l'épiscopat, de son influence et de sa dignité, ne saurait résulter de l'exemption d'un chapitre d'évêques ; il serait bien plutôt, il serait, à un certain degré, la conséquence de sa soumission à l'autorité diocésaine.

Ainsi s'évanouissent devant les plus simples rapprochements, les craintes vraiment chimériques qu'on s'efforce de puiser dans les souvenirs historiques, et qui ne sont plus de notre temps. L'anachronisme n'est pas dans le projet de loi, il est dans les objections qu'on lui oppose.

Avons-nous d'ailleurs à nous préoccuper de la question générale des exemptions? S'agit-il de renverser l'excellent principe proclamé par l'article 10 du Concordat? de décréter le rétablissement des privilèges portant attribution ou exemption de l'autorité épiscopale? Qui oserait saisir nos pouvoirs publics d'une pareille proposition? On ne nous demande, pour un cas très-particulier, qu'une dérogation expressément restreinte et limitée, une de ces exceptions qui sont comme un hommage rendu à la règle; tellement nécessaire, qu'elle est inhérente à l'institution même pour laquelle on la réclame; tellement favorable, qu'on ne saurait comprendre, ni par l'expérience déjà acquise, ni par la pensée ou par une supposition raisonnablement admissible, comment elle pourrait être de quelque danger ou de quelque inconvénient sérieux.

Cette exception est légalement possible, personne ne le conteste, par l'intervention législative. Ajoutons qu'elle ne sera pas la première qui ait été, depuis l'an x, proposée par le Gouvernement français et consentie par le pape. Ainsi, dans l'année même de la promulgation du Concordat, à des dates qui doivent rassurer les esprits les plus exigeants, deux exemptions étaient prononcées au profit des diocèses de Troyes et d'Autun, qui, *nonobstant le défaut de consentement ou le refus des archevêques de Paris et de Besançon,* se trouvaient affranchis de leurs juridictions métropopolitaines, et placés sous l'autorité immédiate du SaintSiège. Les bulles furent enregistrées au conseil d'Etat le 14 ventôse et le 8 germinal an XI.

Que l'on conteste l'autorité de ces précédents, qu'on cherche au moins à l'amoindrir en rappelant que les deux exemptions étaient temporaires, viagères en quelque sorte, puisqu'elles devaient cesser avec l'administration des deux évêques appelés aux sièges de Troyes et d'Autun. Restera toujours la conséquence grave, le fait important, que l'article 10 du Concordat n'a pas été considéré par ses auteurs, par le Gouvernement consulaire lui-même, comme un texte inflexible, comme une règle sans exception.

L'exemption de l'église de Saint-Denis étant admise, il convenait de l'appliquer à ses annexes et dépendances. Cette application a reçu, par la nouvelle rédaction du projet, toute la précision désirable et possible. L'exemption comprend ainsi : 1° le chapitre royal de Saint-Denis, fondé par le décret de février 1806, tel que l'établissement en a été concerté, et qu'il est canoniquement institué, c'est-à-dire les deux ordres de chanoines, l'évêque primicier, tout le personnel de l'institution ;

2° Les édifices dépendants de cet établissement ;

5° L'établissement royal d'éducation de la Légiond'Honneur, placé dans les bâtiments de l'ancienne abbaye de Saint-Denis attenant à l'église.

Cette dernière disposition a été combattue par un membre de la Commission. Il a fait observer qu'elle étendait à une institution laïque un privilège qu'on ne saurait trop restreindre et qui doit être tout au plus appliqué aux établissements ecclésiastiques. L'objection n'a pas prévalu dans l'opinion de la majorité contre les considérations tirées de l'état et de l'extrême voisinage des lieux, de la nécessité de prévenir des conflits d'autorités religieuses, toujours possibles et toujours fâcheux dans deux édifices contigus, ou plutôt dans deux parties du même édifice. Ce sont deux fondations impériales, deux établissements nationaux, destinés à récompenser, à reconnaître du moins des services très-différents sans doute, mais également rendus à la patrie ou à la société. Quoi de plus convenable que de les placer sous la même juridiction ecclésiastique lorsqu'ils sont ainsi rapprochés? — Il est à remarquer, au surplus, que les deux succursales de la maison de Saint-Denis, situées à Paris et à Saint-Germain-en-Laye, resteront soumises, comme elles le sont en ce moment, à l'autorité diocésaine de Paris et de Versailles.

Après avoir clairement énoncé les divers établissements qu'il déclare exempts de la juridiction de l'archevêque de Paris, l'article premier se termine par un paragraphe ainsi conçu :

« Ils seront, *sous l'autorité du Saint-Siège*, soumis « à la juridiction attribuée au primicier du chapitre « royal de Saint-Denis. »

Cette rédaction qui n'existait pas dans le texte primitif, qui a été introduite par la Chambre des Pairs sur la proposition de sa Commission, et acceptée par le Gouvernement, a donné lieu à d'assez vives criti-

soumis immédiatement, comme une église métropoli
taine, à l'autorité du Saint-Siège; en d'autres termes,
l'évêque-primicier de Saint-Denis, au lieu de relever
d'une métropole, relève directement du Saint-Siège,
comme le métropolitain lui-même, comme l'archevêque.

Est-ce là un fait nouveau, dangereux, inquiétant?
En aucune manière. On en citerait une multitude
d'exemples dans le monde chrétien. Tous les évêques
non suffragants, et ils sont nombreux, relèvent directement du Saint-Siège. Telle était la situation des diocèses de Troyes et d'Autun lorsqu'ils furent, comme on l'a
vu, exemptés des juridictions métropolitaines de Paris
et de Besançon. Les bulles de l'an x exprimaient, quant
aux effets de l'exemption, quant au pouvoir du nonce,
quant à la puissance pontificale, sauf quelques différences de formules, toujours contredites et limitées
par les protestations contraires, les mêmes idées que
la bulle de 1843. Nous y lisons ce passage, qui indique le vrai caractère des exemptions : « Parmi les
« prérogatives les plus remarquables des églises ca-
« thédrales, on remarque cette protection spéciale et
« immédiate, par laquelle quelques unes d'entre elles
« ont été soustraites pour un temps ou pour toujours
« de la juridiction métropolitaine, et reçues sous *la*
« *garde ou la protection du Saint-Siège.* »

Quant à la manifestation extérieure de la juridiction du Saint-Siège en France, il ne faut pas la
juger sur les formes traditionnelles et certaines exagérations du style romain ; elle est réglée par tout
un ensemble d'usages, de traditions, de lois, et
spécialement par les deux premiers articles organi-
ques auxquels il n'est pas dérogé. Ainsi, c'est une de

nos plus anciennes maximes , qu'elle ne peut être
exercée que par délégation. Telle est aussi la disposition de la bulle, qui charge de son exécution un prélat français désigné par le nonce apostolique, qui délègue à perpétuité la juridiction pontificale à l'évêque
primicier , qui commet l'archevêque de Paris pour
choisir, dans un cas particulier de la vacance du siège,
le vicaire-général capitulaire, si le chapitre n'a pas
procédé à cette nomination Jamais l'un de nos plus
importants usages, qui est aussi l'une de nos plus respectables franchises, ne reçut de la sagesse de la Cour
de Rome , de l'esprit si élevé de conciliation qui l'a-
nime , un hommage plus explicite et plus complet.

A la vérité, on insiste et on soutient que le primicier devrait au moins avoir, comme un évêque ou un
métropolitain, une juridiction propre, inhérente à son
siège, sauf l'institution canonique, et non pas une juridiction déléguee. Ici, Messieurs, l'objection de la
minorité ne toucherait plus à la rédaction de l'article
premier, elle s'attaquerait à la bulle reçue et enregistrée au conseil d'État. Loin de nous la pensée d'y
répondre en prenant parti dans les controverses théo-
logiques, dans des distinctions vraiment subtiles et
presque toujours contestables, sur l'origine et la source
de l'autorité épiscopale en tant qu'autorité diocésaine.

Qu'il nous suffise de faire observer que telle n'est
pas la question, puisque le chapitre de Saint Denis
n'est pas un diocèse, qu'il n'est pas créé comme diocèse, qu'il n'en a pas les éléments constitu ifs et pré-
existants à l'institution de tout évêché. C'est, dans
l'ordre ecclésiastique, un établissement spécial , né
d'une convention intervenue entre le Gouvernement
rançais et le Saint-Siège. Son chef n'est aussi qu'un
chef spécial, comme l'indique son titre , le premier

des évêques du chapitre, *primus inter pares,* investi d'une autorité particulière et relative. Il ne peut pas puiser, suivant certaines opinions, le principe d'une juridiction propre dans la force de l'agrégation diocésaine ou dans l'ancienneté du siège, qui n'existent pas pour lui. Il ne peut pas demander l'autorité religieuse au pouvoir civil, qui n'a ni mission ni droit de la donner. Il reçoit la juridiction spirituelle du Saint-Siège, comme l'institution canonique, mais avec une délégation immédiate, générale et perpétuelle, qui, sans réserve et sans retour, s'étend à tous ses successeurs. En droit comme en fait, sauf toute protestation contre certaines clauses de style, il nous est impossible de trouver dans cette disposition aucun péril pour aucune de nos libertés.

Nous venons d'examiner successivement, avec des détails qui nous ont paru nécessaires dans une matière peu connue, les diverses et importantes questions renfermées dans l'article 1ᵉʳ du projet de loi.

L'article 2 prescrit la mise à exécution et l'insertion au *Bulletin des Lois* de la bulle du 3 avril 1843, et de l'ordonnance royale du 6 janvier 1845, portant réception de la dite bulle. Il n'a donné lieu qu'à une courte observation, quant à la modification que la Chambre des Pairs a fait subir à sa rédaction.

Le texte primitif mentionnait les réserves accoutumées contre les formules et expressions habituellement employées par la chancellerie romaine tant qu'elles seraient ou pourraient être contraires aux lois du royaume et aux libertés, franchises et maximes de l'Église gallicane.

La Chambre des Pairs a pensé que la reproduction de ces protestations n'était pas de la dignité de la loi que leur place était marquée dans les actes du Gou

vernement, du pouvoir exécutif, à qui seul appartient constitutionnellement, et aux termes du Concordat, le droit de vérifier et de recevoir les bulles ;
qu'il était d'autant plus inutile de les rappeler, que
l'ordonnance royale de réception dans laquelle elles
étaient expressément insérées, se trouvait visée par
les deux articles du projet de loi.

Ainsi expliquée, la suppression des formules con-
servatoires nous a paru sans danger, et même rigou-
reusement conforme aux principes de la séparation
des pouvoirs.

Une autre question, qui n'est pas textuellement
comprise dans les dispositions du projet de loi, mais
qui se rattache à la constitution du chapitre de Saint-
Denis, a été discutée dans la Commission. Il ne suffit
pas, a-t-on dit, de prononcer l'exemption du chapitre,
de le soumettre à telle ou telle juridiction, il faut encore l'organiser ; c'était le vœu exprimé par les Chambres en 1837 et 1838. L'organisation déterminera
le nombre des chanoines et les conditions d'admission au deuxième ordre du chapitre. Les chanoines-
évêques doivent être en nombre proportionné à celui
des évêques en fonctions ; c'est une proportion, une
moyenne qu'il n'est pas impossible de fixer. Le nombre des chanoines-prêtres n'est pas susceptible de
variations, les convenances et les besoins du service
pouvant être d'avance connus et appréciés. Les conditions d'admission préviendront les nominations de
faveur, d'inconvenantes sollicitations ; elles réduiront
le nombre des candidatures ; elles répondront ainsi à
de légitimes préoccupations. N'y aura-t-il pas, par
exemple, tout avantage à exiger qu'un chanoine de
Saint-Denis ait été pendant quelque temps curé, ou
vicaire-général, ou chanoine titulaire, ou qu'il soit

pourvu de grades universitaires dans une Faculté de
théologie ? Si ces idées ne sont pas encore étudiées,
si elles ont besoin d'être mûries, qu'on pose au moins
par article additionnel, comme garantie d'une bonne
administration, le principe que l'*organisation du chapitre de Saint-Denis sera réglée par une loi.*

Sur cette proposition, votre Commission a été
divisée, non pas quant au but indiqué par son honorable auteur, mais quant aux moyens d'atteindre facilement et sûrement ce but. La majorité a considéré
la disposition comme inutile, prématurée et par trop
absolue.

La fixation du nombre des membres du chapitre
n'a qu'un intérêt réel et sérieux : l'intérêt financier.
Cet intérêt est placé sous la protection immédiate et
vigilante des Commissions de finances et des votes
législatifs. Chaque année, le Ministre des cultes ne se
borne pas à demander au budget les allocations destinées au chapitre de Saint-Denis ; il en indique encore la répartition entre un nombre déterminé d'ecclésiastiques de tout rang et de toutes fonctions. Ce
projet de répartition, inséré dans les développements
de la loi de finances, qui peut seul justifier la proposition budgétaire, rentre à ce titre, comme la proposition
elle-même, sous le contrôle moral et financier des
Chambres. Le nombre des membres titulaires des
chapitres cathédraux n'a pas d'autre limitation, et
cependant il n'est jamais dépassé. Quant au chapitre
de Saint-Denis, toute variation, toute augmentation
dans le personnel devront être annuellement et sérieusement justifiées. N'est-ce pas la meilleure des garanties, la plus favorable à l'intérêt du Trésor et à
une liberté d'action qu'il n'est pas utile d'enchaîner

autrement lorsqu'elle ne peut s'exercer qu'avec notre approbation et notre concours ?

En ce qui concerne les conditions d'admissibilité aux canonicats de deuxième ordre, nous avons unanimement reconnu qu'il conviendrait d'en exiger et de les déterminer, moins pour prévenir des nominations de faveur, toujours possibles, que pour donner au chapitre plus d'importance et de dignité. Faut-il adopter pour ce règlement la forme solennelle de la loi ou celle de l'ordonnance royale ? La question n'a paru à la majorité présenter aucun intérêt actuel, puisque, dans son opinion, les deux moyens doivent également conduire au même résultat.

Si l'on consulte les précédents, ils sont tous favorables à l'ordonnance. Telle a été la forme employée par la Restauration. Tel était aussi le caractère du décret de 1806, qui n'a pas été considéré comme ayant force de loi, au moins dans ses dispositions réglementaires, puisqu'il a été modifié par l'ordonnance de 1816, qui n'a elle-même excité, en ce point, aucune réclamation. La Commission de finances de 1838 et son honorable rapporteur, ne paraissaient pas réclamer un autre mode d'organisation. L'ordonnance, par le vote financier qu'elle amène, se trouve soumise à l'examen du pouvoir législatif qui en signale les imperfections ou les vices. Si elle est incomplète ou mal conçue, elle peut être facilement modifiée, tandis que toute modification législative présente des difficultés et rencontre souvent des obstacles inattendus. A ce point de vue, en supposant (ce qui n'est pas admis par la majorité de la Commission) que l'organisation du chapitre de Saint-Denis dût être réglée par la loi, il conviendrait encore de l'expéri-

menter, de la réaliser d'abord par l'ordonnance
royale.

Interrogé sur les intentions du Gouvernement,
M. le Ministre des cultes a répondu que la nécessité
d'organiser le chapitre de Saint-Denis n'était pas
contestée, qu'il y serait pourvu soit par la loi, soit par
l'ordonnance, suivant la nature des intérêts à régler et
des dispositions qui seraient adoptées, mais que très-
certainement une ordonnance royale précéderait le
premier vote financier qui serait demandé aux Chambres. Cette assurance et les considérations précédemment exposées nous ont déterminé à repousser l'article additionnel proposé par la minorité.

Un dernier soin a occupé votre Commission. A
l'occasion des discussions relatives à l'exemption du
chapitre et de la maison royale d'éducation de Saint-
Denis, les pasteurs des églises réformées de Paris ont
cru devoir signaler à la Chambre l'état d'abandon
dans lequel seraient laissées, quant à l'enseignement
et au service religieux de leurs communions, les
jeunes élèves qui appartiennent à des familles protes-
tantes. Les pétitions nous ayant été renvoyées, nous
nous sommes empressés de les soumettre à M. le
Garde des sceaux, avec tout l'intérêt mérité par les
réclamations qui touchent à la liberté de conscience.
Le Ministre nous a fait connaître qu'il avait déjà pris
des mesures pour satisfaire aux justes vœux des péti-
tionnaires, qu'il se proposait de les compléter très-
prochainement, que le culte et l'enseignement religieux des communions dissidentes recevraient à la
maison de Saint-Denis, dans l'esprit le plus large de

nos institutions, tout le développement dont ils étaient
susceptibles.

Là, Messieurs, se sont arrêtés les travaux dont nous
avions à vous rendre compte. Il est facile d'en résumer les conclusions :

L'existence du chapitre de Saint-Denis, fondé par
l'Empire, maintenu par la Restauration, consolidé
depuis dix ans par le vote des Chambres, ne peut
pas être mise en question. Fût-elle attaquée, l'établissement se défendrait, même indépendamment de toute
autre considération, par des raisons d'utilité positive.

Le chapitre de Saint-Denis, par sa fondation impériale, par sa composition en partie épiscopale, par
son caractère général et non local, ne peut pas être
un établissement diocésain soumis à l'ordinaire. Il
ne peut être que ce qu'il a été, un chapitre exempt de
la juridiction de M. l'archevêque de Paris.

Cette exemption ne peut présenter, à aucun degré,
dans notre ordre social et politique, aucun des dangers et des abus des exemptions d'autrefois.

Ses conséquences, c'est-à-dire la soumission à
l'autorité du Saint-Siège, l'exercice de cette autorité
et de cette juridiction, tel qu'il est réglé par la bulle,
tel qu'il se réalise par une délégation immédiate et
perpétuelle à des prélats français, dans la forme de
nos usages, avec les protestations du Gouvernement
contre les formules romaines, n'ont rien qui puisse
menacer ou compromettre les libertés de l'Eglise de
France.

La question de l'organisation intérieure du chapitre
n'étant point comprise dans le projet de loi, doit être
réservée pour être résolue prochainement, suivant la

nature législative ou purement réglementaire des dispositions qui seront adoptées.

Ainsi, Messieurs, à ces conditions loyalement exécutées, se trouvera légalement affranchie, régulari-
sée, appropriée à notre temps, une institution vraiment nationale, marquée du sceau et de la pensée de
son immortel fondateur ! Elle se recommande à l'intérêt des Chambres et du pays par tous les grands
et pieux souvenirs qu'elle rappelle et consacre,
comme par les avantages réels que peuvent, que
doivent en retirer la Religion et l'Etat.

Nous avons l'honneur de vous proposer l'adoption
pure et simple du projet de loi.

PROJET DE LOI.

———

Article premier.

Le chapitre royal de Saint-Denis fondé par le décret du 20 février 1806, tel que l'établissement en a été concerté, et qu'il est canoniquement institué par la bulle donnée à Rome le 3 avril 1843 ;

Les édifices dépendants de cet établissement ;

Ainsi que l'établissement royal d'éducation de la Légion-d'Honneur, situé dans les bâtiments de l'ancienne abbaye de Saint-Denis ;

Sont et demeurent exempts de la juridiction de l'archevêque de Paris.

Ils seront, sous l'autorité du Saint-Siège, soumis à la juridiction attribuée au primicier du chapitre royal de Saint-Denis.

Art. 2.

La bulle donnée à Rome le 3 avril 1843, vérifiée

et transcrite sur le registre du conseil d'Etat, sera mise à exécution et insérée au *Bulletin des Lois*, ainsi que l'ordonnance du Roi du 6 janvier 1845, portant réception de la dite bulle.

Chambre des Députés.

SESSION 1847.

RAPPORT

FAIT

Au nom de la Commission* chargée de l'examen du projet de loi sur les marques de fabrique et de commerce,

PAR M. DROUYN DE LHUYS,

Député de Seine-et-Marne.

Séance du 15 Juillet 1847.

MESSIEURS,

Au moyen âge, la propriété foncière, assise sur la puissante base de la féodalité, résistait à l'anarchie, tandis que de continuelles avanies tarissaient la richesse mobilière dans sa double source ; l'industrie

---

* Cette Commission est composée de MM. Berger, de Bussières (de la Marne), Creton, H. Carnot, Devienne, Drouyn de Lhuys, de Lasteyrie (Ferdinand), le comte de Morny, Peyre.

et le commerce. Émancipée par l'affranchissement des communes, la bourgeoisie fut constituée hiérarchiquement sous le régime des corporations. Cette organisation, formée sur le modèle féodal, présente les principaux caractères de ce régime. L'artisan fut, pour ainsi dire, attaché à la glèbe de l'atelier, comme le manant l'était à la glèbe de l'agriculture. La terre avait ses seigneurs et ses vassaux ; l'industrie ses maîtres et ses apprentis. Louis IX chargea Étienne Boyleau, garde de la prévôté, de rédiger la grande charte de cette société nouvelle, et nous avons conservé ce curieux monument qu'on appelle *Etablissement des métiers de Paris*. « Pour exercer, à cette époque, dit un économiste, la profession de marchand d'oignons et d'échalottes, il fallait obtenir un privilège du souverain..... Il était défendu aux filandiers de mêler le fil de chanvre au fil de lin. Le boulanger, privilégié du roi, pouvait vendre du poisson de mer, de la chair cuite et des dattes... Le coutelier n'avait pas le droit de faire le manche de ses couteaux... Le faiseur d'écuelles n'aurait pas pu se permettre de tourner une cuiller de bois. La seule profession de chapelier comptait cinq métiers différents. »

Malgré la puérile minutie de ces prescriptions et la rigueur vexatoire de ces divers règlements, on doit reconnaître que saint Louis, en établissant ainsi la division du travail, a contribué au perfectionnement de l'industrie, et qu'en garantissant la loyauté des marchandises, il a relevé la dignité du commerce. « Nous avons voulu, dit Étienne Boyleau « dans son naïf langage, pour le profit de tous, « mêmement pour les pauvres et pour les étran- « gers, que la marchandise soit si loyale qu'ils n'en

« **soyent déçus**, et que le marchand n'en perçoive
« de vilain gain, *contre Dieu, contre droit et contre*
« *raison*. » Louis IX avait principalement en vue
de mettre un terme aux fraudes nombreuses qui se
commettaient au préjudice des acheteurs, et de rédiger pour chaque métier des règlements particuliers.
Mais il n'en fut pas de même de tous ses successeurs.
L'esprit de fiscalité se mit à exploiter le domaine de
l'industrie et à rançonner le commerce sous prétexte
de le réglementer. Chaque année voyait paraître une
nouvelle ordonnance qui créait des charges pour les
vendre, des délits pour recueillir des amendes, et
des corporations pour percevoir des tributs.

Comme la loi elle-même prescrivait un mode de
fabrication pour chaque espèce de produit, la marque avait alors un double but, Elle indiquait l'origine
et garantissait la qualité de la marchandise. C'était
à la fois la signature du fabricant et le certificat de
l'autorité publique. Elle constatait que tel produit
de telle qualité avait été fabriqué par telle personne,
conformément aux prescriptions règlementaires.
Nous trouvons, dans un dictionnaire des arts et
métiers publié en 1766, l'énnmération d'une multitude de métiers assujettis à l'obligation de la marque. Le règlement du 5 mai 1779, et les lettres patentes du 4 juin 1780 adoucirent la rigueur de ces
dispositions. On introduisit dans la législation industrielle un régime intermédiaire. On déclara qu'il serait désormais loisible à tous fabricants d'adopter,
dans la fabrication de leurs étoffes, telles dimensions
ou combinaisons qu'ils jugeront à propos, ou des assujettir à l'exécution des règlements. Les produits recevaient, comme auparavant, une marque nationale;
seulement, dans le premier cas, les étoffes portaient le

mot *réglée,* qui n'était pas apposé sur les tissus fabriqués librement.

L'industrie, longtemps garrottée par une législation tracassière et tyrannique, brisa ses entraves à l'époque de la Révolution. La loi du 17 mars 1791 proclama la liberté de l'industrie, ainsi que l'abolition des corporations, des jurandes et des maîtrises.

Sous l'ancien régime, le patronage s'était transformé en oppression, et la tutelle en servitude. Sous le régime nouveau, la liberté ne tarda pas à dégénérer en licence. Livrée sans guide et sans frein à un aveugle individualisme, l'activité commerciale se porta à elle-même les plus rudes coups. On sentit le besoin de régler ses allures, sans toutefois arrêter son essor. La loi du 22 germinal an XI devint le code des manufactures, des fabriques et des ateliers. L'établissement des chambres consultatives, la répression des coalitions, les obligations réciproques des maîtres et des ouvriers, la propriété des marques de fabrique et le règlement de la juridiction, telles sont les importantes matières qui font l'objet de cette loi.

Le législateur se montrait fort préoccupé, à cette époque, du préjudice que les fraudes particulières pouvaient porter aux intérêts généraux du commerce. « L'intérêt personnel, disait Regnault de Saint-Jean-d'Angely, dans l'exposé des motifs de la loi du 22 germinal, est sujet à l'erreur et à l'injustice. Les droits des citoyens, le droit de l'État, se sont trouvés plus d'une fois compromis par les fautes que l'égoïsme a fait commettre. L'intérêt personnel doit être surveillé par le dépositaire de l'intérêt de tous. Il a besoin de régulateur, soit qu'il donne ou demande, soit qu'il obtienne ou produise du travail...

La liberté eut jadis trop d'entraves ; depuis, la licence a été sans bornes. Tout fut soumis à des règles trop étroites, tout a été laissé à un arbitraire trop absolu..... Nous avons vu des négociants altérer la *qualité de leurs fabrications, et compromettre, chez l'étranger où elles étaient exportées, la réputation, le crédit, la confiance, le débouché de nos manufactures.* C'est encore ainsi que le titre mal vérifié des métaux employés à la bijouterie ou dans les étoffes, a balancé, par ses inconvénients, les avantages résultant pour la France de la supériorité du goût, du fini du travail, de la beauté des formes, de l'élégance du dessin, de la richesse de la fabrique. » Les chambres consultatives devaient être appelées à proposer des règlements pour remédier à ces abus. « Destinés à favoriser, à étendre les exportations, ajoutait le Rapporteur de la loi, ces règlements laisseront à l'industrie le domaine entier de la consommation intérieure, et elle pourra varier ses formes, ses dimensions, ses conditionnements, ses modes ; satisfaire à tous les goûts, à tous les caprices. »

Les dispositions règlementaires promises par la loi de l'an XI n'ont jamais été coordonnées en système. Cependant, Napoléon n'avait pas renoncé, en 1810, au projet de soumettre à certain contrôle, et d'entourer de certaines garanties, la fabrication des produits destinés à l'exportation, ainsi que le prouve l'article 413 du Code pénal, qui est conçu en ces termes : « Toute violation des règlements d'administration publique *relatifs aux produits des manufactures françaises qui s'exporteront à l'étranger, et qui ont pour objet de garantir la bonne fabrication,* sera punie d'une amende de 200 francs au moins, de 3,000 francs au plus, et de la confiscation des marchandises » Un décret impérial du 21 septembre 1807, demeuré sans exécution, avait établi une estampille facultative, et un contrôle pour garantir la bonne fabrication des produits destinés au Levant.

Aujourd'hui, la législation relative aux marques de fabrique est fort loin de présenter un ensemble de dispositions uniformes. Obligatoire sous l'empire des anciens règlements, la marque devint facultative après que la loi du 17 mars 1791 eut proclamé la liberté de l'industrie, Puis, d'importantes exceptions vinrent successivement modifier la règle générale. Voici une rapide analyse de cette législation :

Un arrêté des Consuls, du 23 nivôse an IX, autorise les fabricants de coutellerie et de quincaillerie à frapper leurs ouvrages d'une marque spéciale, dont il garantit la propriété, moyennant l'observation de certaines formalités. La loi du 22 germinal an XI reconnait d'une manière générale le droit qui appartient à chaque manufacturier et artisan, d'appliquer sa marque particulière sur ses produits, et punit la contrefaçon. Un décret du 21 septembre 1807 prescrit, ainsi que nous l'avons vu, l'apposition d'une estampille sur les draps destinés au commerce du Levant. Un décret du 11 juin 1809 attribue aux prud'hommes le soin de veiller à l'exécution des mesures conservatrices de la propriété de la marque. Un décret du 1er avril 1812, confirmé et étendu par deux autres du 18 septembre de la même année, et du 22 décembre 811, porte que les fabricants de savons seront tenus d'apposer, sur les produits de leur industrie, une marque distincte, suivant la composition de ces produits. Les décrets du 25 juillet 1810 et du 22 décembre 1812, prescrivent aux fa-

bricants de draps des villes auxquelles une lisière exclusive aura été accordée, l'obligation d'apposer ce
signe sur leurs produits. Mais, d'après un avis du
conseil d'État, en date du 17 décembre 1813, ces
dispositions furent considérées comme non avenues,
« par la raison que les lisières, n'indiquant que le lieu
de la fabrique et non la qualité du drap, ne donneraient aucune garantie au consommateur. » La loi du
28 avril 1816, afin de rendre plus facile à l'intérieur
la recherche des cotons filés, des tissus et tricots de
coton et de laine, et de tous autres tissus de fabrique étrangère prohibés, ordonne aux fabricants
français de produits similaires, d'y mettre une marque et un numéro. A cette obligation, l'ordonnance
du 8 août 1816 ajoute encore celle d'indiquer le nom
du lieu où l'objet a été fabriqué, ainsi que le nom
du fabricant, ou tel chiffre qu'il déclarera choisir.
La même ordonnance établit, en outre, quelques
marques spéciales pour la bonneterie de coton ou de
laine. La loi du 21 avril 1818, et les ordonnances des
23 septembre 1818, 26 mai, 16 juin, 1er décembre
1819, prescrivent, relativement aux enveloppes et à
la marque des cotons filés, des dispositions spéciales
qui ont été modifiées et complétées par les ordonnances des 8 avril 1829, 27 septembre 1835 et
3 avril 1836. Enfin la loi du 28 juillet 1824, déro-
geant à celle du 22 germinal et aux articles 142 et
143 du Code pénal, appliquait les peines correction-
nelles portées par l'article 423 du même Code: 1° à
toute personne qui aurait, soit apposé, soit fait apparaître sur des objets fabriqués, le nom ou la raison
sociale d'un fabricant autre que celui qui en est
l'auteur, ou le nom d'un lieu autre que celui de
la fabrication ; 2° à tout marchand, commission-

naire ou débitant qui aurait sciemment exposé en
vente des objets marqués de noms supposés ou al-
térés.

On voit que la marque de fabrique se présente dans
ces diverses lois tantôt comme obligatoire, tantôt
comme simplement facultative. Mais ce n'est pas la
seule variation que l'on y rencontre.

La condition requise pour commencer des poursuites en contrefaçon, est de justifier du dépôt de la
marque. Où ce dépôt doit-il se faire? Aux termes de
l'arrêté du 23 nivôse an IX, concernant la coutellerie
et la quincaillerie, c'était au chef-lieu de la sous-
préfecture. Suivant la loi du 22 germinal an XI,
c'était au greffe du tribunal de commerce. Le décret
du 11 juin 1809 prescrivit, en outre, le dépôt au
secrétariat du conseil des prud'hommes; celui du
1er avril 1811, sur les savons, exigea aussi le double
dépôt. L'ordonnance royale du 8 août 1816, sur les
tissus prohibés, veut qu'il soit fait à la sous-préfec-
ture, en deux exemplaires, l'un pour y rester, l'autre
pour être transmis au Ministre de l'intérieur, et
conservé dans les archives du jury institué par l'article 63 de la loi du 28 avril 1816.

Quant à la saisie des ouvrages dont la marque
aura été contrefaite, les officiers de police, suivant
l'article 8 du décret du 8 septembre 1810, sont te
nus de l'effectuer sur la présentation du procès-
verbal de dépôt, et sur la simple réquisition du propriétaire de cette marque. C'est à la diligence des
prud'hommes ou de tout autre officier de police municipale et judiciaire, ou bien à la réquisition de
toute partie intéressée, que le décret du 1er avril
1811 (art. 3) fait saisir les savons qui portent une
fausse marque. Pour les savons de Marseille, le droit

de requérir la saisie est attribué aux autorités ainsi qu'aux fabricants munis d'une patente. Il en est de même, aux termes d'un autre décret du 22 décembre 1842, relativement à la contrefaçon de la marque des draps.

De quelle juridiction relèvent les contestations au sujet des contrefaçons ou altérations de marques ? Ces contestations sont d'abord soumises aux conseils de prud'hommes. Mais ces conseils, suivant le décret du 11 juin 1809, n'en connaissent que comme arbitres, et, à défaut de conciliation, l'affaire est portée au tribunal de commerce, qui prononce après avoir consulté l'avis du conseil des prud'hommes. S'agit-il de contestations relatives aux marques de la quincaillerie et coutellerie, c'est, d'après le décret de 1810, le conseil de prud'hommes qui prononce, ou, à son défaut, le juge-de-paix de la commune, et le jugement est mis à exécution sans appel, ou bien à la charge de l'appel, avec ou sans caution, conformément aux dispositions du décret du 3 août 1810. S'agit-il de contraventions concernant les savons, ce sont, d'après le décret du 18 septembre 1811, les cours et tribunaux qui en connaissent comme matière de police. Le décret du 22 décembre 1812 reproduit cette même disposition, tout en déclarant qu'il n'est point dérogé aux règles du titre IV de la loi du 22 germinal an XI. S'agit-il de contestations relatives aux draps, les officiers de police, suivant le décret du 22 décembre 1812, devront renvoyer les parties devant le conseil des prud'hommes, qui, cette fois, n'est plus juge, mais seulement arbitre, et les peines seront prononcées, non plus par le tribunal de commerce, mais par les cours et tribunaux.

La même diversité se retrouve dans les dispositions pénales.

La loi du 22 germinal an XI punit la contrefaçon de la marque des peines attachées au crime de faux en écriture privée, c'est-à-dire de la réclusion. Le Code pénal, publié le 22 février 1810, prononce la peine de la réclusion et du carcan, contre quiconque aura contrefait des marques de fabrique (art. 142 et 143). En 1824, la loi du 28 juillet, ainsi que nous l'avons vu, substitue dans certains cas à ces dispositions, et sans préjudice de tous dommages-intérêts, les peines portées par l'article 423 du Code pénal; c'est-à-dire une amende et un emprisonnement de trois mois à un an. Le décret du 5 septembre 1810 prononce contre ceux qui auront contrefait les marques de la quincaillerie et de la coutellerie, une amende de 300 fr., outre la saisie et la confiscation. En cas de récidive, l'amende sera double, et le coupable subira six mois d'emprisonnement. Le décret du 22 décembre 1812 punit de 1,000 fr. d'amende pour la première fois, et de 2,000 fr. en récidive, sans préjudice de la confiscation, tout individu établi dans une autre ville que Marseille, et qui livrera au commerce des savons revêtus de la marque de cette ville. Le décret de 1810 imposait une amende de 300 fr., et de 600 en cas de récidive, à celui qui aurait usurpé la lisière spéciale accordée aux fabricants de Louviers; tandis que le décret du 22 décembre 1812, en autorisant toutes les fabriques à demander une lisière exclusive, interdisait l'usurpation de ces marques sous les peines portées par la loi du 22 germinal an XI.

Si l'on étudie le caractère général de chacune des phases de la législation concernant les marques de fabriques, on trouvera que la République avait particulièrement en vue la garantie de la propriété individuelle; l'Empire, le rétablissement d'un système de contrôle dans l'intérêt du consommateur, et la Restauration, la recherche des moyens de faciliter la saisie des marchandises prohibées.

Depuis longtemps, des plaintes s'élevaient de toutes parts contre l'impuissance, la complication et l'obscurité de ces lois. Le conseil général des manufactures, les conseils généraux de la Seine et de plusieurs autres départements, les chambres de commerce, la société d'encouragement, l'association pour la défense du travail national, le congrès scientifique de Reims, la société industrielle de Mulhouse, enfin les organes les plus accrédités des intérêts du commerce et de l'industrie, réclamaient des garanties nouvelles, aussi bien pour le consommateur que pour les fabricants.

La correspondance des consuls signale la fraude en matière de commerce comme un des principaux obstacles qui arrêtent le développement de nos exportations, et ferment à nos produits certains marchés où ils trouvaient jadis un placement avantageux et facile.

L'acheteur étranger a été trompé sur la qualité et sur le métrage des draps et des toiles; des sucres, surchargés de papier, ont été expédiés de nos ports; il a été envoyé des cochenilles falsifiées ou avariées, des vins sophistiqués; il y a eu dol sur la contenance des mesures adoptées par l'usage; enfin, nos colonies ont trop souvent reçu le rebut de nos farines et des autres produits de notre crû ou de notre fabrication.

D'autres faits du même genre sont consignés dans

un mémoire publié, il y a quelques années, par
M. Horace Say, sur les relations commerciales de la
France avec le Brésil.

Dès 1835, ces abus avaient appelé l'attention de
l'administration elle-même. Le département du commerce les a plusieurs fois signalés, soit par sa correspondance directe avec les chambres de commerce,
soit par ses publications, aux négociants, aux manu-
facturiers et aux armateurs. Dans une circulaire du 10
novembre 1838, il énumère un grand nombre de fraudes commises par nos pacotilleurs en pays étrangers.
« Vous reconnaîtrez, ajoutait le Ministre en terminant sa lettre, que c'est pour le Gouvernement un
devoir de rechercher si, en dehors de ce qui se pratiquait autrefois, et qu'on a dû abolir, *il n'existe pas
quelques moyens de prévenir ou de réprimer les
actes patents de mauvaise foi qui se commettent dans
les pays d'outre-mer, par des hommes usurpant le
titre de commerçants.* »

Hâtons-nous de dire que le commerce français
n'est pas le seul auquel un tel reproche puisse être
adressé. De graves imputations se sont élevées contre le commerce belge et contre celui de l'Angleterre
qui néanmoins jouit à juste titre d'un renom général de probité. Il a été publié en Angleterre un
énorme *in-folio*, constatant, sous leurs diverses
formes, les nombreuses fraudes dont s'est rendu
coupable le commerce britannique.

« On préfère, disait le *Courrier belge* du 7 novembre 1843, payer à La Havane six et sept piastres
les clous allemands, que de donner quatre à cinq
piastres des clous belges; pour un baril équivalant

à 47 kilogrammes, parce que les premiers envois ont été détestables, et se composaient de clous sans tête et de broches de ferraille introduites dans la marchandise pour faire poids. Il en est, sans doute, de même dans le Levant, où nos armateurs ne trouvent plus que déception, au point qu'ils exigent des fabricants les apparences et la contrefaçon des marques allemandes. »

La nature des principaux produits de l'industrie française les expose, d'ailleurs, plus spécialement, aux soupçons et aux plaintes, alors que, parvenus sur le marché étranger, ils ont à subir ou les caprices de la mode, ou la dépréciation de la concurrence. Cela s'applique surtout à nos tissus, pour la plupart très-variés, très-mélangés, dont la valeur consistant souvent bien plus dans le dessin, la teinture et le goût, que dans la matière même, est par suite moins positive, moins facilement appréciable, que celle des grands articles manufacturés des autres pays.

Ajoutons enfin, que nos expéditions à l'étranger s'opèrent souvent par *intermédiaire*, et que, dès lors, l'acte d'improbité a pu être, dans bien des cas, le fait du vendeur de seconde main, et non du premier expéditeur.

Au surplus, si le caractère général du commerce français avait besoin d'une sorte de réhabilitation, la plus honorable, la plus éclatante ne résulterait-elle pas de son empressement à dénoncer les fraudes et à protester hautement contre des faits exceptionnels qui font peser sur tous la responsabilité des torts de quelques uns ?

Ces plaintes ont trouvé de l'écho dans les deux Chambres; un Député de l'une de nos premières villes manufacturières, M. Fulchiron, les porta à la tribune de la Chambre des Députés, et un autre représentant d'une grande cité industrielle, M. Grandin, leur prêta l'autorité de son témoignage. Plus tard, le 30 janvier 1844, M. le général Paixhans présenta une proposition conçue en ces termes : « Un règlement d'administration publique déterminera les inspections et contrôles, marques de fabrique et autres garanties *facultatives ou obligatoires*, auxquels seront soumis les produits nationaux destinés, soit au commerce intérieur, soit à l'exportation. Ce règlement, avec les dispositions pénales qu'il devra renfermer, sera présenté aux Chambres dans leur prochaine session. » Cette motion fut développée le 9 février suivant.

M. le Ministre du commerce annonça que le Gouvernement avait préparé un projet de loi qui déterminerait le mode d'établissement, de conservation et d'extinction de la propriété des marques *facultatives ou obligatoires*.

La proposition fut retirée, sur la promesse du Ministre que ce projet de loi serait présenté dans un bref délai.

Le 18 mai de la même année, M. de Bussières, Député de Reims, soumit à la Chambre une motion tendante à n'accorder aux fabricants étrangers le bénéfice de la loi française concernant la propriété de la marque et la poursuite de la contrefaçon, que dans le cas où la loi étrangère reconnaîtrait les mêmes droits aux fabricants français. M. le Ministre du commerce réitéra l'assurance que le Gouvernement présenterait bientôt une loi sur cette matière. « Une telle loi, disait-il, est diff. ile à faire; car elle doit non-seulement garantir les consomm.teur, contre les fraudes dont on se plaint, mais aussi respecter la liberté du commerce et de l'industrie. », Cette déclaration détermina M. de Bussières à retirer sa proposition.

Le Gouvernement a dégagé sa parole en portant devant la Chambre des Pairs, dans le cours de la session de 1845, un projet de loi sur les marques de fabrique et de commerce. Ce projet, sauf quelques modifications qu'il a subies à la suite de ce premier débat, est celui que la Chambre des Députés examine aujourd'hui.

« Nous regrettons vivement, disait à cette occasion M. le baron Dupin, dans son rapport du 21 juillet 1845, que le projet de loi reste muet sur les moyens d'atteindre la fraude des produits destinés à l'exportation. Le commerce de la France a reçu des dommages incalculables par la mauvaise foi de certains fabricants indignes du nom français. Afin d'obtenir des gains illicites, ces fraudeurs éhontés s'emparent de toutes les apparences, de toutes les marques qui peuvent confondre, au premier aspect, les produits de bas aloi et les produits fabriqués avec plus de soin et de conscience. Quoique de telles manœuvres ne soient celles que d'un très-petit nombre de misérables, qui, mus par le dessein de gagner beaucoup en une fois dans chaque pays, y compromettent pour longtemps l'honneur de la France, cela suffit le plus souvent à discréditer notre commerce national.

« Nous pensons qu'on peut mettre très-utilement à profit l'intervalle entre cette session et la suivante, pour reprendre sérieusement l'examen des moyens

propres à faire cesser l'impunité des fausses marques
et des fabrications frauduleuses destinées au commerce extérieur.

« Un titre supplémentaire et quelques amendements pourraient, à l'ouverture de la prochaine session, compléter, sous cet important et nouveau point
de vue, la loi que nous proposons d'adopter en principe. »

Ce dernier vœu, vivement appuyé, n'a point été
exaucé.

Le projet que la Chambre des Pairs a débattu et
adopté, consacre le principe de la marque purement
facultative.

Voici, en peu de mots, l'analyse de ce projet :

L'article premier reconnaît à tout manufacturier
ou commerçant le droit d'apposer des marques particulières sur les produits de sa fabrication ou sur
les objets de son commerce, et indique ce qu'il faut
comprendre sous la dénomination de marque. A ce
droit correspond la défense d'employer une marque
distinctive déjà adoptée par un autre fabricant ou
commerçant (art. 5).

Les art. 6, 7 et 8 sont relatifs à la marque collective. Le producteur qui emploie cette marque doit
toujours indiquer son nom ou sa raison sociale, afin
qu'il ne puisse faire peser la responsabilité de ses
produits sur toute l'industrie d'une localité.

Quiconque veut s'assurer la propriété d'une marque, doit en faire le dépôt. La date de ce dépôt constitue le point de départ du droit du déposant. Les
articles 2, 3 et 4 en déterminent le lieu et les formalités.

Le titre II traite des pénalités et des juridictions. Seront punis d'une amende de 100 à 2,000 fr. , et d'un emprisonnement d'un mois à un an , ou de l'une de ces deux peines seulement, sans préjudice de la confiscation et des dommages-intérêts : 1° ceux qui auront usurpé, altéré ou contrefait une marque ; 2° ceux qui , à côté de l'indication du lieu de fabrication , n'auront pas inscrit sur leurs produits leurs marques particulières ; 3° ceux qui auront inscrit sur leurs produits le nom d'un lieu autre que celui de la fabrication ; 4° les complices de ces mêmes délits; 5° ceux qui , par l'emploi frauduleux de marques industrielles ou commerciales, auront trompé l'acheteur sur la nature, *l'origine ou la qualité* de toutes marchandises. Cette dernière disposition est l'utile complément de l'art. 423 du Code pénal, qui, en pareil cas , ne punit que la tromperie sur la quantité ou sur la *nature* des marchandises.

Ces peines seront aggravées ou adoucies en cas de récidive ou de circonstances atténuantes.

Les tribunaux de commerce seront saisis des actions purement civiles relatives aux marques de fabrique ou de commerce, sauf le préliminaire de conciliation devant le conseil des prud'hommes.

Quant à l'action pénale , elle sera portée devant le tribunal correctionnel. Si le prévenu soulève pour sa défense des questions concernant la propriété des marques , le même tribunal statuera sur l'exception.

Les art. 16, 17 et 18 règlent les formalités relatives à la saisie, qui ne peut être prononcée que par ordonnance du président du tribunal civil de première instance.

Les étrangers jouiront du bénéfice de la loi pour

les produits de leurs établissements situés en France;
quant aux produits de leurs établissements hors de
France, ils ne pourront invoquer les dispositions
qui garantissent la propriété de la marque, qu'autant
que la réciprocité aura été accordée aux Français par
les lois de la nation à laquelle ces étrangers appartiennent.

Toutes les dispositions antérieures relatives aux
marques sont abolies.

Il n'est rien innové à l'égard des marques spéciales prescrites pour l'exécution des lois concernant
les douanes, les matières d'or et d'argent, les armes
à feu et autres objets d'ordre public.

Vous voyez, Messieurs, par cet exposé, que le
projet de loi qui vous est soumis ne constitue pas
une législation nouvelle; il résume, coordonne et
complète des dispositions empruntées à différentes
époques. On ne saurait, sous ce rapport, en contester l'utilité; mais devait-il se borner à consacrer,
sous une forme plus régulière, les principes de la législation actuelle, ou bien devait-il aller plus loin?
La marque restera-t-elle facultative, ou sera-t-elle
rendue obligatoire? Telle est la première question
qui se présente à la pensée. Pour la résoudre, votre
Commission s'est empressée d'accueillir dans son
sein tous les hommes pratiques, tous les représentants de l'industrie et du commerce, qui ont bien
voulu lui apporter le tribut de leur expérience et de
leurs lumières. Nous allons faire passer sous vos yeux
les raisons qui ont été alléguées en faveur de l'une et
l'autre opinion.

Les partisans de la marque obligatoire nous ont
dit:

La liberté de l'industrie ne serait bientôt plus que

de la licence, si elle ne trouvait un frein à ses excès dans la responsabilité de l'industriel. Mais, pour que cette responsabilité devienne la loi commune, il faut que la marque soit générale, et par conséquent obligatoire ; que, partout où il y a fraude, il soit facile d'en reconnaître la source ; que si, d'une part, l'estime et la faveur s'attachent à l'industriel qui se fait remarquer par la bonne qualité de ses produits et la loyauté de ses transactions, de l'autre, la défaveur publique soit le juste châtiment de celui qui néglige sa fabrique ou qui trompe sur la nature de ses produits.

Les plus belles réputations industrielles se sont établies au moyen de la marque.

Les fraudes les plus honteuses se sont multipliées à l'ombre de cette production anonyme qui assure l'impunité au fabricant de mauvaise foi.

Si la marque obligatoire moralise l'industrie, elle la protège en même temps contre les fraudes bien plus nombreuses du commerce intermédiaire, qui compromettent chaque jour l'honneur du fabricant, en trompant, à l'insu de ce dernier, le consommateur ignorant et désarmé.

Le marchand connaît mieux que personne la nature et la valeur des objets dont il fait commerce. Quelque habile que soit le producteur, il ne lui fera jamais accepter pour tissu pur un tissu mélangé, pour étoffe des Indes une étoffe fabriquée à Roubaix ou à Lyon. Mais quelle garantie a l'acheteur contre le marchand de mauvaise foi? A-t-il les connaissances spéciales nécessaires pour vérifier la nature ou l'origine de chaque marchandise? Et s'il les avait, lui serait-il possible, pour chaque objet qu'il achète, de se livrer à ces opérations de vérification et d'expertise?

Que la marque soit obligatoire, les intérêts du consommateur trouvent dans la loi autant de garanties que ceux du producteur.

Qu'elle soit facultative, le consommateur n'a plus aucune garantie, et le fabricant lui-même retombe à la merci du commerçant, qui tantôt, abusant de sa position, refusera tout produit marqué, tantôt, moins scrupuleux, enlèvera frauduleusement la marque du producteur.

La marque est la garantie matérielle de la sincérité du produit. Vouloir la marque facultative, c'est proclamer le principe de la sincérité facultative.

L'indication obligatoire du nom du fabricant, du lieu de production, la *marque d'origine*, en un mot, est une garantie morale donnée à l'acheteur. Elle prend un caractère plus sérieux encore, celui d'une responsabilité matérielle, si l'on y joint la *marque significative*, c'est à-dire une marque indiquant la nature du produit.

Poussée à l'extrême, celle-ci serait, sans doute, contraire aux principes de droit public qui régissent aujourd'hui notre industrie. Elle en gênerait l'essor, si elle devait s'appliquer aux procédés de fabrication, saisir la nuance imperceptible des qualités, de la teinture, etc. Mais, si elle se borne à constater la nature première des tissus ou autres produits purs, ou à signaler la présence d'un mélange, ce n'est plus une entrave qu'on apporte aux transactions industrielles, c'est une garantie.

L'illustre Berthollet, à qui ses fonctions d'inspecteur des manufactures, jointes à de profondes connaissances, donnaient une autorité toute spéciale en pareille matière, disait : « Il est important de préser-« ver le commerce des infidélités qui peuvent affaiblir

« la confiance dont il a besoin, et il serait conforme
« à ses intérêts de pouvoir assigner le titre des pro-
« duits de l'industrie comme celui de l'or et de l'ar-
« gent. » (*Éléments de l'art de la teinture*, sect. IV,
chap. III.)

Et, en effet, on ne permet point à l'orfèvre de vendre du plaqué pour de l'argent, du vermeil pour de
l'or : pourquoi donc permettrait-on au marchand de
vendre un tissu de soie et coton pour un tissu de
soie pure?

Les plus chauds partisans de la liberté de l'industrie, ceux qui ont proclamé sans réserve le principe
du *laissez-faire* et du *laissez-passer*, n'ont jamais
dit : « Laissez faire la fraude, » ou « Laissez passer
le vol » Il est évident que toute liberté a pour limites les droits de la morale et de la propriété. Que
l'industriel travaille donc comme bon lui semble,
qu'il soit libre de produire comme il veut, mais non
de tromper sur la nature de ses produits. Qu'il mêle,
s'il le juge convenable, du coton à la soie ou à la
laine ; mais qu'une estampille loyale mette l'acheteur
en garde contre toute méprise. Alors, alors seulement, l'acheteur, sur ses gardes, pourra trouver dans
la marque un guide pour son inexpérience, et une
garantie contre la fraude. Alors, chaque marchandise aura son éditeur responsable.

Mais, quelle que soit l'étendue qu'on donne à cette
responsabilité, qu'on lui donne le caractère d'une
garantie matérielle, en adoptant la marque significative, ou qu'en se bornant à la marque d'origine,
ou se contente de la responsabilité morale, dans l'un
comme dans l'autre cas la marque ne peut avoir
de valeur complète pour le fabricant, ne peut avoir

d'utilité sérieuse pour le consommateur, qu'autant qu'elle est obligatoire pour tous.

Objectera-t-on contre cette mesure l'impossibilité matérielle de l'exécution ? Mais, pendant plusieurs siècles, l'obligation de la marque a été, pour ainsi dire, le droit commun de l'industrie. Comment ce qui était possible autrefois ne le serait-il plus aujourd'hui? Comment les mêmes marchandises, qui se prêtaient jadis à l'apposition des timbres, des estampilles, etc., etc., ne l'admettraient-elles plus? D'ailleurs, n'a-t-on pas cité un certain nombre de produits qui sont encore soumis à cette formalité? La marque obligatoire a existé et elle existe; donc elle est possible.

Dira-t-on que c'est là un système de défiance et de prévention injurieux pour le commerce, et contraire à l'esprit de notre législation actuelle, qui repose tout entière sur le principe de la répression? Les précautions contre la fraude de quelques hommes indignes du nom de négociants, ne sont pas plus un outrage contre le commerce en général, que les papiers de bord, institués pour prévenir la piraterie, ne portent atteinte à la considération de la marine. Quant à la prétention absolue de bannir de nos codes le principe de la prévention, elle est repoussée par une foule de textes empruntés aux lois de police et de sûreté, qui attribuent à l'État les moyens, non-seulement d'arrêter les progrès du mal, mais de l'empêcher de naître.

En résumé, l'obligation de signer son œuvre doit être la conséquence, et, pour ainsi dire, le correctif de la liberté. C'est le moyen de concilier la liberté de l'industrie avec les garanties dues au consommateur.

Voici maintenant ce que répondaient les partisans de la marque facultative.

Il serait sans doute fort désirable que l'on pût protéger à la fois la réputation du fabricant et les intérêts du consommateur. Mais, pour donner au public des garanties problématiques contre le commerce peu scrupuleux, la marque forcée imposerait des restrictions gênantes au commerce intègre et loyal. Ce système n'est-il pas, d'ailleurs, jugé et condamné depuis longtemps? Qu'on parcourre les nombreux édits publiés sur cette matière, et l'on se convaincra que l'inquiète sollicitude du législateur ne faisait que tyranniser l'industrie sans réprimer la fraude. Plusieurs ordonnances constatent expressément l'inutilité de ces précautions, que, dans certains cas, le législateur finissait par abolir, après en avoir graduellement augmenté la rigueur. Loin de les considérer comme un remède, les économistes du siècle dernier les signalaient comme la principale cause du discrédit et de la démoralisation de notre commerce. C'était, suivant eux, la libre concurrence qui pouvait seule le ramener à des pratiques plus loyales. Napoléon, dont on invoque l'exemple, ne s'est-il point arrêté, dès les premiers pas, dans la voie où l'avait conduit l'exagération d'un génie despotiquement organisateur? De toutes les restrictions qu'il a imposées à l'industrie, quelles sont celles que l'expérience n'ait pas condamnées, ou qui ne soient pas tombées en désuétude?

Les abus sont-ils, d'ailleurs, si graves, si nombreux, qu'il faille, pour les faire cesser, replacer l'industrie sous le joug du contrôle? Ces abus ont-ils empêché notre commerce de faire, depuis trente années, d'immenses progrès? Ne tend-il pas de lui-même à prendre des habitudes plus morales? Le prix fixe ne commence-t-il pas à se substituer, dans certaines branches de commerce, à l'usage, moins régulier et moins loyal, du prix débattu? Pourquoi intervenir entre l'industrie et le consommateur, pour régler des rapports que le cours naturel des choses améliore chaque jour?

Ne serait-ce pas imposer une grande gêne au producteur, que de l'obliger à inscrire son nom sur tous les produits? Dans un temps où l'industrie prend un si rapide essor, combien de tentatives sont faites, avant que l'industriel puisse, sans inconvénient, attacher son nom à un produit nouveau! S'il se nommait dès l'abord, un échec pourrait compromettre son avenir, tandis que, s'il ne se nomme pas, il peut reprendre son œuvre à plusieurs fois pour la perfectionner. Si la loi le condamne à signer son produit d'essai, il n'osera plus entreprendre aucune innovation.

La marque obligatoire ne serait-elle pas une gêne pour le manufacturier en renom qui, pour obéir aux demandes du commerce, ou à des circonstances indépendantes de sa volonté, peut être contraint de fabriquer des produits inférieurs où mélangés?

Ne serait-elle pas encore une gêne pour le fabricant qui peut se tromper sur le choix de tel dessin ou de telle combinaison? Il pourra, dira-t-on, indiquer par un signe, en pareil cas, que ces divers produits sont *mal réussis* ou de médiocre qualité. Mais la crainte que cette indication n'abaisse un produit au-dessous même de sa valeur réelle, n'empêchera-t-elle pas le fabricant de consigner sur des marchandises imparfaites l'aveu de leur infériorité? S'il met son nom sur de tels objets, sans autre désignation, il

occasionne un double mal : d'abord il porte atteinte
à sa réputation ; en second lieu, il aide à tromper le
consommateur pour qui ce nom est une garantie.

L'application de la marque obligatoire aux tissus
de laine et de coton a-t-elle donné tous les avantages
qu'on espère de la généralisation de cette mesure? Elle
est demeurée, sous ce rapport, sans résultat sensible. Il ne paraît pas que la fraude soit moins fréquente sur les tissus de laine et de coton que sur les
tissus de lin et de soie.

Non-seulement la marque obligatoire n'offrirait pas
une nouvelle garantie, mais, dit-on, elle atténuerait
celle que présente la marque facultative. Avec ce
dernier système, tout fabricant habile usera de la
faculté qui lui est accordée : mettre une enseigne
aux bonnes industries, n'est-ce pas la même chose
que d'en mettre une aux mauvaises? Si, au contraire,
toutes les marchandises avaient une enseigne, ce serait comme si aucune n'en avait. Un grand nombre
de fabricants sont inconnus de la masse du public.
Si tous étaient tenus de marquer leurs produits, il en
résulterait une multiplicité de marques, et, par suite,
une confusion dans laquelle le consommateur ne
pourrait plus se reconnaître. En sanctionnant la
marque facultative, la loi donne à la société des armes pour protéger les producteurs de marchandises
loyales qui veulent engager leur nom comme un témoignage de leur habileté et de leur bonne foi.

On rencontrerait, d'ailleurs, des obstacles bien difficiles à surmonter dans l'application de la marque
obligatoire. Que ferait-on des produits non susceptibles d'être marqués, ou dont la marque peut disparaître dans la vente de détail? des marchandises
qui sont l'œuvre de plusieurs fabricants, dont il de-

viendait nécessaire d'appliquer tous les noms? enfin, des articles composés d'éléments mélangés dans des proportions différentes?

. Une multitude de produits, presque tous les objets à la pièce, les châles de cachemire, de soie, de laine, etc., les écharpes, mouchoirs, dentelles, etc., admettent difficilement d'autre marque que l'appo sition d'étiquettes mobiles qui n'offent aucune garantie. Les tissus, pour la plupart, perdront leur marque en entrant dans la consommation. Tous les produits étrangers, auxquels la marque d'origine ne peut être imposée sans créer une prohibition d'un nouveau genre, se trouvent sans marque dans les magasins, à côté des produits nationaux. Comment s'exercera, dans ces différents cas, le recours de l'acheteur? Qui attaquera-t-il? Le fabricant? Mais ce dernier sera inconnu par suite même de l'absence de la marque. Le marchand? Mais il se défendra facilement par l'impossibilité de constater l'identit de l'objet qu'on lui présente avec celui qu'il a li vré; par l'exhibition de telle ou telle marque qu'il déclarera être celle de la marchandise vendue; par les circonstances ordinaires du débit au détail, qui fait disparaître les chefs des pièces; par la déclaration de l'extranéité du produit, etc.

Dans l'intérêt de qui exigera-t-on la marque? Est-ce pour le marchand? Mais il connaît le fabricant, et il est en mesure d'apprécier l'origine, la composition, la qualité de la marchandise.

Est-ce pour le consommateur? Mais ce dernier ne connaît pas le fabricant; il ne traite pas avec lui; le nom de la fabrique ne lui donnera aucun recours contre le producteur qui ne lui a rien vendu et qui n'a rien à lui garantir.

La responsabilité du marchand envers l'acheteur ne réside pas dans la marque du fabricant, elle consiste dans la facture; et, si l'acheteur est trompé, les dispositions de l'article 423 du Code pénal, complétées par l'addition que propose le Gouvernement, lui donnent les moyens d'obtenir justice. S'agit-il en effet d'un achat important, l'acheteur exigera sur sa facture l'indication de *l'origine*, de *la nature* ou de *la qualité*, et cette pièce suffira pour obtenir la répression de toute tromperie. Mais si l'objet vendu est d'une valeur minime, l'acquéreur ne voudra pas, la plupart du temps, intenter une action en garantie devant un tribunal de police correctionnelle. Or, si l'action privée ne s'exerce pas, il faudra créer une action publique, et, pour en assurer l'exercice, établir un nouveau système de visite et de recherche. Ces agents pénètreront-ils dans l'intérieur des manufactures? Que devient alors le secret souvent si précieux des procédés de fabrication? Inspecteront-ils seulement les magasins? Quel nouvel embarras ajouté aux opérations déjà si nombreuses et si compliquées de nos grandes maisons de commerce!

Lorsque des agents de surveillance auront découvert des marchandises non marquées, toutes ces marchandises seront-elles saisies? Mais alors la vente d'un article entier peut être arrêtée et la saison perdue pour le marchand détenteur. Ce dommage n'aggravera-t-il pas outre mesure le châtiment infligé à une simple contravention de police? Si l'on recule devant cette rigueur, quelle garantie peut-on avoir que ces produits dénués de marque n'entreront pas dans la circulation? Devra-t-on alors mettre le magasin en suspicion et y renouveler sans cesse les visites?

Quant au fabricant, on ne pourrait, en cas d'infraction, lui appliquer une peine qu'autant qu'il serait constant que le produit n'était pas marqué au sortir de la fabrique, ce qui sera toujours difficile à prouver.

Si l'on considère la marque obligatoire comme impraticable pour le commerce intérieur, pourra-t-elle du moins être imposée aux produits destinés à l'exportation? Pour qu'une telle mesure fût efficace, il faudrait déballer tous les colis à la sortie, afin de vérifier si toutes les pièces sont marquées. Et, d'ailleurs, c'est généralement l'intermediaire et non le manufacturier qui exporte. Si la marque gêne le commerce, le commerce la fait disparaître ou même il la change. Comment suivre la marchandise à l'étranger pour connaître la fraude et la punir? Serait-il possible de confier à nos consuls une sorte d'inspection sur les opérations des régnicoles en pays étrangers? Et si l'ou y parvenait, la connivence des marchands étrangers couvrirait bientôt la responsabilité des marchands français à l'égard de leur Gouvernement. Les agents consulaires ont pour mission de signaler à l'Administration les manœuvres et les fraudes qui sont de nature à porter atteinte à notre industrie; mais, en règle générale, ils n'ont aucune action directe à` exercer sur un territoire étranger.

Il y a telle marchandise qui ne peut entrer en certains pays que sous la marque étrangère. Doit-on interdire au commerce français l'application de cette marque, alors que le commerce étranger peut se servir, à son gré, des marques françaises? Ne serait-ce pas un sacrifice sans réciprocité, une véritable duperie?

En outre, le commerce intérieur et le commerce extérieur sont tellement liés, qu'il n'est pas possible d'adopter des systèmes différents pour l'un et pour l'autre ; comment , en fabriquant un produit , le manufacturier peut il savoir si ce produit sera destiné au marché intérieur ou bien à l'exportation ?

Au lieu de la simple marque d'origine, voudra-t-on exiger une marque indicative de la qualité, de la composition du produit? Alors, à quels embarras ne se trouvera-t-on pas exposé? Ces désignations seront-elles arbitraires, variées, multiples? Elles deviendront inintelligibles pour l'acheteur. Toute appréciation est relative. L'échelle des qualités pour telle manufacture sera composée de trois degrés ; elle en comptera six pour telle autre , en sorte que le numéro 3 de la première représentera le numéro 6 de la seconde. Seront-elles, au contraire, prescrites par l'autorité d'après un type légal et uniforme qui servira de moyen de contrôle? Mais, dans ce cas, l'industrie se trouvera indirectement replacée sous le joug du système réglementaire. Comment pourra-t-on faire connaître les éléments divers qui entrent dans certains tissus? Indiquera-t-on cette combinaison par le simple mot *mélange ?* Mais quelles sont les proportions du mélange? L'élément inférieur entre-t-il pour les trois quarts, ou bien pour un vingtième? La qualité ne peut-elle pas d'ailleurs être altérée par une élaboration subséquente? La teinture, par exemple, peut détériorer une pièce d'étoffe fabriquée avec le plus grand soin. La marque, primitivement exacte, devient mensongère.

En résumé, si la marque obligatoire indique seulement l'origine de la marchandise, elle sera inefficace ; si elle en désigne de plus la qualité, elle sera illusoire, ou bien, pour qu'elle devienne sérieuse, il faudra y ajouter des conditions qui la rendront tyrannique.

Après avoir exposé les arguments présentés par les partisans et par les adversaires de la marque obligatoire, la Commission, Messieurs, doit vous rendre compte des opinions auxquelles elle s'est arrêtée.

Même en approuvant les dispositions que le Gouvenement propose, on est obligé de reconnaître qu'elles ne satisferont pas à toutes les réclamations du commerce. En effet, de quoi se plaint-on le plus? Ce n'est pas tant des atteintes portées à la propriété des marques, que des fraudes commises sur la nature, la qualité, la valeur des marchandises, sans que les auteurs de ces tromperies puissent être connus et punis. La loi qui protège la propriété des marques atteint, il est vrai, un double but: d'une part, elle donne au producteur l'assurance que nul ne lui enlèvera impunément les avantages commerciaux d'une marque honorablement connue; de l'autre, elle fournit au consommateur la garantie que la marchandise réunit toutes les qualités que le propriétaire de la marque a l'habitude de lui donner. Mais, avec la marque purement facultative, le consommateur reste sans garantie contre la fraude pour tous les objets non marqués.

Cette considération avait, au premier abord, déterminé la majorité de la Commission à exprimer le vœu que tous les produits livrés à la consommation fussent revêtus d'une marque. Cette condition ne lui a point paru excéder la limite des droits de l'Etat, ni constituer une violation du principe de la liberté de l'industrie. L'administration n'a sans doute pas le droit, en général, d'imposer tel ou tel mode de fabrication; mais elle peut, quand l'intérêt public le réclame, exiger que la liberté industrielle et commerciale, comme toute autre, ne s'exerce que sous la garantie d'une sérieuse responsabilité. Ce n'est donc pas une raison de droit, un scrupule de légalité qui empêche votre Commission de persister dans sa première pensée. Si des difficultés d'exécution l'ont déterminée à ne point consacrer comme règle générale l'obligation de la marque, elle a reconnu que cette obligation est utile, nécessaire même, pour certains produits spéciaux, dont la qualité ne saurait être appréciée à la simple vue, et sur lesquels la fraude exerce le plus ses coupables pratiques. « Tant « que le fabricant et le consommateur, disait Chaptal, « peuvent contracter en connaissance de cause, l'in- « tervention du Gouvernement est inutile ; mais lors- « que la main ou l'œil ne peuvent pas juger du mé- « rite ou de la qualité du produit, alors il est juste « que le législateur intervienne, pour donner une « garantie au public. » La législation sur les objets d'or et d'argent applique ce principe dans toute sa rigueur. En voici les dispositions principales : Quiconque veut exercer la profession de fabricant d'ouvrages d'or et d'argent, est tenu de se faire connaître à la préfecture, ou à la mairie du canton où il réside, et de faire insculper, dans ces deux administrations, son poinçon particulier avec son nom, sur une planche de cuivre destinée à cet effet. L'essayeur du Gouvernement ne peut recevoir les ouvrages d'or et d'argent qui lui sont présentés pour être essayés et titrés, que lorsqu'ils ont l'empreinte du poinçon du fabricant. Lorsque l'essai prouve que les ouvrages d'or et d'argent sont à l'un des titres prescrits par la loi, l'essayeur le constate, et le contrôleur marque ces ouvrages du poinçon de garantie respectivement applicable selon le titre de l'ouvrage.

On voit que, dans ce cas, la loi non-seulement

oblige le fabricant à mettre sa marque particulière,
mais encore détermine le mode de composition du
produit, soumet l'ouvrage au contrôle, et en constate
la qualité par une marque publique. Nous pourrions
citer un certain nombre de marchandises à l'égard
desquelles la loi offre au consommateur quelques
unes de ces garanties. Ainsi, les substances alimen-
taires qui intéressent la santé et la vie des citoyens,
forment une classe à part, et sont l'objet d'une surveillance préventive, qui ne s'applique pas à tous
les produits ordinaires de la fabrication. De même
aussi, lorsque l'Administration acquiert la certitude
que l'exportation de certains produits anonymes fa-
vorise des fraudes qui décréditent le commerce loyal
et lui ferment les marchés étrangers, lorsqu'elle
pense que, dans certains cas, les dangers de la
fraude sont plus graves que les inconvénients de la
marque obligatoire, il faut qu'elle soit investie du
droit d'imposer au manufacturier ou au marchand
l'obligation d'indiquer sur ses produits, soit leur
origine, soit même leur nature. La réserve expresse
de ce droit arme le Gouvernement d'un moyen de
répression efficace, et peut inspirer à la fraude une
crainte salutaire.

« Il ne peut être question de nos jours, dit un économiste, d'assigner une limite arbitraire à l'habileté
des producteurs, et de faire peser un niveau op-
pressif, uniforme, sur les convenances, sur les désirs
des acheteurs. Que le fabricant varie ses produits,
qu'il les mette à la portée de toutes les bourses, qu'il
obéisse à la mobilité des goûts, aux caprices même
de la mode, en sacrifiant un peu de cette lourde et
massive solidité, qui était le caractère habituel de
l'ancienne fabrication ; qu'il marie avec art des ma-

tières premières de différentes espèces, pour joindre l'attrait du bon marché à celui de l'élégance, nous ne voyons rien à reprendre dans un pareil procédé, pourvu que l'acheteur sache ce qu'il achète, pourvu qu'il ne soit pas subrepticement induit en erreur sur la nature et sur la qualité de l'objet qu'il désire se procurer. Or, la marque *significative* qui forme pour ainsi dire le contrat entre le vendeur et l'acheteur, sert de passeport au produit et en révèle la composition intrinsèque, présente une excellente garantie dont il faut, autant que possible, chercher à généraliser l'usage. »

Le contrôle à la sortie des marchandises est pratiqué chez plusieurs nations commerçantes. Aux Etats-Unis, pays de liberté, les Etats de New-York, Massachusetts, Pensylvanie, Virginie et de la Louisiane, font inspecter par des agents publics les produits nationaux. Dans l'Etat de New-York, l'inspection est obligatoire seulement pour le sel. Elle est facultative pour une multitude de produits. Voici comment, d'après un acte de la législature (session 1843-1844), l'inspection doit avoir lieu à l'égard du bœuf et du porc. Un inspecteur général reçoit les déclarations des propriétaires, acheteurs ou autres détenteurs, et il désigne à des inspecteurs particuliers les marchandises qui doivent recevoir la marque. Ceux ci lui remettent, une fois par mois, un relevé des barils par eux inspectés, avec l'indication des marques apposées, et, autant que possible, celle des qualités. Toute denrée de cette espèce, destinée à l'exportation, peut être soumise à la visite et marquée par l'un des inspecteurs.

Dans l'État de Massachusetts, au port de Boston,

un nombre encore plus considérable de marchandises est soumis au contrôle d'exportation.

A la Louisiane, aucun propriétaire de tabac ne peut mettre ce produit en vente avant qu'il ait été inspecté, sous peine d'une amende de 50 dollars (267 fr. 50 c.) pour chaque contravention et par chaque boucaud. Le bœuf et le porc sont examinés par des inspecteurs qui constatent la qualité de la viande et apposent la marque. Il en est de même pour les farines.

Dans les États de Pensylvanie et de la Virginie, le tabac, les farines et les viandes salées sont également assujetties au contrôle.

Dans les deux Carolines, l'inspection resta obligatoire jusqu'en 1810 pour le coton, la farine, le riz, le tabac, les salaisons, la térébenthine et les goudrons de résine. Elle est aujourd'hui facultative.

Dans les Pays-Bas, des arrêtés rendus à différentes époques règlent la préparation du hareng. Ils prescrivent les marques qui doivent être appliquées dans les diverses fabriques de pipes, et soumettent la garance au contrôle.

En Russie, les produits suivants subissent une inspection; à Saint-Pétersbourg, le chanvre, le lin et l'étoupe, le suif, les huiles de graine de lin et de chenevis, la potasse, la colle de poisson, le caviar pressé, la soie de porc, le crin de cheval, le youfte, les peaux de lièvre et le tabac; au port d'Archangel, la résine, la poix, le suif, la graisse d'animaux et la morue.

La Prusse a porté une attention toute spéciale sur cette matière; et, il y a quelques années, elle chargea son consul à Bordeaux de marquer les vins qui lui étaient expédiés de ce port.

Tous ces exemples démontrent qu'il est possible, non-seulement d'indiquer par une marque l'origine et la nature d'un grand nombre de marchandises, mais encore de les soumettre à une inspection. L'état prospère des branches d'industrie auxquelles ce système s'applique semble même autoriser à en reconnaître l'utilité. Nous ne prétendons pas aller aussi loin : sans assujettir les produits français à un examen officiel, pour en constater la composition ou la nature, nous pensons que le Gouvernement doit exiger que, dans certains cas, le fabricant ou le marchand appose lui-même ces marques, et prendre les mesures nécessaires pour surveiller l'accomplissement de cette prescription.

Votre Commission propose donc d'inscrire, à côté des garanties accordées au manufacturier ou au commerçant qui appose volontairement sa marque sur les objets de sa fabrication ou de son commerce, le droit, pour le Gouvernement, d'exiger que certaines marchandises désignées par des règlements d'administration publique, soient revêtues de marques indiquant l'origine ou même la nature de ces produits.

Pour encourager la propagation de l'usage de la marque *facultative*, suffit-il de donner au fabricant les moyens de poursuivre la contrefaçon ? Si la marque peut être quelquefois contrefaite ou usurpée, souvent aussi elle peut être supprimée par l'intermédiaire, et le manufacturier n'ayant aucun moyen de s'opposer à cette manœuvre, trouve peu d'intérêt à revêtir ses produits d'une indication destinée à disparaître avant qu'ils soient arrivés sur le marché. La loi qui punit la contrefaçon ne pourrait-elle atteindre également la suppression des marques de fabrique ?

Dira-t-on que le marchand, qui achète un produit marqué, acquiert sur le produit et sur la marque un droit de propriété qui lui donne la libre disposition de l'un et de l'autre? Nous ne le pensons pas. Toute production crée pour l'auteur deux droits de propriété distincts : l'un sur la partie matérielle de l'ouvrage, c'est le profit; l'autre sur la partie intellectuelle, c'est l'honneur. Ces deux propriétés sont susceptibles d'achat et de vente. Néanmoins, à défaut de stipulation expresse, la vente de l'objet matériel ne trnsporte pas ordinairement à l'acheteur l'honneur qui revient de l'exécution. L'auteur qui vend son livre conserve le droit d'apposer son nom au bas de chaque exemplaire que débite l'éditeur. Un peintre cède le droit de reproduire son tableau par la gravure, mais au bas de chaque exemplaire de cette gravure devra figurer son nom.

Pourquoi ne pas étendre à l'industrie cette mesure législative qui s'applique aux œuvres de l'art et de l'esprit? Dans le travail de l'industriel, n'y a-t-il pas également deux parts à faire : celle de la matière, et celle de l'intelligence ou de l'habileté? Pour quoi la cession d'un ouvrage matériel entraînerait-elle l'abandon de l'honneur de l'avoir accompli?

Si l'on veut engager le fabricant à marquer ses produits, il faut lui assurer les moyens d'empêcher que la marque ne soit vaine ; et si on lui reconnaît la propriété de sa marque, il faut garantir cette propriété, non-seulement contre le vol, mais encore contre la destruction.

Votre Commission propose donc de considérer comme un délit de la part du détaillant, toute vente ou exposition en vente de marchandises dépouillées de la marque apposée par le producteur.

L'article 6 du projet de loi autorise tout fabricant

à inscrire sur ses produits le nom du lieu de leur fabrication. Cette disposition soulève une difficulté. Que doit on entendre par ces mots : *le lieu de la fabrication ?* Tous les établissements industriels n'ont pas trouvé place dans l'intérieur des villes ; ils ont été créés généralement sur des cours d'eau, ou bien à proximité des bassins houillers. La circonscription industrielle s'étend, se resserre, se déplace. On donne, dans le commerce, le nom de produits d'Amiens ou de Lyon, à des articles qui sont fabriqués dans les villages voisins. Ces villes sont des espèces de métropoles manufacturières, sous la garantie et pour le compte desquelles travaillent un certain nombre de petites colonies. Lorsqu'on parle de produits d'Elbeuf, de Louviers ou de Sédan, on est parfaitement compris ; alors même que les draps de ces trois localités seraient confectionnés dans quelqu'un des villages qui les environnent, ils n'appartiendraient pas moins à la manufacture de ces villes. Mais si quelqu'un fabriquait des draps à Louviers, et s'il leur attribuait la marque de Sédan, chacun reconnaîtrait qu'une telle désignation constitue un mensonge. Ces limites naturelles ou traditionnelles qui existent autour de chaque centre de fabrication, forment ce qu'on nomme la *banlieue industrielle.* Le Gouvernement doit-il, par des ordonnances royales, déterminer ces circonscriptions d'une manière absolue et permanente, ou bien est-ce là une question de fait, d'équité et d'usage, qui devra être laissée à l'appréciation des tribunaux ? Ce dernier avis a prévalu devant la Chambre des Pairs, et votre Commission l'a également adopté. Pour garantir, dans ce cas, la sincérité de la marque, il suffit d'accorder à l'acheteur ou au concurrent qui auraient intérêt à la contester, le droit de se pourvoir devant les tribunaux, afin de prouver la fausseté de l'énonciation, et pour faire punir le délinquant.

La loi exige, pour que cette faculté ne soit pas vaine, que le fabricant qui inscrit sur ses produits le nom du lieu de leur fabrication, ajoute à cette indication sa raison de commerce, ou la dénomination particulière de son établissement. Comme il engage par la marque collective l'honneur de toutes les industries similaires qui appartiennent à une localité, il ne doit emprunter le bénéfice de leur bonne renommée, que sous la condition de présenter lui-même la garantie de sa responsabilité personnelle.

Le Gouvernement propose d'appliquer les dispositions de la présente loi aux vins, eaux-de-vie, farines, et autres produits de l'agriculture ayant subi une transformation industrielle; les fûts, bouteilles, vases et enveloppes quelconques contenant ces produits, ne pourront porter les noms de crûs ou de lieux autres que ceux de leur production.

Ces précautions, suivant quelques personnes, seront inefficaces et impraticables. La différence de la valeur des vins résulte de la différence, non-seulement du crû, mais de l'année de la récolte. L'indication du crû sera donc souvent, pour l'acheteur, une garantie presque illusoire. D'un autre côté, un vin d'un excellent crû, peut, avant d'être livré au consommateur, se détériorer de telle sorte, que la qualité démente l'origine. Dans ce cas, sera-t-il loisible au propriétaire, qui a toujours intérêt à ne laisser sous son nom que les vins bien réussis, de contester à son acheteur la sincérité d'une marque loyalement acquise? Quel expert pourrait prononcer en connaissance de cause, sur une question aussi délicate? Les eaux-de-vie connues dans le commerce sous le nom de *Cognac,* ne proviennent pas toutes de cette ville ; elles s'achètent à Sain-Jean-d'Angely et dans les campagnes voisines. En bien des lieux même, par exemple aux États-Unis, ce nom ne désigne plus spé-, cialement les eaux-de-vie de Saintonge, il est devenu générique, et s'applique à toutes les eaux-de-vie de France. Pour revenir à la vérité, et pour se conformer à l'article 7 du projet de loi, faudra-t-il interdire l'estampille de Cognac, et faire apposer celle des localités où l'eau-de-vie se fabrique? Mais ces localités sont ignorées du consommateur, et ce serait porter un coup funeste à nos relations commerciales, que de vouloir substituer ces marques à celles que l'usage a fait adopter. Enfin, à Cette, on fabrique, avec des vins du Languedoc et des eaux-de-vie, des vins de Catalogne, de Madère, de Xerès et de Constance, qui s'expédient principalement dans les anciennes colonies espagnoles des mers du Sud et au Mexique. Si l'on exige que les fûts, bouteilles, etc., contenant ces vins, ne puissent porter les noms de crûs ou de lieux autres que ceux de leur production, on détruit une branche importante de commerce pour nos départements méridionaux.

Votre Commission n'a pas pensé que ces objections dussent prévaloir contre le double intérêt qui réclame la sincérité de la marque d'origine. Le consommateur et le propriétaire sont également intéressés à ce que l'on n'inscrive pas faussement le nom des vignobles les plus célèbres sur des vins d'espèce commune. De ce que la désignation du crû n'est pas toujours suffisante pour indiquer la qualité, s'ensuit-il que cette désignation soit insignifiante? L'empressement avec lequel le commerçant la présente aü consommateur ne permet pas de le supposer. L'estampille de Louviers apposée sur un drap, ne prouve pas non plus qu'il soit fin, médiocre ou grossier, mais il garantit, et c'est déjà beaucoup, que cette étoffe vient d'un lieu connu pour sa bonne fabrication. Quant à la difficulté de déterminer, dans certains cas, si la mauvaise qualité prouve contre la noblesse de l'origine, tout ce que l'on en peut légitimement conclure, c'est que le juge, en pareille circonstance, ne devra admettre qu'avec une extrême réserve les poursuites en usurpation ou en contrefaçon de marque.

L'objection relative à l'emploi du mot *Cognac*, n'est point aussi grave qu'elle semble l'être au premier abord. Ce que nous avons dit au sujet de la banlieue industrielle, trouvera naturellement ici son application. On pourra légitimement donner ce nom à tous les produits qui appartiennent à la circonscription que l'usage désigne ainsi. A l'égard du sens générique que l'on attribue, dans certains pays, à cette dénomination, qui indique alors la nature et non la provenance de la denrée, il suffira, pour éloigner toute idée de fraude, d'ajouter au nom de Cognac, celui du lieu même de la fabrication. Il en sera de même pour les vins préparés à Cette; et, d'ailleurs, les explications données par M. le Ministre du commerce et par M. le Rapporteur à la Chambre des Pairs, protestent contre la pensée d'interdire à l'industrie française la faculté d'imiter, par représaille, des industries étrangères.

La fraude peut se commettre, non-seulement sur la qualité, mais aussi sur la quantité des liquides. Lorsqu'il existait une corporation des tonneliers, on ne pouvait fabriquer les fûts que sur des étalons adoptés par elle, et dont la contenance était fixe.

Aujourd'hui ce contrôle n'existe pas. La contenance des fûts varie suivant les localités, et la rapidité des transactions ne permet pas de jauger exactement. Il n'y aurait de procédé rigoureux que le transvasement, dont les inconvénients sont manifestes. Dans certaine partie de la France, c'est le producteur qui fournit le fût en vendant le vin ; dans d'autres, c'est l'acheteur. Aussi, dans le premier cas, la contenance indiquée est souvent supérieure à la contenance réelle, tandis que la proportion est inverse dans le second cas. Indépendamment des mécomptes qui en résultent dans le commerce, ces différences donnent lieu à des difficultés avec le fisc. Le commerçant doit tenir compte à la régie et à l'octroi de la quantité annoncée par l'expédition. Si cette quantité est inférieure à la contenance effective, le fisc souffre un préjudice; si elle est supérieure, le dommage retombe sur le commerçant ou le consommateur.

Pour remédier à cet inconvénient, votre Commission a pensé qu'il serait bon d'exiger que le fût portât la marque de sa contenance.

Les liquides qui se vendent en bouteilles sont l'objet de fraudes très-fréquentes, dont le préjudice atteint surtout les classes les plus pauvres. Ne serait-il pas possible de faciliter la répression des abus auxquels donne lieu ce mode de vente? Il a été prescrit, à une époque déjà assez éloignée, de n'employer dans le commerce que des bouteilles de la contenance du litre. Un arrêt de la Cour de cassation a même décidé, la 27 mars 1823, que la vente du vin dans des bouteilles d'une autre contenance, constituait la contravention prévue par l'article 479 du Code pénal, et entraînait la peine de 11 à 15 francs d'amende. Ne pourrait-on pas confirmer par des dispositions légales ce précédent de la jurisprudence, ou du moins exiger que le détaillant indiquât sur le vase, par une marque adhérente, la quantité du contenu ?

On pourrait même généraliser cette observation et l'étendre à la plupart des marchandises qui ne se débitent point à la mesure ou au poids. L'article 479 du Code pénal punit la possession de faux poids ou de fausses mesures, et l'article 423 du même Code prononce une peine contre celui qui, par ce moyen, aura trompé l'acheteur sur la quantité des choses vendues. La loi du 4 juillet 1837 interdit l'emploi de tout autre poids ou de tout autre mesure que ceux du système décimal. Cependant beaucoup de marchandises se vendent encore suivant les anciennes mesures : le fil, certaines étoffes et certains rubans se vendent à la pièce ; des articles de quincaillerie et de mercerie se vendent à la grosse ; en un mot le fabricant et le marchand semblent encore les maîtres, même après la loi de 1837, de déterminer la mesure pour toutes les marchandises qu'il n'est pas d'usage de peser ou de mesurer au moment de la livraison. De là un grand nombre de fraudes. Ne pourrait-on pas faire des règlements publics, afin de ramener ces mesures de convention aux mesures légales ?

Votre Commission, Messieurs, ne prend pas l'initiative d'une proposition sur un sujet qui appartient essentiellement à la juridiction règlementaire, mais elle croit devoir le recommander à la sollicitude du Gouvernement. De pareilles dispositions, tempérées par de prudentes réserves et par d'indispensables tolérances, contribueraient puissamment à protéger le consommateur, et à propager au-dehors la bonne renommée de notre industrie et de notre commerce.

Quant aux diverses pénalités inscrites dans le projet de loi qui vous est soumis, elles sont en général combinées de manière à laisser aux juges une grande latitude d'appréciation: et, en pareille matière, il en doit être ainsi. Votre Commission approuve cette partie du projet, sauf quelques changements qu'elle vous propose, pour graduer plus équitablement la peine appliquée à des délits d'une gravité inégale.

Passons maintenant à l'examen des juridictions.

L'action civile, comme nous l'avons dit, appartient au tribunal de commerce, et l'action pénale au tribunal correctionnel. L'utile institution des prud'-hommes exerce dans ces débats une intervention dont il faut bien déterminer la nature et la portée. Rappelons quelle est, à cet égard, la législation actuelle.

L'article 6 du décret du 11 juin 1809 porte: « Les conseils de prud'hommes réunis sont *arbitres* de la suffisance ou de l'insuffisance de différence entre les marques déjà adoptées et les nouvelles qui seraient déjà proposées, et même entre celles déjà existantes; et, en cas de contestation, elle sera portée au tribunal de commerce, qui prononce après avoir vu l'avis du conseil des prud'hommes. » L'art. 13 ajoute: « Les conseils de prud'hommes ne connaîtront que comme *arbitres* des contestations entre fabricants ou marchands pour les marques, comme il est dit art. 6. » Par le mot *arbitre*, on a toujours entendu que les prud'hommes étaient investis de la mission de tenter la conciliation, sinon de donner leur avis.

Le décret du 5 septembre 1810 établissant des marques particulières pour les objets de quincaillerie et de coutellerie, crée en quelque sorte un régime distinct pour ces marques, et il donne aux prud'hommes le *jugement* des procès en contrefaçon (art. 9).

Le décret du 10 avril 1811 sur les savons (art. 5), semble attribuer aux prud'hommes le droit de juridiction, en se référant aux lois et règlements antérieurs, qui néanmoins ne le consacrent pas en principe général.

Le décret du 22 décembre 1812 leur donne seulement, mais en termes exprès, le droit de conciliation ou d'avis (art. 8).

La loi nouvelle doit faire disparaître ces incohérences. Elle abroge toutes les dispositions antérieures relatives aux marques de fabrique et de commerce, et voici le rôle qu'elle assigné aux prud'hommes.

L'article 3 porte que les fabricants soumis à la juridiction d'un conseil de prud'hommes seront tenus de déposer un exemplaire de leur marque au secrétariat de ce conseil.

Suivant l'article 15, « les contestations sur marques de fabrique qui, aux termes du titre II du décret du 20 février 1810, doivent être d'abord soumises au conseil de prud'hommes, continueront à *subir ce préliminaire de conciliation.* »

Le décret du 20 février 1810, que cité le projet de loi, confère expressément aux conseils de prud'hommes *réunis* le droit d'émettre un *avis motivé.* La loi nouvelle entend-elle le leur refuser ? Nous ne saurions ni supposer, ni approuver une telle intention : car aucune autorité n'est plus compétente pour préparer l'examen de pareilles questions. Votre Commission vous propose donc de rédiger, ainsi le dernier paragraphe de l'article 15.

« Les prud'hommes, en bureau général, seront préalablement chargés de concilier les parties, et, à défaut de conciliation, d'émettre un avis motivé qui sera transmis au tribunal. »

Lorsque l'action en contrefaçon est exercée par la voie correctionnelle, le tribunal peut juger une expertise nécessaire pour éclairer sa religion. Dans ce cas, nous pensons que la loi doit l'autoriser à confier cette expertise au conseil de prud'hommes, dont l'aptitude en pareille matière est incontestable. On ne saurait trouver des experts meilleurs, plus expéditifs et moins coûteux. Il s'agit ici d'une simple autorisation, mais il faut qu'elle résulte d'une disposition expresse, autrement le conseil des prud'-hommes ne serait pas tenu d'accepter la commission que le tribunal voudrait lui donner.

L'article 17 confère au Président du tribunal civil le droit d'autoriser la saisie des objets marqués en contravention aux prescriptions de la loi. On revendique ce droit pour le président du conseil des prud'hommes, et voici quels motifs on invoque à l'appui de cette prétention. L'article 10 de la loi du 18 mars 1806 porte : « Le conseil des prud'hommes sera spécialement chargé de constater, d'après les plaintes qui pourraient lui être adressées, les *contraventions aux lois et règlements nouveaux* ou remis en vigueur. » L'article 14 ajoute : « Les procès-verbaux dressés par les prud'hommes pour constater ces contraventions, seront renvoyés aux tribunaux compétents, *ainsi que les objets saisis.* » Or, ces dispositions générales s'appliquent aux contrefaçons

sur les marques. Si la loi ne dit pas explicitement
que le président du conseil a le droit d'ordonner la
saisie, du moins elle le présuppose, puisqu'elle donne
aux prud'hommes le droit de saisir, et que ceux qui
remplissent cette mission doivent être délégués par
le président.

Voyez, ajoute-t-on, quels seraient les inconvénients
du projet de loi. Trois juridictions interviendraient
dans l'action civile : le président du tribunal de première instance pour la saisie, les prud'hommes pour
la conciliation ou l'avis motivé, le tribunal de commerce pour le jugement. N'est-ce pas assez des deux
dernières juridictions ? Pourquoi la première, qui
n'a point le même caractère que les deux autres ?
Pourquoi ne pas confier au président des prud'hommes, juge de la spécialité, une attribution qui exige
des connaissances pratiques ? Le nouveau système
entraînerait, d'ailleurs, des frais et des retards. Le
président du tribunal civil ne peut délivrer son ordonnance qu'au pied d'une requête, et la requête exige
le ministère d'un avoué ; tandis qu'il suffit au président des prud'hommes d'une simple demande signée
par la partie ou son fondé de pouvoirs. L'article 17 a
été copié, il est vrai, sur l'article 47 de la loi du 4
juillet 1844, relative aux *brevets d'invention*. Mais
il existe une différence essentielle entre ces deux
matières. La question des brevets donne lieu à des
contestations plus délicates et plus graves. En outre,
les marques sont toujours des propriétés industrielles
qui n'appartiennent qu'à des commerçants, au lieu
que les brevets peuvent appartenir à des non commerçants. C'est pour cette raison que les questions
concernant les brevets sont portées devant les tribu-

maux civils, tandis que les questions de marques sont
déférées à la justice consulaire.

Malgré ces considérations, Messieurs, votre Commission a pensé que la saisie est une mesure dont
l'importance excéderait les limites, et dont la rigueur
contrarierait la nature habituelle de la juridiction
des prud'hommes. Spécialement appelés à connaître
des difficultés qui s'élèvent entre fabricants et ouvriers, maîtres et apprentis, ils ne doivent point, en
principe, intervenir directement dans les débats des
fabricants entre eux. Il importe aussi de conserver à
leur ministère, autant que possible, ce caractère de
conciliation et de bienveillance qui lui est propre.
N'oublions pas, d'ailleurs, qu'une loi vivement désirée devra régler, d'une manière générale, les attributions des prud'hommes, et qu'en attendant, il est
plus sage, dans les cas douteux, de se tenir au droit
commun, que de décider à l'avance, et, pour ainsi
dire, incidemment, certaines questions en faveur de
la juridiction exceptionnelle.

Quant aux connaissances spéciales et techniques
dont le président du tribunal civil pourrait, dit-on,
n'être pas suffisamment pourvu, elles seront suppléées
par celles de l'expert qui devra être nommé, s'il y a
lieu; et il est bon que la loi déclare, comme dans le
cas de l'article 16, que le juge sera autorisé à confier
cette expertise à un membre du conseil des prud'-
hommes. Rappelons enfin, pour dissiper toute inquiétude à cet égard, que l'ordonnance peut exiger
du requérant la consignation d'un cautionnement
comme garantie des dommages-intérêts pour le cas
où la demande serait mal fondée.

Parlons maintenant des marques étrangères.

Certaines industries étrangères, disait, en 1841, le rapporteur de la Commission du Conseil général des manufactures, s'exercent sous le privilège de marques particulières, dont l'application est souvent surveillée par l'Administration, et dont la propriété est garantie au fabricant, qui, de son côté, respecte sa marque à l'égal de sa signature. Quelques uns de ces produits, entièrement semblables, d'ailleurs, par leur aspect et par leurs propriétés apparentes, ne sont différenciés, aux yeux de l'acheteur et du consommateur, que par la marque dont ils sont revêtus; et ces marques, quand elles sont authentiques, établissent à elles seules, entre des objets presque identiques à la vue, des différences de prix de 20 à 500 pour 100.... Des fabricants français, ayant, à leur début, à lutter tout à la fois contre les difficultés d'une fabrication dans l'enfance, contre les préjugés des consommateurs, et contre les intérêts des marchands intermédiaires, ont revêtu leurs produits de marques étrangères. Il en est résulté de graves inconvénients. En subordonnant ainsi sa fabrication à celles dont il emprunte les marques, le fabricant se condamne à ne livrer que des produits inférieurs, dans leur prix et dans l'estime des acheteurs, à ceux dont les siens sont l'imitation. Cherchant plus à imiter qu'à bien faire, il se préoccupe moins de la qualité réelle de ses produits que de leur aspect extérieur, et il n'améliore pas sa fabrication. Enfin, s'il arrivait que l'imitateur dépassât son modèle, ses progrès tourneraient au profit de la réputation du concurrent étranger dont il aurait imité la marque.

Faut-il, pour empêcher ces inconvénients, interdire d'une manière absolue aux fabricants français l'usage de ces marques? Ce serait porter, dans certaines industries, une fâcheuse perturbation, et donner aux étrangers de trop grands avantages. Il existe des produits, des instruments, par exemple, dont les consommateurs, pour la plupart illettrés, ignorent l'origine et ne connaissent que la marque. Cette marque est étrangère, et néanmoins employée depuis longtemps par des fabricants français : supprimez la, et ces instruments ne trouveront pas acheteur, même à des rabais considérables.

Mais doit-on, comme quelques personnes l'ont proposé, déclarer qu'un fabricant français ne pourra se servir d'une marque étrangère qu'à la condition d'en faire la déclaration préalable, et de la nationaliser au moyen de l'application de son nom ?

Nous ne le pensons pas, Messieurs. Exiger que le fabricant français ajoute son nom à la marque étrangère sur un produit auquel la marque obligatoire ne serait point appliquée, ce serait le contraindre à démentir la désignation qu'il emprunte, et annuler la faculté qu'on lui concède. Pourquoi gêner, par des restrictions, l'imitation des marques industrielles d'un pays où la marque de nos fabricants ne serait pas respectée? Contentons-nous d'offrir la garantie de notre législation sur cette matière aux étrangers qui appartiennent à des pays où les Français obtiendront en pareil cas la réciprocité.

Mais déciderons-nous, comme le projet de loi, qu'ici, la réciprocité n'aura pas besoin d'être stipulée par des traités, et qu'il suffira qu'elle résulte des lois de la nation étrangère, alors même que les peines édictées par ces lois ne seraient pas semblables aux nôtres, pourvu toutefois qu'elles répriment la contrefaçon des marques françaises de la même manière que celle des marques du pays?

Votre Commission pense qu'une telle libéralité serait imprudente. Nous ne devons pas accorder aux
étrangers le bénéfice de notre législation, sans savoir
si des garanties équivalentes nous sont offertes en
retour. Nous ne pouvons pas accepter une protection
qui pourrait être insuffisante et illusoire, en échange
d'une protection efficace et certaine. La réciprocité
ne sera réelle, qu'autant qu'elle sera stipulée dans
une convention diplomatique.

PROJET DE LOI.

———

PROJET DE LOI
Présenté par le Gouvernement.

———

PROJET DE LOI
Amendé par la Commission.

———

TITRE PREMIER.

De la propriété des marques de fabrique et de commerce.

TITRE PREMIER.

De la propriété des marques de fabrique et de commerce.

Article premier.

Tout manufacturier ou commerçant a le droit d'apposer des marques particulières sur les produits de sa fabrication ou sur les objets de son commerce.

Les emblêmes, dénominations, empreintes, timbres, cachets, vignettes, reliefs, lettres, chiffres, enveloppes et tous autres signes servant à distinguer les produits d'une fabrique ou d'une maison de commerce, sont considérés comme marques.

Article premier.

Sont considérés comme marques d'origine : les emblêmes, dénominations, empreintes, timbres, cachets, vignettes, reliefs, lettres, chiffres, enveloppes et tous autres signes servant à distinguer les produits d'une fabrique ou d'une maison de commerce.

Art. 2.

Des ordonnances royales portant règlement d'administration publique, désigneront les produits pour lesquels la marque d'origine sera obliga-

PROJET DE LOI.

Présenté par le Gouvernement.

PROJET DE LOI

Amendé par la Commission.

---

toire, et détermineront le mode d'application.

Pour les autres produits, la marque sera facultative.

Art. 2.

Quiconque voudra s'assurer de la propriété d'une marque distinctive, devra préalablement en déposer deux exemplaires au greffe du tribunal de commerce de son arrondissement.

La date de ce dépôt constituera le point de départ des droits du déposant.

Art. 3.

Comme l'art. 2 du projet.

Art. 3.

Indépendamment du dépôt prescrit par l'article qui précède, les fabricants soumis à la juridiction d'un conseil de prud'hommes, seront tenus de déposer un exemplaire de leur marque au secrétariat de ce conseil.

Art. 4.

Comme l'art. 3 du projet.

Art. 4.

Chaque dépôt donnera lieu, au profit, tant du greffier du tribunal de commerce que du secrétaire du conseil des prud'hommes, au paiement d'un droit fixe d'un franc pour la rédaction du procès-verbal et pour le coût de la première expédition, non compris le remboursement des frais de timbre et d'enregistrement.

Art. 5.

Comme l'art. 4 du projet.

Le même droit d'un franc sera perçu pour chaque expédition ultérieure du procès-verbal, outre le remboursement des frais de timbre et d'enregistrement.

Art. 5.

Nul ne pourra employer une marque distinctive déjà adoptée par un autre fabricant ou commerçant.

Art. 6.

Tout fabricant pourra inscrire sur ses produits le nom du lieu de leur fabrication.

Tout fabricant qui inscrira sur ses produits le nom du lieu de leur fabrication, devra ajouter à cette indication sa raison de commerce ou la dénomination particulière de son établissement.

Art. 7.

Nul ne pourra inscrire sur ses produits le nom d'un lieu autre que celui de leur fabrication.

Art. 8.

Toutes les dispositions de la présente loi sont applicables aux vins, eaux-de-vie, farines et autres produits d'agriculture ayant subi une transformation industrielle.

Les fûts, bouteilles, vases et

Art. 6.

Comme l'art. 5 du projet.

Art. 7.

Comme l'art. 6 du projet, sauf le retranchement du premier paragraphe.

Art. 8.

Nul ne pourra inscrire sur ses produits le nom d'un lieu, situé en France, autre que celui de leur fabrication.

Art. 9.

Comme l'art. 8 du projet.

PROJET DE LOI
Présenté par le Gouvernement.

PROJET DE LOI
Amendé par la Commission.

enveloppes quelconques contenant ces produits, ne pourront porter les noms de crûs ou de lieux autres que ceux de leur production.

TITRE II.

Des marques significatives.

Art. 10.

Sont considérés comme marques significatives : tous chiffres, lisières, lettres, devises et autres signes indiquant la nature des produits, le mode de fabrication, la contenance des fûts, vases, etc.

Art. 11.

Tout fût contenant des vins ou spiritueux, devra être revêtu d'une marque au feu, placée sur l'un des fonds, et énonçant sa contenance réelle exprimée en litres.

Art. 12.

Des ordonnances royales portant règlement d'administration publique, détermineront les autres cas où les marques significatives pourront devenir obligatoires, ainsi que le mode d'application de ces marques.

PROJET DE LOI
Présenté par le Gouvernement.

———

TITRE II.
Pénalités. — Juridictions.
SECTION PREMIÈRE.
Pénalités.
Art. 9.

Seront punis d'une amende de 100 fr. à 2,000 fr., et d'un emprisonnement d'un mois à un an, ou de l'une de ces deux peines seulement:

1° Ceux qui auront usurpé, altéré ou contrefait la marque distinctive, la raison de commerce ou la dénomination particulière d'un établissement;

2° Ceux qui, à côté de l'indication du lieu de fabrication, n'auront pas inscrit sur leurs produits leur raison de commerce ou la dénomination particulière de leur établissement;

3° Ceux qui auront inscrit sur leurs produits le nom d'un lieu autre que celui de la fabrication.

Art. 10.

Seront punis des peines portées en l'article précédent, ceux qui auront sciemment recélé, vendu, exposé en vente ou introduit sur le territoire français un ou plusieurs produits marqués en contravention aux dispositions de la présente loi.

PROJET DE LOI
Amendé par la Commission.

——— .

TITRE III.
Pénalités. — Juridictions.
SECTION PREMIÈRE.
Pénalités.
Art. 13.

Seront punis d'une amende de 1,000 fr. à 5,000 fr., et d'un emprisonnement d'un an à cinq ans :

1° Ceux qui auront contrefait les sceaux, timbres ou marques d'un établissement d'industrie ou de commerce, ou qui auront sciemment fait usage des sceaux, timbres ou marques contrefaits ;

2° Ceux qui auront sciemment recélé, vendu, exposé en vente ou introduit sur le territoire français un ou plusieurs produits marqués en contravention aux dispositions de la présente loi.

Art. 14.

Seront punis d'une amende de 500 à 2,000 fr., et d'un emprisonnement d'un mois à un an, ou de l'une de ces deux peines seulement :

1° Ceux qui, par l'emploi frauduleux des véritables sceaux, timbres ou marques, auront trompé l'acheteur sur

PROJET DE LOI

Présenté par le Gouvernement.

Art. 11.

Seront punis des mêmes peines ceux qui, par l'emploi frauduleux de marques industrielles ou commerciales, auront trompé l'acheteur sur la nature, l'origine ou la qualité de toutes marchandises.

Art. 12.

Les peines portées par les articles 9, 10 et 11 pourront être élevées jusqu'au double, en cas de récidive.

PROJET DE LOI.

Amendé par la Commission.

la nature, l'origine ou la qualité de toutes marchandises.

2° Ceux qui auront inscrit sur leurs produits le nom d'un lieu autre que celui de la fabrication.

Art. 15.

Seront punis d'une amende de 100 fr. à 1,000 fr., et d'un emprisonnement de dix jours à six mois, ou de l'une de ces deux peines seulement; 1° ceux qui, à côté de l'indication du lieu de la fabrication, n'auront pas inscrit sur leurs produits leur raison de commerce ou la dénomination particulière de leur établissement. 2° ceux qui auront vendu ou exposé en vente des marchandises dépouillées de la marque apposée par le producteur.

Art. 16.

La fraude commise au moyen d'un fût revêtu d'une marque autre que celle de la contenance réelle, sera punie d'une amende de 100 à 500 fr.

L'omission de la marque, dans le cas prévu par l'art. 11, sera punie d'une amende de 20 fr. à 100 fr.

Art. 17.

Les peines portées par les articles 13, 14, 15 et 16, pourront être élevées jusqu'au double, en cas de récidive.

Il y a récidive, lorsqu'il a été prononcé contre le prévenu, dans les cinq années antérieures, une condamnation pour un des délits prévus par la présente loi.

Le reste comme à l'art. 12 du projet.

Art. 13.

L'art. 463 du Code pénal pourra être appliqué aux délits prévus par les dispositions qui précèdent.

Art. 18.

Comme l'art. 13 du projet.

Art. 14.

Dans les cas prévus par les articles 9, 10 et 11, la confiscation des produits sera prononcée, ainsi que celle des timbres et cachets, et généralement de tous les instruments et ustensiles ayant servi à commettre le délit.

Les produits confisqués seront remis à la partie lésée, sans préjudice de plus amples dommages-intérêts et de l'affiche du jugement, s'il y a lieu.

Dans le cas d'acquittement, le tribunal statuera sur les dommages-intérêts qui seraient respectivement demandés, et il pourra ordonner la remise à la partie lésée de la totalité ou de partie des produits ci-dessus mentionnés.

Dans tous les cas, soit de condamnation, soit d'acquittement, le jugement prescrira

Art. 19.

Dans les cas prévus par les articles 13, 14, 15 et 16, la confiscation des produits, etc.

Le reste comme à l'art. 14 du projet.

la destruction des marques reconnues contraires aux dispositions qui précèdent.

SECTION DEUXIÈME.

Juridictions.

Art. 15.

Les actions civiles relatives aux marques de fabrique ou de commerce seront portées devant les tribunaux de commerce.

Néanmoins, les contestations sur les marques de fabrique, qui, aux termes du titre II du décret du 20 février 1810, doivent être d'abord soumises au conseil de prud'hommes, continueront à subir ce préliminaire de conciliation.

Art. 16.

L'action pour l'application des peines prononcées par les art. 9, 10 et 11, sera portée devant le tribunal correctionnel.

Si le prévenu soulève, pour sa défense, des questions relatives à la propriété de la marque, le même tribunal statuera sur l'exception.

Art. 17.

La partie lésée pourra, en vertu d'une ordonnance du

SECTION DEUXIÈME.

Juridictions.

Art. 20.

Les actions civiles relatives aux marques de fabrique ou de commerce, seront portées devant les tribunaux de commerce.

Les prud'hommes, en *bureau général*, sont préalablement chargés de concilier les parties, et, à défaut de conciliation, d'émettre un avis motivé qui sera transmis au tribunal.

Art. 21.

L'action pour l'application des peines prononcées par les articles 13, 14, 15 et 16, sera portée devant le tribunal correctionnel.

Si le prévenu soulève, pour sa défense, des questions relatives à la propriété de la marque, le même tribunal statuera sur l'exception, et pourra demander l'avis des prud'hommes.

Art. 22.

Paragraphe premier. Comme à l'article 17 du projet.

président du tribunal civil de première instance, faire procéder par tous huissiers, à la désignation et description détaillées, avec ou sans saisie, des objets prétendus marqués en contravention aux dispositions qui précèdent.

L'ordonnance sera rendue sur simple requête et sur la représentation du procès-verbal de dépôt, le cas échéant; elle contiendra, s'il y a lieu, la nomination d'un expert pour aider l'huissier dans sa description.

Paragraphe 2. L'ordonnance sera rendue sur simple requête, et sur la représentation du procès-verbal de dépôt, le cas échéant; elle contiendra, s'il y a lieu, la nomination d'un expert pour aider l'huissier dans sa description et cet expert pourra être pris dans le conseil des prud'hommes.

Paragraphes 3 et 4. Comme à l'art. 17 du projet.

Lorsque la saisie sera requise, la dite ordonnance pourra exiger du requérant un cautionnement qu'il sera tenu de consigner avant d'y faire procéder. Ce cautionnement sera toujours exigé de l'étranger qui requerra la saisie.

Il sera laissé copie au détenteur des objets décrits ou saisis, tant de l'ordonnance que de l'acte constatant le dépôt du cautionnement, le cas échéant; le tout à peine de nullité et de dommages intérêts contre l'huissier.

Art. 18.

A défaut par le requérant

Art. 23.

Comme l'art. 18 du projet.

PROJET DE LOI

PROJET DE LOI

Présenté par le Gouvernement,

Amendé par la Commission,

de s'être pourvu, soit par la voie civile, soit par la voie correctionnelle, dans le délai de huitaine, outre un jour par cinq myriamètres de distance entre le lieu où se trouvent les objets décrits ou saisis et le domicile de la partie contre laquelle l'action doit être dirigée, la saisie ou description sera nullé de plein droit, sans préjudice des dommages-intérêts qui pourront être réclamés, s'il y a lieu, devant le tribunal de commerce.

TITRE III.

Dispositions relatives aux étrangers.

Art. 19.

Les étrangers qui possèdent en France des établissements de commerce ou d'industrie, jouiront, pour les produits de ces établissements, du bénéfice de la présente loi, en remplissant les formalités ci-dessus prescrites.

Art. 20.

Les étrangers ne pourront invoquer le bénéfice des dispositions qui précèdent, pour les marques de leurs établissements de commerce ou d'in-

TITRE IV.

Dispositions relatives aux étrangers.

Art. 24.

Comme l'art. 19 du projet.

Art. 25.

Les étrangers ne pourront invoquer le bénéfice des dispositions qui précèdent, pour les marques de leurs établissements de commerce ou d'in-

PROJET DE LOI	PROJET DE LOI
Présenté par le Gouvernement.	*Amendé par la Commission.*

dustrie situés hors de France, qu'autant que la réciprocité aura été accordée aux Français par les lois de la nation à laquelle ces étrangers appartiennent.

Art. 21.

Le dépôt des marques étrangères à effectuer, en exécution de l'article précédent, aura lieu exclusivement au greffe du tribunal de commerce du département de la Seine.

TITRE IV.

Dispositions générales.

Art. 22.

Des ordonnances royales portant règlement d'administration publique, prescriront les mesures nécessaires pour l'exécution de la présente loi, qui n'aura effet que six mois après sa promulgation.

Seront abrogées, à dater de la même époque, toutes dispositions relatives aux marques de fabrique ou de commerce.

Art. 23.

Il n'est rien innové en ce qui concerne les marques spé-

---

dustrie située hors de France; qu'autant que la réciprocité aura été accordée aux Français par une convention diplomatique.

Art. 26.

Comme l'art. 21 du projet.

TITRE V.

Dispositions générales.

Art. 27.

Paragraphe premier. Comme à l'art. 22 du projet.

Paragraphe 2. Seront abrogées, à dater de la même époque, toutes dispositions antérieures relatives aux marques de fabrique et de commerce.

Art. 28.

Comme l'art. 23 du projet.

PROJET DE LOI

Présenté par le Gouvernement.

PROJET DE LO:

Amendé par la Commission.

ciales imposées pour la garantie publique, et notamment pour l'exécution des lois de douanes, les matières d'or et d'argent, et les armes à feu.

Chambre des Députés.

SESSION 1847.

RAPPORT

FAIT

Au nom de la Commission chargée d'examiner le
projet de loi tendant à distraire la section d'Herbilly de la commune de Courbouzon, pour la réunir à celle de Mer (Loir-et-Cher),*

PAR M. DE BONTIN,

Député de l'Yonne.

Séance du 15 Juillet 1847.

MESSIEURS,

Le 22 janvier 1808, un décret impérial supprima
la commune d'Herbilly (Loir-et-Cher), pour la réunir à la commune de Courbouzon, même département, dont elle forme une des sections depuis cette
époque.

---

* Cette Commission est composée de MM. de Loynes,
Lapène, Goury, de Bontin, Costé, Champanhet, le baron
de Salles, Pidancet, Dutens.

Cette réunion du territoire, motivée par l'insuffisance des ressources administratives de la commune d'Herbilly, n'a pas eu les résultats avantageux qu'on s'en était promis. Des dissentiments
graves n'ont pas tardé à éclater entre les deux pays.
Malgré les soins de l'administration supérieure pour
rétablir la bonne harmonie entre ces populations
rivales, les haines allèrent toujours croissant, et
prirent même le caractère d'une révolte, qui néces-
sita l'intervention de la force armée, lorsqu'en 1840
on voulut enlever la cloche et les objets mobiliers
provenant de l'église d'Herbilly.

Une demande en séparation fut alors formée par
la section d'Herbilly, et régulièrement instruite;
Herbilly demandait à recouvrer son ancienne individualité communale; mais l'insuffisance de ses
revenus, malgré les sacrifices pécuniaires auxquels
offraient de se soumettre ses 300 habitants, presque tous vignerons et journaliers, ne permit pas
d'accueillir cette proposition.

Les habitants d'Herbilly n'en persistèrent pas
moins énergiquement dans le désir qu'ils avaient de
s'affranchir de la dépendance de l'administration
de Courbouzon. Ne pouvant être admis à former
une commune distincte, ils demandèrent qu'on
les réunît à la commune de Mer, à laquelle ils ont
déjà obtenu récemment d'être rattachés pour le
culte.

Le conseil municipal de Courbouzon s'est opposé à ce changement de circonscription territoriale, comme il s'était opposé à celui d'érection de
commune; mais les autorités administratives et les
conseils électifs du département de Loir-et-Cher,
unanimement et profondément convaincus que

tout rapprochement était impossible entre les deux
sections; que la marche régulière de l'administration était continuellement compromise par leurs
prétentions opposées, et que la sécurité publique
exigeait que deux populations si antipathiques l'une
à l'autre, ne fussent pas plus longtemps maintenues
en contact, ont vivement appuyé le projet de réunion que la commune de Mer seconde également de
tous ses vœux.

Les habitants d'Herbilly ne sont pas beaucoup
plus éloignés de la commune de Mer, sur laquelle
est située la moitié de leurs propriétés, que de celle
de Courbouzon. Il n'y a, entre Herbilly et Mer, que
deux kilomètres et demi, et la communication entre
ces deux points est toujours assurée, puisqu'ils sont
reliés ensemble par la route royale de Briare à Angers.

Rien ne s'oppose donc à la réalisation d'une mesure dont la conséquence sera de mettre fin à un
état de choses qui, depuis 1808, a toujours suscité
des embarras à l'Administration, et plusieurs fois
troublé la paix publique.

Toutefois le projet de loi, conforme dans ses dispositions aux propositions de l'autorité locale, s'en
écarte cependant sur un point, en modifiant légèrement la limite indiquée sur le plan, qui aurait pour
inconvénient d'étendre le périmètre de la section
d'Herbilly jusqu'aux maisons de Courbouzon. Il
laisse dans la circonscription de Courbouzon un
très-petit parallélogramme sur lequel, au plan des
lieux, se trouve inscrite la lettre D, et fait, sur ce
point, reculer la limite d'Herbilly jusqu'à la route
royale de Briare à Angers.

Votre Commission, après un examen attentif, a

chargé son Rapporteur de proposer à la Chambre l'adoption du projet de loi suivant, déjà adopté par la Chambre des Pairs dans sa séance du 6 juillet dernier.

PROJET DE LOI.

Article premier.

Le territoire de la section d'Herbilly, moins le polygone côté D, d, au plan annexé à la présente loi, est distrait de la commune de Courbouzon, canton de Mer, arrondissement de Blois, département de Loir-et-Cher, et réuni à la commune de Mer, même canton. En conséquence, la limite entre les communes de Courbouzon et de Mer, est fixée conformément au tracé de la ligne rouge, cotée A, B, C, D, E, F, G, H, I, K et L au dit plan.

Art. 2.

Les dispositions qui précèdent auront lieu sans préjudice des droits d'usage et autres qui pourraient être respectivement acquis.

Les autres conditions de la distraction prononcée seront, s'il y a lieu, ultérieurement déterminées par une ordonnance du Roi.

(Nº 541.)

Chambre des Députés.
SESSION 1847.

RAPPORT

FAIT

An nom de la Commission * chargée de l'examen du projet de loi tendant à changer la circonscription des départements de la Creuse et de l'Indre sur le territoire des communes de Méasnes , Lourdoueix et Aigurande ,

PAR M. LAPÉNE,

Député de la Haute-Garonne.

Séance du 10 Juillet 1847.

MESSIEURS,

Aigurande, chef-lieu de canton dans le département de l'Indre , en forme l'extrême limite , au point de rencontre avec celui de la Creuse. La ville, proprement dite, est même assise sur la ligne

---

* Cette Commission est composée de MM. de Loynes, Lapéne, Goury, de Bontin, Costé, Champanhet, le baron de Salles, Pidancet, Dutens.

divisoire, sans qu'aucune portion de son territoire rural la sépare des communes limitrophes de Méasnes et de Lourdoueix, qui dépendent de la Creuse.

On comprend la grande valeur constructive que ce voisinage donne à la zône de ceinture dont ces deux dernières communes entourent une partie de la ville d'Aigurande. Il s'y est formé de véritables faubourgs, que toutes les considérations tendent à fondre dans la même unité administrative, et qui s'en trouvent néanmoins distincts. A une époque assez ancienne, il fut opéré un premier déplacement de limites pour absorber, au profit de la ville, les maisons construites sur un sol riverain ayant appartenu au territoire de Méasnes. Mais depuis cette mesure, les constructions ont continué de progresser. On dirait une alluvion croissante de bâtiments. Entre autres anomalies, il en résulte qu'un côté de la rue dite d'Enfer, se trouve dans Aigurande, et l'autre côté dans Méasnes. Le ruisseau forme la ligne divisoire des deux communes, et, par voie de suite, des deux départements.

Mais ce n'est pas seulement une bizarrerie à corriger, ce sont des inconvénients de situation à réformer. Les petits centres de population agglomérée qui se sont établis de la sorte à l'extrémité des territoires de Méasnes et de Lourdoueix, se trouvent éloignés des centres respectifs de leurs mairies, quoique dépendant de deux communes rurales ; ils sont devenus de véritables foyers de population urbaine, par leur adjonction de fait à la ville d'Aigurande. Ils subissent les nécessités de police et d'administration qui en sont la conséquence, sans qu'il soit satisfait à ces nécessités. Une rixe, un méfait ont-ils lieu dans les faubourgs, bien plus, sur un

des côtés de la rue, le maire d'Aigurande est sans
compétence pour les constater, pour les réprimer,
pour en prévenir de nouveaux. Toutes les traces
peuvent en disparaître avant que les maires des
lieux soient prévenus.

C'est un asile perpétuellement ouvert à la fraude
contre le droit d'octroi. Même sans délit, il s'y
crée des points assez nombreux de consommation
à l'abri de taxes municipales, rendues illusoires en
bonne partie.

Les habitants des faubourgs ont sous les yeux le
prétoire de la justice-de-paix, et sont étrangers à sa
juridiction. Ce voisinage ne leur profite qu'autant
qu'ils actionnent eux-mêmes les justiciables du ressort. Hors ce cas, leurs contestations sont portées devant un siège éloigné. C'est, avec la ville
d'Aigurande, un mariage de fait, mais exempt aussi
de plusieurs bénéfices attachés à la coopération légale de l'union. Nous verrons bientôt que, par une
singularité dont les motifs ne peuvent pas tous s'a-
vouer, les habitants des faubourgs ne mettraient pas
un grand empressement à régulariser leur position.
Le profit des abus les dédommagerait de la perte
de certains avantages qui devraient résulter d'une
situation plus normale. Nous sommes loin, d'ailleurs, de méconnaître l'esprit de bonne foi que les
parties intéressées ont apporté dans la lutte dont
nous allons rendre compte.

L'administration s'occupa sérieusement à mettre
un terme à cette diversité de condition, quant au
lien municipal, entre des éléments que tout tendait
à réunir; mais elle ne crut pas devoir borner ses
combinaisons à la simple annexion des terrains où

des maisons s'étaient élevées. Elle embrassa, dans son projet, un périmètre plus étendu, pour laisser de la marge aux futures constructions, et ne pas léguer à l'avenir la nécessité de remanier la nouvelle ligne divisoire, quand elles l'auraient débordée.

Dans ce système, il parut convenable de détacher de Méasnes le hameau de Bontems et de Lourdoueix, les trois hameaux nommés le Mas-de-la-Ribaudonnière, Bois-Bouchard et Lemérin. C'était retrancher seulement : 1° 29 hectares de fonds et 35 habitants de la première de ces communes, dont la population actuelle est de 1,306 habitants, et la contenance de 2,998 hectares; 2° 82 hectares de fonds et 108 habitants, de la seconde, aujourd'hui peuplée de 2,227 ames, et présentant une surface de 4,404 hectares.

Cet amoindrissement, on le voit, n'altère pas sensiblement la constitution de l'une ni de l'autre. On peut même le considérer comme insignifiant, comparativement à leurs forces respectives.

La délimitation nouvelle qui doit en résulter, deviendra sur ce point, en même temps, celle de deux départements.

C'est un contraste assez piquant que l'opposition unanime des autorités et des conseils électifs de la Creuse, pour repousser le projet de démembrement, et l'ensemble non moins parfait de toutes les opinions dans l'Indre, en faveur de la nouvelle délimitation. Il ne faut pas avoir regret à cette vive controverse. La question n'en a été que mieux éclairée. Des considérations dignes d'intérêt ont eu de chauds défenseurs et de zélés représentants dans la Creuse. Elles se mêlent à des motifs moins

sérieux et moins explicites, mais qui se laissent
facilement entrevoir.

La résistance a été vive, surtout de la part des
hameaux que le projet réunit à la ville d'Aigurande,
pour consacrer légalement le fait constant d'une
identité d'existence. L'intérêt de cette résistance
n'est pas d'ailleurs un mystère. Leur adhérence à
la cité les rend participants de tous les avantage-
industriels et commerciaux, de toutes les convenances de cette situation exceptionnelle, sans leur
imposer une part quelconque des charges. Les considérations dont ils se prévalent, et qu'ont reproduites
tous les organes officiels de la Creuse, sont d'al-
leurs puisées dans des sentiments respectables. Ils
évoquent le souvenir des aïeux ; ils préconisent avec
vérité l'esprit de paix et d'union, en quelque sorte
fraternelle, qui n'a jamais souffert d'atteinte entre
eux et le reste de la population dont on veut les séparer ; ils rappellent les sacrifices récents qu'ils se
sont imposés pour la restauration de leurs édifices
religieux et pour leurs chemins vicinaux ; l'injustice, d'après eux, d'être encore soumis à des charges
de même nature, dans l'intérêt d'une ville voisine,
dont les nécessités urgentes feront peser bientôt un
lourd fardeau sur ses habitants.

Ces objections, qui ne sont pas sans quelque
force, ne pouvaient l'emporter, dans l'esprit de
votre Commission, sur des convenances qui portent
plus haut, et sur des avantages bien supérieurs
aux inconvénients signalés. Elle a donné la préférence aux appréciations du Gouvernement et de la
Chambre des Pairs, dont la sanction est déjà acquise au projet de loi.

J'ai donc l'honneur de vous en proposer également l'adoption, au nom et comme organe de votre Commission.

Il est conçu dans les termes suivants :

PROJET DE LOI.

Article premier.

Les territoires des hameaux de Bontemps, le Mas-de-la-Ribaudonnière , Bois-Bouchard et Lemérin. sont distraits, le premier de la commune de Measnes, les trois autres de celle de Lourdoueix-Saint-Pierre, arrondissement de Guéret, département de la Creuse, et réunis à la commune d'Aigurande, arrondissement de la Châtre , département de l'Indre.

En conséquence , la limite des deux départements est fixée entre les communes de Measnes, Lourdoueix-Saint-Pierre et Aigurande, conformément au tracé indiqué par une ligne rouge sur le plan annexé à la présente loi.

Art. 2.

Les dispositions qui précèdent auront lieu sans préjudice des droits d'usage et autres qui pourraient être respectivement acquis.

Les autres conditions de la distraction prononcée seront, s'il y a lieu, ultérieurement déterminées par une ordonnance du Roi.

(N° 342.)

Chambre des Députés.

SESSION 1847.

RAPPORT

FAIT

Au nom de la Commission* chargée de l'examen d'un projet de loi tendant à agrandir la ville de Cognac sur le territoire de Saint-Martin, et à réunir à cette dernière commune celle de Châteaubernard (Charente),

PAR M. DUTENS,

Député de la Somme.

Séance du 15 Juillet 1847.

MESSIEURS,

La commune de Cognac (Charente) possède une population de 4,118 habitants; son territoire, extrémement restreint, n'a qu'une étendue superficielle de 187 hectares environ. Dans le développe-

---

* Cette Commission est composée de MM. de Loynes, Lapène, Goury, de Bontin, Casté, Champanhet, le baron de Selles, Pidancet, Dutens.

ment de la plus forte partie de son périmètre, la
ville même de Cognac se trouve limitée et, pour
ainsi dire, comprimée, d'une part, par le territoire
de la commune de Saint-Martin, sur la rive gauche
de la Charente; et, d'une autre part, par celui de
la commune de Crouin, sur la rive droite de cette
rivière; une partie de l'agglomération de maisons
dont se compose le chef-lieu de la commune de
Saint-Martin n'est, à vrai dire, qu'un faubourg de
la ville de Cognac.

Cette délimitation actuelle a, pour la ville de Cognac, cité industrielle et commerçante, de très-graves inconvénients; elle s'est vue dans l'impossibilité
d'établir, ailleurs que sur le territoire de Saint-
Martin, son cimetière et son champ de foire; et,
si elle veut réaliser enfin, par la construction
d'un abattoir public, une amélioration depuis longtemps projetée, ce ne sera encore que sur le territoire de Saint-Martin qu'elle pourra trouver les terrains propres à recevoir cette construction.

Il résulte, en outre, de cet état de choses, que la
surveillance de la police de Cognac ne pouvant
s'exercer en dehors de ses limites municipales, et
les moyens dont peut disposer l'autorité locale de
Saint-Martin étant insuffisants, l'ordre et la paix
publique sont souvent et impunément troublés aux
portes même de la ville de Cognac. Enfin, la partie
du territoire de Saint-Martin qui enserre, pour ainsi
dire, celui de Cognac, se couvre de magasins, d'en-
trepôts, d'auberges et de distilleries, qui jouissent
de tous les avantages que leur procure le voisinage
de la ville sans participer aux charges locales, et
ces établissements, grâce au bénéfice de cette situation, font une concurrence redoutable aux

établissements similaires formés dans l'enceinte de la cité.

La modification de cet état de choses, déjà antérieurement réclamée par la ville de Cognac, l'a été de nouveau et avec de plus vives instances en 1841. Cette demande a été soumise, conformément aux prescriptions de la loi du 18 juillet 1837, à une instruction régulière, de laquelle est ressortie la double opportunité :

1° De distraire du territoire de la commune de Saint-Martin, pour les réunir à celui de Cognac, 26 groupes de parcelles ayant ensemble une superficie de 194 hectares 58 ares 76 centiares, produisant un revenu cadastral de 3,530 fr., et supportant une population de 500 habitants ;

2° De réunir intégralement à la commune de Saint-Martin, la petite commune de Châteaubernard, dont la population est de 314 habitants et dont le territoire, composé de 225 hectares environ, est complètement et de toutes parts enclavé dans le territoire de Saint-Martin.

Le conseil municipal et les habitants de Saint-Martin entendus dans l'enquête, se sont opposés à l'adoption de cette double mesure; ils ont contesté la valeur des considérations de tout ordre, invoquées à l'appui du projet tendant à agrandir le territoire de Cognac au moyen de la distraction des 194 hectares de terrain qui appartiennent aujourd'hui à la commune de Saint-Martin.

Le conseil municipal et les habitants de Châteaubernard ne se sont pas formellement opposés à ce que cette commune fût intégralement réunie à celle de Saint-Martin; ils ont principalement insisté pour que, dans le cas où cette réunion serait effec-

tuée, le chef-lieu de la nouvelle commune fût fixé à
Châteaubernard, comme étant un point plus central.

Nonobstant l'opposition expresse de la commune
de Saint-Martin et l'adhésion implicite, mais con-
ditionnelle de celle de Châteaubernard, le résultat
de l'instruction a été complètement favorable au
double projet sur lequel elle était ouverte. Le géomètre en chef du cadastre, le directeur des contributions directes, le conseil d'arrondissement de
Cognac, M. le préfet et le conseil général de la Charente, ont tous été d'avis que la résistance du conseil municipal et des habitants de Saint-Martin,
reposant sur des motifs d'intérêt exclusivement particulier et local, ne devait pas prévaloir sur les raisons d'ordre public et d'intérêt supérieur qui militaient en faveur de la demande de la ville de Cognac, et des mesures proposées dans le but d'y
faire droit.

Votre Commission, Messieurs, a soumis à un
examen approfondi le dossier des pièces produites
à l'appui du projet de loi qui vous est présenté, et
qui a été récemment adopté par la Chambre des
Pairs. Cet examen l'a conduite à donner, sans hésitation, son adhésion aux dispositions du projet de
loi ; elle a reconnu que ces dispositions avaient
pour but et auraient pour résultat de satisfaire à
une nécessité réellement impérieuse qui découle,
pour la ville de Cognac, de l'exiguité et de la configuration si vicieuse de son territoire actuel ; elle
a pensé que la commune de Saint-Martin, si elle
perdait d'un côté une portion assez notable de son
territoire et de sa population, trouverait, d'un autre côté, une compensation sérieuse à cette dimi-

nution, dans la réunion, à Saint-Martin, de la commune entière de Châteaubernard ; enfin, votre Commission a partagé l'opinion émise par les conseils électifs et par l'autorité administrative, sur la convenance de maintenir à Saint-Martin le chef-lieu de la nouvelle commune, qui prendrait alors le nom de Saint-Martin-Châteaubernard.

En résumé, Messieurs, l'adoption du projet de loi aurait pour effet :

De porter à 4,618 habitants, et à 410 hectares 21 ares 14 centiares la population et le territoire de la commune de Cognac, qui sont aujourd'hui de 4,118 habitants, et de 186 hectares 76 ares 99 centiares ;

D'attribuer définitivement à la commune de Saint-Martin, par l'adjonction intégrale de la commune de Châteaubernard, une population totale de 1,664 habitants, et une superficie territoriale de 1,622 hectares 09 ares 36 centiares. Aujourd'hui, la population de Saint-Martin est de 1,250 habitants, et son territoire se compose de 1,591 hectares 91 ares 18 centiares.

Il suit de ce rapprochement que la commune de Saint-Martin-Châteaubernard demeurera encore dans de très-satisfaisantes conditions d'existence municipale, et ne cessera nullement de posséder tous les éléments d'une bonne administration communale.

Votre Commission a donc l'honneur, par tous ces motifs, de vous proposer l'adoption du projet de loi dont la teneur suit :

TABLE DES MATIÈRES

CONTENUES DANS CE VOLUME.

—————

ANNEXES (N°s 282 a 342 inclus).

FIN DE LA TABLE DU DOUZIÈME VOLUME.